SCHÄFFER
POESCHEL

Grundkurs des Steuerrechts

Band 18

Öffentliches Recht

Staatsrecht und Europarecht

von

Florian Clement

Referent an der Oberfinanzdirektion Karlsruhe
Nebenamtlicher Dozent an der Hochschule
für öffentliche Verwaltung und Finanzen Ludwigsburg

Prof. Dr. iur. Stefan Holzner, LL. M.

Professor an der Hochschule
für öffentliche Verwaltung und Finanzen Ludwigsburg

Prof. Dr. iur. Albrecht Rittmann

Ministerialdirektor a. D.
Honorarprofessor an der Hochschule
für öffentliche Verwaltung und Finanzen Ludwigsburg

2., überarbeitete und aktualisierte Auflage

2019
Schäffer-Poeschel Verlag Stuttgart

Bearbeiterübersicht:
Clement: Teile B, D 2, K
Holzner: Teile D 3, D 4, G 1, I, J, M
Rittmann: Teile A, C, D 1, D 5, E, F, G 2, H, L

Gedruckt auf chlorfrei gebleichtem, säurefreiem und alterungsbeständigem Papier

Bibliografische Information der Deutschen Nationalbibliothek
Die Deutsche Nationalbibliothek verzeichnet diese Publikation
in der Deutschen Nationalbibliografie; detaillierte bibliografische
Daten sind im Internet über http://dnb.d-nb.de abrufbar.

Print:	ISBN 978-3-7910-3904-6	Bestell-Nr. 02441–0002
ePDF:	ISBN 978-3-7910-4277-0	Bestell-Nr. 02441–0151

www.schaeffer-poeschel.de
service@schaeffer-poeschel.de

Printed in Germany
März 2019

Schäffer-Poeschel Verlag Stuttgart
Ein Unternehmen der Haufe Group

Vorwort

Das in der Reihe »Grundkurs des Steuerrechts« aufgelegte Lehrbuch »Öffentliches Recht« hat durch seine erfreuliche Aufnahme eine erste Neuauflage erforderlich gemacht, die den Autoren Gelegenheit gab, die Texte zu überarbeiten, Gesetzesänderungen zu berücksichtigen sowie die neueste Rechtsprechung des Bundesverfassungsgerichts aufzunehmen.

In erster Linie richtet sich das Lehrbuch an angehende Beamte der Steuerverwaltung und an Studierende und Auszubildende der steuerberatenden Berufe. Sein Inhalt orientiert sich am Lehrplan des Grundstudiums I, II und III des Studiengangs »Gehobener Dienst in der Steuerverwaltung« und deckt insoweit das Lehrfach »Öffentliches Recht« vollumfänglich ab. Als umfassende Einführung in das Staatsorganisationsrecht, die Grundrechte und das Europarecht wird das Lehrbuch aber auch für Studierende anderer Fachrichtungen von Nutzen sein.

Anliegen der Autoren ist es, das Staatsrecht so praxisnah wie möglich darzustellen, deshalb weisen die Beispiele und Übungsfälle soweit wie möglich einen Bezug zu steuerlichen Themen und zur Steuerverwaltung auf.

Wir wünschen den Lesern viel Muße bei der Lektüre und natürlich Erfolg beim Studium. Für Kritik und Anregungen sind wir auch bei der zweiten Auflage dankbar.

Ludwigsburg, im März 2019
Die Verfasser

Inhaltsverzeichnis

Teil E Die politischen Parteien

Teil F Die Verfassungsorgane des Bundes

Teil G Die Gesetzgebung des Bundes

Teil H Die Verwaltung

Teil I Die Finanzverfassung des Grundgesetzes

Teil J Die Grundrechte

Teil K Europarecht

Teil L Lösungshinweise zu den Fällen

Teil M Komplexer Übungsfall

Abkürzungsverzeichnis

Abs.	Absatz
AEUV	Vertrag über die Arbeitsweise der Europäischen Union
a. F.	alte Fassung
Afa	Absetzung für Abnutzung
AG	Aktiengesellschaft
AO	Abgabenordnung
Art.	Artikel
AStG	Außensteuergesetz
AufenthG	Aufenthaltsgesetz
BAFöG	Bundesausbildungsförderungsgesetz
BBG	Bundesbeamtengesetz
BeamtStG BW	Beamtenstatusgesetz Baden-Württemberg
BFH	Bundesfinanzhof
BGB	Bürgerliches Gesetzbuch
BGBl	Bundesgesetzblatt
BGH	Bundesgerichtshof
BGHZ	Entscheidungen des Bundesgerichtshofs in Zivilsachen (amtliche Sammlung)
BPWahlG	Gesetz über die Wahl des Bundespräsidenten
BStBl	Bundessteuerblatt
BT-Drs.	Bundestags-Drucksache
BVerfG	Bundesverfassungsgericht
BVerfGE	Entscheidungen des Bundesverfassungsgerichts (amtliche Sammlung)
BVerfGG	Bundesverfassungsgerichtgesetz
BVerwG	Bundesverwaltungsgericht
BWahlG	Bundeswahlgesetz
bzw.	beziehungsweise
DB	Zeitschrift »Der Betrieb«
DBA	Doppelbesteuerungsabkommen
d. h.	das heißt
EAG	Europäische Atomgemeinschaft
EAGV	Vertrag der Europäischen Atomgemeinschaft
EAUV	Vertrag über die Arbeitsweise der EU
EG	Europäische Gemeinschaft
EGV	Vertrag der Europäischen Gemeinschaft
EGKS	Europäische Gemeinschaft für Kohle und Stahl
EP	Europäisches Parlament
ErbStG	Erbschaftsteuergesetz
EStDV	Einkommensteuer-Durchführungsverordnung
EStG	Einkommensteuergesetz
EStH	Einkommensteuer-Hinweise
EStR	Einkommensteuer-Richtlinien
etc.	et cetera
EU	Europäische Union
EuGH	Europäischer Gerichtshof
EUV	Europäischer Unionsvertrag

EUZBLG	Gesetz über die Zusammenarbeit von Bund und Ländern in Angelegenheiten der Europäischen Union
EWG	Europäische Wirtschaftsgemeinschaft
EWI	Europäisches Wirtschaftsinstitut
EZB	Europäische Zentralbank
f.	folgende
ff.	fortfolgende
FG	Finanzgericht
FGO	Finanzgerichtsordnung
FVG	Finanzverwaltungsgesetz
gem.	gemäß
GewStG	Gewerbesteuergesetz
GG	Grundgesetz
ggf.	gegebenenfalls
GmbH	Gesellschaft mit beschränkter Haftung
GO-BR	Geschäftsordnung des Bundesrates
GO-BReg	Geschäftsordnung der Bundesregierung
GO-BT	Geschäftsordnung des Deutschen Bundestages
GO-EP	Geschäftsordnung des Europäischen Parlaments
GO-VermA	Geschäftsordnung des Vermittlungsausschusses von Bundestag und Bundesrat
GrCh	Charta der Grundrechte der Europäischen Union
GrErwStG	Grunderwerbsteuergesetz
GVG	Gerichtsverfassungsgesetz
HGB	Handelsgesetzbuch
h. M.	herrschende Meinung
HS	Halbsatz
i. d. R.	in der Regel
i. e. S.	im eigentlichen Sinne
i. H. v.	in Höhe von
i. S.	im Sinne
i. V. m.	in Verbindung mit
i. w. S.	im weiteren Sinn
KG	Kommanditgesellschaft
KStG	Körperschaftsteuergesetz
LBG	Landesbeamtengesetz
LBesGBW	Landesbesoldungsgesetz Baden-Württemberg
LBV	Landesamt für Besoldung und Versorgung
LVerfG	Landesverfassungsgericht
NATO	North Atlantic Treaty Organisation
NJW	Zeitschrift »Neue Juristische Wochenschrift«
Nr.	Nummer
o. Ä.	oder Ähnliches
o. g.	oben genannt
OFD	Oberfinanzdirektion
OHG	Offene Handelsgesellschaft
PartG	Parteiengesetz
PUAG	Untersuchungsausschussgesetz

RAO	Reichsabgabenordnung
Rs.	Rechtssache
S.	Seite
s.	siehe
sog.	sogenannte(r)
StAG	Staatsangehörigkeitsgesetz
StGB	Strafgesetzbuch
StPO	Strafprozessordnung
u. a.	unter anderem
UAbs.	Unterabsatz
UN	United Nations
UStG	Umsatzsteuergesetz
VBlBW	Verwaltungsblätter für Baden-Württemberg
VGH	Verwaltungsgerichtshof
vgl.	vergleiche
VStG	Vermögensteuergesetz
VwGO	Verwaltungsgerichtsordnung
WRV	Weimarer Reichsverfassung
z. B.	zum Beispiel
ZPO	Zivilprozessordnung
z. T.	zum Teil

Teil A Das Staatsrecht als Teil der Gesamtrechtsordnung

1 Öffentliches Recht und Privatrecht

Die gesamte Rechtsordnung teilt sich in zwei große Bereiche, das Privatrecht und das Öffentliche Recht. Diese Zweiteilung ist in der Logik des Rechts nicht zwingend, sondern entspricht der deutschen Rechtsentwicklung.

Das **Privatrecht**, auch Zivilrecht genannt, regelt die rechtlichen Beziehungen der einzelnen Bürger untereinander, bestimmt die Formen des Rechtsverkehrs und regelt Konfliktsituationen. Es geht dabei von der **Privatautonomie** des einzelnen Menschen aus. Im Privatrecht herrscht dementsprechend Gleichordnung. Jeder Beteiligte ist dem anderen gegenüber gleichgestellt. Die Vertragsparteien können den Umfang ihrer gegenseitigen Rechte und Pflichten im Rahmen der geltenden Gesetze frei vereinbaren. Es gilt der **Grundsatz der Vertrags- und Gestaltungsfreiheit**. Privatrechtliche Regeln sind daher nicht immer zwingend, sondern können im Einzelfall derogiert, also im Einzelfall für nicht anwendbar erklärt werden.

BEISPIEL

Zum Privatrecht gehören vor allem das Bürgerliche Recht (BGB), das Arbeitsrecht, das Handels- und Gesellschaftsrecht, das Wertpapierrecht und das Urheberrecht.

Das **Öffentliche Recht** regelt die Rechtsbeziehungen zwischen dem Staat und den Bürgern. Diese sind bindend, unterliegen also nicht der Dispositionsfreiheit der Beteiligten. Auch die Rechtsbeziehungen zwischen den Staatsorganen gehören grundsätzlich zum Öffentlichen Recht.

BEISPIEL

Zum Öffentlichen Recht zählen beispielsweise das Völkerrecht, das Staatsrecht, die verschiedenen Zweige des Verwaltungsrechts wie das Ordnungs- und Polizeirecht, das Steuerrecht und das Sozialversicherungsrecht. Das Strafrecht gehört ebenso zum Öffentlichen Recht, hat sich aber als eigenes Rechtsgebiet etabliert.
Das Baurecht hat sowohl einen öffentlich-rechtlichen wie einen privatrechtlichen Zweig. Das Bauplanungs- und das Bauordnungsrecht gehören zum Öffentlichen Recht, weil sie die staatlichen Vorgaben des Bauens umfassen. Das private Baurecht regelt die Rechtsbeziehungen zwischen dem Bauherrn, dem Architekten und den ausführenden Betrieben.

Die Unterscheidung der Rechtsordnung in öffentliches und privates Recht hat in der Praxis vor allem Bedeutung für die Wahl des richtigen Rechtswegs. So haben die **Verwaltungsgerichte** zu entscheiden über alle »öffentlich-rechtlichen Streitigkeiten« nicht verfassungsrechtlicher Art, soweit sie nicht einem anderen Gericht zugewiesen sind wie beispielsweise den Finanzgerichten (§ 40 Abs. 1 VwGO), § 33 Finanzgerichtsordnung (FGO). Die **Zivilgerichte** haben über »bürgerliche Rechtsstreitigkeiten« zu entscheiden (§ 13 GVG). Aber auch im materiellen Recht spielt die Abgrenzung eine Rolle. Beispielsweise kann der Staat nach Öffentlichem Recht haften, wenn ein Amtsträger in Ausübung eines ihm anvertrauten öffentlichen Amts einen Schaden verursacht (Art. 34 GG). Er kann aber auch zivilrechtlich haften, wenn er im Bereich des Privatrechts tätig ist.

Im Verhältnis des Staates zu den Bürgern kann sowohl Öffentliches Recht als auch Zivilrecht zur Anwendung kommen. Zur Unterscheidung der Rechtsgebiete sind insbesondere drei Theorien entwickelt worden:

(a) Schon im römischen Recht taucht die **Interessentheorie** (Ulpian, röm. Staatsrechtler 170–228 n. Chr.) auf. Nach dieser Theorie dient das Öffentliche Recht überwiegend dem Allgemeininteresse, das Privatrecht dem Individualinteresse.

(b) Nach der **Subordinationstheorie** ist für das Öffentliche Recht die Überordnung der Staatsgewalt gegenüber dem Bürger kennzeichnend. Diese kommt darin zum Ausdruck, dass die Hoheitsträger (Bund, Länder, Gemeinden) über Gesetze und Verwaltungsentscheidungen Anordnungen an die Bürger richten, die sie zu befolgen haben.

(c) Die Subordinationstheorie erfasst aber nicht jegliche staatliche Tätigkeit im öffentlich-rechtlichen Bereich. Der Staat erbringt dem Bürger gegenüber auch Leistungen, die nicht im Bereich der Über- und Unterordnung liegen. Bei diesen Leistungen kann der Staat auch als Hoheitsträger tätig werden. Die umfangreiche Palette staatlicher Leistungen reicht von der Sozialhilfe bis hin zu Zuschüssen für die energetische Sanierung von Wohngebäuden. Der Bürger kann diese Leistungen annehmen, wenn die Voraussetzungen einer Leistungsgewährung vorliegen, muss aber nicht. Die **Subjekttheorie** unterscheidet deshalb zwischen dem Öffentlichen Recht und dem Privatrecht danach, ob der Staat ein ihm zustehendes Recht als Sonderrecht wahrnimmt, das ausschließlich einen Hoheitsträger berechtigt oder verpflichtet, oder ob er bestimmte Aufgaben in einer Form, die auch einer Privatperson zusteht, erledigt. Diese Abgrenzungstheorie umfasst alle Fallkonstellationen und wird daher von der Rechtsprechung angewandt.

BEISPIEL

Der Pechvogel. a) Der Finanzbeamte A hat einen eigenen, für sein Fahrzeug ausgewiesenen Kfz-Stellplatz auf einem Parkplatz, der sich auf dem Grundstück des Finanzamtes F befindet. Ein Schild weist deutlich darauf hin, dass das Parken fremder Fahrzeuge auf diesem Platz verboten ist. Eines Morgens ist der Stellplatz durch ein fremdes Fahrzeug versperrt. Daraufhin beauftragt der Hausmeister des Finanzamtes ein Abschleppunternehmen, das widerrechtlich geparkte Fahrzeug abzuschleppen. Dafür werden dem Finanzamt Kosten in Höhe von 150 € in Rechnung gestellt. Das Finanzamt verlangt nun diese Kosten vom Halter des abgeschleppten Fahrzeugs zurück. Handelt es sich hierbei um eine öffentlich-rechtliche oder eine privatrechtliche Streitigkeit?

b) Erregt über den Vorfall, eilt A zu einer Dienstbesprechung, deren Beginn er schon versäumt hat. Dabei übersieht er einen auf dem Flur liegenden Balken, den der Handwerker HW ungesichert liegen ließ, fällt über den Balken und verletzt sich dabei. Das Landesamt für Besoldung und Versorgung verlangt von HW die Erstattung der Behandlungskosten, die dem A ausbezahlt wurden. Auf welchem Rechtsweg ist dies möglich?

c) Mitgenommen von seiner Pechsträhne, erlässt A an diesem Tag einen fehlerhaften Steuerbescheid gegenüber dem Steuerschuldner S. Dieser beauftragte für die Einlegung des Einspruchs gegen den fehlerhaften Steuerbescheid einen Steuerberater. Hierfür entstanden ihm Kosten in Höhe von 200 €. S will sich diese Kosten vom Finanzamt erstatten lassen. Vor welchem Gericht muss S klagen, wenn das Finanzamt sich weigert, die Steuerberaterkosten zu übernehmen?

d) Welcher Rechtsweg stünde dem A offen, wenn er auch gegen den Einspruchsbescheid des Finanzamtes F gerichtlich vorgehen will?

LÖSUNG

a) Bei der Erstattung der Abschleppkosten kommt ein öffentlich-rechtlicher Anspruch auf der Grundlage des Verwaltungsvollstreckungsgesetzes oder ein privatrechtlicher Anspruch aus §§ 683 Satz 1, 667 ff. BGB (Geschäftsführung ohne Auftrag) in Frage. Dabei kommt es darauf an, ob der H für das Finanzamt F als Grundstückseigentümer oder als Behörde gehandelt hat, also einen Anspruch aus dem Eigentum oder einen Anspruch aus hoheitlichem Handeln geltend macht. Da der Parkplatz für Bedienstete auf dem Grundstück des Finanzamtes keine öffentliche Verkehrsfläche, sondern eine private Verkehrsfläche ist, handelt das Finanzamt als Grundstückseigentümer wie ein privater Grundstückseigentümer. Ein hoheitliches Handeln scheidet damit aus. Für Ansprüche aus der Verletzung des Eigentums an einem Grundstück ist ausschließlich der Zivilrechtsweg gegeben.

b) Für einen Anspruch des Landesamtes für Besoldung und Versorgung (LBV) auf Zahlung einer Geldleistung ist eine Klage vor einem Zivilgericht, aber auch ein Zahlungsbescheid auf der Grundlage des Öffentlichen Rechts denkbar. Es ist die Frage zu klären, ob das LBV bei dem Erstattungsanspruch in einem Über-/Unterordnungsverhältnis oder als Inhaber einer Rechtsposition handelt, die einer Privatperson in gleicher Form zustehen könnte. Dabei ist zu beachten, dass das LBV selbst nicht geschädigt wurde. Geschädigter ist A. Dieser hat wegen der Schädigung durch den HW einen zivilrechtlichen Schadensersatzanspruch nach § 823 BGB. Dieser Schadensersatzanspruch geht nach § 81 Landesbeamtengesetz (LBG) auf das LBV über. Das LBV kann deshalb im eigenen Namen den übergeleiteten zivilrechtlichen Schadensersatzanspruch geltend machen. Für einen zivilrechtlichen Schadensanspruch ist ausschließlich der Zivilrechtsweg gegeben (§ 13 GVG).

c) In Frage kommt ein Amtshaftungsanspruch nach § 839 BGB i. V. m. Art. 34 Satz 1 GG. Die Norm gewährleistet das grundsätzliche Einstehen des Staates für das von einem Beamten in Ausübung öffentlicher Gewalt begangene Unrecht. Danach hat der Staat einem Dritten dessen aus einer Amtspflichtverletzung resultierenden Schaden zu ersetzen. Die Pflichtverletzung kann auch in einer fehlerhaften steuerrechtlichen Entscheidung liegen. Zuständig für einen Anspruch aus § 839 BGB i. V. m. Art. 34 Satz 1 GG sind nach § 40 Abs. 2 VwGO erstinstanzlich die Landgerichte.

d) Der Erlass einer Einspruchsentscheidung durch das Finanzamt F ist ein Akt hoheitlicher Gewalt. Das Finanzamt trifft in seiner hoheitlichen Funktion eine den Bürger bindende Entscheidung. Es handelt nicht in einer Form, die auch Privatpersonen zustehen würde. Bei der Entscheidung des Finanzamts handelt es sich also um einen öffentlich-rechtlichen Vorgang. S kann gegen den Bescheid des F vor dem Finanzgericht klagen (§ 40 Abs. 1 VwGO i. V. m. § 33 Abs. 1 FGO).

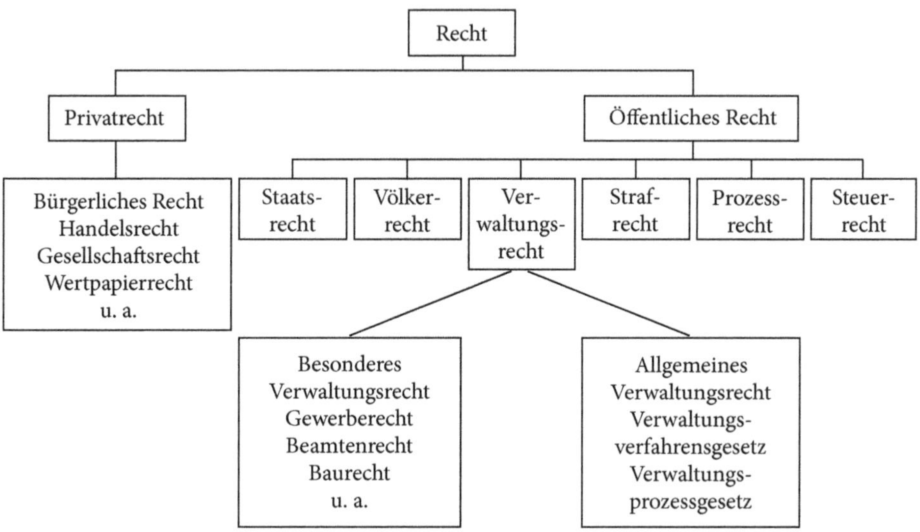

2 Staatsrecht als Teil des Öffentlichen Rechts

Das Staatsrecht umfasst die Rechtsnormen für die Bildung , den Aufbau und die Zuständigkeit der obersten Staatsorgane, deren Beziehungen zueinander, die grundlegenden Rechte des Bürgers gegenüber dem Staat, die Gesetzgebung und die Rechtsprechung sowie alle grundlegenden Aspekte des staatlichen Lebens. Insoweit ist es mit dem **Verfassungsrecht** im formellen Sinne identisch.

Auf der Ebene des Bundes und der Länder umfasst das Staatsrecht als **Besonderes Staatsrecht** neben dem Grundgesetz auch alle verfassungsergänzenden Gesetze wie das Bundeswahlgesetz, die Geschäftsordnungen der Bundesregierung, des Bundestags und des Bundesrats, das Parteiengesetz, das Abgeordnetengesetz, das Parlamentsbeteiligungsgesetz oder das Untersuchungsausschussgesetz.

Schließlich behandelt das Staatsrecht über das Verfassungsrecht hinausgehend auch die fundamentalen Fragen der staatlichen Existenz. Als **Allgemeines Staatsrecht** geht es der Frage nach, welches die Tatbestandsmerkmale eines Staates sind, wie Staaten entstehen und untergehen und welche Grundsätze für alle Staaten gelten.

Das Besondere Staatsrecht wird wiederum in der Literatur unterteilt in **Staatsrecht I** oder **Staatsorganisationsrecht** und **Staatsrecht II** oder **Grundrechte.** Letzteres beschäftigt sich mit den Artikeln 1 bis 19 GG, die in Kapitel 1 des Grundgesetzes stehen und die subjektiven Rechtspositionen des Bürgers beinhalten. Das Staatsorganisationsrecht erstreckt sich auf alle sonstigen Kapitel des Grundgesetzes, aber auch auf die sonstigen Materien des Allgemeinen und Besonderen Staatsrechts. Schließlich wird oftmals als **Staatsrecht III** das **Europarecht** behandelt. Alle drei Bereiche werden in diesem Lehrbuch behandelt.

3 Staatsrecht und Völkerrecht

Das Völkerrecht regelt als eigenständige Rechtsmaterie die Rechtsbeziehungen zwischen den einzelnen Staaten. Nach der **dualistischen Theorie** handelt es sich beim Völkerrecht und dem innerstaatlichen Recht um zwei getrennte Rechtskreise mit der Folge, dass das Völkerrecht in innerstaatliches Recht transformiert werden muss, um für die Staatsorgane, aber auch für den einzelnen Bürger Geltung zu erlangen. Eine Transformationsnorm, also eine Norm, die dafür sorgt, dass völkerrechtliche Regelungen in der Bundesrepublik Deutschland gelten, ist Art. 25 GG. Danach wird nicht das gesamte völkerrechtliche Regelwerk, sondern werden nur »die allgemeinen Regeln des Völkerrechts« Bestandteil des Bundesrechts. Allgemeine Regeln des Völkerrechts sind beispielsweise das Völkergewohnheitsrecht, also die durch eine allgemeine, von einer Rechtsüberzeugung getragene Übung (wie z. B. die Regeln zur Nutzung des Weltraums), die grundlegenden Sätze des Kriegsrechts (u. a. das Verbot der Tötung von Kriegsgefangenen oder das Verbot kriegerischer Handlungen gegen die Zivilbevölkerung) sowie universell gültige, zwischen den Staaten geltende Rechtsgrundsätze. Diese transformierten allgemeinen Regeln gehen nach Art. 25 Satz 2 GG den Gesetzen vor, stehen also zwischen dem Grundgesetz und den einfachen Gesetzen und erzeugen unmittelbar Rechte und Pflichten für die Bewohner des Bundesgebiets.

Ein wichtiger Bestandteil des Völkerrechts sind die **völkerrechtlichen Verträge**, welche die Bundesrepublik Deutschland mit anderen Staaten abschließt. Auch diese Verträge müssen durch ein Transformationsgesetz in innerdeutsches Recht umgewandelt werden (s. Teil F 4.3). Für die Finanzverwaltung von Interesse sind die Verträge zur Vermeidung einer Doppelbesteuerung (sog. Doppelbesteuerungsabkommen). Das Verhältnis dieser Verträge zum nationalen Steuerrecht ist in § 2 AO geregelt. Nach dieser Bestimmung gehen völkerrechtliche Verträge, soweit sie nach den Regeln des Art. 59 Abs. 2 S. 1 GG zustande gekommen sind, den Steuergesetzen vor.

4 Staatsrecht und Recht der Europäischen Union

Neben dem Völkerrecht gibt es **überstaatliches Recht**, das nur für eine bestimmte Gemeinschaft von Staaten gilt (zwischenstaatliches Recht). Hierzu gehört das Recht der Europäischen Union (EU-Gemeinschaftsrecht). Es ist ebenfalls eine neben dem Staatsrecht eigenständige Rechtsmaterie. In der Rechtslehre wird das Gemeinschaftsrecht in das **primäre Gemeinschaftsrecht** und das **sekundäre Gemeinschaftsrecht** unterteilt. Beim primären Gemeinschaftsrecht handelt es sich um die Normen, welche die Grundlage der Europäischen Union bilden. Sie sind im Wesentlichen im Vertrag über die Europäische Union (EUV) und im Vertrag über die Arbeitsweise der Europäischen Union (AEUV, jeweils in der konsolidierten Fassung des Vertrags von Lissabon vom 13. 12. 2007) niedergelegt. Für das Steuerrecht bedeutsam ist der AEUV. Er enthält Vorschriften zur Sicherung des freien Warenverkehrs, die sich direkt auf den Bereich des Steuerrechts beziehen. Durch Art. 28 ff. AEUV wird eine **Zollunion** geschaffen, die Voraussetzung des freien Warenverkehrs ist.

Die auf der Grundlage des primären Gemeinschaftsrechts erlassenen Verordnungen, Richtlinien und Beschlüsse werden als sekundäres Gemeinschaftsrecht bezeichnet.

EU-Verordnungen gelten unmittelbar in jedem Mitgliedsstaat und sind dort für jedermann geltendes Recht (Art. 288 AEUV), ohne dass es einer Transformation in nationales Recht bedarf.

BEISPIEL

EU-Verordnung Nr 952/2013, Gemeinsamer Zollkodex, die alle nationalen zollrechtlichen Vorschriften verdrängt, einschließlich der Regelungen in der AO, soweit es dabei um zollrechtlich relevanten Bestimmungen geht.

Dagegen enthalten **EU-Richtlinien** nur Zielvorgaben für die Mitgliedsstaaten, sind jedoch für diese verbindlich. Die Richtlinien überlassen die Wahl der Form und Mittel der Umsetzung den jeweiligen innerstaatlichen Stellen (Art. 288 Satz 3 AEUV). Hieraus folgt, dass EU-Richtlinien keine unmittelbare Wirkung für oder gegen die Staatsbürger des einzelnen Mitgliedstaates entfalten können.

EU-Beschlüsse sind für den Adressaten verbindliche Entscheidungen im Einzelfall (Art. 288 Satz 4 AEUV).

Das EU-Gemeinschaftsrecht bildet eine eigene Rechtsordnung, deren Verhältnis zum nationalen Recht zu klären ist. Da EU-Gemeinschaftsrecht alle Mitgliedstaaten gleichermaßen binden will, muss es einen Vorrang vor dem nationalen Recht haben. Hierbei handelt es sich allerdings nach herrschender Lehre nur um einen Anwendungsvorrang. EU-Gemeinschaftsrecht führt nicht zur Nichtigkeit einer entgegenstehenden nationalen Vorschrift, sie ist dann lediglich nicht mehr anwendbar. Alle deutschen Behörden haben das EU-Gemeinschaftsrecht vorrangig anzuwenden.

Bis zur Klärung durch das Bundesverfassungsgericht war zweifelhaft, ob das sekundäre Gemeinschaftsrecht auch Vorrang hat gegenüber den Bestimmungen des Grundgesetzes. Praktisch bedeutsam geht es um die Frage, ob unmittelbar anwendbares sekundäres Gemeinschaftsrecht im Streitfall durch das Bundesverfassungsgericht auf seine Vereinbarkeit mit den Grundrechten geprüft werden kann. In seiner derzeitigen Rechtsprechung lehnt das Bundesverfassungsgericht eine Prüfung der Vereinbarkeit von sekundärem Gemeinschaftsrecht mit dem Grundgesetz ab, solange die Europäische Gemeinschaft, insbesondere die Rechtsprechung des Europäischen Gerichtshofs, einen dem Grundrechtsschutz vergleichbaren Schutz gewährleistet (BVerfG vom 22. 10. 1986, BVerfGE 73, 339, 366 ff.). Primäres Gemeinschaftsrecht darf dagegen die durch Art. 79 Abs. 3 GG geschützten Verfassungsgrundsätze nicht verletzen (s. Teil F 6.2.4).

Teil B Die Geschichte des Grundgesetzes

1 Ausgangslage

Das Grundgesetz als Verfassung der Bundesrepublik Deutschland entstand in den Jahren 1948 und 1949. Seine Entstehung war in starkem Umfang durch die in vielerlei Hinsicht außergewöhnliche **geschichtliche Situation Deutschlands in der Nachkriegszeit** beeinflusst. Das gilt auch für seine Bezeichnung und einen nicht unerheblichen Teil seiner inhaltlichen Regelungen. Deshalb ist es zum Verständnis der Regelungen des Grundgesetzes wichtig, den **historischen Kontext seiner Entstehung** zu kennen und zu verstehen.

2 Die Weimarer Reichsverfassung

Vorläufer des Grundgesetzes war die Weimarer Reichsverfassung (offiziell: die »**Verfassung des Deutschen Reichs**«) vom 11.08.1919. Diese wird in der Literatur meistens mit »WRV« abgekürzt und ging im Wesentlichen auf einen Entwurf von Hugo Preuß, einem der Mitbegründer der Deutschen Demokratischen Partei (DDP), zurück. Sie wies leider einige ausgeprägte strukturelle Defizite auf, welche kurze Zeit später im Dritten Reich katastrophale Auswirkungen haben sollten.

Die Weimarer Reichsverfassung sah eine demokratische und föderative Republik mit präsidialen und parlamentarischen Elementen vor. Träger der Staatsgewalt war das Volk. Das Deutsche Reich war ein Bundesstaat, in dem die Staatsgewalt auf Bund und Gliedstaaten (Länder) verteilt war. Die Länder wurden jedoch noch weiter gegliedert und erhielten lediglich geringe Kompetenzen, wohingegen dem Bund umfassende Gesetzgebungs- und Verwaltungszuständigkeiten zustanden (sog. **unitarischer Bundesstaat**). Weitere zentrale Verfassungsprinzipien waren die Gewaltenteilung und die Grundrechte – insoweit auch erstmals die staatsbürgerliche und familienrechtliche Gleichstellung der Frauen.

Die Weimarer Reichsverfassung bestand aus vier Teilen: einer Präambel, dem ersten Hauptteil mit dem Staatsorganisationsrecht (»Aufbau und Aufgaben des Reichs«), einem zweiten Hauptteil (»Grundrechte und Grundpflichten der Deutschen«) sowie ergänzenden Übergangs- und Schlussbestimmungen.

Einige Artikel wurden seinerzeit unverändert aus der Paulskirchenverfassung von 1849 übernommen. Staatsorgane des Deutschen Reichs waren der **Reichstag**, der **Reichsrat**, der **Reichspräsident** und die **Reichsregierung** sowie der **Staatsgerichtshof**. Sowohl der Reichstag als auch der Reichspräsident wurden direkt durch das deutsche Volk gewählt, welches auch die Möglichkeit hatte, über Volksentscheide und Volksbegehren unmittelbar auf die Gesetzgebung des Reichstags einzuwirken. Der Reichspräsident war mit dem Staatsoberhaupt einer konstitutionellen Monarchie vergleichbar und wurde daher teilweise auch als »Ersatzkaiser« bezeichnet. Insbesondere war er in der Lage, den Reichstag fast nach Belieben aufzulösen. Die Reichsregierung bestand aus dem Reichskanzler und den von ihm vorgeschlagenen Reichsministern. Sowohl der Reichskanzler als auch die Reichsminister wurden nicht vom Reichstag gewählt, sondern lediglich vom Reichspräsidenten ernannt. Der Reichsrat vertrat die Länder bei der Gesetzgebung und Verwaltung des Reichs. Die Zuständigkeiten des Staatsgerichtshofes waren stark zersplittert und unvollständig; insbesondere war er nicht zuständig für die Klärung von

Verfassungsstreitigkeiten auf Ebene des Reichs. Auch bestand keine Möglichkeit zur Einleitung abstrakter oder konkreter Normenkontrollen sowie Organklagen. Die Grundrechte waren nicht als unmittelbares, die staatlichen Gewalten (Legislative, Exekutive und Judikative) bindendes Recht ausgestaltet. Sie galten vielmehr nach Maßgabe der Gesetze, anstatt deren Maßstäbe zu normieren und zu begrenzen. Der Sozialstaat war hingegen gegenüber dem Kaiserreich weitaus stärker ausgeprägt; insbesondere wurde das von Bismarck begründete Sozialversicherungswesen sowie die Arbeitslosenversicherung unmittelbar in der Verfassung verankert.

Die SPD, die Deutsche Zentrumspartei und die Deutsche Demokratische Partei verfügten in der verfassungsgebenden Weimarer Nationalversammlung noch über eine Dreiviertelmehrheit. Doch die parlamentarische Mehrheit der sich zu Republik und Demokratie bekennenden Parteien ging bereits bei der ersten Reichstagswahl im darauffolgenden Jahr verloren. Das soziale Elend und die politische Instabilität bildeten zu Beginn der 1920er Jahre einen idealen Nährboden für radikale Parteien und extremistische Strukturen. Bereits am 24.06.1922 ermordeten Rechtsextreme den Reichsaußenminister Walther Rathenau – nicht zuletzt wegen dessen jüdischer Abstammung. Rathenau wird deshalb auch als das erste Opfer des zu diesem Zeitpunkt noch gar nicht existierenden Dritten Reiches bezeichnet.

Nach einer Phase relativer Stabilität in den Jahren nach 1924 griffen im Zuge der **Weltwirtschaftskrise** ab Ende 1929 Arbeitslosigkeit, Armut und Verzweiflung um sich und eine allgemeine Katastrophenstimmung machte sich breit. Dieses Klima nutzten Gegner der Republik – Kommunisten gleichermaßen wie Nationalsozialisten – für eine beispiellose Agitation gegen den Staat, dem es nicht gelang, gegen die Krise anzukämpfen. Die NSDAP stieg in diesem Umfeld zu einer Massenbewegung auf.

3 Die Zeit des Nationalsozialismus

Am 30.01.1933 wurde **Adolf Hitler**, der selbsternannte »Führer« der Nationalsozialistischen Deutschen Arbeiterpartei (NSDAP), von dem greisen Reichspräsidenten Paul von Hindenburg zum Reichskanzler ernannt. Dieses Datum markiert gleichzeitig das **Ende der Weimarer Republik**. Die Nationalsozialisten und ihre Anhänger feierten mit Fackelzügen durch das Brandenburger Tor und Joseph Goebbels kommentierte die Ernennung am darauffolgenden Tag in seinem Tagebuch: »Es ist so weit. Wir sitzen in der Wilhelmstraße. Hitler ist Reichskanzler. Wie im Märchen. Gestern Mittag Kaiserhof: Wir warten alle. Endlich kommt er. Ergebnis: Er Reichskanzler. Der Alte [gemeint ist Reichspräsident Hindenburg] hat nachgegeben. Er war zum Schluss ganz gerührt. So ist's recht. Jetzt müssen wir ihn ganz gewinnen. Uns allen stehen die Tränen in den Augen. Wir drücken Hitler die Hand. Er hat's verdient. Großer Jubel. Unten randaliert das Volk. Gleich an die Arbeit. Reichstag wird aufgelöst.«

Hitler veranlasste tatsächlich noch während der Kabinettsbildung die **Auflösung des Reichstags** und die Ansetzung von Neuwahlen, da er sich auf diesem Wege die Erlangung einer parlamentarischen Mehrheit für die NSDAP und damit eine Festigung seines Machtanspruchs erhoffte. Darüber hinaus ermöglichte ihm die Parlamentsauflösung, sieben Wochen lang mittels Notverordnungen zu regieren. Hiervon machte die Reichsregierung – neben umfangreicher Staatspropaganda – fortan umfassend Gebrauch, um die angestrebte nationalsozialistische Machtübernahme sicherzustellen. Dabei sollte die Weimarer Reichsverfassung weiterhin fortgelten, wenngleich sie inhaltlich weitestgehend außer Kraft gesetzt wurde:

- Am 04.02.1933 wurde die »**Verordnung des Reichspräsidenten zum Schutze des deutschen Volkes**« erlassen. Diese ermöglichte der Reichsregierung unter dem Vorwand,

Gefahren abzuwehren, Zeitungen und Versammlungen zu verbieten sowie öffentliche Kritik an der Reichsregierung legal zu unterdrücken.

- Nur kurze Zeit später – am Abend des 27.02.1933 – brannte das Reichstagsgebäude. Ein am Ort des Geschehens verhafteter niederländischer Kommunist erklärte, er habe mit der Brandstiftung zum Widerstand gegen die Nationalsozialisten aufrufen wollen. Der Brand diente den Nationalsozialisten als Rechtfertigung für die »Verordnung des Reichspräsidenten zum Schutz von Volk und Staat« vom 28.02.1933, die sog. »**Reichstagsbrandverordnung**«. Mit ihr wurden fast sämtliche Grundrechte der Weimarer Reichsverfassung aufgehoben, laut Eingangssatz »zur Abwehr kommunistischer Gewaltakte« – aber das war natürlich nur ein fadenscheiniger Vorwand. Neben einer formalen Rechtsgrundlage zur legalen Verfolgung von Kommunisten, Sozialdemokraten und anderen Regimegegnern gab sie dem Reich das Recht, in die Regierungen der Länder einzugreifen, und bildete damit die Grundlage für die Gleichschaltung und Zentralisierung des gesamten staatlichen Gefüges des Deutschen Reiches. Bis heute ist umstritten, ob die Nationalsozialisten den Brand im Reichstag selbst gelegt haben, um die Machtergreifung voranzutreiben. Der mit der Verordnung geschaffene Ausnahmezustand dauerte jedenfalls bis zum Kriegsende an.

Die NSDAP konnte bei den Wahlen am 05.03.1933 – trotz umfangreicher Propaganda und zahlreicher Übergriffe auf Angehörige der KPD und SPD im Vorfeld – zwar nicht die erhoffte absolute Mehrheit erringen: »Nur« 43,9 % der Deutschen stimmten für die Partei Hitlers, wobei sie insbesondere bei den Jungwählern deutlich mehr Zustimmung erlangte als die übrigen Parteien. Zusammen mit den konservativen Koalitionspartnern reichte das aber dennoch für eine Fortführung der Regierung.

Hitler verfügte nun über umfangreiche exekutive Macht. Zur vollständigen Errichtung der von ihm angestrebten Diktatur benötigte er aber noch den Zugriff auf die Gesetzgebung. Um diesen zu erlangen, forderte er vom Reichstag nicht weniger als dessen Selbstentmachtung – durch die Zustimmung zum »Gesetz zur Behebung der Not von Volk und Reich« vom 24.03.1933, dem sog. »**Ermächtigungsgesetz**«. Dieses verfolgte unverblümt das Ziel, den Reichstag auszuschalten und die Verfassung de facto außer Kraft zu setzen. Es sah hierzu vor, dass Reichsgesetze – außer in dem in der Weimarer Reichsverfassung vorgesehenen Verfahren – zusätzlich auch durch die Reichsregierung beschlossen werden konnten. Eine Zustimmung des Reichstags und des Reichsrats war dafür nicht erforderlich. Diese von der Reichsregierung beschlossenen Gesetze konnten außerdem von der Reichsverfassung abweichen (!), soweit sie nicht gerade die Einrichtung des Reichstags und des Reichsrats als solche zum Gegenstand hatten. Im Ergebnis bedeutete dies in den meisten Fällen, dass neue Gesetze nicht mehr materiell verfassungskonform sein mussten und neben dem eigentlich in der Weimarer Reichsverfassung vorgesehenen Verfahren auch von der Reichsregierung erlassen werden konnten. Hierdurch erlangte die Exekutive insoweit auch die Zuständigkeiten der Legislative; die eigentlich in der Verfassung vorgesehene Gewaltenteilung wurde dadurch weitestgehend außer Kraft gesetzt. Unter massivem Druck votierte die Mehrzahl der Abgeordneten für das Ermächtigungsgesetz – lediglich die Abgeordneten der SPD verweigerten die Zustimmung. Es handelte sich jedoch um keine freie Abstimmung: Am Tag der Abstimmung trat Hitlers Schutzstaffel (die »SS«) erstmals umfangreich in Erscheinung und übte gemeinsam mit der Sturmabteilung (der »SA«), einer paramilitärischen Kampforganisation der NSDAP, erheblichen Druck auf die Abgeordneten des Reichstags aus, um deren Zustimmung zu dem Gesetz sicherzustellen. Die Reichstagsbrandverordnung und das Ermächtigungsgesetz traten im Ergebnis faktisch an die Stelle der Weimarer Reichsverfassung und wurden damit zur rechtlichen Grundlage des nationalsozialistischen Unrechtregimes.

Zunächst hatten die Nationalsozialisten in den meisten deutschen Ländern jedoch noch keine parlamentarischen Mehrheiten. Hier rächte sich nun der in der Weimarer Reichsverfassung nur schwach ausgeprägte Föderalismus: Die Reichsregierung entsandte bald sog. Reichskommissare in die Länder mit der Begründung, dass die öffentliche Sicherheit in den Ländern nicht mehr gewährleistet sei. Diese versuchten gemeinsam mit der SA, die Landesregierungen zu verdrängen. Verfassungsrechtliche Klagen der Länder hiergegen vor dem Staatsgerichtshof blieben im Ergebnis wirkungslos, nicht zuletzt wegen der bereits erwähnten schwach ausgeprägten Kompetenzen des Gerichtes nach der Weimarer Reichsverfassung. Bereits kurz nach dem Ermächtigungsgesetz verlangte ein **»vorläufiges Gesetz zur Gleichschaltung der Länder mit dem Reich«** die Neubildung der Länder- und Kommunalparlamente entsprechend dem Ergebnis der Reichstagswahlen vom 05.03.1933. In den Folgemonaten wurden die Länderparlamente mit weiteren Gesetzen schrittweise vollständig entmachtet. Am Ende dieser Entwicklung stand die **Auflösung des Reichsrates** am 14.02.1934. Damit war der zentralistisch organisierte Führerstaat etabliert.

Nachdem der Reichspräsident Paul von Hindenburg am 02.08.1934 im Alter von 86 Jahren gestorben war, übernahm Adolf Hitler auch das Amt des Staatsoberhauptes und bezeichnete sich fortan als »Führer und Reichskanzler«. Er hatte nun die unbeschränkte Herrschaft im Reich inne und damit sämtliche Voraussetzungen für die Umsetzung der politischen Kernziele des Nationalsozialismus geschaffen: die Gründung einer totalitär gleichgeschalteten Volksgemeinschaft, die in der Lage war, einen totalen Vernichtungskrieg zu führen. An dessen Ende sollte nach seiner Vorstellung die vollständige Vernichtung der europäischen Juden stehen. Ganz so weit kam es glücklicherweise nicht.

4 Die Entstehung des Grundgesetzes

Durch die bedingungslose **Kapitulation der deutschen Wehrmacht** im Zweiten Weltkrieg am 07. und 08.05.1945 räumte die deutsche Staatsführung den alliierten Siegermächten das Recht ein, alle militärischen und politischen Angelegenheiten Deutschlands zu regeln. Hierdurch wurde nicht nur der Krieg beendet, sondern auch die staatliche Existenz des Deutschen Reichs. In der Folge teilten die alliierten Siegermächte (USA, Großbritannien, Frankreich und die Sowjetunion) Deutschland in **vier Besatzungszonen** auf und übernahmen aufgrund der »Deklaration in Anbetracht der Niederlage Deutschlands« vom 05.06.1945 die Regierungsgewalt.

Die wichtigsten Ziele der Besatzungspolitik waren zunächst die Entnazifizierung und die Entmilitarisierung Deutschlands. Bald kam es jedoch zu gravierenden Meinungsverschiedenheiten zwischen den drei westlichen Besatzungsmächten (USA, Großbritannien und Frankreich) einerseits und der Sowjetunion andererseits über den Kurs des politischen und wirtschaftlichen Neuanfangs in Deutschland. Diese führten im Ergebnis zu einer **Zweistaatenlösung für Deutschland**. Während auf dem Gebiet der sowjetischen Besatzungszone mit der Deutschen Demokratischen Republik ein diktatorisch regierter realsozialistischer Staat entstand, entschieden die westlichen Besatzungsmächte auf der Londoner Sechsmächtekonferenz gemeinsam mit den Beneluxstaaten, die Errichtung eines föderalen westdeutschen Staates voranzutreiben. Es wurde eine Währungsreform durchgeführt und die Militärgouverneure der drei Westzonen autorisierten die Ministerpräsidenten der elf westdeutschen Länder, eine **verfassungsgebende Versammlung** einzuberufen, um die Gründung eines westdeutschen Staates mit »einer freien und demokratischen Regierungsform« anzugehen. Dazu sollte eine Verfassung ausgearbeitet werden, »die für die beteiligten Länder eine Regierungsform des föderalistischen

Typs schafft, die am besten geeignet ist, die gegenwärtig zerrissene deutsche Einheit schließlich wiederherzustellen, und die Rechte der beteiligten Länder schützt, eine angemessene Zentral-Instanz schafft und die Garantien der individuellen Rechte und Freiheiten enthält« (Dokument Nr. 1 der »Frankfurter Dokumente« vom 01. 07. 1948).

Da die Ministerpräsidenten befürchteten, dass die Errichtung eines westdeutschen Staates die Teilung Deutschland vertiefen werde, einigte man sich darauf, dass der neue Staat nur ein Provisorium sein dürfe. Der Hamburger Bürgermeister regte daher an, die Verfassung »**Grundgesetz**« (und eben nicht »Verfassung«) zu nennen, um den nicht endgültigen Charakter auch in der Bezeichnung deutlich zu machen. Aus demselben Grund sollte die Versammlung zur Ausarbeitung des Grundgesetzes nicht als Nationalversammlung, sondern als »Parlamentarischer Rat« bezeichnet und auf einen Volksentscheid verzichtet werden. Inhaltlich sollte sich der provisorische Charakter jedoch in keiner Weise niederschlagen: Es war von Anfang an vorgesehen, eine vollwertige Verfassung zu erarbeiten und in Kraft zu setzen.

Zur Vorbereitung der Verfassungsgebung tagte im Auftrag der Ministerpräsidenten der westdeutschen Länder und von der Öffentlichkeit fast gar nicht beachtet vom 10. bis 23. 08. 1948 zunächst ein vorbereitender Verfassungskonvent im Alten Schloss auf der Insel Herrenchiemsee. Teilnehmer dieses Verfassungskonvents waren neben jeweils einem Bevollmächtigten der elf Länder der Westzone sowie Berlins auch einige Mitarbeiter der stimmberechtigten Bevollmächtigten sowie eine geringe Anzahl juristischer Sachverständiger. Deren Aufgabe sollte es sein, einen Verfassungsentwurf auszuarbeiten, der dem Parlamentarischen Rat als Grundlage für die Ausarbeitung der neuen Verfassung dienen sollte. Die letzten Endes 95 Druckseiten umfassende Ausarbeitung des vorbereitenden Verfassungskonvents wird gemeinhin als »**Herrenchiemseer Verfassungsentwurf**« bezeichnet und bildete die Grundlage für die Beratungen des am 01. 09. 1948 in Bonn konstituierten Parlamentarischen Rates.

Der **Parlamentarische Rat** bestand aus 65 Abgeordneten, die von den elf westdeutschen Landtagen gewählt wurden. Unter ihnen befanden sich auch vier Frauen, was seinerzeit noch außergewöhnlich war. Er wählte in seiner konstituierenden Sitzung Konrad Adenauer (CDU) zu seinem Vorsitzenden.

Inhaltlich orientierte sich der Parlamentarische Rat eng am Herrenchiemseer Entwurf, der bereits deutlich die Grundzüge des späteren Grundgesetzes aufwies. Auch die in diesem Entwurf gewählten Bezeichnungen der vorgesehenen Verfassungsorgane (Bundestag, Bundesrat, Bundespräsident, Bundesregierung und Bundesverfassungsgericht) wurden vom Parlamentarischen Rat unverändert übernommen. Entsprechendes galt für zahlreiche inhaltliche Abweichungen von der Weimarer Reichsverfassung, die vorgesehen waren, um die Stabilität der zweiten deutschen Republik sicherzustellen. Dies betraf insbesondere die folgenden Bereiche:

- Der fast vollständige **Verzicht auf plebiszitäre Elemente** (Volksabstimmungen),
- die **Stärkung des Bundestages und des Bundeskanzlers gegenüber dem Bundespräsidenten**, für den nur noch geringe Machtbefugnisse vorgesehen waren,
- die **Einführung des konstruktiven Misstrauensvotums** (Art. 67 GG) und
- die **Aufnahme des Grundsatzes der streitbaren Demokratie** mit dem **Schutz der freiheitlichen demokratischen Grundordnung** durch eine Vielzahl einzelner Regelungen.

Umstritten blieb hingegen bis zuletzt die Verteilung der Kompetenzen zwischen dem Bund einerseits und den Ländern andererseits – vor allem in Hinblick auf die Finanzen. Die Vertreter von CDU und CSU sowie die Militärgouverneure der Westmächte präferierten weitreichende Länderkompetenzen, wohingegen die SPD und die FDP eine starke Bundesgewalt mit umfangreichen Steuererhebungskompetenzen und einem Länderfinanzausgleich vorsahen. Letztere setzten sich im Ergebnis weitgehend durch.

Der **Beschluss des Grundgesetzes** durch den Parlamentarischen Rat gemäß Art. 145 Abs. 1 GG erfolgte am 08.05.1949 mit 53 zu 12 Stimmen. Am 12.05.1949 wurde das Grundgesetz von den Militärgouverneuren der britischen, französischen und amerikanischen Besatzungszone mit wenigen Vorbehalten genehmigt.

Daraufhin erfolgte die **Annahme durch die Länderparlamente**. Gemäß Art. 144 Abs. 1 GG bedurfte das Grundgesetz der Annahme durch die Volksvertretungen in zwei Dritteln der deutschen Länder, in denen es zunächst gelten sollte. Eine Volksabstimmung über das Grundgesetz war wie bereits erwähnt nicht vorgesehen und fand auch zu keinem Zeitpunkt statt. Die Zustimmung des Volkes zum Grundgesetz erfolgte vielmehr mittelbar durch dessen spätere Teilnahme am Verfassungsleben. Der Bayerische Landtag hat das Grundgesetz in der Nacht vom 19. auf den 20.05.1949 als einzige deutsche Volksvertretung abgelehnt und bis heute nicht ausdrücklich ratifiziert. Nach der Ratifizierung in den übrigen Bundesländern wurde das Grundgesetz am 23.05.1949 in einer feierlichen Sitzung des Parlamentarischen Rates durch den Präsidenten und die Vizepräsidenten gemäß Art. 145 Abs. 1 GG **ausgefertigt und verkündet**. Das Grundgesetz trat nach Art. 145 Abs. 2 GG mit Ablauf dieses Tages am 24.05.1949 in Kraft. Damit war die Bundesrepublik Deutschland gegründet – die Verkündung des Grundgesetzes ist also gleichzeitig auch die **Geburtsstunde der Bundesrepublik Deutschland**.

In sehr komprimierter Form ist die Entstehungsgeschichte in der der Präambel vorangestellten Verkündungsformel des Grundgesetzes dargestellt.

Anschließend wurde am 14.08.1949 aufgrund eines ebenfalls durch den Parlamentarischen Rat eigens dafür geschaffenen Wahlgesetzes der **erste Deutsche Bundestag** gewählt, welcher wiederum Konrad Adenauer zum **ersten Bundeskanzler** der Bundesrepublik Deutschland wählte. Die erste Bundesversammlung wählte am 12.09.1949 Theodor Heuss zum **ersten Bundespräsidenten** der Bundesrepublik Deutschland.

Am 10.05.1949 hat der Parlamentarische Rat auch über die **Hauptstadtfrage** entschieden. Berlin schied seinerzeit aufgrund der teilweisen sowjetischen Besatzung faktisch aus. Die Entscheidung fiel daher zwischen Frankfurt am Main und Bonn, wobei Bonn nicht zuletzt deshalb das Rennen machte, weil man im Parlamentarischen Rat der Auffassung war, dass die Wahl von Bonn als Hauptstadt dem provisorischen Charakter der neuen Republik in besonderem Maße gerecht wurde.

5 Die deutsche Wiedervereinigung

Seit Mitte der 1980'er Jahre leitete Michail Gorbatschow als Generalsekretär des Zentralkomitees der Kommunistischen Partei der Sowjetunion im Zuge im Zuge der sog. **Perestroika** tiefgreifende Umgestaltungen zur Modernisierung des gesellschaftlichen, politischen und wirtschaftlichen Systems der Sowjetunion ein. Auch wenn sich die politische Führung der Deutschen Demokratischen Republik von diesen Reformen abgrenzte und an ihrem starren Kurs festhielt, konnte sie im Ergebnis die friedliche Revolution und als deren Resultat die **Öffnung der Berliner Mauer am 09.11.1989** und damit den Zerfall des politischen Systems der DDR nicht mehr aufhalten. Im zwischen der Bundesrepublik Deutschland, der Deutschen Demokratischen Republik sowie Frankreich, der Sowjetunion, Großbritannien und den Vereinigten Staaten von Amerika abgeschlossenen »Vertrag über die abschließende Regelung in Bezug auf Deutschland« (dem sog. **»Zwei-plus-Vier-Vertrag«**) haben die Siegermächte des Zweiten Weltkriegs der Einheit der beiden deutschen Staaten zugestimmt und dem vereinten Deutschland die volle Souveränität über seine inneren und äußeren Angelegenheiten zuerkannt.

Wichtiger Schritt auf diesem Weg waren die **ersten freien Volkskammerwahlen** am 18.03.1990. Dabei wurde die Alleinherrschaft der Sozialistischen Einheitspartei Deutschlands (SED) gebrochen, und das Drei-Parteien-Bündnis »Allianz für Deutschland« aus CDU, Demokratischem Aufbruch und Deutscher Sozialer Union (DSU) konnte insgesamt 48,1 % der Stimmen erzielen. Dieses Bündnis bildete daraufhin gemeinsam mit der SPD eine große Koalition.

Zum damaligen Zeitpunkt gingen die führenden Akteure – vermutlich zutreffend – davon aus, dass außenpolitisch nur ein kleines Zeitfenster für die Wiedervereinigung Deutschlands vorhanden sei. Es war also rasches Handeln geboten.

Verfassungsrechtlich gab es für die **Umsetzung der Wiedervereinigung** zwei Möglichkeiten: Über den Weg eines Beitritts der DDR nach dem damaligen Art. 23 GG a. F. oder über eine Vereinigung mittels einer neuen Verfassungsgebung nach Art. 146 GG. Die erste Variante, der Weg des Beitritts über Art. 23 GG a. F., sah die Beibehaltung des Grundgesetzes unter Ausdehnung auf das Gebiet der bisherigen DDR vor, wohingegen das Grundgesetz beim Gang über Art. 146 GG seine Geltung verloren hätte und durch eine neue Verfassung – dann aber ohne die formellen und materiellen Einschränkungen des Art. 79 GG – abgelöst worden wäre.

Es lief nicht auf einen vollständigen Neuanfang hinaus: Im Ergebnis wurde die Wiedervereinigung Deutschlands durch den **Beitritt der DDR zur Bundesrepublik Deutschland** durch Beschluss der Volkskammer vom 23.08.1990 gemäß Art. 23 Satz 2 GG a. F. zum 03.10.1990 umgesetzt. Diese Variante wurde als risikoärmer und schneller umsetzbar betrachtet und entsprach dem damaligen Willen der Mehrheit des Volkes in beiden Teilen Deutschlands.

Die einzelnen rechtlichen Grundlagen der Wiedervereinigung wurden im »Vertrag zwischen der Bundesrepublik Deutschland und der Deutschen Demokratischen Republik über die Herstellung der Einheit Deutschlands«, dem sog. **Einigungsvertrag** geregelt. Sie betrafen neben dem eigentlichen Beitritt die folgenden Punkte:

- Die Inkraftsetzung des Grundgesetzes (und des Großteils des übrigens Rechts der Bundesrepublik Deutschland) in der ehemaligen DDR,
- die Festlegung Berlins als gemeinsamer Hauptstadt,
- die Übernahme des Vermögens und der Staatsschulden der DDR durch die Bundesrepublik
- sowie den endgültigen Verzicht Deutschlands auf seine ehemaligen Ostgebiete Schlesien, Hinterpommern und Ostpreußen.

Dadurch war die Wiedervereinigung Deutschlands rechtlich besiegelt. In die neu gefasste Präambel wurde der folgende Satz aufgenommen: »Damit gilt dieses Grundgesetz für das gesamte Deutsche Volk.« Am 03.12.1990 wurde daraufhin das **erste gesamtdeutsche Parlament nach dem Zweiten Weltkrieg** gewählt. Die bis zu diesem Zeitpunkt noch vorhandenen Einschränkungen der deutschen Souveränität haben die Siegermächte im Zwei-plus-Vier-Vertrag »[...] in dem Bewußtsein, daß ihre Völker seit 1945 miteinander in Frieden leben [...]«, aufgehoben.

6 Fehlende demokratische Legitimation des Grundgesetzes?

Die demokratische Legitimation des Grundgesetzes wurde in den Anfangsjahren der »Bonner Republik« wiederholt in Frage gestellt, weil das Grundgesetz weder von einer Nationalversammlung ausgearbeitet, noch durch eine Volksabstimmung angenommen wurde.

Rein formal betrachtet treffen beide Punkte zu. Gleichwohl hat das deutsche Volk jedoch eindeutig und wiederholt sein Bekenntnis zum Grundgesetz zum Ausdruck gebracht: In sämtlichen Bundestagswahlen nach 1949 wurden von den Wahlberechtigten fast ausnahmslos diejenigen politischen Parteien, die sich klar zur grundgesetzlichen Verfassungsordnung bekannten, gewählt. Das gilt auch für die erste freie Wahl zur Volkskammer in der DDR. Auch hier wurden weit überwiegend Parteien gewählt, die auf den Beitritt zur Bundesrepublik und damit auf die Übernahme der grundgesetzlichen Ordnung in den ostdeutschen Ländern hinwirkten. Materiell kann man daher aufgrund dieser breiten Akzeptanz nicht davon ausgehen, dass das deutsche Volk das Grundgesetz zwischenzeitlich nicht hinreichend demokratisch legitimiert hätte.

7 Bedeutung und inhaltliche Gliederung des Grundgesetzes

Das Grundgesetz ist die **Verfassung der Bundesrepublik Deutschland**. Es enthält die grundlegenden Bestimmungen über Organisation und Ausübung der Staatsgewalt. Aufgrund des Grundsatzes des Vorrangs der Verfassung (Normenhierarchie) steht es im Rang über den einfachen Gesetzen. Der Vorrang der Verfassung und die gemäß Art. 79 Abs. 3 GG erschwerte Abänderbarkeit unterscheidet das Grundgesetz auch formell deutlich von den übrigen Gesetzen.

Dem Grundgesetz vorangestellt ist eine **Präambel**: Diese erläutert die die Verfassung tragenden Beweggründe, die Entstehung und das Selbstverständnis des Grundgesetzes. Die Präambel betont die gleichberechtigte Stellung Deutschlands in einem vereinten Europa. Ihr zweiter Satz ist erstaunlicherweise die einzige Stelle des Grundgesetzes, an der die einzelnen deutschen Bundesländer namentlich aufgeführt werden. Nach herrschender Auffassung ist die Präambel aufgrund ihres Wortlauts und ihrer systematischen Stellung integraler Bestandteil des Grundgesetzes.

Letzteres gilt nicht für die allermeisten Überschriften der einzelnen Artikel des Grundgesetzes. Lediglich Art. 45d GG enthält eine zum Verfassungstext gehörende Überschrift (»Parlamentarisches Kontrollgremium«). Alle anderen in den meisten Gesetzessammlungen enthaltenen Überschriften sind nichtamtliche redaktionelle Überschriften, die die jeweiligen Verlage zur Verbesserung der Übersichtlichkeit und der Lesbarkeit eingefügt haben. Textlich deutlich gemacht wird dies durch die eckigen Klammern um die Überschriften. Nichtamtliche Überschriften können nicht zur Auslegung des Verfassungstextes herangezogen werden, da sie nicht dessen Bestandteil sind.

Das Grundgesetz ist in einzelne Abschnitte unterteilt und wie folgt gegliedert:

I.	Art. 1-19 GG	Die Grundrechte	(s. Teil J)
II.	Art. 20-37 GG	Der Bund und die Länder	(s. Teil D 5)
III.	Art. 38-48 GG	Der Bundestag	(s. Teil F 2)
IV.	Art. 50-53 GG	Der Bundesrat	(s. Teil F 3)
IVa.	Art. 53a GG	Gemeinsamer Ausschuß	
V.	Art. 54-61 GG	Der Bundespräsident	(s. Teil F 4)
VI.	Art. 62-69 GG	Die Bundesregierung	(s. Teil F 5)
VII.	Art. 70-82 GG	Die Gesetzgebung des Bundes	(s. Teil G)
VIII.	Art. 83-91 GG	Die Ausführung der Bundesgesetze und die Bundesverwaltung	(s. Teil H)
VIIIa.	Art. 91a-91e GG	Gemeinschaftsaufgaben, Verwaltungszusammenarbeit	

IX.	Art. 92–104 GG	Die Rechtsprechung	(s. Teil F 6)
X.	Art. 104a–115 GG	Das Finanzwesen	(s. Teil I)
Xa.	Art. 115a–115 l GG	Verteidigungsfall	
XI.	Art. 116–146	Übergangs- und Schlußbestimmungen	

Die **Weimarer Reichsverfassung** bestand ebenfalls aus einer Präambel, zwei Hauptteilen und einigen Übergangs- und Schlussbestimmungen. Der erste Hauptteil regelte den »Aufbau und die Aufgaben des Reichs« und enthielt Regelungen zur Staatsform, zu den Staatsorganen und zur Gesetzgebung, Verwaltung und Rechtspflege im Reich. Erst im darauffolgenden zweiten Hauptteil waren die »Grundrechte und Grundpflichten der Deutschen« geregelt.

Anders als die Weimarer Reichsverfassung stellt das Grundgesetz die **Grundrechte** im Abschnitt I unmittelbar an den Anfang der Verfassung. Diesem Aufbau folgt auch die Mehrheit der Verfassungen der deutschen Bundesländer. Durch die Voranstellung wird deren Bedeutung nochmals begrifflich hervorgehoben, auch wenn sich durch diesen Aufbau keine unmittelbaren Auswirkungen im Hinblick auf Geltung oder Umfang der Grundrechte ergeben. Der Abschnitt II enthält die elementaren **Staatsgrundlagen** (Republik, Demokratie, Sozialstaatlichkeit, Bundesstaatlichkeit und Rechtsstaatlichkeit) und weitere zentrale Regelungen, die unter anderem das Verhältnis zwischen Bund und Ländern und der Bundesrepublik zur Europäischen Union festlegen. Die in den Abschnitten III bis VI enthaltenen Regelungen beinhalten das klassische **Staatsorganisationsrecht**. In den Abschnitten VII bis IX sind die zentralen **Staatsfunktionen** in den Bereichen Legislative, Exekutive und Judikative geregelt. Im Abschnitt X ist schließlich die **Finanzverfassung** geregelt, die eine sehr hohe praktische Bedeutung hat. Dort sind unter anderem die Finanzhoheiten, der Finanzausgleich und das Haushaltsverfassungsrecht geregelt.

Änderungen des Grundgesetzes erfolgen durch verfassungsändernde Gesetze. Diese sind nicht uneingeschränkt zulässig und erfordern besondere, in Art. 79 GG geregelte Voraussetzungen. Gemäß Art. 146 GG gilt das Grundgesetz bis zu dem Tage, »an dem eine Verfassung in Kraft tritt, die von dem deutschen Volke in freier Entscheidung beschlossen worden ist«.

Teil C Die Grundpfeiler des Staates

1 Das Wesen des Staates

Ein voll funktionsfähiger Staat, der eine alleinige, umfassende und prinzipiell unbegrenzte Herrschaftsmacht ausübt, in dem das Staatsvolk sich zu diesem Staat bekennt und innerhalb gesicherter Staatsgrenzen lebt, ist die unabdingbare Voraussetzung für ein gedeihliches und friedliches Zusammenleben zwischen den dort lebenden Menschen. Wer die durch Bürgerkriege und äußere Bedrohung auseinanderfallenden Staatsgebilde (sog. failed states) in Afrika und im Nahen Osten erlebt und sieht, wie viel Leid, Elend und Vertreibung damit verbunden ist, erkennt die überlebenswichtige Bedeutung des Staats und seiner Ordnung durch einen funktionierenden Staatsapparat. Sinn und Aufgabe des Staates sind die Sicherung des inneren und äußeren Friedens, die Schaffung von Rechtssicherheit und die Daseinsvorsorge. Der Staat ist nicht für sich, sondern für die in seinem Gebiet lebenden Menschen da.

Seit der Entstehung der Territorialstaaten zu Beginn der Neuzeit ist das Staatsgebilde die Grundvoraussetzung gesellschaftlicher und ökonomischer Existenz einer Gruppe. Ohne das Korsett des Staates kann kein geregeltes Leben stattfinden. Über die Qualität des zivilen Lebens im Staat ist damit noch keine Aussage getroffen. Sie wird von der **Staatsform**,, also dem herrschenden politischen System bestimmt. Von totalitären Diktaturen bis hin zu freiheitlichen, rechtsstaatlichen und liberalen Herrschaftsformen kann die innere Ordnung ausgestaltet sein, ohne dass der Staat als solcher in Frage gestellt wird. In Frage steht dann dessen **Legitimität**, wenn die Staatsform nicht von der Mehrheit des Volkes gebilligt wird.

Von der Legitimität ist die **Legalität**,, die eine Aussage darüber trifft, wie die Macht im Staat erworben wird, zu unterscheiden. Herrschaftsmacht kommt legal zu Stande, wenn sie entsprechend aller verfassungsrechtlichen Vorgaben entsteht. Die Legalität ist wie die Legitimität für das Vorhandensein eines Staates aber ohne Bedeutung und kein notwendiges Merkmal der Staatsgewalt. Minimalvoraussetzung für die Existenz eines Staates ist seine Hoheit über eine definierte Gruppe in einem definierten Raum. Die von dem Staatsrechtler Georg Jellinek begründete **Drei-Elementen-Lehre** definiert folglich den Staat als eine Körperschaft, durch die auf einem abgegrenzten Gebiet der Erdoberfläche **(Staatsgebiet)**) eine Gesamtheit von Menschen **(Staatsvolk)**) unter hoheitlicher Gewalt **(Staatsgewalt)**) steht. Als juristisch-völkerrechtliche Begriffe sind diese drei Elemente die Grundvoraussetzung staatlicher Existenz, ohne dass die jeweilige politische Ordnungs- und Organisationsform berücksichtigt wird. Sie drücken einzig die Faktizität eines Staates aus.

MERKSATZ:

Die Existenz eines Staates ist nicht davon abhängig, dass er von anderen Staaten völkerrechtlich anerkannt wird. Die DDR war zweifellos ein Staat, wurde jedoch von der Bundesrepublik Deutschland nicht anerkannt.

Jeder Staat ist jedoch auf ein Minimum an Unterstützung durch das Staatsvolk angewiesen. Bekennen sich weite Teile der Bevölkerung nicht zu ihrem Staat, wird er nicht dauerhaft existieren können. Jeder Staat schwört deshalb das Staatsvolk in verschiedenen Formen auf die staatliche Einheit ein und umgibt sich mit **nationalen Symbolen** wie die Nationalhymne, die Nationalflagge, nationale Feiertage und staatliche Orden, welche ein Zusammengehörigkeitsgefühl innerhalb der Bevölkerung hervorrufen sollen. Totalitäre Staaten bedienen sich in extremer Weise der Symbole der nationalen Einheit und schwören das Volk auf den Staat ein. Beispielsweise spielten in der ehemaligen DDR Aufmärsche und Aktionen zur nationalen Einheit mit massenpsychologischer Ausrichtung eine ganz besondere Rolle. Wenn diese aber nur noch Staffage und innerlich hohl sind, geht ihre integrative Wirkung verloren. Die pompöse Feier des 40. Jahrestags der Gründung der DDR im Jahre 1989, der kurz darauf das Auseinanderbrechen der DDR als Staat folgte, zeigt dies deutlich.

Ein Staat mit seinem bestehenden Staatsgebiet ist nicht auf Dauer gesetzt. Das Rechtsgebilde Staat steht in Abhängigkeit zu den gesellschaftlichen Entwicklungen und muss sich in seiner Eigenstaatlichkeit ständig behaupten. Während in Europa über Jahrhunderte durch das Ergebnis kriegerischer Auseinandersetzungen die Eigenstaatlichkeit vieler Gebiete und die Grenzen sich ständig verändert haben und die Staaten Gebietsteile abgeben mussten oder hinzugewonnen haben, streben heute Volksgruppen wie die Schotten, Basken, Flamen oder Katalanen nach einem eigenen, unabhängigen Staat. Diese Entwicklung wird dadurch gefördert, dass die Regionen, in denen diese Volksgruppen leben, das Dach Europas und nicht das Dach ihres Territorialstaats als schützenden Hort ansehen. Wenn es nicht zu einer einvernehmlichen oder verfassungskonformen Abspaltung vom Mutterland kommt, ist die Gründung eines neuen Staates innerhalb der Grenzen eines bestehenden Staates illegal und widerspricht dem Völkerrecht, das eine **territoriale Integrität**, also die Unverletzlichkeit des Hoheitsgebiets eines Staats, zum Inhalt hat. Ein **Sezessionsrecht** entsteht als letztes Mittel nur dann, wenn ein Bevölkerungsteil durch den Mutterstaat schweren Menschenrechtsverletzungen ausgesetzt wird. Mit diesem völkerrechtlichen Grundsatz wird die Abspaltung des Kosovo von Serbien von den meisten westlichen Staaten anerkannt.

2 Staat, Staatsapparat und Gesellschaft

Der Staat im geschilderten staatsrechtlichen Sinne und der **Staatsapparat** stehen in einem engen wechselseitigen Verhältnis, weil der Staatsapparat den Staat trägt. Zum Staatsapparat zählt zunächst die herrschende Regierung und die ihr untergeordnete **staatliche Verwaltung**. Sie allein steuern und lenken aber nicht den Staat. Es ist die Gesamtheit der **gesellschaftlichen Kräfte**, die politischen Einfluss ausüben, die letztlich für einen funktionsfähigen Staat verantwortlich ist. Deshalb ist der entscheidende Stabilitätsfaktor für einen Staat eine breit in der Mitte verankerte Gesellschaft. Mitte der Gesellschaft besagt dabei zweierlei: In sozialer Hinsicht geht es um die Mitte zwischen oben und unten, in politischer Hinsicht zwischen links und rechts (Christoph Degenhardt). Staatskunst ist also, das Staatsvolk nicht auseinanderzudividieren, sondern dafür zu sorgen, dass es eine breite gesellschaftliche Mitte gibt. Eine Mitte, die gegen die von außen wirkenden Fliehkräfte gewappnet und immun ist. Im demokratischen Staat ist es die politische Aufgabe der Regierung wie aller Staatsbürger, einen Meinungsbildungsprozess zu führen, der auf den Zusammenhalt der Gesellschaft und nicht auf Spaltung ausgerichtet ist. Eine Ausgrenzung von Teilen der Gesellschaft ist nur dann angebracht, wenn diese den Boden des Rechts verlässt.

3 Das Staatsgebiet

3.1 Die Staatsgrenzen

Der Staat benötigt einen räumlich genau abgegrenzten Raum, in dem das Staatsvolk gesichert lebt und in dem er Staatsgewalt ausübt. Bestimmt wird dieses Gebiet durch die Staatsgrenzen, die nach völkerrechtlichen Grundsätzen und Verträgen festgelegt sind.

BEISPIEL

Die deutsch-polnische Grenze (sog. Oder-Neiße-Grenze) wurde von den Alliierten zum Ende des Zweiten Weltkriegs festgelegt, dann 1950 durch die DDR anerkannt und schließlich bei der Wiedervereinigung der beiden deutschen Staaten vertraglich bestätigt (Art. 1 des sog. Zwei plus Vier-Vertrags).

Das Staatsgebiet der Bundesrepublik Deutschland besteht aus den Gebieten der deutschen Länder. Jedes Landesgebiet ist gleichzeitig Bundesgebiet. Zu diesem gehört auch der (technisch beherrschbare) **Luftraum** über dem Territorium.

BEISPIEL

Ausländische Luftverkehrsgesellschaften müssen beim Überflug über ein Land ein Überflugrecht haben und Gebühren zahlen. Satelliten, die sich auf einer Umlaufbahn mehrere zehntausend Kilometer über der Erdoberfläche befinden, berühren dagegen nicht ein Staatsgebiet.

Auch das **Erdinnere** gehört pyramidenförmig bis zum Erdmittelpunkt zum Staatsgebiet. Dies hat besondere Bedeutung für die Gewinnung von Bodenschätzen.

Seeseitig erstreckt sich zunächst das Staatsgebiet bis zu der Wasserlinie, die bei Tiefebbe erreicht wird. Das UN-Seerechtsübereinkommen (SRÜ) von 1982 erlaubt jedem Vertragsstaat, sein Hoheitsgebiet von ehemals 3 auf 12 Seemeilen senkrecht zur Niederwasserlinie auszuweiten. Von dieser Möglichkeit hat die Bundesrepublik Deutschland im Jahre 1994 für die Nordsee vollständig und für die Ostsee teilweise Gebrauch gemacht. Damit gehört das Küstenmeer zum Staatsgebiet der Bundesrepublik. Die Bundesrepublik Deutschland übt dort Staatsgewalt aus mit der Einschränkung, dass durchfahrenden ausländischen Schiffen die unschädliche Durchfahrt gestattet werden muss (Art. 17 ff. SRÜ).

BEISPIEL

Wirtschaftliche Tätigkeiten innerhalb der Zwölfmeilenzone unterliegen dem deutschen Steuerrecht.

Vor der **Zwölfmeilenzone** liegt die sog. **Anschlusszone**, die sich zwischen 12 und 24 Seemeilen erstreckt. In dieser Zone kann die Bundesrepublik Deutschland zur Gefahrenabwehr und zum Erhalt der Fischbestände beschränkte Gewalt ausüben, ohne dass diese Zone zum Inland gehört. Schließlich gibt es noch die **200-Meilen-Wirtschaftszone**, in der dem Küstenstaat völkerrechtlich gesichert das Ausbeuterecht (z. B. der Fischfang) sowie Umweltschutzrechte (z. B. die Durchsetzung der Meeresumweltvorschriften bei durchfahrenden Schiffen) zustehen. Die Wirtschaftszone spielt zunehmend für die Errichtung von Off-Shore-Windkraftanlagen eine Rolle. Zum Inland gehören auch deutsche Handelsschiffe auf hoher See, soweit sie unter deutscher Flagge fahren.

Das deutsche Steuerrecht knüpft ebenfalls an das Staatsgebiet an. Nach § 1 Abs.1 EStG erstreckt sich die Steuerpflicht auf alle natürlichen Personen, die im »Inland« ihren Wohnsitz oder ihren gewöhnlichen Aufenthaltsort haben. Der Begriff Inland in § 1 Abs. 1 EStG ist identisch mit dem Staatsgebiet der Bundesrepublik Deutschland. Zum Inland im steuerlichen Sinne gehören über die völkerrechtliche Festlegung des Staatsgebiets hinaus des Weiteren:

- der Anteil am Festlandssockel, soweit dort Naturschätze des Meeresgrundes und des Meeresuntergrundes erforscht oder ausgebeutet werden (z. B. Erdgas),
- der Anteil an der ausschließlichen Wirtschaftszone, soweit dort Energieerzeugungsanlagen errichtet oder betrieben werden, die erneuerbare Energien nutzen (z. B. Windkraftanlagen).

Die dort erzielten Einkünfte sind damit Inlandseinkünfte.

Seit dem Bestehen der Bundesrepublik Deutschland sind deren Staatsgrenzen zweimal nennenswert verändert worden. Durch den **Beitritt des Saarlands** zur Bundesrepublik Deutschland am 01.01.1957 wurde das Bundesgebiet erstmals erweitert. Die zweite Gebietserweiterung wurde im Zuge der **Wiedervereinigung Deutschlands** durch den sog. **Zwei plus Vier-Vertrag** vom 12.09.1990 möglich, den die vier Siegermächte des Zweiten Weltkriegs (Vier) mit der Bundesrepublik Deutschland und der Deutschen Demokratischen Republik (Zwei) schlossen. In diesem Vertrag wurde festgelegt, dass das vereinigte Deutschland die Gebiete der Bundesrepublik Deutschland, der Deutschen Demokratischen Republik und Gesamtberlins umfassen wird. Die deutsche Seite sicherte in dem Vertrag zu, dass die Außengrenzen dieses Gebiets endgültig seien und in Zukunft keine weiteren Gebietsansprüche erhoben werden.

3.2 Gebiets- und Personalhoheit

Innerhalb der räumlichen Grenzen seines Staatsgebiets übt der Staat Staatsgewalt aus. Er hat dort die alleinige und uneingeschränkte Herrschaftsmacht (s. 4). Diese Fähigkeit wird als **Gebietshoheit** bezeichnet. Die Gebietshoheit ist allumfassend. Sie erstreckt sich grundsätzlich auf sämtliche Personen und Sachen, die sich im Staatsgebiet befinden, also auch auf ausländische Personen und Sachen, die nicht im Eigentum einer inländischen Person stehen. Umgekehrt kann ein Staat nicht auf fremdem Staatsgebiet tätig werden (sog. negative Funktion der Gebietshoheit).

BEISPIELE

a) Ein Ausländer, der in Deutschland eine Straftat begeht, wird nach deutschem Recht durch die deutsche Justiz verurteilt.

b) Ein verkehrsuntaugliches Fahrzeug eines Ausländers, das in Deutschland unterwegs ist, kann von der deutschen Polizei beschlagnahmt werden.

c) Ein Ausländer, der in Deutschland Einkommen erzielt, unterliegt dem deutschen Steuerrecht.

d) Von einem in den USA lebenden Deutschen kann der deutsche Fiskus keine Steuerschuld eintreiben. Zu beachten ist aber, dass eine EU-weite Vollstreckung von Steuerforderungen auf der Grundlage der EU-Beitreibungsrichtlinie möglich ist.

Das Staatsgebiet ist auch für das Steuerrecht von Relevanz, da der Begriff »Inland« als Anknüpfungspunkt für die Besteuerung in vielen Steuergesetzen eine Rolle spielt. Der steuerrechtliche Begriff »Inland« bezeichnet das Staatsgebiet der Bundesrepublik Deutschland.

BEISPIELE:

a) Ein italienischer Staatsbürger betreibt eine Pizzeria in Rom und Stuttgart. Für die Einnahmen aus der Pizzeria in Stuttgart ist er in Deutschland steuerpflichtig.

b) Ein iranischer Staatsbürger verkauft im eigenen Namen über seinen Bruder in Deutschland Teppiche, die in seinem Heimatland hergestellt wurden. Die Einkünfte daraus resultieren aus einer Tätigkeit, die auf deutschem Staatsgebiet, also im Inland ausgeübt wurde. Es handelt sich um inländische gewerbliche Einkünfte (§ 49 Abs. 1 Nr. 2a EStG), die er nach § 1 Abs. 4 EStG zu versteuern hat.

c) Ein österreichischer Staatsangehöriger kauft in Stuttgart eine Immobilie. Er erfüllt durch den Abschluss eines Grundstückkaufvertrags den Tatbestand des § 1 Abs. 1 Nr. 1 GrEStG und ist gem. § 13 Nr. 1 GrEStG Steuerschuldner. Das Finanzamt Stuttgart kann ihn (neben dem Verkäufer als Gesamtschuldner) zur Grunderwerbssteuer heranziehen.

Für die Gebietshoheit gibt es einige wenige Einschränkungen. Dazu gehört in erster Linie der Grundsatz der **Exterritorialität** als ein über Art. 25 GG geltendes tragendes Prinzip des Völkerrechts. Exterritorialität bedeutet, dass bestimmte Personen und Sachen nicht der inländischen Staatsgewalt unterworfen sind, obwohl sie sich im Inland befinden. Der Grundsatz erstreckt sich auch auf die Steuerhoheit. Exterritoriale Personen sind im Wesentlichen die Mitglieder der ausländischen diplomatischen und konsularischen (nicht honorarkonsularischen) Vertretungen.

Transitzonen in deutschen Flughäfen sind keine exterritorialen Gebiete. Wer mit dem Flugzeug eingereist ist und sich in einer Transitzone aufhält, befindet sich auf dem Hoheitsgebiet der Bundesrepublik. Im rechtlichen Sinne ist er aber noch nicht in die Bundesrepublik eingereist, solange er nicht die hinter der Transitzone befindliche Grenzübergangsstelle passiert hat (§ 15 Abs.1 AufenthG).

Zu den Ausnahmen von der Gebietshoheit gehören die **Zollausschlussgebiete**.. Darunter versteht man den Teil eines inländischen Staatsgebiets, das innerhalb eines ausländischen Staatsgebiets liegt und ausländischem Zollrecht unterliegt.

BEISPIEL

Die Gemeinde Büsingen gehört zum deutschen Landkreis Konstanz, liegt aber im Schweizer Kanton Schaffhausen. Büsingen ist damit eine sog. **Exklave**. Aus der Sicht der Schweiz eine **Enklave.**

Im Zollausschlussgebiet unterliegen Umsätze nicht der Umsatzsteuer, da dieses Gebiet nach § 1 Abs. 2 UStG umsatzsteuerlich nicht zum Inland gehört. Diese Einschränkung gilt aber nur für die Umsatzsteuer, nicht für andere Steuern. Lieferungen von der Bundesrepublik Deutschland in ein Zollausschlussgebiet sind nach §§ 4 Nr. 1, 6 Abs. 1 Nr. 1 bzw. Nr. 2 UStG steuerbefreite Auslieferungen.

Von der Gebietshoheit ist die **Personalhoheit** zu unterscheiden. Der Staat hat die Herrschaftsmacht über jeden Staatsangehörigen, auch wenn sich dieser außerhalb des Staatsgebiets befindet.

BEISPIEL

Ein deutscher Staatsangehöriger begeht in den USA eine Straftat. Wegen dieser im Ausland begangenen Straftat kann er in Deutschland verurteilt werden (§§ 4, 5, 6 StGB). Die deutsche Strafverfolgung ist allerdings wegen der entgegenstehenden Gebietshoheit der USA darauf angewiesen, dass die USA den Straftäter ausweist oder er sich wieder auf deutschem Boden befindet.

Im **Steuerrecht** ist die Personalhoheit nicht vollumfänglich gegeben, da die meisten deutschen Steuergesetze nicht an die Staatsangehörigkeit, sondern an das Tatbestandsmerkmal »Inland« anknüpfen. Grundsätzlich gelten folgende Prinzipien, die allerdings durch einige Ausnahmen eingeschränkt werden:

- Personen, die im Inland ansässig sind, werden grundsätzlich mit allen Einkünften besteuert, also auch mit ausländischen Einkünften (sog. **unbeschränkte Steuerpflicht**,, s. § 1 Abs. 1 EStG).
- Deutsche Staatsbürger, die im Inland weder Wohnsitz noch ihren gewöhnlichen Aufenthaltsort haben, unterliegen nur mit ihren inländischen Einkünften i. S. des § 49 EStG ganz oder teilweise der deutschen Steuerpflicht (sog. **beschränkte Steuerpflich**t, s., s. § 1 Abs. 4 i. V. m. § 49 EStG). Ist ein Deutscher also im Ausland tätig, wird er nur mit seinen inländischen Einkünften i. S. des § 49 EStG der deutschen Steuer unterworfen. Unter bestimmten Voraussetzungen trifft ihn die sog. erweiterte Steuerpflicht nach §§ 2 ff. AStG.

4 Das Staatsvolk

Nicht alle Menschen, die innerhalb der Staatsgrenzen leben, gehören zum Staatsvolk. Das Staatsvolk ist vielmehr die Gesamtheit der **Staatsangehörigen**, gleichgültig ob sie im In- oder Ausland leben. Die Zugehörigkeit zum Staatsvolk knüpft sich ausschließlich an den Besitz der Staatsangehörigkeit., die durch Geburt oder Einbürgerung erworben wird. Bei der Staatsangehörigkeit handelt es sich also um eine rechtliche, nicht um eine ethnische Eigenschaft. Wer im Inland lebt und nicht dessen Staatsangehörigkeit besitzt, ist Ausländer oder Staatenloser.

Auf einem ganz anderen Blatt steht die Frage, inwieweit das Staatsvolk in seinen kulturellen und gesellschaftlichen Werten homogen sein und wie weit sich der einzelne Staatsbürger zum Staatsvolk zugehörig fühlen muss. Der Staat ist nämlich nicht nur eine bloße Rechtskörperschaft, sondern steht in einer Wechselbeziehung zu der ihn tragenden Gesellschaft.

Wie der Rechtsstatus der Staatsangehörigkeit begründet wird, ist dem jeweiligen Staat vorbehalten. Grundsätzlich wird die Staatsangehörigkeit durch **Geburt, Adoption** oder **Einbürgerung** erworben. Zwei unterschiedliche Rechtsprinzipien für den Erwerb der Staatsangehörigkeit sind vorzufinden:

4.1 Das Personalitäts- oder Abstammungsprinzip (ius sanguinis)

Dieses Prinzip ist traditionell dem deutschen Staatsangehörigkeitsrecht eigen. Nach ihm wird die Staatsangehörigkeit durch **Abstammung** erworben. Ein Kind hat unabhängig vom Geburtsort die Staatsangehörigkeit der Eltern. Nähere Bestimmungen zur deutschen Staatsangehörigkeit enthält das **Staatsangehörigkeitsgesetz (StAG)**. Auch wenn ein Elternteil nicht Deutscher ist, erwirbt nach dem geltenden Abstammungsprinzip das eheliche Kind durch seine Geburt die deutsche Staatsangehörigkeit (vgl. § 3 Nr. 1 i. V. m. § 4 Abs. 1 Nr. 4 StAG).

BEISPIEL

Das Kind eines Deutschen, der mit einer Schwedin verheiratet ist, erwirbt die deutsche und schwedische Staatsbürgerschaft.

Das Abstammungsprinzip kann allerdings begrenzt werden, wie § 4 Abs. 4 StAG zeigt. Wenn der deutsche Elternteil nach dem 31.12.1999 im Ausland geboren und dort seinen gewöhnlichen Aufenthalt hat, erwirbt dessen Kind nur dann die deutsche Staatsangehörigkeit, wenn die Geburt innerhalb eines Jahres einer deutschen Auslandsvertretung angezeigt wurde oder das Kind ansonsten staatenlos würde. Faktisch haben die Eltern damit ein Wahlrecht, welche Staatsangehörigkeit das Kind besitzen soll.

4.2 Das Territorialprinzip (ius soli)

Danach bestimmt sich die Staatsangehörigkeit nach dem Ort der Geburt. Die Staatsangehörigkeit der Eltern ist ohne Belang. Dieses Prinzip herrscht vor allem in den angelsächsischen Ländern vor.

Das Nebeneinander der beiden Staatsangehörigkeitsprinzipien kann zu einer doppelten Staatsbürgerschaft führen.

BEISPIEL

Wird das Kind deutscher Eltern in den USA geboren, erhält es die amerikanische und die deutsche Staatsangehörigkeit.

Durch die hohe Zahl der in Deutschland lebenden Ausländer, deren Familien zum Teil schon in der dritten Generation in Deutschland ansässig sind, ist die Frage entstanden, ob und inwieweit das dem deutschen Staatsangehörigkeitssystem zugrunde liegende Abstammungsprinzip durch Ius-soli Elemente ergänzt werden soll, also allein durch die Geburt in Deutschland der Erwerb der deutschen Staatsangehörigkeit möglich sein sollte. Das Thema ist politisch umstritten, weil auch lange in Deutschland lebende Ausländer sich nicht unbedingt in das deutsche Gesellschaftssystem integrieren und sich nicht als Deutsche fühlen. Es geht um die (wertende) Frage, ob das Staatsvolk ausschließlich als eine Gemeinschaft derjenigen angesehen wird, die langfristig ihren Lebensmittelpunkt im Staatsgebiet haben, oder als eine Gemeinschaft, bei der es darüber hinaus eine sozio-kulturelle Identität mit dem geschichtlich gewachsenen Staat gibt. Das Grundgesetz beantwortet diese Frage nicht, weil es dem einfachen Recht überlässt, wie die Staatsangehörigkeit erworben wird. Es setzt jedoch vom Staatsbürger eine »Loyalität« zur freiheitlichen demokratischen Grundordnung voraus.

Erstmals wurde 1999 durch § 4 Abs. 3 StAG das Ius-sanguinis-Prinzip für eine fest umrissene Fallkonstellation mit dem Ius-soli-Prinzip vermischt. Ein in Deutschland geborenes Kind ausländischer Eltern erwirbt seit dem 01.01.2000 die deutsche Staatsangehörigkeit, wenn ein Elternteil seit mindestens acht Jahren rechtmäßig seinen gewöhnlichen Aufenthalt in der Bundesrepublik hat und über eine Aufenthaltsberechtigung verfügt oder seit drei Jahren eine unbefristete Aufenthaltserlaubnis besitzt. Diese sog. Ius-soli-Deutschen mussten sich allerdings, wenn sie eine doppelte, beispielsweise eine deutsche und türkische Staatsbürgerschaft haben, nach dem Erreichen der Volljährigkeit entscheiden, ob sie die deutsche oder die ausländische Staatsbürgerschaft beibehalten wollen (**Optionsmodell** des § 29 StAG a. F.). Seit dem 20. Dezember 2014 ist die Optionspflicht neu geregelt. Ein Bürger mit doppelter Staatsangehörigkeit muss nicht mehr optieren und behält die deutsche Staatsbürgerschaft, wenn er sich bis zu seinem 21. Lebensjahr acht Jahre in Deutschland aufgehalten hat, sechs Jahre hier eine Schule besucht oder über einen im Inland erworbenen Schulabschluss oder über eine im Inland abgeschlossene Berufsausbildung verfügt.

4.3 Die Einbürgerung

Der weitere Erwerbsgrund der Staatsbürgerschaft ist die **Einbürgerung**.. Sie ist ein statusverleihender Verwaltungsakt, der durch Aushändigung einer Einbürgerungsurkunde rechtswirksam wird.

Die Einbürgerung kann wie im Falle des § 8 StAG im Ermessen der Behörde stehen oder wie im Falle des § 10 StAG eine gebundene Entscheidung sein. Nach § 8 StAG kann ein Ausländer, der rechtmäßig seinen gewöhnlichen Aufenthaltsort im Inland hat, auf seinen Antrag eingebürgert werden, wenn er insbesondere eine eigene Wohnung hat und sich und seine Angehörigen zu ernähren im Stande ist. Die Einbürgerung von Ehegatten oder Lebenspartnern ist ebenfalls eine Ermessensentscheidung. Sie wird jedoch in der Weise eingeschränkt, dass bei Vorliegen der Tatbestandsvoraussetzungen nur in atypischen Fällen ausnahmsweise die Einbürgerung versagt werden kann. Ein Anspruch auf Einbürgerung besteht nach § 10 Abs. 1 StAG, wenn der Ausländer seit acht Jahren rechtmäßig seinen gewöhnlichen Aufenthalt im Inland hat und weitere Voraussetzungen vorliegen wie eine Loyalitätserklärung zur freiheitlichen demokratischen Grundordnung und der Lebensunterhalt für sich und seine unterhaltsberechtigten Familienangehörigen gesichert ist. Nach § 11 StAG besteht kein Anspruch auf Einbürgerung, wenn der Ausländer nicht über ausreichende Kenntnisse der deutschen Sprache verfügt. Die Miteinbürgerung ausländischer Ehegatten und minderjähriger Kinder ist möglich, auch wenn sich diese noch nicht seit acht Jahren rechtmäßig im Inland aufhalten (§ 10 Abs. 2 StAG).

5 Die Staatsgewalt

Staatsgewalt ist die originäre, also von keinem anderen Staat abgeleitete, unbeschränkte Herrschaftsmacht über die Personen und Sachen, die sich im Staatsgebiet befinden. Sie drückt sich aus in Gesetzen und Verordnungen und der Fähigkeit, diese zwangsweise durchzusetzen. Ein Staat muss in der Lage sein, eine umfassende Ordnung im Staatsgebiet zu etablieren und für deren Einhaltung zu sorgen. Dafür stehen ihm die entsprechenden Zwangsmittel zur Verfügung. Aber nur der Staat hat das Recht, Zwang gegenüber den Bürgern auszuüben, er hat also insoweit ein Monopol **(Gewaltmonopol des Staates)**. Herrschaftsmacht muss ausnahmslos dem Staat zugeordnet werden.

BEISPIEL

Die Kfz-Prüforganisationen wie z. B. der TÜV haben das Recht, verkehrsuntaugliche Fahrzeuge aus dem Verkehr zu ziehen, also hoheitlich tätig zu werden. Als sog. **beliehene Unternehmen** ist ihnen dieses Recht aber vom Staat übertragen worden. Es kann ihnen auch wieder entzogen werden.

In der Bundesrepublik Deutschland ist die Staatsgewalt aufgeteilt zwischen dem Bund und den Ländern. Zur Durchsetzung der aufgestellten Ordnung bedienen sich der Bund und die Länder ihres hoheitlich tätig werdenden Staatsapparats. Dem Staat muss das Recht zustehen, sich selbst zu organisieren, indem er eine Ordnung aufstellt, für den notwendigen Vollzug dieser Ordnung sorgt und hierfür Einrichtungen schafft **(Selbstorganisationsrecht des Staats)**.

Im Rechtsstaat unterliegt die Staatsgewalt selbst vorgegebenen Schranken. Es bleibt dem Staat unbenommen, seine Herrschaftsmacht zu begrenzen.

BEISPIEL

Die Bundesrepublik Deutschland ist der Genfer Flüchtlingskonvention beigetreten und hat damit die dortigen Vorgaben zu beachten.

Staatsgewalt kann im Rechtsstaat ausnahmslos nur in den Bahnen des Rechts ausgeübt werden. Gerade der Rechtsstaat begrenzt seine Herrschaftsmacht gegenüber den Bürgern.

BEISPIEL

Die Beitreibung ausstehender Steuern regeln 96 Paragraphen der AO, um einen Ausgleich zwischen dem Anspruch des Staates, seine ihm zustehenden Steuern zu bekommen, und den Schutzrechten des Bürgers zu finden.

Die Herrschaftsmacht des Staates bedarf der **inneren** und **äußeren Souveränität**. Sie ist dann gegeben, wenn der Staat die ihm zustehende Staatsgewalt ohne jegliche Einschränkung ausüben kann. Eingeschränkte Staatsgewalt heißt aber nicht, dass die Merkmale eines Staates nicht vollständig vorliegen.

Innere Souveränität bedeutet, dass der Staat die Rechtsbeziehungen zu den Staatsbürgern umfassend regeln kann, hoheitliche Gewalt in seinem Staatsgebiet besitzt und er sie in jeglicher Hinsicht selbst ausüben kann. Ein Staat, der z. B. durch Bürgerkrieg die Herrschaft über Teile seines Staatsgebiets verliert, verliert nicht die innere Souveränität, er kann sie zeitweilig partiell nur nicht ausüben. Von äußerer Souveränität spricht man, wenn der Staat im Verkehr mit anderen Staaten in eigener Selbstbestimmung gleichrangig und ohne jegliche Einschränkung handeln kann.

BEISPIEL

Innere und äußere Souveränität: Die Bundesrepublik Deutschland hatte zunächst nicht die volle Souveränität, ohne dass dadurch die Staatsqualität in Frage stand. Bestimmte Entscheidungen, z. B. im Bereich der Verteidigung, waren von der Zustimmung der Alliierten abhängig. Mit dem **Deutschlandvertrag** vom 15. 05. 1955, der den Besatzungsstatus beendete, erhielt die Bundesrepublik Deutschland die innere Souveränität zurück. In Art. 2 des Deutschlandvertrags behielten sich die drei Westmächte jedoch »die bisher von ihnen ausgeübten oder inne gehabten Rechte und Verantwortlichkeiten in Bezug auf Berlin und Deutschland als Ganzes einschließlich der Wiedervereinigung Deutschlands und einer friedensvertraglichen Regelung« vor. Erst mit dem **Souveränitätsvertrag** vom 12. 09. 1990 wurde Deutschland auch die volle äußere Souveränität zugestanden. Mit dem »Tag der Deutschen Einheit« am 03. 10. 1990 fiel die Wiedervereinigung mit der Wiedergewinnung voller staatlicher Souveränität zusammen.

6 Die Fähigkeit zur Daseinsvorsorge als weiteres Element des Staates

Die Drei-Elemente-Lehre definiert die substantiellen Elemente eines Staates als kleinsten gemeinschaftlichen Nenner. Staatsgebiet, Staatsvolk und Staatsgewalt sind juristisch-völkerrechtliche Begriffe, welche die Grundvoraussetzungen für die Annahme eines Staates als Rechtssubjekt bilden. Wenn sich ein Gewaltapparat die Herrschaft in einem Gebiet gesichert hat, dort eine gewisse Ordnung etabliert und nach außen unabhängig ist, sind die rechtlichen Tatbestandsmerkmale eines Staates gegeben.

Die Drei-Elemente-Lehre erfasst aber nicht die existenzielle Seite des Staatsvolks, das im Staat seine Lebensgrundlage findet. Vereinfacht gesagt: Das Volk muss nicht nur existieren, es muss auch leben können. Für den Staat als Hort und Basis gesellschaftlichen Lebens (Staat als Personenverband) bedarf es deshalb eines weiteren Staatselements. Der Staat muss willens und in der Lage sein, die Daseinsvorsorge des Staatsvolks sicherzustellen. Ohne die organisierende, planende und ordnende Gestaltung durch den Staat ist ein gesichertes Leben nicht möglich. Gerade in einer voll technisierten Welt kann der Mensch sich nicht vollständig selbst organisieren und seine Existenz sichern. Ein staatlich organisiertes System, das die Grundlagen für ein zivilisiertes Leben schafft, ist unabdingbar. Dazu gehören zumindest die Versorgung mit Wasser und Energie, die Entsorgung von Abfall und Abwasser, eine Verkehrsinfrastruktur, ein Gesundheitswesen, ein ausreichendes Kommunikationssystem und der Schutz der natürlichen Lebensgrundlagen. Wenn diese Mindestvoraussetzungen gesicherten menschlichen Daseins nicht staatlich realisiert werden, bilden sich innerhalb des Staates Substrukturen, welche die Staatsgewalt in Frage stellen.

7 Die Verfassung

7.1 Funktionen der Verfassung

Der Staat als komplexes Gebilde von ineinandergreifenden Strukturen braucht für sein Funktionieren eine Gebrauchsanleitung. Eine solche Gebrauchsanleitung ist die Verfassung. In ihr sind die grundlegenden Normen festgelegt, die oberste Priorität haben. Zu den **Bestandteilen einer Verfassung** gehören mindestens Normen über die Bildung und Aufgaben der obersten Staatsorgane, die Stellung des Bürgers im Staat, seine »Grundrechte« gegenüber dem Staat sowie das Procedere der Gesetzgebung.

Sinn einer Verfassung ist die **Bindung der Herrschaftsgewalt**, die von den Herrschenden nicht oder jedenfalls nicht ohne Weiteres aufgehoben werden kann. Eine Verfassung muss die Staatsorgane in eine Rechtsordnung zwingen und ihnen die Möglichkeit der Willkür nehmen. Dazu gehören Regeln über die subjektiven Rechte der Bürger und ihre Durchsetzung gegenüber dem Staat. Eine Verfassung, die keine Beschränkung der Herrschaftsgewalt beinhaltet und keine subjektiven Bürgerrechte gewährt, entspricht nicht einem rechtsstaatlichen Verständnis. Sie wäre dann nur der Bezeichnung, aber nicht der Bedeutung nach eine Verfassung.

BEISPIEL

Im Nationalsozialismus war das unbeschränkte Führerprinzip eine Norm des Verfassungsrechts. In den Verfassungen der kommunistischen Staaten, z. B. Art. 1 der Verfassung der ehemaligen DDR, verbleibt der kommunistischen Partei als Führer der Arbeiterklasse die letzte Regelungszuständigkeit.

Betrachtet man eine Verfassung nach ihrer **Funktion**, so gehören zu den wesentlichen Aufgaben einer Verfassung die Aufstellung einer inneren Ordnung und die Verfahren zur Konfliktbewältigung **(Stabilitäts- und Ordnungsfunktion der Verfassung)**. Auch sollte eine Verfassung so ausgestaltet sein, dass sie eine integrative Wirkung entfaltet, also Staat und Gesellschaft zusammenhält **(Verfassung als Integrationsordnung)**. Moderne Verfassungen beinhalten darüber hinaus **Zielbestimmungen** für ein gedeihliches Zusammenleben innerhalb des Staates und zur Existenzsicherung.

BEISPIEL

Das Grundgesetz enthält beispielsweise als Zielbestimmung in Art. 20 Abs. 1 GG das Sozialstaatsprinzip und in Art. 20a GG den Schutz der natürlichen Lebensgrundlagen.

Auf der Verfassung als »**Norm der Normen**« (Katz) baut die gesamte Rechtsordnung des Staates auf. Deswegen braucht die Verfassung eine besondere Beständigkeit und einen besonderen Geltungsanspruch, muss also einem erhöhten Schutz gegenüber Veränderungen unterliegen. Das Grundgesetz kann beispielsweise nach Art. 79 Abs. 2 GG nur mit der Zustimmung von zwei Dritteln der Mitglieder des Bundestags und zwei Dritteln der Stimmen des Bundesrats durch ein ausdrücklich verfassungsänderndes Gesetz geändert werden. Eine Änderung des Grundgesetzes, durch welche die Gliederung des Bundes in Länder, die grundsätzliche Mitwirkung der Länder bei der Gesetzgebung oder die in Artikel 1 und 20 GG niedergelegten Grundsätze berührt werden, ist unzulässig (Art. 79 Abs. 3 GG) . Diese sog. **Ewigkeitsgarantie** ist selbst nicht abänderbar, da sonst diese Bestimmung ins Leere laufen würde. Der verfassungsändernde Gesetzgeber ist zu einer Selbstbefreiung der im Grundgesetz festgelegten Schranken der Verfassung nicht befugt (BVerfGE 84, 90, 120). Schließlich fordert Art. 19 Abs. 1 Satz 2 GG, dass ein Gesetz, welches zulässigerweise Grundrechte einschränkt, das eingeschränkte Grundrecht unter Angabe des Artikels nennen muss (sog. Zitiergebot).

Eine Verfassung kann nach alledem charakterisiert werden als (1) die Sammlung grundlegender Staatsnormen, (2) die jeglichen anderen Normen vorgehen, (3) einen erhöhten Bestandsschutz haben und (4) Herrschaftsmacht begrenzen.

Verfassungsgeber ist das Volk als Souverän (**pouvoir constituant** = verfassungsgebende Gewalt). So steht in der Präambel des Grundgesetzes, dass »sich das Deutsche Volk kraft seiner verfassungsgebenden Gewalt dieses Grundgesetz gegeben hat«. Zu den Aufgaben des Verfassungsgebers gehört es, die Organe der Staatslenkung (**pouvoirs constitués** = verfasste Gewalten) zu bestimmen und Inhalt und Grenzen ihrer Herrschaftsmacht aufzuzeigen. (Zur Entstehung des Grundgesetzes s. Teil B). Den pouvoirs constitués ist es auch erlaubt, die Verfassung im vorgegebenen verfassungsrechtlichen Rahmen zu ändern.

7.2 Begriff der Verfassung

Der Begriff der Verfassung wird in einem doppelten Sinne gebraucht. Eine Verfassung im **formellen Sinn** ist ein durch den Verfassungsgeber in besonderer Form zustande gekommenes und gekennzeichnetes Gesetz, das die Grundordnung des Staates festlegt. Es gibt aber auch Staaten, wie beispielsweise das Vereinigte Königreich, die nicht über eine geschriebene Verfassung verfügen, sondern deren Grundordnung sich aus einzelnen Gesetzen und aus überlieferten Grundsätzen zusammensetzt. Die einzelnen Bestimmungen der Grundordnung werden unabhängig von der Art der Kodifizierung als **materielles Verfassungsrecht** bezeichnet. Dazu zählen in der Bundesrepublik nicht nur das Grundgesetz, sondern alle fundamentalen Bestimmungen, welche die grundlegende staatliche Ordnung betreffen.

BEISPIEL

Über die Wahl der Abgeordneten des Deutschen Bundestags gibt es im Grundgesetz nur die allgemeine Bestimmung des Art. 38 GG. Das Wahlverfahren selbst ist im Bundeswahlgesetz geregelt, das somit zum materiellen Verfassungsrecht gehört. Ebenso gehören die Geschäftsordnungen der Bundesregierung, des Bundestags und des Bundesrats zum Verfassungsrecht im materiellen Sinn.

Der besondere Schutz vor einer Durchbrechung des Grundgesetzes und der Grundsatz des Vorrangs der Verfassung (Art. 79, 19 Abs. 3 und 20 Abs. 3 GG) gelten jedoch nur für die Verfassung im formellen Sinn.

8 Eigenstaatlichkeit und Europäische Union

Die Aufteilung staatlicher Befugnisse zwischen Deutschland und der Europäischen Union geschieht im Spannungsfeld notwendiger europäischer Regelungsbefugnisse und der Bewahrung der Eigenstaatlichkeit Deutschlands. Einerseits hat Deutschland in Erfüllung des Verfassungsauftrags der Präambel des Grundgesetzes und des Art. 23 Abs. 1 GG die europäische Integration zu befördern, andererseits geht das Grundgesetz davon aus, dass die Bundesrepublik Deutschland auf ihre staatliche Souveränität auch nicht durch Verfassungsänderung verzichten kann. Allenfalls das deutsche Volk als Verfassungsgeber könnte mit einer neuen Verfassung nach Art. 146 GG den Weg hin zu einer Staatlichkeit der EU beschreiten.

Als Mitgliedsstaat hat Deutschland der Europäischen Union teilweise Hoheitsrechte übertragen. Die Ermächtigung hierzu ist in Art. 23 Abs. 1 GG formuliert. Dabei stellt sich die Frage, in welchem Umfang sich Deutschland unter der Geltung des Grundgesetzes seiner Hoheitsrechte entledigen kann. Besonders bei der Forderung nach einer einheitlichen europäischen Finanz- und Steuerunion tritt das Problem auf, inwieweit es das Grundgesetz zulässt, dass Deutschland sich insoweit seiner Eigenstaatlichkeit entledigt.

Seit 2009 liegt für diese Fragestellungen eine Rechtsprechung des Bundesverfassungsgerichts vor (BVerfG vom 30.06.2009, BVerfGE 123, 267, 271 ff.). Das Bundesverfassungsgericht hat in seinem Urteil über den **Vertrag von Lissabon** vom 13. Dezember 2007, der im **Vertrag über die Arbeitsweise der Europäischen Union (AEU-Vertrag)** für die EU einen erweiterten Kompetenzkatalog aufstellte, die Grenzen aufgezeigt, welche das Grundgesetz bei der Übertragung von Hoheitsrechten zieht. Um die Eigenstaatlichkeit der Bundesrepublik Deutschland nicht zu gefährden, muss der Deutsche Bundestag dem Staatsvolk gegenüber verantwortlich über die Ausgaben des Staates entscheiden, also das volle Budgetrecht behalten. Ferner muss er über die wesentlichen Strukturen des Staates entscheiden können. Das geht von der Verfügung über den Einsatz der Streitkräfte bis hin zu den wesentlichen Elementen der sozialen Sicherung, der Daseinsvorsorge, der Kultur und der Bildung. Kurzum: Dem Mitgliedstaat Deutschland müssen substantielle Räume zur eigenen politischen Gestaltung verbleiben. Im Einzelnen müssen diese von Fall zu Fall ausgelotet werden.

FALL 1

Die Geiselnahme (fiktiver Fall). In Vorderasien gelingt es einer bewaffneten Gruppe, ein großes Gebiet im Grenzraum zwischen Syrien, dem Irak und dem Iran zu besetzen, dort einen »Scheichstaat« auszurufen und alle vorhandenen bisherigen staatlichen Einrichtungen aufzulösen und ersatzweise eigene einzurichten sowie Steuern einzutreiben. Eine Allianz aus verschiedenen Staaten versucht jedoch, die Gebiete zurückzuerobern. Mit erbeuteten Militärflugzeugen zwingen die bewaffneten Kräfte des »Scheichstaates« ein deutsches Verkehrsflugzeug, das sich auf dem Weg nach Indien befindet, auf dem Flughafen der früher irakisch verwalteten Stadt X im »Scheichstaat« zur Landung und drohen der Bundesregierung, stündlich eine Geisel zu erschießen, wenn sie nicht ein Lösegeld von 50 Millionen Dollar bezahlt.

a) Kann die Bundesregierung auf legalem Weg durch ein Sondereinsatzkommando der Bundespolizei versuchen, die Geiseln befreien?

b) Könnten die Geiselnehmer vor Ort festgenommen und durch die deutsche Justiz verurteilt werden?

c) Könnte ein ausländischer Geiselnehmer verhaftet werden, wenn er versuchen würde, unerkannt in die Bundesrepublik einzureisen?

Teil D Staatsmerkmale

1 Die Republik

1.1 Begriff und Geschichte

Wie schon aus dem Namen ersichtlich, besitzt die Bundesrepublik Deutschland eine republikanische Staatsform. Sie zeichnet sich dadurch aus, dass das Staatsoberhaupt im Gegensatz zur Monarchie gewählt wird. In einer Republik darf das Staatsoberhaupt nicht aufgrund dynastischer Erbfolge in sein Amt kommen. Es kann jeder Bürger eines Staates auch dessen Oberhaupt werden. Unerheblich ist, ob das Staatsoberhaupt direkt vom Volk oder indirekt durch ein Staatsorgan gewählt wird. Auch seine Machtfülle, also die Kompetenzen des Staatsoberhaupts, ist für den Begriff der Republik ohne Bedeutung. Insoweit besteht eine allgemeine Übereinstimmung zum Republikbegriff. Ob zum Republikbegriff auch eine materielle Komponente gehört und er nicht nur durch die formelle Abgrenzung zur Monarchie gekennzeichnet ist, wird verschieden diskutiert. Die historische Entwicklung des Begriffs legt es durchaus nahe, im Gegensatz zur herrschenden Meinung die Republik nicht nur zur Monarchie, sondern auch zur Diktatur abzugrenzen. Gleichwohl viel wichtiger und für die Staatsform aussagekräftiger sind die Staatsmerkmale Demokratie und Rechtsstaat. Eine parlamentarische Monarchie kann viel demokratischer sein als manche Republik.

Die Republik ist als Staatsmerkmal der Bundesrepublik Deutschland in Art. 20 Abs. 1 GG und Art. 28 Abs. 1 GG verankert. Durch Verfassungsänderung kann die republikanische Staatsform in Deutschland nicht beseitigt werden, da sie durch Art. 79 Abs. 3 GG (sog. **Ewigkeitsgarantie**) geschützt ist. Nach dieser Bestimmung dürfen die in den Art. 1 und 20 GG niedergelegten Grundsätze durch eine Änderung des Grundgesetzes nicht aufgehoben werden. Die republikanische Staatsform zählt zu diesen Grundsätzen. Auch in den Ländern kann nach Art. 28 Abs. 1 Satz 1 GG die republikanische Staatsform nicht aufgegeben werden.

Der Begriff Republik wurde bis zur französischen Revolution (1789) noch weitgehend mit einem wohlgeordneten Gemeinwesen gleichgesetzt, wie es durch den Wortsinn des Begriffs (lat. res publica = öffentliche Sache, Gemeinwesen) und in **Ciceros** Formel »est igitur res publica res populi« (Es ist also das Gemeinwesen Sache des Volkes) zum Ausdruck kommt. Erstmals taucht die Bezeichnung Republik als politisches Konzept zur Lenkung des Gemeinwesens mit der antiken römischen Republik auf, die sich im 5. Jahrhundert v. Chr. nach der Vertreibung des letzten römischen Königs Lucius Tarquinius Superbus etablierte. Rom bekam eine aristokratische Staatsform mit gewissen demokratischen Elementen. In der frühen Neuzeit blühten mächtige Stadtrepubliken wie Venedig und Florenz auf. Die staatsphilosophische Grundlage legte **Machiavelli** in seinem Werk »Il Principe« (Der Fürst), in dem er die Staaten in Monarchien (im Sinne von Einherrschaft) und Republiken (im Sinne von Mehrherrschaft) trennte. Merkmale beispielsweise der venezianischen Republik waren die Verhinderung einer Erbmonarchie sowie die Machtbalance zwischen den einflussreichen Adelsfamilien als oligarchische Machthaber. Dieses Regierungssystem dauerte einzigartige 500 Jahre und sorgte durch seine Stabilität für einen enormen Wohlstand seiner Bürger. Während der französischen Revolution wurde der Begriff der Republik als Kampfansage gegenüber der Monarchie gebraucht. Eng verbunden war damit auch die Abschaffung aller Adelsprivilegien. Wenig später, zu Ende des 18. Jahrhunderts, benutzte **Kant** in seiner Schrift »Zum ewigen Frieden« den Begriff der Republik in Abgrenzung zur Willkürherrschaft. Bei der Republik tritt nach Kant die Herrschaft des Gesetzes an die Stelle der Despotie. Ähnlich äußerte sich zuvor **Montesquieu** in »De l'esprit des lois« (Vom Geist der Gesetze). Er trennte die Staatsformen in Republik, Monarchie und Despotie.

Im 19. Jahrhundert bildete sich als deutsches Synonym für Republik der Begriff »Freistaat« heraus. Der Staat sollte frei von autokratischer oder oligarchischer Herrschaft sein. An diese Bezeichnung anknüpfend nennen sich die Bundesländer Bayern, Sachsen und Thüringen heute Freistaat, bezeichnet sich damit also als Republik und betonen damit nicht, wie häufig angenommen wird, ihre eigene Staatsqualität.

Da die modernen Staatsmerkmale, wie wir sie heute kennen, noch nicht klar herausgearbeitet worden waren, wies der Begriff der Republik begriffliche Unschärfen und Überschneidungen mit den Begriffen der Demokratie und des Rechtsstaates auf. Aber auch heute noch gibt es unterschiedliche Betrachtungen. Mit der Frage nämlich, welche Legitimation das (republikanische) Staatsoberhaupt besitzen muss, bekommt der Begriff Republik neben der formellen Komponente (bloße Abgrenzung zur Monarchie) auch noch eine materielle Komponente (Abgrenzung zur Diktatur). Diktaturen entstehen häufig dadurch, dass das gewählte Staatsoberhaupt eine zu Ende gehende Amtszeit durch eine vom Volk gebilligte Verfassungsänderung auf unbestimmte Zeit verlängern lässt oder das Staatsoberhaupt durch einen Staatsstreich an die Macht kommt. Aber auch ein materiell angereicherter Republikbegriff zur Abgrenzung aller diktatorischen Staatsformen kann nicht den Grad der Verwirklichung einer freiheitlichen demokratischen Grundordnung bestimmen. Der Begriff der Republik filtert nur die Organisationsform des Staates, nicht die Formen der Ausübung der Staatsgewalt heraus. In einer Demokratie ist im Gegensatz zu einer Diktatur ein Wahlamt zeitlich begrenzt und es muss die Möglichkeit einer Absetzung des Gewählten gegeben sein.

BEISPIEL

Der deutsche Bundespräsident wird von der Bundesversammlung auf fünf Jahre gewählt. Es ist nur eine Wiederwahl zulässig (Art. 54 Abs. 2 GG). Er kann zwar weder von der Bundesversammlung noch vom Bundestag abgewählt werden, der Bundestag und der Bundesrat haben jedoch die Möglichkeit einer Anklage vor dem Bundesverfassungsgericht, das den Bundespräsidenten seines Amtes entheben kann (Art. 61 GG).

1.2 Formen der Republik

Durch eine bloße Abgrenzung zur Monarchie kann die innere Ausgestaltung von Republiken sehr stark variieren. Viele freiheitliche wie totalitäre Herrschaftsformen und Regierungssysteme sind anzutreffen:

(1) Demokratische Republiken. Sie zeichnen sich dadurch aus, dass sowohl das Staatsoberhaupt als auch die Volksvertreter vom Wahlvolk auf Zeit direkt oder indirekt gewählt werden.

(a) Parlamentarische Republik. In einer parlamentarischen Republik ist das vom Volk gewählte Parlament das entscheidende Verfassungsorgan. Es wählt einen vom Vertrauen des Parlaments abhängigen Regierungschef. Je nach Verfassung muss er sein Kabinett vom Parlament bestätigen lassen oder nicht. Das Staatsoberhaupt wird direkt oder indirekt vom Volk gewählt und hat keine Regierungsbefugnisse (Beispiele: Deutschland, Österreich).

(b) Präsidialrepublik. Sie ist dadurch gekennzeichnet, dass es einen direkt oder indirekt durch Volkswahl gewählten Präsidenten gibt, der die Regierungsgewalt als Staatsoberhaupt und

Regierungschef ausübt (Beispiele: Vereinigte Staaten von Amerika, viele lateinamerikanische Staaten).

(c) Semipräsidialrepublik. Im Gegensatz zur Präsidialrepublik gibt es ein (direkt vom Volk gewähltes) Staatsoberhaupt und einen (vom Staatsoberhaupt ernannten und vom Parlament bestätigten) Regierungschef. Beide teilen sich die Exekutivbefugnisse nach der von der Verfassung vorgegebenen Ordnung (Beispiele: Frankreich, Ukraine).

(2) Volksrepubliken und sozialistische Republiken. Volksrepubliken und sozialistische Republiken entstanden im Regelfall nach Revolutionen als kommunistische Ein-Parteien-Regime, die sich schnell zu Parteidiktaturen entwickelten (Beispiel: Volksrepublik China). Eine Unterform der Volksrepublik ist die **Räterepublik**, bei der die Herrschaft über direkt vom Volk gewählte Räte ausgeübt wird, wobei das Wahlrecht zunächst nur die Arbeiterklasse hatte (Beispiel: frühere Sowjetunion).

FALL 2

Der beliebte Bundespräsident. Die zweite Amtszeit eines überaus beliebten und erfolgreichen Bundespräsidenten läuft ab. Alle demoskopischen Umfragen zeigen, dass eine übergroße Mehrheit der Bevölkerung für eine Fortsetzung dessen Amtszeit ist. Bundestag und Bundesrat beschließen deshalb mit einer Zweidrittelmehrheit die Aufhebung des Art. 54 Abs. 2 Satz 2 GG. Damit ist eine beliebige weitere Wiederwahl des Bundespräsidenten zulässig. Ferner soll Art. 54 GG ein Abs. 2a zugefügt werden, der wie folgt lautet: »Der Bundespräsident kann nach Ablauf der zweiten Amtsperiode von der Bundesversammlung auf Lebenszeit gewählt werden.«
Beurteilen Sie die beiden Verfassungsänderungen auf ihre verfassungsrechtliche Zulässigkeit.

2 Demokratie

Das Staatsziel der Demokratie ist in Art. 20 Abs. 1 GG – gemeinsam mit den übrigen Staatszielen – verankert. Es ist also vom Schutzbereich des Art. 79 Abs. 3 GG mit umfasst und gehört damit zum elementaren Kernbereich der Verfassung. Die im Folgenden näher beschriebenen verfassungsrechtlichen Regelungen betreffen stets nur die **Demokratie im Sinne des Grundgesetzes**; sie treffen keine allgemeinen Aussagen zu staatlichen Gebilden demokratischen Zuschnitts.

Der **Geltungsbereich** des Demokratieprinzips erstreckt sich im staatlichen Bereich auf das Staatsvolk im Bund und in den Ländern (Art. 20 Abs. 1 i. V. m. Art. 28 Abs. 1 GG) und darüber hinaus auf die kommunale Selbstverwaltung in den Gemeinden und Kreisen (Art. 28 Abs. 1 Satz 2 GG) sowie – im nichtstaatlichen Bereich (!) – auf die innere Ordnung der politischen Parteien (Art. 21 Abs. 1 Satz 3 GG).

In einer Rede vor dem House of Commons (dem Unterhaus des Parlaments des Vereinigten Königreichs) soll sich der britische Staatsmann Sir Winston Churchill im Jahr 1947 wie folgt über die Demokratie geäußert haben: »Democracy is the worst form of government – except for all those other forms, that have been tried from time to time.« Ganz so einfach scheint es demnach also nicht zu sein.

Wörtlich bedeutet Demokratie zunächst einmal die **Herrschaft des Staatsvolks** – abgeleitet von den griechischen Begriffen »dēmos« für Volk und »kratía« für Herrschaft. Die Volksherrschaft ist das klassische Ideal der Demokratie in der Antike, welches sich in den griechischen Stadtstaaten ab dem siebten Jahrhundert v. Chr. entwickelt hat: Die Gleichberechtigung freier Bürger, welche die volle Entscheidungsmacht über politische, rechtliche und gesellschaftliche Angelegenheiten im Staat haben. Daraus sind in der Praxis zahlreiche Formen der Demokratie mit jeweils sehr unterschiedlichen rechtlichen Ausgestaltungen hervorgegangen – nicht zuletzt auch im Hinblick auf die tatsächlichen Möglichkeiten der Machtteilhabe durch das Staatsvolk. Dazu kommen viele, teilweise nur schwer voneinander unterscheidbare Demokratiemodelle. Bei den in der Praxis am weitesten verbreiteten Formen handelt es sich entweder um präsidentielle oder um parlamentarische Demokratien. Der Unterschied liegt im Verhältnis der Regierung zum Parlament:

- **Präsidentielle Demokratien** (wie beispielsweise in den Vereinigten Staaten von Amerika) zeichnen sich durch eine starke Stellung des vom Volk gewählten Regierungschefs gegenüber dem Parlament aus. Der Regierungschef ist dabei gleichzeitig Staatsoberhaupt und dem Parlament gegenüber nicht verantwortlich.
- In **parlamentarischen Demokratien** (wie beispielsweise der Bundesrepublik Deutschland) ist die Regierung hingegen bereits bei ihrer Wahl (Art. 63 GG), aber auch bei ihrer eigentlichen Amtsausübung stets vom Vertrauen des Parlaments abhängig und diesem gegenüber politisch verantwortlich (Art. 67, 68 GG).

Heute existieren allerdings auch Monarchien, die weitestgehend demokratischen Grundsätzen folgen. Dabei handelt es sich regelmäßig um sog. **parlamentarische Monarchien**, in denen die Staatsgeschäfte vom Parlament und von der Regierung wahrgenommen werden. Dem Monarchen kommen in diesen Systemen grundsätzlich nur noch repräsentative Aufgaben zu. Beispiele hierfür sind das Königreich der Niederlande oder das Vereinigte Königreich Großbritannien und Nordirland.

Demokratien, die ausschließlich als Mehrheitsherrschaft ausgeprägt sind, bieten von sich aus noch keine Gewähr dafür, nicht tyrannische Züge zu entfalten. Aus diesem Grund sieht das Grundgesetz eine **»freiheitliche demokratische Grundordnung«** als Kernbestandteil einer sog. streitbaren Demokratie vor (s. 2.3.6).

2.1 Grundsatz der Volkssouveränität

Gemäß Art. 20 Abs. 2 Satz 1 GG geht alle Staatsgewalt vom Volk aus. Dieser Grundsatz wird als Grundsatz der Volkssouveränität bezeichnet.

Unter das »Volk« im Sinne des Art. 20 Abs. 2 GG fällt gemäß Art. 116 Abs. 1 GG die Gesamtheit der deutschen Staatsangehörigen – unabhängig von ihrem tatsächlichen Wohn- oder Aufenthaltsort. Ausländer bleiben hingegen von der Ausübung der deutschen Staatsgewalt auch dann grundsätzlich ausgeschlossen, wenn sie dauerhaft im Inland leben. Eine Ausnahme gilt nur für Staatsbürger eines Mitgliedsstaates der Europäischen Union (sog. Unionsbürger, s. Teil K 6.2). Diesen räumt Art. 28 Abs. 1 Satz 3 GG zwischenzeitlich unter bestimmten Voraussetzungen ein aktives und passives Wahlrecht auf Kreis- und Gemeindeebene, nicht jedoch auf Bundes- oder Landesebene ein.

Neben dem Volk existieren keine weiteren Legitimationsquellen für die Staatsgewalt. Das bedeutet, dass das Volk als Ganzes alleiniger Träger der Staatsgewalt ist; es herrscht also gewissermaßen »über sich selbst«.

2.2 Direkte und repräsentative Demokratie

Der Grundsatz der Volkssouveränität bedeutet jedoch keineswegs, dass sämtliche Staatsgewalt auch tatsächlich durch das Volk ausgeübt wird. Vielmehr ist das in der Praxis regelmäßig gerade nicht der Fall.

2.2.1 Direkte Demokratie

In den als »polis« bezeichneten Stadtstaaten des antiken Griechenland konnten – zumindest im Ansatz – noch sämtliche hoheitlichen Entscheidungen der Legislative, der Exekutive und der Judikative tatsächlich unmittelbar durch das Volk als Träger der Staatsgewalt getroffen und umgesetzt werden. Man spricht deshalb insoweit von einer direkten (oder unmittelbaren) Demokratie: Dort ist das Volk Träger der Staatsgewalt und übt diese auch selbst unmittelbar aus.

2.2.2 Repräsentative Demokratie

Die Verwirklichung einer direkten Demokratie in einer solch reinen Form ist in modernen Flächenstaaten jedoch praktisch gar nicht möglich. Zum einen aufgrund der Größe und der Heterogenität des jeweiligen Staatsvolkes (es gibt beispielsweise knapp 75 Millionen Menschen mit deutscher Staatsangehörigkeit), zum anderen aber auch aufgrund der Vielzahl und der Komplexität der laufend in den unterschiedlichsten Bereichen und Ebenen zu entscheidenden Sachfragen.

Dem Staatsvolk bleibt deshalb aus Gründen der Praktikabilität gar nichts anderes übrig, als die Ausübung der ihm zustehenden Staatsgewalt umfassend auf gewählte Vertreter (oder entsprechend legitimierte staatliche Organe) zu delegieren. Diese Vertretung – oder eben Repräsentation – des Volkes wird nach dem Grundgesetz durch die **Abgeordneten des Bundestages** nach der Maßgabe der Art. 38 ff. GG realisiert. Aus diesem Grund spricht man auch von einer **parlamentarischen Demokratie**.

BEISPIEL

In der Schweiz ist die direkte Demokratie nach wie vor traditionell stark ausgeprägt. Aber auch dort wird sie heutzutage nur noch sehr eingeschränkt gelebt. Zwar existieren noch immer zwei Landsgemeinden auf kantonaler Ebene (Appenzell Innerrhoden und Glarus), welche dort auch tatsächlich die höchste legislative Instanz bilden. Sie kommen an einem bestimmten Tag im Jahr unter freiem Himmel zusammen, um im Wesentlichen über Verfassungsänderungen, Gesetze und bestimmte Budgetfragen direkt zu entscheiden. Die Wahrnehmung der eigentlichen Aufgaben der Exekutive und der Judikative obliegt jedoch auch in den beiden genannten Landsgemeinden den dafür verfassungsrechtlich vorgesehenen Organen.

Der **Bundestag** ist das einzige Verfassungsorgan, welches unmittelbar durch das Volk demokratisch legitimiert ist. Deshalb bildet er den **Kern der repräsentativen Demokratie** in Deutschland.

BEISPIEL

Die Regierungskoalition im Bundestag beabsichtigt, das Umsatzsteuerrecht zu vereinfachen. In Ermangelung kreativerer Ideen beschränkt sich die vorgesehene Vereinfachung jedoch auf die Abschaffung des ermäßigten Steuersatzes gemäß § 12 Abs. 2 UStG. Seitens der Bundesregierung wird darauf verwiesen, dass das nicht nur eine signifikante Vereinfachung darstelle, sondern dadurch auch noch dringend benötigte zusätzliche Steuereinnahmen generiert würden. Das Änderungsgesetz wird unter Beachtung der grundgesetzlichen Verfahrensvorschriften beschlossen und verkündet. Mehrere im Vorfeld des Gesetzesbeschlusses durch Meinungsforschungsinstitute durchgeführte repräsentative Umfragen belegen jedoch unbestritten, dass 90 % der Bundesbürgerinnen und Bundesbürger die Änderung ablehnen. Der Wutbürger W ist deshalb empört – seiner Auffassung nach könne es (unabhängig von steuerrechtlichen Fragen) bereits verfassungsrechtlich nicht zulässig sein, dass der Bundestag eine Entscheidung gegen den expliziten Willen des Volkes treffe. Nach seinem Verständnis von Demokratie könne der Bundestag dem Volk kein Gesetz »aufzwängen«, welches dieses erklärtermaßen gar nicht wolle. Hat W recht?

LÖSUNG Für die formelle Verfassungsmäßigkeit des Änderungsgesetzes ist erforderlich, dass die Kompetenz- und Verfahrensvorschriften der Art. 70 ff. bzw. 76 ff. GG eingehalten und das Gesetz gemäß Art. 82 Abs. 1 Satz 1 GG ordnungsgemäß ausgefertigt und verkündet wurde. Das ist nach dem vorliegenden Sachverhalt der Fall. In Betracht kommt jedoch eine materielle Verfassungswidrigkeit wegen eines Verstoßes gegen das Demokratieprinzip. Gemäß Art. 20 Abs. 1 Satz 1 GG geht alle Staatsgewalt vom Volke aus (Grundsatz der Volkssouveränität). Jedoch ist in Art. 20 Abs. 1 Satz 2 GG geregelt, dass das Volk seine Staatsgewalt »in Wahlen und Abstimmungen und durch besondere Organe der Gesetzgebung, der vollziehenden Gewalt und der Rechtsprechung« ausübt (Grundsatz der repräsentativen Demokratie). Legislativorgan ist gemäß Art. 77 Abs. 1 Satz 1 GG ausschließlich der Bundestag, welcher gemäß Art. 39 Abs. 1 Satz 1 GG auf vier Jahre vom Volk gewählt und dadurch demokratisch legitimiert wird. Mit dieser Wahl erschöpft sich daher (bis auf wenige, hier nicht vorliegende Ausnahmen) im demokratischen System des Grundgesetzes die Entscheidungsbefugnis des Volkes. Es gibt auch keinen verfassungsrechtlichen Vorbehalt dahingehend, dass ein vom Bundestag beschlossenes Gesetz immer auch von der (mehrheitlichen) Zustimmung des Volkes getragen sein muss. Die Abgeordneten können also grundsätzlich durchaus auch gegen den Willen des Volkes handeln, ohne dadurch gegen Verfassungsgrundsätze zu verstoßen. Insbesondere in abgabenrechtlichen Fragen ist das häufig auch erforderlich. Ein Verstoß gegen das Demokratieprinzip liegt daher nicht vor. Die Empörung des W ist also unbegründet.

Diese Repräsentation des Volkes durch gewählte Vertreter ist möglich, weil Art. 20 Abs. 2 Satz 1 GG nur den **Ursprung der Staatsgewalt** regelt. Die **Ausübung der Staatsgewalt** ist hingegen in Art. 20 Abs. 2 Satz 2 GG geregelt:

Unmittelbar wird die Staatsgewalt durch das Volk ausschließlich durch **Wahlen** und **Abstimmungen** ausgeübt. Dabei sind Wahlen – wie beispielsweise die Wahl der Bundestagsabgeordneten gemäß Art. 38 Abs. 1 Satz 1 GG – Entscheidungen über Personalfragen. Abstimmungen sind hingegen Entscheidungen über Sachfragen; damit sind sog. Volksabstimmungen gemeint, die das Grundgesetz aber ausschließlich für die Neugliederung des Bundesgebietes (Art. 29, Art. 118 GG) und für den Beschluss einer neuen Verfassung (Art. 146 GG) vorsieht. Wahlen und Abstimmungen werden unter Teil D 2.3 näher dargestellt.

Mittelbar vom Volk wird die Staatsgewalt auf Ebene des Bundes gemäß Art. 20 Abs. 2 Satz 2 GG durch **besondere Organe** der Gesetzgebung (Bundestag), der vollziehenden Gewalt (Bundesregierung und die ihr nachgeordneten Behörden) sowie der Rechtsprechung (Bundesgerichte) ausgeübt.

Diese Ausübung der Staatsgewalt durch »besondere Organe« gemäß Art. 20 Abs. 2 Satz 2 GG setzt wegen Art. 20 Abs. 2 Satz 1 GG voraus, dass die Machtentfaltung dieser Organe auf das Volk als originären Träger der Staatsgewalt zurückzuführen ist; die Willensbildung muss sich also stets von unten nach oben vollziehen! Diese Zurückführung wird verfassungsrechtlich als **Legitimation** bezeichnet – sie ist das Bindeglied zwischen Staatsvolk und Staatsgewalt und existiert in dreierlei Hinsicht: als personelle, institutionelle und sachliche Legitimation.

2.2.3 Personelle Legitimation

Die personelle Legitimation ist unproblematisch, wenn der betreffende Vertreter seine Handlungsmacht ohne zwischengeschaltete Akte **direkt vom Volk** erhalten hat **(unmittelbare Legitimation)**. Das ist beispielsweise bei den Abgeordneten des Deutschen Bundestages der Fall – sie wurden direkt vom Volk durch die Wahl nach Art. 38 Abs. 1 Satz 1 GG legitimiert. Sie sind dadurch auch ermächtigt, weiteren Staatsorganen mittelbare Legitimation zu verleihen, beispielsweise dem Bundeskanzler durch dessen Wahl gemäß Art. 63 Abs. 1 GG.

Weitaus häufiger in der Praxis sind hingegen die Fälle, in denen die Legitimation des Vertreters nicht unmittelbar durch das Volk stattfindet. Hier ist ein Zurechnungszusammenhang zwischen der Willensbekundung des Volkes und der Ausübung der Staatsgewalt durch den jeweiligen Vertreter erforderlich **(mittelbare Legitimation)**. Sie erfordert eine **ununterbrochene Legitimationskette** von den mit den jeweiligen staatlichen Aufgaben betrauten Amtswaltern bis zum Volk über die von ihm gewählten Vertreter bzw. Organe. Sichergestellt wird das mittels einer lückenlosen Reihe von Berufungsakten, deren Ursprung letztlich eine unmittelbare Legitimation durch eine Wahl ist. Das gilt für sämtliche Staatsorgane: Soweit ein Amtswalter sein Amt nicht unmittelbar durch eine demokratische Wahl erhalten hat (was den Regelfall darstellt), muss dieses auf solche Staatsorgane zurückführbar sein, die ihrerseits durch eine demokratische Wahl legitimiert wurden.

BEISPIEL

Für die Verwaltung der Zölle ist nach Art. 108 Abs. 1 Satz 1 GG der Bund zuständig. Der Zollsachbearbeiter A im Hauptzollamt, welcher bei der Zollfestsetzung als Amtswalter Staatsgewalt ausübt, bezieht deshalb seine demokratische Legitimation als Bundesbeamter mittelbar vom deutschen Volk über die Legitimationskette Beamter > Vorsteher des Hauptzollamtes > Bundesfinanzminister > Bundeskanzler > Bundestag > Volk. Konkret verleiht der Vorsteher des Hauptzollamtes dem Beamten durch Ernennung sein Amt. Dabei ist der Vorsteher im Auftrag des Bundesfinanzministers tätig, welcher seinerseits auf Vorschlag des Bundeskanzlers vom Bundespräsidenten ernannt wurde (Art. 64 Abs. 1 GG) und seinen Geschäftsbereich innerhalb der Bundesregierung selbstständig leitet (Art. 65 Satz 2 GG). Der Bundeskanzler wurde wiederum vom Bundestag gewählt (Art. 63 Abs. 1 GG), und dessen Mitglieder – die Abgeordneten – vom deutschen Volk (Art. 38 Abs. 1 Satz 1 GG), welches den Ursprung der Legitimationskette bildet.
Für den Einkommensteuersachbearbeiter B in einem baden-württembergischen Finanzamt gilt im Wesentlichen das Gleiche. Da für die Verwaltung der Einkommensteuer allerdings nicht der Bund, sondern die Länder zuständig sind (Art. 108 Abs. 2 Satz 1 GG), bezieht er seine demokratische Legitimation als Landesbeamter nicht über den Bundestag vom deutschen Volk, sondern entsprechend über den Landtag vom baden-württembergischen Volk.

2.2.4 Institutionelle Legitimation

Die institutionelle Legitimation erfolgt durch die verfassungsrechtliche Einrichtung der jeweiligen Staatsorgane der Legislative (Art. 38 ff., 76 ff. GG), der Exekutive (Art. 62 ff., 83 ff. GG) sowie der Judikative (Art. 92 ff. GG) inklusive deren Ausstattung mit Aufgaben und Kompetenzen bzw. Zuständigkeiten.

BEISPIEL

Das Bundesverfassungsgericht ist bereits durch seine Einrichtung und seine Funktion als Hüter der Verfassung gemäß Art. 92 ff. GG institutionell legitimiert.

2.2.5 Sachliche Legitimation

Schließlich ist sämtliche Tätigkeit des Staates inhaltlich an den Willen des vom Volk gewählten Parlaments gebunden. Die jeweiligen Vertreter können in der Sache also keinesfalls tun und lassen, was sie wollen, sondern bedürfen stets auch einer sachlichen Legitimation. Sichergestellt wird diese durch die **Bindung aller staatlichen Gewalt an das Gesetz** (Art. 20 Abs. 3 GG), die **Verantwortlichkeit der Regierung gegenüber dem Parlament** (Art. 65, 67, 68

GG) und schließlich den hierarchischen Aufbau der Verwaltung inklusive der dienstrechtlichen Aufsichts- und Weisungsbefugnisse.

BEISPIEL

Die Bundesregierung und die sie im Parlament tragenden Fraktionen streben die Verbesserung der Ausbildungsförderung im Hochschulbereich an. Dafür sollen neben der bereits bestehenden Ausbildungsförderung nach dem BAföG zusätzliche Stipendien an besonders qualifizierte Studierende vergeben werden. Diese Stipendien sollen aus dem Bundeshaushalt finanziert werden. Das zu diesem Zweck letzten Endes (formell verfassungskonform) ergangene Bundesgesetz sieht weiter vor, dass über die Vergabe der Stipendien ein unabhängiger Ausschuss entscheidet, welcher beim Bundesministerium für Bildung und Forschung eingerichtet wird. Die einzelnen Ausschussmitglieder werden von verschiedenen privaten Interessengruppen (bestimmte Verbände und Gewerkschaften) sowie den im Bundestag vertretenen politischen Parteien benannt. Sie sind ausdrücklich an keinerlei Regelungen, Weisungen oder Vorgaben gebunden und entscheiden frei über die Vergabe der Stipendien. Ist das Gesetz materiell verfassungsgemäß?

LÖSUNG Das Gesetz könnte wegen eines Verstoßes gegen das Demokratieprinzip materiell verfassungswidrig sein, da es sich bei der Entscheidung über die Zuwendungen aus dem Bundeshaushalt um eine Ausübung staatlicher Gewalt handelt, die möglicherweise ohne hinreichende demokratische Legitimation erfolgt. Demokratie im Sinne des Grundgesetzes bedeutet, dass alle Staatsgewalt vom Volk ausgeht (Art. 20 Abs. 2 Satz 1 GG). Die unmittelbare Ausübung der Staatsgewalt durch das Volk erfolgt gemäß Art. 20 Abs. 2 Satz 2 GG durch Wahlen und Abstimmungen. Sämtliche Akte der Staatsgewalt müssen sich auf den Willen des Volkes zurückführen lassen. Das bedeutet, dass die Ausübung staatlicher Macht demokratisch stets in einer ununterbrochenen Kette durch das Volk legitimiert sein muss. Ausgangspunkt dieser Legitimation ist dabei stets der Bundestag, welcher wiederum unmittelbar durch das Volk personell legitimiert ist. Alle anderen Staatsorgane müssen ihre demokratische Legitimation vom Bundestag ableiten. Dies gilt sowohl in sachlicher Hinsicht (Legitimation durch Gesetze), als auch in personeller Hinsicht (Legitimation durch Einsetzung der entsprechenden Organwalter). Im vorliegenden Fall liegt eine hinreichende Legitimation weder in sachlicher, noch in personeller Hinsicht vor: Die im Bereich der Verwaltung üblicherweise gegebene Weisungsbefugnis liegt nach dem Sachverhalt nicht vor, da der Ausschuss ausdrücklich weisungsfrei arbeiten soll und keinerlei Vorgaben über die Auswahl der Stipendien existieren. Daraus resultiert eine nicht ausreichende sachliche Legitimation. Da die Mitglieder des Ausschusses nicht von demokratisch legitimierten Entscheidungsträgern eingesetzt, sondern durch private Dritte bestimmt werden, fehlt es zusätzlich auch an einer hinreichenden personellen Legitimation der Amtswalter. Das Gesetz ist deshalb wegen eines Verstoßes gegen das Demokratieprinzip materiell verfassungswidrig.

2.3 Wahlen und Abstimmungen

Art. 20 Abs. 2 Satz 2 GG bestimmt, dass das Volk seine Staatsgewalt unmittelbar durch »Wahlen und Abstimmungen« (und darüber hinaus mittelbar durch Repräsentativorgane der Legislative, Exekutive und Judikative) ausübt.

2.3.1 Wahlen

Wahlen sind das wichtigste Mittel der Ausübung der Staatsgewalt durch das Volk im Rahmen des Art. 20 Abs. 2 Satz 2 GG. Bei ihnen handelt es sich, wie bereits ausgeführt, um Personalentscheidungen. Wahlen haben insoweit die Funktion der Erteilung einer **Generalvollmacht**: Das Volk erteilt den gewählten Volksvertretern durch die Wahl für eine im Voraus bestimmte Zeit die umfassende Vollmacht, in seinem Namen Entscheidungen zu treffen.

Wahlen machen nur dann wirklich Sinn, wenn durch sie auch tatsächlich eine »Auswahl« getroffen werden kann. Ein **Mehrparteiensystem**, in dem zumindest potenziell mehrere Parteien die Geschicke der Politik – insbesondere natürlich durch die Beteiligung an der Regierung – beeinflussen können, soll die Meinungsvielfalt und die tatsächliche Möglichkeit von Machtwechseln gewährleisten.

2.3.1.1 Mehrheits- und Verhältniswahl

Bei Parlamentswahlen stehen als Wahlsysteme zunächst grundsätzlich die Mehrheitswahl und die Verhältniswahl zur Verfügung. Beide Systeme lassen sich auch miteinander kombinieren, etwa durch die sog. personalisierte Verhältniswahl bei der Wahl zum Deutschen Bundestag gemäß § 1 Abs. 1 BWahlG (vgl. Teil F 2.2.3). Dabei handelt es sich um eine Verhältniswahl, die eine Mehrheitswahl beinhaltet, welche sich jedoch nicht auf das Stimmenverhältnis im Parlament, sondern nur auf dessen personelle Zusammensetzung auswirkt.

- Bei der **Mehrheitswahl** ist derjenige Kandidat gewählt, der entweder die meisten Stimmen (relative Mehrheitswahl) oder mehr als die Hälfte der Stimmen – gegebenenfalls nach einer Stichwahl – (absolute Mehrheitswahl) erhält. Die Mehrheitswahl setzt die Einteilung des Wahlgebiets in Wahlkreise voraus, in welchen dann die jeweiligen Kandidaten gewählt werden. Diese Einteilung wirft in der Praxis vielfältige Probleme auf, da es nicht möglich ist, exakt gleich große Wahlkreise zu bilden. Außerdem sind beim Zuschnitt unterschiedliche Arten von Manipulationen möglich, die sich mitunter erheblich auf das Ergebnis der Wahlen auswirken können (sog. Gerrymandering). Die Mehrheitswahl begünstigt tendenziell die größeren politischen Parteien; für kleinere oder neu gegründete politische Parteien ist es dadurch schwierig, »Fuß zu fassen«. Kennzeichnend für die Mehrheitswahl ist weiterhin, dass bei knappen Mehrheitsverhältnissen bereits geringe Schwankungen im Wählerverhalten die Mehrheitsverhältnisse vollständig umkehren können. Die Grundsätze der Mehrheitswahl finden übrigens nicht nur bei Wahlen, sondern darüber hinaus auch bei Abstimmungen (vgl. 2.3.2) Anwendung. Auch eine Vielzahl der Entscheidungen des Bundesverfassungsgerichts kommt beispielsweise nach dem Mehrheitsprinzip zustande.
- Die **Verhältniswahl** erfordert dagegen die vorherige Aufstellung von Wahllisten. Das geschieht in der Regel durch die politischen Parteien. Der Wähler gibt seine Stimme für eine dieser im Vorfeld aufgestellten Wahllisten ab. Diese enthalten eine vorab unveränderlich festgelegte Reihenfolge von Kandidaten der jeweiligen politischen Partei. Die zu verteilenden Sitze werden dann nach einem mathematischen Verfahren – möglichst exakt – im selben Verhältnis zugeteilt, wie Stimmen für die jeweiligen Listen abgegeben wurden. Das führt grundsätzlich dazu, dass dem Wählerwillen unmittelbar dadurch zum Ausdruck verholfen wird, dass jede Partei einen ihrem Anteil an den Gesamtstimmen entsprechenden Anteil der Sitze erhält. Das gilt auch für kleinere Parteien, sofern sie nicht unter eine **Sperrklausel** (wie beispielsweise die in § 6 Abs. 3 Satz 1 BWahlG normierte) fallen.

Das Grundgesetz selbst trifft keine Regelung in Bezug auf das bei der Wahl zum Bundestag zur Anwendung kommende Wahlsystem. Die Einzelheiten sind vielmehr einfachgesetzlich im BWahlG geregelt und unter Teil F 2.2 ff. näher beschrieben.

2.3.1.2 Periodizität der Wahlen

Demokratie setzt voraus, dass eine wirksame zeitliche und inhaltliche Begrenzung demokratischer Machtausübung sichergestellt ist. Sie ist stets nur vom Volk übertragene **»Herrschaft auf Zeit«**. Das Volk als Träger der Staatsgewalt muss die Möglichkeit haben, in regelmäßigen und vor allem nicht allzu langen Abständen das Handeln der von ihm gewählten Vertreter zu kontrollieren und die Legitimation gegebenenfalls durch eine (weitere) Wahl zu erneuern – oder das gerade nicht zu tun.

Das ist von ganz erheblicher Bedeutung: Die Abgeordneten des Bundestages haben zwar die Aufgabe, das Volk bzw. dessen Willen als Repräsentanten zu vertreten. Ihre Rechtsstellung entspricht aber keineswegs der eines privatrechtlichen Stellvertreters gemäß §§ 164 ff. BGB: Während ein solcher Stellvertreter dem Vertretenen gegenüber stets weisungsgebunden ist, haben die Abgeordneten gemäß Art. 38 Abs. 1 Satz 2 GG ein freies Mandat inne – sie sind ausdrücklich an keinerlei Weisungen gebunden und nur ihrem Gewissen unterworfen. Weil aus diesem Grund eine anderweitige Einflussnahme auf die einmal gewählten Abgeordneten nicht möglich ist, hat das Volk lediglich die Möglichkeit, diese bei der nächsten Wahl »abzuwählen«, sollte es mit deren Handeln nicht zufrieden sein.

Diese zeitliche Begrenzung der Machtübertragung – das sog. **Periodizitätsprinzip** – ist in der Verfassung selbst ausdrücklich verankert: Die Abgeordneten des Bundestages werden gemäß Art. 39 Abs. 1 Satz 1 GG auf vier Jahre gewählt. Dieser Zeitraum wird als Wahl- oder Legislaturperiode bezeichnet. Seine Dauer hat sich bewährt: Vier Jahre ermöglichen einerseits längere, von Wahlkämpfen nicht unmittelbar beeinflusste Zeitfenster für das Vorantreiben von sachpolitischen Zielen und andererseits dennoch die regelmäßige und verhältnismäßig zeitnahe Möglichkeit der Kontrolle der Volksvertreter und der Einflussnahme durch den Wähler. Eine signifikante **Verlängerung der Legislaturperiode** – etwa auf acht Jahre – wäre wegen des damit verbundenen Kontroll- und Legitimationsdefizits nicht mit dem in Art. 20 GG verankerten Demokratieprinzip vereinbar. Da die in Art. 20 GG enthaltenen Grundsätze durch Art. 79 Abs. 3 GG besonders geschützt sind, wäre eine dahingehende Verfassungsänderung unzulässig, auch wenn die eigentlich betroffene Vorschrift (Art. 39 Abs. 1 Satz 1 GG) in Art. 79 Abs. 3 GG gar nicht ausdrücklich aufgeführt wird.

BEISPIEL

Die Regierungskoalition plant, die derzeit laufende und die darauffolgenden Legislaturperioden um ein Jahr auf fünf Jahre zu verlängern. Zur Begründung verweist sie auf dadurch erzielbare Kosteneinsparungen, da Wahlen dann nur noch seltener vorbereitet und durchgeführt werden müssten. Außerdem sei eine kontinuierlichere Regierungsarbeit möglich, wenn diese nicht mehr so häufig durch Wahlkämpfe unterbrochen würde. Der Zeitraum von fünf Jahren sei auch vor dem Hintergrund, dass die in den Verfassungen der meisten deutschen Bundesländer geregelten Legislaturperioden ebenfalls fünf Jahre betragen (was zutreffend ist), von vornherein unproblematisch.

LÖSUNG Die **Verlängerung der laufenden Legislaturperiode** ist – unabhängig von der vorgesehenen Dauer – stets wegen eines Verstoßes gegen das Demokratieprinzip verfassungswidrig. Denn die durch das Volk mit der Wahl erteilte Legitimation ist auf den zum Zeitpunkt der Wahl festgelegten Zeitraum beschränkt – also auf vier Jahre. Die Volksvertreter können diese ihnen vom Volk erteilte Legitimation nicht eigenmächtig selbst verlängern. Gegen eine **Verlängerung künftiger Legislaturperioden** um ein Jahr mittels einer Änderung des Art. 39 Abs. 1 Satz 1 GG im Wege der Verfassungsänderung ist verfassungsrechtlich hingegen nichts einzuwenden. Denn dabei handelt es sich um eine maßvolle Verlängerung; auch bei einer fünfjährigen Legislaturperiode hat das Volk noch hinreichende Möglichkeiten der zeitnahen Kontrolle und Einflussnahme.

2.3.1.3 Die Wahlrechtsgrundsätze

Nach Art. 38 Abs. 1 Satz 1 GG werden die Abgeordneten des Deutschen Bundestages »in allgemeiner, unmittelbarer, freier, gleicher und geheimer Wahl« gewählt. Das sind die sog. **Wahlrechtsgrundsätze**, deren Anwendungsbereich sich durch das in Art. 28 Abs. 1 Satz 2 GG geregelte Homogenitätsprinzip auch auf Wahlen auf Landes- und Kommunalebene erstreckt. Die Wahlrechtsgrundsätze sind elementarer Bestandteil des Demokratieprinzips; es handelt sich um sog. **grundrechtsgleiche Rechte**, weshalb ihre Verletzung durch eine Verfassungsbeschwerde vor dem Bundesverfassungsgericht gerügt werden kann (Art. 93 Abs. 1 Nr. 4a GG).

Die Wahlrechtsgrundsätze stellen jedoch **kein Wahlsystem** dar, sondern normieren nur die aus dem Demokratieprinzip folgenden verfassungsrechtlichen Anforderungen an ein solches. Sie sind im Einzelnen unter Teil F 2.2.1 dargestellt.

2.3.2 Abstimmungen

Abstimmungen sind Entscheidungen des Volkes über ihm vorgelegte Sachfragen. Sie sind Elemente der direkten Demokratie und werden üblicherweise auch als **Plebiszite** oder Volksentscheide bezeichnet. Die letztgenannte Bezeichnung ist jedoch häufig unpräzise, da es bei genauerer Betrachtung neben den eigentlichen Volksentscheiden noch zwei weitere Arten von Abstimmungen mit ganz unterschiedlichen Zielrichtungen gibt:

- **Volksbefragungen** sind durch den Staat in einem förmlichen Verfahren vorgenommene Erhebungen der Volksmeinung zu einer genau formulierten Sachfrage. Das Ergebnis von Volksbefragungen ist rechtlich nicht bindend, sie haben deshalb grundsätzlich lediglich konsultativen Charakter.
- **Volksbegehren** sind vom Volk ausgehende Initiativen zur Erreichung eines Volksentscheides. Hierfür ist die Unterstützung eines bestimmten Anteils der Wahlberechtigten erforderlich. Sie stellen lediglich eine Vorstufe für ein eigentliches plebiszitäres Abstimmungsverfahren dar.
- **Volksentscheide** im engeren Sinne sind schließlich tatsächlich bindende Entscheidungen des Volkes über eine ihm vorgelegte Frage oder einen Gesetzesentwurf.

Sämtliche drei Arten von Abstimmungen finden sich in Art. 29 GG, der die Neugliederung des Bundesgebietes durch ein Bundesgesetz ermöglicht. Ein solches Gesetz bedarf der Bestätigung durch Volksentscheid (Art. 29 Abs. 2 Satz 1 GG). Unter den in Art. 29 Abs. 4 GG geregelten Voraussetzungen können durch Volksbegehren Maßnahmen zur Neugliederung gefordert werden, die entweder zu einem Neugliederungsgesetz führen oder aber eine Volksbefragung zur Folge haben können. Die Regelung hat jedoch nur geringe praktische Bedeutung. Außer in den in Art. 29 GG geregelten Fällen sieht das Grundgesetz Abstimmungen ausschließlich in Art. 118 Satz 2 GG vor. Allerdings betrifft diese Vorschrift ebenfalls lediglich bestimmte Gebietsänderungen.

Grund für diese sehr starke **Begrenzung plebiszitärer Elemente** im Grundgesetz waren Erfahrungen aus dem Dritten Reich, die deutlich gezeigt haben, wie sehr sich das Volk durch Propaganda und Demagogie beeinflussen ließ. Deshalb beschränkt sich die unmittelbare Teilhabe des Volkes an Sachentscheidungen durch Abstimmungen nach ganz herrschender Auffassung **auf die in der Verfassung ausdrücklich geregelten Fälle**. In sämtlichen anderen Bereichen – beispielsweise auch bei Verfassungsänderungen oder Gesetzesinitiativen – sieht das Grundgesetz (dem Grundsatz der repräsentativen Demokratie folgend) die alleinige Handlungs- und Entscheidungskompetenz der gewählten Repräsentativorgane vor. Daher ist in fast allen Fällen der Bundestag allein zuständig.

BEISPIEL

Unmittelbar nachdem das Bundesverfassungsgericht das sog. »Betreuungsgeld« für verfassungswidrig erklärt hat, entsteht in der Bundesregierung ein erbitterter Streit über die Familienförderung. Es werden zwei sehr unterschiedliche Modelle diskutiert, der Bundesregierung gelingt es jedoch nicht, sich auf eines der beiden Modelle zu einigen. Auch der Bundeskanzler ist unentschlossen. Der Bundesminister A schlägt deshalb vor, einfach das Volk im Wege eines Volksentscheides über die Frage entscheiden zu lassen. Schließlich handele es sich um eine Angelegenheit von grundsätzlicher Bedeutung für das Volk – sowohl in gesellschaftspolitischer als auch in wirtschaftlicher Hinsicht. Und die Förderung der direkten Demokratie sei aus seiner Sicht ohnehin erstrebenswert. Gegen den von A vorgeschlagenen Volksentscheid werden innerhalb der Bundesregierung allerdings schnell verfassungsrechtliche Zweifel laut. Daraufhin schlägt der Bundesminister B vor, eine Volksbefragung durchzuführen; dann würde man schon weitersehen. Eine Volksbefragung sei aus seiner Sicht verfassungsrechtlich ja wohl auf jeden Fall zulässig. Schließlich sei sie ja »unverbindlich« – es könne deshalb auf keinen Fall unzulässig sein, dergestalt die Meinung des Volkes zu erheben. Wie ist die Rechtslage?

LÖSUNG Das Grundgesetz sieht Volksabstimmungen ausdrücklich nur in den Fällen der Art. 29 und 118 Satz 2 GG vor. Diese betreffen allerdings die Neugliederung des Bundesgebietes, nicht jedoch die gesetzliche Neuregelung der Familienförderung. Hieraus könnte eine Beschränkung von Volksentscheiden auf die in der Verfassung ausdrücklich geregelten Fälle resultieren. Dieser abschließende Charakter ist im Grundgesetz nicht explizit niedergelegt. Aber der Parlamentarische Rat hat sich bei der Ausarbeitung des Grundgesetzes aufgrund schlechter Erfahrungen aus der Vergangenheit eindeutig für die Errichtung einer repräsentativen Demokratie entschieden. Auch systematische Erwägungen sprechen für einen Vorrang der repräsentativen Demokratie gegenüber plebiszitären Elementen. In Art. 76 ff. GG ist das Verfahren der Gesetzgebung des Bundes sehr detailliert geregelt. Es sieht gemäß Art. 77, 78, 82 GG einen Beschluss des Bundestages, die Beteiligung des Bundesrates und die Ausfertigung und Verkündung des Gesetzes durch den Bundespräsidenten vor. Eine unmittelbare Teilhabe des Volkes an der Gesetzgebung ist indessen an keiner Stelle vorgesehen. Eine Zulassung von Volksentscheiden über die ausdrücklich geregelten Fälle hinaus würde dieses verfassungsrechtliche Gefüge signifikant verändern. Deshalb geht die ganz herrschende Auffassung davon aus, dass Volksabstimmungen ausschließlich in den in Art. 29 und 118 Satz 2 GG explizit geregelten Sonderfällen zulässig sind. Der von Bundesminister A vorgeschlagene Volksentscheid wäre deshalb nach geltendem Recht wegen eines Verstoßes gegen das Demokratieprinzip verfassungswidrig. Die von Bundesminister B vorgeschlagene und für den vorliegenden Fall durch die Verfassung ebenfalls nicht vorgesehene »unverbindliche« Volksbefragung über die gesetzliche Neuregelung der Familienförderung wäre ebenfalls verfassungswidrig. Denn sie käme in ihrer Wirkung einem Volksentscheid zumindest nahe: Durch das Ergebnis der Volksbefragung würde ein massiver politischer Druck aufgebaut, so dass die zur Entscheidung eigentlich berufenen Organe – die Abgeordneten des Deutschen Bundestages – genötigt wären, dem Ergebnis der Volksbefragung auch zu folgen. Dies stünde jedenfalls im Widerspruch zu dem in Art. 38 Abs. 1 Satz 2 GG geregelten Grundsatz des freien Mandats.

Für Regelungsbereiche, die der Zuständigkeit der Länder unterliegen, ermöglichen die **Verfassungen der deutschen Bundesländer** im Gegensatz zum Grundgesetz durchaus in größerem Umfang Plebiszite. Das gilt gleichermaßen auch für die **Verfassungen zahlreicher anderer Mitgliedstaaten der Europäischen Union**. Seit Jahren wird deshalb die Forderung erhoben, auch in das Grundgesetz umfangreichere plebiszitäre Elemente im Wege einer Verfassungsänderung aufzunehmen. Dies wäre nach ganz herrschender Meinung durchaus zulässig. Dennoch wurden die dahingehend in der Vergangenheit mehrfach angestellten Überlegungen bislang nicht die Praxis umgesetzt.

Unbestritten ist letztlich aber auch, dass es Regelungsbereiche gibt, die sich in der Sache für Entscheidungen durch Plebiszite nicht oder bestenfalls nur sehr eingeschränkt eignen. Das gilt zunächst einmal für rechtlich oder moralisch komplexe Regelungsbereiche. Es erschiene beispielsweise fraglich, ob das Volk in der Lage wäre, Entscheidungen über Angelegenheiten des Gesellschafts- oder gar des Gesellschaftssteuerrechts mit hinreichendem Sachverstand und Augenmaß unter Berücksichtigung aller daraus resultierenden Konsequenzen treffen zu können. Und dann gibt es schließlich noch Regelungsbereiche, bei denen von vornherein davon auszugehen ist, dass das Volk vermutlich keine sachlich fundierten Entscheidungen treffen würde. Deshalb schließt beispielsweise die Landesverfassung Baden-Württembergs Volksabstimmungen über Abgabengesetze, Besoldungsgesetze und das Staatshaushaltsgesetz ausdrücklich aus (Art. 60 Abs. 6 LV BW).

2.3.3 Mehrheitsprinzip

Weil »das Volk« in aller Regel keinen einheitlichen politischen Willen verfolgt, müssen seine Entscheidungen nach dem **Mehrheitsprinzip** erfolgen – anders lässt sich die Handlungsfähigkeit des Staates nicht sicherstellen. Dabei setzt sich die Mehrheit gegenüber der Minderheit durch, was zur Folge hat, dass der Wille der obsiegenden Mehrheit auch für die unterlegende Minderheit verbindlich wird. Dies gilt für Wahlen und Abstimmungen gleichermaßen.

Das Grundgesetz kennt eine ganze Reihe von sehr unterschiedlich ausgeprägten Mehrheiten:

- Bei der **einfachen Abstimmungsmehrheit** ist lediglich die Mehrheit der abgegebenen Stimmen erforderlich (Art. 42 Abs. 2 Satz 1 GG).
- Die **einfache Mitgliedermehrheit** erfordert hingegen die Stimmen der Mehrheit der Mitglieder des Bundestages gemäß Art. 121 GG. Sie ist nach Art. 63 Abs. 2 Satz 1 und Satz 3 GG bei der Wahl des Bundeskanzlers erforderlich und wird deshalb mitunter auch als »Kanzlermehrheit« bezeichnet. Darüber hinaus kommt die einfache Mitgliedermehrheit beim konstruktiven Misstrauensvotum (Art. 67 Abs. 1 Satz 1 GG), bei der Vertrauensfrage (Art. 68 Abs. 1 Satz 1 GG) und bei Abstimmungen im Bundesrat (Art. 52 Abs. 3 Satz 1 GG) zur Anwendung.
- Bei der **qualifizierten Abstimmungsmehrheit**, die im Gesetzgebungsverfahren des Bundes bei der Zurückweisung eines Einspruchs des Bundesrates durch den Bundestag zur Anwendung kommt (Art. 77 Abs. 4 Satz 2 GG), reicht die einfache Mehrheit nicht aus; vielmehr ist eine Mehrheit von zwei Dritteln der abgegebenen Stimmen erforderlich.
- Für Verfassungsänderungen bestehen noch höhere Anforderungen: Art. 79 Abs. 2 GG sieht vor, dass hier eine Zustimmung von zwei Dritteln der Mitglieder des Bundestages nach Art. 121 GG (und zusätzlich zwei Dritteln der Stimmen des Bundesrates) erforderlich ist. Das ist die sog. **qualifizierte Mitgliedermehrheit**.

Grundsätzlich sind in diesem Zusammenhang also immer zwei Aspekte zu beachten: Reicht eine einfache Mehrheit oder ist ein besonderes Quorum erforderlich (einfache oder qualifizierte Mehrheit)? Und muss sich die Mehrheit lediglich aus allen anwesenden Mitgliedern oder aus sämtlichen Mitgliedern des jeweiligen Gremiums ergeben (Abstimmungsmehrheit oder Mitgliedermehrheit)? Diese unterschiedlichen Anforderungen können erhebliche Auswirkungen auf das Ergebnis der jeweiligen Mehrheitsentscheidung haben.

2.3.4 Oppositionsrechte

Auch wenn nun – wie dargestellt – Entscheidungen stets nach dem Mehrheitsprinzip getroffen werden, ist in einer freiheitlichen Demokratie im Gegenzug ein wirksamer **Schutz der unterlegenen Minderheit** bzw. Minderheiten zwingend erforderlich. Dieses Erfordernis ergibt sich unmittelbar aus dem Demokratieprinzip. Sichergestellt wird der Minderheitenschutz zunächst einmal durch die **Grundrechte**, insbesondere die Meinungs- und Informationsfreiheit (Art. 5 Abs. 1 Satz 1 GG), die Presse- und Rundfunkfreiheit (Art. 5 Abs. 1 Satz 2 GG), die Versammlungsfreiheit (Art. 8 GG), die Vereinigungsfreiheit (Art. 9 GG) sowie darüber hinaus durch das aus Art. 21 Abs. 1 GG folgende Gebot der **Chancengleichheit der politischen Parteien** (s. Teil E 5).

Im Bundestag obliegt der Minderheitenschutz im Wesentlichen der **parlamentarischen Opposition**; sie repräsentiert gewissermaßen die unterlegene(n) Minderheit(en). Damit die Opposition dieser Rolle tatsächlich auch gerecht werden kann, bedarf sie wirksamer parlamentarischer Beteiligungs-, Informations- und Kontrollrechte. Dazu zählen neben einigen in der Geschäftsordnung des Bundestages geregelten Befugnissen wie dem Zitier- und Interpellationsrecht (§§ 100 ff. GO-BT), dem Anspruch auf Beteiligung in den parlamentarischen Ausschüssen (§ 12 GO-BT) und dem Anspruch auf gerechte Redezeitverteilung (§§ 27 ff. GO-BT) auch einige unmittelbar im Grundgesetz geregelte Befugnisse, die mitunter an relativ hohe Quoren geknüpft sind. Dazu zählen unter anderem:

- Das Antragsrecht eines Drittels der Mitglieder des Bundestages auf Einberufung des Bundestages durch den Präsidenten des Bundestages (Art. 39 Abs. 3 Satz 3 GG),
- das Antragsrecht eines Viertels der Mitglieder des Bundestages auf Einsetzung eines Untersuchungsausschusses durch den Bundestag (Art. 44 Abs. 1 Satz 1 GG) und
- die Antragsberechtigung eines Viertels der Mitglieder des Bundestages für die abstrakte Normenkontrolle (Art. 93 Abs. 1 Nr. 2 GG).

BEISPIEL

Der im Jahr 2013 gewählte 18. Deutsche Bundestag bestand aus insgesamt 631 Abgeordneten. Diese waren wie folgt verteilt: CDU/CSU: 311 Abgeordnete, SPD: 193, Die Linke: 64, Bündnis 90/Die Grünen: 63. Das führte dazu, dass die beiden Oppositionsfraktionen (Die Linke und Bündnis 90/Die Grünen) zusammengerechnet nur auf ca. 20 % der Abgeordneten bzw. Sitze kamen. Aus eigener Kraft waren sie deshalb – auch gemeinsam – nicht in der Lage, die Einsetzung eines Untersuchungsausschusses durchsetzen zu können, weil Art. 44 Abs. 1 Satz 1 GG dafür ein Quorum von einem Viertel der Mitglieder des Bundestags verlangt. Deshalb wurde in § 126a GO-BT eine nur für die Dauer der 18. Legislaturperiode geltende Selbstverpflichtung in Kraft gesetzt, wonach der Bundestag auf Antrag von 120 Abgeordneten einen Untersuchungsausschuss einsetzt.

Nach Auffassung des Bundesverfassungsgerichts stellt das in Art. 44 Abs. 1 Satz 1 GG geregelte Quorum keinen Verstoß gegen den aus dem Demokratieprinzip folgenden verfassungsrechtlichen Grundsatz der Gewährleistung einer effektiven Opposition dar (BVerfG vom 03.05.2016, 2 BvE 4/14). Das Grundgesetz enthält demnach keine spezifisch den Oppositionsfraktionen zustehenden Oppositionsrechte. Die Oppositionsrechte basieren vielmehr auf der Freiheit und Gleichheit sämtlicher Abgeordneten (Art. 38 Abs. 1 Satz 2 GG). Jedem Abgeordneten stehen dabei dieselben Rechte zu, unabhängig von seiner Fraktionszugehörigkeit. Dieser Grundsatz gilt nach der Rechtsprechung des Bundesverfassungsgerichts mangels anderweitiger verfassungsrechtlicher Regelungen auch für alle Fraktionen als Zusammenschlüsse von Abgeordneten. Einen Anspruch auf »Besserbehandlung« von Oppositionsfraktionen – beispielsweise durch die Absenkung der verfassungsrechtlich vorgegebenen Quoren für die Ausübung parlamentarischer Minderheitenrechte – sieht bzw. gibt das Grundgesetz nicht vor.

2.3.5 Parlamentsvorbehalt

Dem Parlament kommt aufgrund seiner unmittelbaren demokratischen Legitimation durch das Volk eine herausgehobene Stellung bei der Ausübung der Staatsgewalt zu. Deshalb muss das Parlament sämtliche für den Staat und seine Bürger **wesentlichen Entscheidungen** selbst treffen und verantworten. Dieser Grundsatz wird auch als Parlamentsvorbehalt bezeichnet. Unter den Parlamentsvorbehalt fällt beispielsweise die **Einschränkung von Grundrechten**, Entscheidungen über den **Einsatz der Bundeswehr** und das **parlamentarische Budgetrecht**, welches aufgrund seiner großen Bedeutung auch als »Königsrecht des Parlaments« bezeichnet wird.

Die Sicherstellung des Parlamentsvorbehalts ist insbesondere im unionsrechtlichen Kontext nicht immer einfach – Instrumente wie beispielsweise der Europäische Stabilitätsmechanismus (ESM) erfordern im Falle einer plötzlich eintretenden Bankenkrise unter Umständen ein sehr schnelles Eingreifen, weshalb sich die rechtzeitige Einholung eines konkreten Mandats durch die Abgeordneten des Bundestages in solchen Fällen mitunter recht schwierig gestalten kann.

2.3.6 Streitbare Demokratie und freiheitliche demokratische Grundordnung

Demokratien zielen auf die aktive Teilnahme von Bürgern am demokratischen Willensbildungsprozess ab. Sie laufen dadurch Gefahr, dass die durch sie gewährten und geschützten Freiheitsrechte ausgenutzt werden, um die freiheitliche demokratische Grundordnung zu bekämpfen. Sehr plastisch verdeutlicht wird diese Gefahr durch die folgenden Ausführungen des späteren Reichspropagandaministers Joseph Goebbels, knapp fünf Jahre vor der Machtergreifung durch die Nationalsozialisten: »Wir gehen in den Reichstag hinein, um uns im Waffenarsenal der Demokratie mit deren eigenen Waffen zu versorgen. Wir werden Reichstagsabgeordnete, um die Weimarer Gesinnung mit ihrer eigenen Unterstützung lahmzulegen. Wenn die Demokratie so dumm ist, uns für diesen Bärendienst Freifahrkarten und Diäten zu geben, so ist das ihre eigene Sache. […] Wir kommen nicht als Freunde, auch nicht als Neutrale. Wir kommen als Feinde! Wie der Wolf in die Schafsherde einbricht, so kommen wir« (aus einem Beitrag unter dem Titel »Was wollen wir im Reichstag?« in: »Der Angriff« vom 30.04.1928).

Es stellen sich also – auch und gerade wieder in der heutigen Zeit – zwei Fragen: Wie kann sich die Demokratie gegen politische Extreme von links und rechts zur Wehr setzen? Und wie kann verhindert werden, dass sie als Steigbügelhalter ausgerechnet ihrer Feinde missbraucht wird?

Das Grundgesetz sieht zunächst und vor allem vor allem vor, dass bestimmte zentrale Elemente durch keine noch so große Mehrheit geändert oder aufgehoben werden können – sie stehen dadurch schlichtweg nicht mehr zur Diskussion. Dieser Schutz des Kernbestandes der Verfassung ist in der sog. **»Ewigkeitsgarantie«** des Art. 79 Abs. 3 GG festgeschrieben: Änderungen, durch die die Gliederung des Bundes in Länder, die grundsätzliche Mitwirkung der Länder bei der Gesetzgebung oder die in den Artikeln 1 und 20 GG niedergelegten Grundsätze berührt werden, sind deshalb auf legalem Wege generell nicht möglich.

Der Begriff der **freiheitlichen demokratischen Grundordnung** findet in dieser oder in ähnlicher Form an zahlreichen Stellen des Grundgesetzes Verwendung (Art. 10 Abs. 2 Satz 2, Art. 11 Abs. 2, Art. 18 Satz 1, Art. 21 Abs. 2 Satz 1, Art. 73 Abs. 1 Nr. 10 lit. b, Art. 87a Abs. 4 Satz 1, Art. 91 Abs. 1 GG). Er wird jedoch verfassungsrechtlich nicht näher definiert. Die freiheitliche demokratische Grundordnung beinhaltet nach allgemeinem Verständnis den elementaren verfassungsrechtlichen Kern des Grundgesetzes, auf dem die liberale und rechtsstaatliche Demokratie in der Bundesrepublik beruht, und der den **Gegensatz zu einem totalitären Staat** ausmacht. Das gilt unabhängig von seiner konkreten Ausprägung durch den Verfassungs- und den einfachen Gesetzgeber oder durch die jeweilige Bundesregierung.

Das Bundesverfassungsgericht hat den Begriff bereits im Jahr 1952 in einer bis heute grundlegenden Entscheidung (BVerfG vom 23.10.1952, BVerfGE 2, 12 f.) wie folgt definiert (Hervorhebungen und Einfügung der Gliederungspunkte durch den Verfasser): »Freiheitliche demokratische Grundordnung [...] ist eine Ordnung, die unter Ausschluss jeglicher Gewalt und Willkürherrschaft eine rechtsstaatliche Herrschaftsordnung auf der Grundlage der Selbstbestimmung des Volkes nach dem Willen der jeweiligen Mehrheit und der Freiheit und Gleichheit darstellt. Zu den grundlegenden Prinzipien dieser Ordnung sind mindestens zu rechnen:

- Die **Achtung vor den im Grundgesetz konkretisierten Menschenrechten**, vor allem vor dem **Recht der Persönlichkeit auf Leben und freie Entfaltung**,
- die **Volkssouveränität**,
- die **Gewaltenteilung**,
- die **Verantwortlichkeit der Regierung**,
- die **Gesetzmäßigkeit der Verwaltung**,
- die **Unabhängigkeit der Gerichte**,
- das **Mehrparteienprinzip** und
- die **Chancengleichheit für alle politischen Parteien** mit dem **Recht auf verfassungsmäßige Bildung und Ausübung einer Opposition**.«

§ 4 Abs. 2 BVerfSchG und § 92 Abs. 2 StGB enthalten hieran angelehnte einfachgesetzliche Definitionen. Die freiheitliche demokratische Grundordnung erstreckt sich also nicht nur auf demokratische, sondern darüber hinaus auch auf zentrale **rechtsstaatliche Komponenten** (s. 3).

Ihre Anerkennung ist Voraussetzung für die Teilnahme am politischen Leben, weshalb **Parteien**, die nach ihren Zielen oder nach dem Verhalten ihrer Anhänger darauf ausgehen, sie zu beeinträchtigen oder zu beseitigen, verfassungswidrig sind und sich der Gefahr eines Parteiverbots durch das Bundesverfassungsgericht gemäß Art. 21 Abs. 2 Satz 1 GG aussetzen (vgl. Teil E 6).

Die Gewähr dafür, jederzeit für die freiheitliche demokratische Grundordnung im Sinne des Grundgesetzes einzutreten, ist unabdingbare Voraussetzung für die **Berufung in ein Beamtenverhältnis** (§ 7 Abs. 1 Nr. 1 BBG, § 7 Abs. 1 Nr. 2 BeamtStG BW). Für die **Einbürgerung von Ausländern** auf Antrag ist neben weiteren Voraussetzungen ebenfalls ein Bekenntnis zur freiheitlichen demokratischen Grundordnung erforderlich (§ 10 Abs. 1 Nr. 1 StAG).

Art. 20 Abs. 4 GG normiert ein allen deutschen Staatsbürgern zustehendes **Widerstandsrecht** gegenüber jedem, der es unternimmt, die verfassungsmäßige Ordnung zu beseitigen. Dies setzt allerdings voraus, dass anderweitige Abhilfe nicht möglich ist; die Ausübung des Widerstandsrechts muss das letzte verbleibende Mittel zur Erhaltung oder Wiederherstellung des Rechts sein.

3 Rechtsstaat

3.1 Allgemeines

Als Rechtsstaat kann ein Staat bezeichnet werden, in dem die Ausübung der Staatsgewalt gewissen Schranken unterliegt, in dem also das Verhältnis zwischen dem Staat und seinen Bürgern sowie der innerstaatliche Bereich rechtlicher Bindung und Kontrolle unterliegen. Damit gehört das Rechtsstaatsprinzip zu den wesentlichen Staatsstrukturprinzipien eines freiheitlichen Verfassungsstaats.

Das Rechtsstaatsprinzip findet nur in Art. 28 Abs. 1 Satz 1 sowie in Art. 23 Abs. 1 Satz 1 GG ausdrückliche Erwähnung. Wesentliche Elemente der Rechtsstaatlichkeit enthalten Art. 20 Abs. 2 Satz 2 HS 2 und Abs. 3 GG. Das Rechtsstaatsprinzip ist von der sog. Ewigkeitsgarantie des Art. 79 Abs. 3 GG geschützt und dadurch dem Zugriff des verfassungsändernden Gesetzgebers entzogen (BVerfG vom 19.12.2000, BVerfGE 102, 370).

Das Bundesverfassungsgericht hat zum Rechtsstaatsprinzip weiter ausgeführt, es enthalte – soweit es nicht in einzelnen Sätzen der geschriebenen Verfassung für bestimmte Sachgebiete ausgeformt und präzisiert sei – keine in allen Einzelheiten eindeutig bestimmten Gebote und Verbote von Verfassungsrang, sondern sei vielmehr ein Verfassungsgrundsatz, der der Konkretisierung je nach den sachlichen Gegebenheiten bedürfe (BVerfG vom 25.07.1979, BVerfGE 52, 131). Wesentliche Aspekte des Rechtsstaatsprinzips sind die Gewaltenteilung, die Rechts- und Verfassungsbindung der staatlichen Gewalt, die Gesetz- und Verhältnismäßigkeit staatlichen Verwaltungshandelns, die Rechtssicherheit sowie der Rechtsschutz i. S. eines Justizgewährleistungsanspruchs.

Kennzeichnend für den **formellen Rechtsstaat** ist die organisatorische und verfahrensrechtliche Bindung der Staatsgewalt an Gesetze. Dies soll eine willkürliche Machtausübung durch den Staat ausschließen und so einem Missbrauch staatlicher Macht vorbeugen.

BEISPIEL

Gesetze müssen in einem vom Grundgesetz vorgeschriebenen förmlichen Verfahren zustande gekommen sein.

Der **materielle Rechtsstaat** setzt die Elemente des formellen Rechtsstaates voraus und hat darüber hinaus die Verwirklichung der Gerechtigkeit zum Ziel. Die »Gerechtigkeit« wird durch die Wertordnung des Grundgesetzes bestimmt, wozu insbesondere zählen

- die Bindung der staatlichen Gewalten an Gesetz und Recht (Art. 20 Abs. 3 GG);
- die Bindung der staatlichen Gewalten an die Grundrechte, insbesondere an die in Art. 1 Abs. 1 GG garantierte Menschenwürde;
- die Überprüfung staatlichen Handelns auf einfachgesetzlicher und verfassungsrechtlicher Ebene durch eine unabhängige Rechtsprechung;
- die weiteren Staatsprinzipien des demokratischen und sozialen Bundesstaats.

Das Grundgesetz vereint die Prinzipien des formellen und materiellen Rechtsstaats, da eine sinnvolle Bindung der Staatsgewalt nur durch verfahrensrechtliche Regelungen nicht gewährleistet werden kann, weil die Gefahr für missbräuchliche, formal korrekte gesetzliche Regelungen nicht ausgeschlossen werden kann.

BEISPIEL

In einem formell verfassungsmäßigen Verfahren könnte der Gesetzgeber einen einheitlichen Einkommensteuersatz von 95 % einführen. Die sich u. a. aus dem Sozialstaatsprinzip ergebenden materiell-rechtlichen Erwägungen, dem Einzelnen von den Erträgen seiner Arbeit nach Abzug der Steuern zumindest das zu belassen, was er zur Aufrechterhaltung eines menschenwürdigen Daseins für sich – und ggf. für seine Familie – benötigt, stünden einer solchen Änderung des Einkommensteuergesetzes jedoch entgegen. Erst ein formell **und** materiell rechtmäßiges Änderungsgesetz würde zu einer verfassungskonformen Bestimmung des Einkommensteuersatzes durch den Gesetzgeber führen.

3.2 Entwicklung

Die Rechtsstaatsidee entstand zu Beginn des 19. Jahrhunderts als politische, gegen den monarchischen Macht- und Obrigkeitsstaat gerichtete Forderung des Frühliberalismus nach

- klassischen Grundrechten (Leben, Freiheit, Eigentum) zum Schutz der Bürger vor Zugriffen des Monarchen,
- der verfassungsrechtlichen Garantie in einer geschriebenen Verfassung,
- der politischen Absicherung dieser Bürgerrechte durch die Institutionalisierung der Parlamente als Sitz der Legislative und als Ort der Kontrolle der Staatstätigkeit (Gewaltenteilung, Parlamentarismus),
- der Bändigung der Staatsmacht durch die Herrschaft des Gesetzes (Gesetzmäßigkeit) und
- der rechtlichen Absicherung und Kontrolle durch unabhängige Gerichte.

Leitbilder für die Ausgestaltung des Rechtsstaatsprinzips finden sich in ausländischen Verfassungen wie etwa der der Vereinigten Staaten von Amerika oder Frankreichs. Insbesondere aufgrund der Erfahrungen der nationalsozialistischen Gewaltherrschaft war der Grundgesetzgeber bemüht, eine rechtsstaatliche Ordnung aufzubauen und auch durch entsprechende Garantien und Regelungen in der Verfassung abzusichern. Auch deshalb enthält das Grundgesetz an verschiedenen Stellen Regelungen, die Bestandteil des Rechtsstaatsprinzips sind.

3.3 Gewaltenteilung

Die Grundprinzipien der Gewaltenteilung berühren sowohl das Rechtsstaatsprinzip als auch das Demokratieprinzip. Der französische Philosoph Charles de Montesquieu (1689–1755) ging in seiner Denkschrift »Vom Geist der Gesetze« (De l'esprit des lois, 1748) erstmals auf die Aufteilung staatlicher Macht in drei Gewalten ein und gilt damit als Begründer der klassischen Gewaltenteilungslehre. Daran anknüpfend werden bis heute **drei Staatsgewalten** unterschieden:

- die Gesetzgebung (Legislative),
- die Verwaltung (Exekutive) sowie
- die Rechtsprechung (Judikative).

Die **Legislative** ist die eigentliche »Leitgewalt«, da sie die Aufgabe der parlamentarischen Gesetzgebung übernimmt. Die **Exekutive** ist grundsätzlich für den Vollzug der von der Legislative geschaffenen Gesetze zuständig. In der Praxis sind die Aufgaben jedoch weitaus vielfältiger. Die **Judikative** hat die Aufgabe, die beiden anderen Teilgewalten zu überwachen, und ist dementsprechend deutlich von ihnen abgegrenzt, wie sich an der Aufgabenzuweisung des Art. 19 Abs. 4 GG zeigt.

Sinn und Zweck der Aufteilung staatlicher Aufgaben, Kompetenzen und Befugnisse ist ein doppelter: Zum einen soll so eine bestmögliche Aufgabenwahrnehmung sichergestellt werden. Jede Gewalt soll (nur) in ihrem Wirkbereich tätig werden. Zum anderen soll durch die Gewaltenteilung ein möglicher Machtmissbrauch verhindert werden, so dass der Gewaltenteilung für den Bürger eine freiheitssichernde Funktion zukommt. Die Funktionen der Staatsgewalt sollen dazu nicht voneinander isoliert werden, sondern sich in einem System wechselseitiger Kontrolle, Hemmung und Mäßigung (»checks and balances«) gegenseitig kontrollieren, ergänzen und begrenzen. Der Gewaltenteilungsgrundsatz ist das tragende Organisationsprinzip des Grundgesetzes. Die klassische **funktionelle Gewaltenteilung** ist in Art. 20 Abs. 2 Satz 2 HS 2 GG geregelt. Im Prinzip ist keiner der Gewaltenträger den anderen über- oder untergeordnet; die konkreten Machtbefugnisse sind indes in den jeweiligen Organisationsnormen des Grundgesetzes geregelt.

Gewaltenteilung

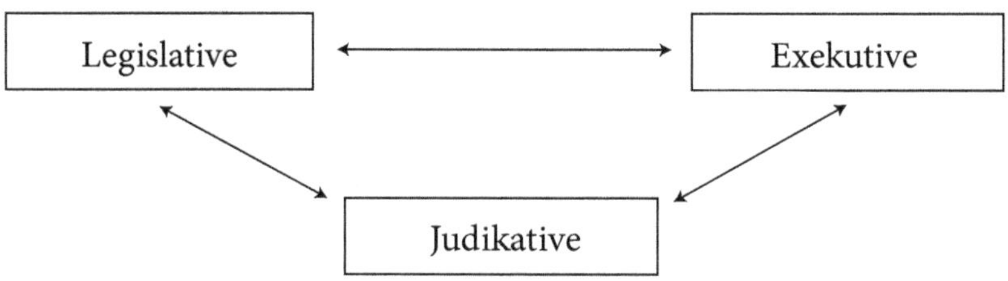

In der Verfassungspraxis findet jedoch keine strikte Trennung der drei Gewalten statt. Allein aufgrund der Tatsache, dass im Bundestag und in den Landtagen die Angehörigen der Exekutive (z. B. Minister, Staatssekretäre) regelmäßig auch der Legislative angehören (als Bundestags- oder Landtagsabgeordnete), entsteht eine Art Gewaltenverschränkung, bei der die Grenzen zwischen Exekutive und Legislative einander überschneiden. Das Gewaltenteilungsprinzip wird daher mitunter durchbrochen, was die Gefahr birgt, dass die angestrebte Gewaltenbalance – als Grundvoraussetzung der Machtbegrenzung im Staat – beeinträchtigt wird.

Gewaltenverschränkung

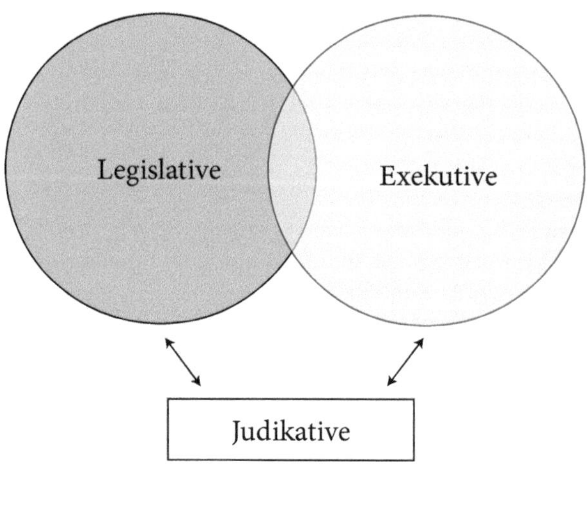

Die Durchsetzung der Gewaltenteilung respektive der Gewaltenverschränkung ist im Grundgesetz für die verschiedenen Verhältnisse geregelt und zeigt sich insbesondere im **Verhältnis der Legislative zur Exekutive** in folgenden Regelungen:

- Wahl des Bundeskanzlers (Art. 63 GG),
- Konstruktives Misstrauensvotum (Art. 67 GG),
- Vertrauensfrage (ggf. unter Auflösung des Bundestags, Art. 68 GG),
- Zitier- und Kontrollrecht (Art. 43, 44 GG),
- Budgetrecht und Ausgabenkontrolle (Art. 110, 113, 114 GG),
- weitere Befugnisse zur Mitwirkung und Beteiligung (Art. 23, 59 Abs. 2, 91a, 91b, 104b GG),
- Schutz der Parlamentarier (Art. 46 GG).

Auch im **Verhältnis der Legislative zur Judikative** gibt es – wenngleich in geringerem Umfang – vom Grundgesetz gewollte Verschränkungen der Gewalten. So ist die Legislative nach Art. 94, 95 GG an der Wahl der Richter des Bundesverfassungsgerichts ebenso beteiligt wie an der Wahl der Richter für die fünf obersten Gerichtshöfe des Bundes (Bundesgerichtshof, Bundesverwaltungsgericht, Bundesarbeitsgericht, Bundessozialgericht, Bundesfinanzhof).

Das **Verhältnis der Exekutive zur Judikative** verdeutlicht auch das Beispiel der Wahl der Richter für die obersten Gerichtshöfe des Bundes, da nach Art. 95 Abs. 2 GG an der Entscheidung über deren Berufung auch der für das jeweilige Sachgebiet zuständige Minister mitwirkt.

Weiter kann zwischen der **horizontalen** und der **vertikalen** Gewaltenteilung unterschieden werden. Dabei wird unter der horizontalen Gewaltenteilung die klassische Dreiteilung der Gewalten in Legislative, Exekutive und Judikative verstanden. In einem Bundesstaat kann zudem eine vertikale Gewaltenteilung bestehen, indem eine Aufteilung der Staatsgewalt auf den Bund und die Länder erfolgt.

Horizontale und vertikale Gewaltenteilung

	Gesetzgebung	**Verwaltung**	**Rechtsprechung**
Bund	Bundestag/ Bundesrat	Bundesregierung/ Bundespräsident	BVerfG/ fünf oberste Gerichtshöfe des Bundes
Länder	Landtag	Landesregierung	LVerfG/ (Fach-)Gerichtsbarkeit

Unter dem Begriff der **personellen Gewaltenteilung** wird der Grundsatz der Unvereinbarkeit der Ämter verstanden. So ist mit dem Amt des Bundespräsidenten weder die Angehörigkeit zur Exekutive noch zur Legislative des Bundes oder eines Landes vereinbar (Art. 55 Abs. 1 GG). Auch darf der Bundespräsident kein anderes besoldetes Amt, Gewerbe oder einen Beruf ausüben sowie den Leitungs- und Kontrollgremien eines Erwerbsunternehmens nicht angehören. Dies gilt – mit Ausnahme der Zugehörigkeit zu einem Kontrollgremium eines Erwerbsunternehmens mit Zustimmung des Bundestages – auch für die Mitglieder der Bundesregierung (Art. 66 GG). Die Richter des Bundesverfassungsgerichts dürfen nach Art. 94 Abs. 1 Satz 3 GG keinem Exekutiv- oder Legislativorgan von Bund oder Ländern angehören. Zur Wahrung der Unabhängigkeit der Justiz gilt dies für die sonstigen Richter nach Art. 98 Abs. 1 GG i. V. m. § 4 DRiG entsprechend.

Während der Zugehörigkeit zum Bundestag ruhen auch die Dienstpflichten eines Beamten (§ 5 AbgG).

BEISPIEL

Nachdem der Vorsitzende des Deutschen Richterbundes (DRB) vor einem »Bedeutungsverlust des Rechts« gewarnt hat und die Funktionsfähigkeit der Gerichte und Staatsanwaltschaften aufgrund diverser Sparmaßnahmen als gefährdet erachtet, erarbeitet das Bundesjustizministerium ein Gesetz zur Neuregelung der Verfolgung der Kriminalität. Danach sollen künftig alle Straftaten, für die das Gesetz einen Strafrahmen von bis zu zwei Jahren Freiheitsstrafe oder Geldstrafe vorsieht, durch die Ordnungs- bzw. Polizeibehörden verfolgt werden.

LÖSUNG Die Übertragung der Zuständigkeit für Straftaten, für die das Gesetz einen Strafrahmen bis zu zwei Jahren Freiheitsstrafe oder Geldstrafe vorsieht, auf die Ordnungs- bzw. Polizeibehörden könnte ein Verstoß gegen den Gewaltenteilungsgrundsatz darstellen. Der Richtervorbehalt für die Strafgerichtsbarkeit folgt aus Art. 92 GG, so dass die Verurteilung zu Freiheits- und Geldstrafen als Sühne für kriminelles Unrecht der rechtsprechenden Gewalt (= den Gerichten) anvertraut ist. Zudem könnte bei Freiheitsstrafen auch Art. 104 Abs. 2 Satz 1 GG betroffen sein, wonach über Zulässigkeit und Fortdauer einer Freiheitsentziehung nur der Richter zu entscheiden hat. Der Gesetzgeber kann zwar Bagatelldelikte ausgliedern und auf die Verwaltungsbehörden übertragen (z. B. in bestimmten Bußgeld- und Ordnungswidrigkeitensachen, wie z. B. mit den Regelungen zu den Steuerordnungswidrigkeiten in den §§ 377–384, 409–412 AO geschehen, für die nach § 409 S. 1 i. V. m. § 387 Abs. 1 AO die Finanzbehörden zuständig sind). Urteile in Angelegenheiten, die den Kernbereich des Strafrechts betreffen, sind indes dem Richter vorbehalten.

Neben den »klassischen« Elementen der Gewaltenteilung werden zunehmend nichtstaatliche Organisationen und verschiedene Gesellschaftskräfte in den staatlichen Entscheidungsprozess einbezogen (z. B. Parteien (Koalitionspartner), Gewerkschaften, (Interessen-)Verbände, Presse, »Experten«).

3.4 Rechtsbindung staatlicher Organe

3.4.1 Allgemeines

Kernstück des Rechtsstaatsprinzips ist die Bindung aller staatlichen Organe an geltendes (Verfassungs-)Recht und Gesetz (Art. 20 Abs. 3, Art. 1 Abs. 1 und 3, Art. 97 Abs. 1 GG).

3.4.2 Vorrang der Verfassung

Der Grundsatz vom Vorrang der Verfassung bedeutet, dass kein staatliches Handeln (über den Wortlaut von Art. 20 Abs. 3 GG hinaus auch das der **Exekutive** und **Judikative**) im Widerspruch zur verfassungsmäßigen Ordnung des Grundgesetzes stehen darf. Unter der verfassungsmäßigen Ordnung sind sämtliche Vorschriften des Grundgesetzes zu verstehen. Daher hat etwa jedes Gesetz die im Grundgesetz verankerten Grundrechte zu respektieren, um so den Bürger vor staatlicher Willkür zu schützen.

BEISPIEL

Der Gesetzgeber erlässt eine ergänzende Vorschrift zum EStG, wonach männliche Steuerpflichtige grundsätzlich stärker besteuert werden als weibliche Steuerpflichtige. Eine solche grundsätzliche Regelung würde jedoch gegen den Gleichbehandlungsgrundsatz des Art. 3 Abs. 1 GG verstoßen und ist daher unzulässig.

3.4.3 Vorrang des Gesetzes

Der Grundsatz vom Vorrang des Gesetzes bedeutet die Bindung der Verwaltung an geltendes Recht. Das heißt, dass die Exekutive bei jeglichem staatlichen Handeln nicht gegen geltende Rechtsnormen verstoßen darf (vgl. aktuell hierzu die Rechtsprechung des BFH zum sog. »Sanierungserlass« in BFH, Beschl. v. 28.11.2016 – GrS 1/15, DStRK 2017, 91; BFH, Beschl. v. 16.4.2018 – X B 13/18, DStRK 2018, 226 (jeweils m. Anm. Holzner)). Die Exekutive darf zudem nicht die Anwendung eines Gesetzes aussetzen.

MERKSATZ

Vorrang des Gesetzes bedeutet: Kein Handeln **gegen** das Gesetz.

BEISPIEL

Die Finanzverwaltung des Landes Baden-Württemberg beklagt hohe Steuerausfälle durch Steuervermeidungsstrategien international tätiger Unternehmen. Regierungsrat Dr. Fisk (F), der seit Erscheinen des von ihm verfassten Standardwerks »Anschaffung einer Katze zur Vermeidung der Hundesteuer« als Spezialist für und gegen Vermeidungsstrategien gilt, soll Referatsleiter in der Oberfinanzdirektion (OFD) werden, um künftig Fälle der organisierten Steuervermeidung landesweit zu unterbinden. F vereinbart mit der Finanzverwaltung, dass er für seine besonders wichtige Tätigkeit bei der OFD neben seinen regulären Bezügen zusätzliche monatliche Bezüge i. H. v. 350 € erhält. § 3 Abs. 2 Satz 1 LBesGBW lautet: »Zusicherungen, Vereinbarungen und Vergleiche, die dem Beamten oder Richter eine höhere als die ihm gesetzlich zustehende Besoldung verschaffen sollen, sind unwirksam.« Ist die Besoldungsvereinbarung zwischen F und der Finanzverwaltung rechtmäßig?

LÖSUNG Die Besoldungsvereinbarung könnte gegen § 3 Abs. 2 Satz 1 LBesGBW verstoßen und damit wegen Verstoßes gegen den Vorrang des Gesetzes rechtswidrig sein. Die Vorschrift untersagt Vereinbarungen über eine höhere Besoldung als gesetzlich für die entsprechende Stelle vorgesehen. Die Finanzverwaltung hat hier mit der Besoldungsvereinbarung gegen vorrangiges Gesetzesrecht verstoßen, da sie ihre Bindung an das Gesetz und damit an den Vorrang des Gesetzes missachtet.
Die Besoldungsvereinbarung zwischen der Finanzverwaltung und F ist daher wegen des Verstoßes gegen den Vorrang des Gesetzes rechtswidrig.

3.4.4 Vorbehalt des Gesetzes

Nach dem Grundsatz vom Vorbehalt des Gesetzes darf die Verwaltung nur dann tätig werden, wenn sie durch ein entsprechendes Gesetz zu ihrem Handeln ermächtigt worden ist.

MERKSATZ

Vorbehalt des Gesetzes bedeutet: Kein Handeln **ohne** Gesetz.

Insbesondere im Steuerrecht bedeutet der Vorbehalt des Gesetzes, dass die Auferlegung von Steuerlasten einem Gesetz vorbehalten ist. Steuern sind nur dann zulässig, sofern und soweit sie durch ein Gesetz angeordnet werden (»nullum tributum sine lege«).

Während der Grundsatz für Eingriffe durch die Verwaltung unstreitig gilt, ist er in Bezug auf **Leistungen** umstritten. Nach h. M. soll hierfür ausreichen, dass die Leistungen in irgendeiner Form vom Gesetzgeber legitimiert wurden, etwa durch eine entsprechende haushaltsrechtliche Billigung durch das Parlament. Nach der sog. **Wesentlichkeitstheorie** muss der parlamentarische Gesetzgeber alle wesentlichen Angelegenheiten im Verhältnis Staat–Bürger durch ein formelles Gesetz regeln. Weniger Wesentliches kann dagegen ggf. durch Rechtsverordnungen oder Verwaltungsvorschriften geregelt werden.

Gesetzmäßigkeit der Besteuerung

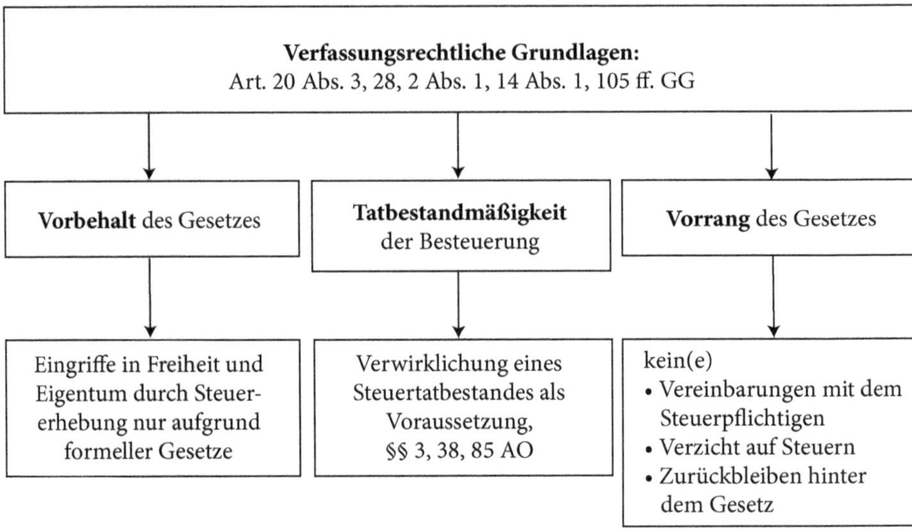

3.4.5 Verhältnismäßigkeit staatlicher Maßnahmen

Unter dem Begriff der Verhältnismäßigkeit staatlicher Maßnahmen (z. T. auch »Übermaßverbot«) wird verstanden, dass staatliche Eingriffe nur dann zulässig sind, wenn sie im Hinblick auf den mit ihnen verfolgten (legitimen) Zweck geeignet, erforderlich und angemessen sind (auch »Zweck-Mittel-Verhältnis«).

Beim Grundsatz der Verhältnismäßigkeit handelt es sich um einen ungeschriebenen, aus dem Regelungsgehalt der Grundrechte folgenden Verfassungsgrundsatz, der ein Kernbereich des materiellen Rechtsstaats ist. Der Gesetzgeber ist bei der Ausgestaltung grundrechtsbeschränkender Normen ebenso daran gebunden wie die Verwaltung bei deren Anwendung im Einzelfall.

BEISPIEL

Einleitung und Durchführung von Ermittlungsmaßnahmen im Rahmen eines Verwaltungsverfahrens müssen aufgrund hinreichender Anhaltspunkte veranlasst sein.
Haben etwa alle bisher durchgeführten Maßnahmen des Finanzamts zur Aufklärung der Vermögensverhältnisse des Vollstreckungsschuldners keine Erkenntnisse über pfändbare Vermögenswerte ergeben, kann das Finanzamt den Steuerschuldner bei Vorliegen der weiteren Voraussetzungen zur Abgabe der Vermögensauskunft nach § 284 AO vorladen.

Bestandteile der Verhältnismäßigkeitsprüfung sind die folgenden Prüfungsschritte bei der konkreten Maßnahme:

- Verfolgung eines (rechtlich) **legitimen Zwecks**.

BEISPIELE

Einführung einer Helmpflicht für Rad-/Motorradfahrer: Hier wird mit dem Gesundheitsschutz der Teilnehmer am Straßenverkehr ein legitimer Zweck mit der Maßnahme verfolgt.
Einführung eines höheren Steuersatzes für Männer mit roten Haaren: Mit dieser Maßnahme wird kein legitimer Zweck verfolgt.

- **Geeignetheit**: Mit der Maßnahme wird der erstrebte Zweck erreicht oder die Zweckerreichung zumindest gefördert. Dabei hat der Gesetzgeber einen weitgehenden Prognosebereich.

BEISPIELE

Die Einführung einer Helmpflicht ist zur Förderung des Gesundheitsschutzes der Teilnehmer des Straßenverkehrs geeignet.
Die Durchführung einer Außenprüfung bei einem Steuerpflichtigen, obwohl die Steuerbescheide nicht mehr änderbar sind, stellt keine geeignete Maßnahme zur Erreichung einer gleichmäßigen Festsetzung und Erhebung der Steuern dar.

- **Erforderlichkeit**: Es steht keine andere, gleich wirksame, aber die Rechte der Bürger weniger beschränkende Maßnahme zur Verfügung.

BEISPIEL

Die Zwangsversteigerung eines Grundstücks trotz beim Schuldner vorhandenen pfändbaren Bargeldes oder vorhandener pfändbarer Forderungen ist nicht erforderlich, da zur Erreichung des angestrebten Zwecks ein anderes, gleich wirksames, aber die Rechte des Betroffenen weniger einschränkendes Mittel zur Verfügung steht.

- **Angemessenheit** (auch: Verhältnismäßigkeit i. e. S.): Abschließend ist zu prüfen, ob das konkret eingesetzte Mittel in einem angemessenen Verhältnis zum erstrebten Erfolg steht (= Durchführung einer Güterabwägung).

BEISPIEL

Um für die Schaffung dringend benötigten Wohnraums den privaten Wohnungsbau zu fördern und die Spekulation mit bebauungsfähigen Grundstücken zu vermeiden, werden durch ein Bundesgesetz Sonderabgaben auf derartige Grundstücke festgesetzt. Danach ist die Sonderabgabe zu zahlen, wenn das Grundstück – obwohl bebauungsfähig – länger als 18 Monate unbebaut bleibt.
Nach drei Jahren stellt sich heraus, dass das Gesetz keinerlei Wirkung erzielen konnte. Die Bauträgergesellschaft »Schöner Bauen« hatte aufgrund des Gesetzes erhebliche Sonderabgaben zu zahlen, da sie Eigentümerin diverser unbebauter Grundstücke ist, bei denen die Projektentwicklung für eine Bebauung nicht oder nur langsam erfolgt.
»Schöner Bauen« legt gegen das Gesetz eine zulässige Verfassungsbeschwerde mit der Begründung ein, das Gesetz verstoße gegen den Verhältnismäßigkeitsgrundsatz.
LÖSUNG Die Klage ist begründet, wenn das Gesetz verfassungswidrig ist, indem es die Rechte der betroffenen Eigentümer unverhältnismäßig beeinträchtigt.
Die Auferlegung einer Geldleistungspflicht stellt einen Eingriff in das Grundrecht aus Art. 2 Abs. 1 GG dar. Dieser gesetzliche Eingriff muss verhältnismäßig sein, d. h., das Gesetz muss den Anforderungen des Rechtsstaatsprinzips in seiner Ausprägung durch den Verhältnismäßigkeitsgrundsatz (auch: »Übermaßverbot«) entsprechen. Dies ist der Fall, wenn das Gesetz einen legitimen Zweck verfolgt und zudem geeignet, erforderlich und angemessen ist.
Mit der Sonderabgabe wurde **ein legitimer Zweck** (hier: vorsorgende Wohnungsbaupolitik zur Minderung der Wohnungsnot) verfolgt. Die **Geeignetheit** der Maßnahme ist durch eine Prognose bei Erlass des Gesetzes zu beurteilen, für die dem Gesetzgeber ein weiter Prognosespielraum zusteht. Die nachträgliche Ungeeignetheit einer Maßnahme ist daher nicht entscheidend. Ein Gesetz, das Sonderabgaben für bebauungsfähige unbebaute Grundstücke vorsieht, ist dem Grunde nach dazu geeignet, langfristige Spekulationen mit solchen Grundstücken zu vermeiden und die Eigentümer zur baulichen Nutzung zu motivieren. Andere, in die (Grund-)Rechte der Grundstückseigentümer weniger eingreifende, jedoch gleich wirksame Mittel sind nicht erkennbar, so dass die Maßnahme auch **erforderlich** war (Anmerkung: Nach gut vertretbarer anderer Ansicht ist eine Wohnungsbauförderung (z. B. durch das sog. Baukindergeld) gegenüber einer repressiven Maßnahme zur Erreichung des Zwecks besser geeignet). Der Gesetzgeber greift hier zwar in die Rechte der Grundstückseigentümer

ein, jedoch zur Verfolgung des – sozialstaatlich berechtigten – Ziels einer vorsorgenden Wohnungsbaupolitik. Die Grundstückseigentümer werden nicht enteignet, sondern lediglich durch die Abgabe dazu »animiert«, ihr bebauungsreifes Grundstück zu bebauen bzw. an einen Dritten zur Bebauung zu veräußern. Mithin ist die Maßnahme auch **angemessen** bzw. verhältnismäßig i. e. S.
Im Ergebnis ist die Klage der Bauträgergesellschaft unbegründet, da das Gesetz nicht verfassungswidrig ist, sondern den Anforderungen des Rechtsstaatsprinzips in seiner Ausprägung durch den Verhältnismäßigkeitsgrundsatz entspricht.

Das **Untermaßverbot** stellt das Gegenstück zum sog. Übermaßverbot dar und besagt, dass der Gesetzgeber (bzw. die Verwaltung), wenn er/sie zum Handeln verpflichtet ist, eine bestimmte Untergrenze bei der Maßnahme nicht unterschreiten darf.

BEISPIEL

Einleitung und Durchführung von Ermittlungsmaßnahmen des Finanzamts im Rahmen eines Besteuerungsverfahrens müssen zwar aufgrund hinreichender Anhaltspunkte veranlasst sein (Beachtung des **Übermaßverbotes**). Das Finanzamt verletzt jedoch die Sachaufklärungspflicht (**Untermaßverbot**), wenn Tatsachen oder Beweismitteln nicht nachgegangen wird, die sich in Anbetracht der Umstände geradezu **aufgedrängt** haben (z. B. wird Hinweisen aus den Akten oder der Steuererklärung zu bisher nicht erklärten Einnahmen des Steuerpflichtigen nicht nachgegangen).

3.4.6 Prüfungsrecht der Verwaltung

Da die Verwaltung (Exekutive) nach Art. 20 Abs. 3 GG an die Gesetze gebunden ist, stellt sich die Frage, ob ein Beamter ein Gesetz auch dann befolgen muss, wenn er es für rechtswidrig hält.

Die Verwaltung hat unstreitig ein **formelles Prüfungsrecht** und kann daher prüfen, ob eine Vorschrift rechtswirksam zustande gekommen ist (z. B. Einhaltung des verfassungsgemäßen Gesetzgebungsverfahrens) und ordnungsgemäß verkündet wurde, also bereits (oder noch) in Kraft ist. Rechtsvorschriften, die nicht schon formell ordnungsgemäß ergangen sind, dürfen regelmäßig nicht angewandt werden.

Ein **materielles Prüfungsrecht** (z. B. die Frage der Vereinbarkeit einer Vorschrift mit höherrangigem Recht, ob etwa die EStDV mit dem EStG in Einklang steht oder das EStG mit dem Grundgesetz) steht der Verwaltung indes nicht zu; sie hat kein Verwerfungsrecht. Dem mit dem konkreten Sachverhalt befassten Beamten bleibt in dem Fall, dass er ein Gesetz für materiell verfassungswidrig hält, nur, seine Bedenken auf dem Dienstweg an seine Vorgesetzten weiterzugeben. Sollten die Einwände bei der Verwaltungsspitze Beachtung finden, kann dies ggf. dazu beitragen, dass die Gültigkeit des Gesetzes vom Verfassungsgericht überprüft wird.

Für die Bundes- oder eine Landesregierung besteht die Möglichkeit der abstrakten Normenkontrolle gemäß Art. 93 Abs. 1 Nr. 2 GG beim BVerfG. Dabei prüft das Gericht die Vereinbarkeit einer Vorschrift mit dem Grundgesetz. Auch ein Richter hat keine Verwerfungskompetenz, jedoch die Möglichkeit einer sog. konkreten Normenkontrolle gemäß Art. 100 Abs. 1 GG zum BVerfG. Die Verwerfungskompetenz für Gesetze liegt also ausschließlich beim BVerfG.

3.4.7 Richterrecht

Gerichtsentscheidungen wirken grundsätzlich nur zwischen den am Prozess beteiligten Parteien (sog. »Inter-partes-Wirkung«).

BEISPIEL

Der Steuerpflichtige verklagt das Finanzamt, um die Herabsetzung seiner Steuern zu erreichen. Das Finanzgericht entscheidet die Klage durch Urteil.
Hier sind von der Wirkung des Urteils nur der Steuerpflichtige und das Finanzamt betroffen. Ein Dritter (auch ein Richter), der das (anonymisierte) Urteil samt Begründung in einer Fachzeitschrift liest, ist von den Wirkungen des Urteils nicht betroffen, kann sich aber ggf. von der Argumentation überzeugen lassen.

Zu den legitimen Aufgaben der obersten Gerichte des Bundes gehört es, im Rahmen eines gesetzlichen Tatbestandes unter Anwendung rechtswissenschaftlicher Methoden (z. B. Auslegung oder Analogie) allgemeine Rechtsätze zu entwickeln. Die von den obersten Bundesgerichten aufgestellten allgemeinen Rechtsätze (sog. Richterrecht) haben zwar keine unmittelbare rechtliche Verbindlichkeit wie die klassischen Rechtsquellen (Gesetze, Rechtsverordnungen, Satzungen), entfalten aber eine gewisse Präjudizwirkung auf die Untergerichte.

3.4.8 Bestimmtheitsgebot

Das Bestimmtheitsgebot fordert, dass Gesetze (und sonstige Normen) so klar und präzise formuliert sein müssen, dass der Bürger (ggf. im Wege der Auslegung) erkennen kann, was von ihm gefordert ist und welches das künftige staatliche Verhalten sein wird, so dass er sich darauf einstellen und entsprechend disponieren kann. Die Anforderungen an die Bestimmtheit betreffen sowohl den Tatbestand als auch die Rechtsfolge einer Vorschrift, so dass bei allen Gesetzen – insbesondere bei solchen, die in Rechte der Bürger eingreifen – Inhalt, Zweck und Ausmaß so bestimmt sein müssen, dass der Eingriff messbar und voraussehbar ist.

BEISPIEL

Im Rahmen der Debatte um die Zuwanderung ausländischer Staatsangehöriger nach Deutschland wird das Ausländergesetz um folgende Regelung ergänzt: »Ausländer bedürfen im Geltungsbereich dieses Gesetzes einer Aufenthaltserlaubnis. Diese darf erteilt werden, wenn die Anwesenheit des Ausländers die Belange der Bundesrepublik Deutschland nicht beeinträchtigt.«
LÖSUNG Die neue Regelung im Ausländergesetz könnte verfassungswidrig sein, wenn sie gegen das Rechtsstaatsprinzip in der Ausprägung des Bestimmtheitsgrundsatzes verstößt. Die Vorschrift verwendet auf der Tatbestandsseite den Begriff »Belange der Bundesrepublik Deutschland« und ermöglicht auf der Rechtsfolgenseite eine Ermessensentscheidung (»darf«). Diese Kombination von unbestimmtem Rechtsbegriff und weit gefasstem Ermessen erscheint unter rechtsstaatlichen Gesichtspunkten zumindest bedenklich. Andererseits muss der Verwaltung eine kurzfristig durchsetzbare Handhabe gegenüber solchen Ausländern ermöglicht werden, die das Aufenthaltsrecht in Deutschland missachten. Das Bundesverfassungsgericht hat die hinreichende Bestimmtheit einer solchen Regelung dennoch bejaht, indem es auf die bereits ergangenen Entscheidungen der (Fach-)Gerichte zum Ausländerrecht verwiesen hat, durch die die gesetzlichen Merkmale hinreichend konkretisiert worden seien (BVerfG vom 12.05.1987, BVerfGE 76, 1).

Das Bestimmtheitsgebot ist insbesondere dort essentiell, wo dem Bürger bei fehlerhaftem Verhalten eine Strafe droht (insbesondere im (Steuer-)Strafrecht).

BEISPIEL

Eine Änderung der §§ 369 ff. AO durch eine Norm mit dem Wortlaut »Vorsätzliche und fahrlässige Verstöße gegen die Steuergesetze sind strafbar« wäre mangels Bestimmtheit des Begriffs »Verstöße« unbestimmt und daher unzulässig.

Auch die Steuergesetze müssen nach Inhalt, Gegenstand, Zweck und Ausmaß so hinreichend bestimmt sein, dass für den Einzelnen die **Steuerlast** messbar und berechenbar ist.

BEISPIEL

Ein neu verabschiedetes Steuergesetz regelt, dass bestimmte Finanztransaktionen mit einer Steuer belegt werden. Die Bestimmung eines Steuersatzes oder einen Verweis auf entsprechend anzuwendende Regelungen enthält das Gesetz nicht. Jedoch kann kein Steuergesetz ohne Regelung des Steuersatzes auskommen, da es andernfalls unmöglich wäre, die Steuerlast des Einzelnen festzustellen. Deswegen enthalten die Steuergesetze regelmäßig eine genaue Darlegung des Steuersatzes (nebst Bemessungsgrundlage), da sie sonst gegen den Bestimmtheitsgrundsatz verstoßen würden. Keine Bedenken bestehen dagegen, dass der Gesetzgeber allgemeine Begriffe (sog. **unbestimmte Rechtsbegriffe**) verwendet, unter die bei entsprechender Auslegung eine Vielzahl von Fällen subsumiert werden kann. Die konkrete steuerliche Belastung muss sich indes nicht unmittelbar aus dem Gesetz ergeben. Ausreichend ist etwa auch, wenn die Berechnungsgrundlagen (z. B. mathematische Formeln, vgl. nur §§ 32a Abs. 1, 32d Abs. 1 EStG) enthalten sind, die es erlauben, die steuerliche Belastung zu berechnen. Die verfassungsrechtliche Grenze dürfte allerdings dort erreicht sein, wo es auch für Fachleute nicht mehr möglich ist, die steuerliche Belastung zu berechnen.

Nicht nur belastende, sondern auch **entlastende** Gesetze müssen hinreichend bestimmt gefasst sein. Allerdings sind hierbei die Anforderungen an das Maß der Bestimmtheit der Entlastung geringer. Das Bestimmtheitsgebot für entlastende Gesetze beruht auf dem Grundsatz der Steuergerechtigkeit, wonach hinreichend geklärt sein muss, welcher Personenkreis welche Tatbestandsvoraussetzungen erfüllen muss, um eine Steuerentlastung zu erlangen. Andernfalls besteht die Gefahr, dass objektiv gleich gelagerte Sachverhalte unterschiedlich behandelt werden.

BEISPIEL

Ein Steuergesetz bestimmt nicht genau, welche Personen für welche Wirtschaftsgüter Abschreibungen für Abnutzung erhalten können. In einem solchen Fall könnte bei gleichem Sachverhalt der Antrag eines Steuerpflichtigen im Finanzamt A von Sachbearbeiter X gewährt, dagegen im Finanzamt B von Sachbearbeiter Y ablehnt werden.

3.4.9 Gebundene Entscheidungen und Ermessensentscheidungen

Regelmäßig ordnen Gesetze bei Vorliegen der jeweiligen Tatbestandsmerkmale eine bestimmte Rechtsfolge an, so dass die Verwaltung bei der Ausführung der Gesetze in ihrer Entscheidung an die gesetzliche Vorgabe gebunden ist (Vorrang des Gesetzes).

MERKSATZ

Gebundenes Verwaltungshandeln liegt vor, wenn eine Vorschrift ausgeführt wird, die eine Rechtsfolge zwingend festlegt.

BEISPIEL

Der Bürgermeister einer kleinen Schwarzwaldgemeinde bekommt Besuch vom Inhaber eines großen Sägewerks mit Sitz in der Gemeinde. Da das Sägewerk in eine finanzielle Schieflage geraten ist, bittet der Inhaber den Bürgermeister, in den nächsten drei Jahren keine Gewerbesteuer zahlen zu müssen, um so aus der Krise herauszukommen. Schließlich sei es doch auch klüger, »die Kuh zu melken statt sie zu schlachten«.

LÖSUNG Durch § 155 Abs. 1 AO (der nach § 1 Abs. 2 Nr. 4 AO auch für die Realsteuern i. S. des § 3 Abs. 2 AO Anwendung findet) wird den jeweils zuständigen Finanzbehörden (für die Festsetzung der

Realsteuern die Gemeinde) die Festsetzung der entstandenen Steuern zwingend vorgeschrieben. Deshalb kann keine Gemeindeverwaltung mit einem Gewerbetreibenden vereinbaren, dass dieser drei Jahre lang keine Gewerbesteuer zahlen muss, wenn er in der Gemeinde einen Betrieb unterhält. Eine solche Vereinbarung würde gegen den Grundsatz der Gesetzesbindung der Verwaltung verstoßen. Wenn der Gewerbetreibende die steuerlichen Tatbestände erfüllt, muss die Steuer erhoben werden (vgl. § 85 AO). Die Verwaltung kann nur dann von einer Steuerfestsetzung oder Steuererhebung absehen, wenn die Voraussetzungen einer entsprechenden Maßnahme (z. B. ein Erlass nach § 227 AO, die abweichende Festsetzung aus Billigkeitsgründen nach § 163 AO oder eine Stundung nach § 222 AO) vorliegen.

Im Gesetz kann der Verwaltung auf der **Rechtsfolgenseite** jedoch auch ein Spielraum gewährt werden, unter mehreren rechtlich zulässigen Verhaltensweisen auszuwählen. Zu unterscheiden ist dabei das **Entschließungsermessen** (»ob« eine Maßnahme getroffen werden soll) und das **Auswahlermessen** (»welche« der möglichen Maßnahmen getroffen werden soll).

Voraussetzung für eine Ermessensentscheidung ist, dass das Gesetz ausdrücklich oder nach Sinn und Zweck dazu ermächtigt (Gesetzesvorbehalt). Signalwörter hierfür sind etwa »darf«, »kann«, »soll«, »ist berechtigt«, »ist befugt«.

Die Verwaltung ist jedoch in der Ausübung des Ermessens beschränkt: Das zulässige Ermessen kann nicht willkürlich ausgeübt werden, sondern nur entsprechend dem Zweck der jeweiligen Ermächtigung innerhalb der gesetzlichen Grenzen (Gesetzesvorbehalt).

BEISPIEL

Nach § 222 Satz 1 AO können die Finanzbehörden Ansprüche aus dem Steuerschuldverhältnis ganz oder teilweise stunden, wenn die Einziehung bei Fälligkeit eine erhebliche Härte für den Schuldner bedeuten würde und der Anspruch durch die Stundung nicht gefährdet erscheint.
Wenn der Steuerpflichtige eine Stundung seiner Steuerschuld nach § 222 AO beantragt, kann das Finanzamt entscheiden, ob es die Stundung gewährt (Entschließungsermessen) und wenn ja, in welchem Umfang (Auswahlermessen).

Der Bürger hat gegenüber der Verwaltung einen Anspruch auf fehlerfreie Ausübung des Ermessens. Ermessensfehler sind u. a.

- die Ermessens**überschreitung**: die Voraussetzungen des Ermessens liegen nicht vor oder eine gesetzlich nicht vorgesehene Rechtsfolge wird ausgewählt,
- der Ermessens**nichtgebrauch**: die Verwaltung übt das Ermessen nicht bzw. nicht vollständig aus sowie
- der Ermessens**missbrauch**: die Ermessensentscheidung verfehlt den Sinn und Zweck der Ermächtigungsnorm.

Ist der Ermessensspielraum der Verwaltung durch dienstliche Anweisung (z. B. eine Richtlinie oder einen Anwendungserlass) vorgegeben, tritt eine **Selbstbindung** der Verwaltung ein. Die Selbstbindung begründet grundsätzlich einen Anspruch des Bürgers auf Gleichbehandlung gemäß Art. 3 Abs. 1 GG.

Bei allen Ermessensentscheidungen ist immer auch der Grundsatz der **Verhältnismäßigkeit** zu beachten.

3.5 Rückwirkung von Gesetzen

3.5.1 Allgemein

Rechtssicherheit erfordert Vertrauensschutz. Um die grundrechtlich gewährleistete Handlungs- und Entscheidungsfreiheit (Art. 2 Abs. 1 GG) tatsächlich entfalten zu können, bedarf der Bürger einer gewissen Planungs- und Entscheidungssicherheit (Vertrauens-/Dispositionsschutz).

BEISPIEL

Bindung der Finanzverwaltung an bestandskräftige endgültige Steuerbescheide, die nur unter besonderen Voraussetzungen geändert werden können; Bindung der Finanzverwaltung an eine verbindliche Auskunft, § 89 Abs. 2 AO.

Das Bundesverfassungsgericht leitet aus dem rechtsstaatlichen Rechtssicherheitsprinzip in Verbindung mit den betroffenen Grundrechten ein prinzipielles Verbot rückwirkender Gesetze ab (BVerfG vom 14.05.1986, BVerfGE 72, 200).

BEISPIELE

Es wird am 30.12. ein Gesetz erlassen, das mit (Rück-)Wirkung zum 01.01 bestimmte Einkünfte besteuert.

Der Vertrauensschutz begründet ein grundsätzliches Rückwirkungsverbot für belastende Gesetze. Ein ausdrückliches Verbot existiert mit Art. 103 Abs. 2 GG jedoch nur für Strafgesetze. Die Frage nach der Rückwirkung von Gesetzen stellt sich nur bei **zeitlich rückwirkenden belastenden** Gesetzen. Belastend sind auch solche Gesetze, die eine Vergünstigung einschränken oder aufheben. Häufig treten verfassungsrechtliche Fragen der Rückwirkung von Gesetzen bei Vorschriften des Steuerrechts auf, wenn hier unterjährig ein Handlungsbedarf erkannt wird.

Bei der Rückwirkung wird im Detail unterschieden zwischen

- echter Rückwirkung (Rückbewirkung von Rechtsfolgen) und
- unechter Rückwirkung (tatbestandliche Rückanknüpfung).

Eine **echte Rückwirkung** (Rückbewirkung von Rechtsfolgen) liegt vor, wenn ein Gesetz nachträglich bereits abgewickelte, der Vergangenheit angehörende Sachverhalte ändert. Die echte Rückwirkung von Gesetzen ist **grundsätzlich unzulässig**. Ausnahmsweise besteht kein schützenswertes Vertrauen des Bürgers in die geltende Rechtslage, wenn

- der Bürger mit der Regelung rechnen musste (z. B. bei Einbringung eines entsprechenden Gesetzesvorhabens in den Bundestag oder auch dessen Zuleitung zum Bundesrat (BVerfG vom 10.04.2018 (BStBl. I 2018, 303); siehe zur Rückwirkung auch Kirchhof, DStR 2015, 717),
- das geltende Recht unklar und verworren war,
- der Bürger sich auf den Rechtsschein einer ungültigen Norm verlassen hat oder
- zwingende Gründe des Gemeinwohls die Rückwirkung rechtfertigen.

Eine **unechte Rückwirkung** (tatbestandliche Rückanknüpfung) liegt vor, wenn ein Gesetz auf gegenwärtige, noch nicht abgeschlossene Sachverhalte für die Zukunft einwirkt. Das Gesetz wirkt dabei also nicht vom Zeitpunkt seiner Verkündung an rückwirkend, sondern knüpft an in der Vergangenheit liegende Tatsachen an. Diese unechte Rückwirkung von Gesetzen ist **grundsätzlich zulässig**. Ausnahmsweise ist sie unzulässig, wenn die Abwägung zwischen dem Interesse der Allgemeinheit an dem Gesetz und dem Vertrauen des Einzelnen auf den Fortbestand der ursprünglichen Regelung ergibt, dass der Vertrauensschutz Vorrang hat.

BEISPIEL

Der Vertrauensschutz hat Vorrang, wenn sich die Prüfungsordnung für einen Studiengang während des Studiums ändert. Kein Vertrauensschutz wird indes gewährt, wenn während des Studiums Studiengebühren eingeführt werden.

3.5.2 Rückwirkung im Steuerrecht

Bei periodisch erhobenen Steuern (z. B. Einkommensteuer, Körperschaftsteuer) liegt eine unechte Rückwirkung (tatbestandliche Rückanknüpfung) vor, wenn das Gesetz noch vor Jahresende mit Wirkung auf den Jahresanfang in Kraft tritt, da der Steueranspruch erst mit Ablauf des jeweiligen Veranlagungszeitraums (regelmäßig das Kalenderjahr) entsteht.

Eine echte Rückwirkung liegt im Steuerrecht vor, wenn das Gesetz erst im folgenden Jahr in Kraft tritt, jedoch auf das Vorjahr zurückwirkt.

BEISPIELE

Einkommensteuer für den Veranlagungszeitraum 01: Eine unechte Rückwirkung liegt vor, wenn eine gesetzliche Änderung am 31.12.01 mit Wirkung für den Veranlagungszeitraum 01 in Kraft tritt; eine echte Rückwirkung liegt dagegen vor, wenn die Änderung am 01.01.02 mit Wirkung für den Veranlagungszeitraum 01 in Kraft tritt.

a) Um den Bundeshaushalt zu sanieren, beschließt der Bundestag am 24.12.01 ein Änderungsgesetz (Verkündung im Bundesgesetzblatt erfolgt am 28.12.01) mit Wirkung zum 01.01.01, mit dem der Steuersatz für die Umsatzsteuer um fünf Prozentpunkte erhöht wird. Liegt ein Fall verfassungsrechtlich unzulässiger Rückwirkung vor?

b) Wie ist die Frage der Verfassungsmäßigkeit des Änderungsgesetzes zu beurteilen, wenn statt der Umsatzsteuer der Einkommensteuertarif erhöht wird?

LÖSUNG a) Das Gesetz zur Erhöhung der Umsatzsteuer um fünf Prozentpunkte mit Wirkung zum 01.01.01 könnte wegen Verstoßes gegen das Verbot der echten Rückwirkung verfassungswidrig sein. Eine echte Rückwirkung liegt vor, wenn der Gesetzgeber durch ein Gesetz nachträglich belastend in einen bereits abgeschlossenen Lebenssachverhalt eingreift. Durch das Änderungsgesetz vom 24.12.01 wird der Steuersatz der Umsatzsteuer rückwirkend zum 01.01.01 um fünf Prozentpunkte erhöht. Damit werden auch bereits abgeschlossene Lebenssachverhalte (z. B. der Kauf eines Konsumartikels) von der Änderung erfasst. Grundsätzlich ist eine solche echte Rückwirkung unzulässig, es sei denn, es liegt ein Ausnahmefall vor. Das wäre der Fall, wenn der Bürger mit der rückwirkenden Regelung rechnen musste, das bislang geltende Recht unklar und verworren war, der Bürger sich auf den Rechtsschein einer ungültigen Norm verlassen hat oder zwingende Gründe des Gemeinwohls die Rückwirkung rechtfertigen.

Im vorliegenden Fall sind keine Anhaltspunkte für das Vorliegen eines solchen Ausnahmefalls zu erkennen. Insbesondere liegen keine zwingenden Gründe des Gemeinwohls vor, denn der Gesetzgeber könnte auch eine beliebige andere Steuer zur Verbesserung der Haushaltslage erhöhen.

Das Gesetz zur Erhöhung der Umsatzsteuer um fünf Prozentpunkte mit Wirkung zum 01.01.01 ist wegen Verstoßes gegen das Verbot der echten Rückwirkung verfassungswidrig.

LÖSUNG b) Bei der Einkommensteuer handelt es sich um eine Jahressteuer (§ 2 Abs. 7 Satz 1 EStG), deren Bemessungsgrundlage die Einkünfte des Steuerpflichtigen im jeweiligen Veranlagungszeitraum (= Kalenderjahr, § 25 Abs. 1 EStG) sind. Am 24.12.01 ist noch nicht klar, wie hoch das Jahreseinkommen des Steuerpflichtigen ist. Bei Verkündung des Gesetzes ist der Lebenssachverhalt also noch nicht abgeschlossen.

Es handelt sich hierbei um eine zulässige unechte gesetzliche Rückwirkung, da auch kein Ausnahmefall vorliegt, der zur Unzulässigkeit der gesetzlichen Rückwirkung führen könnte.

Steuerliches Rückwirkungsverbot

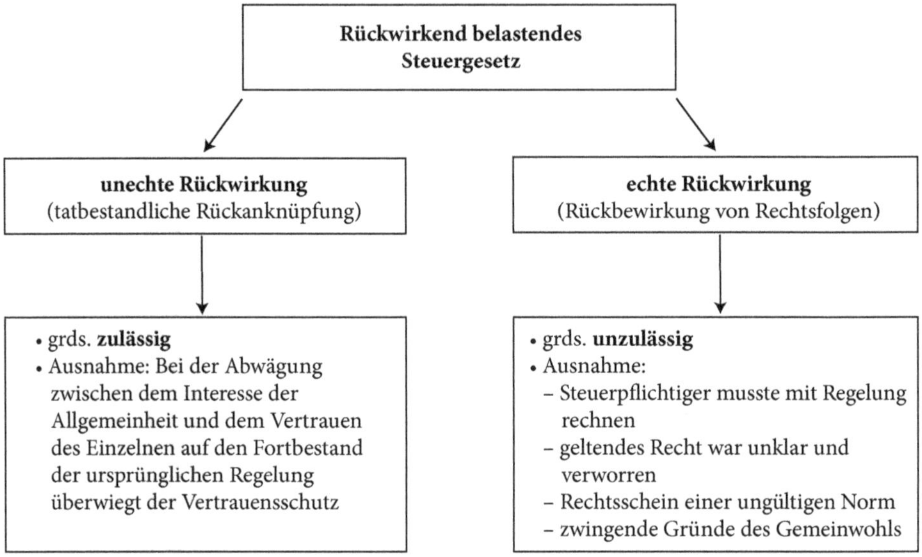

3.6 Rechtsschutz

Das Rechtsstaatsprinzip fordert die Möglichkeit für den Bürger, gegen alle Akte staatlicher öffentlicher Gewalt Rechtsschutz durch die Gerichte zu erlangen (Art. 19 Abs. 4 GG). Die Vorschrift - objektivrechtliche Rechtsweggarantie und Grundrecht zugleich - gewährleistet den umfassenden und lückenlosen Rechtsweg gegen jede Art von Rechtsverletzung aus einem öffentlich-rechtlichen Rechtsverhältnis **(Justizgewährleistungsanspruch)**. Im Rahmen des jeweils geltenden Prozessrechts (ZPO, StPO, VwGO, FGO usw.) muss dem Bürger eine wirksame und rechtzeitige Kontrolle der Rechtmäßigkeit staatlichen Handelns durch die Justiz möglich sein. Art. 19 Abs. 4 GG garantiert dabei nicht nur das Recht zur Anrufung des zuständigen Gerichts, sondern auch den effektiven Rechtsschutz durch dieses Gericht.

Aus dem Justizgewährleistungsanspruch folgt für den Bürger, dass ein Gericht über seinen Rechtsfall entscheiden muss, nicht aber, dass auch ein mehrstufiger Instanzenzug eingerichtet wird, der eine Überprüfung einer untergerichtlichen Entscheidung durch ein »höheres« Gericht ermöglicht.

Das Rechtsprechungsmonopol liegt bei den Gerichten (Art. 92 GG). Deren Richter sind nach Art. 97 GG **unabhängig**, und zwar

- sachlich unabhängig = weisungsunabhängig und
- persönlich unabhängig = es ist keine Entlassung/Versetzung eines Richters gegen seinen Willen möglich.

BEISPIEL

Der Vorsitzende Richter am Finanzgericht Baden-Württemberg Fleißig ist im Finanzministerium in Stuttgart negativ aufgefallen. Fleißig, zuständig u. a. für die Erbschaftsteuer, deren Erträge dem Land zufließen, vertritt in den Augen des Ministeriums eine Rechtshaltung gegenüber den Steuerpflichtigen, die mit »nachsichtig« oder gar »freundlich« zu umschreiben ist. In einem größeren Finanzprozess weist der Finanzminister den Richter Fleißig an, diesmal im Sinne der Finanzverwaltung zu entscheiden. Andernfalls werde er an ein Gericht in einem Ort versetzt, »an dem die Sonne selten scheint«.

LÖSUNG Der Finanzminister (oder der Justizminister) kann dem Finanzgericht bzw. dem Richter Fleißig nicht vorschreiben, wie die Rechtsfrage in einem Verfahren zu entscheiden ist. Andernfalls würde das Gericht nicht mehr »über« den Parteien stehen, sondern könnte beeinflusst werden. Nach Art. 20 Abs. 3 GG sollen die Gerichte nur an Gesetz und Recht gebunden sein. Die Bindung an Gesetz und Recht hat zur Folge, dass die gerichtlichen Entscheidungen an der Rechtsordnung ausgerichtet und die Gesetze ihrem Sinn gemäß ausgelegt werden müssen. Art. 97 GG garantiert zudem, dass Richter Fleißig bei seiner Entscheidung unabhängig bleibt, da er weder unmittelbare sachfremde Einflussnahme in seine Rechtsprechung noch persönliche Konsequenzen fürchten muss.

Aus Art. 101 Abs. 1 Satz 2 GG folgt das grundrechtsgleiche **Recht auf den gesetzlichen Richter**. Danach muss der zuständige Richter mit dem Fall befasst werden. Der zur Entscheidung berufene Richter muss im Voraus eindeutig bestimmt sein. Zumindest muss durch die Aufstellung von Geschäftsverteilungsplänen sichergestellt werden, dass eine eindeutige Bestimmung des zuständigen Richters möglich ist. Die Geschäftsverteilungspläne regeln, welcher Richter welche Klagen bearbeiten muss, die im Verlauf eines Jahres eingereicht werden. Da die Geschäftsverteilungspläne jeweils vor Jahresbeginn erstellt werden, ist für den Bürger nachprüfbar, dass der für ihn bzw. seinen Fall zuständige Richter den Fall entschieden hat und nicht ein besonders bestimmter (z. B. besonders »harter«) Richter, dem der Fall konkret zugewiesen wurde. Der gesetzliche Richter wird dem rechtssuchenden Bürger auch dann entzogen, wenn ein Gericht der Verpflichtung zur Vorlage einer Rechtssache an ein anderes Gericht nicht nachkommt. Dies gilt auch für die Vorlage zum EuGH.

BEISPIEL

In der Finanzgerichtsordnung (FGO) wird geregelt, dass für alle Steuerstreitigkeiten die Finanzgerichte zuständig sind (§§ 33, 35 FGO). Wenn ein Streitfall in Steuerangelegenheiten zu klären ist, kann eine Überprüfung durch diese Gerichte vorgenommen werden. Welche Richter im Einzelfall die konkreten Streitentscheidungen zu treffen haben, wird im Voraus durch die Geschäftsverteilungspläne der jeweiligen Gerichte geregelt.

In Art. 103 Abs. 1 GG wird jedermann vor Gericht ein Anspruch auf **rechtliches Gehör** eingeräumt. Rechtliches Gehör bedeutet, dass sich die Verfahrensbeteiligten zum Gegenstand des Verfahrens in tatsächlicher und rechtlicher Hinsicht äußern dürfen. Wird ihnen dazu keine Gelegenheit gegeben, liegt eine Verletzung des Rechts auf Gehör vor. Der Grundsatz auf rechtliches Gehör gilt auch im Bereich der Verwaltung (z. B. § 28 VwVfG; § 91 AO).

BEISPIEL

Das Landgericht hat den Angeklagten A wegen Steuerhinterziehung verurteilt. Maßgeblich stützte sich die Kammer bei ihrem Urteil auf die Aussage des Zeugen Z. A wurde jedoch keine Gelegenheit zur Stellungnahme gegeben. Damit wurde das Recht des A auf rechtliches Gehör verletzt. Das Strafurteil ist daher rechtswidrig und muss grundsätzlich aufgehoben werden.

Insbesondere im (Steuer-)Strafprozess muss ein rechtsstaatlich geordnetes justizförmiges Verfahren für den Beschuldigten gewährt werden. Dazu gehört das Recht auf ein **faires Verfahren**, die Möglichkeit zu einer wirksamen Verteidigung sowie die rechtsstaatliche **Unschuldsvermutung** (vgl. Art. 6 Abs. 2 EMRK). Die strafrechtlichen Sanktionen müssen letztlich schuldangemessen sein. Aus Art. 103 Abs. 3 GG folgt neben dem Verbot der mehrfachen Bestrafung für dieselbe Tat auch ein Verbot mehrfacher Strafverfolgung, das ein Verfahrenshindernis (sog. Strafklageverbrauch) darstellt (BVerfG vom 17. 01. 1961, BVerfGE 12, 62).

BEISPIEL

Der Radfahrer R wird wegen einer Trunkenheitsfahrt vom Amtsgericht Ludwigsburg zu einer Geldstrafe verurteilt. R kann wegen dieser Tat nicht nochmals von einem anderen Amtsgericht verurteilt werden.
Wird R in einem ordnungsgemäßen Strafverfahren vom Vorwurf der Tatbegehung freigesprochen, tritt der Strafklageverbrauch ebenfalls ein, so dass ein weiteres Strafverfahren wegen derselben Tat ebenfalls nicht möglich ist.

Freiheitsbeschränkungen i. S. einer staatlichen Beeinträchtigung der körperlichen Bewegungsfreiheit sind nach Art. 104 GG Abs. 1 Satz 1 GG nur aufgrund eines förmlichen Gesetzes zulässig. Für **Freiheitsentziehungen** sind zudem die Abs. 2–4 des Art. 104 GG zu beachten. Unter einer Freiheitsentziehung ist die Aufhebung der körperlichen Bewegungsfreiheit zu verstehen (BVerfG vom 15.05.2002, BVerfGE 105, 239). In Abgrenzung zur bloßen Freiheitsbeschränkungen ist eine gewisse zeitliche Mindestdauer erforderlich.

BEISPIEL

Eine Freiheitsentziehung liegt vor, wenn jemand verhaftet wird oder sich bereits in Haft befindet. Eine Freiheitsentziehung liegt dagegen noch nicht in einem kurzfristigen Anhalten zur Feststellung der Identität einer Person.

Rechtsstaatliche Besteuerung

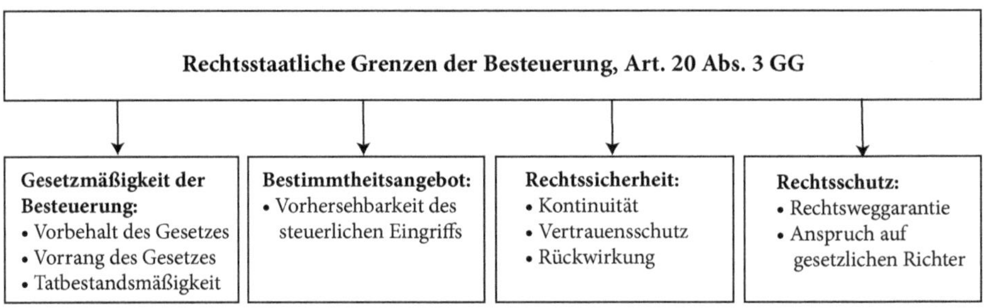

4 Sozialstaat

4.1 Allgemeines

Während noch im 19. Jahrhundert die Auffassung vorherrschte, dass der Staat nur zur Abwehr äußerer und innerer Gefahren erforderlich sei (»Nachtwächterstaat«), stellte sich in der jüngeren Vergangenheit das Bedürfnis nach staatlichen Vorkehrungen und Einrichtungen heraus, die der Einzelne nicht selbst gewährleisten kann, die aber zur Verwirklichung seiner Freiheit unabdingbar sind. Dieses Problembewusstsein wurde mit zunehmender Industrialisierung ab der 2. Hälfte des 19. Jahrhunderts geweckt: Fiel die Arbeitskraft der Fabrikarbeiter – als i. d. R. einzige Erwerbsmöglichkeit – aufgrund etwa von Krankheit oder Arbeitslosigkeit weg, drohte ihnen und ihren Familien Verarmung und Verelendung. Erste Ansätze eines Sozialstaatsprinzips – wenngleich überwiegend als staatliche Programmsätze – finden sich daher bereits in der Weimarer Reichsverfassung.

In Art. 20 Abs. 1, Art. 28 Abs. 1 Satz 1 GG wird Deutschland als »sozialer Bundesstaat« bzw. als »sozialer Rechtsstaat« bezeichnet. Damit trifft das Grundgesetz für den Bund und die Länder die verfassungsrechtliche Grundentscheidung für das sog. **Sozialstaatsprinzip**. Die Umsetzung dieses Staatsziels obliegt vorrangig dem Gesetzgeber. Jedoch hat auch die Verwaltung das Sozialstaatsprinzip als verfassungsrechtliche Wertentscheidung bei der Auslegung unbestimmter Rechtsbegriffe und bei der Ermessenausübung im Rahmen der Anwendung des einfachen Rechts zu berücksichtigen. Das staatliche Handeln wird von der spezialisierten Sozialgerichtsbarkeit überprüft.

Das Sozialstaatsprinzip, das gleichwertig neben den anderen Staatsprinzipien des Grundgesetzes steht, weist auch eine diesen vergleichbare Unbestimmtheit in seiner Ausgestaltung aus. Zwar enthält das Grundgesetz an anderen Stellen konkrete Regelungen, die sich im Kern mit sozialen Belangen befassen, wie etwa das Verbot der Benachteiligung in Art. 3 Abs. 3 Satz 2 GG, der Schutz der Mutter in Art. 6 Abs. 4 GG oder die Sozialbindung des Eigentums in Art. 14 Abs. 2 GG. Jedoch stellen diese Regelungen – auch zusammengenommen – keine Ausformung des Sozialstaatsprinzips dar.

Das Sozialstaatsprinzip hat bei seiner Verwirklichung notwendigerweise auch Auswirkungen auf die Grundrechte. Diese Wirkung kann sich sowohl in einer Einschränkung als auch in einer Erweiterung von Rechtspositionen – insbesondere der Freiheitsrechte – zeigen.

BEISPIEL

Eine gesetzliche Mietpreisbremse, die den Mietanstieg auf angespannten Wohnungsmärkten dämpft, wirkt für Vermieter beschränkend, da bei der Wiedervermietung von Bestandswohnungen die zulässige Miete höchstens 10 % über der ortsüblichen Vergleichsmiete liegen darf. Für Mieter hingegen bleibt so – zumindest theoretisch – Wohnraum weiterhin finanzierbar.

4.2 Inhalt und Ausgestaltung des Sozialstaatsprinzips

Ziel der Umsetzung des Sozialstaatsprinzips ist es, im Rahmen der rechtsstaatlichen Ordnung **soziale Sicherheit** (s. 4.2.1) und **soziale Gerechtigkeit** (s. 4.2.2) zu erreichen. Das Sozialstaatsprinzip begründet daher eine staatliche Verpflichtung, für eine gerechte Sozialordnung zu sorgen (BVerfG vom 27.01.1998, BVerfGE 97, 169). Aufgrund der im Rahmen dieser Zielerreichung zu erwartenden Konflikte mit anderen Staatsprinzipien und mit den Freiheitsgewährleistungen der Grundrechte (s. Teil J) hat der Parlamentarische Rat bewusst auf eine Ausgestaltung des Sozialstaatsprinzips im Grundgesetz verzichtet. Dadurch wird es dem Gesetzgeber ermöglicht, bei der Umsetzung dieses staatlichen Strukturprinzips einen weiten politischen Gestaltungsspielraum zu nutzen und so auch in der Zukunft flexibel gestalten zu können – kurz: dem Gesetzgeber kommt bei der Erfüllung seiner Pflicht zur Ausgestaltung des Sozialstaatsprinzips ein weiter Gestaltungsspielraum zu (BVerfG vom 17.08.1956, BVerfGE 5, 85; BVerfG vom 13.01.1982, BVerfGE 59, 231). Das Staatsziel Sozialstaat ist daher entwicklungsoffen.

4.2.1 Soziale Sicherheit

Unter dem Begriff der sozialen Sicherheit werden staatliche Maßnahmen gefasst, die der Existenzsicherung und der Fürsorge der Bürger dienen. Daraus folgt i. V. m. der in Art. 1 Abs. 1 GG garantierten Menschenwürde, dass sich der Staat um ein menschenwürdiges Dasein seiner Bürger kümmern muss. Dies erfordert insbesondere die Gewährleistung eines menschenwürdigen Existenzminimums (auch s. 4.2.3).

Für die Wechselfälle des Lebens wurden allgemeine Einrichtungen geschaffen, die im Fall der individuellen Krise, etwa durch Arbeitslosigkeit, Krankheit oder Pflegebedürftigkeit des Einzelnen, eine Daseinshilfe gewähren.

BEISPIELE

a) Zu den sozialen Sicherungssystemen gehören etwa die Kranken-, Unfall-, Renten- und Arbeitslosenversicherung, die i. d. R. als Pflichtversicherungen ausgeführt sind.

b) Kann ein Bürger als Partei in einem zivil- oder öffentlich-rechtlichen Rechtsstreit die Kosten der Prozessführung nicht, nur zum Teil oder nur in Raten aufbringen, kann ihm auf Antrag Prozesskostenhilfe gewährt werden, wenn die beabsichtigte Rechtsverfolgung oder Rechtsverteidigung hinreichende Aussicht auf Erfolg bietet und nicht mutwillig erscheint (§§ 114 ff. ZPO; § 166 VwGO). Damit ist sichergestellt, dass nicht nur der Wohlhabende Rechtsschutz erlangen und jeder – auch gegenüber dem Staat – seine Rechtspositionen gerichtlich überprüfen lassen kann. Dazu gehört u. a. auch die Überprüfbarkeit von Ansprüchen auf und Inhalten von staatlichen Sozialleistungen.

4.2.2 Soziale Gerechtigkeit

Unter sozialer Gerechtigkeit wird die faire und gerechte Verteilung von Gütern, Chancen und Lasten in der Gesellschaft verstanden. Dabei geht es jedoch nicht um eine Nivellierung i. S. der Gleichheit aller. Es geht vielmehr darum, allen Gruppen der Bevölkerung – unter Berücksichtigung der Freiheitsgewährleistungen – eine angemessene ökonomische und gesellschaftliche Entwicklungsmöglichkeit zu gewährleisten.

Der Verpflichtung nach sozialer Gerechtigkeit kann der Staat mit vielfältigen Maßnahmen nachkommen. So kann der Staat intervenieren, Unterstützung leisten, indem Leistungen gewährt werden, und Umverteilungen durchführen. **Intervenierend** kann der Staat etwa eingreifen, indem er seinen Bürgern eine Rechtsordnung zur Verfügung stellt, die auf sozialen Ausgleich gerichtet ist. So hat der Gesetzgeber in den Bereichen, in denen das zwischen Privaten i. d. R. bestehende Gleichordnungsverhältnis aufgrund einer besonderen Marktmacht einer Partei gestört ist, in die Ausgestaltung des Privatrechts eingegriffen.

BEISPIEL

Im Bereich des Arbeitsrechts wurde ein Kündigungs- und Arbeitsschutzrecht geschaffen und die betriebliche Mitbestimmung eingeführt. Dies dient u. a. der Wahrung der sozialen Gerechtigkeit. Da der Arbeitnehmer – nicht immer, aber regelmäßig – auf das Arbeitseinkommen angewiesen ist, um den Lebensunterhalt für sich und ggf. seine Familie aufzubringen, könnte es hier zu sozial unverträglichen Vereinbarungen kommen, bei denen etwa der Arbeitnehmer aus seinem o. g. Bedürfnis heraus auch an sich unzulässige Arbeitsbedingungen oder eine unangemessene Entlohnung (Stichwort: Mindestlohngesetz) akzeptieren würde. Ein weiterer Bereich, in dem der Gesetzgeber aufgrund seines Auftrags zur Erhaltung sozialer Gerechtigkeit tätig geworden ist, ist das Mietrecht.

Unterstützung leistet der Staat in unterschiedlichen Varianten. Dazu gehören etwa das Kinder- oder Elterngeld, Arbeitslosengeld und sonstige Leistungen der Sozialhilfe sowie die diversen Zuschuss-Förderprogramme, wie etwa besondere Hilfen zur Existenzgründung.

Ein klassisches Mittel zur **Umverteilung** ist das Steuerrecht: Der Staat beschafft sich von den leistungsfähigen Teilen der Bevölkerung Mittel, die er für die Leistungserbringung an die bedürftigen Teile der Bevölkerung verwendet. Dabei kann es sich um unmittelbare Leistungen handeln, wie etwa aus dem Bereich der Sozialhilfe. Aber auch mittelbar wirkende Maßnahmen dienen der Herstellung sozial gerechter Gesellschaftsverhältnisse.

BEISPIELE

a) Der Staat errichtet und unterhält Schulen und Hochschulen, die ohne besonderes Entgelt allen Bevölkerungsgruppen Bildung vermitteln.

b) Die öffentliche Hand errichtet und unterhält ein öffentliches Verkehrssystem (Bus, Bahn, Straßenbahn etc.), das zu angemessenen Preisen allen Bevölkerungsschichten Mobilität gewährt.

4.2.3 Leistungsansprüche

Aus dem Sozialstaatsprinzip des Grundgesetzes ergeben sich für die Bürger grundsätzlich keine subjektiven Ansprüche auf konkrete Leistungen. Die Verwirklichung des Staatsziels ist vorrangig Aufgabe des Gesetzgebers, der bei der Erfüllung des Verfassungsauftrags einen umfassenden Einschätzungs- und Entscheidungsspielraum hat (BVerfG vom 18.06.1975, BVerfGE 40, 121).

BEISPIEL

Nach starken Zuwächsen bei der Zahl der Studienanfänger, die jedoch nicht mit einem entsprechenden Ausbau der Hochschulen kompensiert wurde, kommt es zu einem Überhang an Bewerbern für die Studienplätze. Die Länderparlamente bzw. Hochschulen erlassen entsprechende Gesetze bzw. Satzungen, die eine Verteilung der vorhandenen Studienplätze auf die Bewerber nach bestimmten Kriterien vorsehen.
A bewirbt sich für einen Studienplatz, erhält jedoch keinen zugeteilt, da er die allgemeine Hochschulreife mit einer schlechten Note erreicht hat, mit der er im Verteilverfahren der Studienplätze nicht berücksichtigt werden kann. A ist der Ansicht, die Regelungen und das Verfahren zur Verteilung der Studienplätze würden gegen seine grundrechtlich geschützte Berufsfreiheit (Art. 12 GG) verstoßen, zudem liege eine nicht gerechtfertigte Ungleichbehandlung und damit eine Verletzung des Art. 3 Abs. 1 GG sowie – damit einhergehend – die Missachtung des Sozialstaatsprinzips vor. Er fordert die Schaffung eines entsprechenden Studienplatzes (Sachverhalt nach BVerfG vom 18.07.1972, BVerfGE 33, 303 – numerus clausus).
LÖSUNG Die Regelungen durch Landesgesetze bzw. Hochschulsatzungen sowie das entsprechende Verfahren zur Verteilung der Studienplätze sind verfassungswidrig, wenn sie gegen höherrangiges Verfassungsrecht verstoßen. In Betracht kommt hier eine Verletzung der Freiheit der Berufswahl (Art. 12 Abs. 1 GG), des allgemeinen Gleichheitsgrundsatzes (Art. 3 Abs. 1 GG) und des sich aus Art. 20 Abs. 1, Art. 28 Abs. 1, Art. 1 Abs. 1 GG ergebenden Sozialstaatsprinzips.
Nach Ansicht des BVerfG sind im vorliegenden Fall zunächst sämtliche an den Hochschulen vorhandenen Kapazitäten auszuschöpfen, um so viele Bewerber wie möglich mit einem Studienplatz in ihrem Wunschfach zu versorgen. Besteht dennoch ein Mangel an Studienplätzen, ist dieser gerecht (= gleichmäßig) zu verwalten. Wenn der Staat mit öffentlichen Mitteln Ausbildungseinrichtungen schafft, hat der Einzelne auch einen Anspruch auf Zutritt zu diesen Einrichtungen. Insoweit vermittelt Art. 12 GG i. V. m. dem Gleichheitssatz aus Art. 3 Abs. 1 GG und dem Sozialstaatsprinzip ein Recht zur **gleichmäßigen Teilhabe** an den vorhandenen Angeboten. Dieses Teilhaberecht gewährt dem Einzelnen jedoch keinen Anspruch auf Schaffung von neuen Studienplätzen. Teilhaberechte stehen unter dem Vorbehalt des Möglichen, wobei dies in erster Linie der Gesetzgeber in eigener Verantwortung zu beurteilen hat, der auch andere Gemeinschaftsbelange berücksichtigen muss. Mithin hat A keinen Anspruch darauf, dass für ihn ein Studienplatz geschaffen wird.

In der Vergangenheit erfolgte durch das BVerfG eine **Konkretisierung** des **menschenwürdigen Existenzminimums**: Fehlen einem Menschen die zur Gewährleistung eines menschenwürdigen Daseins notwendigen materiellen Mittel, weil er sie weder aus seiner Erwerbstätigkeit, noch aus eigenem Vermögen noch durch Zuwendungen Dritter erhalten kann, ist der Staat im Rahmen seines Auftrages zum Schutz der Menschenwürde und in Ausfüllung seines sozialstaatlichen Gestaltungsauftrages verpflichtet, dafür Sorge zu tragen, dass die materiellen Voraussetzungen dafür dem Hilfebedürftigen zur Verfügung stehen. Mit dieser objektiven Verpflichtung aus der in Art. 1 Abs. 1 GG normierten Menschenwürdegarantie korrespondiert ein **Leistungsanspruch** des Grundrechtsträgers, da das Grundrecht die Würde jedes individuellen Menschen schützt und sie in solchen Notlagen nur durch materielle Unterstützung gesichert werden kann (BVerfG vom 09.02.2010, BVerfGE 125, 175 – Hartz IV).

Danach verpflichtet das Sozialstaatsgebot i. V. m. Art. 1 Abs. 1 GG den Gesetzgeber, im Rahmen seines Auftrags zum Schutz der Menschenwürde und in Erfüllung des sozialstaatlichen Gestaltungsauftrags dazu, entsprechende Vorkehrungen zu treffen, dass Hilfsbedürftigen die notwendigen materiellen Voraussetzungen zur Gewährleistung eines menschenwürdigen Existenzminimums zur Verfügung stehen. Dies stellt insoweit eine grundrechtliche Garantie dar. Die Überprüfbarkeit der Ausgestaltung durch den Gesetzgeber beschränkt sich indes darauf, ob die gewährten Leistungen evident unzureichend sind. Dadurch sind Pauschalierungen, wie etwa Regelsätze bei der Gewährleistung von Sozialhilfe, nicht per se ausgeschlossen. Allerdings muss der Gesetzgeber auf der Grundlage fundierter empirischer Daten entscheiden sowie das Verfahren zur Ermittlung des tatsächlichen Bedarfs der Bedürftigen transparent und sachgerecht ausgestalten (BVerfG vom 13.02.2008, BVerfGE 120, 125).

4.2.4 Objektive Wertentscheidung

Auch wenn sich aus dem Sozialstaatsprinzip regelmäßig keine unmittelbaren Ansprüche des Einzelnen gegen den Staat ergeben, hat es als objektiv-rechtliche Wertentscheidung Wirkungen auf Rechtssetzung und Rechtsanwendung. Jedoch stellt das Sozialstaatsprinzip als entwicklungsoffenes Staatsprinzip nur im Kernbereich sozialer Sicherung eine Schranke dar, die lediglich ein für die menschenwürdige Existenz notwendiges Bestandsminimum sozialstaatlicher Gesetzgebung – quasi eine Art Kernbereich des Sozialstaats – gewährleistet.

BEISPIEL

In Zeiten knapper Haushalte kommt es zu einer Änderung des BAföG (Bundesausbildungsförderungsgesetz), so dass die Rückzahlungsobergrenze des Teils der Leistungen, der als Darlehen und nicht als Zuschuss gewährt wird, von 10 000 € auf 25 000 € angehoben wird. Liegt hier ein Verstoß gegen das Sozialstaatsprinzip des Art. 20 Abs. 1 GG vor?

LÖSUNG Die Änderung des BAföG stellt dann einen Verstoß gegen das Sozialstaatsprinzip des Art. 20 Abs. 1 GG dar, wenn dadurch entweder ein Kernbereich sozialstaatlicher Gesetzgebung aufgehoben wird oder die Veränderungen ohne sachlichen Grund erfolgen.

Ein Einschnitt in den Kernbereich sozialstaatlicher Gesetzgebung liegt nicht vor, da nach wie vor Förderungsmöglichkeiten nach dem BAföG bestehen. Die Anhebung der Rückzahlungsobergrenze stellt zwar eine massive Mehrbelastung für die Leistungsempfänger dar, jedoch gebietet die Haushaltslage dem Gesetzgeber, entsprechende Maßnahmen zur Haushaltskonsolidierung zu ergreifen. Dabei hat der Gesetzgeber einen umfassenden Einschätzungs- und Entscheidungsspielraum, der hier wohl nicht überschritten wird. Die Änderung des BAföG stellt daher keinen Verstoß gegen das Sozialstaatsprinzip des Art. 20 Abs. 1 GG dar.

4.2.5 Steuerliche Maßnahmen zur Verwirklichung des Sozialstaatsprinzips

Der Steuergesetzgeber versucht mit diversen Einzelmaßnahmen, den Anforderungen des Sozialstaatsprinzips gerecht zu werden. Im materiellen Steuerrecht wurde etwa der sog. **Grundfreibetrag** des § 32a Abs. 1 Satz 2 Nr. 1 EStG eingeführt, der den existenznotwendigen Grundbedarf des Steuerpflichtigen steuerfrei stellen soll. Dem der Einkommensteuer unterworfenen Steuerpflichtigen muss nach Erfüllung seiner Einkommensteuerschuld von seinem Erworbenen so viel verbleiben, als er zur Bestreitung seines notwendigen Lebensunterhalts und – sofern vorhanden – desjenigen seiner Familie bedarf (BVerfG vom 25. 09. 1992, BVerfGE 87, 153). Das BVerfG hat das Gebot der **Steuerfreiheit des Existenzminimums** aus Art. 1 Abs. 1 GG i. V. m. dem Sozialstaatsprinzip des Art. 20 Abs. 1 GG sowie dem Gleichheitsgrundsatz des Art. 3 Abs. 1 GG und den Grundprinzipien der leistungsfähigkeitsgerechten Besteuerung von Familien nach Art. 6 Abs. 1 GG entwickelt. Sinn und Zweck dieser typisierenden Regelung ist es, dass das Steuersystem so ausgestaltet wird, dass trotz der Verpflichtung zur Zahlung von Steuern die Möglichkeit, ein menschenwürdiges Dasein zu führen, nicht beeinträchtigt wird. Das steuerrechtliche Existenzminimum bestimmt sich nach dem sozialhilferechtlichen Mindestniveau (BVerfG vom 29. 05. 1990, BVerfGE 82, 60).

Sofern der Steuerpflichtige Kinder zu versorgen hat, wird dies mit dem **Kinderfreibetrag** nach § 32 Abs. 6 EStG steuerlich berücksichtigt, sofern dies günstiger als die Gewährung von Kindergeld ist. Wird weder der Kinderfreibetrag noch Kindergeld gewährt, wird dem Steuerpflichtigen der Grundbedarf von Unterhaltsberechtigten nach den Regelungen zum allgemeinen **Unterhaltsbezug** gemäß § 33a Abs. 1 EStG gewährt.

Ein **Mehrbedarf**, der bei Behinderten oder Pflegenden infolge einer Körperbehinderung entsteht, wird nach § 33b EStG mit dem sog. Behinderten- bzw. Pflegepauschbetrag berücksichtigt. **Außergewöhnliche Belastungen**, wie etwa Krankheitskosten, die eine zumutbare Belastungsgrenze übersteigen, können nach § 33 EStG steuerlich geltend gemacht werden.

Im steuerlichen Verfahrensrecht hat der Gesetzgeber diverse **Billigkeitsmaßnahmen** in der Abgabenordnung geschaffen, die es der Finanzverwaltung erlauben, in (sozialen) Härtefällen angemessen zu reagieren. So kann etwa der Anspruch aus dem Steuerschuldverhältnis gestundet (§ 222 AO) und die Vollstreckung wegen Steuerschulden beschränkt werden (§ 258 AO). Zudem können die Steuern abweichend festgesetzt (§ 163 AO) oder gar die festgesetzten Steuern erlassen werden (§ 227 AO).

4.3 Grenzen des Sozialstaats

Die Umsetzung des Sozialstaatsziels erfordert den Einsatz finanzieller Mittel und setzt daher die finanzielle Leistungsfähigkeit des Staates voraus. Je mehr Mittel der Staat aus seinem Haushalt für die sozialen Belange aufbringen kann, desto mehr Projekte des Sozialstaates können verwirklicht werden. Reichen die Haushaltsmittel nicht aus, müssen entweder Kürzungen durchgeführt werden oder der Staat muss sich – z. B. mit den Mitteln des Steuerrechts – mehr Mittel beschaffen. Der Zusammenhang zwischen der Umsetzung des Sozialstaatsprinzips und den Entscheidungen über die Verteilung der Haushaltsmittel zeigt deutlich, dass es richtig ist, dem demokratisch legitimierten Gesetzgeber einen umfassenden Einschätzungs- und Entscheidungsspielraum bei der Umsetzung des Sozialstaatsprinzips einzuräumen. Die Ausgestaltung des Sozialstaats erfordert immer eine gesellschaftliche und damit notwendig auch eine politische Diskussion und Entscheidung.

5 Der Bundesstaat

5.1 Der Begriff des Bundesstaats

Ein Bundesstaat ist ein aus mehreren **Gliedstaaten** bestehender **Gesamtstaat**. Die Gliedstaaten besitzen eine eigene Staatsqualität wie der Gesamtstaat auch, üben also mit eigener Regierung und Parlament originäre Herrschaftsmacht über ihr Staatsgebiet und über das Staatsvolk aus.

Konstruktiv besteht der Bundesstaat aus dem Bund und den Ländern. Der Bund übt Staatsgewalt in der Gesamtheit der Staatsgebiete der Länder aus, die Länder nur auf ihrem Landesgebiet. Vereinzelt wurde in der Literatur die Theorie des dreigliedrigen Bundesstaats entwickelt. Die Gliedstaaten (Länder) und der Zentralstaat (Bund) bilden den Gesamtstaat (z. B. die Bundesrepublik Deutschland). Das Bundesverfassungsgericht hat sich dieser Theorie nicht angeschlossen (BVerfG vom 11.07.1961, BVerfGE 13, 54, 57 f.). Es geht davon aus, dass der Bund zugleich den Gesamtstaat bildet. Dessen ungeachtet ist festzuhalten, dass der Bund janusköpfig ist, denn – isoliert betrachtet – haben weder der Bund noch die Länder jeweils für sich volle Souveränität (Herrschaftsmacht), weil sie durch die jeweiligen Kompetenzen des anderen eingeschränkt sind, der Gesamtstaat Bundesrepublik Deutschland jedoch volle Souveränität besitzt.

Die **Bundesrepublik Deutschland** ist ein aus dem Bund und 16 Ländern bestehender Bundesstaat. Das Bundesstaatsprinzip ergibt sich aus der in Art. 20 Abs.1 GG getroffenen Formulierung, dass die Bundesrepublik ein Bundesstaat ist, ferner aus den zahlreichen Vorschriften des Grundgesetzes, die vom Vorhandensein von Ländern ausgehen, wie z. B. Art. 28 Abs. 1 GG oder Art. 29 GG. Die **Staatsqualität der Länder** der Bundesrepublik Deutschland ergibt sich wiederum in erster Linie aus Art. 30 GG (»Die Ausübung der staatlichen Befugnisse und die Erfüllung der staatlichen Aufgaben ist Sache der Länder, soweit dieses Grundgesetz keine andere Regelung trifft oder zulässt«), aber auch aus den Art. 70 und 83 GG. Mit der generellen Zuständigkeitsvermutung des Art. 30 GG wird zugunsten der Länder eine lückenlose Aufteilung sämtlicher staatlicher Aufgaben und Kompetenzen auf Bund und Länder erreicht.

Art. 79 Abs. 3 GG (»Eine Änderung dieses Grundgesetzes, durch welche die Gliederung des Bundes in Länder [...] berührt werden, ist unzulässig«) garantiert die Existenz und Selbstständigkeit der Länder der Bundesrepublik Deutschland, solange das Grundgesetz gilt (sog. Ewigkeitsgarantie).). Dabei ist zu beachten, dass Art. 79 Abs. 3 GG nicht den jetzigen Stand von 16 Ländern garantiert, sondern nur die grundsätzliche Gliederung in Bund und Länder. Durch Bundesgesetz, das der Bestätigung durch einen Volksentscheid bedarf, können die Länder neu gegliedert werden (Art. 29 GG), was übrigens notwendig wäre, um eine einigermaßen gleichwertige Wirtschafts- und Verwaltungskraft der Länder in Deutschland zu erreichen. Dabei kann ein einzelnes Land gänzlich seine Existenz verlieren.

Das Bundesstaatsprinzip ist nicht mit dem Grundgesetz erstmals eingeführt worden, sondern hat in Deutschland Tradition. Der unter Führung Preußens 1867 gegründete Norddeutsche Bund und das Deutsche Reich von 1871 waren ein Bundesstaat. Auch beim Wechsel von der Monarchie zur Republik durch die Weimarer Verfassung (1918) blieb das Bundesstaatsprinzip erhalten. Nur in der Zeit des Nationalsozialismus von 1933 bis 1945 wurde Deutschland zu einem zentralistisch geführten Einheitsstaat. Diese Entwicklung sollte durch das Grundgesetz nicht zuletzt auf Wunsch der Westalliierten (»Frankfurter Dokumente«) wieder rückgängig gemacht werden. Auch die ehemalige DDR bestand zunächst aus Ländern, bis diese 1952 durch Gesetz aufgelöst und durch 14 Bezirke ersetzt wurden.

Der Gegensatz zum Bundesstaat ist der **Zentralstaat**,, der nicht in Länder mit eigener Staatsqualität untergliedert ist (Beispiel: Frankreich). Staatsqualität hat nur der Zentralstaat. Auch wenn der Zentralstaat Untergliederungen mit eigenen Zuständigkeiten und Organen besitzt, wie z. B. Frankreich mit den Regionen und Departements, führen diese ihre Kompetenzen auf den Zentralstaat zurück. Diese können durch das staatliche Hierarchieverhältnis jederzeit gesetzlich neu ausgestaltet werden. Die einzelnen Glieder des Staates haben also nicht originäre Rechte, die sie gegenüber der Zentralgewalt verteidigen können.

In entgegengesetzter Richtung ist der Bundesstaat vom **Staatenbund**,, auch Konföderation genannt, abzugrenzen (Beispiele: Russland-Weißrussische Union, Arabische Liga, Vereinigte Staaten von Amerika bis 1787, Schweizer Eidgenossenschaft bis 1848, Deutscher Bund 1815–1866). Ein Staatenbund ist der völkerrechtliche Zusammenschluss von Staaten, um im gemeinsamen Interesse in einem festgelegten Umfang durch gemeinsame Organe Staatsgewalt nach außen hin auszuüben. Er verfügt weder über ein eigenes Staatsgebiet noch über eigene Staatsangehörige, hat also selbst nicht eigenständige Staatsqualität. Die Souveränität der im Staatenbund zusammengeschlossenen Staaten bleibt erhalten. Nach innen bedürfen die Entscheidungen des Staatenbunds einer Entscheidung des Mitgliedsstaats, der jederzeit aus dem Staatenbund austreten kann.

Noch weiter vom Bundesstaat entfernt ist das **Staatenbündnis**. Es beruht auf einer völkerrechtlichen Vereinbarung der im Bündnis zusammengeschlossenen Staaten, die zum Ziel hat, bestimmte Aufgaben gemeinsam zu erledigen, ohne dadurch Souveränitätsrechte aufzugeben (Beispiel: NATO als gemeinsames Verteidigungsbündnis, Vereinte Nationen).

Eine besondere Schwierigkeit bereitet die Einordnung der **Europäischen Union** in die herkömmliche Typologie. Die EU ist mehr als ein Staatenbund und ein Staatenbündnis, aber kein Bundesstaat, weil sie keine eigene Staatsqualität hat. Ihr fehlt die Eigenschaft eines Bundesstaats, denn ihre zweifellos inzwischen sehr umfangreichen Hoheitsrechte, z. B. bei der Rechtsetzung gegenüber den EU-Bürgern, beruhen nur auf einer beschränkten Übertragung dieser Rechte (vgl. Art. 23 Abs.1 Satz 2 GG: »Der Bund kann hierzu durch Gesetz mit Zustimmung des Bundesrates Hoheitsrechte übertragen«). Nach überwiegender Auffassung können die Mitgliedsstaaten die von ihnen übertragenen Hoheitsrechte wieder zurückholen. Der Vertrag von Lissabon sieht in Art. 50 EUV erstmals auch die Möglichkeit eines einseitigen Austritts vor. Diese Rechte hat ein Gliedstaat eines Bundesstaates nicht. Die Europäische Union ist aber auch kein bloßes Staatenbündnis, denn dieses kann keine Hoheitsrechte gegenüber seinen Mitgliedsstaaten ausüben. Ebenso ist die EU mehr als ein bloßer Staatenbund, weil sie auch Staatsgewalt nach innen ausüben kann, ohne dass dies der Umsetzung durch den Mitgliedsstaat bedarf. Für die Europäische Union hat deshalb das Bundesverfassungsgericht den Begriff des **Staatenverbunds** geprägt. Der inzwischen in der Rechtsterminologie gebräuchliche Begriff bezeichnet also eine Körperschaft, die von ihren Mitgliedsstaaten festgelegte Hoheitsrechte übertragen bekommt, die sie direkt in den jeweiligen Mitgliedsstaaten ausüben kann.

BEISPIEL

Bei der Trauerfeierlichkeit der EU für den verstorbenen Bundeskanzler Helmut Kohl in Straßburg, dem Sitz des europäischen Parlaments, konnte nicht der Begriff »europäischer Staatsakt« verwendet werden, weil die EU kein Staat ist. Es musste neu der Begriff »europäischer Trauerakt« eingeführt werden.

Auch das **Commonwealth of Nations** (bestehend aus dem Vereinigten Königreich und weiteren 52 Staaten) als Nachfolgeorganisation des British Empire lässt sich nicht in eine der genannten staatsrechtlichen Kategorien einordnen, sondern ist eine Staatenverbindung sui generis, deren Mitgliedsstaaten nur verbunden sind »by a common allegiance to the Crown«.

Bei einem **Protektorat** übernimmt eine Schutzmacht bestimmte Funktionen eines Staates, z. B. die Außen- und Verteidigungspolitik, wie Frankreich beim Fürstentum Monaco.

5.2 Das Wesen des Bundesstaats

Das tragende Organisationsprinzip des deutschen Bundesstaats ist die **doppelte Gewaltenteilung.**. Es gibt im Bund wie in den Ländern nicht nur eine **horizontale Gewaltenteilung** nach Art. 20 Abs. 2 Satz 2 GG, also die Aufteilung der Staatsgewalt in Legislative, Exekutive und Judikative, einschließlich der **personellen Gewaltenteilung** (Inkompatibilität, z. B. Art. 94 Abs. 1 Satz 2 GG), sondern auch eine **vertikale Gewaltenteilung** zwischen Bund und Ländern. Die jeweiligen dem Bund oder den Ländern getrennt zustehenden Befugnisse werden durch das Grundgesetz festgelegt. Es ist der Wesenskern des Bundesstaatsprinzips, eine Kontrolle bzw. Hemmung der Staatsgewalt durch deren Verteilung auf die Organe von Bund und Ländern herbeizuführen. Die **Dezentralisierung der Staatsgewalt** auf die Länder ermöglicht darüber hinaus, landesspezifischen Besonderheiten Rechnung zu tragen.

In der Verfassung eines Bundesstaats gilt es zwingend zwei Fragen zu beantworten. Wer bestimmt die Aufteilung der Kompetenzen zwischen Bund und Ländern und wie sehen diese im Einzelnen aus? Zunächst zur ersten Frage: Der Grundgesetzgeber hat dem Bund die sog. **Kompetenz-Kompetenz** gegeben, d. h., der Bund legt durch die Bestimmungen des Grundgesetzes unter Beachtung des Art. 79 Abs. 2 und Abs. 3 GG fest, welche Kompetenzen dem Bund oder den Ländern zustehen. Aber auch die Länder haben das Initiativrecht für ein verfassungsänderndes Gesetz, das die Zuständigkeiten zwischen Bund und Ländern neu regelt. Änderungsvorlagen zu Bestimmungen des Grundgesetzes können auch durch den Bundesrat in ein Gesetzgebungsverfahren eingebracht werden (Art. 76 Abs. 1 GG).

Die konkrete Aufgabenverteilung zwischen Bund und Ländern in der Bundesrepublik Deutschland wird im Einzelnen in den einschlägigen Kapiteln dieses Lehrbuches behandelt. Allgemein gilt das **Trennungsprinzip**,, wonach grundsätzlich die Länder zuständig sind, wenn nicht eine Zuständigkeit des Bundes im Grundgesetz bestimmt ist (Art. 30 GG). Das Trennungsprinzip lässt eine gemeinsame Aufgabenerledigung von Bund und Ländern nicht zu. Für einzelne staatliche Aufgaben wird die Bundeszuständigkeit konkret bestimmt (z. B. Art. 32 GG, Bundeszuständigkeit für auswärtige Angelegenheiten) oder es werden über eine Generalklausel die Aufgabenbereiche für Bund und Länder festgelegt (Art. 70 GG für die Gesetzgebung, Art. 83 GG für die Verwaltung und Art. 92 GG für die Rechtsprechung). Nach Art. 109 Abs. 1 GG sind Bund und Länder in ihrer Haushaltswirtschaft selbstständig und voneinander unabhängig. Die Länder haben also grundsätzlich eigene **Haushaltsautonomie**. Die Haushaltsautonomie ist aber durch viele Regelungen der Finanzverfassung des GG durchbrochen, um einem gesamtwirtschaftlichen Gleichgewicht Rechnung zu tragen.

Wegen der Identität von Staatsgebiet und Staatsvolk (das Landesgebiet ist Teil der Bundesrepublik Deutschland, die Bürger eines Landes sind deutsche Staatsangehörige) haben die einzelnen Länder kein Recht zum Austritt aus der Bundesrepublik Deutschland.

5.3 Das Gebot zu bundesfreundlichem Verhalten

In einer seiner ersten Entscheidungen hat das Bundesverfassungsgericht (BVerfG vom 21.05.1952, BVerfGE 1, 299, 315) aus dem Bundesstaatsprinzip das Gebot bundesfreundlichen

Verhaltens **(Bundestreue)** hergeleitet. Es verpflichtet sowohl den Bund als auch die Länder, zum Wohle des Staatsganzen zusammenzuarbeiten, insbesondere zu gegenseitiger Rücksichtnahme bei der Ausübung der eigenen Kompetenzen.

Der Grundsatz der Bundestreue wurde in einer ganzen Reihe von Entscheidungen des Bundesverfassungsgerichts angewandt. Aus dem Grundsatz der Bundestreue kann sich beispielsweise eine Pflicht der Länder ergeben, völkerrechtliche Verträge, die der Bund abgeschlossen hat, im jeweiligen Land umzusetzen (BVerfG vom 26.03.1957, BVerfGE 6, 309, 328, 361 f.). Nach einer anderen Entscheidung sind die Länder verpflichtet, im Wege der Kommunalaufsicht gegen Gemeinden vorzugehen, wenn diese in Kompetenzen des Bundes eingreifen (BVerfG vom 30.07.1958, BVerfGE 8, 122, 137 ff.). Auch Infrastrukturprojekte des Bundes (z. B. den Ausbau einer Bundeswasserstraße) darf das betroffene Land nicht etwa durch eine Volksabstimmung politisch torpedieren. Alle Rechtswege gegen das Projekt stehen dem Land allerdings offen.

FALL 3

Das wehrhafte Bundesland. Das Land A der Bundesrepublik Deutschland, das von einer extrem nationalistischen, aber nicht verbotenen Partei regiert wird, beschließt, eigene Streitkräfte als »Landwehr« aufzustellen. Die Regierung beruft sich darauf, dass das Land A eigene Staatsqualität habe und ihr deshalb das Recht zustehe, eigene Streitkräfte aufzustellen, zumal die Bundeswehr in ihrem derzeitigen Zustand nicht in der Lage sei, den Verteidigungsauftrag zu erfüllen. Ist das verfassungsrechtlich möglich?

Teil E Die politischen Parteien

1 Die Parteien in der parlamentarischen Demokratie

Eine freiheitliche parlamentarische Demokratie kann ohne Parteien nicht funktionieren. Sie sind ein unverzichtbares Element der politischen Willensbildung. Entsprechend ihrer politischen Ausrichtung formulieren die Parteien Zukunftsentwürfe der Politik, nehmen gesellschaftliche Grundströmungen auf und übersetzen sie in politische Programme. Sie bereiten den Boden für langfristige Veränderungen vor, die sie in ökonomischen, ökologischen, sozialen oder gesellschaftspolitischen Bereichen für notwendig halten. Aus ihrem Mitgliederstamm erwachsen die Mandatsträger für die Parlamente.

In der Parteienlandschaft der Bundesrepublik Deutschland gibt es Parteien mit einem sehr breit angelegten politischen Spektrum, um möglichst viele Wähler anzusprechen. Als sog. Volksparteien streben sie danach, die Regierung und den Bundeskanzler zu stellen, also Macht und Herrschaft zu gewinnen. Sie haben es aber zunehmend schwer, einen großen Teil der Wähler zu erreichen, denn Wählermilieus zerfallen, wandeln sich und der Bürger ist in seiner Wahlentscheidung flexibler geworden. Kleinere Parteien verfolgen oftmals nur Partikularinteressen oder Einzelanliegen, wie beispielsweise den Tierschutz, und sind in den Inhalten ihrer Parteiprogramme eingeschränkt. Ob diese Parteien Randgruppen bleiben oder an der politischen Macht teilhaben, hängt von dem geltenden Wahlsystem ab. Gilt wie bei den Wahlen zum Deutschen Bundestag eine Fünf-Prozent-Hürde,, um im Bundestag vertreten zu sein, spielen sehr kleine Parteien ein Schattendasein. Bei den Europa- und Kommunalwahlen, bei denen es diese Hürde nicht mehr gibt, können sie einzelne Mandatsträger stellen.

Ein funktionierendes parlamentarisches System setzt einen Grundkonsens der maßgeblichen Parteien bei den Staatszielbestimmungen voraus. Es zeichnet das politische System Deutschlands und dessen Stabilität aus, dass die Parteien, die an den bisherigen Regierungen beteiligt waren, in den zentralen politischen Grundentscheidungen, wie etwa dem Bekenntnis zur europäischen Einigung oder zum Wertekanon des Grundgesetzes, einen übereinstimmenden Willen haben. Für eine lebendige Demokratie bedarf es zwar eines Wettbewerbs und der Auseinandersetzung zwischen den Parteien, massive gegenseitige Anfeindungen führen aber dazu, dass sich die Wähler von den Parteien abwenden mit der Gefahr extremistischer Entwicklungen.

Eine zu starke Aufsplitterung der Parteienlandschaft in eine Vielzahl von Parteien und Ad-hoc-Parteien, die sich immer neu formieren, sind nicht förderlich für ein stabiles Staatswesen. 1930 waren in der ausgehenden Weimarer Republik Abgeordnete aus 15 Parteien in den Reichstag gewählt worden, zwischen denen es zum Teil eine unüberbrückbare Kluft in deren Weltanschauungen gab. Deshalb konnten die Parteien auch nicht im Wechsel eine Regierung führen, ohne dass es zum radikalen Bruch gekommen wäre. 1953 zogen sechs Parteien in den Deutschen Bundestag. Seitdem schwankt die Zahl der im Bundestag vertretenen Parteien zwischen drei und sechs. Es ist ein Zeichen politischer Reife, dass wenige Parteien alle politischen Grundströmungen einfangen können, aber gleichzeitig für eine ausreichende Feindifferenzierung politischer Forderungen sorgen. Parteien dürfen allerdings neue politische Herausforderungen nicht übersehen. Die mangelhafte Beachtung der Themen Umwelt, Frauen, Frieden und Bürgerrechte durch die traditionellen Parteien führte 1980 zur Gründung der Partei Die Grünen, die sich seither erfolgreich in der Parteienlandschaft etabliert hat.

Im Gegensatz zu den Demokratien mit einem traditionellen Zweiparteiensystem werden im Mehrparteiensystem, das regelmäßig bei der Regierungsbildung zu einer Regierungskoalition führt, eher die Kompromisse und konsensuale Lösungen angestrebt. Die deutschen Parteien zeichnet aus, dass sie in der Regierungsverantwortung nicht doktrinär Parteiprogramme durchsetzen. Politische Paradigmenwechsel finden evolutionär statt. Dafür sorgt auch die Machtbalance im föderativen System der Bundesrepublik Deutschland, das die politische Macht zwischen dem Bund und den 16 Ländern aufteilt, sowie der Einfluss der Verbände, Organisationen, Gewerkschaften und der Medien.

Eine interessante Frage ist es, ob unter dem Einfluss moderner Medien und sozialer Netzwerke neue Formen organisierter politischer Willensbildung entstehen, die zum raschen Aufbau neuer politischer Gruppierungen führen und schnell einen hohen Mobilisierungsgrad erreichen. Kurzlebige populistische Forderungen könnten dann schnell die politische Landschaft verändern. Diese Überlegung führt zu der weiteren Frage, welche Organisationen und Vereinigungen überhaupt als Parteien im Verständnis des Grundgesetzes gelten und damit dem verfassungsrechtlichen Schutz des Grundgesetzes unterliegen.

2 Der Begriff der Partei

Das Grundgesetz enthält in Art. 21 GG Bestimmungen zum politischen Auftrag, der Gründung, der inneren Ordnung und der Finanzierung der Parteien sowie ihrer Verfassungswidrigkeit. Eine Definition der Partei im Sinne dieses Artikels und damit eine Aussage, welche Voraussetzungen eine Partei aufweisen muss, um dem Art. 21 zu unterliegen, ist im Grundgesetz nicht enthalten. Eine Legaldefinition findet sich jedoch in § 2 Abs. 1 PartG:

»Parteien sind Vereinigungen von Bürgern, die dauernd oder für längere Zeit für den Bereich des Bundes oder eines Landes auf die politische Willensbildung Einfluß nehmen und an der Vertretung des Volkes im Deutschen Bundestag oder einem Landtag mitwirken wollen, wenn sie nach dem Gesamtbild der tatsächlichen Verhältnisse, insbesondere nach Umfang und Festigkeit ihrer Organisation, nach der Zahl ihrer Mitglieder und nach ihrem Hervortreten in der Öffentlichkeit eine ausreichende Gewähr für die Ernsthaftigkeit dieser Zielsetzung bieten. Mitglieder einer Partei können nur natürliche Personen sein.«

Zwar kann diese einfachgesetzliche Bestimmung keinen verfassungsrechtlichen Begriff bindend festlegen, jedoch deckt sich die seit 1967 bestehende Definition des § 2 Abs. 1 PartG mit dem in Rechtsprechung und Lehre zu Art. 21 GG herausgebildeten Parteienbegriff. Danach sind sechs Voraussetzungen bedeutsam:

2.1 Vereinigung von Bürgern

Die Mitglieder einer Partei können nur natürliche Personen sein. Interessenverbände von Unternehmen oder Vereinigungen von juristischen Personen scheiden als Partei aus. Das Tatbestandsmerkmal »Bürger« ist jedoch nicht mit dem Begriff des »deutschen Staatsbürgers« gleichzusetzen. Auch Ausländer können Mitglied einer Partei sein. Eine Partei darf nur nicht von Ausländern dominiert werden. Dies ergibt sich aus einem Umkehrschluss aus § 2 Abs. 3 PartG, nachdem politische Vereinigungen nicht Parteien sind, wenn ihre Mitglieder in der Mehrheit Ausländer sind.

Als rechtliche Grundlage für die Parteien als Vereinigung natürlicher Personen sind alle zivilrechtlich möglichen Vereinigungsformen denkbar, insbesondere die des rechts- oder nichtrechtsfähigen Vereins. Soweit Parteien ihrer Rechtsform nach Vereine sind, gelten für sie zunächst die vereinsrechtlichen Bestimmungen des Bürgerlichen Gesetzbuches. Diese werden aber überlagert von Art. 21 GG und den Bestimmungen des Parteiengesetzes. Das Nebeneinander von zivilrechtlichen und öffentlich-rechtlichen Bestimmungen ist auch für die Frage nach dem richtigen Rechtsweg bei Streitigkeiten maßgeblich. Vorrangig ist das Parteiengesetz. So entscheidet nach § 14 PartG bei Streitigkeiten der Partei mit einzelnen Mitgliedern das zuständige Parteischiedsgericht. Dagegen ist im Verhältnis der Partei zum Staat die Verwaltungs- oder Verfassungsgerichtsbarkeit zuständig. Für die Klage, mit der eine Partei eine andere auf Unterlassung des Gebrauchs eines verwechslungsfähigen Namens in Anspruch nimmt, ist wiederum der ordentliche Rechtsweg gegeben.

2.2 Einflussnahme auf die politische Willensbildung

Ziel einer Partei muss sein, politischen Willen in die Staatsorgane zu tragen. Dazu stellen die Parteien Parteiprogramme auf und rekrutieren auf deren Grundlage Kandidaten zu den Wahlen. In der Regierungsverantwortung oder in der Oppositionsrolle versuchen dann die Parteien ihre Vorstellungen umzusetzen. Haben die führenden Mitglieder einer Partei Regierungsverantwortung, wird die Willensbildung innerhalb der Partei sehr stark vom Regierungsapparat beeinflusst. Die Willensbildung findet dann weniger von unten nach oben, sondern von oben nach unten statt.

In den Fachausschüssen der Parteien, die parallel zu den einzelnen Ministerien gebildet werden und die die politischen Linien vorbereiten, sind üblicherweise der Minister, der Staatssekretär und hohe, parteipolitisch engagierte Beamte sowie Abgeordnete vertreten, die maßgeblichen Einfluss auf die in den Ausschüssen erarbeiteten Papiere haben. Auch die ersten Entwürfe von Wahlprogrammen von Regierungsparteien kommen in der politischen Realität zunächst aus der Regierungszentrale oder den Ministerien, erfahren dann in den einschlägigen Gremien der Partei ihre Fortschreibung, bis sie schließlich förmlich durch den Parteivorstand beschlossen werden. Der Apparat eines Ministeriums hat naturgemäß ein enormes Interesse daran, dass gerade seine Meinung in die politische Willensbildung der Partei einfließt. Es gibt also eine beachtliche Wechselwirkung zwischen den Vorstellungen der Regierung und der Regierungspartei. Wenn eine Partei allerdings ihre Rückbindung an gesellschaftliche Entwicklungen und Veränderungen verliert und diese nicht gestaltend aufgreift, sondern sich zu sehr in das eher statische administrative System einfügt, gehen ihr Auftrag zur politischen Willensbildung und früher oder später auch ihre Wähler verloren. Unabhängig von der faktischen Einflussnahme durch Regierungsapparate bleibt es originäre Aufgabe der Mitglieder einer Partei, politischen Willen zu formulieren. Eine Partei darf nicht der verlängerte Arm einer anderen Gruppierung sein, geschweige denn in einem Abhängigkeitsverhältnis zu einem Dritten stehen.

Auf die Ziele einer Partei, sofern sie nicht verfassungswidrig sind, kommt es nicht an (**formaler Parteibegriff** des § 2 Abs. 1 PartG). Eine Partei kann also nur sehr begrenzte Ziele verfolgen. Sie muss nicht einen umfassenden Katalog aller Lebensbereiche in ihrem Programm aufweisen.

BEISPIEL

Die Anti-Atomkraft-Bewegung könnte sich durchaus als Partei i. S. des § 2 Abs. 1 PartG etablieren, wenn sie sich an Bundestags- oder Landtagswahlen mit eigenen Kandidaten beteiligen würde, da die Einflussnahme auf die politische Willensbildung als Tatbestandsmerkmal des § 2 Abs. 1 PartG nicht ein umfassendes Parteiprogramm verlangt.

Jegliche inhaltliche Zensur eines Parteiprogramms wäre mit dem Parteibegriff des Grundgesetzes nicht vereinbar. Auch Parteien, welche die freiheitliche demokratische Grundordnung bekämpfen, sind so lange Parteien i. S. des Art. 21 GG, bis sie durch das Bundesverfassungsgericht verboten werden (s. Art. 21 Abs. 2 GG).

2.3 Ernsthaftigkeit der Zielsetzung

Das Tatbestandsmerkmal der Ernsthaftigkeit der Zielsetzung verlangt eine nachhaltige politische Betätigung einer Partei, um den Missbrauch des Parteistatus zu verhindern. Die verlangte Ernsthaftigkeit muss sich durch objektive Kriterien belegen lassen, ob die Partei wirklich in der Lage ist, ihre Aufgaben zu erfüllen. Zu diesen Kriterien zählen nach § 2 Abs. 1 PartG der Umfang und die Festigkeit der Organisation, die Zahl der Mitglieder sowie das Hervortreten in der Öffentlichkeit. Diese Aufzählung in § 2 Abs. 1 PartG ist aber nicht abschließend. Entscheidend ist das Gesamtbild, das eine Partei abgibt.

Politische Vereinigungen, die nach ihrem Organisationsgrad und ihren Aktivitäten offensichtlich nicht imstande sind, sich nachhaltig politisch zu betätigen, die nicht genug Mitglieder haben, um alle Parteiämter zu besetzen, die in der Öffentlichkeit kaum auftreten und kein regelmäßiges Vereinsleben haben oder bei denen die Verfolgung ihrer Zielsetzung von vornherein unmöglich erscheint, erfüllen nicht den Parteibegriff (BVerfG vom 17.11.1994, BVerfGE 91, 262, 271 f.).

2.4 Dauerhaftigkeit der Zielsetzung

Mit dem Tatbestandsmerkmal der Dauerhaftigkeit soll ausgeschlossen werden, dass sich Vereinigungen von kurzer Lebensdauer um Wähler bewerben. Die Wähler sollen in einem stabilen parlamentarischen System, welches das Grundgesetz anstrebt, von einem nicht nur singulären Engagement ausgehen können.

Bloße Ad-hoc-Gruppierungen oder Vereinigungen, die nur für oder gegen eine gesetzgeberische Maßnahme eintreten, Bürger- oder Wählerinitiativen, also Vereinigungen, die nur vorübergehend bis zur Erreichung eines konkreten Ziels aktiv sind, fallen nicht unter den in § 2 Abs. 1 PartG festgelegten Parteienbegriff, weil ihnen das Moment der Dauerhaftigkeit fehlt.

2.5 Organisatorische Selbstständigkeit

Um die Voraussetzungen des § 2 Abs. 1 PartG zu erfüllen, bedarf es ferner einer organisatorischen Selbstständigkeit der Partei. Sie darf kein verlängerter Arm einer anderen Organisation sein. Dagegen können Parteien selbst parteieigene oder parteinahe Vereinigungen bilden, wie Jugend- und Seniorenorganisationen, wirtschafts- und gewerkschaftsnahe oder konfessionell ausgerichtete Gruppierungen, um den Flügeln einer Partei eine eigenständige Plattform zu geben und sie damit in die Gesamtpartei zu integrieren.

2.6 Mitwirkung an der Vertretung des Volkes im Deutschen Bundestag oder in einem Landtag

Durch die regelmäßige Teilnahme an Bundes- oder Landtagswahlen soll die tatsächliche Umsetzung eines Parteiprogramms erreicht werden. Eine Partei muss den Willen haben, mit ihren Spitzenkandidaten die Regierungsämter zu besetzen. Beim Parteibegriff des § 2 Abs. 1 PartG wird aber nur die Bundes- und Landesebene, nicht die europäische und die kommunale Ebene aufgeführt. Eine Partei, die sich nur an einem Wahlkampf um den Einzug in das Europäische Parlament beteiligt, hätte nicht den Status des § 2 Abs. 1 PartG. Ebenso fallen kommunale Wählervereinigungen, wie z. B. die Freien Wähler, nicht unter den Begriff einer Partei, weil sie keine Mitwirkung im Bundestag oder den Länderparlamenten anstreben. Ein Gemeinderat ist kein Parlament, sondern ein gewähltes Selbstverwaltungsorgan.

3 Verfassungsrechtliche Stellung

Die Parteien bedürfen eines besonderen Rangs innerhalb der verschiedenen Vereinigungen im Staate, um ihre besonderen Aufgaben erfüllen zu können. Deshalb hat der Verfassungsgeber in Art. 21 GG den Parteien eine besondere normative Grundlage für ihren verfassungsrechtlichen Status gegeben. Die durch Art. 21 GG erfolgte Einbindung der Parteien in das Staatswesen und die ihnen zugetragene Rolle bei der politischen Willensbildung machen die Parteien aber noch nicht zu einem Staatsorgan **(Grundsatz der Staatsfreiheit)**. Die Parteien sind kein Teil des Staates und kein Träger öffentlicher Gewalt. Das Bundesverfassungsgericht hat sie aber in ständiger Rechtsprechung in den Rang einer **verfassungsrechtlichen Institution** erhoben, die spezifische formelle und materielle Rechte hat.

Parteien können klagen und verklagt werden (§ 3 PartG). Außerdem sind sie im Rahmen von Art. 19 Abs. 3 GG **grundrechtsfähig**. Ihnen steht also der Schutz durch die Grundrechte zu. Ferner sind sie im **Organstreitverfahren** nach Art. 93 Abs. 1 Nr. 1 GG antragsberechtigt. Antragsgegenstand eines Organstreitverfahrens ist der Erlass eines Gesetzes, z. B. bei einer das Grundgesetz verletzenden Ausgestaltung des Wahlrechts die Aufhebung der entsprechenden Bestimmung durch ein neues Gesetz. Antragsgegner ist in diesem Falle der Bundestag.

4 Gründungsfreiheit und innere Ordnung

Die Neugründung einer Partei ist nach Art. 21 Abs. 1 Satz 2 GG jederzeit möglich. Einer staatlichen Mitwirkung bedarf es nicht. Es entspricht der freiheitlichen demokratischen Grundordnung, dass Personen, die sich durch die bestehenden Parteien nicht mehr ausreichend vertreten fühlen, sich zu einer neuen Vereinigung zusammenschließen können. Ob die Neugründung von Anfang an den Schutz des Art. 21 GG genießt, hängt davon ab, ob die Voraussetzungen des Parteibegriffs des § 2 PartG erfüllt sind. Zu den Wahlen zu den Volksvertretungen werden neue Parteien nur zugelassen, wenn der **Bundeswahlausschuss** (§ 9 Abs. 2 BWahlG) ihre Parteieigenschaft festgestellt hat (§ 18 Abs. 2 Satz 1 BWahlG). Gegen die Entscheidung des Bundeswahlausschusses kann eine abgelehnte Vereinigung Beschwerde beim Bundesverfassungsgericht erheben (Art. 93 Abs. 1 Nr. 4c GG).

Ein Anspruch auf Aufnahme in eine Partei besteht nach herrschender Meinung nicht. Es wäre mit der Freiheit politischer Betätigung nicht in Einklang zu bringen, wenn eine Partei jeden Bewerber aufnehmen müsste. Allgemeine oder befristete Aufnahmesperren sind jedoch nicht zulässig (§ 10 Abs. 1 Satz 3 PartG). Dagegen ist nach § 10 Abs. 4 PartG ein Parteiausschluss nur unter strengen Voraussetzungen möglich. Ein Mitglied kann nur dann aus der Partei ausgeschlossen werden, wenn es vorsätzlich gegen die Satzung oder erheblich gegen die Grundsätze oder die Ordnung der Partei verstößt und ihr damit schweren Schaden zufügt. Ein solcher Fall kann zum Beispiel vorliegen, wenn ein nicht von der Mitgliederversammlung nominierter Bewerber für die Wahl zum Bundestag als sonstiger Bewerber gegen den von der eigenen Partei aufgestellten Bewerber zur Wahl antritt. Über den Ausschluss eines Parteimitglieds entscheidet das nach der Satzung zuständige parteiinterne Schiedsgericht. Auch aktive Abgeordnete können unter den Voraussetzungen des § 19 Abs. 4 PartG aus der Partei ausgeschlossen werden, verlieren deshalb aber nicht ihr Mandat.

Eine Partei muss selbst demokratisch organisiert sein, d. h., ihre innere Ordnung muss den demokratischen Grundsätzen entsprechen **(Innere Parteifreiheit, Art. 21 Abs. 1 Satz 3 GG)**. Eine autokratische Führungsform oder gar eine verfasste Unterwerfung der Parteimitglieder an Beschlüsse der Parteiführung würde den Grundsätzen einer Demokratie nicht entsprechen. Keine Partei mit undemokratischen Strukturen soll Einfluss auf die politische Willensbildung und die Staatsorgane bekommen. Art. 21 Abs. 1 Satz 3 GG will mit dem Postulat einer innerparteilichen demokratischen Ordnung vor allem sichern, dass die Parteimitglieder Einfluss auf die Entscheidungsprozesse innerhalb der Partei sowie bei der Aufstellung der Kandidaten für die Wahlen zu den Volksvertretungen nehmen können.

Das **Gebot demokratischer Binnenstruktur** setzt voraus, dass die Partei eine Satzung und ein Programm besitzt (§ 6 Abs. 1 PartG). Die Satzungen, die Aufbau und Struktur einer Partei im Rahmen der gesetzlichen Vorgaben regeln, müssen unter anderem Bestimmungen enthalten über Aufnahme und Austritt der Mitglieder, deren Rechte und Pflichten, die allgemeine Gliederung der Partei, Zusammensetzung und Befugnisse des Vorstands und der übrigen Organe sowie die Beschlussfassung des Vorstands und der übrigen Organe.

Für die bedeutsamste Funktion einer Partei, der Aufstellung der Kandidaten für die Wahlen zu den Volksvertretungen, gibt es gesetzliche Vorgaben. Die Aufstellung von Kandidaten für Wahlen müssen durch parteiinterne Wahlen in geheimer Abstimmung erfolgen (§ 17 PartG). Zu diesen Wahlen sind alle Parteimitglieder zugelassen. Eine »Frauenquote« ist nur bei der Wahl zu Parteiorganen, nicht bei der Wahl von Kandidaten für Volksvertretungen zulässig. Beschlüsse, die auf der Grundlage von Satzungsbestimmungen erfolgen, die gegen das Gebot einer demokratischen inneren Ordnung verstoßen, sind nach § 134 BGB nichtig.

Über Parteiprogramme entscheiden die Parteitage. Sie setzen sich aus den gewählten Vertretern von Gebietsverbänden zusammen und sind das oberste Organ des jeweiligen Gebietsverbands (§ 9 Abs. 1 PartG).

Gesetzlich geregelt ist auch der **innere Aufbau** einer Partei. § 7 PartG schreibt einen föderalen Aufbau der politischen Parteien vor. Die Parteien gliedern sich danach in der Regel in Gebietsverbände (Orts-, Kreis-, Landesverbände und Bundesverband). Größe und Umfang der Gebietsverbände werden im Einzelnen durch die Satzung festgelegt. Durch die Untergliederungen soll erreicht werden, dass den einzelnen Mitgliedern eine angemessene Mitwirkung an der Willensbildung der Partei möglich ist (§ 7 Abs. 1 Satz 3 PartG).

5 Betätigungsfreiheit und Chancengleichheit

Der Gründungsfreiheit folgt die Freiheit politischer Betätigung. Die freie politische Betätigung wird zunächst durch Art. 21 GG garantiert. Über Art. 19 Abs. 3 GG gelten für die Parteien bei ihrer politischen Betätigung aber auch die Grundrechte. Insbesondere auf Art. 5 GG (Recht der freien Meinungsäußerung) und Art. 8 GG (Versammlungsfreiheit) können sich die Parteien berufen.

Betätigungsfreiheit und ein Mehrparteiensystem lassen sich nur realisieren, wenn auch Chancengleichheit zwischen den Parteien besteht. Nach der Rechtsprechung des Bundesverfassungsgerichts müssen alle Parteien vom Staat formal gleich behandelt werden. Beim Wettbewerb der Parteien um die Stimmen der Wähler sollen gleiche Bedingungen herrschen. Die formale Gleichbehandlung der Parteien wird auf Art. 21 Abs. 1 GG gestützt. Gegenüber dem allgemeinen Gleichheitssatz des Art. 3 GG verschärft das Gebot der Chancengleichheit die Rechtmäßigkeitsvoraussetzungen für eine staatliche Ungleichbehandlung. Das formale Gleichheitsgebot des Art. 21 Abs. 1 GG verbietet von vornherein jegliche staatliche Ungleichbehandlung. Während Art. 3 GG allgemein eine sachliche Differenzierung bei staatlicher Tätigkeit zulässt, können Differenzierungen nach Art. 21 Abs. 1 GG nur aus verfassungsrechtlichen Gründen erfolgen. Das schließt nicht aus, dass Parteien das Gleichheitsgebot des Art. 3 GG in Anspruch nehmen. Eine Verfassungsbeschwerde nach Art. 94 Abs. 1 Nr. 4a GG wegen einer Verletzung des Gebots der Chancengleichheit kann eine Partei nur auf Art. 3 GG stützen, da Art. 21 GG kein Grundrecht bzw. grundrechtgleiches Recht im Sinne des Art. 94 Abs. 1 Nr. 4a GG ist.

Im Parteiengesetz (PartG) ist darüber hinaus in § 5 eine besondere Regelung zur Gleichbehandlung der Parteien enthalten. Wenn ein Träger öffentlicher Gewalt (z. B. eine Gemeindeverwaltung) den Parteien Einrichtungen zur Verfügung stellt oder andere öffentliche Leistungen gewährt, sollen alle Parteien gleich behandelt werden. Es gilt jedoch hierbei das Prinzip der abgestuften Chancengleichheit. Der Umfang der Gewährung kann nach der Bedeutung einer Partei bis zu dem für die Erreichung ihres Zwecks erforderlichen Mindestmaß abgestuft werden (§ 5 Abs. 1 Satz 2 PartG).

BEISPIEL

Auf einer der Gemeinde gehörenden Plakatwand bekommen im Bundestagswahlkampf die im Bundestag vertretenen Parteien mehr Platz als die anderen Parteien.

Diese Regelung ist grundsätzlich mit Art. 21 GG vereinbar, da auch Art. 21 GG davon ausgeht, dass die einzelnen Parteien eine unterschiedliche Bedeutung für die Willensbildung des Volkes haben und damit ein verfassungsrechtlich anerkannter Grund für die unterschiedliche Behandlung kleinerer Parteien besteht. Jegliche Entscheidungen nach § 5 PartG sind jedoch im Lichte des Art. 21 GG zu treffen. Soweit öffentliche Einrichtungen freie Kapazitäten haben, müssen diese allen Parteien zur Verfügung gestellt werden.

§ 5 PartG hat vor allem Bedeutung bei der Vergabe kommunaler Versammlungsstätten und bei den Sendezeiten für Wahlwerbung bei den öffentlich-rechtlichen Rundfunkanstalten. Das Bundesverfassungsgericht lässt im letzteren Fall eine nach der Bedeutung der Parteien differenzierte Vergabe von Sendezeiten zu, verlangt aber Mindestsendezeiten auch für die kleinsten Parteien. Auch § 18 PartG, der den Erfolg einer Partei bei den Wahlen als Maßstab für die Wahlkampfkostenerstattung nimmt, sowie die Sperrklausel von 5 % im BWahlG wurden vom Bundesverfassungsgericht als verfassungskonform angesehen.

Vom Gebot der Gleichbehandlung ist die Frage zu unterscheiden, ob Parteien auch einen Anspruch auf öffentliche Leistungen haben. Ein solcher Anspruch besteht nach § 5 PartG nur in abgeleiteter Form. Werden öffentliche Leistungen an eine Partei erbracht, haben auch die anderen Parteien einen Anspruch darauf.

6 Parteienprivileg und das Verbot verfassungswidriger Parteien

Damit Regierung oder Parlament nicht unliebsame und im politischen Wettbewerb stehende Parteien einfach durch hoheitliche Akte oder durch Gesetz ausschalten können, genießen Parteien einen besonders hohen Schutz gegen ihre Auflösung, der höher ist als der Schutz des Art. 9 Abs. 2 GG für Vereinigungen **(Parteienprivileg)**. Art. 21 Abs. 2 GG gewährt den Parteien einen Bestandsschutz, der so lange gilt, bis das Bundesverfassungsgericht eine bestimmte Partei für verfassungswidrig erklärt. § 5 PartG stellt darüber hinaus die Gleichbehandlung der Parteien sicher.

Das Parteienprivileg schließt ein administratives Vorgehen gegen eine Partei in jeglicher Form aus. Jede Partei darf sich frei betätigen und unterliegt keinerlei Einschränkungen in ihrer politischen Betätigung. Selbst wenn eine Partei offensichtlich verfassungswidrige Ziele verfolgt, dürfen aus diesem Umstand vor einer Verbotsentscheidung keine rechtlichen Folgen resultieren. Mögen die Ziele und das Verhalten einer Partei auch noch so sehr einer freiheitlichen demokratischen Ordnung zuwiderlaufen, kann sie nur politisch bekämpft werden, solange sie nicht vom Bundesverfassungsgericht für verfassungswidrig erklärt wird. Das Grundgesetz nimmt diese Situation eines freiheitlichen Staatssystems wegen in Kauf.

BEISPIEL

Die öffentlich-rechtlichen Rundfunk- und Fernsehanstalten sind nicht befugt, die Ausstrahlung einer Wahlsendung vor der Bundestagswahl lediglich deshalb zu verweigern, weil der vorgelegte Spot verfassungsfeindliche Äußerungen enthält. Erfüllt dagegen ein Wahlwerbespot die Tatbestandsmerkmale einer Straftat, muss er abgelehnt werden.

Parteien, die eine andere Staatsordnung als die des Grundgesetzes wollen, müssen in einer wehrhaften Demokratie auch durch staatliche Gewalt bekämpft und aufgelöst werden können. Voraussetzung dazu ist, dass zunächst einmal in der Verfassung selbst definiert wird, wann eine Partei die Grenzen zur Verfassungswidrigkeit überschreitet. Diese Beschreibung der Verfassungswidrigkeit befindet sich in Art. 21 Abs. 2 Satz 1 GG. Parteien, die nach ihren Zielen oder nach dem Verhalten ihrer Anhänger darauf ausgehen, die **freiheitliche demokratische Grundordnung** zu beeinträchtigen oder zu beseitigen oder den Bestand der Bundesrepublik Deutschland zu gefährden, sind verfassungswidrig. Schutzgut des Art. 21 GG ist nicht die Verfassung als solche und im Gesamten, denn sie ist nicht schlechthin gegen Änderungen geschützt. Vielmehr verlangt der Verfassungsgeber von den Parteien, dass sie die **fundamentalen Prinzipien des Grundgesetzes** anerkennen, und beschreibt diese mit dem Grundsatz der freiheitlichen demokratischen Ordnung. Nur die Parteien, die sich gegen die freiheitliche demokratische Ordnung wenden, stellt er ins verfassungsrechtliche Abseits.

Das Grundgesetz führt an mehreren Stellen den Begriff der freiheitlichen demokratischen Grundordnung (z. B. Art. 10 Abs. 2, Art. 11 Abs. 2, Art. 21 Abs. 2 GG) auf, definiert diesen aber nicht. Das war nun Aufgabe des Bundesverfassungsgerichts, das den Begriff als Ordnung definiert, »die unter Ausschluss jeglicher Gewalt- und Willkürherrschaft eine rechtsstaatliche Herrschaftsordnung auf der Grundlage der Selbstbestimmung des Volkes nach dem Willen der jeweiligen Mehrheit und der Freiheit und Gleichheit darstellt« (BVerfG vom 23.10.1952, BVerfGE 2, 1, 12 f.; BVerfG vom 17.08.1956, BVerfGE 5, 85, 140). Zu den grundlegenden Prinzipien dieser Ordnung gehören nach Auffassung des Bundesverfassungsgerichts **die Achtung der Menschenwürde, Volkssouveränität, Gewaltenteilung, Verantwortlichkeit der Regierung, Gesetzmäßigkeit der Verwaltung, Unabhängigkeit der Gerichte, Mehrparteiensystem, Chancengleichheit der Parteien, Recht auf Opposition** und **Minderheitenschutz**.

Geschützt werden also nur die Essentialia des Grundgesetzes. Zu beachten ist, dass das Staatsmerkmal Bundesstaat nicht der freiheitlichen demokratischen Grundordnung zuzurechnen ist, weil auch ein Zentralstaat eine freiheitliche demokratische Grundordnung haben kann. Die Bundesstaatlichkeit wird jedoch in gleicher Weise durch das Tatbestandsmerkmal »Gefährdung des Bestands der Bundesrepublik Deutschland« des Art. 21 Abs. 2 GG geschützt. Auch das Staatsmerkmal Republik gehört nicht zum Begriff der freiheitlich demokratischen Grundordnung, weil es nicht zwingender Bestandteil einer demokratischen Ordnung ist.

Über die Frage der Verfassungswidrigkeit entscheidet ausschließlich das Bundesverfassungsgericht, das insoweit ein Entscheidungsmonopol besitzt (Art. 21 Abs. 2 Satz 2 GG). Das Verfahren vor dem Bundesverfassungsgericht zum Verbot einer Partei richtet sich nach Art. 21 Abs. 2 GG i. V. m. §§ 43 ff. BVerfGG. Es dient der Offenheit und Transparenz des politischen Prozesses, damit auch dem Schutz der inkriminierten Partei. Nur der Bundestag, der Bundesrat oder die Bundesregierung können den Antrag auf Entscheidung des Bundesverfassungsgerichts stellen. Auch eine Landesregierung kann den Antrag stellen, wenn sich die Organisation einer Partei nur auf das Gebiet eines Landes bezieht. Um den Eindruck von politischer Geschlossenheit und die Notwendigkeit eines Verbots zu vermitteln, versuchten in der Vergangenheit die antragsberechtigten Verfassungsorgane nicht einzeln, sondern gemeinsam den Verbotsantrag zu stellen. Zum NPD-Verbotsantrag im Jahre 2013 konnte sich allerdings nur der Bundesrat aufschwingen. Parteiverbotsverfahren sind jedoch wegen der Gefahr des Scheiterns und der damit zwangsläufig verbundenen Aufwertung der als verfassungswidrig angesehenen Partei selten.

Um einen Antrag auf ein Parteiverbot vorzubereiten, bedarf es ausreichenden Beweismaterials zur Verfassungswidrigkeit der Partei. Um dieses Beweismaterial zu beschaffen, wird unter anderem das Bundesamt für Verfassungsschutz eingesetzt. Der Verfassungsschutz darf die betroffene Partei mit nachrichtendienstlichen Mitteln beobachten, aber dort nicht systematisch tätig sein, zum Beispiel durch V-Personen oder verdeckte Ermittler Parteiämter besetzen, weil dann keine Unterscheidung mehr zwischen nachrichtendienstlicher Tätigkeit und verfassungswidriger aktiver Parteitätigkeit möglich ist.

Nach Eingang des Verbotsantrags führt das Bundesverfassungsgericht zunächst ein Vorverfahren (§ 45 BVerfGG) durch, in dem festgestellt wird, ob der Antrag zulässig und hinlänglich begründet ist. Führt das Vorverfahren zu einem positiven Ergebnis, kann das Bundesverfassungsgericht nach mündlicher Verhandlung nur mit einer Mehrheit von zwei Dritteln der Mitglieder des Senats die Verfassungswidrigkeit einer Partei feststellen (§ 15 Abs. 4 Satz 1 BVerfGG). Mit der Entscheidung muss die Auflösung der Partei und das Verbot, eine Ersatzorganisation zu gründen, verbunden werden (§ 46 Abs. 3 BVerfGG). Die Fortführung einer für verfassungswidrig erklärten Partei ist nach § 84 StGB strafbar.

In seinem Urteil vom 17.01.2017 (BvB 1/13) zum NPD-Verbotsantrag des Bundesrats nahm das Bundesverfassungsgericht Art. 21 Abs. 2 GG sehr genau unter die juristische Lupe und urteilte, dass das Verbot verfassungswidriger Parteien nach Art. 21 Abs. 2 GG **kein Gesinnungs- oder Weltanschauungsverbot für Parteien** bedeute. Durch das Tatbestandsmerkmal des »**Ausgehens** auf eine Beeinträchtigung oder Beseitigung der freiheitlich-demokratischen

Grundordnung »müsse die Partei über das Bekenntnis zu verfassungsfeindlichen Zielen hinaus durch ihr Handeln es für potentiell möglich erscheinen lassen, dass die freiheitlich-demokratische Grundordnung« tatsächlich beeinträchtigt wird. Es müssten also Anhaltspunkte von Gewicht vorliegen, die es möglich erscheinen lassen, dass das Handeln der Partei zum Erfolg führt. Im Falle der NPD verneinte dies das Bundesverfassungsgericht.

Dieses Urteil des Bundesverfassungsgerichts führte zu einer Ergänzung des Art. 21 GG. Das Gericht hatte im Verfahren darauf hingewiesen, dass der Gesetzgeber Parteien mit einem bloßen verfassungswidrigen Bekenntnis von der Parteienfinanzierung ausschließen könnte. Diesen Hinweis griff der Bundestag auf. Durch Gesetz vom 13.07.2017 (BGBl I 2017, 2346) ist in Art. 21 nunmehr ein zusätzlicher Absatz 3 eingeführt worden, nach dem Parteien, die darauf **ausgerichtet** sind, die freiheitlich-demokratische Grundordnung zu beeinträchtigen oder zu beseitigen, von staatlicher Finanzierung ausgeschlossen sind. Aber auch ein solcher Finanzierungsausschluss kann nach Art. 21 Abs. 4 GG nur das Bundesverfassungsgericht feststellen.

Nach bestehender Rechtslage nach § 46 Abs. 1 BWahlG verlieren die Abgeordneten einer aufgelösten Partei ihr Mandat im Bundestag. Dies ist im Hinblick auf den Grundsatz des freien Mandats nach Art. 38 Abs. 1 GG nicht ganz unbedenklich, denn ein Abgeordneter hat sein Mandat vor dem Verbot erworben und ist nach dem verfassungsrechtlichen Leitbild des Art. 38 GG nur seinem Gewissen und nicht den Parteizielen unterworfen.

7 Parteienfinanzierung und steuerliche Regelungen von Zuwendungen an die Parteien

Parteien benötigen erhebliche Finanzmittel für die Wahlkämpfe und ihren Apparat. Es gilt deshalb, im Kontext verfassungsrechtlicher Prinzipien durch gesetzliche Regelungen ein Finanzierungssystem zu schaffen, das die Parteien arbeits- und aktionsfähig macht. Parteien haben einem verfassungsrechtlichen Auftrag nachzukommen, der finanziert werden muss. Gleichzeitig darf wegen des Grundsatzes der Staatsferne keine finanzielle Abhängigkeit zum Staat entstehen. Aber auch eine politische Beeinflussung der Parteien durch einzelne private Geldgeber muss so weit wie möglich ausgeschlossen werden. Ferner müssen die Haushalte der Parteien transparent sein, um eine öffentliche Kontrolle zu gewährleisten. Schließlich muss Chancengleichheit zwischen den Parteien bestehen.

Diese Gesichtspunkte führen zu einem mehrschichtigen privaten wie staatlichen Finanzierungssystem:

- Grundlage für die finanzielle Ausstattung einer Partei sind zunächst die Mitgliedsbeiträge und Spenden, die der Partei zugehen. Außerdem sind die Parteien auch wirtschaftlich tätig und legen ihr Vermögen für Kapitaleinkünfte an.
- Die Parteien erhalten staatliche Zuschüsse **(unmittelbare staatliche Parteienfinanzierung)**.
- Zuwendungen Dritter (Mitgliedsbeiträge und Spenden) werden steuerlich begünstigt **(mittelbare staatliche Parteienfinanzierung)**.
- Durch gesetzliche Regelungen, die die Zuwendungen Dritter begrenzen, nimmt der Staat Einfluss auf die Finanzierung von Parteien, um Abhängigkeiten von Dritten auszuschließen.
- Schließlich profitieren die im Parlament vertretenen Parteien mittelbar davon, dass deren Abgeordnete eine Aufwandsentschädigung für die Beschäftigung von Mitarbeitern bekommen.

Das Spannungsverhältnis zwischen notwendiger staatlicher Finanzausstattung der Parteien und der Unabhängigkeit vom Staat wird damit gelöst, dass der Staat immer nur durch eine **Teilfinanzierung** die Parteien unterstützt. Diese Teilfinanzierung ist in §§ 18 ff. PartG geregelt. Maßstäbe für die Verteilung der staatlichen Mittel sind der Erfolg, den die Partei bei den Wahlen bei Europa-, Bundestags- und Landtagswahlen erzielt, die Summe ihrer Mitglieder- und Mandatsträgerbeiträge sowie der Umfang der von ihr eingeworbenen Spenden (§ 18 Abs. 1 Satz 1 PartG).

Zunächst wurde im Parteiengesetz eine **absolute Obergrenze** für die finanzielle Unterstützung aller Parteien festgelegt. Sie betrug 2019 ca.190 Millionen € und erhöht sich jährlich nach einem in § 18 Abs. 2 PartG festgelegten Schlüssel. Neben der absoluten Obergrenze gibt es eine **relative Obergrenze** (§ 18 Abs. 5 PartG), die für jede Partei verschieden ist Sie bedeutet, dass die Höhe der staatlichen Teilfinanzierung einer Partei die Summe ihrer jährlichen Eigeneinnahmen nicht überschreiten darf. Die Partei erhält also grundsätzlich vom Staat nur so viel Geld, wie sie selbst durch Mitgliedsbeiträge und Spenden einnimmt.

Innerhalb dieses Rahmens gibt es für die Parteien nach in § 18 Abs. 3 PartG festgelegten Bemessungsgrundlagen folgende Zuschüsse als unmittelbare staatliche Parteifinanzierung:

- jährlich 0,83 € für jede für ihre jeweilige Liste bei den Europa-, Bundestags- und Landtagswahlen abgegebene gültige Stimme, sofern die Partei mindestens 0,5 % oder bei den Landtagswahlen 1,0 % der für die Listen abgegebenen gültigen Stimmen erreicht (Wählerstimmenanteil).
- Abweichend hiervon erhalten nach § 18 Abs. 3 Satz 2 PartG die Parteien für die von ihnen jeweils erzielten ersten 4 Millionen gültigen Stimmen 1 € je gültige Stimme (sog. Sockelbetrag).
- Jährlich 0,45 € für jeden bei der Partei jährlich eingegangenen Euro an Mitgliedsbeiträgen und Spenden (Zuwendungsanteil).

Mit der mittelbaren staatlichen Parteienfinanzierung begünstigt der Staat steuerlich die Mitgliedsbeiträge und Spenden an die Parteien. Dies animiert, einer Partei Geld zuzuwenden, denn ein Teilbetrag des ausgegebenen Geldes kommt per Steuererleichterung wieder zurück. Nach § 34 g EStG mindern Mitgliedsbeiträge und Spenden unmittelbar die Einkommensteuer um die Hälfte ihres Betrags, höchstens jedoch um 825 €, bei einer Zusammenveranlagung höchstens um 1 650 €. Die über 1 650 € bzw. 3 300 € bei Zusammenveranlagung hinausgehende Mitgliedsbeiträge oder Spenden können zudem nach § 10b Abs. 2 EStG als Sonderausgaben von der Bemessungsgrundlage für die Einkommenssteuer abgezogen werden.

Das Bundesverfassungsgericht hat es jedoch untersagt, Spenden juristischer Personen steuerlich zu begünstigen, um Unternehmen nicht eine verlockende Möglichkeit der Einflussnahme auf eine Partei zu eröffnen. Parteispenden von juristischen Personen sind dadurch aber nicht generell ausgeschlossen. Ganz im Gegenteil, große Unternehmen bedenken regelmäßig die Parteien mit je nach Bedeutung für das Unternehmen abgestuften Jahresspenden, die eine beträchtliche Höhe erreichen können.

Mit Geld in der Hand kommt so mancher auf dumme Gedanken. Barspenden dürfen deshalb nach § 25 Abs. 1 Satz 2 PartG nur bis zu einem Betrag von 1 000 € entgegengenommen werden. Spenden der öffentlichen Hand (einschließlich solcher Unternehmen, an der die öffentliche Hand über 25 % beteiligt ist) dürfen gem. § 25 Abs. 2 Nr. 1 und 5 PartG generell nicht entgegengenommen werden.

Bei den weiteren Verboten der Annahme von Spenden ist § 25 Abs. 2 Nr. 4 und Nr. 6 PartG von besonderer praktischer Bedeutung. Verboten sind Spenden von Berufsverbänden, die diesen von Dritten mit der Maßgabe zugewandt wurden, sie an eine politische Partei weiterzuleiten. Ferner dürfen anonyme Spenden, wenn sie mehr als 500 € betragen, nicht angenommen werden. Ebenfalls verboten sind Spenden von Nicht-EU-Ausländern von über 1000 €, weil eine Einflussnahme von Ausländern auf die deutsche Politik vermieden werden soll.

Die Sanktionen bei der Annahme illegaler Geldmittel sind hart. Nach § 31c PartG sind diese Spenden an das Präsidium des Bundestags abzuliefern. Zusätzlich verliert die Partei staatliche Zuwendungen in dreifacher Höhe des rechtswidrig erlangten Betrags.

Aus der Gründungsfreiheit der Parteien nach Art. 21 Abs. 1 Satz 2 GG folgt der Grundsatz, dass es grundsätzlich jeder Partei überlassen sein muss, woher sie ihr Geld bekommt und wofür sie es einsetzt. Art. 21 GG schränkt diesen Grundsatz aber sogleich wieder erheblich ein. Nach Art. 21 Abs. 1 Satz 4 GG müssen die Parteien über die Herkunft und Verwendung ihrer Mittel sowie über ihr Vermögen öffentlich Rechenschaft geben (sog. **finanzielles Transparenzgebot**). Durch diese Offenlegungspflicht soll sichergestellt werden, dass politische Entscheidungen nicht käuflich werden. Die Wähler sollen sehen, von wem und in welcher Höhe eine Partei Zuwendungen erhält, um gegebenenfalls deren Abhängigkeiten zu erkennen, was wiederum eine Voraussetzung eines fairen politischen Wettkampfs ist.

FÄLLE 4–5

Fall 4 Verbot der Nutzung einer Stadthalle. Die rechtsradikale Partei X, die sich seit vielen Jahren erfolglos um einen Einzug in den Bundestag bewirbt, will in der Stadthalle der Stadt S ihren Landesparteitag abhalten. Bislang stellte die Stadt S ihre Stadthalle allen Parteien für derartige Zwecke zur Verfügung. Mit Hinweis darauf, dass die Partei X verfassungsfeindliche Ziele verfolge und Gegendemonstrationen angekündigt wurden, verweigert S den Abschluss eines Mietvertrags.
Ist die Entscheidung der Stadt S rechtmäßig?

Fall 5 Ausschluss von der Parteifinanzierung (fiktiv). Nach der Entscheidung des Bundesverfassungsgerichts, die Drei-Prozent-Hürde bei den Wahlen zum Europäischen Parlament aufzuheben, erzielten bei den Europawahlen einzelne Abgeordnete kleinerer und kleinster Parteien einen Sitz im Europäischen Parlament zulasten der größeren Parteien. Die Bundesregierung ärgerte sich über das Urteil so sehr, dass sie ein Änderungsgesetz zu § 18 PartG auf den Weg brachte, das die auf die Europawahl bezogenen Zuschüsse an die Bedingung knüpft, dass eine Partei bei der Europawahl mindestens 3 % der Stimmen erzielt. Die Bundesregierung ist der Ansicht, dass die wenigen einzelnen Abgeordneten keinerlei Einfluss auf das politische Geschehen im Europäischen Parlament haben und nur Geld kosten würden. Es sei nicht einzusehen, dass der Steuerzahler die Parteien unbedeutender Abgeordneter finanziere. Im Bundestag und Bundesrat findet das Gesetz Zustimmung. Der Bundespräsident fertigt das Gesetz aus. Kann sich eine von der Regelung betroffene Partei X, die das erforderliche Quorum für eine staatliche Teilfinanzierung nicht erreicht, gegen das Gesetz wenden?

Teil F Die Verfassungsorgane des Bundes

1 Überblick

Der Bund ist als Gebietskörperschaft des öffentlichen Rechts eine juristische Person, die durch ihre Organe handelt. Diese haben ebenfalls eine Rechtsfähigkeit, soweit sie über eigene Organrechte verfügen. In den Abschnitten III bis VI des Grundgesetzes sind der **Bundestag** (Art. 38–49 GG), der **Bundesrat** (Art. 50–53 GG), der **Gemeinsame Ausschuss** (Art. 53a GG), der **Bundespräsident** (Art. 54–61) und die **Bundesregierung** (Art. 62–69 GG) als oberste Verfassungsorgane des Bundes aufgeführt. Obwohl der Bundesrat nur aus Mitgliedern der Landesregierungen besteht, ist er nicht, wie man annehmen könnte, ein gemeinsames Landesorgan, sondern ein oberstes Bundesorgan. In der Reihe der obersten Verfassungsorgane des Bundes steht auch das **Bundesverfassungsgericht**.. Ihm ist im Grundgesetz aber kein eigener Abschnitt gewidmet. Seine verfassungsrechtlichen Bestimmungen stehen innerhalb des Abschnitts IX (Rechtsprechung). Die Funktion als oberstes Bundesorgan kommt dem Bundesverfassungsgericht zu, weil es das Handeln der anderen Bundesorgane im Bedarfsfalle verfassungsrechtlich überprüfen kann. Es ist dagegen nicht die oberste Instanz der Judikative, die allgemein prüft, ob die anderen Gerichte richtig entschieden haben.

Schließlich wird nach h. M. auch die **Bundesversammlung**,, also das Organ, das den Bundespräsidenten wählt, als oberstes Verfassungsorgan des Bundes bezeichnet mit der Folge, dass ihr die Rechte eines obersten Bundesorgans zustehen. Die Bundesversammlung ist zwar in ihrer Zusammensetzung, aber nicht in ihrer Aufgabe, den Bundespräsidenten zu wählen, von einem anderen Verfassungsorgan abhängig.

2 Der Bundestag

2.1 Status, Bedeutung und Aufgaben

Nach dem Demokratieprinzip ist das Volk der Träger der Staatsgewalt (Art. 20 Abs. 2 Satz 1 GG). Im System der repräsentativen Demokratie wird diese Trägerfunktion im Wesentlichen durch die Wahl von Repräsentanten ausgeübt. Nach dem Grundgesetz geht aber nur der Bundestag aus Wahlen hervor. Deshalb ist der aus den gewählten Abgeordneten bestehende Bundestag das zentrale Staatsorgan zur politischen Willensbildung. Sein Präsident begleitet protokollarisch nach dem Bundespräsidenten das zweithöchste Staatsamt.

Wenn nun aus dieser Stellung resultiert, dass alle wesentlichen politischen Entscheidungen vom Bundestag zu treffen sind, deckt sich das nicht ganz mit der Wahrnehmung der Bürger, die diese zentrale Stellung eher der Bundesregierung zuschreiben. Dabei wird übersehen, dass letztlich alles Handeln der Bundesregierung in dem vom Bundestag vorgegebenen gesetzlichen Rahmen geschieht. Die **Gesetzgebungsfunktion** gehört deswegen zu den Hauptfunktionen des Bundestags. Er hat auch die haushaltspolitische Gesamtverantwortung (**Budgetrecht** Art. 110 GG). Als Organ, das durch seine Gesetze den politischen Rahmen für das Handeln der Bundesregierung absteckt, hat es auch die Bundesregierung zu kontrollieren. Diese **Kontrollfunktion** gegenüber der Exekutive zeigt die insoweit übergeordnete Stellung des Bundestags. Aufgrund des Umstands, dass in einer Demokratie alle Staatsorgane demokratisch legitimiert sein müssen, hat der Bundestag schließlich die **Wahlfunktion** für die weiteren Verfassungsorgane, die nicht direkt vom Volk gewählt werden. Der Bundestag wählt den Bundeskanzler, der seinerseits die Mitglieder der Regierung bestimmt (Art. 63, 64 GG). Auch die Wahl des Bundespräsidenten beruht auf der Legitimationsgrundlage des Bundestags. Die Mitglieder des Bundestags bilden die Hälfte der Bundesversammlung, die den Bundespräsidenten wählt (Art. 54 GG). Schließlich wählt der Bundestag die Hälfte der Mitglieder des Bundesverfassungsgerichts (Art. 94 Abs. 1 GG).

Im heutigen politischen Alltag ist zu beobachten, dass der Bundestag mehr und mehr seine zentrale Stellung verliert. Die Hektik des Politikbetriebs einer europäisierten und globalisierten Welt machen immer schnellere und direkte Entscheidungen der Bundesregierung in zahlreichen internationalen Gremien erforderlich. Das drängt den Bundestag als zentrales Verfassungsorgan in den Hintergrund. Die Europäisierung umfasst zunehmend auch zentrale Aspekte des Haushaltsrechts, so dass immer wieder die Frage aufkommt, ob Rechte des Bundestags verletzt sind. Veränderungen des weltpolitischen Umfelds dürfen aber nicht schleichend die verfassungsrechtlichen Kompetenzen des Bundestags aushöhlen.

Der Bundestag als Organ besteht ständig und ist unabhängig von Wahlen **(Organkontinuität)**. Andererseits wechselt seine Zusammensetzung von Wahl zu Wahl **(personelle Diskontinuität)**. Deshalb spricht man vom Bundestag der **Legislaturperiode** 2013 bis 2017 von dem 18. Deutschen Bundestag. Grundsätzlich dauert die Amtszeit des gewählten Bundestags vier Jahre, es sei denn, es tritt der Ausnahmefall einer vorzeitigen Auflösung ein (Art. 39 Abs. 1 GG).

Aus der personellen Diskontinuität ergibt sich eine **sachliche Diskontinuität**. Alle Gesetzesvorhaben, die in einer Legislaturperiode nicht abgeschlossen werden können, verfallen mit Ablauf der Wahlperiode. Die Legislaturperiode endet nicht mit dem Wahltag, sondern mit dem Zusammentritt des neuen Bundestags (Art. 39 Abs. 1 Satz 2 GG). Er wird vom bisherigen Präsidenten spätestens zum 30. Tag nach der Wahl einberufen (§ 1 GO-BT).

2.2 Wahl zum Bundestag

2.2.1 Wahlrechtsgrundsätze

Das Grundgesetz begnügt sich in Art. 38 Abs. 1 Satz 1 GG mit der Festlegung von Grundsätzen, die für die Wahl zum Bundestag gelten, um eine ausreichende demokratische Legitimation sicherzustellen. Das Wahlsystem im Einzelnen legt der Bundesgesetzgeber fest. Die maßgebliche Rechtsvorschrift ist das Bundeswahlgesetz (BWahlG).

Nach Art. 38 Abs. 1 Satz 1 GG werden die Abgeordneten des Deutschen Bundestags in allgemeiner, unmittelbarer, freier, gleicher und geheimer Wahl gewählt. Als ungeschriebener Grundsatz kommt die Öffentlichkeit der Wahl hinzu, den das Bundesverfassungsgericht aus Art. 38 i. V. m. Art. 20 Abs. 1 und 2 GG ableitet. Alle sechs Wahlrechtsgrundsätze sind gleichrangig. Als **grundrechtsgleiche Rechte** können sie mit der Verfassungsbeschwerde nach Art. 93 Abs. 1 Nr. 4a GG geltend gemacht werden.

Der Grundsatz der Allgemeinheit umfasst das Recht aller deutschen Staatsbürger, unabhängig von ihrer Rasse, ihrer Religion, ihrem Geschlecht oder ihrem Stand zu wählen (aktives Wahlrecht) oder sich wählen zu lassen (passives Wahlrecht). Eine Einschränkung dieses Grundsatzes enthält Art. 38 Abs. 2 GG i. V. m. § 15 BWahlG. Auf Bundesebene gilt für das aktive und passive Wahlrecht ein Mindestalter von 18 Jahren. Wahlberechtigt sind auch nur deutsche Staatsbürger und nicht Ausländer (§§ 1, 12 BWahlG), weil die durch die Wahl legitimierte Staatsgewalt vom Volk ausgeht (Art. 20 Abs. 2 Satz 1 GG) und unter Volk das Grundgesetz stets das deutsche Volk meint. Für die Wahlen in Kreisen und Gemeinden gilt nach Art. 28 Abs. 1 Satz 3 GG allerdings eine andere Regelung. Bei diesen Wahlen können auch Staatsangehörige eines Mitgliedstaates der Europäischen Union wählen. Für ein Wahlrecht von Ausländern bei der Bundestagswahl müsste die Verfassung geändert werden.

Ständig im Ausland lebende Deutsche sind vom Wahlrecht ausgeschlossen, weil diese Gruppe an der politischen Meinungsbildung in Deutschland nicht in ausreichendem Maße teilnimmt. Eine Wahlberechtigung setzt nach § 12 Abs. 1 Nr. 2 BWahlG voraus, dass die betreffende Person am Wahltag seit mindestens drei Monaten in der Bundesrepublik Deutschland eine Wohnung besitzt oder sich sonst gewöhnlich im Bundesgebiet aufhält.

Ebenfalls vom Wahlrecht ausgeschlossen sind Personen, die infolge eines Richterspruchs wegen einer Straftat das Wahlrecht nicht mehr besitzen oder Personen, denen zur Besorgung aller ihrer Angelegenheiten ein Betreuer bestellt wurde. Dieser Wahlrechtsausschlussgrund ist politisch umstritten mit dem Argument, auch eine geistig behinderte Person müsse das Rechts haben, ihre Interessen durch Teilhabe an Wahlen zu vertreten.

Eine weitere verfassungsrechtlich zulässige Einschränkung der Allgemeinheit der Wahl enthalten die §§ 20 und 27 BWahlG. Danach bedarf es für Wahlvorschläge der Parteien, die seit der letzten Wahl weder im Bundestag noch in einem Landtag vertreten sind, eines bestimmten Quorums an Unterschriften.

Der Grundsatz der Unmittelbarkeit betrifft die Wirkung einer Wählerstimme. Ein Wahlsystem kann so ausgestaltet sein, dass nicht Einzelpersonen als Abgeordnete, sondern beispielsweise nur Parteien gewählt werden oder die Wahl nur ein Zwischenschritt zur endgültigen Wahlentscheidung darstellt. Diese Wahlformen lässt der Grundsatz der Unmittelbarkeit nicht zu. Er verlangt, dass jede Stimme im Moment ihrer Abgabe einem bestimmten Wahlbewerber oder einer Liste von Wahlbewerbern direkt zugeordnet wird. Damit ist es unzulässig, dass Parteien ihre Kandidaten nach der Wahl auswechseln oder die Reihenfolge auf der Landesliste ändern. Auch müssen die Ersatzpersonen für ausgeschiedene Abgeordnete im Zeitpunkt der Wahl bereits feststehen.

Im bundesrepublikanischen Wahlsystem hat der Wähler allerdings weder einen Einfluss auf die auf den Landeslisten stehenden Personen, die er mit seiner Zweitstimme wählt, noch kann er deren Reihenfolge ändern. Man spricht diesbezüglich vom **Listenprivileg** der Parteien.. Dieses Listenprivileg kann damit begründet werden, dass die Parteien die Wahllisten innerparteilich nach demokratischen Grundsätzen aufstellen müssen (s. Teil E, 4) und dem Wähler die Freiheit verbleibt, einer Landesliste mit einer ungewollten Person nicht die Stimme zu geben.

Wahlverfahren, bei denen nur ein Wahlmännergremium, wie z. B. nach dem U. S.-amerikanischen Wahlrecht, gewählt wird, widersprechen ebenfalls dem Grundsatz der Unmittelbarkeit. Nur wenn der Wähler das letzte Wort hat, wählt er unmittelbar.

Der Grundsatz der Freiheit der Wahl verlangt, dass kein Zwang auf die Wahlentscheidung ausgeübt werden darf. Der Wähler muss in seiner Entscheidung frei und unabhängig sein. Es muss ausgeschlossen sein, dass sich fremder Wille durchsetzt.

Eine unzulässige Wahlbeeinflussung kann von öffentlicher wie von privater Seite ausgeübt werden. Um eine unzulässige öffentliche Wahlbeeinflussung zu vermeiden, haben staatliche Stellen eine strikte **Neutralitätspflicht**, die auch dazu führt, dass die Bundesregierung ihre (staatlich finanzierte) Öffentlichkeitsarbeit eine bestimmte Zeit vor der Wahl einschränken muss. Keinesfalls darf sich der Inhaber eines Staatsamtes, der sich um eine Wiederwahl bemüht, aus seinem Amt heraus einen Wettbewerbsvorteil verschaffen. Es muss beim sog. Amtsbonus, also dem Umstand, dass der Kandidat mit seinem bereits erworbenen Amt werben kann, verbleiben. Das Recht der politischen Parteien auf Chancengleichheit würde verletzt, wenn Staatsorgane als solche parteiübergreifend zugunsten oder zulasten einer politischen Partei in den Wahlkampf einwirken.

BEISPIEL

Der Kanzleramtsminister im Bundeskanzleramt darf nicht den Wahlkampf der Partei des Bundeskanzlers federführend aus dem Bundeskanzleramt organisieren.

Im nichtöffentlichen Bereich ist dagegen eine Einflussnahme grundsätzlich möglich, solange sie nicht die Entscheidungsfreiheit des Wählers durch Druck ernstlich beeinträchtigt.

BEISPIEL

Eine Abmahnung des Arbeitgebers gegenüber einem Arbeitnehmer, der öffentlich zur Wahl einer weit links stehenden Partei aufruft, wäre unzulässig.

Interessenvertretungen, Verbände und Kirchen können jederzeit ihre politische Meinung kundtun und auch konkrete Wahlempfehlungen aussprechen. Durch den in der Öffentlichkeit geführten Diskurs bekommt der Wähler Anhaltspunkte für seine eigene Wahlentscheidung. Die früher heiß diskutierte Frage, ob eine Wahlempfehlung durch die Kirche (Hirtenwort) für den Gläubigen Zwang ausübt, ist inzwischen in den Hintergrund getreten, weil in der heutigen Zeit keine Abhängigkeit von Kirchenworten unterstellt werden kann.

Im Zusammenhang mit dem Grundsatz der Wahlfreiheit wird auch diskutiert, inwieweit die Veröffentlichung von Wahlumfragen vor der Wahl eingeschränkt werden muss, da dadurch Wahlentscheidungen beeinflusst werden können. So wählt mancher Anhänger einer großen Partei einen in Wahlumfragen schwächelnden kleinen Koalitionspartner, um damit eine Regierungskoalition mit dieser Partei zu ermöglichen (sog. Leihstimmen). Zu dieser Frage kann man geteilter Meinung sein. In Deutschland wird die Veröffentlichung von Wahlumfragen generell für zulässig gehalten. In anderen Ländern gelten dagegen teilweise zeitliche Beschränkungen. Unzulässig ist auf jeden Fall die Veröffentlichung des Abstimmungsverhaltens der Wähler während des Wahltags.

Fraglich ist auch, ob der Grundsatz der freien Wahl nicht nur das »Wie«, sondern auch das »Ob« umfasst, damit mit einer Wahlpflicht zu vereinbaren wäre. Der Wortlaut des Art. 38 Abs. 1 Satz 1 GG lässt unterschiedliche Auffassungen zu. Nach einer Ansicht muss es dem Wahlberechtigten freigestellt sein, ob er an der Wahl teilnimmt, denn auch die Nichtteilnahme an der Wahl sei eine legitime politische Willensbekundung und nicht unbedingt Ausdruck demokratischer Unreife. Nach gegenteiliger Auffassung ist eine Wahlpflicht, die immer wieder bei sehr schlechten Wahlbeteiligungen ins Gespräch gebracht wird, zulässig, solange sichergestellt ist, dass der Wähler keinen der Kandidaten wählen muss, sondern unerkannt auch einen leeren Stimmzettel abgeben kann.

Der **Grundsatz der Gleichheit der Wahl** ist gegenüber dem allgemeinen Gleichheitssatz des Art. 3 Abs. 1 GG eine spezielle Regelung für das Wahlverfahren. Er gilt nicht nur für die Gewichtung der Wählerstimmen, sondern durchdringt als Ausfluss des Demokratieprinzips das gesamte Wahlrecht. In einer Demokratie ist jeder Staatsbürger gleichberechtigt gegenüber allen anderen Staatsbürgern. Jeder Staatsbürger muss seinen Willen unter den Bedingungen einbringen können, die auch anderen Staatsbürgern zustehen. Das hat praktische Konsequenzen für das Wahlsystem. Einmal muss jeder Wähler die gleiche Anzahl an Stimmen für die Wahl besitzen **(gleiche Stimmenzahl)**. Zum weiteren muss jede Stimme gleich gewichtet werden **(gleicher Zählwert)**. Eine Stimme darf nur als eine Stimme zählen.

BEISPIEL

Die Einführung eines Familienwahlrechts, bei dem die Stimme der Eltern je nach Anzahl der Kinder multipliziert wird, würde gegen die Zählwertgleichheit verstoßen.

Und schließlich müssen bei der Umsetzung des Wahlergebnisses in Parlamentssitze alle Stimmen in gleicher Weise Wirkung haben **(gleicher Erfolgswert)**. Das klingt zunächst einfach. Der Grundsatz der Gleichheit der Wahl führte jedoch in der Vergangenheit zu zahlreichen Urteilen des Bundesverfassungsgerichts, die häufig eine Änderung des Bundeswahlgesetzes bedingten. Bei diesen Verfahren ging es insbesondere um die Zulässigkeit von Sperrklauseln (z. B. die Fünf-Prozent-Klausel im BWahlG), die Einteilung von Wahlkreisen, um die Überhangmandate sowie um den aus einem speziellen Berechnungsmodus des früheren Bundeswahlgesetzes resultierenden Effekt, dass zusätzliche Stimmen zu einer Verschlechterung führen konnten (sog. negatives Stimmengewicht).

Im Zusammenhang mit dem Grundsatz der Gleichheit der Wahl wird diskutiert, ob in Deutschland auch ein Mehrheitswahlsystem eingeführt werden könnte, ohne diesen Grundsatz zu verletzen. Das Bundesverfassungsgericht ist der Meinung, dass Art. 38 Abs.1 Satz 1 GG nicht zwingend eine Verhältniswahl vorschreibt, sondern auch eine Mehrheitswahl zulässt, weil Art. 38 Abs. 1 GG nur eine Systemkonsequenz fordere, d. h., innerhalb eines Wahlsystems muss der Maßstab der Wahlgleichheit beachtet werden (BVerfG vom 10. 04. 1997, BVerfGE 95, 335 ff.). Methodisch kann dieser Auffassung nicht unbedingt beigepflichtet werden. Sie ist nur damit begründbar, dass der Verfassungsgeber bewusst Abstand von einer Entscheidung über ein **Mehrheits-** oder **Verhältniswahlsystem** genommen hat. Erfolgswertgleichheit bedeutet damit nur, dass innerhalb eines Wahlsystems jede Stimme gleiche Erfolgschancen haben muss. Bei einem Mehrheitswahlsystem müssen daher die Wahlbezirke annähernd gleich groß sein, damit ein Mandat in etwa durch die gleiche Zahl an Stimmen erworben wird. Dem trägt auch wegen der Wahl des Wahlkreiskandidaten nach dem Mehrheitsprinzip das Bundeswahlgesetz Rechnung. Nach § 3 Abs. 1 Nr. 3 BWahlG soll die Bevölkerungszahl eines Wahlkreises von der durchschnittlichen Bevölkerungszahl der Wahlkreise nicht mehr als 15 % nach oben oder unten abweichen; beträgt die Abweichung mehr als 25 %, ist eine Neugliederung vorzunehmen.

Wegen des Wahlgleichheitsgrundsatzes ist die **Fünf-Prozent-Sperrklausel** bei der Bundestagswahl problematisch, denn sie verstößt zunächst gegen diesen Grundsatz. Bei Stimmen, die unter die Sperrklausel fallen, ist der Erfolgswert gleich null. Es ist aber anerkannt, dass zwingende Gründe, die selbst wiederum durch die Verfassung legitimiert sein müssen, eine Ausnahme vom Wahlgleichheitsgrundsatz zulassen. Eine solche Ausnahmesituation liegt bei einer Sperrklausel vor, wenn sie sich in engen Grenzen hält, denn sie sorgt dafür, dass die Wahl zu einem funktionsfähigen Parlament führt, das nicht durch eine Vielzahl kleinster Gruppierungen handlungsunfähig sein soll. Ein handlungs- und entscheidungsfähiges Parlament ist wiederum von der Verfassung gewollt.

Der **Grundsatz der geheimen Wahl** sorgt dafür, dass die Wahlentscheidung des Wählers nicht öffentlich, sondern geheim bleibt. Kein Dritter darf erfahren, wie eine andere Person gewählt hat. Damit wird ausgeschlossen, dass von jemandem Druck auf den Wähler ausgeübt werden kann, eine bestimmte Partei oder einen bestimmten Kandidaten zu wählen. Eine Wählerbefragung von Meinungsforschungsinstituten direkt nach dem Verlassen des Wahllokals, um am Wahlabend direkt nach Schließung der Wahllokale eine Wahlprognose veröffentlichen zu können, ist zulässig. Mit der Befragung wird die individuelle Wahlentscheidung zwar in Erfahrung gebracht, dem Betroffenen steht es jedoch frei zu antworten.

Auch nach der Wahl darf die Wahlentscheidung des Wählers nicht rekonstruierbar sein. Bei der Verwendung von Wahlcomputern müsste also zumindest gewährleistet sein, dass die Wahlentscheidung einer Person nicht ermittelbar ist und nicht mehrfach abgestimmt wird. Beim Einsatz von Wahlcomputern stellt sich aber noch ein anderes Problem. Nach dem ungeschriebenen **Grundsatz der Öffentlichkeit** müssen alle wesentlichen Schritte des Wahlvorgangs öffentlich überprüfbar sein (BVerfG vom 03.03.2009, BVerfGE 123, 39, 72 ff.). Das ist beim Einsatz von Wahlcomputern nicht gegeben, da die Wahlauszählung im Dunkel des Rechners abläuft.

2.2.2 Wahlsystem

Da der Bundestag das einzige vom Volk gewählte Bundesorgan ist, kommt der Wahl zum Bundestag eine herausragende Bedeutung zu. Vom Wahlsystem, also vom Verfahren zur Umrechnung von Wählerstimmen zu Parlamentsmandaten, ist die Zusammensetzung des Bundestags abhängig. Wenn nur der Kandidat einen Sitz im Bundestag erhält, der mehrheitlich gewählt ist, hat der Bundestag eine völlig andere Zusammensetzung als bei einer Verteilung der Sitze im Verhältnis der Voten aller Wählerstimmen. Bei einem Verhältniswahlsystem verbreitert sich das Parteienspektrum im Parlament, weil kleinere Parteien eher eine Chance haben, ins Parlament zu kommen, was in der Tendenz zu Koalitionsregierungen führt, die wiederum den Kompromiss zwischen ihren politischen Ansichten suchen müssen. Konsensuale Politik tendiert zur politischen Mitte und beugt der Gefahr extremer Entscheidungen vor, birgt aber andererseits die potentielle Gefahr, dass klare Richtungsentscheidungen unterbleiben. Mehrheitswahlen begünstigen dagegen Ein-Parteien-Regierungen, die nicht den Kompromiss mit einem Regierungspartner suchen müssen. Die politischen Auswirkungen eines Wahlsystems sind daher beachtlich.

Trotz der Bedeutung des Wahlsystems zum Bundestag regelt das Grundgesetz nicht das Wahlverfahren. Das Demokratieprinzip erfordert aber auch nicht zwingend ein bestimmtes Wahlsystem. Das Grundgesetz begnügt sich deshalb in Art. 38 GG mit Wahlgrundsätzen (s. 2.2.1) und überlässt es im Übrigen dem Gesetzgeber, das Wahlsystem im Einzelnen festzulegen. Dies tat der Gesetzgeber mit dem Erlass des **Bundeswahlgesetzes** (BWahlG), das seit dem Bestehen der Bundesrepublik Deutschland mehrfach, zuletzt zur Wahl zum 18. Deutschen Bundestag geändert wurde.

Da das Grundgesetz nur die in Art. 20 und 38 GG normierten Schranken für das Wahlverfahren kennt, sind mehrere Wahlverfahren möglich. Die Wahl kann als **Mehrheitswahl** oder als **Verhältniswahl** oder in einer **Kombination beider Systeme** ausgestaltet werden.

Beim Mehrheitswahlrecht muss es eine bestimmte Zahl gleich großer Wahlkreise geben. In jedem Wahlkreis stellen sich Bewerber mehrerer Parteien auf. Gewählt ist derjenige Kandidat, der die meisten Stimmen erhält. Je nach Wahlsystem ist dafür die relative Mehrheit ausreichend oder es bedarf einer absoluten Mehrheit (gegebenenfalls mit Stichwahl in einem zweiten Wahlgang). Bei der reinen Verhältniswahl setzt sich das Parlament entsprechend dem Gesamtstimmenanteil, den jede Partei bekommt, zusammen. Gewählt werden nicht einzelne Personen, sondern Wahllisten der Parteien. Der Bezug zu einem örtlichen Kandidaten fehlt damit. Wahlkreise sind nicht unbedingt erforderlich. Die Verhältniswahl ist auf ein exaktes Abbild des Wahlergebnisses im Parlament ausgerichtet. Jede Stimme wird gleich berücksichtigt und entspricht in vollem Umfang dem Grundsatz der gleichen Wahl.

2.2.3 Personalisierte Verhältniswahl

Der Bundesgesetzgeber hat sich beim deutschen Wahlrecht für eine Kombination von Mehrheitswahl und Verhältniswahl entschieden, die sog. personalisierte Verhältniswahl. Ausgangspunkt ist die Regelung in § 1 Abs. 1 Satz 1 BWahlG, wonach der Deutsche Bundestag vorbehaltlich der sich aus dem BWahlG ergebenden Abweichungen aus **598 Abgeordneten** besteht. Nach § 1 Abs. 2 BWahlG werden von diesen Abgeordneten die Hälfte, also 299 in einer Personenwahl nach **Kreiswahlvorschlägen** in den Wahlkreisen, die übrigen Abgeordneten nach **Landeswahlvorschlägen** (Landeslisten) in den Ländern gewählt.

Jeder Wähler hat bei der Bundestagswahl zwei Stimmen, eine **Erststimme** für die Wahl des **Wahlkreisabgeordneten** und eine **Zweitstimme** für die Wahl einer **Landesliste** (§ 4 BWahlG). Ein **Stimmensplitting**, also die Wahl eines Kandidaten mit der Erststimme, der eine andere Parteizugehörigkeit hat, als die Partei, die mit der Zweitstimme gewählt wird, ist möglich. Von dieser Möglichkeit machen insbesondere diejenigen Wähler Gebrauch, die eine kleinere Partei, die keine Chance hat, ihren Direktkandidaten durchzubringen, mit ihrer Zweitstimme wählen. Die Erststimme wird dann üblicherweise dem Kandidaten der Partei gegeben, die als Koalitionspartner erwünscht ist.

In jedem Wahlkreis wird mit der Erststimme ein Abgeordneter gewählt **(Direktmandat)**. Gewählt ist der Bewerber, der die meisten Stimmen auf sich vereint, also eine relative Mehrheit erzielt (§ 5 BWahlG). Mit der Zweitstimme kreuzt der Wähler die Landesliste der Partei an, die er favorisiert. In dieser Landesliste sind in absteigender Reihenfolge die Kandidaten aufgeführt, die von der Partei für die Landesliste nominiert wurden. In dieser Reihenfolge haben sie die Chance, in den Bundestag zu kommen. Für die Zusammensetzung des Bundestags ist die Zweitstimme entscheidend. Sie bestimmt den Anteil der Mandate einer Partei im Bundestag. Die mit der Erststimme in den Bundestag gewählten Kandidaten behalten jedoch unabhängig vom Ergebnis des maßgebenden Zweitstimmenanteils ihren Sitz (§ 6 Abs. 1 BWahlG). Hat eine Partei mehr Direktmandate erworben, als ihr nach dem Verhältnis der Zweitstimmen zustehen, verbleiben ihr gleichwohl diese Sitze (§ 6 Abs. 4 Satz 2 BWahlG). Die den Zweitstimmenanteil überschießenden Mandate werden als **Überhangmandate** bezeichnet. Diese Überhangmandate verfälschen das Ergebnis des für die Zusammensetzung des Bundestags maßgeblichen Zweitstimmenanteils, was aber lange Zeit als Konsequenz der personalisierten Verhältniswahl hingenommen wurde. Erst mit der Wahlrechtsnovelle vom 21.02.2013 hat der Gesetzgeber nach mehreren Entscheidungen des Bundesverfassungsgerichts einen vollständigen Ausgleich für Überhangmandate durch sog. **Ausgleichmandate** geschaffen, damit eine Sitzverteilung im Verhältnis der abgegebenen Zweitstimmen erreicht wird (§ 6 Abs. 5 BWahlG).

Schließlich bestimmt noch die **Fünf-Prozent-Sperrklausel** des § 6 Abs. 3 BWahlG das bundesrepublikanische Wahlsystem. Nach dieser Bestimmung werden bei der Verteilung der Sitze nur die Landeslisten derjenigen Parteien berücksichtigt, die mindestens 5 % der im Wahlgebiet (Gebiet der Bundesrepublik Deutschland) abgegebenen gültigen Zweitstimmen oder in mindestens drei Wahlkreisen mit der Erststimme ein Direktmandat errungen haben.

Mit den geschilderten Grundregeln ist das gegenwärtige Wahlrecht noch verständlich. Mit der Lektüre des maßgeblichen § 6 BWahlG tritt aber schnell Verwirrung ein, denn in einem komplizierten Verteilverfahren nach der mathematischen Methode des Divisorverfahrens nach Sainte-Laguë/Schepers, das nur Experten beherrschen, werden die Wählerstimmen auf Ländermandate verteilt. Das Berechnungsverfahren ist im Zweifelsfall nicht klausurrelevant und wird deshalb hier nur in den Grundzügen dargestellt.

Nach § 6 BWahlG erfolgt die Sitzverteilung in zwei Stufen mit jeweils zwei Rechenschritten. Die erste Stufe dient zur Ermittlung der Mindestsitzzahl, die jeder Landesliste zusteht. In der zweiten Stufe wird die bundesweit endgültige Sitzverteilung festgelegt. Im ersten Schritt der ersten Stufe werden ausgehend von der regulären Sitzzahl die Sitzkontingente der 16 Länder anhand deren Bevölkerungszahl festgelegt (die noch nicht wahlberechtigten Minderjährigen, nicht aber Ausländer werden dabei eingeschlossen). Im zweiten Schritt der ersten Stufe wird die Mindestzahl, die jeder Landesliste einer Partei zusteht, aus dem Verhältnis der Zweitstimmen und den erzielten Direktmandaten ermittelt. Dies sind mindestens so viele Sitze, wie die Partei Direktmandate in diesem Land gewonnen hat. In der zweiten Stufe werden zunächst nach Festlegung der Ausgleichsmandate die Sitze für das gesamte Bundesgebiet ermittelt (§ 6 Abs. 6 Satz 1 BWahlG). Anschließend werden innerhalb der Parteien die Sitze nach dem in § 6 Abs. 6 Satz 2 beschriebenen Modus auf die Landeslisten verteilt. Ausschlaggebend ist der bundesweite Anteil der Zweitstimmen, die auf eine Partei entfallen. Die Summe der Mindestsitzzahl, die Überhangmandate und der Ausgleich der Überhangmandate ergibt die endgültige Zahl der Mitglieder des Bundestags. Beim gegenwärtigen 19. Deutschen Bundestag kommen zur regulären Mitgliederzahl von 598 Sitzen noch 46 Überhangmandate und 65 Ausgleichsmandate hinzu. Er besteht somit aus 709 Abgeordneten und hat damit so viele Mitglieder wie nie zuvor.

Mit der Annahme des Mandats durch eine Annahmeerklärung beim zuständigen Kreiswahlleiter (bei einem Direktmandat) oder beim Landeswahlleiter (bei einem Mandat über die Landesliste) wird die gewählte Person Mitglied des Bundestags. Sie führt dann hinter ihrem Namen das Kürzel »MdB«.

Wenn ein gewählter Abgeordneter während der Legislaturperiode stirbt oder sonst ausscheidet, erhebt sich die Frage, ob es einen Nachrücker gibt und gegebenenfalls wer dieser Nachrücker ist. Diese Frage beantwortet § 48 Abs.1 BWahlG. Nachfolger des ausgeschiedenen Abgeordneten wird der nächste bislang nicht berücksichtigte Listenbewerber der Landesliste seiner Partei.

2.3 Rechtsstellung des Abgeordneten

2.3.1 Das freie Mandat

Ein Abgeordneter ist vielerlei Zwängen ausgesetzt. Als zur Regierungspartei zugehöriger Abgeordneter soll er bei den Abstimmungen im Bundestag die Regierungslinie unterstützen. In der Opposition gilt es ebenfalls linientreu zu sein. Lobbyisten von Verbänden und Interessensgruppen versuchen, den Abgeordneten auf ihre Seite zu ziehen. In den Ortsverbänden seiner Partei werden politische Forderungen an ihn herangetragen, die er umsetzen soll. Schließlich muss er auch noch ein Auge darauf werfen, dass er bei der nächsten Wahl von seiner Partei wieder als Kandidat aufgestellt wird. Trotz dieser Umstände gilt das in Art. 38 Abs. 1 GG formulierte Grundprinzip der repräsentativen Demokratie: »Sie [die Abgeordneten] sind Vertreter des ganzen Volkes, an Aufträge und Weisungen nicht gebunden und nur ihrem Gewissen unterworfen.« Die verfassungsrechtliche Vorstellung von der Ausübung des Mandats wird durch die Verfassungswirklichkeit strapaziert. Gleichwohl ist Art. 38 Abs. 1 GG wichtiger Garant für eine freie Ausübung des Abgeordnetenmandats. Das Grundgesetz normiert mit dieser Bestimmung das **Prinzip des freien Mandats** und verbietet somit das **gebundene oder imperative Mandat**, das den Abgeordneten an Weisungen oder Vorgaben binden würde.

2.3.2 Abgeordnetenentschädigung

Das Prinzip des freien Mandats führt zu einer ganzen Reihe von Rechten des Abgeordneten, aber auch zu Pflichten.

Zunächst muss der Abgeordnete in die Lage versetzt werden, finanziell unabhängig, also nicht vom Geldtopf eines Dritten abhängig zu sein. Deshalb erhält der Abgeordnete nach Art. 48 Abs. 3 GG eine seine Unabhängigkeit sichernde, dem Amt angemessene Entschädigung, so dass er kein weiteres Einkommen erzielen muss. Abgeordnete sind nicht ehrenamtlich tätig. Die Entschädigung, wie in Artikel 48 Abs. 3 GG formuliert, besteht auch nicht nur in einer Aufwandsentschädigung, sondern ist ein Entgelt, das dem Abgeordneten ein seinem Status entsprechendes auskömmliches Einkommen sichert. Die Höhe orientiert sich am Gehalt eines Richters eines obersten Gerichtshofs des Bundes (Besoldungsgruppe R 6) und beträgt 9 541 € im Jahr 2017. Nach seinem Ausscheiden aus dem Parlament erhält der Abgeordnete eine Altersentschädigung (Pension), wenn er das 67. Lebensjahr vollendet hat (§ 19 AbgG).

Für die durch das Mandat entstehenden Aufwendungen bekommt der Abgeordnete ferner eine monatliche Aufwandsentschädigung in Form von Geld- und Sachleistungen, die ihm einen durchaus komfortablen, aber notwendigen Apparat ermöglichen. Im Bundestag wird ihm ein Büro zur Verfügung gestellt. Dort kann er auf Staatskosten durch eine monatliche Kostenpauschale, die er erhält, Mitarbeiter beschäftigen. In seinem Wahlkreis kann er ein zweites Büro einrichten, dessen Kosten ihm ebenfalls erstattet werden. Für seine Reisen erhält er einen Freifahrschein der Deutschen Bahn AG. Dafür ist der Abgeordnete grundsätzlich verpflichtet, an den Sitzungen des Bundestags teilzunehmen. An jedem Sitzungstag wird eine Anwesenheitsliste ausgelegt. Erscheint der Abgeordnete nicht und fehlt seine Unterschrift auf dieser Liste, werden ihm 100 € von der Kostenpauschale abgezogen (im Einzelnen s. §§ 11–17 AbgG).

2.3.3 Mittelpunktregelung

Mit der Abgeordnetenentschädigung wird die Voraussetzung dafür geschaffen, dass die Abgeordneten die Ausübung ihres Mandats in den Mittelpunkt ihrer Tätigkeit stellen können. Die Abgeordneten des Deutschen Bundestags sollen Vollzeitparlamentarier sein. Sie müssen ihre Tätigkeit ganz in den Dienst ihres Abgeordnetenmandats stellen (sog. Mittelpunktregelung, § 44a Abs. 1 AbgG). Sonstige berufliche Tätigkeiten sind damit aber nicht ausgeschlossen. Ein Abgeordneter kann seinem herkömmlichen Beruf nachgehen, wenn seine aktive Ausübung des Mandats darunter nicht leidet und seine Unabhängigkeit gewahrt bleibt. In der Praxis führt die Mittelpunktregelung dazu, dass Abgeordnete in einem Angestelltenverhältnis ihr Arbeitsverhältnis lösen und Freiberufler, z. B. Rechtsanwälte, weiterhin häufig ihrer bisherigen Tätigkeit in eingeschränktem Umfang nachgehen. Bei Beamten ruht das Dienstverhältnis für die Zeit des Abgeordnetenmandats.

Mit dem Abgeordnetenmandat darf nicht geworben werden. Hinweise auf die Mitgliedschaft im Bundestag in beruflichen und geschäftlichen Angelegenheiten sind unzulässig (§ 5 Anlage 1 GO-BT).

Um die Unabhängigkeit des Abgeordneten und den Vorrang des Abgeordnetenmandats vor jeglicher sonstigen Tätigkeit zu befördern, enthält das Abgeordnetengesetz bestimmte Verhaltensregeln (§ 44 AbgG i. V. m. Anlage 1 GO-BT). Der Abgeordnete muss die Tätigkeiten, die er neben seinem Mandat ausübt, sowie die Art und Höhe seiner sonstigen Einkünfte, wenn diese im Monat 1 000 € oder im Jahr 10 000 € übersteigen, offenlegen. Diese Angaben werden in pauschalierter Form nach Einkommensgruppen im amtlichen Handbuch des Bundestags und auf seiner Internetseite veröffentlicht (§ 3 Anlage 1 GO-BT). Auch Spenden und geldwerte Zuwendungen an den Abgeordneten, z. B. zur Finanzierung seines Wahlkampfs, können die Unabhängigkeit eines Abgeordneten beeinflussen. Deshalb ist über diese Einnahmen Rechnung zu führen. Ab einem Wert von 5 000 € sind sie unter Angabe des Spenders dem Bundestag anzuzeigen.

2.3.4 Indemnität, Immunität und Zeugnisverweigerungsrecht

Neben einer existentiellen Sicherung des Abgeordneten bedarf es auch einer Sicherung der Ausübung des freien Mandats. Der Abgeordnete muss sich im Parlament jederzeit frei äußern können, ohne der Gefahr zu unterliegen, dafür behelligt zu werden. Art. 46 Abs. 1 GG gewährt dem Abgeordneten deswegen einen erhöhten Schutz gegen rechtliche Sanktionen, die dem Normalbürger so nicht zustehen. Er darf zu keiner Zeit wegen seiner Abstimmung oder wegen einer Äußerung, die er im Bundestag oder in einem seiner Ausschüsse getan hat, gerichtlich oder dienstlich verfolgt oder sonst außerhalb des Bundestags zur Verantwortung gezogen werden, es sei denn, es handelt sich um eine verleumderische Beleidigung **(Indemnität)**. Dieser erhöhte Schutz gilt aber nur für Äußerungen im Parlament und in seinen Ausschüssen; nach h. M. auch für Äußerungen in den Fraktionen. Nicht der Indemnität des Art. 46 Abs. 1 GG unterliegen Äußerungen außerhalb des Parlaments, z. B. bei Wahlveranstaltungen.

BEISPIEL

Während einer gesundheitspolitischen Debatte im Bundestag weist ein Abgeordneter auf die medizinischen Risiken eines Medikaments hin. In Folge dieser Äußerung brechen bei dem Hersteller die Umsätze ein. Der Abgeordnete kann wegen seiner Äußerung nicht auf Schadensersatz verklagt werden, selbst wenn seine Äußerung sich als grob fahrlässig falsch herausstellen sollte.

Eine weitere Sicherung des freien Mandats ist die **Immunität**. Wegen einer mit Strafe bedrohten Handlung darf ein Abgeordneter nur mit Genehmigung des Bundestags zur Verantwortung gezogen oder verhaftet werden, es sei denn, dass er bei der Begehung der Tat oder im Laufe des folgenden Tages festgenommen wird (Art. 46 Abs. 2 GG). Umstritten ist, ob die Immunität auch für Ordnungswidrigkeiten gilt. Folgt man einer wörtlichen Auslegung des Art. 46 Abs. 2 GG, so spricht die Verwendung des Begriffs »Strafe« gegen eine Einbeziehung von Ordnungswidrigkeiten in den Immunitätsschutz, denn im Ordnungswidrigkeitsrecht geht es nicht um Strafe, sondern um »Buße«. Dieser begriffliche Unterschied soll deutlich machen, dass es bei einer Ordnungswidrigkeit im Regelfall um eine Handlung gegen staatliche Regelungsvorgaben (z. B. ohne Baugenehmigung zu bauen, eine Geschwindigkeitsbegrenzung überschreiten), nicht um den Schutz individueller Rechtsgüter geht. Es gibt also einen systematischen Unterschied zwischen dem Straf- und dem Ordnungswidrigkeitsrecht, so dass das Ordnungswidrigkeitsrecht nicht gegen den Wortlaut des Art. 46 Abs. 2 GG in die Immunität einbezogen werden kann. Liegen jedoch im Ordnungswidrigkeitsverfahren die Voraussetzungen einer Erzwingungshaft vor, bedarf deren Vollstreckung der Zustimmung des Bundestags (Beschluss des Deutschen Bundestags zu Anlage 6 der GO-BT).

In der Anlage 6 der GO-BT ist das Verfahren zur Aufhebung der Immunität geregelt. Bereits staatsanwaltschaftliche Ermittlungsverfahren sind von der Zustimmung des Bundestags abhängig. Der Bundestag erteilt jedoch regelmäßig zu Beginn jeder Legislaturperiode eine generelle Zustimmung zur Einleitung von Ermittlungsverfahren.

Eine weitere Ausdifferenzierung des Grundsatzes des freien Mandats ist das **Zeugnisverweigerungsrecht** des Abgeordneten nach Art. 47 GG. Die Abgeordneten sind berechtigt, über

Personen, die ihnen in ihrer Eigenschaft als Abgeordnete oder denen sie in dieser Eigenschaft Tatsachen anvertraut haben, sowie über diese Tatsache selbst das Zeugnis zu verweigern. Damit werden die Abgeordneten mit den Personen in eine Reihe gestellt, zu denen der Bürger ein besonderes Vertrauensverhältnis hat, wie Ärzte, Geistliche, Anwälte oder Journalisten. Diese Personengruppe braucht diesen Schutz, um ihrer beruflichen Aufgabe gerecht werden zu können. Soweit das Zeugnisverweigerungsrecht reicht, ist auch die Beschlagnahme von Schriftstücken unzulässig (Art. 47 Satz 2 GG).

2.3.5 Parlamentarische Rechte

Nachdem die Verfassung alle äußeren Voraussetzungen schafft, dass der Abgeordnete gesichert und ungestört sein freies Mandat ausüben kann, muss sie noch dafür sorgen, dass er auch innerhalb des Parlaments gleichberechtigt seinen Aufgaben nachkommen kann. Die hierfür notwendigen parlamentarischen Rechte werden ebenfalls aus Art. 38 Abs. 1 Satz 2 GG hergeleitet und in der Geschäftsordnung des Bundestags präzisiert.

In erster Linie hat der Abgeordnete bei Abstimmungen ein **Stimmrecht**. Nur wenn er wegen gröblicher Verletzung der Ordnung oder der Würde des Bundestags von einer Sitzung ausgeschlossen wird (§ 38 GO-T), darf er sein Stimmrecht nicht wahrnehmen.

Des Weiteren hat der Abgeordnete im Bundestag ein **Rederecht**. Der Bundestag ist ein Forum von Rede und Gegenrede. In der parlamentarischen Debatte wird das Abstimmungsverhalten der Mitglieder des Bundestags für die Öffentlichkeit sichtbar erläutert und gerechtfertigt. Nun ist aber offensichtlich, dass sich nicht jeder der mindestens 598 Abgeordneten unbeschränkt zu jedem Tagesordnungspunkt äußern kann. Das Rederecht findet deshalb wie alle anderen parlamentarischen Rechte der Abgeordneten seine Grenze in der **Funktionsfähigkeit des Parlaments**. Aus diesem Grund sind in die Geschäftsordnung des Bundestags Einschränkungen des Rederechts aufgenommen worden. Ob ein Abgeordneter zu einem Tagesordnungspunkt im Bundestag reden kann oder nicht, bestimmt die Fraktion, der er angehört. Die Fraktionen haben das Vorschlagsrecht, wer für sie das Wort ergreift.

Nach §§ 27, 28 GO-BT erteilt der Bundestagspräsident das Wort und bestimmt die Reihenfolge der Redner. Er beachtet dabei die verschiedenen Parteirichtungen und die Stärke der Fraktionen und sorgt dafür, dass Rede und Gegenrede folgen. Für jeden Tagesordnungspunkt gibt es unter den Abgeordneten einen **Berichterstatter**, der das Recht hat, jederzeit das Wort zu ergreifen (§ 28 Abs. 2 GO-BT). Die Fraktionen schicken bei einer solchen Parlamentsordnung vorwiegend ihre prominenten und redegewandten Mitglieder ans Rednerpult. Die sog. »Hinterbänkler« kommen nur selten zu Wort, und es ist für sie ein besonderes Erlebnis, einmal im Bundestag reden zu können. Auch die Rededauer ist nach § 35 GO-BT begrenzt. Sie wird durch den Ältestenrat des Bundestags festgelegt. In der Praxis ist es die Regel, dass für einen Tagesordnungspunkt eine Gesamtredezeit festgelegt wird und diese Zeit auf die einzelnen Fraktionen verteilt wird. Wenn ein Redner vom Verhandlungsgegenstand abschweift, ist durch den Präsidenten ein Ordnungsruf und bei gröblicher Verletzung der parlamentarischen Ordnung auch ein Wortentzug zulässig (§ 36 GO-BT).

Auch das **Antragsrecht** des Abgeordneten ist nach der Geschäftsordnung des Bundestags aus Praktikabilitätsgründen sehr restriktiv ausgestaltet. Gesetzesentwürfe und sonstige Anträge müssen in der Regel von einer Fraktion oder von mindestens 5 % der Mitglieder des Bundestags unterzeichnet sein (§ 76 GO-BT). Stark ist der Abgeordnete also nur in der Gemeinschaft mit seiner Fraktion.

Schließlich hat der Abgeordnete ein **Fragerecht** und ein **Informationsrecht**. Dieses Frage- und Informationsrecht besteht während und außerhalb einer Plenarsitzung. In jeder Sitzungswoche werden **Fragestunden** (§ 105 GO-BT) durchgeführt. Dort müssen die Regierungsvertreter den Abgeordneten direkt auf ihre Fragen antworten (s. Anlage 4 GO-BT). Gleiches gilt bei den **Regierungsbefragungen** (§ 106 Abs. 2 GO-BT) im Bundestag, die sich mit aktuellen politischen Themen befassen (s. Anlage 7 der GO-BT). Schließlich gibt es noch die **aktuelle Stunde** (§ 106 Abs. 1 GO-BT), bei der Themen von allgemeinem aktuellem Interesse diskutiert werden. Sie findet auf Verlangen einer Fraktion oder von mindestens 5 % der Mitglieder des Bundestags oder durch eine Vereinbarung des Ältestenrats statt. Sie wird gerne von den Oppositionsparteien genutzt, um der Regierung auf den Zahn zu fühlen (s. Anlage 5 GO-BT). Während einer Debatte kann ein Abgeordneter **Zwischenfragen** stellen, sobald der Präsident mit Zustimmung des Redners ihm das Wort erteilt (§ 27 Abs. 2 GO-BT).

Außerhalb einer Bundestagssitzung kann der Abgeordnete sein Informationsinteresse und seine Kontrollfunktion gegenüber der Regierung durch einen Abgeordnetenbrief und eine Kleine oder Große Anfrage nachkommen. Im **Abgeordnetenbrief** bittet er die Bundesregierung um bestimmte Informationen, die er beispielsweise für seine Abgeordnetentätigkeit in seinem Wahlkreis benötigt. Der Abgeordnetenbrief ist innerhalb einer bestimmten Frist von der Bundesregierung zu beantworten. In einer **Kleinen Anfrage** (§ 104 GO-BT), die von einer Fraktion oder von mindestens 5 % der Mitglieder des Bundestags unterzeichnet werden müssen (§ 75 f. GO-BT), kann von der Bundesregierung Auskunft über einen bestimmten Sachverhalt verlangt werden. Für die schriftliche Antwort hat die Bundesregierung vierzehn Tage Zeit. Die Ministerien stöhnen oftmals unter der Last vieler Anfragen, die wenig mit tatsächlicher Regierungskontrolle zu tun haben. In einer **Großen Anfrage** (§ 100 ff GO-BT) wird bei der Bundesregierung ein ganzer Themenkomplex abgefragt

BEISPIEL

Große Anfrage bei der Bundesregierung, wie sie sich angesichts geopolitischer Veränderungen die zukünftige Entwicklungshilfepolitik vorstellt.

Nach Eingang der Stellungnahme der Bundesregierung wird die Große Anfrage auf die Tagesordnung des Bundestags gesetzt. Eine Beratung darüber ist nicht zwingend, aber häufig führt die Große Anfrage zu einer breiten parlamentarischen Debatte. Deshalb nutzen nicht nur die Oppositionsfraktionen, sondern auch die Regierungsfraktionen dieses Instrument, um es der Regierung zu ermöglichen, ihre Regierungspolitik zu einem bestimmten Bereich im Bundestag darzulegen. Nicht selten kommt deshalb die Regierung selbst auf die Idee, eine Große Anfrage zu formulieren und dann eine der Regierungsfraktionen zu bitten, sie in den Bundestag einzubringen, um so Öffentlichkeitsarbeit zu betreiben.

Schließlich können der Bundestag und seine Ausschüsse gem. Art. 43 Abs.1 GG jederzeit ein Mitglied der Bundesregierung in den Bundestag zitieren und dort befragen (sog. **Interpellationsrecht**).

2.3.6 Fraktionsdisziplin und Fraktionsausschluss

Da das freie Mandat des Abgeordneten um der Funktionsfähigkeit des Parlaments willen beschränkt ist und der einzelne Abgeordnete sich deshalb vornehmlich durch seine Tätigkeit in der Fraktion nach außen hin darstellt und auftritt, gilt es auch die Rolle des Abgeordneten innerhalb der Fraktion zu beleuchten. Zwischen der Fraktion als »Vertretung der Parteien im

Parlament« und dem Grundsatz des freien Mandats ergibt sich naturgemäß ein Spannungsfeld, wenn die Fraktion von einzelnen Abgeordneten ein bestimmtes (Abstimmungs-)Verhalten verlangt. Es ist nachvollziehbar und als legitim anzusehen, dass eine Fraktion, sei es als Regierungs- oder Oppositionsfraktion, ein möglichst einheitliches Abstimmungsverhalten der ihr zugehörigen Abgeordneten erreichen möchte. Nach allen Erfahrungen verliert eine Partei Wählerstimmen, wenn sie im Bundestag zerstritten auftritt. Eine Einflussnahme der Fraktion auf den Abgeordneten sollte also nicht von vornherein unzulässig sein.

Zulässig ist nach h. M. die sog. **Fraktionsdisziplin**.. Die Abgeordneten können von ihrer Fraktion aufgefordert werden, für oder gegen eine bestimmte Vorlage im Bundestag zu stimmen, um ein einheitliches Auftreten der Fraktion im Bundestag zu erreichen, wenn die Fraktionsmeinung zuvor in einem offenen Willensbildungsprozess erzielt worden ist. Es bleibt dann dem Abgeordneten vorbehalten, ob er sich der Fraktionsmeinung anschließt oder nicht. Verstößt ein Abgeordneter gegen die Fraktionsdisziplin, kann die Fraktion abgestufte Sanktionen gegen ihn verhängen. Sie kann ihn beispielsweise von der Rednerliste streichen oder ihn in einen anderen Ausschuss des Bundestags versetzen. Bei wiederholter Verletzung der Fraktionsdisziplin kann der Abgeordnete aus der Fraktion ausgeschlossen werden. Ein solcher Ausschluss aus der Fraktion ist für den Abgeordneten von gravierender Bedeutung, da er nur als Fraktionsangehöriger seine Abgeordnetenstellung voll ausnutzen kann (s. 2.3.5). Damit tangiert diese Sanktion das freie Mandat des Art. 38 Abs. 1 GG. Nur bei einem triftigen und schwerwiegenden Grund kann deshalb ein Fraktionsausschluss erlaubt sein.

BEISPIEL

Ein Abgeordneter stimmt mehrmals mit der Opposition und äußert sich in Talkshows abfällig über seine Fraktion.

Gesetzliche Bestimmungen über den Fraktionsausschluss gibt es nicht.

Damit der Abgeordnete nicht zum Spielball der Fraktion wird, bedarf es auf der anderen Seite einer Begrenzung der Einflussnahme der Fraktion. Unzulässig ist der sog. **Fraktionszwang**, der dann vorliegt, wenn der Abgeordneten durch die Androhung von Sanktionen zu einem bestimmten Abstimmungsverhalten gezwungen wird. Dies lässt sich nicht mit dem freien Mandat des Art. 38 Abs. 1 GG vereinbaren. Entscheidend für die Abgrenzung von Fraktionsdisziplin und Fraktionszwang ist die Androhung einer Disziplinierung des Abgeordneten.

Rechtsschutz gegenüber einem ungerechtfertigten Ausschluss aus der Fraktion kann der Abgeordnete über ein Organstreitverfahren nach Art. 93 Abs. 1 Nr. 1 GG (s. 6.5) suchen.

2.4 Untergliederungen des Bundestags

2.4.1 Leitungsorgane und Geschäftsordnung des Bundestags

Bundestagspräsident, Präsidium und Ältestenrat bilden die Leitungsorgane des Bundestags. Der neu gewählte Bundestag, der von seinem bisherigen Präsidenten spätestens am dreißigsten Tage nach der Wahl einberufen wird (Art. 39 Abs. 2 GG), wählt in seiner ersten Sitzung den **Bundestagspräsidenten** und seine Stellvertreter (Art. 40 Abs. 1 Satz 1 GG) für die Dauer der Wahlperiode (§ 2 Abs. 1 GO-BT). Traditionell steht das Amt des Bundestagspräsidenten der größten im Bundestag vertretenen Partei zu, auch wenn diese nicht Regierungspartei ist. Es findet also keine Kampfabstimmung oder eine Koalitionsbildung um das Amt des Bundestagspräsidenten statt. Wichtigste Aufgabe des Bundestagspräsidenten ist die Leitung der Sitzungen des Bundestags. Hierfür steht ihm das Haus- und Ordnungsrecht zu. Nach außen vertritt er den Bundestag, z. B. in Rechtsstreitigkeiten, in denen der Bundestag als Verfahrensbeteiligter auftritt. Gleichzeitig ist er der oberste Dienstherr der Bundestagsverwaltung.

Das **Präsidium** des Bundestags besteht aus dem Präsidenten und den Vizepräsidenten. Jede Fraktion hat das Recht, einen Vizepräsidenten zu benennen. Nennenswerte Aufgaben hat das Präsidium nicht. Nach parlamentarischem Brauch leitet der dienstälteste Vizepräsident die Bundestagssitzung, wenn der Bundestagspräsident abwesend ist.

Auch die Aufgaben des **Ältestenrats**,, der aus dem Bundestagspräsident, den Vizepräsidenten und 23 weiteren von den Fraktionen benannten Mitglieder besteht (§ 6 Abs. 1 GO-BT), halten sich in Grenzen. Der Ältestenrat unterstützt den Präsidenten bei der Führung seiner Geschäfte, legt den jährlichen Sitzungsplan fest und verfügt über die Räumlichkeiten des Bundestags.

Zur Festlegung seiner parlamentsinternen Arbeitsweise und der Untergliederungen des Bundestags einschließlich deren Rechte gibt sich der Bundestag nach Art. 40 Abs. 1 Satz 2 GG eine **Geschäftsordnung** (GO-BT). Die Geschäftsordnung hat dafür Sorge zu tragen, dass der Bundestag jederzeit seine Aufgabe erfüllen kann und die dafür passenden Abläufe festzulegen. Sie muss also im Spannungsfeld zwischen dem freien Mandat der Abgeordneten nach Art.38 GG und dem Postulat der Funktionsfähigkeit des Parlaments einen verfassungsrechtlich tragbaren Mittelweg finden. So entscheidet der Bundestag in der GO-BT über den Ablauf des Gesetzgebungsverfahrens, soweit es nicht in der Verfassung selbst geregelt ist sowie über die Wahrnehmung von Initiativ-, Informations- und Kontrollrechten, über die Bildung und Rechte von Fraktionen und die Ausübung des parlamentarischen Rederechts. Die GO-BT regelt damit nur die Art und Weise der Ausübung der Rechte der Abgeordneten, begründet jedoch nicht deren Rechte über das Grundgesetz hinaus.

Die GO-BT ist kein förmliches Gesetz, denn sonst müsste der Bundesrat mitwirken. § 126 GO-BT sieht auch die Möglichkeit vor, im Einzelfall von den Bestimmungen der GO-BT abzuweichen. Eine solche Formulierung wäre bei einem Gesetz nicht möglich. Vielmehr ist die Geschäftsordnung eine **autonome Satzung**, die sich der Bundestag aufgrund seiner Satzungsautonomie gibt. Aus dieser Rechtsnatur ergeben sich zwei Fragen. Erstens: Welche Folgen hat ein Verstoß gegen die Geschäftsordnung und zweitens: Kann ein Abgeordneter die Verletzung der Geschäftsordnung gerichtlich angreifen? Zur ersten Frage: Als Binnenrecht hat die Geschäftsordnung nur parlamentsinterne Wirkung mit der Folge, dass ein Verstoß gegen die Satzung nicht zur Verfassungswidrigkeit der fraglichen Handlung führt, selbst wenn diese Außenwirkung hat. Wird beispielsweise ein Gesetz unter Missachtung der vorgeschriebenen Beratungen (s. §§ 75 ff. GO-BT) verabschiedet, ist es gleichwohl gültig. Die GO-BT ist also keine Richtschnur, anhand derer die Verfassungswidrigkeit eines Gesetzes festgestellt wird.

BEISPIEL

Eine Gesetzesvorlage wird unter Verstoß gegen § 76 GO-BT ohne das erforderliche Quorum von 5 % der Mitglieder des Bundestags oder einer Fraktion in den Bundestag eingebracht. Das hat keine Auswirkung auf die Rechtmäßigkeit des Gesetzes. Das Bundesverfassungsgericht prüft nicht, ob die Bestimmung des § 76 GO-BT eingehalten wurde.

Wenn allerdings die GO-BT materielles Verfassungsrecht präzisiert, z. B. bei der nach § 12 GO-BT vorgeschriebenen Besetzung der Ausschüsse nach Fraktionsstärke (spiegelt das Wahlergebnis wider), kann eine Verletzung einer solchen Norm zur Verfassungswidrigkeit der Entscheidung führen, weil dann auch gleichzeitig materielles Verfassungsrecht, im Beispielsfalle das Mehrheitsprinzip des Art. 42 GG, verletzt wurde.

Im Falle, dass ein Abgeordneter durch die Missachtung der GO-BT in seinen verfassungsrechtlich geschützten Rechten verletzt ist, ist ein Organstreitverfahren nach Art. 93 Abs. 1 Nr. 1 GG, §§ 63 ff. BVerfGG möglich.

BEISPIEL

Ein Abgeordneter wird von Sitzungstagen des Bundestags vom Bundestagspräsidenten ausgeschlossen, obwohl die Voraussetzungen des § 38 GO-BT nicht vorliegen. Hierbei wird nicht nur § 38 GO-BT, sondern auch Art. 38 GG (Teilhaberecht des Abgeordneten an den Sitzungen des Bundestags) verletzt.

2.4.2 Die Fraktionen

Der Abgeordnete als Individuum hat, wie gezeigt, im Bundestag wenig Rechte, da das freie Mandat des Art. 38 GG zugunsten der Funktionsfähigkeit des Parlaments vielfältig eingeschränkt ist. Die wahren Gestalter der Willensbildung im Parlament sind die Fraktionen, indem sie parlamentarische Rechte kollektiv wahrnehmen. Über die Fraktionen werden die Vorlagen, z. B. die Gesetzesvorlagen, in den Bundestag eingebracht (§§ 75, 76 GO-BT). Sie bestimmen, welcher Abgeordnete in welchem Bundestagsausschuss sitzt (§ 57 Abs. 2 GO-BT). Sie legen fest, welcher Abgeordnete zu einem bestimmten Tagesordnungspunkt spricht, und sie beschließen, ob bei Gesetzen, die der Zustimmung des Bundesrats bedürfen, der Vermittlungsausschuss einberufen wird (§ 89 GO-BT). In den Fraktionen werden die politischen Generallinien und das Abstimmungsverhalten abgesprochen. Innerhalb einer Fraktion spezialisieren sich die Abgeordneten auf bestimmte Politikfelder, um so die vielfältigen Aufgaben arbeitsteilig zu bewältigen.

Trotz dieser wichtigen Bedeutung der Fraktionen enthält das Grundgesetz keine Bestimmungen zu den Fraktionen. Verfassungsrechtlich basiert die Fraktionsbildung allein auf dem freien Mandat jedes einzelnen Abgeordneten. Es umfasst die Möglichkeit, sich zusammen zu schließen und eine Fraktion zu bilden. Die Fraktionen sind jedoch sowohl in der Geschäftsordnung des Bundestags als auch im Abgeordnetengesetz aufgeführt. Nach § 45 Abs. 1 AbgG können sich die Mitglieder des Bundestags, die derselben Partei angehören (oder wie im Falle der CDU/CSU zu einer Schwesterpartei gehören), zusammenschließen, wenn sie mindestens 5 % der Mitglieder des Bundestags erreichen (§ 10 Abs. 1 Satz 1 GO-BT). Die Kräfteverhältnisse der bei der Wahl erfolgreichen Parteien werden so in der Parlamentsarbeit abgebildet. Soweit es die Geschäftsordnung nicht ausschließt, können sich Abgeordnete einer Partei in zwei verschiedenen Fraktionen organisieren, wie dies im 16. baden-württembergischen Landtag bei der vorübergehenden Spaltung der AfD-Fraktion der Fall war.

Durch die parteiliche Zusammensetzung sind die Fraktionen die »Partei im Parlament« (Hans-Gerd Pieper). Sie halten die Abgeordneten auf Parteilinie, haben eine Scharnierfunktion zwischen den Abgeordneten und der Partei und im Falle, dass eine Fraktion Regierungsfraktion ist, auch zwischen der Bundesregierung und den Abgeordneten der Regierungspartei. Schließlich stellen sie auf der parlamentarischen Ebene auch die Verständigung mit dem Koalitionspartner her. Zwischen den Regierungsfraktionen und der Bundesregierung findet ein permanenter Meinungsaustausch statt, um Regierungshandeln im Bundestag abzusichern. Das Amt des **Fraktionsvorsitzenden** der Regierungsfraktionen ist deshalb von großer Bedeutung. Beim Fraktionsvorsitzenden laufen alle Fäden aus Regierung und der Regierungsfraktion im Parlament zusammen. Seine politische Geschicklichkeit ist gefragt, in der Regierungsfraktion Unterstützung für den Kurs der Bundesregierung herzustellen oder ihn im dringenden Bedarfsfall im Sinne der Fraktionsmeinung möglichst unauffällig zu korrigieren.

Nach § 46 AbgG sind die Fraktionen rechtsfähige Vereinigungen, die klagen und verklagt werden können. Sie sind jedoch nicht Teil der öffentlichen Verwaltung und können keine öffentliche Gewalt ausüben (§ 46 Abs. 3 AbgG).

2.4.3 Die Ausschüsse

Während im Bundestagsplenumöffentlichkeitswirksame Debatten über die einzelnen Tagesordnungspunkte geführt werden und darüber abgestimmt wird, findet die eigentliche parlamentarische Arbeit in den Ausschüssen des Bundestags statt. Dort werden ausführlich die parlamentarischen Vorlagen einschließlich der Änderungsanträge behandelt und dann mit einer Beschlussempfehlung dem Bundestag zur Abstimmung zugeleitet. Die Arbeit in den Ausschüssen ist also Bestandteil des parlamentarischen Verfahrens. Dementsprechend bedarf es Vorgaben über die Aufgabenbereiche, die Zusammensetzung und die Arbeitsweise der Ausschüsse. Das Grundgesetz selbst schreibt nur vor, dass es einen **Ausschuss für die Angelegenheiten der Europäischen Union** (Art. 45 GG), einen **Ausschuss für auswärtige Angelegenheiten und für Verteidigung** (Art. 45a GG) sowie einen **Petitionsausschuss** (Art. 45c GG) geben muss (Pflichtausschüsse). Ferner regelt es die Einberufung des **Untersuchungsausschusses** (Art. 44 GG) (s. 2.4.4). Auch das **Parlamentarische Kontrollgremium** nach Art. 45d GG zur Kontrolle der Nachrichtendienste des Bundes gilt als ständiger Ausschuss.

Die sonstigen Bestimmungen zu den Bundestagsausschüssen befinden sich in der Geschäftsordnung des Bundestags. Zunächst ist § 54 Abs. 1 GO-BT von Interesse. Er regelt, dass der Bundestag **ständige Ausschüsse** zur Vorbereitung seiner Beschlüsse einsetzt. In der Praxis wird spiegelbildlich zu den Zuständigkeiten der Ministerien jeweils ein Ausschuss eingerichtet. Es gibt also beispielsweise einen Wirtschafts-, Innen-, Umwelt-, Sozial- oder Wissenschaftsausschuss. An den grundsätzlich nichtöffentlichen Ausschusssitzungen (§ 69 Abs. 1 Satz 1 GO-BT) nimmt regelmäßig die Amtsspitze der zugehörigen Ministerien teil, entsprechend der Übung, dass die Regierung im Gesamten an den Plenarsitzungen des Bundestags teilnimmt.

Weiter ist § 12 GO-BT von Bedeutung. Nach dieser Bestimmung müssen die Ausschüsse im Verhältnis der Stärke der einzelnen Fraktionen besetzt werden. Die Ausschüsse sind also ein verkleinertes Abbild des Plenums des Bundestags. Es gilt der **Grundsatz der Spiegelbildlichkeit** von Parlament und Ausschüssen, der auf dem grundgesetzlich verankerten Mehrheitsprinzip (Art. 42 Abs. 2 GG) beruht. Wird dieser Grundsatz durch eine fehlerhafte Besetzung eines Ausschusses verletzt, ist das Gesetzgebungsverfahren fehlerhaft und das entsprechende Gesetz damit formell verfassungswidrig. Die Mehrheitsverhältnisse im Bundestagsplenum sind auch die Mehrheitsverhältnisse in den Ausschüssen. Wenn ein Antrag im Ausschuss von der Mehrheit seiner Mitglieder angenommen wird, führt dies üblicherweise auch zur Annahme des Antrags im Plenum.

Jeder Abgeordnete hat einen Sitz mit Rede- und Antragsrecht in einem Ausschuss (§ 57 Abs. 1 GO-BT). Wer in welchen Ausschuss kommt, wird von der Fraktion festgelegt (§ 57 Abs. 2 GO-BT). Für jeden Verhandlungsgegenstand im Ausschuss benennt der Ausschussvorsitzende einen **Berichterstatter** (§ 65 GO-BT), der im Ausschuss in den betreffenden Tagesordnungspunkt einführt. Die jeweiligen Berichterstatter haben bei der nachfolgenden Behandlung der Vorlage im Plenum das Recht, jederzeit das Wort zu ergreifen (§ 28 Abs. 2 Satz 3 GO-BT).

2.4.3.1 Der Untersuchungsausschuss

Eine besondere Stellung unter den Ausschüssen hat der Untersuchungsausschuss nach Art. 44 GG. Durch das dem Ausschuss eingeräumte Recht, Ermittlungen über das Regierungshandeln anzustellen (Enqueterecht), ist er das schärfste Schwert der parlamentarischen Kontrolle. Seine Aufgabe ist es, im öffentlichen Interesse fragwürdiges oder gar rechtswidriges Regierungshandeln aufzuklären und dem Bundestag darüber Bericht zu erstatten. Klare Ergebnisse des Untersuchungsberichts sind aber nicht immer zu erwarten. Oftmals ziehen die Vertreter der Regierungsparteien und der Opposition unterschiedliche Schlüsse aus den aufgedeckten Sachverhalten. Im Abschlussbericht des Untersuchungsausschusses an den Bundestag sind Sondervoten möglich (§ 33 Abs. 2 PUAG).

Zur Erfüllung seiner Aufgabe steht dem Untersuchungsausschuss ein rechtliches Instrumentarium zur Verfügung, das ähnlich dem eines Gerichts ist. Weil dadurch in Rechte Dritter eingegriffen werden kann, bedarf es aus rechtsstaatlichen Gründen präziser Regelungen über Umfang, Grenzen sowie Art und Weise der Untersuchungstätigkeit. Diese Regelungen sind im Wesentlichen im **Untersuchungsausschussgesetz (PUAG)** festgehalten.

Zunächst erhebt sich die Frage, wie vieler Abgeordneter es bedarf, um einen Untersuchungsausschuss einzusetzen. Das Quorum darf nicht allzu hoch sein, denn der Untersuchungsausschuss ist vor allem ein politisches Instrument der Opposition. Nach Art. 44 Abs. 1 Satz 1 GG und dem inhaltsgleichen § 1 Abs. 1 PUAG hat der Bundestag die Pflicht, einen Untersuchungsausschuss einzusetzen, wenn ein Viertel seiner Mitglieder dies verlangt. Im 18. Deutschen Bundestag stellte sich das Problem, dass die beiden Oppositionsparteien das Quorum von 25 % gar nicht erreichten. Damit würde für diese Legislaturperiode ein wichtiges politisches Instrument der Opposition verloren gehen. Nun gehört aber das Recht auf Opposition zu den Grundsätzen der freiheitlichen demokratischen Grundordnung. Die Gefahr war also groß, dass das Bundesverfassungsgericht hinsichtlich des bestehenden Quorums eine Änderung verlangen würde. Deshalb wurde im Bundestag vereinbart, dass die beiden Oppositionsparteien unabhängig von Art. 44 GG das Recht haben, einen Untersuchungsausschuss einzusetzen.

Zum Zweiten stellt sich die Frage, welche Gegenstände die Untersuchung überhaupt umfassen darf. Der Untersuchungsauftrag muss nämlich den Zuständigkeitsrahmen des Bundestags wahren. Es dürfen deshalb nur Untersuchungsgegenstände behandelt werden, die im Sachzusammenhang mit einer Bundeszuständigkeit stehen (§ 1 Abs. 3 PUAG, sog. **Korollartheorie**). Der Einsetzungsantrag für einen Untersuchungsausschuss muss klar umrissen werden und hinreichend bestimmt sein, damit der Rahmen abgesteckt ist, innerhalb dessen Beweise erhoben werden können. Nachträglich kann der Untersuchungsauftrag vom Untersuchungsausschuss nicht mehr ausgeweitet oder verändert werden (§ 3 PUAG).

Nach erfolgreichem Einsetzungsantrag ernennen die Fraktionen im Verhältnis ihrer Stärke die Mitglieder des Untersuchungsausschusses (§ 57 Abs. 2 GO-BT). Für den Vorsitz im Ausschuss sind die Fraktionen im Verhältnis ihrer Stärke zu berücksichtigen (§ 6 PUAG).

Der Untersuchungsausschuss tagt grundsätzlich öffentlich. Die Öffentlichkeit kann aber ausgeschlossen werden (Art. 45 Abs. 1 GG). Bei der Erhebung von Tatsachen hat der Untersuchungsausschuss Befugnisse wie ein ordentliches Gericht. Er kann Zeugen laden und vernehmen, einen Augenschein einnehmen und die Herausgabe von Schriftstücken auch von Privaten verlangen (§§ 20 ff. PUAG), es sei denn, deren Weitergabe ist wegen ihres streng persönlichen Charakters für den Betroffenen unzumutbar (§ 29 Abs. 1 PUAG). Behörden haben für beweiserhebliche Akten eine Herausgabepflicht. Wird von Privaten die Herausgabe von Schriftstücken verweigert, so entscheidet der Ermittlungsrichter beim Bundesgerichtshof über die Beschlagnahme und Herausgabe (§ 29 Abs. 3 Satz 1 PUAG). Beweise sind zu erheben, wenn sie von mindestens einem Viertel der Mitglieder des Untersuchungsausschusses beantragt werden (§ 17 Abs. 2 PUAG).

Die **Grenzen des Untersuchungsgegenstands** und damit des Beweiserhebungsrechts sind umstritten. Zunächst ist der Grundsatz der Gewaltenteilung zwischen Exekutive und Legislative zu beachten. Laufende Regierungsvorgänge können deshalb nicht Gegenstand einer Untersuchung sein. Das Parlament darf nicht in das Regierungshandeln eingreifen und mitregieren. Eine verfahrensbegleitende oder gar vorbeugende Kontrolle der Regierung ist unzulässig. Die Kontrollkompetenz des Untersuchungsausschusses erstreckt sich demnach nur auf bereits abgeschlossene Vorgänge.

BEISPIEL

Der Verteidigungsausschuss als zuständiger Untersuchungsausschuss für Einsätze der Bundeswehr (Art. 45a GG) darf sich nicht mit einem laufenden Auslandseinsatz der Bundeswehr beschäftigen, es sei denn, es geht um einen bereits abgeschlossenen Sachverhalt dieses Einsatzes, bei dem fehlerhaftes Verhalten der Bundeswehr untersucht werden soll.

Mit der Entscheidung des Bundesverfassungsgerichts (BVerfG vom 17.07.1984, BVerfGE 67, 100 ff.), dass es einen **Kernbereich exekutiver Eigenverantwortung** gibt, der einen auch von parlamentarischen Untersuchungsausschüssen grundsätzlich nicht ausforschbaren Initiativ-, Beratungs- und Handlungsbereich der Regierung einschließt, ist die Frage entstanden, wie weit dieser unausforschbare Bereich des Regierungshandelns geht. Bei der Beantwortung dieser Frage ist zunächst die **doppelte Funktion des Gewaltenteilungsgrundsatzes** zu beachten. Einerseits muss dem Untersuchungsausschuss eine wirksame parlamentarische Kontrolle ermöglicht, andererseits aber auch die Funktionsfähigkeit und Eigenverantwortung der Regierung beachtet werden. Es gibt also keinen absoluten Schutz des Kernbereichs der Regierung. Nach hier vertretener Auffassung ist alles Regierungshandeln ausforschbar, soweit es sich nicht auf die regierungsinterne Meinungsbildung innerhalb der Kabinetts- und Ressortabstimmungen bezieht oder um geheimhaltungsbedürftige Vorgänge handelt.

BEISPIEL

Trifft die Bundesregierung eine fehlerhafte Entscheidung, darf nicht ausgeforscht werden, wer was bei den fraglichen Sitzungen der Regierung vorgetragen hat.

Es besteht zwar nach Art. 65 GG eine eigene Verantwortung jedes Kabinettsmitglieds gegenüber dem Parlament. Wenn die Regierung jedoch als Kollegialorgan gehandelt hat, kann sie auch nur kollektiv zur Verantwortung gezogen werden.

2.5 Beschlüsse des Bundestags

Nach Art. 42 Abs. 2 GG fasst der Bundestag grundsätzlich seine Beschlüsse mit **einfacher Mehrheit** der anwesenden Mitglieder. Stimmenthaltungen und ungültige Stimmen werden dabei nicht mitgezählt, fallen also unter den Tisch. Für eine Annahme eines Antrags muss also mindestens eine Ja-Stimme die Zahl der Nein-Stimmen übersteigen. Bei Stimmengleichheit ist der Antrag abgelehnt (§ 48 Abs. 2 Satz 2 GO-BT).

Bei einigen bedeutungsvollen und weitreichenden Abstimmungen fordert das Grundgesetz ein höheres Quorum. Bei der Kanzlerwahl (Art. 63 GG), beim konstruktiven Misstrauensvotum (Art. 67 GG), der Vertrauensfrage des Bundeskanzlers (Art. 68 GG) und der Überstimmung eines Einspruchs des Bundesrates (Art. 77 Abs. 4 Satz 1 GG) ist eine **absolute Mehrheit** (sog. Kanzlermehrheit) erforderlich. Sie ist erreicht, wenn mindestens die Hälfte der Mitglieder des Bundestags unabhängig von der Zahl der anwesenden Mitglieder für die Vorlage stimmen.

Für verfassungsändernde Gesetze fordert das Grundgesetz eine noch größere parlamentarische Übereinstimmung. Nach Art. 79 Abs. 2 GG kann das Grundgesetz nur geändert werden, wenn eine **qualifizierte Mehrheit** von zwei Dritteln der Mitglieder des Bundestags für die Verfassungsänderung stimmen. Bei der Zurückweisung eines mit einer Zweidrittelmehrheit gefassten Einspruchs des Bundesrats benötigt der Bundestag ebenfalls eine **Zweidrittelmehrheit**. In diesem Falle genügt jedoch eine Zweidrittelmehrheit der abstimmenden Abgeordneten.

In den Medien sind häufig Bilder aus Bundestagssitzungen zu sehen, welche einen mit nur wenigen Abgeordneten besetzten Plenarsaal zeigen. Das wirft die Frage auf, wann der Bundestag überhaupt beschlussfähig ist. Das Grundgesetz regelt diese Frage nur bei verfassungsändernden Gesetzen, ansonsten nur die Frage der Abstimmungsmehrheiten. In der Geschäftsordnung des Bundestags findet sich allerdings die Bestimmung, dass der Bundestag beschlussfähig ist, wenn mehr als die Hälfte seiner Mitglieder im Sitzungssaal anwesend ist (§ 45 Abs. 1 GO-BT). Das ist aber, wie gesagt, häufig gar nicht der Fall. Trotzdem können seine Beschlüsse wirksam sein, denn die Beschlussunfähigkeit muss auf Antrag einer Fraktion oder von 5 % der Mitglieder des Bundestags vom Bundestagspräsidenten förmlich festgestellt werden, sonst gilt der Bundestag als beschlussfähig (§ 45 Abs. 2 GO-BT). Das Bundesverfassungsgericht (BVerfG vom 10.05.1977, BVerfGE 44, 308, 319) hält diese Rechtslage auch unter dem Gesichtspunkt der repräsentativen Demokratie für rechtens, da die maßgebende Willensbildung im Parlament in den Fraktionen und in den Ausschüssen erfolgt.

FÄLLE 6–7

FALL 6

Die unzufriedene Partei. Bei mehreren Bundestagswahlen erhält die Partei »Unser Heimatland« zwischen 4,6 und 4,9 % der Wählerstimmen und scheiterte damit jeweils an der Fünf-Prozent-Sperrklausel des § 6 Abs. 3 BWahlG. Sie fordert deshalb eine Änderung des § 6 Abs. 3 BWahlG mit der Begründung, dass die Bestimmung gegen das Demokratieprinzip und die Wahlrechtsgrundsätze des Art. 38 Abs. 1 GG verstoße. Sie bringt ferner vor, dass nach den Erkenntnissen der Wahlforschung Sitz und Stimme im Bundestag ihren Stimmenanteil deutlich erhöhen würde. Die Fünf-Prozent-Sperrklausel sei unter diesen Umständen verfassungswidrig. Hat die Partei »Unser Heimatland« recht?

FALL 7

Der eifrige Untersuchungsausschuss. Nachdem bekannt wurde, dass die Kosten für den Neubau eines Bahnhofs in der Landeshauptstadt S des Landes L sich um über 50 % erhöhen, beantragt die Oppositionspartei X im Bundestag, die 8 % der Bundestagsmandate besitzt, die Einsetzung eines Untersuchungsausschusses mit folgenden Begehren:

1. Die näheren Umstände der Kostensteigerung sollen aufgeklärt werden.
2. Ein Polizeieinsatz gegen eine Demonstration gegen das Bahnprojekt, der zu mehreren Schwerverletzten führte, soll auf seine Rechtmäßigkeit überprüft werden.
3. Die Vertreter der Bundesregierung im Aufsichtsrat der Deutschen Bahn AG sollen in Zukunft gegen jegliche Großprojekte der Bahn stimmen. Vorrangig sei auf längere Zeit der Unterhalt des bestehenden Schienennetzes und der Abbau der vielen Zugverspätungen.

Für den Antrag stimmten bei 50 anwesenden Abgeordneten 24 Abgeordnete mit Ja, 10 Abgeordnete enthielten sich der Stimme und 16 Abgeordnete mit Nein.

a) Ist ein Beschluss für die Einsetzung eines Untersuchungsausschusses zustande gekommen?

b) Sind die Untersuchungsgegenstände zulässig?

3 Der Bundesrat

3.1 Die Stellung des Bundesrats im Verfassungsgefüge des Grundgesetzes

Der Bundesrat bringt das Bundesstaatsprinzip des Grundgesetzes zur Geltung. Er soll die Belange der Länder gegenüber dem Bund wahren. Die Väter und Mütter des Grundgesetzes wollten, dass die Länder Einfluss auf die Bundesgesetzgebung haben, weil die Ausführung der Bundesgesetze im Regelfall den Ländern obliegt (Art. 83 GG). Nach der Aufgabenbeschreibung des Art. 50 GG wirken die Länder durch den Bundesrat bei der Gesetzgebung, aber auch der Verwaltung des Bundes (Art. 84 ff. GG) und in Angelegenheiten der Europäischen Union (Art. 23 GG) mit. Über den Bundesrat haben die Länder damit ein Beteiligungsrecht an der Willensbildung des Gesamtstaates. Aufgrund dieser Stellung ist der Bundesrat ein **Bundesorgan**, das auf der gleichen Ebene wie die anderen Verfassungsorgane Bundestag, Bundesregierung und Bundesverfassungsgericht steht. Die Beamten, die den Bundesrat verwalten, sind dementsprechend Bundesbeamte.

Der Bundesrat ist aber nicht als eine zweite, selbstständige Kammer verfasst. Nach Art. 77 Abs. 1 GG werden die Bundesgesetze durch den Bundestag beschlossen. Der Bundesrat wirkt gemäß Art. 50 GG bei der Gesetzgebung lediglich mit. Das bloße Mitwirkungsrecht zeigt sich deutlich darin, dass dem Bundesrat bei allen Gesetzgebungsvorhaben, die wie in den meisten Fällen nicht Zustimmungsgesetze sind, nur das Recht des Einspruchs zusteht, der vom Bundestag zurückgewiesen werden kann. Nach der Regelung des Grundgesetzes sind bei der Bundesgesetzgebung der Bundestag als unitarisch-demokratisches Organ und der Bundesrat als föderatives Organ beteiligt. Bei einem echten Zweikammersystem wie z. B. dem Senat und dem Repräsentantenhaus in den Vereinigten Staaten von Amerika ist für das Zustandekommen von Gesetzen ein übereinstimmender Mehrheitsbeschluss zweier voneinander unabhängiger Gremien erforderlich. Der Bundesrat hat eine solche Stellung nur bei Zustimmungsgesetzen, bei denen er ein Zustandekommen eines Gesetzes verhindern kann.

Da der Bundesrat nach Art. 51 GG aus Mitgliedern der Landesregierungen besteht, ist er nicht wie der Bundestag ein direkt gewähltes Organ. Er ist damit nicht unmittelbar demokratisch legitimiert. Er ist auch nicht an die Legislaturperiode gebunden. Vielmehr ist er ein **permanentes Organ**. Somit besteht bei seiner Tätigkeit keine **Diskontinuität** wie beim Bundestag. Es gibt also im Bundesrat keinen definitiven Abbruch eines Gesetzgebungsvorhabens zum Ende der Legislaturperiode.

Wird eine Landesregierung nach einer Landtagswahl neu gebildet, werden regelmäßig auch die Vertreter des Landes im Bundesrat neu ernannt. Der Bundesrat kann deshalb in kurzen Zeitabständen wechselnde Mehrheitsverhältnisse haben. Unterschiedliche Mehrheitsverhältnisse können die Arbeit der Bundesregierung stark beeinflussen. Wenn unter den Mitgliedern des Bundesrats die Oppositionsparteien des Bundestags die Mehrheit haben, sind Zustimmungsgesetze nicht immer realisierbar. Eigentlich sollte der Bundesrat nicht parteipolitische Interessen dienen, sondern die spezifischen Belange der einzelnen Länder wahren. Er hat sich jedoch zunehmend zu einem parteipolitischen Instrumentarium entwickelt, bei dem Landesregierungen der gleichen politischen Couleur einheitlich abstimmen. Um dies so weit wie möglich sicherzustellen, treffen sich regelmäßig die Vertreter der Landesregierungen gleicher Parteizugehörigkeit am Vorabend einer Bundesratssitzung zu einer gemeinsamen Besprechung, um das Abstimmungsverhalten im Bundesrat festzulegen. Sind die Mehrheitsverhältnisse im Bundesrat nicht identisch mit denen des Bundestags, hat der Bundesrat bei Zustimmungsgesetzen ein großes Machtpotential, das er oftmals dazu nutzt, über eine »Blockadepolitik« andere anstehende politische Forderungen durchzusetzen.

3.2 Die Zusammensetzung des Bundesrats

Der Bundesrat besteht aus »Mitgliedern der Regierungen der Länder, die sie bestellen und abberufen« (Art. 51 Abs. 1 GG). Es ist daher ausschließliche Sache der Länder, die Mitglieder des Bundesrats zu ernennen. Das Grundgesetz begnügt sich in Art. 51 Abs. 2 GG, die Anzahl der Repräsentanten der Länder festzulegen. Sie hängt von der Einwohnerzahl des Landes ab. Jedes Land hat mindestens drei Stimmen (Vertreter) im Bundesrat. Länder mit mehr als zwei Millionen Einwohnern haben vier, Länder mit mehr als sechs Millionen fünf und Länder mit mehr als sieben Millionen sechs Stimmen. Dementsprechend haben die Länder Baden-Württemberg, Bayern, Nordrhein-Westfalen und Niedersachsen sechs Stimmen, Hessen fünf Stimmen, Berlin, Brandenburg, Rheinland-Pfalz, Sachsen, Sachsen-Anhalt und Thüringen vier Stimmen, Bremen, Hamburg und das Saarland jeweils drei Stimmen. Insgesamt hat damit der Bundesrat **69 stimmberechtigte Mitglieder**. Jedes Land kann so viele Mitglieder in den Bundesrat entsenden, wie es Stimmen hat, ist aber bereits ausreichend vertreten, wenn ein Mitglied der Landesregierung anwesend ist, denn dieses Mitglied kann die anderen Mitglieder vertreten (Art. 51 Abs. 1 Satz 2 GG).

Üblicherweise werden als Mitglieder des Bundesrats der Ministerpräsident des Landes, der stellvertretende Ministerpräsident, der Bevollmächtigte des Landes beim Bund als Leiter der jeweiligen Landesvertretung in Berlin und dann je nach Stimmenzahl weitere Mitglieder der Landesregierung ernannt. Alle Mitglieder des Bundesrats sind also Vertreter der Exekutive. Vertreter eines Landesparlaments sind nicht im Bundesrat. Die Vertreter des Landes im Bundesrat spiegeln also nicht den parteipolitischen Proporz der Landtage wider, sondern nur denjenigen der Landesregierung. Würden die Mehrheitsverhältnisse der Länderparlamente berücksichtigt werden, wäre eine einheitliche Stimmabgabe des Landes schwer denkbar.

Als Ausfluss der **vertikalen Gewaltenteilung** zwischen dem Bund und den Ländern besteht eine **Inkompatibilität** zwischen einer Mitgliedschaft im Bundestag und im Bundesrat. Diese ergibt sich auch aus Art. 77 Abs. 2 GG, denn ein und die gleiche Person kann im Vermittlungsausschuss nicht gleichzeitig den Bundestag und den Bundesrat vertreten.

3.3 Die Beschlussfassung im Bundesrat

3.3.1 Das Verfahren

Der Bundesrat versammelt sich bis zu zwölf Mal jährlich zu regulären Sitzungen. Sie werden vom **Bundesratspräsidenten** geleitet, den die Mitglieder des Bundesrats für die Dauer eines Jahres wählen (Art. 52 Abs. 1 GG). Die kurze Amtsdauer erklärt sich aus der Absicht, einem einzelnen Ministerpräsidenten eines Landes keine länger dauernde Machtposition zu verschaffen und einen raschen Wechsel der Amtsträger zu ermöglichen. Traditionell wird jedes Jahr der Regierungschef eines anderen Landes in einer nicht verfassungsrechtlichen, sondern durch bloße Vereinbarung vorbestimmten Reihenfolge zum Bundesratspräsidenten gewählt. Die Reihenfolge beginnt beim Ministerpräsidenten des bevölkerungsreichsten Landes, das ist Nordrhein-Westfalen, und endet beim kleinsten Land nämlich Bremen. Amtsantritt ist jeweils der 1. November.

Oftmals sind in einer Sitzung des Bundesrats über 100 Tagesordnungspunkte zu bewältigen. Bei dieser Fülle kann ein einzelnes Mitglied des Bundesrats keinen ausreichenden Überblick über die einzelnen zu beschließenden Punkte haben. Die Beratungen des Bundesrates werden deshalb sowohl in den Ländern als auch in den Ausschüssen des Bundesrats vorbereitet. Die wichtigsten und politisch bedeutsamen Themen der kommenden Bundesratssitzung werden in den Kabinettssitzungen der Länder vor der Bundesratsentscheidung vorbesprochen und das Abstimmungsverhalten im Bundesrat in der Tendenz festgelegt. Weniger wichtige Bundesratsentscheidungen werden auf Beamtenebene zwischen den einzelnen Ressorts eines Landes koordiniert und dann durch die Vertretung des Landes beim Bund zu einem Abstimmungskatalog zusammengefasst. Das endgültige Stimmverhalten wird in einer am Vorabend der Bundesratssitzung stattfindenden Ministerpräsidentenrunde der A-Länder (SPD-geführte Bundesländer) und der B-Länder (CDU-geführte Bundesländer) festgelegt.

Stützt sich eine Landesregierung auf eine Koalition mehrerer Parteien, enthält die Koalitionsvereinbarung regelmäßig eine Vereinbarung über das Abstimmungsverhalten im Bundesrat,, die immer den gleichen Inhalt hat: Wenn die Koalitionspartner unterschiedlicher Meinung zu einzelnen anstehenden Bundesratsentscheidungen sind, enthält sich das Land der Stimmen bei der Abstimmung im Bundesrat. Diese Situation ist nicht gerade selten, denn die Koalitionspartner einer Landesregierung sind nicht immer identisch mit den Koalitionspartnern auf Bundesebene. Der Konfliktsituation, in einem Land Regierungspartner zu sein, im Bund aber zur Opposition zu gehören und dort gegen ein Gesetzesvorhaben votiert zu haben, entzieht sich der betreffende Koalitionspartner (und damit das Land) häufig durch Stimmenthaltung im Bundesrat. Zu beachten ist jedoch, dass eine Stimmenthaltung im Bundesrat nicht einfach nicht mitgezählt wird, sondern wie eine Neinstimme zählt. Wenn nun eine Stimmenthaltung die Wirkung einer Gegenstimme hat, wirkt sich dies je nach dem Gegenstand der Abstimmung verschieden aus. Zustimmungsgesetze, bei denen der Bundesrat eine Mehrheitsentscheidung pro Gesetzesvorlage herbeiführen muss, damit das Gesetz wirksam werden kann, werden tendenziell gebremst, weil eine Mehrheit zur Zustimmung schwieriger herzustellen ist. Bei Einspruchsgesetzen, bei denen der Bundesrat umgekehrt eine Mehrheit braucht, um das Gesetz aufzuhalten, wirkt sich die Regelung, dass Stimmenthaltung als Neinstimme gezählt wird, gerade entgegengesetzt, also förderlich für das Einspruchsgesetz, aus.

Die Stimmen eines Landes müssen einheitlich abgegeben werden (Art. 51 Abs. 3 Satz 2 GG). Ein Verstoß gegen das **Gebot der einheitlichen Votierung** macht alle Stimmen des Landes ungültig. Um eine einheitliche Stimmabgabe zu gewährleisten, sind alle Vertreter des Landes **weisungsgebunden**. Die Weisung erfolgt durch Beschluss der Landesregierung. Durch Beschluss des Landtags kann das Stimmverhalten eines Landes nicht beeinflusst werden. In der bayerischen Landesverfassung gibt es aber eine Ausnahme. Die bayerische Landesregierung benötigt die Zustimmung des bayerischen Landtags, wenn sie im Bundesrat der Verlagerung von Landeskompetenzen an die EU zustimmen will. Weicht eine Stimmabgabe von der vorher festgelegten Linie ab, ist sie trotzdem gültig, denn die Weisungsgebundenheit gilt nur im Innenverhältnis der Regierungsmitglieder (ergänzend s. 3.4.1).

Der Bundesrat fasst nach Art. 52 Abs. 3 Satz 1 GG seine Beschlüsse mit mindestens der Mehrheit seiner Stimmen, wenn nicht wie etwa bei einer Änderung des Grundgesetzes eine qualifizierte Mehrheit von zwei Dritteln der Stimmen erforderlich ist. Anders als im Bundestag sind bei Abstimmungen die Zahl der Stimmen nach Art. 51 Abs. 1 GG entscheidend. Es bedarf immer einer Stimmenzahl von mindestens 35 Stimmen für eine Beschlussfassung im Bundesrat, da es insgesamt 69 Stimmen gibt. Eine Mehrheit der anwesenden Stimmen wäre nicht ausreichend. In der Praxis stimmt der Bundesrat regelmäßig mit allen Stimmen ab, denn die Mitglieder des Bundesrats können sich durch andere Mitglieder vertreten lassen (Art. 51 Abs. 1 Satz 2 GG). Sofern nur ein Mitglied eines Landes anwesend ist, kann es sämtliche Stimmen des Landes abgeben. Der Bundesrat ist nach § 28 Abs. 1 GOBR beschlussunfähig, falls nicht die Mehrheit seiner Stimmen bei der Sitzung vertreten ist.

3.3.2 Plenum und Ausschüsse

Bei der im Vergleich zur Fülle der notwendigen Beschlussfassungen geringen Zahl an Sitzungen des Bundesrats ist er auf die Einrichtung von Ausschüssen angewiesen, die nach § 11 Abs. 1 Satz 1 GO-BR im Gegensatz zu den Ausschüssen des Bundestags regelmäßig einen ständigen Charakter haben. Ohne solche Ausschüsse wäre der Bundesrat nicht in der Lage, seine Aufgabe effektiv zu erfüllen. Die Zahl der Ausschüsse entspricht in etwa derjenigen der Ausschüsse des Bundestags, inhaltlich entsprechen sie der Zuständigkeitsverteilung der Bundesministerien. In den Ausschüssen hat jedes Land einen Sitz (§ 11 Abs. 2 GO-BR) und eine Stimme (§ 42 Abs. 2 GO-BR). Nach Art. 52 Abs. 4 GG können den Ausschüssen auch andere Mitglieder der Landesregierungen als die Bundesratsmitglieder oder sogar Beauftragte der Regierungen, also im Regelfall Spitzenbeamte der einzelnen Ministerien, angehören. Diese Regelung ist deshalb sinnvoll und geboten, weil die Mitglieder des Bundesrats nicht wie die Mitglieder des Bundestags überwiegend eine Tätigkeit als Parlamentarier haben, sondern ihre Tätigkeit im Bundesrat eher ein Nebenamt zur eigentlichen Tätigkeit als Regierungsmitglied ist. Weil die Zusammensetzung der Ausschüsse nicht die Mehrheitsverhältnisse im Bundesrat abbildet und dort die Landesbeamten überwiegen, haben deren Beschlüsse den Charakter von Empfehlungen von Sachverständigen, denen aber bei der Abstimmung im Bundesrat in der Mehrheit gefolgt wird, weil den Mitgliedern des Bundesrats einfach die Zeit fehlt, sich in komplexe Sachverhalte, die nicht immer hohe politische Bedeutung haben müssen, einzuarbeiten.

Eine Sonderheit stellt der **Ausschuss für die Angelegenheiten der Europäischen Union,** die **Europakammer**, dar, deren Beschlüsse wegen der oft besonderen Eilbedürftigkeit von europäischen Angelegenheiten als Beschlüsse des Bundesrats gelten (Art. 52 Abs. 3a GG). Um allerdings Beschlüsse mit der Wirkung von Bundesratsbeschlüssen fassen zu können, hat die Europakammer als »Bundesrat en miniature« nach Art. 52 Abs. 3a GG eine Stimmengewichtung wie im Bundesrat.

3.4 Die Kompetenzen des Bundesrats

Art. 50 GG beschreibt in allgemeiner Form drei Aufgabenbereiche des Bundesrats. Er hat **Mitwirkungsrechte** bei der **Gesetzgebung des Bundes**, der **Verwaltung des Bundes** und in **Angelegenheiten der Europäischen Union**. Verstreut über das Grundgesetz finden sich die spezifischen Bestimmungen über die einzelnen Befugnisse des Bundesrats. Die weitaus wichtigste Kompetenz des Bundesrats sind seine Mitwirkungsrechte bei der Gesetzgebung des Bundes.

3.4.1 Mitwirkung an der Gesetzgebung

Die wichtigste Kompetenz des Bundesrats sind seine Mitwirkungsrechte bei der Gesetzgebung des Bundes. Kein Gesetz kommt ohne die Mitwirkung des Bundesrats zustande. Dabei beschränkt sich die Rolle des Bundesrats nicht nur auf ein **suspensives** oder **absolutes Vetorecht**. Es beinhaltet auch eine gestaltende Mitwirkung im **Vermittlungsausschuss** (Art. 77 Abs. 2 GG) sowie ein nach Art. 76 Abs. 1 GG mögliches **Gesetzesinitiativrecht**. Da es sich beim Initiativrecht um neues Bundesrecht handelt, ist die Gesetzgebungsbefugnis auf Bundesrecht beschränkt.

Beim Vetorecht des Bundesrats im Gesetzgebungsverfahren sind zwei Fallkonstellationen zu unterscheiden, die dem Bundesrat verschiedene Rechte geben. Der Verfassungsgeber hatte einmal Gesetze im Blick, die aufgrund ihrer besonderen Bedeutung für die Länder unbedingt der Zustimmung durch den Bundesrat bedürfen, um Geltung zu erlangen (sog. **Zustimmungsgesetze**), andererseits Gesetze, welche die Interessenslage der Länder weniger tangieren und deshalb nicht durch ein absolutes, sondern nur durch ein suspensives Vetorecht des Bundesrats aufgehalten werden können (sog. **Einspruchsgesetze**). Beim Mitwirkungsverfahren ist somit die entscheidende Frage, welche Art von Gesetzen vorliegt. Sie beantwortet sich nach der Regel, dass alle Gesetze, für die das Grundgesetz nicht ausdrücklich eine Zustimmung des Bundesrats verlangt, lediglich Einspruchsgesetze sind.

Vorschriften, welche die Zustimmung des Bundesrats vorsehen, sind über das gesamte Grundgesetz verstreut. Im **Finanzwesen**, das die Interessen der Länder in besonderer Weise berührt, finden sich viele Zustimmungsgesetze.

BEISPIELE

Die Anteile von Bund und Ländern an der Umsatzsteuer werden durch Bundesgesetz, das der Zustimmung des Bundesrats bedarf, festgesetzt (Art. 106 Abs. 3 GG).

Bundesgesetze über Steuern, deren Aufkommen den Ländern oder den Gemeinden ganz oder zum Teil zufließt wie zum Beispiel die Einkommenssteuer, bedürfen ebenfalls der Zustimmung des Bundesrats (Art. 105 Abs. 3 GG).

Leistungsgesetze, also Gesetze, die bestimmten Personen einen Anspruch auf eine Leistung des Staates geben, bedürfen nach Art. 104a Abs. 4 GG der Zustimmung des Bundesrats, wenn daraus entstehende Ausgaben von den Ländern zu tragen sind.

Stets zustimmungspflichtig sind Verfassungsänderungen. Hier verlangt Art. 79 Abs. 2 GG eine qualifizierte Mehrheit von zwei Dritteln der Stimmen des Bundesrats.

Wenn ein Gesetz zustimmungspflichtig ist, ist es nach der ständigen Rechtsprechung des Bundesverfassungsgerichts als gesetzgebungstechnische Einheit im Gesamten zustimmungspflichtig, auch wenn nur Teile davon zustimmungspflichtig sind. Dem Gesetzgeber ist es jedoch erlaubt, zu regelnde Materien in einen zustimmungsbedürftigen und einen nicht zustimmungsbedürftigen Teil aufzuspalten, wenn eine solche Trennung in zwei gesetzgebungstechnische Einheiten möglich ist.

Bei **Änderungsgesetzen** kommt es nur auf den zu ändernden Teil, nicht auf das gesamte Gesetz, das geändert werden soll, an. Enthält das Änderungsgesetz Vorschriften, die zustimmungspflichtig sind, bedarf es insgesamt der Zustimmung des Bundesrats. Änderungen eines Teils des Gesetzes, der nicht der Zustimmungspflicht unterliegt, sind daher nicht zustimmungspflichtig.

Bei der **Aufhebung** eines zustimmungspflichtigen Gesetzes besteht keine Zustimmungspflicht, denn es gilt nicht mehr, einen Eingriff des Bundes in einen Belang der Länder abzuwehren.

3.4.2 Mitwirkung bei den Exekutivaufgaben

Der Bundesrat wirkt gem. Art. 50 GG auch bei der Verwaltung des Bundes mit. Er hat dort **Zustimmungs-, Mängelbeseitigungs-** und **Kontrollrechte**. Diese Kompetenzen des Bundesrats erklären sich aus dem Umstand, dass die Länder gerade bei der Umsetzung von Bundesgesetzen als Exekutivaufgabe in noch höherem Maße berührt sind als allein durch die förmlichen Gesetze. Die Interessenssphäre der Länder tangieren insbesondere Rechtsverordnungen und Verwaltungsvorschriften, die durch den Bund erlassen wurden.

3.4.2.1 Zustimmungsbedürftigkeit von Rechtsverordnungen

Der Zustimmung des Bundesrats bedürfen Rechtsverordnungen, die aufgrund eines zustimmungsbedürftigen Gesetzes erlassen werden (Art. 80 Abs. 2, 2. Altern. GG). Der Zustimmung des Bundesrats bedürfen ferner Verordnungen aufgrund von Gesetzen, die von den Ländern als eigene Angelegenheit oder im Auftrag des Bundes ausgeführt werden. Die Ratio dieser Bestimmung liegt auf der Hand. Wenn die Länder mit ihrem Verwaltungsapparat Bundesgesetze ausführen, sollen sie auch den Modus des Prozedere mitbestimmen können. Eine dritte Variante der Zustimmungsbedürftigkeit betrifft die sog. Verkehrsverordnungen. Rechtsverordnungen über das Eisenbahn- und das Postwesen und die Telekommunikation als zentrale Einrichtungen der Daseinsvorsorge bedürfen ebenfalls der Zustimmung des Bundesrats (Art. 80 Abs. 2, 1. Altern. GG).

Bei allen drei Alternativen kann die Zustimmungsbedürftigkeit nach Art. 80 Abs. 2 GG durch bundesgesetzliche Regelung ausgeschlossen werden. Eine solche gesetzliche Regelung bedarf jedoch wiederum der Zustimmung des Bundesrats (BVerfG vom 24.02.197, BVerfGE 28, 66 f.).

BEISPIEL

Nach § 54 Abs. 2 Satz 2 AtomG bedürfen Rechtsverordnungen, welche die geltenden physikalischen, technischen und strahlenbiologischen Werte ändern, nicht der Zustimmung der Länder. § 54 Abs. 2 Satz 2 AtomG bedurfte jedoch der Zustimmung des Bundesrats.

3.4.2.2 Zustimmungsbedürftigkeit von Verwaltungsvorschriften

Verwaltungsvorschriften des Bundes regeln die Ausführung von Bundesgesetzen, um in allen Ländern eine einheitliche Verwaltungspraxis sicherzustellen. Art. 84 Abs. 2 und Art. 85 Abs. 2 Satz 1 GG geben hierfür der Bundesregierung die Legitimation, aber nur unter der Voraussetzung, dass der Bundesrat ihnen zustimmt, weil Verwaltungsvorschriften naturgemäß in die Hoheitsgewalt der Länder eingreifen. Adressat der Ermächtigung zum Erlass von Verwaltungsvorschriften ist die Bundesregierung. Das heißt, dass jeweils die Bundesregierung als Kollegialorgan diese Vorschriften erlassen muss. Sie können nicht allein durch ein Bundesministerium erlassen werden (BVerfG vom 15.07.1969, BVerfGE 26, 338, 395; BVerfG vom 02.03.1999, 100, 249, 259). Diese Regelung ist insoweit beachtlich, da die höherrangigen Rechtsverordnungen nach Art. 80 Abs. 1 Satz 1 GG durchaus ein Bundesminister allein erlassen kann.

3.4.2.3 Zustimmung bei der Organisation neuer Bundesmittel- und Bundesunterbehörden

Erwachsen dem Bund auf dem Gebiet seiner eigenen Gesetzgebungszuständigkeit neue Aufgaben, die wirksam nicht dezentral durch die Länder, sondern nur zentral durch den Bund bewältigt werden können, so kann der Bund mit Zustimmung der Mehrheit der Mitglieder des Bundesrats für diesen Aufgabenbereich bei dringendem Bedarf neue Mittel- und Unterbehörden einrichten, wenn für diese Aufgaben noch keine Behörde besteht (Art. 87 Abs. 3 Satz 2 GG).

Die Vorschrift hat in der Praxis sehr geringe Bedeutung und ist nur als Notnagel für eine nicht absehbare Entwicklung anzusehen.

3.4.2.4 Mitwirkung des Bundesrats in Angelegenheiten der Europäischen Union

Die Übertragung deutscher Hoheitsrechte auf die Europäische Union bewirkt nicht nur einen Kompetenzverlust des Bundes, sondern auch einen Eingriff in die Hoheit der Länder, denen im Gegensatz zur Mitwirkung an der Bundesgesetzgebung eine Beteiligung im EU-Rechtssetzungsverfahren verwehrt ist. Die Mitwirkung an der Rechtssetzung der Europäischen Union ist auf den Bund beschränkt. Um deshalb die Länder nicht von vornherein an der Willensbildung in europäischen Angelegenheiten auszuschließen und damit das Bundesstaatsprinzip auszuhöhlen, bedarf es einer besonderen Beteiligungsform der Länder.

Auf der Basis des Art. 50 GG wird diese Beteiligungsformen durch Art. 23 GG sowie das Gesetz über die Zusammenarbeit von Bund und Ländern in Angelegenheiten der Europäischen Union (EUZBLG) vom 12. 03. 1993 (BGBl. I 1993, 313) geregelt.

Folgende Fallkonstellationen sind zu unterscheiden:

a) In allen Angelegenheiten der Europäischen Union **unterrichtet** die Bundesregierung den Bundesrat umfassend und zum frühestmöglichen Zeitpunkt (Art. 23 Abs. 2 Satz 2 GG).
b) Soweit der Bundesrat an einer entsprechenden innerstaatlichen Maßnahme mitzuwirken hätte oder soweit die Länder für die fragliche Materie innerstaatlich zuständig wären, **beteiligt** die Bundesregierung vom Bundesrat benannte Vertreter der Länder an den Beratungen zur Festlegung der Verhandlungsposition zu den Vorhaben (Art. 23 Abs. 4 GG i. V. m. § 4 EUZBLG).

Damit wird die **äußere Form** der Mitwirkung der Länder verfassungsrechtlich festgeschrieben. Wie im Einzelnen die Meinung des Bundesrates in die Entscheidungen der Bundesregierung einfließt, regelt in abgestufter Form Art. 23 Abs. 5 GG:

Zunächst **berücksichtigt** die Bundesregierung die Stellungnahme des Bundesrats, wenn die Interessen der Länder in einem **Bereich ausschließlicher Zuständigkeiten des Bundes** berührt sind (Art. 23 Abs. 5 Satz 1 GG). Dies bedeutet, dass die Bundesregierung die Stellungnahme des Bundesrats in ihre Willensbildung bei der Festlegung ihrer Verhandlungspositionen mit einzubeziehen hat und sich mit der Auffassung des Bundesrats und deren Begründung inhaltlich auseinandersetzen muss. Eine strikte rechtliche Bindung an die Stellungnahme besteht nicht.

Das größte Gewicht kommt der Stellungnahme des Bundesrats zu, wenn im Schwerpunkt **Gesetzgebungsbefugnisse der Länder, die Einrichtung ihrer Behörden oder ihr Verwaltungsverfahren** betroffen sind. In diesen Fällen ist die Stellungnahme des Bundesrates nicht nur zu berücksichtigen, sondern unter dem Vorbehalt des Art. 23 Abs. 5 Satz 2, HS 2 und Satz 3 GG **maßgeblich zu berücksichtigen** (Art. 23 Abs. 5 Satz 2 GG). Die Bedeutung des Begriffs der maßgeblichen Berücksichtigung ist umstritten. Der Wortlaut des Art. 23 Abs. 5 Satz 2 GG legt jedoch nahe, dass eine maßgebliche Berücksichtigung keine Bindung an die Stellungnahme des Bundesrates bedeutet, sondern nur ein Regel-/Ausnahmeverhältnis begründet. Dagegen postuliert allerdings § 5 Abs. 2 Satz 5 EUZBLG im Streitfall den Vorrang der Meinung des Bundesrats, wenn er seinen Beschluss mit zwei Dritteln seiner Stimmen fasst.

FALL 8

Die nicht einheitliche Stimmabgabe. Das vom Bundestag beschlossene und im Bundesrat nach Art. 84 Abs. 1 GG zustimmungspflichtige Zuwanderungsgesetz, das Bestimmungen zum Aufenthalts- und Niederlassungsrecht von Ausländern enthält, wird gem. Art. 77 Abs. 1 GG dem Bundesrat zur Abstimmung zugeleitet. Vor der Abstimmung im Bundesrat tagt die Regierung des Landes B, um ihr Abstimmungsverhalten im Bundesrat zu dem Gesetzesentwurf festzulegen. Dabei äußern die beiden Koalitionspartner der Landesregierung gegenteilige Auffassungen. Daraufhin weist der Ministerpräsident von B nach einem Mehrheitsbeschluss im Kabinett die Vertreter des Landes im Bundesrat an, bei der Abstimmung für die Gesetzesvorlage zu stimmen, obwohl im Koalitionsvertrag zwischen den beiden Regierungsparteien steht, dass bei uneinheitlicher Auffassung der Koalitionspartner sich das Land im Bundesrat der Stimme enthält. Wenige Tage danach kommt es zur Abstimmung im Bundesrat. Der Ministerpräsident, der der A-Partei angehört, stimmt dabei mit »Ja«, der Innenminister, der der B-Partei angehört, mit »Nein«, die zwei anderen Vertreter des Landes stimmen nicht ab. Der Bundesratspräsident stellt daraufhin fest, dass das Land B »nicht ordnungsgemäß abgestimmt habe«. Er wiederholt deshalb die Abstimmung. Der Ministerpräsident erklärte bei der zweiten Abstimmung: »Ich erkläre hiermit, dass das Land B mit ‚Ja' abstimmt.« Der Innenminister ruft ins Saalmikrophon: »Herr Bundesratspräsident, Sie kennen meine Auffassung.« Der Bundesratspräsident stellte daraufhin fest, dass das Land B mit »Ja« abgestimmt habe und mit den Stimmen des Landes B mit 35 Ja-Stimmen der Bundesrat der Gesetzesvorlage zugestimmt habe.

a) Kann der Ministerpräsident trotz anderslautender Bestimmung im Koalitionsvertrag die Vertreter des Landes B anweisen, in einem bestimmten Sinne abzustimmen?

b) Ist das Gesetz nach den Vorschriften des Grundgesetzes zustande gekommen?

4 Der Bundespräsident

4.1 Rechtsstellung und Befugnisse

Der Bundespräsident ist das Staatsoberhaupt der Bundesrepublik Deutschland, mithin protokollarisch gesehen sein ranghöchster Vertreter. Seine Befugnisse sind aber sehr begrenzt. Er hat keine genuinen Aufgaben der Staatslenkung. Das politisch und von seiner Machtfülle viel bedeutendere Amt hat der Bundeskanzler. Er steht aber im dritten Rang hinter dem Bundespräsidenten und dem Bundestagspräsidenten. **Vertreter des Bundespräsidenten** ist der Präsident des Bundesrates (Art. 57 GG). Er nimmt vertretungsweise das Amt des Bundespräsidenten bei dessen Verhinderung oder bei einem Rücktritt wahr.

Die Stellung des Staatsoberhaupts im Regierungssystem kann in einer Demokratie verschieden ausgestaltet sein. In einem **präsidentiellen Regierungssystem** wird das Staatsoberhaupt vom Volk gewählt. Die Regierung wird von ihm ernannt und geleitet. Er gibt die politischen Richtlinien vor und hat den Oberbefehl über die Streitkräfte. Erfolg und Misserfolg der Regierung wird ihm zugeschrieben. Die Verfassungen der Vereinigten Staaten von Amerika und Frankreichs sind Beispiele eines präsidentiellen Regierungssystems. Bei einem **parlamentarischen Regierungssystem**, wie in der Bundesrepublik Deutschland, ist die politische Gestaltung der Regierung und dem Parlament vorbehalten. Das Staatsoberhaupt lenkt nicht die Regierungsgeschäfte. Seine Aufgaben sind vorwiegend repräsentativer und integrativer Natur. Ob das Staatsoberhaupt im parlamentarischen Regierungssystem vom Volk gewählt wird oder nicht, hängt von der jeweiligen Verfassung ab. Eine Sonderform des parlamentarischen Regierungssystems ist die **parlamentarische Monarchie**. Das Staatsoberhaupt wird wie beispielsweise im Vereinigten Königreich und in den Niederlanden durch dynastische Erbfolge bestimmt, hat aber ebenfalls im Wesentlichen nur eine repräsentative Funktion.

Nach den Erfahrungen der Weimarer Demokratie hat sich der deutsche Verfassungsgeber für ein parlamentarisches Regierungssystem entschieden, in dem der Bundespräsident als Staatsoberhaupt nur mit geringen verfassungsrechtlichen Kompetenzen ausgestattet ist. Die Funktionen des Amtes sind durch Art. 54–61 GG definiert. Als Staatsoberhaupt erfüllt der Bundespräsident seine Aufgabe durch seine Person und sein Auftreten. Seine persönliche Autorität ist sein politisches Kapital. Der Bundespräsident artikuliert seine Auffassung in der ihm persönlich eigenen Form auf der Basis der von der Regierung vorgegebenen politischen Leitlinien. Seine Äußerungen in der Öffentlichkeit sind nicht unpolitisch, aber abgeleitet von der Willensbildung durch Regierung und Parlament. Das wird dadurch gesichert, dass nach § 5 GO-BReg der Bundeskanzler den Bundespräsidenten laufend über seine Politik und die Geschäftsführung der einzelnen Bundesminister durch Übersendung der wesentlichen Unterlagen, durch schriftliche Berichte über Angelegenheiten von besonderer Bedeutung sowie nach Bedarf durch persönlichen Vortrag unterrichtet.

In seiner Rolle als Integrationsfigur soll der Bundespräsident durch sein Wirken die Gesellschaft zusammenhalten. Das indiziert absolute parteipolitische Neutralität. Deshalb haben alle Bundespräsidenten nach ihrer Wahl ihre Parteiämter, so vorhanden, niedergelegt. Art. 55 GG verlangt auch eine weitgehende **Inkompatibilität** des Bundespräsidentenamtes mit anderen Ämtern und Funktionen, um Interessenskonflikte zu vermeiden und das Amt neutral und integrativ führen zu können. So darf der Bundespräsident weder der Regierung noch einer gesetzlichen Körperschaft des Bundes oder eines Landes angehören, aber auch kein anderes besoldetes Amt, kein Gewerbe und keinen Beruf ausüben und weder der Leitung noch dem Aufsichtsrat eines Unternehmens angehören.

Jeder Bundespräsident läuft bei dieser eingeschränkten Aufgabenzuweisung leicht Gefahr, die ihm verfassungsrechtlich gesetzten Grenzen zu überschreiten. Er darf Anstöße geben, durchaus an bestehenden Verhältnissen Kritik üben und Realitäten beschreiben, aber eben nicht sich in Bereiche der politischen Staatsleitung einmischen, sich in Opposition zur Regierung begeben oder durch seine Aussagen die Regierung in politische Schwierigkeiten bringen. Dabei ist die Grenzziehung zu unzulässiger Einflussnahme auf das politische Geschehen nicht immer eindeutig zu ziehen. Aber immer dann, wenn es sich um tagesaktuelle, politisch umstrittene Themen handelt, würde eine Parteinahme des Bundespräsidenten seine Kompetenz überschreiten.

BEISPIELE

Bundespräsident Gauck hatte ohne Abstimmung mit der Bundesregierung kurzfristig seine Teilnahme an der Eröffnung der Olympischen Winterspiele, die 2014 im russischen Sotschi stattfanden, abgesagt. Das war ein Eingriff in die außenpolitische Kompetenz der Bundesregierung, denn sie musste bei den damals angespannten politischen Beziehungen zu Russland selbst das Heft in der Hand behalten.

Grenzwertig war auch seine Aussage im Juli 2014 »Jetzt reicht's«, als amerikanische Spione im Bundesverteidigungsministerium und im Bundesnachrichtendienst enttarnt wurden, denn er brachte dadurch zwar die Volksmeinung zum Ausdruck, aber auch Bundeskanzlerin Merkel in Zugzwang, gegen die Vereinigten Staaten vorzugehen.

In der Entscheidung des Bundesverfassungsgerichts zu einer NPD-Klage gegen Bundespräsident Gauck (er hatte vor der Bundestagswahl 2013 von »rechten Spinnern« gesprochen) stellten die Karlsruher Richter fest: »Wie der Bundespräsident seine Repräsentations- und Integrationsaufgaben mit Leben erfüllt, entscheidet der Amtsinhaber grundsätzlich selbst. Er kann auch eine klare Sprache pflegen und auf Missstände hinweisen, vor Gefahren warnen und dabei Ross und Reiter nennen«. Das Staatsoberhaupt dürfe allerdings nicht »willkürlich Partei ergreifen und diffamieren«. Im Fall der NPD-Klage verneinte dies das Gericht (BVerfG vom 10.06.2014 – 2 BvE 4/13).

Die Stellung des **Reichspräsidenten** in der Weimarer Verfassung war eine gänzlich andere als die des Bundespräsidenten. Der nach Art. 41 WRV vom Volk gewählte Reichspräsident ernannte und entließ den Reichskanzler (Art. 53 WRV), der nicht vom Reichstag gewählt wurde. Er konnte vom Reichstag beschlossene Gesetze einer Volksabstimmung unterwerfen (Art. 73 Abs. 1 WRV), besaß das Recht, den Reichstag aufzulösen und darüber hinaus umfangreiche Notstandsbefugnisse (Art. 48 WRV).

4.2 Repräsentationsfunktion

Die vom Grundgesetz vorgesehene Stellung des Bundespräsidenten im Verfassungsgefüge lässt sich in verschiedene Funktionen aufteilen. In erster Linie übt der Bundespräsident eine Repräsentationsfunktion aus. Er hält bei wichtigen Anlässen Reden, besucht ausgewählte Einrichtungen des Landes, empfängt in seinem Amtssitz Schloss Charlottenburg in Berlin ausgewählte Bevölkerungsgruppen, z. B. die Teilnehmer der Olympischen Spiele oder ehrenamtlich tätige Bürger, begibt sich auf Staatsbesuche ins Ausland (in der Regel zwei Besuche pro Jahr), empfängt mit militärischen Ehren ausländische Staatsoberhäupter und führt mit ihnen Gespräche, gibt aus Anlass von Staatsbesuchen Staatsbankette, übernimmt Schirmherrschaften und Patenschaften. Ihm ist es vorbehalten, den einzigen Orden der Bundesrepublik Deutschland, das Bundesverdienstkreuz, das es in mehreren Stufen gibt, zu verleihen. Durch diese Tätigkeiten verkörpert und symbolisiert er den Staat, damit dieser von den Bürgern ausreichend wahrgenommen wird. Dies ist eine nicht zu unterschätzende Aufgabe für die Bestandssicherung des Staates.

4.3 Völkerrechtliche Vertretungsfunktion

Art. 59 GG verleiht dem Bundespräsidenten völkerrechtliche Vertretungsfunktion. Der Bundespräsident vertritt die Bundesrepublik nach außen. Ihm obliegt hierbei insbesondere der Abschluss von Verträgen mit auswärtigen Staaten im Namen des Bundes. Das Bundespräsidialamt als Behörde des Bundespräsidenten ist jedoch kein zweites Außenministerium. Die Pflege der Beziehungen zu auswärtigen Staaten ist Sache des Bundes, nicht des Bundespräsidenten (Art. 32 Abs. 1 GG). Abkommen mit auswärtigen Staaten werden von der Bundesregierung verhandelt. Zunächst entwerfen der Verhandlungsführer (Vertreter des Auswärtigen Amts, des Bundeskanzleramts oder eines Bundesministeriums) und die Vertreter des auswärtigen Staates den Vertragstext, welcher dann zum Abschluss der Verhandlungen **paraphiert** wird, d. h. vorläufig unterschrieben.

Bezieht sich der Vertrag auf einen Gegenstand der Bundesgesetzgebung oder regelt er die politischen Beziehungen des Bundes (z. B. ein Bündnisvertrag), muss er dann, um gültig zu werden, als Bundesgesetz vom Bundestag und Bundesrat verabschiedet werden (sog. **Vertragsgesetz**, Art. 59 Abs.2 GG). Die Exekutive soll die Legislative durch völkerrechtliche Verträge nicht in ihrer Zuständigkeit beschneiden. Deswegen bezieht sich Art. 59 Abs. 2 Satz 1 GG nur auf die Verträge, die innerstaatlich nur durch ein Gesetz zur Geltung gebracht werden können, weil sie etwa Rechte und Pflichten der Bürger begründen. Der Gesetzestext enthält lediglich unter Beifügung des Wortlauts des völkerrechtlichen Vertrags die Aussage, dass dem Vertrag zugestimmt wird. Es ermächtigt den Bundespräsidenten, den Vertrag zu **ratifizieren** (endgültig zu schließen) und damit die Bundesrepublik rechtlich zu binden. Umgekehrt kann sich der Bundestag auch wieder von dem Vertragsgesetz lösen mit der Folge, dass der völkerrechtliche Vertrag zwar noch im Außenverhältnis zu dem Vertragsstaat, aber nicht mehr innerstaatlich gilt. Das folgt aus dem Demokratieprinzip und dem Grundsatz der parlamentarischen Diskontinuität. Der Gesetzgeber kann nicht den Gesetzgeber auf Dauer binden.

Damit der Vertrag auch innerstaatliche Bindungswirkung entfaltet, muss er zusätzlich durch ein sog. **Transformationsgesetz** in innerstaatliches Recht übertragen (»transformiert«) werden. Regelmäßig ist das Transformationsgesetz aber mit dem Vertragsgesetz verbunden, wenn der Bund auch für die Transformation zuständig ist.

Soweit die Länder nach Art. 32 Abs. 3 GG Verträge abschließen, entfällt die völkerrechtliche Vertretungsfunktion des Bundespräsidenten. Die Länder können aber nur mit Zustimmung der Bundesregierung und nur dann, wenn ihnen die Gesetzgebung über die zu regelnde Materie zusteht, mit auswärtigen Staaten Verträge abschließen.

BEISPIEL

Der Vertrag zur Gründung des deutsch-französischen Fernsehsenders ARTE wurde am 02. 10. 1990 zwischen dem französischen Kulturminister und den Ministerpräsidenten der damaligen elf Länder abgeschlossen, weil das Rundfunkrecht Sache der Länder ist.

Art. 59 Abs. 2 GG darf nicht zu der in Klausuren häufig fehlerhaften Meinung verleiten, dass der Bund mit auswärtigen Staaten nur dann Verträge abschließen kann, wenn er dafür auch die Gesetzgebungskompetenz besitzt. Der Bund kann auch völkerrechtliche Verträge über Materien abschließen, für die nach der Kompetenzverteilung des Grundgesetzes die Länder zuständig sind. Das wird aus Art. 32 Abs. 1 GG hergeleitet, nach dem die Pflege der Beziehungen zu auswärtigen Staaten Sache des Bundes ist. Nur bei dem noch notwendigen Transformationsgesetz in innerstaatliches Recht gilt die Verteilung der Gesetzgebungskompetenz nach Art. 70 ff. GG. Das heißt, fällt der Inhalt des Vertrags in die ausschließliche Gesetzgebungszuständigkeit der Länder, sind auch nur diese befugt, den Inhalt des Vertrags in innerdeutsches Recht zu transformieren. Im »**Lindauer Abkommen**« vom 14. 11. 1957 haben sich Bund und Länder deshalb verständigt, dass die Länder das entsprechende Transformationsgesetz erlassen oder wenn kein Transformationsgesetz notwendig ist, den Vertragsinhalt umsetzen, auch wenn dies nach Art. 30 GG ausschließlich Sache der Länder ist, wenn der Bund mit Einverständnis der Länder auf dem Gebiet der Landesgesetzgebung völkerrechtliche Verträge abschließt. Es würde dann gegen das durch das Bundesstaatsprinzip begründete Gebot der Bundestreue verstoßen, wenn die Länder dieser Abmachung nicht folgen würden.

Schließlich empfängt der Bundespräsident in seiner Rolle als oberster Außenrepräsentant Deutschlands die **Botschafter** auswärtiger Staaten, wenn diese ihr Amt in Deutschland antreten, und nimmt deren Beglaubigungsschreiben entgegen (Art. 59 Abs. 1 Satz 3 GG). Diesem Akt geht das sog. **Agrément** voraus, welches die Bestätigung enthält, dass der vorgesehenen diplomatische Vertreter in Deutschland willkommen ist. Wie bei allen Rechtsakten des Bundespräsidenten gilt auch im Bereich des diplomatischen Verkehrs Art. 58 GG mit der Folge, dass die Gegenzeichnung durch den Bundeskanzler oder den Bundesaußenminister vorliegen muss.

4.4 Staatsnotarielle Funktion

4.4.1 Ausfertigung von Gesetzen

Gesetze bedürfen für ihr Inkrafttreten der Ausfertigung durch den Bundespräsidenten (Art. 82 GG). Ausfertigung heißt Herstellung einer Urschrift mit der Unterschrift des Bundespräsidenten. Mit der Ausfertigung bekundet der Bundespräsident, dass der Gesetzestext vom Gesetzgeber beschlossen wurde und das Gesetzgebungsverfahren ordnungsgemäß durchgeführt wurde. Nach der Unterzeichnung wird das Gesetz im Bundesgesetzesblatt veröffentlicht. Diese Regelung entspricht der schon in der konstitutionellen Monarchie begründeten Tradition, dass das Staatsoberhaupt durch seine Unterschrift den Schlussakt des Gesetzgebungsverfahrens setzt, ohne dafür politische Verantwortung zu tragen.

Die Ausfertigung von Gesetzen ist keine reine Formalie. Der Bundespräsident hat dabei auch eine **Kontrollfunktion** mittels eines Prüfungsrechts, also eine **Prüfungskompetenz**. Wie weit diese Kontrollfunktion geht, ist das zentrale Problem der Befugnisse nach Art.82 GG. Darf der Bundespräsident die Ausfertigung eines Gesetzes verweigern, wenn er es für unzweckmäßig oder politisch inopportun hält? Darf oder muss der Bundespräsident die Gesetzesvorlage zurückweisen, wenn das Gesetz durch einen verfahrensrechtlichen Regelverstoß zustande gekommen ist oder gar materiell verfassungswidrig ist? Diese Fragen stehen im Vordergrund bei der Ausfertigung von Gesetzen.

Zunächst ergibt sich aus dem Grundsatz, dass der Bundespräsident nicht in die politische Staatslenkung eingreifen darf, dass ihm keine **Zweckmäßigkeitskontrolle** zusteht. Unstreitig ist auch, dass der Bundespräsident ein **formelles Prüfungsrecht** hat. Er kann prüfen, ob das ihm zur Ausfertigung vorliegende Gesetz alle verfahrensmäßigen Voraussetzungen für ein ordnungsgemäßes Zustandekommen hat. Der Bundespräsident prüft hiernach die ordnungsgemäße Beschlussfassung durch den Bundestag und die Wahrung der Rechte des Bundesrates. Auch die Frage, ob der Bund die Gesetzgebungskompetenz für das vorgelegte Gesetz hat, gehört zum verfassungsgemäßen Zustandekommen eines Gesetzes. Das formelle Prüfungsrecht des Bundespräsidenten ergibt sich aus dem Wortlaut des Art. 82 GG: »Die nach den Vorschriften dieses Grundgesetzes zustande gekommenen Gesetze ...« Gesetze die unter Missachtung grundgesetzlicher Bestimmungen zum Gesetzgebungsverfahren einschließlich des Rechtes zur Gesetzgebung beschlossen wurden, sind nicht grundgesetzkonform zustande gekommen. Kein Verfassungsorgan kann verpflichtet sein, an einem formell verfassungswidrigen Rechtsakt mitzuwirken. Der Bundespräsident hat also nach Abschluss des Gesetzgebungsverfahrens die Möglichkeit, das Inkrafttreten eines Gesetzes zu verhindern.

Der unstrittigen Frage eines formellen Prüfungsrechts schließt sich die Frage an, ob der Bundespräsident insoweit auch eine **Prüfungspflicht** hat. Die Frage ist von großer praktischer Relevanz.

BEISPIEL

Bundespräsident Rau unterzeichnete das umstrittene sog. Zuwanderungsgesetz mit der Begründung, es sei »nicht evident verfassungswidrig« zustande gekommen. Tatsächlich verletzte es aber Art. 51 Abs. 3 GG. Das Land Brandenburg, das von einer großen Koalition regiert wurde, stimmte bei der Abstimmung zu diesem Gesetz im Bundesrat nicht einheitlich ab. Der damalige Bundesratspräsident Wowereit hätte deshalb die Stimmen Brandenburgs als ungültig zählen müssen. Stattdessen fragte er in der Sitzung nochmals nach mit den Worten: »Gehe ich richtig in der Annahme, dass die Stimme des Ministerpräsidenten die Stimme Brandenburgs ist?«, worauf der Ministerpräsident mit »Ja« antwortete. Daraufhin berücksichtigte der Bundesratspräsident verfahrenswidrig die Stimme Brandenburgs.

Im obigen Fall stellt sich die Frage, ob der Bundespräsident zwingend die Ausfertigung ablehnen musste. Bei den meisten Lehrbüchern des Staatsrechts wird zwischen formellem Prüfungsrecht und Prüfungspflicht nicht unterschieden oder es wird lapidar festgestellt, dass dem Prüfungsrecht die Prüfungspflicht folgt, teilweise mit der Begründung, dass der Bundespräsident wie jedes andere Verfassungsorgan die Pflicht hat, innerhalb seines Zuständigkeitsbereichs Staatsakte auf ihre Vereinbarkeit mit der Verfassung zu überprüfen. Mit dieser Begründung müsste jedoch auch eine materielle Prüfungspflicht, also die Prüfung der Gesetze auf ihre Vereinbarkeit mit materiellen Vorschriften des Grundgesetzes, angenommen werden. Zielführender ist deshalb der Verweis auf Art. 82 GG: »(Nur) die nach den Vorschriften des Grundgesetzes zustande gekommenen Gesetze werden vom Bundespräsident ausgefertigt.« Bei der Prüfung der formellen Rechtswidrigkeit kann also nicht zwischen offensichtlicher oder strittiger Rechtswidrigkeit unterschieden werden. Der Bundespräsident muss sich selbst über das formelle Zustandekommen eines Gesetzes eine Rechtsauffassung bilden und dieser folgen.

Höchst umstritten ist die zweite Frage, ob der Bundespräsident auch ein **materielles Prüfungsrecht** hat, ob er also bei angenommener materieller Verfassungswidrigkeit die Ausfertigung des Gesetzes verweigern darf.

BEISPIEL

Bundestag und Bundesrat beschließen ein Gesetz, nach dem Teile der Steuerverwaltung, nämlich die Bearbeitung der Einkommenssteuererklärungen, privatisiert werden sollen, weil ein Gutachten ergeben hat, dass dies erhebliche Einsparungen zur Folge habe. Der Bundespräsident verweigert die Ausfertigung mit dem Hinweis, das Gesetz sei nach Art. 33 Abs. 4 GG (Ausübung hoheitlicher Befugnisse) verfassungswidrig.

Ein Gesetz wie in diesem fiktiven Beispiel wäre verfassungswidrig, weil es die Finanzverwaltung in ihrem elementaren Bestand und damit in ihrem Wesensgehalt antastet. Das Grundgesetz sieht in Art. 33 Abs. 4 GG eine Einrichtungsgarantie für zentrale, für das Funktionieren des Staates wesentliche staatliche Verwaltungen (Finanzverwaltung, Polizei, Aufsichtsverwaltung) vor. Ob nun der Bundespräsident die Ausfertigung eines solchen Gesetzes verweigern kann, ergibt sich im Gegensatz zur Frage eines formellen Prüfungsrechts nicht aus Art. 82 GG. Diese Vorschrift verlangt im Kontext von Art. 78 GG nur ein verfahrensmäßig korrektes Zustandekommen eines Gesetzes. Gibt der Wortlaut einer Verfassungsnorm keine klare Antwort, ist die Frage aus der sich aus dem Grundgesetz ergebenden jeweiligen Aufgabenstellung des Staatsorgans zu beantworten. Hierbei sind folgende Gesichtspunkte zu beachten:

- Das Bundesverfassungsgericht ist die Instanz zur Aufhebung verfassungswidriger Gesetze als oberster Hüter der Verfassung. Die Feststellung der Verfassungswidrigkeit setzt oft langwierige und umfangreiche juristische Prüfungen voraus, für die das Bundespräsidialamt nicht eingerichtet ist. Auf der anderen Seite gibt es keine Präventivkontrolle durch das Bundesverfassungsgericht.
- Der Bundespräsident verwirft kein (geltendes) Gesetz, sondern verhindert allenfalls im letzten Schritt des Gesetzgebungsverfahrens das Inkrafttreten eines Gesetzes.
- Bundestag und Bundesrat haben als Organe der Gesetzgebung selbst die Pflicht zur Prüfung von Gesetzen auf deren Verfassungsmäßigkeit.
- Alle Verfassungsorgane sind auf die Wahrung der verfassungsmäßigen Ordnung verpflichtet. Daraus könnte sich eine umfassende Prüfungspflicht des Bundespräsidenten als Endinstanz des Gesetzgebungsverfahrens ergeben.
- Aber: Wenn Bundestag und Bundesrat ein Gesetz für verfassungsgemäß halten, stellt sich die Frage nach der Kompetenz der betroffenen Staatsorgane. Wessen Auffassung soll

schließlich den Vorrang haben? Seine Stellung als Staatsoberhaupt gibt dem Bundespräsidenten in Rechtsfragen nicht unbedingt die höchste Legitimation. Primär zuständig ist der demokratisch legitimierte Gesetzgeber. Muss er nicht im Gesetzgebungsverfahren zunächst das stärkere Gewicht haben?

Eine solche **Einschätzungsprärogative** muss man dem als zentrales und letztlich für die Gesetzgebung verantwortlichen Organ zubilligen. Daraus folgert die h. M., dass dem Bundespräsidenten bei der materiellen Prüfung der Gesetzesvorlagen nur eine **Evidenzkontrolle** zusteht. Er darf also nur dann die Ausfertigung eines Gesetzes verweigern, wenn das vorgelegte Gesetz offensichtlich gegen das Grundgesetz verstößt. Eine uneingeschränkte Prüfungskompetenz (**Theorie des umfassenden Prüfungsrechts**) würde die Stellung des Bundespräsidenten gegenüber dem Bundestag und dem Bundesrat zu hoch gewichten. Bei einem klaren Verfassungsbruch hat aber der Bundespräsident aufgrund der aus seinem Amt und durch seinen Amtseid (Art. 56 GG: »Ich schwöre, dass ich … das Grundgesetz … wahren und verteidigen … werde, …«) begründeten Rechtsstellung die verfassungsmäßige Ordnung zu wahren. Deshalb ist auch die **Theorie des nur formellen Prüfungsrechts** nicht überzeugend.

4.4.2 Ernennung und Entlassung des Bundeskanzlers, der Bundesminister und der Bundesbeamten, Soldaten und Bundesrichter

Die Ernennung und Entlassung wichtiger Repräsentanten des Staates ist traditionell eine Aufgabe des Staatsoberhaupts. Auch das Grundgesetz hat diese Funktion dem Bundespräsidenten zugebilligt, ermächtigt ihn aber grundsätzlich nicht zu einer eigenen Personalpolitik. Er hat bei Personalentscheidungen eine notarielle Funktion in dem Sinne, dass er Entscheidungen der zuständigen Organe ohne eigenes politisches Ermessen am Ende eines ordnungsgemäß zustande gekommenen Verfahrens dokumentiert.

Zur **Wahl des Bundeskanzlers** schlägt der Bundespräsident eine Person vor, auf die sich eine Mehrheit der Abgeordneten bzw. die Vorsitzenden der Parteien, welche die Regierung bilden wollen, verständigt haben. Wird daraufhin diese Person vom Bundestag gewählt, so muss ihn der Bundespräsident ernennen. Bei der Ernennung (Art. 63 Abs. 2 Satz 2 GG) prüft der Bundespräsident lediglich das Vorliegen einer ordnungsgemäßen Wahl. Das Gleiche gilt bei der Wahl eines Bundeskanzlers durch konstruktives Misstrauensvotum (Art. 67 Abs. 1 Satz 2 GG). Nach Beendigung der Amtszeit des Bundeskanzlers durch Ablauf der Legislaturperiode, durch ein erfolgreiches Misstrauensvotum oder durch Rücktritt überreicht der Bundespräsident dem Bundeskanzler die Entlassungsurkunde. Nur im Rahmen der Reservefunktion des Bundespräsidenten (s. 4.5) besitzt der Bundespräsident einen politischen Ermessensspielraum bei der Ernennung und Entlassung des Bundeskanzlers.

Der Bundespräsident ernennt und entlässt auch die **Bundesminister** (Art. 64 Abs. 1 GG). Er ist hierfür an den Vorschlag des Bundeskanzlers gebunden und hat keinen Einfluss auf die Zusammensetzung des Kabinetts. Nach überwiegender Auffassung kann der Bundespräsident allerdings nicht nur die formellen, sondern auch das Vorliegen der materiellen Voraussetzungen für die Übernahme eines Ministeramts (z. B. nach dem Bundesministergesetz) prüfen.

Soweit gesetzlich nichts anderes bestimmt ist, ernennt und entlässt der Bundespräsident die Bundesrichter, die Bundesbeamten sowie die Offiziere und Unteroffiziere (Art. 60 Abs. 1 GG). Von der nach Art. 60 Abs. 3 GG eingeräumten Befugnis, die Ernennung und Entlassung auf andere Behörden zu übertragen, hat der Bundespräsident weitgehend Gebrauch gemacht. Zum Beispiel werden alle Bundesbeamten der Besoldungsgruppe A nicht vom Bundespräsidenten ernannt, sondern von den obersten Bundesbehörden (Ministerien), die diese Befugnisse bis zur Besoldungsgruppe A 13 wiederum auf die unmittelbar nachgeordneten Behörden weiter übertragen haben. Der Bundespräsident hat bei der Ernennung und Entlassung von Bundesbeamten allen Vorschlägen der Regierung zu entsprechen, sofern sie das geltende Recht nicht verletzen.

BEISPIEL

Anstelle einer Entlassung aus dem Beamtenverhältnis versetzt der Bundeskanzler einen beamteten Staatssekretär im Bundeskanzleramt in den einstweiligen Ruhestand, damit dieser eine finanziell sehr lukrative Stelle in der Industrie annehmen kann. Der Bundespräsident kann in diesem Fall zu Recht die Unterschrift unter die beamtenrechtliche Entscheidung verweigern, da die Voraussetzungen für eine Versetzung in den einstweiligen Ruhestand nach § 54 Abs. 1 BBG nicht vorliegen. Ein politischer Beamter kann nur dann in den einstweiligen Ruhestand versetzt werden, wenn eine fortdauernde Übereinstimmung des Beamten mit den grundsätzlichen politischen Ansichten und Zielen der Bundesregierung nicht mehr besteht. Andere Gründe führen zur Rechtswidrigkeit der Entscheidung.

Eine Mindermeinung billigt darüber hinaus dem Bundespräsidenten auch eine begrenzte sachliche Prüfungsbefugnis bei der Qualifikation der Aspiranten zu. Dieser Auffassung kann aber nicht gefolgt werden, da die Auswahl der Beamten ureigene Regierungsaufgabe ist. Leider gibt es einen Trend, Spitzenpositionen in der Verwaltung nicht aus dem Kreis der Beamten, sondern mit verdienten Parteigängern zu besetzen. Hier hat der Bundespräsident die besondere Pflicht, das Vorliegen aller beamtenrechtlichen Voraussetzungen sehr genau zu prüfen.

Etwas versteckt wird in Art. 60 Abs. 2 GG des wird dem Bundespräsidenten das **Begnadigungsrecht** zugewiesen. Dieses Recht steht traditionell dem Staatsoberhaupt zu. Dieses Begnadigungsrecht hat aber wenig praktische Bedeutung, weil es nur für die (relativ selten vorkommende) Verurteilung durch Bundesgerichte gilt. Das Begnadigungsrecht in allen anderen Fällen steht den Ministerpräsidenten der Länder zu.

4.5 Reservefunktion

Mit dem Begriff der Reservefunktion wird die Aufgabe des Bundespräsidenten bezeichnet, bei Funktionskrisen eines Verfassungsorgans dazu beizutragen, diese Krise kraft Amtes möglichst schnell zu beenden.

Eine krisenhafte Situation kann entstehen, wenn bei der Wahl des Bundeskanzlers durch den Bundestag nicht die Mehrheit der Stimmen der Mitglieder des Bundestags (sog. Kanzlermehrheit) erreicht, sondern der Bundeskanzler im dritten Wahlgang nur mit einfacher Mehrheit gewählt wird (Art. 63 Abs. 4 GG). Bei einer solch geringen Zustimmung ist nicht gewährleistet, dass eine von diesem Bundeskanzler geführte Regierung dauerhaft im Parlament eine Mehrheit bekommt. Deshalb hat der Verfassungsgeber dem Bundespräsidenten die alternative Möglichkeit gegeben, den Bundestag aufzulösen oder den gewählten Bundeskanzler zu ernennen. Diese Entscheidung steht allein in seinem politischen Ermessen. Der Bundespräsident wird sich bei seiner Entscheidung danach richten, wie am besten stabile staatspolitische Verhältnisse erreicht werden.

Eine weitere Krisensituation kann etwa dann entstehen, wenn ein Antrag des Bundeskanzlers, ihm das Vertrauen auszusprechen, nicht die Zustimmung der Mehrheit der Mitglieder des Bundestags findet und nicht gleichzeitig ein neuer Bundeskanzler gewählt wird. Nach eigener Beurteilung der politischen Lage kann der Bundeskanzler in einem solchen Fall den Bundestag binnen 21 Tagen auflösen, muss es aber nicht (Art. 68 Abs. 1 Satz 1 G).

Wenn der Bundespräsident zur Auffassung kommt, den Bundestag nicht nach Art. 68 GG aufzulösen, kann es zu der Situation kommen, dass der Bundestag wichtigen Gesetzesvorlagen der Bundesregierung nicht zustimmt. In einem solchen Falle kann der Bundespräsident auf Antrag der Bundesregierung und mit Zustimmung des Bundesrats für eine Gesetzesvorlage den **Gesetzgebungsnotstand** erklären. Das hat zur Folge, dass der Bundestag über die Gesetzesvorlage erneut abstimmen muss. Lehnt der Bundestag auch in diesem Durchgang den Gesetzesentwurf erneut ab oder behandelt ihn nicht innerhalb von vier Wochen nach erneuter Einbringung oder nimmt er das Gesetz in einer von der Bundesregierung als unannehmbar bezeichneten Fassung an, so gilt gleichwohl das Gesetz als zustande gekommen, soweit der Bundesrat ihm zustimmt (Art. 81 Abs. 2 Satz 1 GG). In der Geschichte der Bundesrepublik Deutschland ist dieser Fall glücklicherweise noch nicht eingetreten.

4.6 Bundesversammlung und Wahl des Bundespräsidenten

Der Bundespräsident wird nicht vom Volk in einer allgemeinen Wahl, sondern von der Bundesversammlung ohne Aussprache in geheimer Wahl gewählt. Mit dem Verbot der Aussprache soll eine möglicherweise die Autorität des zukünftigen Bundespräsidenten schädigende Personaldiskussion verhindert werden. Der Bundespräsident soll nicht bereits bei seiner Wahl in möglicherweise parteipolitische Auseinandersetzungen hineingezogen werden.

Die Bundesversammlung ist ein eigenes oberstes Staatsorgan, dessen Kompetenz sich im Wahlakt erschöpft. Sie besteht aus allen Mitgliedern des Bundestags und einer gleichen Anzahl von Mitgliedern, welche die Parlamente der Länder entsprechend der Sitzverteilung ihrer Abgeordneten benennen. Das heißt in der Praxis, dass die einzelnen Fraktionen in den Länderparlamenten Mitglieder für die Bundesversammlung bestimmen, deren Zahl dem anteiligen Stärkeverhältnis ihrer Fraktion entspricht. Diese benannten Personen sind im Regelfall nicht nur Abgeordnete, sondern auch Regierungsmitglieder und prominente Persönlichkeiten des Landes, wie z. B. bekannte Künstler, Vertreter der Wirtschaft oder Sportler, die der jeweiligen Partei nahestehen. Da die Wahl des Bundespräsidenten geheim ist und für die Wahlpersonen kein imperatives Mandat besteht, haben es die Fraktionen bei diesen Personen aber nicht im Griff, wie sie wählen.

Art. 54 Abs. 6 GG sieht bei der Wahl des Bundespräsidenten zwei Wahlgänge vor, in denen die absolute Mehrheit erforderlich ist. Wird sie nicht erreicht, so genügt im dritten oder einem weiteren Wahlgang die einfache Mehrheit. Die Bundespräsidenten Gustav Heinemann, Roman Herzog und Christian Wulff wurden jeweils erst im dritten Wahlgang gewählt.

Für das Amt des Bundespräsidenten kann sich bewerben, wer von einem Mitglied der Bundesversammlung vorgeschlagen wird (§ 9 BPWahlG). Wählbar ist jeder Deutsche, der das 40. Lebensjahr vollendet hat und das Wahlrecht zum Bundestag besitzt (Art. 54 Abs. 1 und 2 GG). Die Wahl erfolgt mit verdeckten Stimmzettel (§ 9 Abs. 3 Satz 1 BPWahlG) und wird vom Bundestagspräsidenten geleitet (§ 8 Satz 1 BPWahlG). Üblicherweise benennen die Parteispitzen eine Person zur Wahl, die Aussicht auf eine Mehrheit in der Bundesversammlung hat. Hierzu bilden sie gegebenenfalls eine Wahlkoalition mit anderen Parteien. An diese Vorschläge sind aber die Mitglieder der Bundesversammlung nicht gebunden.

Die Amtszeit des gewählten Bundespräsidenten beträgt fünf Jahre. Eine Wiederwahl ist nur einmal zulässig. Anders als der Bundeskanzler durch Misstrauensvotum des Bundestags, kann der Bundespräsident durch die Bundesversammlung nicht abgewählt werden. Bundestag und Bundesrat haben es aber in der Hand, den Bundespräsidenten wegen vorsätzlicher Verletzung des Grundgesetzes oder eines anderen Bundesgesetzes vor dem Bundesverfassungsgericht anzuklagen (**Präsidentenanklage**, Art. 61 GG).

4.7 Einschränkung der Verfügungsmacht des Bundespräsidenten durch Art. 58 GG (Gegenzeichnung)

Von wenigen Ausnahmen abgesehen bedürfen nach Art. 58 Abs. 1 GG Präsidialakte des Bundespräsidenten der Gegenzeichnung durch den Bundeskanzler oder den zuständigen Bundesminister. Fehlt die Gegenzeichnung, ist der Rechtsakt nichtig (Art. 58 GG: »... bedürfen zu ihrer Gültigkeit ...«). Mit dieser Verfassungsbestimmung wird klargestellt, dass jegliche politische Verantwortung bei der Bundesregierung liegt, der Bundespräsident also grundsätzlich keine politischen Entscheidungen treffen kann und sich politisch an die Bundesregierung binden soll. In der Praxis läuft das Verfahren so, dass die Vorlagen an den Bundespräsidenten bereits mit der Unterschrift des zuständigen Regierungsmitglieds beim Bundespräsidialamt ankommen.

Nicht ganz unumstritten ist die Frage, ob die Gegenzeichnungspflicht nur Rechtsakte (wie z. B. die Ernennung der Bundesbeamten) umfasst oder auch alle sonstigen formlosen Handlungen des Bundespräsidenten mit Außenwirkung. Der Wortlaut des Art. 58 GG spricht eher dafür, dass nur rechtsverbindliche Akte der Gegenzeichnungspflicht unterliegen. Einschränkungen bei allen anderen amtlichen, politisch bedeutsamen Handlungen ergeben sich nicht aus Art. 58 GG, sondern aus der Stellung des Bundespräsidenten gegenüber der Bundesregierung im Verfassungsgefüge des Grundgesetzes (s. 3.1). Daraus ergibt sich, dass öffentliche Äußerungen des Bundespräsidenten von politischer Relevanz mit der Bundesregierung formlos abzustimmen sind. Eine solche Vorgehensweise lässt sich auch viel besser praktisch handhaben.

Keiner Gegenzeichnung bedarf es in den in Art. 58 Satz 2 GG genannten Ausnahmefällen (Ernennung und Entlassung des Bundeskanzlers, Auflösung des Bundestags gem. Art. 63 GG und dem Ersuchen des Bundespräsidenten nach Art. 69 Abs. 3 GG zur Fortführung der Geschäfte des Bundeskanzlers bis zur Ernennung eines Nachfolgers). In der Ausnahmeliste des Art. 58 Satz 2 GG ist seltsamerweise nicht die nach Art. 68 Abs. 1 Satz 1 GG mögliche Bundestagsauflösung durch den Bundespräsidenten nach einem gescheiterten Vertrauensantrag des Bundeskanzlers enthalten. Die Auffassung des Bundesverfassungsgerichts, dass auch die nach Art. 68 Abs. 1 GG vorgenommene Auflösung des Bundestags durch den Bundespräsidenten der Gegenzeichnung des Bundeskanzlers bedarf, ist nicht überzeugend. Immer dann, wenn der Bundespräsident in seiner Reservefunktion (s. 6. 3. 5.) handelt, muss er eigenständig handeln können, um schnell eine atypische Lage zu beheben. Die in Art. 68 Satz 2 GG aufgeführten Ausnahmefälle können auch nicht als abschließend aufgefasst werden, denn der Bundespräsident kann zum Beispiel unumstritten selbstständig ein Organverfahren nach Art. 93 Abs. 1 Nr. 1 GG gegen die Bundesregierung einleiten.

FÄLLE 9–10

FALL 9

Personalnot bei der Finanzverwaltung. Wegen der zunehmenden Personalnot in der Finanzverwaltung beschließt der Bundestag mit Zustimmung des Bundesrats eine radikale Vereinfachung des Steuersystems, um so des Personalmangels Herr zu werden. In einem sog. Steuervereinfachungsgesetz werden unter anderem alle Steuervergünstigungen für Ehepaare und Personen mit Kindern gestrichen. Ersatzweise erhalten diese Personen direkte staatliche Leistungen, die in etwa der Höhe der Steuervergünstigungen entsprechen. Das Gesetz wird dem Bundespräsidenten zur Ausfertigung vorgelegt. Dieser hat jedoch Zweifel, ob das Gesetz mit Art. 6 GG und dem Sozialstaatsprinzip vereinbar ist. Ferner stellt er fest, dass bei der dritten Lesung im Bundestag weniger als die Hälfte der Mitglieder anwesend war. Vor der Presse äußert der Bundespräsident, dass er von Modifizierungen der Steuergesetze gar nichts halte, weil die ständigen Änderungen der Steuergesetze den Steuerbeamten noch mehr abverlange. Deshalb beabsichtige er, die Ausfertigung des Gesetzes zu verweigern. Ist er dazu berechtigt?

FALL 10

Die übergangene Landesregierung.. Als Zeichen des guten Willens wegen vorausgegangener politischer Verstimmungen schließt die Bundesregierung mit der Schweiz ein Abkommen, nach dem jedes Jahr für 50 Schweizer Staatsbürger an den Musikhochschulen der Länder ein Studienplatz reserviert wird. Vor Vertragsschluss wurden alle Landesregierungen angehört. Die Landesregierung von Baden-Württemberg äußerte Bedenken wegen des Studienplatzmangels an den baden-württembergischen Hochschulen und bat, von dem Vertrag Abstand zu nehmen, zumindest Baden-Württemberg aus der Verpflichtung zur Übernahme Schweizer Studierender zu entbinden. Gleichwohl paraphierte die Bundesregierung ohne Beteiligung des Bundestags den Vertrag. Der Bundespräsident verweigerte daraufhin die Unterschrift unter den Vertrag mit dem Hinweis, ein Abkommen mit der Schweiz in Hochschulangelegenheiten sei reine Sache der Länder, die Bundesregierung habe deshalb ihre Kompetenzen überschritten. Zu Recht? Muss das Land Baden-Württemberg Schweizer Studierwillige in seine Musikhochschulen aufnehmen, wenn der Bundespräsident den Vertrag unterschreibt?

5 Die Bundesregierung

5.1 Die Bundesregierung als Verfassungsorgan

5.1.1 Verfassungsrechtliche Stellung

Die Bundesregierung besteht aus dem Bundeskanzler und aus den Bundesministern (Art. 62 GG). Spricht das Grundgesetz von der Bundesregierung, ist also regelmäßig die Bundesregierung als **Kollegialorgan** gemeint. Daneben haben der Bundeskanzler und die einzelnen Bundesminister jeweils eigene Befugnisse.

Als selbstständiges **oberstes Bundesorgan** hat die Bundesregierung eigenständige Staatsgewalt. Obwohl im parlamentarischen Regierungssystem vom Parlament abhängig (die Amtszeit der Regierung ist durch die Legislaturperiode des Bundestags begrenzt, Wahl bzw. Abwahl des Bundeskanzlers durch das Parlament und damit Abhängigkeit der Regierung vom Vertrauen des Parlaments, parlamentarische Verantwortlichkeit der Regierung, Regierungsakte in Form von Gesetzen müssen vom Parlament verabschiedet werden), ist die Bundesregierung die eigentliche Machtzentrale, bei der alle Fäden des politischen Geschehens zusammenlaufen. Von ihr gehen die meisten politischen Initiativen aus. Auch im Gesetzgebungsverfahren liegt das Gesetz des Handelns eindeutig bei der Bundesregierung, weil ihr vor allem der komplette Sachverstand der Ministerien zur Verfügung steht, der einen entscheidenden Informationsvorsprung sichert. Erst in den Abstimmungsverfahren kommt das Gegengewicht des Parlaments zur Geltung

Innerhalb der Regierung hat der Bundeskanzler durch seine **Richtlinienkompetenz** (Art. 65 Satz 1 GG) eine herausragende Stellung. Auf ihn konzentrieren sich die Machtbefugnisse, weil die Minister durch die dem Bundeskanzler zustehende **Organisationsgewalt**,, also das Recht, die Minister zu benennen, von ihm abhängig sind. Im Zusammenspiel mit den Regierungsfraktionen im Parlament ist der Bundeskanzler der eigentliche Gestalter des politischen Lebens der Bundesrepublik.

Das Grundgesetz spiegelt die Befugnisse und Aufgaben der Bundesregierung nur unzureichend wieder. Es fehlt eine pointierte Beschreibung der Regierungsfunktion, wie sie zum Beispiel in Art. 20 Abs. 1 der französischen Verfassung zum Ausdruck kommt: »Die Regierung bestimmt und lenkt die nationale Politik.« Letztlich werden ihre Befugnisse im Gefüge der Verfassungsorgane durch die Rechte der anderen Verfassungsorgane definiert und im politischen Zusammenwirken der Verfassungsorgane realisiert.

Die klassische Grenzziehung zwischen Regierung (Exekutive) und Parlament (Legislative) ist in der heutigen Verfassungswirklichkeit verwischt. Sie zeigt sich mehr als Grenzziehung zwischen Regierung und Regierungsfraktionen auf der einen Seite und den Oppositionsfraktionen auf der anderen Seite. Je besser das Zusammenspiel zwischen Regierung und Regierungsfraktionen funktioniert, umso positiver wirkt sich dies für die Regierung und damit für die Regierungsparteien aus. Diskussionen zwischen der Regierung und den sie tragenden Parteien im Bundestag werden in den Medien meistens als Streit kommuniziert. So treten Regierung und parlamentarische Mehrheit in der Öffentlichkeit nicht als getrennte Gewalten, sondern als einheitliche Gewalt auf. Hinzu kommt, dass regelmäßig der Bundeskanzler und die Bundesminister ein Abgeordnetenmandat besitzen, sie selbst also eine Doppelfunktion als Regierungsmitglied und Mitglied des Bundestags haben.

Die gegenseitige Abhängigkeit von Regierung und Regierungsfraktionen und die öffentliche politische Auseinandersetzung mit der Opposition führen im politischen Alltag zu bestimmten Mechanismen des Regierungshandelns. Die Regierung ist zwar neben dem Parlament ein eigenständiges Verfassungsorgan, steht aber trotz ihrer herausragenden Machtposition in einem mehrschichtigen Abhängigkeits- und Spannungsverhältnis; zunächst intern zwischen den Koalitionären der Regierungskoalition, dann extern zu den Regierungsfraktionen und schließlich auch noch zu den Regierungsparteien. Geplante Regierungsakte müssen zunächst unter den Koalitionspartnern innerhalb der Regierung abgestimmt werden, die sich innerhalb dieses Prozesses wiederum auf unterschiedlichen Ebenen (Bundeskanzler/Fraktionsvorsitzender, Bundesminister/Vorsitzender eines Fachausschusses einer Fraktion) der Unterstützung ihrer jeweiligen Fraktionen versichern. Bei ernsthaften Meinungsunterschieden zwischen den Koalitionspartnern innerhalb der Regierung tritt der sog. Koalitionsausschuss, der sich aus den Spitzen der Regierung sowie den Fraktionsvorsitzenden zusammensetzt, zusammen. In diesem Abstimmungsprozess schieben sich gegebenenfalls noch Abstimmungsverfahren mit den Parteispitzen der Länder dazwischen, denn die Abgeordneten des Bundestags formieren sich innerhalb einer Fraktion auch noch nach Landesgruppen. Die Richtlinienkompetenz des Bundeskanzlers macht ihn innerhalb der Regierung stark, im politischen Zusammenwirken zwischen Regierung und Regierungsfraktionen findet die starke Stellung des Bundeskanzlers aber ihre Grenzen darin, dass die Regierung bei Gesetzesvorhaben eine parlamentarische Mehrheit durch die Regierungsfraktionen braucht. Eine Regierung kann sich keine wechselnde Mehrheit im Bundestag suchen, das wäre ihr Ende. Zusammenfassend kann formuliert werden, dass im System des Grundgesetzes die politische Macht von der Regierung und den Regierungsfraktionen »zur gesamten Hand« (Christoph Degenhart) ausgeübt wird, die Regierung dabei die dominierende Rolle einnimmt.

5.1.2 Organisationsgewalt des Bundeskanzlers

Das Grundgesetz gibt durch Art.64 Abs.1 GG dem Bundeskanzler das Recht, die Bundesminister (und damit die Anzahl der Ministerien) und deren jeweiligen Aufgabenzuschnitt zu bestimmen (**sog. personelle und inhaltliche Organisationsgewalt**). Der Bundeskanzler hat also die Befugnis, sein Kabinett selbst zu bilden, wird sich bei seiner Entscheidung aber an den Koalitionsvertrag halten (s. 5.2). Nach dem Grundgesetz gibt es keine festgelegte Zahl von Bundesministern. Es muss aber – da mit eigenen Rechten ausgestattet – mindestens einen **Finanzminister** (z. B. s. Art.112 GG – Zustimmung des Bundesfinanzministers zu überplan- und außerplanmäßigen Ausgaben; bedeutend auch § 26 GO BReg – Widerspruchsrecht des Bundesfinanzministers in Entscheidungen des Kabinetts von finanzieller Bedeutung), einen **Justizminister** (Art. 96 GG) und einen **Verteidigungsminister** (Art. 65a GG) als Inhaber der Befehls- und Kommandogewalt über die Streitkräfte geben.

Zur Bildung des Kabinetts wie zum Zuschnitt der Ministerien, ebenso zu deren Änderung, ist kein Gesetz erforderlich, denn sonst läge letztlich die Entscheidungsbefugnis beim Parlament und nicht beim Bundeskanzler.

Der Status der Regierungsmitglieder ist im Wesentlichen im Bundesministergesetz geregelt. Sie stehen in einem **öffentlich-rechtlichen Amtsverhältnis**, können aber nicht wie Beamte disziplinarrechtlich belangt werden, sondern unterliegen der Verantwortung gegenüber dem Parlament. Indemnität und Immunität (Art. 46 GG) besitzen Regierungsmitglieder nur, soweit sie gleichzeitig Mitglied des Bundestags sind. Bundesminister müssen nicht Mitglied des Bundestags sein.

Den Ministern werden zu ihrer politischen Unterstützung, vor allem bei zeitraubenden Repräsentationsaufgaben, **parlamentarische Staatssekretäre** beigegeben. Wie der Name schon sagt, sind es Abgeordnete des Bundestags, die aber nicht Teil der Regierung werden. Nur in den Ländern kann es auch parlamentarische Staatssekretäre mit Stimmrecht im Kabinett als Mitglieder der Regierung geben (z. B. Art. 45 Abs. 2 LV Baden-Württemberg). Im Bundeskanzleramt und im Auswärtigen Amt tragen parlamentarische Staatssekretäre den Titel Staatsminister. Die Aufgaben der parlamentarischen Staatssekretäre im Einzelnen bestimmt der jeweilige Bundesminister (§ 14a GO-BReg). Neben der allgemeinen Vertretung des Ministers bei politischen und repräsentativen Verpflichtungen wird ihnen häufig ein kleinerer, abgetrennter Geschäftsbereich des Ministeriums zur exekutiven Eigenverantwortung und besonderen (politischen) Betreuung zugewiesen. An der Spitze jedes Ministeriums steht als **Amtschef** und Dienstvorgesetzter aller Bediensteten des Ministeriums der **beamtete Staatssekretär** (in Baden-Württemberg und Bayern der Ministerialdirektor), der zugleich der gesetzliche Vertreter des Ministers ist.

Das Amt des Bundeskanzlers ist das **Bundeskanzleramt**, das von einem Kanzleramtsminister als rechte Hand des Bundeskanzlers geleitet wird. Alle Ministerien sind Teil der **Bundesverwaltung**.

5.1.3 Regierung und Parlament

Die gewaltenteilende Demokratie gibt der Regierung einen vom Parlament unabhängigen **Bereich eigenverantwortlicher Exekutivaufgaben**. Wenn auch, wie dargestellt, die Staatslenkung in der Verfassungswirklichkeit ein kooperativer Prozess zwischen Regierung und Koalitionsfraktionen ist, bedarf es klarer rechtlicher Grenzen zwischen Parlaments- und Regierungstätigkeit.

Am deutlichsten zeigt sich diese Grenze bei der Kontrollfunktion des Bundestags, speziell bei der Arbeit von Untersuchungsausschüssen. Eine verfahrensbegleitende oder gar vorbeugende Kontrolle der Regierungstätigkeit durch das Parlament ist als Verstoß gegen das Gewaltenteilungsprinzip unzulässig. Aus der Kontrollkompetenz des Bundestags darf kein Mitregieren werden. Der Bundestag hat nicht die Funktion eines Aufsichtsrats einer privatrechtlichen Gesellschaft. Aber auch der **Kernbereich exekutiver Eigenverantwortung**, zu der die regierungsinterne Willensbildung zählt, etwa Inhalte von Kabinettssitzungen oder ressortinterne oder ressortübergreifende Abstimmungsprozesse, sind dem parlamentarischen Zugriff entzogen (BVerfG vom 17.07.1984, BVerfGE 67, 100,139; BVerfG vom 30.03.2004, BVerfGE 110, 199, 214). Eine Kontrollzuständigkeit des Parlaments bis in die letzte Ecke des Regierungshandelns würde dazu führen, dass Entscheidungsvorgänge vom formalen in das informelle verlagert werden.

BEISPIEL

In Zeitungsberichten kommt das Gerücht auf, der Bundesverteidigungsminister habe bei einem misslungenen Einsatz der Bundeswehr in Afghanistan selbst die Hand im Spiel gehabt. Die Oppositionsparteien finden es ungeheuerlich, dass der Minister persönlich in das Kommando der Bundeswehr eingreift, und beantragen einen Untersuchungsausschuss, der die Kontakte des Ministers zur örtlichen Einsatzleitung der Bundeswehr aufklären soll. Ein solcher Untersuchungsgegenstand würde den Grundsatz der Gewaltenteilung verletzen, weil er in den geschützten Kernbereich des internen Regierungshandelns eindringen würde. Regierungshandeln braucht einen vom Parlament unabhängigen Freiraum, um die Arbeitsfähigkeit der Regierung aufrechtzuerhalten. Der nicht ausforschbare Bereich des Regierungshandelns darf allerdings, um das Kontrollrecht des Parlaments nicht auszuhebeln, nicht überdehnt werden, aber akribische Untersuchungen von internen Regierungsabläufen, die keinerlei rechtswidrige Aspekte erkennen lassen, sondern nur der Bloßstellung dienen, sind jedenfalls nicht zulässig.

Eine abweichende Haltung der Mehrheit des Bundestags zum aktuellen Regierungshandeln kann im Wege eines »**schlichten Parlamentsbeschlusses**«, an den die Regierung allerdings nicht gebunden ist, kundgetan werden.

5.2 Regierungsbildung und Koalitionsvereinbarung

Die Regierung ist gebildet, sobald der Bundeskanzler gewählt und der Bundespräsident ihn sowie die vom Bundeskanzler vorgeschlagenen Minister ernannt hat (Art. 63 Abs. 2 und Art. 64 Abs. 1 GG).

Der Regierungsbildung gehen intensive Vorgespräche und Verhandlungen der Parteispitzen voraus. Üblicherweise übernimmt der Vorsitzende der Partei, die mit den meisten Abgeordneten im Parlament vertreten ist, die erste Initiative zur Bildung einer Regierung. Er versucht in einem ersten Schritt, sofern seine Partei keine absolute Mehrheit hat, einen oder bei Bedarf mehrere Koalitionspartner zu finden. Aufgrund der Aussagen vor der Bundestagswahl und weiteren Sondierungsgesprächen nach der Wahl finden sich die Koalitionspartner zusammen und stellen fest, wie groß die gemeinsame Basis für ein eventuelles Regierungsprogramm ist. Bei den Koalitionsgesprächen obliegt es dann dem Geschick der Verhandlungsführer, möglichst viel von der eigenen Parteiprogrammatik in ein gemeinsames Regierungsprogramm einfließen zu lassen.

Die **Koalitionsverhandlungen** werden mit einer **Koalitionsvereinbarung** abgeschlossen. In dieser wird das gemeinsame politische Aktionsprogramm für die kommende Legislaturperiode festgehalten. Ferner hat die Koalitionsvereinbarung einen personellen Teil, in welchem die Verteilung der Regierungsämter (Bundeskanzler, Besetzung der Ministerien durch Minister und parlamentarische Staatssekretäre) aufgeführt ist. Vertragsschließende sind allein die Parteien, welche die Koalition bilden (Regierungsparteien). Die Koalitionsvereinbarung bindet damit auch nur die Regierungsparteien. Sie kann und darf nicht die Staatsorgane binden oder die Organisationshoheit des Bundeskanzlers oder seine Richtlinienkompetenz tangieren, denn seine ihm verfassungsrechtlich zustehende Kompetenzen dürfen nicht durch vertragliche Bindung beschnitten werden. Zum Beispiel darf aufgrund der dem Bundeskanzler zustehenden

Organisationshoheit nicht vereinbart werden, dass auf Verlangen eines Koalitionspartners der Bundeskanzler sein Kabinett umzubilden hat. Regelmäßige Praxis ist jedoch, dass der Bundeskanzler den Wünschen des Koalitionspartners nachkommt, wenn dieser ein von ihm beanspruchtes Amt neu besetzen will.

Die Koalitionsvereinbarung zwischen den Regierungsparteien ist nach h. M. auch kein Vertrag mit Rechten und Pflichten, der gerichtlich einklagbar ist, sondern eine bloße Absprache ohne Rechtsbindungswillen. Es bleibt letztlich der Regierung überlassen, inwieweit sie die Vereinbarung im Laufe der Legislaturperiode umsetzt. Bei strittigen Auseinandersetzungen zwischen den Regierungskoalitionen ist der Koalitionsvertrag Richtschnur, aber nicht mehr. Mit seiner Hilfe kann Druck auf den Koalitionspartner ausgeübt werden, ohne ihn zum Handeln zwingen zu können.

Können sich die Parteien nicht auf eine Regierungskoalition verständigen, finden nicht automatisch Neuwahlen statt. Das Grundgesetz bietet hierzu bewusst keine Grundlage. Neuwahlen sollen den Parteien nicht zu leicht gemacht werden. Der Weg zu Neuwahlen kann nur über Art. 63 GG und über den Bundespräsidenten führen. Der Bundespräsident schlägt in dieser Situation nach Art. 63 Abs. 1 GG dem Bundestag einen Kandidaten für die Wahl zum Bundeskanzler vor, beispielsweise den Spitzenkandidaten der stärksten im Bundestag vertretenen Partei. Dieser muss die Stimmen der Mehrheit der Mitglieder des Bundestags auf sich vereinigen (Art. 63 Abs. 2 GG), um gewählt zu werden. Keine Partei hatte im 19. Deutschen Bundestag diese Mehrheit. Sollte der Kandidat trotzdem in der geheimen Abstimmung die absolute Mehrheit erhalten, muss der Bundespräsident ihn zum Bundeskanzler ernennen. Kommt eine solche Mehrheit innerhalb einer Frist von 14 Tagen nach dem ersten Wahlgang nicht zustande, reicht die einfache Mehrheit (siehe im einzelnen nachstehendes Kapitel 5.3). Der Bundespräsident hat in diesem Falle jedoch die Möglichkeit, statt einer Ernennung den Bundestag aufzulösen und Neuwahlen binnen 60 Tage anzusetzen. Nur über diesen Weg kann es bei einer misslungenen Bildung einer Regierung zu Neuwahlen kommen. Der Bundespräsident ist bei seiner Entscheidung an keine Vorgaben gebunden. Er wird abzuwägen haben, was er staatspolitisch für vernünftig hält.

5.3 Wahl des Bundeskanzlers

Der Bundeskanzler wird auf Vorschlag des Bundespräsidenten vom Bundestag gewählt (Art. 63 Abs. 1 GG). Der Bundespräsident richtet sich bei seinem Wahlvorschlag regelmäßig nach der Koalitionsvereinbarung, ist aber an diese nicht gebunden. Wählbar ist jedes Mitglied des Bundestags, aber auch Kandidaten ohne Abgeordnetenmandat. Ausnahmslos benennen die großen Parteien schon im Wahlkampf ihren Kanzlerkandidaten, der sich auch um einen Platz im Bundestag bewirbt.

Die Wahl des Bundeskanzlers findet ohne Aussprache mit verdeckten Stimmzetteln statt (§ 4 GO-BT). Erhält der Vorgeschlagene die Stimmen der Mehrheit der Mitglieder des Bundestags (sog. Kanzler- oder absolute Mehrheit), wird er vom Bundespräsidenten ernannt (Art. 63 Abs. 2 Satz 2 GG). In der Geschichte der Bundesrepublik Deutschland haben alle acht Kanzlerkandidaten im ersten Wahlgang diese Mehrheit erreicht. Bei der Wahl der Ministerpräsidenten der Länder ist das nicht immer der Fall gewesen. Enttäuschte Abgeordnete der Regierungskoalition, die sich beispielsweise ein Regierungsamt erhofft oder Vorbehalte gegen die Person hatten, votierten gegen den Kandidaten der eigenen Partei.

Verfehlt der Kanzlerkandidat die absolute Mehrheit, kommt es zu einem zweiten Wahlgang, der nicht auf einem Vorschlag des Bundespräsidenten beruht. Vielmehr bedarf es eines

Wahlvorschlags aus der Mitte des Bundestags, der nach § 4 Satz 2 GO-BT durch ein Viertel der Mitglieder des Bundestags oder einer Fraktion, die mindestens ein Viertel der Mitglieder des Bundestags umfasst, unterschrieben sein muss. Auch bei diesem Wahlgang bedarf es einer absoluten Mehrheit. Innerhalb einer Frist von 14 Tagen lässt das Grundgesetz beliebig viele Wahlgänge zur Wahl des Bundeskanzlers zu. Aber immer ist bei diesen Wahlen eine absolute Mehrheit nötig.

Kommt eine Wahl innerhalb dieser Frist nicht zustande, findet unverzüglich ein neuer Wahlgang statt, in dem gewählt ist, wer die meisten Stimmen erhält (sog. relative Mehrheit, Art. 63 Abs. 4 Satz 1 GG). Erreicht der Gewählte bei dieser Wahl nur eine relative Mehrheit, so hat der Bundespräsident eine eigenständige Entscheidungsbefugnis. Er kann entweder den Gewählten ernennen oder den Bundestag auflösen (Art. 63 Abs. 4 Satz 3 GG, im Einzelnen s. 4.5).

5.4 Amtszeit des Bundeskanzlers und der Bundesminister

5.4.1 Reguläre Amtszeit des Bundeskanzlers, Amtszeit der Bundesminister

Die Amtsperiode der Bundesregierung ist aufgrund der Wahl des Bundeskanzlers durch das Parlament identisch mit der Legislaturperiode des Bundestags. Das Amt des Bundeskanzlers und der Bundesminister endigt damit in jedem Falle mit dem ersten Zusammentritt eines neuen Bundestags nach der Wahl (Art. 69 Abs. 2 GG). Damit aber bis zur Neuwahl eines neuen Bundeskanzlers keine regierungslose Phase eintritt, bestimmt Art. 69 Abs. 3 GG, dass auf Ersuchen des Bundespräsidenten der Bundeskanzler verpflichtet ist, die Regierungsgeschäfte bis zur Ernennung eines Nachfolgers weiterzuführen. Dafür gibt es keine zeitliche Grenze. Auf Ersuchen des Bundeskanzlers oder des Bundespräsidenten haben auch die Bundesminister ihre Geschäfte bis zur Bildung einer neuen Regierung weiterzuführen. Rücktritte und Entlassungen sind möglich, nicht aber die Ernennung neuer Minister (sog. Versteinerungsprinzip). Verwaist ein Ministerium, muss ein anderes Regierungsmitglied es zusätzlich übernehmen. In der Interimszeit, in der die Regierung geschäftsführend tätig ist, hat sie die gleichen Befugnisse wie eine normale. Es werden üblicherweise aber keine richtungsweisenden Entscheidungen mehr getroffen.

Die Amtsdauer einer Bundesregierung kann vorzeitig durch einen **Rücktritt** des Bundeskanzlers enden. Ein freiwilliger Rücktritt ist jederzeit möglich, hat sich aber in der Geschichte der Bundesrepublik noch nicht ereignet. Dagegen sind einige Ministerpräsidenten der Länder während der Legislaturperiode zurückgetreten, sei es durch den politischen Druck der eigenen Partei, sei es, um rechtzeitig einen Nachfolger für die nächste Wahl aufzubauen, der im Amt erste Regierungserfahrung bekommt. Tritt der Bundeskanzler zurück, folgt das gesamte Kabinett diesem Schritt (Art. 69 Abs. 2 GG). Es muss in dieser Situation eine komplette neue Regierung gebildet werden.

Ein Bundesminister kann auch während der Legislaturperiode auf Vorschlag des Bundeskanzlers durch den Bundespräsidenten entlassen werden (Art. 64 Abs. 1 GG). Die Bundesminister sind einzig vom Vertrauen des Bundeskanzlers abhängig. Ein konstruktives Misstrauensvotum des Parlaments gegenüber einem Bundesminister kennt das Grundgesetz nicht (anders noch Art. 54 WRV). Dadurch würde die Regierungsstabilität gefährdet. Zulässig ist jedoch nach herrschender Meinung ein »**schlichtes Misstrauensvotum**« gegen einen Bundesminister in der Form eines Beschlusses des Bundestags, durch den das Verhalten eines Ministers gerügt wird, ohne dass dies die Rechtspflicht zur Entlassung durch den Bundeskanzler bzw. den Rücktritt nach sich zieht.

5.4.2 Misstrauensvotum

Auch gegen den Bundeskanzler ist ein einfaches Misstrauensvotum des Bundestags mit der Folge eines zwangsweisen Rücktritts nicht zulässig. In der Weimarer Reichsverfassung (Art. 54 WRV) konnte der Reichstag den Reichskanzler über einen Misstrauensantrag stürzen. Dieses Recht des Reichstags führte zur Ernennung eines neuen Reichskanzlers durch den Reichspräsidenten, der im Reichstag nicht den Rückhalt einer parlamentarischen Mehrheit besaß und damit instabile Verhältnisse eintraten. Das wollten die Verfasser des Grundgesetzes vermeiden und bestimmten in Art. 67 Abs. 1 Satz 1 GG, dass der Bundestag den Bundeskanzler nur dadurch das Misstrauen aussprechen und ihn stürzen kann, wenn er zugleich einen neuen Kanzler wählt **(konstruktives Misstrauensvotum)**. Diese verfassungsrechtliche Vorgabe verhindert Situationen, in der sich der Bundestag zwar mehrheitlich einig ist, einen Bundeskanzler zu stürzen, aber sich nicht gleichzeitig auf einen neuen Regierungschef verständigen kann.

Das Verfahren des Misstrauensantrags ist in Art. 67 GG und der Geschäftsordnung des Bundestags geregelt. Nach § 97 Abs. 1 Satz 2 GO-BT ist der Misstrauensantrag, der zugleich einen namentlich benannten Kandidaten als Nachfolger benennen muss, von einem Viertel der Mitglieder des Bundestags oder einer Fraktion, die mindestens ein Viertel der Mitglieder des Bundestags umfasst, zu unterzeichnen. Zwischen dem Antrag und der Wahl müssen nach Art. 67 Abs. 2 GG 48 Stunden liegen. Um erfolgreich zu sein, müssen dem Antrag wie bei einer regulären Bundeskanzlerwahl die Hälfte der Mitglieder des Bundestags zustimmen.

5.4.3 Vertrauensfrage

Ist sich der Bundeskanzler mit seiner Politik nicht mehr sicher, dass er die Regierungsmehrheit im Bundestag hinter sich hat, steht ihm die Möglichkeit offen, über die Vertrauensfrage nach Art. 68 GG klare Verhältnisse zu schaffen. Wird ihm auf seinen Antrag mehrheitlich das Vertrauen ausgesprochen, kann er politisch gestärkt weiterregieren. Wird ihm das Vertrauen nicht ausgesprochen, hat er wahlweise die Möglichkeit, als Minderheitenkanzler weiterzuregieren und auf eine spätere Unterstützung durch eine parlamentarische Mehrheit zu hoffen oder von sich aus zurückzutreten. Als dritte Möglichkeit kann er dem Bundespräsidenten vorschlagen, den Bundestag aufzulösen. Der Bundespräsident muss dem Ansinnen des Bundeskanzlers nicht nachkommen (Art. 68 GG ist eine Kann-Bestimmung). Er entscheidet nach eigenem Ermessen, ob es zu Neuwahlen kommt oder nicht (s. 4.5). Die Entscheidung des Bundespräsidenten, den Bundestag aufzulösen, hat nach Art. 68 Abs. 1 GG drei Voraussetzungen:

- Die Vertrauensfrage des Bundeskanzlers hat nicht die Mehrheit gefunden,
- der Bundeskanzler schlägt die Auflösung des Bundestags vor und
- die Frist von 21 Tagen ist noch nicht abgelaufen.

Die Vertrauensfrage kann isoliert oder in Verbindung mit einer Gesetzesvorlage gestellt werden (Art. 81 Abs. 1 Satz 2 GG). Die Verbindung mit einer Gesetzesvorlage wird der Bundeskanzler wählen, wenn er ein für ihn wichtiges, aber in den Regierungsfraktionen umstrittenes Gesetzesvorhaben durchziehen will und er davon ausgeht, dass die Abgeordneten nur wegen dieses unliebsamen Gesetzes die Existenz der Bundesregierung und eventuell sogar ihre eigene nicht aufs Spiel setzen. Durch die potentielle Möglichkeit, dass auf Antrag des Bundeskanzlers der Bundespräsident den Bundestag auflöst, könnten die Abgeordneten ihr Mandat verlieren. Abgeordnete, auch solche der Opposition, die sich bei einer Auflösung des Bundestags einer Wiederwahl nicht sicher sein können, stimmen im Zweifelsfall für den Bundeskanzler.

Insgesamt wurde seit Geltung des Grundgesetzes fünf Mal die Vertrauensfrage gestellt. Die von Bundeskanzler Helmut Kohl im Jahre 1982 und von Bundeskanzler Gerhard Schröder im Jahr 2005 gestellten Vertrauensfragen beschäftigten das Bundesverfassungsgericht durch ein Organstreitverfahren (Art. 93 Abs. 1 Nr. 1 GG), das einzelne von der Auflösung des Bundestags betroffene Abgeordnete angestrengt hatten. Die beiden Verfahren (BVerfG vom 16.02.1983, BVerfGE 62, 1, 50 ff. und BVerfG vom 25.08.2005, BVerfGE 114, 121, 147 ff.) führten zu einer höchstrichterlichen Klarstellung, unter welchen Voraussetzungen der Bundeskanzler die Vertrauensfrage nach Art. 68 GG stellen darf.

Für die Vertrauensfrage kann es zwei unterschiedliche Motive geben. Bei der **echten Vertrauensfrage** ist sich der Bundeskanzler nicht mehr sicher, ob er vom Vertrauen der Mehrheit des Parlaments getragen wird. Er möchte deshalb mit der Vertrauensfrage klare Verhältnisse schaffen. Sein Ziel ist es, durch die Zuspitzung umstrittener politischer Fragen auf die Vertrauensfrage eine wankende Mehrheit zu einer sichtbaren Mehrheit zu machen. Für den Bundeskanzler steht nicht die Auflösung des Bundestags im Fokus. Er will sich vielmehr einer tragfähigen Mehrheit vergewissern und seine Position stärken.

Bei der **unechten Vertrauensfrage** hat der Bundeskanzler im Zusammenwirken mit den Regierungskoalitionen das Ziel, seine Regierung zu beenden, sei es, dass die politische Situation auch in seiner eigenen Partei so verfahren ist, dass er sinnvoll sein Regierungsprogramm nicht fortsetzen kann, sei es, dass er sich durch Neuwahlen stabilere Verhältnisse für seinen politischen Kurs im Parlament erhofft. Wenn eine Regierungskoalition im Bundestag nur wenige Stimmen über der absoluten Mehrheit besitzt und damit jede Gesetzesvorlage der Regierung eine Zitterpartie bedeutet, andererseits demoskopische Umfragen bei Neuwahlen für die Regierungsparteien einen Stimmenzuwachs signalisieren, besteht in der Tat die Verlockung, über die Vertrauensfrage die Möglichkeit zu haben, den Bundestag aufzulösen. Dem schiebt das Bundesverfassungsgericht einen Riegel vor. Keinesfalls darf die Vertrauensfrage gestellt werden, damit sie absprachegemäß mit den Regierungsparteien scheitert, obwohl der Bundeskanzler eigentlich noch deren Vertrauen besitzt. Zu beachten ist nämlich, dass der Bundestag nach dem Grundgesetz **kein Selbstauflösungsrecht** hat und überdies das durch die Wahl statuierte Recht des Abgeordneten auf eine vierjährige Amtsperiode der Willkür des Bundeskanzlers unterliegen würde. Der Bundeskanzler ist vom Parlament abhängig und nicht umgekehrt das Parlament vom Bundeskanzler. Das Bundesverfassungsgericht lässt es nicht zu, dass eine instabile Lage nur vorgeschoben wird, um in zweckwidriger Weise zu Neuwahlen zu gelangen. Fehlerhaft wäre also die Begründung einer Vertrauensfrage, die Regierung strebe ein neues Mandat des Wählers an, denn die parlamentarische Demokratie des Grundgesetzes ist keine Referendumsdemokratie. Eine auflösungsgerichtete Vertrauensfrage ist nach dem Bundesverfassungsgericht nur dann zulässig, wenn die Handlungsfähigkeit der Regierung auch für die Zukunft tatsächlich in Frage steht. Dabei hat der Bundeskanzler eine nur bedingt gerichtlich überprüfbare Einschätzungsprärogative (BVerfG vom 16.02.1983, BVerfGE 62, 1, 50 ff.).

Die nach Art. 68 GG denkbare Möglichkeit, dass der Bundespräsident trotz fehlender Zustimmung des Parlaments zum Vertrauensantrag des Bundeskanzlers den Bundestag nicht auflöst, kann zum **Gesetzgebungsnotstand** (Art. 81 GG) führen. Mit diesem Begriff wird die Situation bezeichnet, dass eine Regierung, die nach einem gescheiterten Vertrauensantrag nicht mehr eine parlamentarische Mehrheit besitzt, daher wichtige und dringliche Gesetzesvorhaben, z. B. den Haushaltsplan, im Parlament nicht mehr durchbringt. In diesem Fall kann der Bundespräsident auf Antrag der Bundesregierung mit Zustimmung des Bundesrats nach seinem politischen Ermessen für einzelne Gesetzesvorlagen den Gesetzgebungsnotstand erklären, um den Bundestag zu einer erneuten Abstimmung zu zwingen. Das weitere Verfahren richtet sich nach

Art. 81 Abs.2 GG. In der Geschichte des Bundestags ist der Gesetzgebungsnotstand nach Art. 81 GG noch nie eingetreten.

5.5 Entscheidungskompetenzen innerhalb der Bundesregierung: Das Kanzler-, Ressort- und Kollegialprinzip

Regieren ist ein schwieriges und kompliziertes Geschäft. Der Ablauf des internen Willensbildungs- und Entscheidungsprozesses innerhalb der Regierung bedarf deshalb klarer Regeln, um einen funktionierenden Apparat sicherzustellen und Verantwortungsbereiche und Befugnisse festzulegen. Auch bedarf es einer Festlegung, in welchen Fällen ein Bundesminister allein entscheiden kann und wann er für eine Entscheidung die Zustimmung des Kabinetts benötigt. In Art. 65 GG sind dafür die grundsätzlichen Regeln aufgestellt. Sie bestehen aus einer Kombination des sog. Kanzlerprinzips, des Ressortprinzips und des Kollegialprinzips. Daneben gibt es noch die **Geschäftsordnung der Bundesregierung**, und die **Gemeinsame Geschäftsordnung der Bundesministerien**, die als untergesetzliche Regelwerke die näheren Einzelheiten der Geschäftsführung der Bundesregierung bestimmen.

Eine herausgehobene Stellung innerhalb der Bundesregierung hat der Bundeskanzler, da er die volle Verantwortung für die gesamte Regierung gegenüber dem Bundestag und der Öffentlichkeit übernehmen muss. Das Grundgesetz räumt deshalb in Art. 65 Satz 1 GG dem Bundeskanzler ein, dass er die Richtlinien der Politik bestimmt (sog. **Richtlinienkompetenz** oder **Kanzlerprinzip**). In Abhängigkeit von der Richtlinienkompetenz des Kanzlers führen die Bundesminister ihre Ressorts in eigener Verantwortung (sog. **Ressortprinzip**, Art. 65 Satz 2 GG). Kommt es zu Meinungsverschiedenheiten zwischen den Bundesministern, entscheidet die Bundesregierung als Kollegialorgan (sog. **Kollegialprinzip**,, Art. 65 Satz 3 GG).

Wie weit die Richtlinienkompetenz des Bundeskanzlers geht, ist schwer zu fassen. Sicherlich gehören dazu allgemeine politische Vorgaben und generelle Weisungen, welche die Grundausrichtung der Regierungspolitik bestimmen. Grundlegende und richtungsbestimmende politische Entscheidungen stehen dem Bundeskanzler zu. Die Richtlinienkompetenz steht aber nicht im freien Raum. Viele wegweisende politische Entscheidungen werden durch Parteiprogramme, Koalitionsvereinbarungen und Stimmungsbilder innerhalb der Regierungsparteien vorgeformt. Es bedarf der besonderen persönlichen Autorität des Bundeskanzlers, wenn er eine von der Linie seiner Partei abweichende Haltung durchzusetzen will.

Fraglich ist, ob der Bundeskanzler auch Einzelfallentscheidungen aus dem Zuständigkeitsbereich eines Ministers treffen kann, wenn er sich insoweit auf seine Richtlinienkompetenz beruft. Zur Beantwortung dieser Frage ist zu beachten, dass der Bundeskanzler auch bei Einzelfallentscheidungen der Bundesregierung zur Verantwortung gezogen werden kann. Angesichts der sich daraus ergebenden Konsequenzen kann es dem Bundeskanzler nicht auferlegt werden, sich in Einzelfragen herauszuhalten und sich auf das Grundlegende zu beschränken. Einzelfälle können von hoher politischer Brisanz sein. Läuft bei einem politischen Vorgang etwas schief, wird dies letztlich dem Bundeskanzler angelastet. Er muss also in der Lage sein, der Verantwortung, die auf ihm lastet, gerecht zu werden. Es darf ihm nicht zugemutet werden, sich sehenden Auges zu demontieren. Immer dann, wenn eine Angelegenheit von für den Bundeskanzler relevanter politischer Bedeutung ist, kann er sie über die Richtlinienkompetenz zu seiner eigenen machen.

BEISPIEL

Wegen antisemitischer Äußerungen eines deutschen Botschafters könnte der Bundeskanzler beim Bundesaußenminister veranlassen, dass der Botschafter von seinem Posten abberufen wird, weil das Ansehen der Bundesrepublik auf dem Spiel steht.

Die herausragende Stellung des Bundeskanzlers zeigt sich auch darin, dass er die Kabinettssitzungen leitet (§ 22 Abs. 1 Satz 1 GO-BReg) und ihm bei Stimmengleichheit die ausschlaggebende Stimme zukommt (§ 24 Abs. 2 Satz 2 GO-BReg). Schließlich steht ihm im Verteidigungsfalle die Befehls- und Kommandogewalt über die Bundeswehr zu (Art. 115b GG). In Friedenszeiten hat sie der Verteidigungsminister (Art. 65a GG).

Das **Ressortprinzip** des Art. 65 Satz 2 GG verbietet dem Bundeskanzler unmittelbare und direkte Eingriffe in die Geschäftsbereiche der Bundesminister. Das Kanzlerprinzip findet seine Grenzen in den Befugnissen der Bundesminister. Jeder Minister führt seinen Geschäftsbereich selbstständig und unter eigener Verantwortung. Um dieser Verantwortung nachzukommen, muss den Ministern ein eigenständiger politischer Gestaltungsspielraum von substantiellem politischem Gewicht sowie die Organisationshoheit über ihr Ressort verbleiben.

BEISPIEL

Der Bundeskanzler ordnet an, dass im Bundesfinanzministerium eine neue Abteilung für die Bekämpfung der Steuerflucht eingerichtet wird, da der Bundesregierung vorgeworfen wird, zu wenig gegen Steuerflüchtlinge zu unternehmen. Diese Maßnahme würde das Ressortprinzip verletzen, weil ausschließlich dem Finanzminister zusteht, wie er sein Ressort organisiert, um seinen Aufgaben gerecht zu werden.

Das Ressortprinzip schließt aus, dass der Bundeskanzler (bzw. seine Mitarbeiter im Bundeskanzleramt) einzelnen Beamten eines Fachressorts Weisungen erteilt, also in ein Ressort unmittelbar hineinregiert.

BEISPIEL

Ein Beamter des Bundeskanzleramts darf im Auftrag des Bundeskanzlers den zuständigen Mitarbeiter des Bundesverkehrsministeriums nicht anweisen, den Ausbau einer bestimmten Bundesfernstraße in die Bauplanung aufzunehmen.

In der Praxis gibt es permanente Kontakte zwischen den Beamten des Bundeskanzleramts und den Beamten der einzelnen Ressorts, bei denen die Beamten des Bundeskanzleramts dessen Auffassung vortragen. Für die betreffenden Ressorts, insbesondere wenn sie der Partei des Bundeskanzlers zuzuordnen sind, ist die vom Bundeskanzleramt vorgetragene Auffassung Leitlinie für ihre Entscheidung. Umgekehrt bildet sich das Bundeskanzleramt seine Meinung durch die Kontakte zu den Ressorts.

Das Ressortprinzip erlaubt den Ministern grundsätzlich eigenständige Entscheidungen innerhalb ihrer Ressortkompetenz. Angelegenheiten allgemeiner innen- oder außenpolitischer, wirtschaftlicher, sozialer, finanzieller oder kultureller Bedeutung, insbesondere Gesetzesentwürfe oder Entwürfe von Verordnungen der Bundesregierung, müssen jedoch gemäß § 15 GO-BReg dem Bundeskabinett zur Beratung und Beschlussfassung vorgelegt werden. Wird § 15 GO-BReg verletzt, ist ein Gesetz gleichwohl verfassungskonform zustande gekommen, weil die GO-BReg nur interne Bindungswirkung hat. Zu beachten ist in diesem Zusammenhang, dass Verwaltungsvorschriften, z. B. Steuerrichtlinien, die nach dem Grundgesetz von der Bundesregierung zu erlassen sind, auch tatsächlich durch Kabinettsentscheidung in Kraft gesetzt werden müssen. Es genügt im Beispielsfall nicht die Entscheidung allein des Bundesfinanzministers.

Betrifft eine Angelegenheit auch den Geschäftsbereich eines anderen Ressorts, so entscheidet bei Meinungsverschiedenheiten die Bundesregierung als Kollegialorgan (sog. **Kabinetts- oder Kollegialprinzip**, Art. 65 S. 3 GG)

BEISPIEL

Regelungen zu erneuerbaren Energien betreffen das Wirtschafts-, das Umwelt- und das Landwirtschaftsministerium, eventuell auch das Finanzministerium.

Der Entscheidung nach Art. 65 Satz 3 GG hat nach § 17 GO-BReg ein vorheriger Einigungsversuch zwischen den beteiligten Bundesministern vorauszugehen. Solange Meinungsverschiedenheiten bestehen, darf das federführende Ressort keine allgemein bindende Entscheidung treffen (§ 19 GO der Bundesministerien). Wird Art. 65 Satz 3 GG verletzt, ist ein Gesetz nicht verfassungskonform zustande gekommen, weil das einem Minister verfassungsrechtlich zustehende Recht auf Kabinettsentscheidung verletzt wurde.

Zu beachten ist, dass das Kollegialprinzip des Art. 65 Satz 3 GG immer dann nicht zum Tragen kommt, wenn ein bestimmter Gegenstand in die ausschließliche Ressortkompetenz eines Ministers fällt oder ihn der Bundeskanzler aufgrund seiner Richtlinienkompetenz bereits entschieden hat.

Eine Besonderheit der Kompetenzzuweisungen innerhalb der Bundesregierung ist die Zustimmungspflicht des Bundesfinanzministers bei überplanmäßigen und außerplanmäßigen Ausgaben nach Art. 112 GG. Diese (formelle) Zustimmungspflicht kann durch eine Entscheidung des Bundeskanzlers im Rahmen seiner Richtlinienkompetenz nicht ersetzt werden.

5.6 Kompetenzen und Aufgaben der Bundesregierung

Die Bundesregierung mit dem Bundeskanzler an der Spitze ist das zentrale Organ zur Lenkung und Leitung des Staatswesens. Im Grundgesetz spiegeln sich die umfassenden Aufgaben einer Regierung wie die Europa-, Außen-, Innen-, Finanz-, Sozial- und Verteidigungspolitik, allgemein die Lösung gesamtgesellschaftlicher Konflikte, die Gefahrenvorsorge in allen menschlichen Lebensbereichen, die Kanalisierung technischer Entwicklungen, die Sicherung des Wohlstands- und Wohlfahrtstaates durch wirtschaftliche Prosperität oder die Erhaltung der Umwelt sowie als Grundlage jeglichen staatlichen Handelns eine ausreichende Finanzausstattung des Staates nur bedingt wider. Das ist auch nicht notwendig, da die Generalklausel des Art. 65 Satz 1 GG (Bestimmung der Richtlinien der Politik) die Vielgestaltigkeit politischer Aufgaben und Prozesse berücksichtigt. Art. 65 Satz 1 GG betrifft dem Wortlaut nach nur den Bundeskanzler, beinhaltet aber über seine Person eine Aufgabenbeschreibung der Bundesregierung auch im Verhältnis zu anderen Staatsorganen.

Gleichwohl bedürfen einige Befugnisse und Zuständigkeiten der Bundesregierung einer besonderen grundgesetzlichen Regelung, weil Rechte anderer Organe berührt werden. Hierzu zählt in erster Linie das **Gesetzesinitiativrecht** (Art. 76 Abs. 1 GG). Gesetzesvorlagen werden beim Bundestag durch die Bundesregierung, aus der Mitte des Bundestags oder durch den Bundesrat eingebracht. Die weit überwiegende Zahl der Gesetzesinitiativen geht von der Bundesregierung aus. Ihr steht der gesamte Apparat der Ministerien zur Verfügung, der die Gesetzgebungsarbeit übernimmt. Gesetzgebung bedeutet im Wesentlichen die Änderung bestehender Gesetze, da nur wenige Lebenssachverhalte erstmals neu geregelt werden müssen.

Eine besondere Spielart der Normgebung ist die **Rechtsetzungsbefugnis** der Bundesregierung durch **Rechtsverordnungen** (Art. 80 GG). Durch Gesetze kann die Bundesregierung ermächtigt werden, Rechtsverordnungen als untergesetzliche Regelungen zu erlassen (s. Teil G 2).

Eine weitere wichtige, im Grundgesetz geregelte Aufgabe der Bundesregierung ist die Führung der **bundeseigenen Verwaltung**, über die die Bundesregierung die **Organisationsgewalt** hat (Art. 86 GG). Sie ist im Vergleich zu den Landesverwaltungen weniger bedeutsam, da nach Art. 83 GG grundsätzlich die Länder die Bundesgesetze als eigenen Angelegenheiten (**Grundsatz der Länderexekutive)** ausführen.

BEISPIEL

Die Steuergesetze werden im Wesentlichen durch die Finanzverwaltungen der Länder ausgeführt.

Durch den generellen Vorrang der Länderexekutive bedarf es einer namentlichen Auflistung der Verwaltungsbereiche, die in den Zuständigkeitsbereich des Bundes gehören. In Art. 87 ff. GG sowie Art. 108 GG sind diese Gegenstände der bundeseigenen Verwaltung aufgeführt.

Wenn die Länderverwaltungen Bundesgesetze ausführen, also den gesetzgeberischen Willen des Bundes umsetzen, bedarf es der Möglichkeit der **Direktion** und **Aufsicht** über die Länderverwaltungen, die durch Art. 84 GG gegeben ist. Die Bundesregierung kann über **Weisungsrechte** sicherstellen, dass die Länder die Bundesgesetze gemäß dem geltenden Recht ausführen. Ein einheitlicher Ablauf der Verwaltungsverfahren wird durch den Erlass von **Verwaltungsvorschriften** durch die Bundesregierung erreicht.

Im **Rat der Europäischen Union** (sog. EU-Ministerrat, nicht zu verwechseln mit dem **Europäischen Rat**, der sich aus den Staats- und Regierungschefs der Mitgliedsstaaten sowie seinem Präsidenten und dem Präsidenten der Kommission zusammensetzt und nicht an der Rechtsetzung der Europäischen Union beteiligt ist) ist die Bundesregierung mit den jeweiligen Fachministern vertreten. Der Rat übt gemeinsam mit dem **Europäischen Parlament** das Gesetzgebungsverfahren für europäische Rechtsetzungsakte (Verordnungen und Richtlinien) aus. An den Rechtsetzungsakten der Europäischen Union wirkt also die Bundesregierung und nicht der Bundestag mit. Die Bundesregierung hat jedoch die Stellungnahme des Bundestags zu berücksichtigen (Art. 23 Abs. 3 GG). Der Bundesrat ist an der Willensbildung des Bundes in europäischen Angelegenheiten zu beteiligen, soweit die Länder innerstaatlich davon betroffen sind (Art. 23 Abs. 4 GG).

FÄLLE 11–12

FALL 11

Der fragwürdige Koalitionsvertrag. Nach der Bundestagswahl musste die bisherige Regierungspartei A zusammen mit der bisher nicht an der Regierung beteiligten Partei B eine Koalition eingehen, um eine parlamentarische Mehrheit im Bundestag zu besitzen. In den Koalitionsverhandlungen einigte man sich auf einen umfangreichen Katalog persönlicher wie fachlicher Vorgaben für die kommende Regierungsperiode. Unter anderem enthält die Vereinbarung folgende Bestimmungen:

a) Die Partei A stellt den Bundeskanzler sowie zehn Minister, die Partei B fünf Minister. Die Minister werden in der Vereinbarung namentlich mit den jeweils zu übernehmenden Ressorts benannt.

b) Der in der B-Partei umstrittene, designierte Finanzminister, den die A-Partei stellt, soll zur Mitte der Legislaturperiode zurücktreten und durch einen namentlich festgelegten Nachfolger ersetzt werden.

c) Es soll ein paritätisch besetzter Koalitionsausschuss, dem der Bundeskanzler, der Vizekanzler, vier Minister und die Fraktionsvorsitzenden der Regierungsparteien angehören, gebildet werden, der über alle strittigen Fragen innerhalb der Bundesregierung entscheidet.
Nach Abschluss des Koalitionsvertrags, aber vor der Ernennung der Bundesminister nach Art. 64 GG fängt der designierte Verteidigungsminister, den die B-Partei stellt, mit dem Bundeskanzler einen Streit über die Zulässigkeit von Waffenexporten an, obwohl hierfür eigentlich der Wirtschaftsminister zuständig sein soll. Der Bundeskanzler weigert sich daraufhin, den Minister dem Bundespräsidenten zur Ernennung vorzuschlagen, und will das Verteidigungsressort selbst übernehmen, bis ein neuer Verteidigungsminister gefunden ist.
Wie ist die Koalitionsvereinbarung aus verfassungsrechtlicher Sicht zu beurteilen. Muss der Bundeskanzler den in der Koalitionsvereinbarung benannten Verteidigungsminister benennen? Kann der Bundeskanzler selbst ein Ressort übernehmen?

FALL 12

Das neue Ministerium. Aufgeschreckt durch eine demoskopische Umfrage, wonach die sog. Energiewende nach Ansicht der Mehrheit der Bürger von der Bundesregierung nicht ernsthaft genug verfolgt wird, ordnet der Bundeskanzler während der laufenden Legislaturperiode an, dass ein eigenständiges Energieministerium errichtet werden soll. Dazu sollen die für Energiefragen zuständigen Abteilungen aus dem Wirtschafts- und dem Umweltministerium in das neue Energieministerium umsiedeln. Der Bundeskanzler ordnet ferner an, dass sich der Wirtschafts- und der Umweltminister mit dem neuen Energieminister verständigen sollen, ob in Deutschland das sog. Frackingverfahren zur Gewinnung von Erdgas und Erdöl zulässig sein soll. In Folge dieser Entscheidung widerspricht der Finanzminister der Errichtung eines neuen Ministeriums, weil es »nicht finanzierbar sei«. Ferner sprechen sich der Wirtschafts- und der Umweltminister unter Berufung auf das Ressortprinzip gegen die Ausgliederung von Abteilungen aus ihren eigenen Ministerien in das neue Energieministerium aus. Der Umwelt- und der Landwirtschaftsminister sprechen sich aus Umweltschutzgründen gegen eine Zulassung des Frackingverfahrens aus, der neue Energieminister aus Gründen der Versorgungsautarkie dafür.

6 Das Bundesverfassungsgericht

6.1 Stellung und Zuständigkeiten des Bundesverfassungsgerichts

Das Bundesverfassungsgericht mit Sitz in Karlsruhe gehört zu den fünf obersten Bundesorganen und ist in dieser Eigenschaft selbstständig und unabhängig von den anderen Verfassungsorganen (§ 1 Abs. 1 BVerfGG). Im Grundgesetz ist ihm allerdings nicht wie den anderen Verfassungsorganen ein eigenes Kapitel gewidmet. Die Bestimmungen über das Bundesverfassungsgericht sind in das Kapitel IX (Die Rechtsprechung) integriert. Gleichwohl ist seine Stellung als oberstes Verfassungsorgan unzweifelhaft, denn als »Hüter der Verfassung« (BVerfG vom 20. 03. 1952, BVerfGE 1, 184, 195 ff.) legt es die Normen des Grundgesetzes letztverbindlich aus und hat damit das Recht, alle anderen Verfassungsorgane in die Schranken des Grundgesetzes zu weisen. Es kommt damit dem Auftrag des Verfassungsgebers nach, die Macht dem Recht unterzuordnen. Die Entscheidungen des Bundesverfassungsgerichts sind unanfechtbar und binden die Verfassungsorgane des Bundes und der Länder sowie alle Gerichte und Behörden (§ 31 Abs. 1 BVerfGG). In den in § 31 Abs. 2 BVerfGG aufgeführten Fällen haben die Entscheidungen des Bundesverfassungsgerichts sogar Gesetzeskraft. Die Entscheidungsformel des Gerichts ist in diesen Fällen im Bundesgesetzblatt zu veröffentlichen (§ 31 Abs. 2 Satz 3 und 4 BVerfGG).

Die Berufung zum Richteramt beim Bundesverfassungsgericht als Vertreter eines obersten Bundesorgans muss auf einer demokratischen Legitimation beruhen. Es ist nicht ganz ohne Bedeutung, wer Repräsentant eines obersten Verfassungsorgans sein soll, denn die Aufgabe des Verfassungsrichters ist mit Machtfülle verbunden, auch wenn es vordergründig nur um die Durchsetzung der bestehenden Inhalte des Grundgesetzes geht. Nach Art. 94 Abs. 1 Satz 2 GG werden die Mitglieder des Bundesverfassungsgerichts deshalb je zur Hälfte vom Bundestag und vom Bundesrat gewählt. Sechs Richter des aus 16 Richtern bestehenden Gerichts müssen aus einem obersten Gerichtshof des Bundes kommen (§ 2 Abs. 3 BVerfGG). Nach dem Grundsatz der Inkompatibilität der Mitgliedschaft in Bundesorganen (personalisierte Gewaltenteilung) dürfen die Richter des Bundesverfassungsgerichts weder dem Bundestag noch dem Bundesrat, der Bundesregierung noch einem entsprechenden Organ der Länder angehören (Art. 94 Abs. 1 Satz 1 GG).

Das Bundesverfassungsgericht ist organisatorisch in zwei Spruchkörper (Senate) zu je acht Richtern aufgeteilt (§ 2 Abs. 1 und 2 BVerfGG), deren jeweilige Zuständigkeit sich aus § 14 BVerfGG ergibt.

Die **Zuständigkeiten des Bundesverfassungsgerichts** sind im Grundgesetz an verschiedenen Stellen aufgeführt (Art. 18, 21 Abs. 2, 93, 100 Abs. 1 GG), in § 13 BVerfGG jedoch zusammengefasst. Es gilt das **Enumerationsprinzip**. Das heißt, der Zuständigkeitskatalog des § 13 BVerfGG ist abschließend.

Die wichtigsten Verfahrensarten vor dem Bundesverfassungsgericht sind:

- die **Verfassungsbeschwerde**
  (Art. 93 Abs. 1 Nr. 4a GG, §§ 13 Nr. 8a, 90 ff. BVerfGG),
- die **abstrakte Normenkontrolle**
  (Art. 93 Abs. 1 Nr. 2 GG, §§ 13 Nr. 6, 76 ff. BVerfGG),
- die **konkrete Normenkontrolle**
  (Art. 100 Abs. 1 GG, §§ 13 Nr. 11, 80 ff. BVerfGG),
- das **Organstreitverfahren**
  (Art. 93 Abs. 1 Nr. 1 GG, §§ 13 Nr. 5, 63 ff. BVerfGG),
- das **Bund-Länder-Streitverfahren**
  (Art. 93 Abs. 1 Nr. 3 GG, §§ 13 Nr. 7, 68 ff. BVerfGG),
- das **Parteiverbotsverfahren**
  (Art. 21 Abs. 2 Satz 2 GG, §§ 13 Nr. 2, 43 ff. BVerfGG) (s. Teil E 6),
- die **Nichtzulassungsbeschwerde zur Wahl zum Bundestag**
  (Art. 93 Abs. 1 Nr. 4c GG, § 13 Nr. 3a BVerfGG).

Die Voraussetzungen der Verfahren sind im Einzelnen jeweils in den zitierten Abschnitten des Bundesverfassungsgerichtsgesetzes geregelt.

In allen ihm zugewiesenen Streitverfahren wird das Bundesverfassungsgericht nur auf Antrag des Antragsberechtigten tätig. Das Bundesverfassungsgericht verbietet also beispielsweise nicht eo ipso eine Partei, wenn es diese nach eigener Einschätzung für verfassungswidrig hält.

An der Rechtsprechung des Bundesverfassungsgerichts wird immer wieder zum Teil berechtigte Kritik laut. Ihm wird vorgeworfen, dass seine Entscheidungen richterliche Grenzen überschreiten und politische Willensakte darstellten. Das Bundesverfassungsgericht hat zu beachten, dass es nicht indirekt die Stelle des Gesetzgebers einnimmt. Man sollte sich immer vergegenwärtigen, dass Verfassungsrecht eine Rechtsmaterie ist, die eine gewisse Bandbreite an politischen Interpretationen zulassen muss, damit sich der Staat einer sich verändernden Gesellschaft anpassen kann. Hörbares Grummeln aus den Regierungsfraktionen des Bundestags gab es beispielsweise bei der Entscheidung des Bundesverfassungsgerichts, dass die für die Wahl zum Europäischen Parlament geltende Drei-Prozent-Klausel nicht verfassungsgemäß sei. Aufgrund dieser Entscheidung sitzen seit den Europawahlen 2014 einzelne Vertreter kleinster Parteien im Europäischen Parlament, sind dort aber bei der parlamentarischen Entscheidungsfindung völlig bedeutungslos.

6.2 Die Individual-Verfassungsbeschwerde (Art. 93 Abs. 1 Nr. 4a GG)

6.2.1 Gegenstand der Verfassungsbeschwerde

Ein Bürger kann durch jeden Akt der öffentlichen Gewalt, sei es eine Handlung oder ein Unterlassen der Exekutive, Legislative oder Judikative, in seinen geschützten Grundrechten verletzt werden. Wenn für ihn keine andere Möglichkeit besteht, sich dagegen zu wehren, muss spätestens dann der »Hüter der Verfassung« angerufen werden können, um eine Grundrechtsverletzung zu verhindern. Umso überraschender ist es, dass die Individualbeschwerde gegen Grundrechtsverletzungen erst 1969 im Zusammenhang mit der Notstandsgesetzgebung in das Grundgesetz aufgenommen wurde. Sie ist seither in Art. 93 Abs. 1 Nr. 4a GG verankert. Zuvor war sie nur einfachgesetzlich geregelt.

Primärer Zweck der Verfassungsbeschwerde ist der Schutz des Einzelnen vor Grundrechtsverletzungen durch die öffentliche Gewalt, wenn alle anderen Mittel ausgeschöpft sind. Über diesen (subjektiven) Zweck hinaus dient die Verfassungsbeschwerde auch der Wahrung und Fortentwicklung des Grundgesetzes. Dieser weitere (objektiv-rechtliche) Verfahrenszweck führt dazu, dass eine Rücknahme einer Verfassungsbeschwerde nach der mündlichen Verhandlung nur eingeschränkt möglich ist.

Die Individual-Verfassungsbeschwerde ist das mit Abstand häufigste Verfahren vor dem Bundesverfassungsgericht (ca. 6 000 Verfahren pro Jahr). Sie wird deshalb in diesem Lehrbuch an erster Stelle behandelt. Die Erfolgsquote ist mit unter 3 % allerdings sehr klein. Um die vielen Verfassungsbeschwerden zu bewältigen, findet nach Eingang der Verfassungsbeschwerde eine Art **Vorverfahren** statt, bei dem eine der beim Bundesverfassungsgericht gebildeten Kammern prüft, ob die Beschwerde hinreichende Aussicht auf Erfolg hat (Art. 94 Ab. 2 Satz 2 GG, §§ 15a, 93a–d BVerfGG).

6.2.2 Beschwerde- und Prozessfähigkeit

Gemäß Art.93 Abs. 1 Nr. 4a GG kann »jedermann« mit der Behauptung, durch die öffentliche Gewalt in einem seiner Grundrechte oder in einem seiner in Art. 20 Abs. 4, 33, 38 Abs. 1 Satz 1, 101, 103 und 104 GG genannten Rechten (sog. grundrechtsgleichen Rechte) verletzt zu sein, Verfassungsbeschwerde erheben **(Beschwerdefähigkeit)**. Mit »jedermann« ist jeder Grundrechtsträger gemeint. Das kann nicht nur eine natürliche Person, sondern auch eine juristische Person sein, wenn das betreffende Grundrecht seinem Wesen nach auf die betroffene juristische Person anwendbar ist (Art. 19 Abs. 3 GG).

BEISPIEL

Ein Gesetz sieht für energieintensive Betriebe eine jährliche Sonderabgabe zur Finanzierung der sog. Energiewende vor. Ein betroffenes Unternehmen könnte unter Berufung auf Art. 3 und 14 GG gegen dieses Gesetz Verfassungsbeschwerde erheben.

Im Einzelnen ist bei der Frage der Beschwerdefähigkeit von juristischen Personen vieles umstritten. Insbesondere bei juristischen Personen des öffentlichen Rechts und privatrechtlichen Unternehmen, die Staatsaufgaben wahrnehmen, wird die Beschwerdefähigkeit in Frage gestellt, weil es sich um einen staatsinternen Streit handeln würde. Als Faustregel gilt, dass diejenigen juristischen Personen sich durch Verfassungsbeschwerde auf einen Grundrechtsschutz berufen können, die sich in einer **grundrechtstypischen Gefährdungslage** befinden.

BEISPIEL

Eine als GmbH organisierte Privatschule könnte sich mit einer Verfassungsbeschwerde auf die Verletzung des Art. 7 GG (Schulwesen) berufen.

Ein Beschwerdeführer muss dazuhin die **Prozessfähigkeit** haben. Diese ist bei natürlichen Personen, die volljährig sind, in der Regel gegeben. Aber auch Minderjährige können ausnahmsweise prozessfähig sein und Prozesshandlungen selbst ausüben, wenn sie in der Lage sind, Grundrechte selbstständig wahrzunehmen. Grundsätzlich sind auch Minderjährige Träger von Grundrechten. In der mündlichen Verhandlung müssen sich jedoch alle Beschwerdeführer anwaltlich vertreten lassen (§ 22 Abs. 1 Satz 1 BVerfGG).

BEISPIEL

Ein 16-jähriger Schüler könnte schulische Eingriffe in seine Glaubensfreiheit per Verfassungsbeschwerde abwehren.

6.2.3 Beschwerdegegenstand

Da die Grundrechte alle drei Staatsgewalten treffen, können auch die Akte aller drei Gewalten durch eine Verfassungsbeschwerde angegriffen werden. Verfassungsbeschwerden können sich also gegen Verwaltungsakte, Rechtsnormen (Gesetze, Verordnungen und Satzungen) und Gerichtsentscheidungen richten. Es muss sich dabei um Maßnahmen deutscher Hoheitsträger handeln, da nur diese dem Grundgesetz unterliegen.

Ein Akt öffentlicher Gewalt kann in einem aktiven Handeln, aber auch in einem Unterlassen einer staatlichen Maßnahme liegen.

BEISPIEL

Im allgemein zugänglichen Servicecenter eines Finanzamtes ist das Rauchen erlaubt. Ein dort wartender Bürger sieht sich dadurch in seinem Grundrecht auf körperliche Unversehrtheit (Art. 2 Abs. 2 GG) verletzt. Beschwerdegegenstand kann deshalb die Einführung eines Rauchverbots in dem öffentlich zugänglichen Bereich des Finanzamts sein.

Wegen des Gebots der Rechtswegerschöpfung (s. 6.2.5) kann häufig erst gegen ein letztinstanzliches Gerichtsurteil Verfassungsbeschwerde eingelegt werden. Der Beschwerdeführer hat dann die Wahl, ob er gegen alle vorherigen Entscheidungen vorgeht oder nur gegen die letztinstanzliche Gerichtsentscheidung.

BEISPIEL

Wenn sich ein Bürger durch einen Steuerbescheid in seinen Grundrechten verletzt fühlt, kann er erst dann Verfassungsbeschwerde einlegen, wenn er zuvor erfolglos Einspruch eingelegt und dann vor dem Finanzgericht sowie dem Bundesfinanzgericht geklagt hat. Dann kann er entweder gegen alle Entscheidungen vorgehen (mit der Folge, dass im Erfolgsfall auch der Steuerbescheid aufgehoben wird) oder nur gegen die Entscheidung des Bundesfinanzgerichts, das dann neu zu entscheiden hat.

Auch Verfassungsrichter können irren und mit einer Entscheidung selbst Grundrechte verletzen. Gegenüber Entscheidungen des Bundesverfassungsgerichts gibt es aber keine weitere Instanz. Sie ist letztverbindlich.

Terminologischer Hinweis: Bei der Verfassungsbeschwerde (wie bei der abstrakten und konkreten Normenkontrolle) gibt es keinen Verfahrensgegner (kein kontradiktorisches Verfahren). Deswegen spricht man in diesem Verfahren auch nicht von Streitgegenstand, sondern von Beschwerdegegenstand

6.2.4 Überprüfung von Gemeinschaftsrecht

Die Überschneidung von gemeinschaftlichem EU-Recht und nationalem Recht wirft die Frage auf, ob und inwieweit das Bundesverfassungsgericht im Verfahren der Verfassungsbeschwerde (bzw. im Normenkontrollverfahren) Gemeinschaftsrecht bzw. nationale Normen, die auf Gemeinschaftsrecht beruhen, auf ihre Vereinbarkeit mit dem Grundgesetz überprüfen kann.

Zunächst gilt für das Gemeinschaftsrecht ein **Anwendungsvorrang**, d. h., Gemeinschaftsrecht hat Vorrang gegenüber dem nationalen Recht. Das gemeinschaftswidrige nationale Recht ist allerdings nicht nichtig, es kommt im Konfliktfalle nur nicht zur Anwendung. Grundsätzlich kann das Bundesverfassungsgericht das Gemeinschaftsrecht nicht überprüfen, dies ist dem Europäischen Gerichtshof vorbehalten. Das Bundesverfassungsgericht nimmt jedoch für sich in Anspruch, das Gemeinschaftsrecht daraufhin zu überprüfen, ob es durch die **Integrationsermächtigung** des Art. 79 Abs. 3 GG gedeckt ist (sog. **Identitätskontrolle**). Darunter versteht man die auch gegenüber der Europäischen Union nicht disponiblen Grundsätze des Art. 79 Abs. 3 GG, also insbesondere das Demokratie- und Rechtsstaatsprinzip sowie die Menschenrechte des Art. 1 Abs. 2 GG. Leben, Freiheit, Gleichheit, körperliche Unversehrtheit, Glaubens- und Gewissensfreiheit, Meinungsfreiheit und Eigentum müssen auch in der Union gewährleistet sein. Ferner sieht sich das Bundesverfassungsgericht zur Prüfung berechtigt, ob die Akte der Organe der EU sich im Rahmen der von den Mitgliedstaaten übertragenen Zuständigkeit halten (sog. **Ultra-vires-Kontrolle**).

Ein besonderes, praktisch bedeutsames Problem der Verfassungsbeschwerde stellen Rechtsvorschriften dar, die europäische Richtlinien umsetzen. Es handelt sich zwar um deutsches Recht, aber der deutsche Gesetzgeber hat keine Möglichkeit, die zwingenden europarechtlichen Vorgaben zu umgehen. In diesen Fällen lässt das Bundesverfassungsgericht keine Verfassungsbeschwerde zu, es sei denn, es könnte geltend gemacht werden, der Grundrechtsschutz der Union entspreche nicht dem Art. 79 Abs. 3 GG (Identitätskontrolle durch das Bundesverfassungsgericht), was allerdings zumindest derzeit nicht gegeben ist. Der Betroffene kann allenfalls vor dem Europäischen Gerichtshof klagen. Mit dem Vertrag von Lissabon haben seit 2009 auch die Grundrechte einen festen Platz in der Judikatur des Europäischen Gerichtshofs. Die EU-Grundrechte-Charta umfasst neben Menschenrechten und demokratischen Bürgerrechten auch soziale und wirtschaftliche Rechte, z. B. das Recht auf würdige Arbeitsbedingungen. Der Europäische Gerichtshof überprüft EU-Recht und nationales Recht, das EU-Recht umsetzt, auf dieser Grundlage.

BEISPIEL

Das Kreislaufwirtschaftsgesetz (KrWG) setzt in einigen Paragraphen die EU-Abfallrahmenrichtlinien um. Nur diese Bestimmungen des Gesetzes können nicht vom Bundesverfassungsgericht, sondern müssen vom Europäischen Gerichtshof überprüft werden.

6.2.5 Beschwerdebefugnis (Antragsbefugnis)

Nach Art. 93 Abs. 1 Nr. 4a GG, § 90 Abs. 1 BVerfGG ist die Verfassungsbeschwerde nur zulässig, wenn der Beschwerdeführer plausibel behauptet, durch den angegriffenen Akt der öffentlichen Gewalt in einem seiner Grundrechte oder grundrechtsgleichen Rechte der Art. 20 Abs. 4, 33, 38, 101, 103 und 104 GG verletzt zu sein. Es muss also die Möglichkeit einer eigenen Grundrechtsverletzung vorgetragen werden. Die Verfassungsbeschwerde soll **keine Popularklage** darstellen. Eine Grundrechtsverletzung durch einen öffentlichen Akt kann also nicht von jedermann gerichtlich angegriffen werden. Der Beschwerdeführer muss nach der ständigen Rechtsprechung des Bundesverfassungsgerichts **selbst, unmittelbar und gegenwärtig** betroffen sein. Grundsätzlich soll sich niemand zum Sachwalter des Allgemein- oder Drittinteresses machen können.

Bei Verwaltungsakten und Gerichtsentscheidungen, die gegen den Beschwerdeführer gerichtet sind, liegen diese drei Voraussetzungen in der Regel auf der Hand. Relevant werden sie bei Rechtsnormen, die durch eine Verfassungsbeschwerde angegriffen werden, da diese grundsätzlich erst durch einen Vollzugsakt zu einer Beschwer des Betroffenen führen.

BEISPIELE

Der Bundestag erlässt ein Gesetz, das für alleinerziehende Frauen, nicht aber für alleinerziehende Männer steuerrechtliche Erleichterungen vorsieht. Ein davon betroffener Mann kann wegen Verletzung des Art. 3 Abs. 2 GG nicht direkt das Gesetz angreifen. Er muss erst den Steuerbescheid abwarten, dann Einspruch einlegen und die beiden Finanzgerichtsinstanzen durchlaufen, bevor er Verfassungsbeschwerde erheben kann.

Ein Gesetz lässt zu, dass Finanzbeamte die Wohnungen von Steuerpflichtigen unangemeldet durchsuchen können, ohne die Schranken des Art. 13 GG (Unverletzlichkeit der Wohnung) zu beachten. In diesem Falle wirkt die Rechtsnorm unmittelbar gegenüber dem Steuerpflichtigen, da er die Durchsuchung im Falle des Falles nicht abwehren kann, mit der Folge, dass er direkt gegen das Gesetz Verfassungsbeschwerde erheben kann.

In einem Gesetz wird die Missachtung einer steuerrechtlichen Pflicht als Straftatbestand normiert. Ein Steuerpflichtiger ist der Auffassung, dass die Vorschrift den Grundsatz der Verhältnismäßigkeit verletzt. In diesem Fall kann er direkt Verfassungsbeschwerde gegen das Gesetz erheben, denn es ist ihm nicht zuzumuten, dass er zunächst eine Straftat begehen muss, um seine Auffassung von der Verfassungswidrigkeit der Norm erst in einem Strafverfahren vortragen zu können.

6.2.6 Rechtswegerschöpfung

Als spezielle Ausformung des Rechtsprinzips der Subsidiarität, welches für alle Gerichtsverfahren gilt, kann nach § 90 Abs. 2 BVerfGG eine Verfassungsbeschwerde erst nach der vollständigen **Erschöpfung des Rechtswegs** erhoben werden. Der Beschwerdeführer muss also vor der Erhebung der Verfassungsbeschwerde alle zulässigen verfahrensmäßigen Möglichkeiten zur Beseitigung der behaupteten Grundrechtsverletzung in Anspruch genommen haben.

Bei Akten der Verwaltung beginnt der Rechtsweg mit dem außergerichtlichen Rechtsbehelfsverfahren (Erhebung des Widerspruchs bei Akten der allgemeinen Verwaltung (§ 69 VwGO), des Einspruchs bei der Finanzverwaltung (§§ 347 ff. AO)), sofern ein solches gesetzlich erforderlich ist, und führt dann zunächst zu den verschiedenen Instanzen der jeweiligen Gerichtsbarkeit.

Bei einer Grundrechtsverletzung durch eine Gerichtsentscheidung muss der gerichtliche Instanzenweg zu den Obergerichten ausgeschöpft werden. Bei einer Grundrechtsverletzung durch ein Gesetz muss zunächst geprüft werden, ob der Beschwerdeführer unmittelbar in seinen Grundrechten verletzt wird oder erst durch den Vollzug des Gesetzes (s. 6.2.4). Greift ein Gesetz grundrechtswidrig direkt in den Rechtsbereich des Betroffenen ein, gibt es außer der Verfassungsbeschwerde keinen anderen Rechtsweg.

Wie bereits gesagt (s. 6.2.1), hat die Verfassungsbeschwerde auch den objektiv-rechtlichen Zweck, eine allgemein gültige Interpretation der Grundrechte und grundrechtsgleichen Rechte herbeizuführen. Dementsprechend macht § 90 Abs. 2 Satz 2 BVerfGG eine Ausnahme vom Erfordernis der Rechtswegerschöpfung, wenn die Verfassungsbeschwerde von allgemeiner Bedeutung ist. Ferner entfällt nach § 90 Abs. 2 Satz 2 BVerfGG das Erfordernis der Rechtswegerschöpfung, wenn dem Beschwerdeführer ein schwerer und unabwendbarer Nachteil entstünde, falls er zunächst auf den Rechtsweg verwiesen würde.

BEISPIEL

Einem eingetragenen Verein wird auf der Grundlage gesicherter finanzgerichtlicher Rechtsprechung die Gemeinnützigkeit entzogen. Der Verein kann deshalb nicht mehr seiner Tätigkeit nachgehen. Dieser Nachteil und die zu erwartende Erfolglosigkeit einer Ausschöpfung des Rechtswegs erlauben es, direkt das Bundesverfassungsgericht anzurufen.

6.2.7 Einlegungsfrist

Bei der Einlegung einer Verfassungsbeschwerde sind besondere Fristen zu beachten. Richtet sich die Verfassungsbeschwerde gegen ein Gesetz, ist sie gemäß § 93 Abs. 3 BVerfGG binnen einer Frist von einem Jahr nach Inkrafttreten des Gesetzes zu erheben. In den anderen Fällen (Gerichts- bzw. Verwaltungsentscheidungen) ist die Verfassungsbeschwerde binnen eines Monats nach Verkündung bzw. Bekanntgabe der Entscheidung zu erheben.

6.3 Die abstrakte Normenkontrolle (Art. 93 Abs. 1 Nr. 2 GG)

6.3.1 Verfahrensgegenstand und Antragsberechtigte

Die verfassungsrechtliche Kontrolle der gesetzgebenden Gewalt durch das Bundesverfassungsgericht kann nicht nur von einem betroffenen Bürger im Wege der Individual-Verfassungsbeschwerde ausgeübt werden, sondern auch auf Antrag bestimmter staatlicher Organe. Nach Art. 93 Abs.1 Nr. 2 GG können die **Bundesregierung,** die **Landesregierungen** oder ein **Viertel der Mitglieder des Bundestags** (als Minderheitenschutz) jederzeit die Vereinbarkeit von Bundesrecht oder Landesrecht mit dem Grundgesetz durch das Bundesverfassungsgericht überprüfen lassen. Dieses Verfahren nennt man **abstrakte Normenkontrolle**, weil ihr Inhalt von einem konkreten Anwendungsfall losgelöst ist.

Prüfungsgegenstand ist das gesamte Bundes- und Landesrecht (§ 76 Abs. 1 BVerfGG). Überprüft werden können deshalb sowohl Verfassungsnormen und Gesetze (auch im nur formellen Sinn, z. B. das Haushaltsgesetz) als auch Rechtsverordnungen. Es müssen aber bereits verkündete Rechtsnormen sein. Eine Ausnahme sind Transformationsgesetze zu völkerrechtlichen Verträgen. Sie können schon vor der Ausfertigung angegriffen werden, um zu verhindern, dass die Bundesrepublik Deutschland unter Verletzung des Verfassungsrechts völkerrechtliche Verpflichtungen übernimmt (BVerfG vom 31. 07. 1973, BVerfGE 36, 1, 15).

Prüfungsmaßstab der abstrakten Normenkontrolle bei der Überprüfung von Bundesrecht ist nur das Grundgesetz, wohingegen bei der Prüfung von Landesrecht nach Art. 93 Abs. 1

Nr. 2 GG das gesamte Bundesrecht einbezogen wird. Auf diese Weise wird dem Grundsatz, dass Bundesrecht als höherrangiges Recht Landesrecht bricht, Rechnung getragen.

Bei der Überprüfung von Bundesrecht auf seine Konformität mit dem Grundgesetz werden sowohl die formellen Verstöße (Gesetzgebungskompetenz, Gesetzgebungsverfahren) als auch die materiellen Verstöße betrachtet. Greift die Bundesregierung (oder mindestens ein Viertel der Mitglieder des Bundestags) mit der abstrakten Normenkontrolle Landesrecht an, bleibt das Landesverfassungsrecht als Prüfungsmaßstab außen vor. Bundesorgane kann nur interessieren, dass Landesrecht nicht gegen Bundesrecht verstößt.

BEISPIELE FÜR EINE ABSTRAKTE NORMENKONTROLLE:

Die einer Oppositionspartei angehörigen Mitglieder des Bundestags halten das Bundeswahlgesetz für verfassungswidrig. Die Bundesregierung hält ein vom Bundestag oder einem Landtag verabschiedetes Gesetz für grundgesetzwidrig. Eine Landesregierung ist der Auffassung, dass der Bund für ein Bundesgesetz keine Gesetzgebungskompetenz hat. Eine Landesregierung hält ein Gesetz eines anderen Landes für nicht mit der Bundesgesetzgebung kompatibel.

Auch bei der abstrakten Normenkontrolle stellt sich die Frage, ob ein Gesetz, das EU-Richtlinien umsetzt, Gegenstand des Verfahrens sein kann, denn der Bundesgesetzgeber handelt aufgrund europarechtlicher Verpflichtung. Diese Frage ist differenziert zu beantworten. Setzt der Bundesgesetzgeber die Richtlinie nur 1:1 um, ist das Gesetz nicht durch das Bundesverfassungsgericht überprüfbar, denn sonst würde die Richtlinie am nicht relevanten Maßstab des Grundgesetzes überprüft werden. EU-Verordnungen, also unmittelbar geltendes EU-Recht, können von vornherein nicht im Wege der abstrakten Normenkontrolle überprüft werden. Hat der Bundesgesetzgeber jedoch einen Umsetzungsspielraum, ist das Gesetz insoweit überprüfbar, als es durch die EU-Richtlinie nicht vorbestimmt ist (BVerfG vom 02.03.2010, BVerfGE 125, 260, 306 ff.).

6.3.2 Zulässigkeit

Nach Art. 93 Abs. 1 Nr. 2 GG würde für die abstrakte Normenkontrolle die Geltendmachung »konkreter Meinungsverschiedenheiten« und von »Zweifeln« zur Antragsbefugnis genügen. Demgegenüber verlangt § 76 Abs. 1 Nr. 1 BVerfGG, dass der Antragsteller Bundes- oder Landesrecht wegen seiner förmlichen oder sachlichen Unvereinbarkeit mit dem Grundgesetz oder bei Landesgesetzen mit dem sonstigen Bundesrecht für nichtig hält. Diese Diskrepanz zwischen dem GG und dem BVerfGG wird nach dem Prinzip des vorrangigen Verfassungsrechts so gelöst, das der Antragsteller »aufgrund konkreter Zweifel« ein Klarstellungsinteresse haben muss (BVerfG vom 28.02.1961, BVerfGE 12, 205, 221 f.).

Weitere Zulässigkeitsvoraussetzungen, insbesondere eine Frist, gibt es für die abstrakte Normenkontrolle nicht.

6.4 Die konkrete Normenkontrolle (Richtervorlage, Art. 100 Abs. 1 GG)

6.4.1 Verfahrensgegenstand und Vorlageberechtigung

Zweifel an der Verfassungsmäßigkeit von Gesetzen können nicht nur Staatsbürger oder Staatsorgane haben. Während eines Rechtsstreits können auch einem Gericht Zweifel kommen, ob ein Gesetz, das Grundlage eines Urteils sein soll, wirklich der Verfassung entspricht. In einem solchen Falle muss das erkennende Gericht die Möglichkeit haben, das Gesetz, auf dessen Gültigkeit es bei seiner Entscheidung ankommt, überprüfen zu lassen. Art. 100 Abs. 1 GG sieht deshalb vor, dass ein Gericht ein Streitverfahren zunächst aussetzen kann, um die Entscheidung des Bundesverfassungsberichts einzuholen, ob das fragliche Gesetz den formellen und materiellen Vorgaben des Grundgesetzes entspricht Im Gegensatz zur abstrakten Normenkontrolle wird die konkrete Normenkontrolle also aus Anlass eines konkreten Streitfalls durchgeführt. Daher auch die Bezeichnung konkrete Normenkontrolle.

Vorlageberechtigt an das Bundesverfassungsgericht sind gemäß § 80 Abs. 1 BVerfGG alle Gerichte, nicht nur die obersten Gerichte.

Exkurs: Bei einer Verletzung der Verfassung eines Landes durch ein Landesgesetz können die Gerichte nach Art. 100 Abs. 1 GG die Entscheidung des für Verfassungsstreitigkeiten zuständigen Gerichts des Landes (in Baden-Württemberg des Staatsgerichtshofs) einholen.

Anders als bei der abstrakten Normenkontrolle sind **Prüfungsgegenstand** der konkreten Normenkontrolle nur Gesetze im formellen Sinne, soweit sie nach Inkrafttreten des Grundgesetzes erlassen wurden. Bei Rechtsverordnungen, Satzungen und vorkonstitutionellem Recht hat das erkennende Gericht eine **eigene Verwerfungskompetenz**. Die Pflicht zur Vorlage an das Bundesverfassungsgericht bei formellen Gesetzen hat der Verfassungsgeber vorgenommen, um den parlamentarischen Gesetzgeber davor zu schützen, dass jedes Gericht, also auch ein Einzelrichter, ein von ihm erlassenes und vom Bundespräsidenten ausgefertigtes Gesetz für unanwendbar erklären kann.

6.4.2 Vorlagevoraussetzungen

Um ein konkretes Normenkontrollverfahren anzustrengen, gibt es für das vorlageberechtigte Gericht zwei Vorlagevoraussetzungen:

Einmal muss das mit dem Verfahren befasste Gericht von der Verfassungswidrigkeit des Gesetzes überzeugt und verfassungskonforme Auslegung nicht möglich sein. Das vorlageberechtigte Gericht muss also genau darlegen, welche Verfassungsnorm aus welchen Gründen durch das in Frage stehende Gesetz verletzt sein soll.

Zweitens muss das Gesetz für den konkreten Fall, über den das Gericht zu entscheiden hat, entscheidungserheblich sein. Die Entscheidung des Gerichts würde also bei einer Ungültigkeit des Gesetzes anders ausfallen, als bei seiner Gültigkeit.

Exkurs: Sieht das erkennende Gericht beim nationalen Recht eine Unvereinbarkeit mit vorrangigem EU-Recht, ist eine konkrete Normenkontrolle nicht erforderlich, weil in diesem Fall das Gericht schon allein aufgrund des Vorrangs des EU-Rechts nationales Recht nicht zu beachten hat (BVerfG vom 28. 01. 1992, NJW 1992, 964).

Sofern die beiden Vorlagevoraussetzungen vorliegen, ist das erkennende Gericht nicht nur berechtigt, sondern sogar verpflichtet, nach Art. 100 Abs. 1 GG das Bundesverfassungsgericht anzurufen. Eine bewusste Nichtvorlage würde gegenüber den Prozessbeteiligten das Recht auf den gesetzlichen Richter nach Art. 101 Abs. 1 GG verletzen.

6.5 Das Organstreitverfahren (Art. 93 Abs. 1 Nr. 1 GG)

6.5.1 Verfahrensgegenstand

Die strikte Trennung der Kompetenzen der obersten Bundesorgane kann zum Streit darüber führen, ob ein oberstes Bundesorgan im Verhältnis zu einem anderen obersten Bundesorgan seine ihm vom Grundgesetz zugewiesenen Kompetenzen überschritten hat.

BEISPIELE

Der Bundespräsident verordnet eine neue Nationalhymne. Der Bundestag reklamiert dieses Recht für sich.

Der Bundeskanzler sieht in einer Entscheidung des Bundestags seine Regierungskompetenz verletzt.

Ein solcher Streit verlangt eine Konfliktlösung, die das Grundgesetz dem Bundesverfassungsgericht zuweist. Nach Art. 93 Abs. 1 Nr. 1 GG entscheidet das Bundesverfassungsgericht über die Auslegung des Grundgesetzes aus Anlass von Streitigkeiten über den Umfang der Rechte und Pflichten eines obersten Bundesorgans.

Aber nicht nur die obersten Bundesorgane, sondern auch andere Beteiligte, die durch das Grundgesetz oder in der Geschäftsordnung eines obersten Bundesorgan mit eigenen Rechten ausgestattet sind, haben die Möglichkeit, ein Organstreitverfahren vor dem Bundesverfassungsgericht anzustrengen (s. 6.5.2).

Das Bundesverfassungsgericht als Streitentscheider zählt selbst nicht zu den von Art. 93 Abs. 1 Nr. 1 GG betroffenen Bundesorganen, da es nicht Richter in eigener Sache sein kann. Überschreitet das Bundesverfassungsgericht seine richterlichen Grenzen und schwingt sich beispielsweise zum Gesetzgeber auf, bleibt dies rechtlich sanktionslos. Bundestag und Bundesregierung können sich nur mit einer politischen Debatte dagegen wehren.

Als Gegenstand eines Organstreitverfahrens kommen alle Maßnahmen (oder Unterlassungen) des angegriffenen Bundesorgans in Betracht, die eine **konkrete Meinungsverschiedenheit** über verfassungsrechtliche Rechte und Pflichten der Konfliktparteien auslösen. Es müssen also **rechtserhebliche Maßnahmen** geltend gemacht werden. Eine sich auf den Inhalt eines Gesetzesentwurfs beziehende Frage kann dagegen nicht selbstständig zum Gegenstand eines Organstreits gemacht werden (BVerfGE 2, 143, 175).

Strittig ist, ob bloße Meinungsäußerungen von Bundesorganen oder ihnen gleichgestellte Einrichtungen ein Organstreitverfahren begründen können. Die Frage ist danach zu beantworten, ob es grundgesetzliche Vorgaben für Meinungsäußerungen eines Bundesorgans gibt. Hierbei gibt es nämlich Unterschiede: Der Bundestag oder einzelne Abgeordnete, aber auch die Bundesregierung, können jederzeit frei ihre Ansichten bekunden. Beispielsweise ist die Äußerung einer Bundesregierung über die verfassungsfeindliche Zielsetzung einer Partei daher nicht rechtserheblich im Sinne des Organstreitverfahrens. Wenn dagegen der Bundespräsident, dessen Befugnisse keine eigene politische Gestaltung umfassen, durch eine Rede seine Befugnisse im Verhältnis zur Bundesregierung überschreitet, kann dieser Verstoß im Wege des Organstreitverfahrens einer verfassungsgerichtlichen Klärung zugeführt werden.

6.5.2 Parteifähigkeit und Antragsbefugnis

Das Organstreitverfahren ist ein **kontradiktorisches Verfahren, d. h.**, es gibt einen Antragsteller und einen Antragsgegner. Parteien des Verfahrens können der **Bundespräsident**, der **Bundestag**, die **Bundesregierung** und – weil ebenfalls als oberstes Bundesorgan anerkannt – die **Bundesversammlung** sein, selbst wenn Letztere in § 63 BVerfGG nicht aufgeführt ist. Daneben sind die im Grundgesetz oder in der Geschäftsordnung eines obersten Bundesorgans mit eigenen Rechten ausgestattete Teile dieser Organe parteifähig (Art. 93 Abs. 1 Nr. 1 GG, § 63 BVerfGG).

Als Teil des Organs Bundesregierung können der **Bundeskanzler** und die **Bundesminister** jeweils Parteien im Organstreitverfahren sein. Zu beachten ist jedoch, dass die Mitglieder der Bundesregierung nicht untereinander im Organstreitverfahren einen Kompetenzkonflikt klären lassen können, da nach Art. 65 Satz 3 GG über Meinungsverschiedenheiten innerhalb des Kabinetts das Kollegialorgan Bundesregierung zu entscheiden hat.

BEISPIEL

Ein Bundesminister kann im Organstreitverfahren nicht die Verletzung des Ressortprinzips durch den Bundeskanzler oder einen anderen Bundesminister geltend machen.

Parteifähig sind auch die **Fraktionen** des Bundestags, weil sie Organteile des Bundestags sind (vgl. § 10 GO-BT). Auch der einzelne **Bundestagsabgeordnete** ist parteifähig. Er ist durch die Geschäftsordnung des Bundestags mit eigenen Rechten ausgestattet (vgl. Art. 38 Abs. 1 Satz 2 GG). Ebenso sind die **Ausschüsse** des Bundestags parteifähiger Teil im Organstreitverfahren, da sie beispielsweise durch Art. 44 GG mit eigenen Rechten ausgestattet sind.

Die Organteile bzw. Unterorgane des Bundestags haben verfassungsrechtlich gesicherte Rechte innerhalb des Bundestags, aber nicht gegenüber anderen Bundesorganen. Deshalb können sie im Organstreitverfahren eine Rechtsverletzung grundsätzlich nur geltend machen, welche den eigenen Status betrifft (Antragsbefugnis).

BEISPIEL

Eine Fraktion rügt, dass entgegen § 12 GO-BT sie nicht den Vorsitz in einem Bundestagsausschuss bekommen hat.

§ 64 Abs. 1 BVerfGG lässt allerdings auch die Geltendmachung fremder Rechte im eigenen Namen zu. Das Organstreitverfahren ist deshalb zulässig, wenn der Antragsteller geltend macht, dass das Organ, dem er angehört, durch eine Maßnahme oder Unterlassung des Antragsgegners in seinem ihm durch das Grundgesetz übertragenen Recht oder einer Pflicht verletzt oder unmittelbar gefährdet ist. Diese **Prozessstandschaft** ist eine Ausnahme, denn ansonsten können Verfahrensbeteiligte im Verfassungsprozess nur die Verletzung eigenen Rechts geltend machen. Entsprechend dem Ausnahmecharakter des § 64 Abs. 1 BVerfGG legt das Bundesverfassungsgericht die Vorschrift eng aus und lässt die Prozessstandschaft nur für die Bundestagsfraktionen (und Gruppen nach § 10 Abs. 4 GO-BT), nicht jedoch für einzelne Abgeordnete zu. Dabei spielt keine Rolle, ob der Bundestag die Geltendmachung seiner Rechte durch eine Fraktion mehrheitlich billigt oder nicht.

Antragsbefugt sind parteifähige Organe oder Organteile, wenn das Handeln oder Unterlassen des Antragsgegners geeignet ist, den Antragsteller in seinen durch das Grundgesetz übertragenen Rechte oder Pflichten zu verletzen oder unmittelbar zu gefährden (§ 64 Abs. 1 BVerfGG). Der Antragsteller muss daher vortragen, das seine organschaftlichen Rechte verletzt wurden oder zumindest unmittelbar gefährdet sind. Antragsteller und Antragsgegner müssen sich also in einem **verfassungsrechtlich relevanten Rechtsverhältnis** befinden und die Verletzung der aus diesem Rechtsverhältnis sich ergebenden Rechte und Pflichten muss als möglich erscheinen (sog. Möglichkeitstheorie).

6.5.3 Form und Frist

Der Antrag im Organstreitverfahren muss gem. § 64 Abs. 3 BVerfGG innerhalb von 6 Monaten, nachdem die beanstandete Maßnahme oder Unterlassung dem betroffenen Organ bekannt geworden ist, gestellt werden. Die Schriftform ist nach § 23 Abs. 1 BVerfGG wie bei allen anderen Anträgen beim Bundesverfassungsgericht erforderlich. Der Antrag ist zu begründen und die verletzte Grundrechtsnorm anzugeben, wobei sich das Gericht in seinem Urteil auch auf eine andere als die vorgetragene Norm stützen kann. Notwendig ist die Bezeichnung der Maßnahme oder Unterlassung, durch welche sich der Antragsteller in seinen Rechten verletzt oder unmittelbar gefährdet sieht.

6.6 Das Bund-Länder-Streitverfahren (Art. 93 Abs. 1 Nr. 3 GG)

6.6.1 Verfahrensgegenstand

Bei der Ausübung ihrer Aufgaben stehen Bund und Länder in einem gegenseitigen Pflichtenverhältnis, welches das Grundgesetz vorgibt. Daraus können sich Meinungsverschiedenheiten ergeben. Kommt es zum Streit über gegenseitige Rechte und Pflichten des Bundes und der Länder, kann das Bundesverfassungsgericht angerufen werden (Art. 93 Abs. 1 Nr. 3 GG, §§ 13 Nr. 7, 68 ff. BVerfGG). Prüfungsgegenstand im Bund-Länder-Streitverfahren sind alle Streitigkeiten in Bezug auf **bundesstaatsspezifische Rechte und Pflichten** aus dem Grundgesetz, insbesondere bei der Ausführung von Bundesrecht durch die Länder und bei der Ausübung der Bundesaufsicht. Streitig muss ein **materielles Verfassungsrechtsverhältnis** sein.

BEISPIEL

Im Rahmen der Bundesauftragsverwaltung, wie beispielsweise der Verwaltung der Steuern, die dem Bund ganz oder teilweise zufließen, durch die Länder (Art. 108 Abs. 3 GG), kann ein Land gegen eine grundgesetzwidrige (nicht allein inhaltlich rechtswidrige!) Weisung durch den Bund ein Bund-Länder-Streitverfahren einleiten.

Auch eine Verletzung des **Grundsatzes der Bundestreue** (Gebot zu bundesfreundlichem Verhalten) als ungeschriebenem Verfassungsgrundsatz kann im Bund-Länder-Streitverfahren geltend gemacht werden.

BEISPIEL

Eine Kommune gibt aufgrund eines Gemeinderatsbeschlusses nicht aufenthaltsberechtigten Flüchtlingen »Gemeindeasyl«, ohne dass das Land dagegen trotz Aufforderung durch den Bund einschreitet. Der Bund kann wegen des Verstoßes gegen die grundgesetzliche Kompetenzordnung gegen das Land im Wege des Bund-Länder-Streitverfahrens vorgehen.

Zu beachten ist, dass nicht jeder Rechtsstreit zwischen Bund und Ländern im Bund-Länder-Streitverfahren nach Art.94 Abs. 1 Nr. 3 GG ausgetragen werden kann. Nur bei Rechtsstreitigkeiten, die das **Bundesstaatsverhältnis** betreffen, kann dieser Rechtsweg beschritten werden. Auseinandersetzungen über staatsvertragliche oder einfach gesetzliche Rechtsverhältnisse scheiden aus. Über öffentlich-rechtliche Streitigkeiten nicht verfassungsrechtlicher Art zwischen dem Bund und den Ländern oder zwischen verschiedenen Ländern entscheidet nach § 50 Abs. 1 Nr. 1 VwGO das Bundesverwaltungsgericht. Es kommt also maßgebend darauf an, ob der Streit anhand des Verfassungsrechts oder des einfachen Rechts entschieden werden muss. Diese eigentlich klare Trennung wird in der verfassungsgerichtlichen Praxis aber nicht immer in der gebotenen Trennschärfe durchgeführt.

BEISPIELE

Atomrechtliche Genehmigungen werden von den Ländern als Bundesauftragsverwaltung erteilt (Art. 87c GG). Erteilt der Bund in diesem Rahmen eine Weisung an ein Land, kann nach Auffassung des Bundesverfassungsgerichts das betroffene Land mit dem Vortrag, die Weisung missachte die Voraussetzungen und Schranken des Weisungsrechts des Bundes, gegen den Bund nach Art. 93 Abs. 1

Nr. 3 GG vorgehen. Insoweit ist nach der Rechtsprechung des Bundesverfassungsgerichts ein Streit um eine Weisung des Bundes stets verfassungsrechtlicher Natur (BVerfG vom 22. 05. 1990, BVerfGE 81, 310, 330).
Streitet ein Land über die Prüfungskompetenz des Bundesrechnungshofs bei den Landesfinanzbehörden für von den Ländern im Auftrag des Bundes verwaltete Steuern, ist der Verwaltungsrechtsweg nach § 50 Abs. 1 Nr. 1 VwGO gegeben (BVerfGE 116, 92). In diesem Falle wäre allerdings auch ein Bund-Länder-Streitverfahren nach Art. 93 Abs. 1 Nr. 3 GG mit dem Verweis auf die verfassungsrechtlichen Schranken des Weisungsrechts begründbar.
Ein Streit zwischen den Ländern über Rechte und Pflichten aus dem Staatsvertrag über die Vergabe von Studienplätzen ist vor dem Bundesverwaltungsgericht nach § 50 Abs. 1 Nr. 1 VwGO auszutragen (BVerwG vom 03. 11. 1988, BVerwGE 80, 373, 376).

6.6.2 Antragsteller und Antragsgegner

Wie das Organstreitverfahren ist das Bund-Länder-Streitverfahren ein kontradiktorisches Verfahren. Antragsteller und Antragsgegner können der Bund und die Länder sein. Der Bund kann gegen ein Land klagen oder ein Land gegen den Bund. Auch ein Streit zwischen den Ländern ist möglich, wenn es um eine bundesstaatsspezifische Frage geht. Diese Variante spielt allerdings in der Praxis keine Rolle. Es sind erst acht Entscheidungen hierzu ergangen.

Nach § 68 BVerfGG sind Antragsteller für den Bund die Bundesregierung und für ein Land die Landesregierung. Die Parlamente kommen als Antragsteller in Prozessstandschaft für den Bund oder ein Land nicht in Betracht.

Form und Frist des Antrags entsprechen nach § 69 BVerfGG den Vorschriften des Organstreitverfahrens.

6.6.3 Entscheidung des Bundesverfassungsgerichts

Eine vom Bundesverfassungsgericht festgestellte Kompetenzverletzung bewirkt, dass der Antragsgegner gem. § 31 Abs. 1 BVerfGG an die Entscheidung gebunden ist. Er ist dann nach Art. 20 Abs. 3 GG zur Aufhebung der Maßnahme bzw. zur Unterlassung weiterer gleicher Maßnahmen verpflichtet.

BEISPIEL

Der übergangene Bundeswirtschaftsminister. Zur Umsetzung der Klimaschutzziele der Bundesregierung erarbeitet der Bundesumweltminister ein Gesetz, das die Kohleförderung mit Ablauf des Jahres 2030 verbietet. Der Bundeswirtschaftsminister ist zu Recht der Auffassung, dass nach dem Koalitionsvertrag für den Gesetzentwurf sein Ressort zuständig sei, und bittet deshalb den Bundeskanzler, den Entwurf des Gesetzes nicht im Kabinett zu beschließen und in den Bundestag einzubringen. Der Bundeskanzler kommt diesem Ansinnen nicht nach und lässt im Kabinett erfolgreich den Gesetzesentwurf des Bundesumweltministers beschließen.
a) Hat der Bundeswirtschaftsminister eine rechtliche Möglichkeit, gegen die von ihm vorgetragene Kompetenzverletzung vorzugehen?
Im Bundestag wird das Gesetz zum Auslaufen der Kohleförderung in dritter Lesung verabschiedet. Die der Opposition angehörige Fraktion X des Bundestags bemängelt, dass nur der Umweltausschuss, nicht aber der nach § 63 GO-BT federführende Wirtschaftsausschuss des Bundestags, bei dem sie den Vorsitzenden stellt, beteiligt wurde.

b) Kann die X-Fraktion dies im Organstreitverfahren rügen?
Der Bundespräsident weigert sich das Gesetz zum Ausstieg aus der Kohleförderung unter Hinweis auf den Widerspruch des Bundeswirtschaftsministers nach Art. 82 GG auszufertigen.

c) Kann das stark von dem Ausstieg aus der Kohleförderung betroffene Land Nordrhein-Westfalen gegen das Gesetz vorgehen, nachdem es in Kraft getreten ist?
ca) Gibt es einen Rechtsweg, auf dem der Bundeskanzler die Ausfertigung des Gesetzes durch den Bundespräsidenten erreichen kann?
cb) Steht gegebenenfalls auch einem Abgeordneten des Deutschen Bundestags eine solche Möglichkeit zu?

LÖSUNG

a) Es handelt sich dabei um eine verfassungsrechtliche Streitigkeit, nämlich um die Frage, welche Rechte einem Mitglied der Bundesregierung innerhalb der Bundesregierung zustehen. Von den verschiedenen in Art. 93 GG genannten Streitverfahren kommt das Organstreitverfahren nach Art. 93 Abs. 1 Nr. 1 GG in Betracht, denn es geht um den Umfang der Rechte, die einem Teil eines obersten Bundesorgans (Bundesregierung), das mit eigenen Rechten ausgestattet ist (Bundesminister), zustehen (§§ 13 Nr. 5, 63 BVerfGG). Nach Art. 65 Satz 2 GG leitet jeder Bundesminister seinen Geschäftsbereich selbstständig und unter eigener Verantwortung (Ressortprinzip). Prinzipiell sind daher Bundesminister im Organstreitverfahren parteifähig. Zu fragen ist also, ob der Bundeswirtschaftsminister seine ihm innerhalb der Bundesregierung nach Art. 65 Satz 2 GG zustehende Ressortkompetenz im Organstreitverfahren geltend machen kann. Grundsätzlich sind »Insichverfahren« zwischen Teilen eines obersten Bundesorgans zulässig, damit sie ihre Rechte durchsetzen können. So kann beispielsweise eine Bundestagsfraktion ein Organstreitverfahren gegen den Bundestag einleiten, wenn sie in ihren verfassungsrechtlichen Rechten verletzt ist. Unzulässig ist jedoch ein »Insichverfahren« zwischen Mitgliedern der Bundesregierung, weil das Grundgesetz als lex specialis in Art. 65 Satz 3 GG Streitigkeiten innerhalb der Bundesregierung dem Kollegialorgan Bundesregierung zur Entscheidung zuweist. Über Meinungsverschiedenheiten zwischen Bundesministern entscheidet daher die Bundesregierung und nicht das Bundesverfassungsgericht. Übergeht der Bundeskanzler einen Bundesminister, kann dieser sich nur politisch dagegen wehren.

b) Bundestagsfraktionen sind beim Organstreitverfahren parteifähig, weil sie innerhalb des Bundestags mit eigenen Rechten durch die Geschäftsordnung des Bundestags ausgestattet sind. Im vorliegenden Fall macht die Fraktion A die Verletzung einer sich aus der GO-BT ergebenden Verfahrensvorschrift geltend. Die bloße Verletzung von Vorschriften der GO-BT kann jedoch nicht im Organstreitverfahren geltend gemacht werden, soweit diese keine verfassungsrechtlichen Rechtsverhältnisse regeln. Soweit jedoch die GO-BT den verfassungsrechtlichen Status der Fraktionen und ihre sich daraus ergebenden Rechte festlegt und diese bei einem Verstoß gegen die GO-BT betroffen sind, kann eine Fraktion den Verstoß im Organstreitverfahren rügen. Es ist also zu prüfen, ob und inwieweit die verfassungsrechtlichen Mitwirkungsrechte der A-Fraktion durch die fehlende Mitwirkung des Wirtschaftsausschusses im Gesetzgebungsverfahren verletzt sind.
Bundestagsausschüsse sind vorbereitende Beschlussorgane des Bundestags mit der Aufgabe, dem Bundestag bestimmte Beschlüsse zu empfehlen (§ 62 Abs. 1 Satz 2 GO-BT). Sie werden durch den Bundestag eingesetzt und dabei ihre Zuständigkeit festgelegt (§ 54 Abs. 1 GO-BT). Den Bericht an den Bundestag kann nur der federführende Ausschuss erstatten (§ 63 Abs. 1 GO-BT). Wenn nun ein Ausschuss in der Entscheidungsfindung des Bundestags übergangen wird, sind die verfassungsrechtlichen Mitwirkungsrechte des Ausschusses, aber nicht diejenigen einer Fraktion betroffen, selbst wenn diese den Vorsitzenden stellt, denn dieser vertritt den Ausschuss und nicht seine Fraktion. Deshalb könnte im vorliegenden Fall nur der übergangene Ausschuss Organklage erheben. Bundestagsausschüsse sind im Organstreitverfahren parteifähig, weil sie in der GO-BT mit eigenen Rechten ausgestattet sind. Als Ergebnis ist festzuhalten, dass die A-Fraktion mit einer Organklage scheitern würde.

c) Bei diesem Sachverhalt ist ein Organstreitverfahren nach Art. 93 Abs. 1 Nr. 1 GG i. V. m. § 64 Abs. 1 BVerfGG möglich, weil sich Bundeskanzler und Bundespräsident über die verfassungsrechtliche Pflicht des Bundespräsidenten, ein vom Bundestag beschlossenes Gesetz nach Art. 82 Abs. 1 GG auszufertigen, streiten. Der Bundeskanzler (und nicht nur die Bundesregierung) ist in diesem Verfahren parteifähig, weil er innerhalb eines obersten Bundesorgans, nämlich der Bundesregierung, mit eigenen Rechten ausgestattet ist (Art. 65 Satz 1 GG, Kanzlerprinzip) und nach Art. 64 Abs. 1 BVerfGG die Rechte der Bundesregierung geltend macht.

Exkurs: ca) Wird der Bundeskanzler mit seinem Antrag auch Erfolg haben? Bei dieser Frage kommt es darauf an, ob und inwieweit der Bundespräsident bei der Ausfertigung von Gesetzen ein Prüfrecht hat. Unstreitig ist, dass der Bundespräsident nur solche Gesetze ausfertigen kann, die nach den Vorschriften des Grundgesetzes zustande gekommen sind (Art. 82 Abs. 1 GG). Ist das nicht der Fall, muss der Bundespräsident die Ausfertigung verweigern. Das Ressortprinzip des Art. 65 Satz 2 GG wurde hier zwar verletzt, betrifft aber nur das interne Gesetzgebungsverfahren innerhalb der Bundesregierung. Trotz Verletzung dieses Prinzips ist das Gesetz gleichwohl nach den Vorschriften des Grundgesetzes zustande gekommen, denn die Bundesregierung hat durch Ministerratsbeschluss nach Art. 65 Satz 3 GG das Gesetz ordentlich in den Bundestag eingebracht (Art. 76 Abs. 1 GG). Damit ist das Gesetzgebungsverfahren korrekt eingeleitet worden. Der Bundespräsident kann verpflichtet werden, das Gesetz auszufertigen.
cb) Der Bundestag kann als oberstes Bundesorgan Partei im Organstreitverfahren sein. Auch ein einzelner Bundestagsabgeordneter ist als anderer Beteiligter im Sinne des Art. 93 Abs. 1 Nr. 1 GG grundsätzlich parteifähig, soweit er durch das Grundgesetz mit eigenen Rechten ausgestattet ist. Die eigenen Rechte betreffen nach Art. 38 Abs. 1 Satz 2 GG seinen Status als Abgeordneter. Nur insoweit kann er also im Organstreitverfahren eine Rechtsverletzung geltend machen. Im vorliegenden Fall geht es aber um das Recht des Bundestags, dass ein von ihm verabschiedetes Gesetz durch den Bundespräsidenten ausgefertigt wird und damit Gültigkeit erlangt, nicht um das Recht eines einzelnen Abgeordneten. Denkbar ist deshalb nur die Möglichkeit, dass der Bundestagsabgeordnete nach § 64 Abs. 1 BVerfGG in Prozessstandschaft für den Bundestag agiert. Die Rechtsprechung des Bundesverfassungsgerichts lässt eine solche Vorgehensweise aber trotz des Wortlauts des § 64 Abs. 1 BVerfGG nicht zu. Nur für die Bundestagsfraktionen, nicht jedoch für einen einzelnen Abgeordneten soll eine Prozessstandschaft zulässig sein. Diese Rechtsprechung wird damit begründet, dass einem einzelnen Abgeordneten durch die Möglichkeit einer Organklage nicht eine allgemeine Verfassungsaufsicht zustehen soll.

d) Ein Organstreitverfahren nach Art. 93 Abs. 1 Nr. 1 GG kommt in diesem Fall nicht in Betracht, da eine Landesregierung nicht zu den Antragsberechtigten eines solchen Verfahrens gehört. Bei einer abstrakten Normenkontrolle nach Art. 93 Abs. 1 Nr. 2 GG sind Landesregierungen antragsbefugt. Die Landesregierung müsste vortragen, dass sie das Gesetz zur Abschaffung der Kohleförderung für nicht vereinbar mit dem Grundgesetz hält. Nicht notwendig ist, dass die Landesregierung in ihren eigenen Rechten verletzt ist. Insofern könnte sie beispielsweise vortragen, dass das Gesetz Art. 14 GG verletzt.
Mit dem Vortrag, das Gesetz verletze den aus dem Bundesstaatsprinzip hergeleiteten verfassungsrechtlichen Grundsatz der Bundestreue, könnte die Landesregierung auch ein Bund-Länder-Streitverfahren nach Art.93 Abs. 1 Nr. 3b GG anstrengen. Nach diesem Grundsatz haben nicht nur die Länder die Pflicht, auf die Belange des Bundes Rücksicht zu nehmen, sondern auch der Bund die Pflicht, die Belange der Länder zu berücksichtigen. Eine Verletzung dieser Pflicht kann im Bund-Länder-Streitverfahren geltend gemacht werden.

Teil G Die Gesetzgebung des Bundes

1 Das Gesetzgebungsverfahren

1.1 Allgemeines

Im VII. Abschnitt des Grundgesetzes ist die Gesetzgebung des Bundes und der Länder normiert. Geregelt werden neben der Verteilung der Gesetzgebungskompetenz das Verfahren beim Erlass von formellen Bundesgesetzen sowie von Rechtsverordnungen (s. 2).

Unter einem **Gesetz im formellen Sinn** ist ein vom parlamentarischen Gesetzgeber unter Beachtung des verfassungsmäßig vorgegebenen Gesetzgebungsverfahrens erlassenes Gesetz zu verstehen. Rechtsverordnungen und Satzungen sind keine Gesetze im formellen Sinn, da sie nicht im förmlichen Gesetzgebungsverfahren erlassen werden.

Ein **Gesetz im materiellen Sinn** ist jede Norm, die eine abstrakt-generelle Regelung enthält. Eine Regelung ist abstrakt, wenn der Tatbestand einer Norm auf eine unbestimmte Anzahl von Lebenssachverhalten Anwendung finden soll. Generell ist eine Regelung, wenn sie sich an eine unbestimmte Anzahl von Adressaten richtet. Der materielle Gesetzesbegriff bezieht sich nur auf den Inhalt, der Form nach kann es sich sowohl um formelle Gesetze als auch um Rechtsverordnungen und Satzungen handeln.

1.2 Gesetzgebungskompetenz

1.2.1 Allgemeines

Wie bereits die in Art. 30 GG enthaltene Zuständigkeitsvermutung zugunsten der Länder für die Ausübung staatlicher Befugnisse, enthält Art. 70 GG für den Bereich der Legislative die grundsätzliche Verteilung der Gesetzgebungskompetenzen zwischen Bund und Ländern. Art. 70 Abs. 1 GG begründet ein Regel-Ausnahme-System, wonach der Bund nur in den ihm ausdrücklich im Grundgesetz zugewiesenen Sachbereichen die Gesetzgebungskompetenz hat. Im Übrigen sind die Länder für die Gesetzgebung zuständig (sog. Residualkompetenz). Im Bereich der ausschließlichen Landesgesetzgebung kann der Bund keine Gesetze erlassen.

Erlässt ein Legislativorgan ein Gesetz für einen Sachbereich, für den es nach dem Grundgesetz keine Gesetzgebungskompetenz hat, ist das Gesetz nichtig (BVerfG vom 19.10.1982, BVerfGE 61, 149 – Staatshaftungsgesetz).

MERKSATZ

Bei der Prüfung der Gesetzgebungskompetenz ist daher zunächst zu prüfen, ob dem Bund die Gesetzgebungskompetenz für den konkreten Sachbereich zugewiesen ist. Ist dies nicht der Fall, steht die Gesetzgebungskompetenz den Ländern zu.

Diese Grundstruktur wird allerdings durch Art. 71 GG (sowie für das Steuerrecht in Art. 105 GG, s. Teil I 2.3) wieder relativiert, da das Grundgesetz den Großteil der praktisch bedeutsamen Rechtsgebiete der Zuständigkeit des Bundes zuweist. Dem Bund kann die ausschließliche, die konkurrierende sowie die ungeschriebene Gesetzgebungskompetenz für eine Regelungsmaterie zustehen.

Das Übergewicht des Bundes bei der Gesetzgebungszuständigkeit wird teilweise aber dadurch wieder ausgeglichen, dass die Länder über den Bundesrat an der Bundesgesetzgebung mitwirken. Allerdings ist dabei zu berücksichtigen, dass der Bundesrat, obwohl er nach Art. 51 GG aus Mitgliedern der Länderregierungen besteht, ein Bundesorgan ist. Daher ist der Bundesrat bei seiner Tätigkeit verpflichtet, neben den Länderbelangen auch die Interessen des Bundesstaates zu beachten.

Der **Grundsatz der Bundestreue** fordert vom Bund und von den Ländern ein vertrauensvolles Zusammenwirken bei der Erfüllung der jeweiligen Aufgaben, die ihnen das Grundgesetz zugewiesen hat. Sofern es erforderlich sein sollte, haben sich die jeweiligen Organe bei der Gesetzgebung abzustimmen.

Auch die Länder können sich untereinander in den verschiedenen Sachbereichen, in denen sie ihre Gesetzgebungskompetenz ausüben, abstimmen. Dies geschieht informell etwa über sog. Musterentwürfe zu verschiedenen Gesetzen, die von den Ländern gemeinsam erarbeitet werden und sich in der Umsetzung nur geringfügig unterscheiden (z. B. in der Gliederung bzw. Nummerierung der Vorschriften). Formell können die Länder auch sog. **Staatsverträge** miteinander abschließen, um einheitliche Regelungen im gesamten Bundesgebiet zu ermöglichen. Die Staatsverträge werden dann von den Landtagen zu Landesgesetzen »transformiert«, so dass letztlich alle Länder dieselben Regelungen als Landesrecht umgesetzt haben.

BEISPIEL

Im Bereich des Rundfunkrechts koordinieren die Länder mittels Staatsverträgen (Rundfunkstaatsverträge) ihre jeweilige Gesetzgebung.

1.2.2 Ausschließliche Gesetzgebungskompetenz des Bundes (Art. 73 GG)

Bei der ausschließlichen Gesetzgebungskompetenz hat der Bund das **alleinige** Recht zur Gesetzgebung. Die Länder können vom Bund jedoch ausnahmsweise aufgrund eines entsprechenden Bundesgesetzes dennoch zur Gesetzgebung ermächtigt werden. Fehlt es an einer solchen Ermächtigung, haben die Länder auch dann kein Recht zur Gesetzgebung, wenn der Bund keine Regelung auf dem betreffenden Gebiet erlassen hat.

Die Bereiche der ausschließlichen Gesetzgebungskompetenz sind im – nicht abschließenden – Katalog des Art. 73 Abs. 1 GG sowie an weiteren, unzusammenhängenden Stellen im Grundgesetz aufgeführt. Dabei handelt es sich überwiegend um Rechtsgebiete, die nach dem Willen der Grundgesetzverfasser einheitlich geregelt werden sollten.

BEISPIEL

Eine ausschließliche Gesetzgebungskompetenz des Bundes besteht für die auswärtigen Angelegenheiten (Art. 73 Abs. 1 Nr. 1 GG), die gewerblichen Schutz- und Urheberrechte sowie das Verlagsrecht (Art. 73 Abs. 1 Nr. 9) und das Waffenrecht (Art. 73 Abs. 1 Nr. 12 GG).

1.2.3 Konkurrierende Gesetzgebungskompetenz

Bei der konkurrierenden Gesetzgebungskompetenz steht **zunächst** den Ländern die Gesetzgebungskompetenz zu, Art. 72 Abs. 1, 70 GG. Der Bund kann aber jederzeit von seinen im Katalog des Art. 74 GG aufgeführten Regelungsmaterien Gebrauch machen.

BEISPIEL

Zu den Gegenständen der konkurrierenden Gesetzgebung gehören nach Art. 74 Abs. 1 GG u. a. das Bürgerliche Recht, das Strafrecht und die entsprechenden gerichtlichen Verfahren (Nr. 1), das Recht der Wirtschaft (Nr. 11) sowie die Statusrechte und -pflichten der Beamten der Länder, Gemeinden und anderer Körperschaften des öffentlichen Rechts (Nr. 27).

1.2.3.1 Sperrwirkung (Art. 72 Abs. 1 GG)

Macht der Bund von seiner konkurrierenden Gesetzgebungskompetenz Gebrauch, entfaltet das Bundesgesetz eine Sperrwirkung, die wie folgt wirkt:

- **zeitlich** (Art. 72 Abs. 1 GG: »solange«): Für den Zeitraum, in dem eine bundesgesetzliche Regelung besteht, treten ggf. bereits bestehende landesrechtliche Regelungen außer Kraft (unabhängig davon, ob die Regelungen inhaltsgleich sind oder kollidieren) und es werden künftige landesrechtliche Regelungen zur gleichen Materie ausgeschlossen. Allerdings steht den Ländern seit der Föderalismusreform 2006 eine Abweichungskompetenz nach Art. 72 Abs. 3 GG zu (s. 1.2.3.4).
- **sachlich** (Art. 72 Abs. 1 GG: »soweit«): Landesrechtliche Regelungen sind allerdings noch in dem Umfang möglich, wie der Bund von seiner Rechtsetzungskompetenz anteilig keinen Gebrauch gemacht hat. Dies ist etwa dann der Fall, wenn die Regelung des Bundes ausdrücklich nur einen Teil eines Sachgebietes regelt (BVerfG vom 08. 12. 1982, BVerfGE 62, 354).

Voraussetzung für den Eintritt der o. g. Sperrwirkung ist jedoch, dass das Gesetz zumindest verkündet wurde. Auch das bewusste Weglassen einer Regelung durch den Bund kann die Ausübung der konkurrierenden Gesetzgebungskompetenz darstellen (BVerfG vom 27. 10. 1998, BVerfGE 98, 265).

Die Sperrwirkung endet, wenn die bundesgesetzliche Regelung aufgehoben wird, ein Freigabegesetz des Bundes nach Art. 74 Abs. 4 GG in Kraft tritt (s. 1.2.3.3) oder die Länder von ihrer Abweichungskompetenz nach Art. 72 Abs. 3 GG (s. 1.2.3.4) Gebrauch machen. Ein nach Art. 72 Abs. 1 GG nichtiges Landesgesetz lebt jedoch nach Wegfall der Sperrwirkung nicht wieder auf (BVerfG vom 09. 06. 1970, BVerfGE 29, 11). Wenn die Länder nach Art. 72 Abs. 3 GG von einer bundesgesetzlichen Regelung abgewichen sind, kann der Bund nach dem Erlass landesrechtlicher Regelungen wiederum von seiner Gesetzgebungskompetenz Gebrauch machen. In diesem Fall hat das jeweils spätere Gesetz nach dem **Lex-posterior-Grundsatz** Anwendungsvorrang.

1.2.3.2 Erforderlichkeitsklausel (Art. 72 Abs. 2 GG)

Eine zusätzliche Schranke für die Ausübung der Bundeskompetenz im Bereich der konkurrierenden Gesetzgebungskompetenz ist das in Art. 72 Abs. 2 GG enthaltene Merkmal der **Erforderlichkeit**. In den in Art. 72 Abs. 2 GG aufgeführten Sachbereichen kann der Bund von seiner Gesetzgebungskompetenz nur unter der Bedingung Gebrauch machen, wenn und soweit dies zur Herstellung gleichwertiger Lebensverhältnisse im Bundesgebiet oder zur Wahrung der Rechts- oder Wirtschaftseinheit im gesamtstaatlichen Interesse erforderlich ist (sog. Bedarfskompetenzen).

Die **Herstellung gleichwertiger Lebensverhältnisse** ermächtigt den Bund zur Rechtsetzung, wenn sich die Lebensverhältnisse in den Ländern in erheblicher, das bundesstaatliche Sozialgefüge beeinträchtigender Weise auseinanderentwickelt haben oder sich eine solche Entwicklung konkret abzeichnet (BVerfG vom 24. 10. 2002, BVerfGE 106, 62).

Die **Wahrung der Rechts- oder Wirtschaftseinheit** ist erst dann gefährdet, wenn die Gesetzesvielfalt auf Länderebene zu einer Rechtszersplitterung geführt haben sollte, die sowohl im Interesse des Bundes als auch der Länder nicht hingenommen werden kann (BVerfG vom 24.10.2002, BVerfGE 106, 62). Dies ist dann der Fall, wenn erhebliche Rechtsunsicherheiten und damit unzumutbare Behinderungen für den länderübergreifenden Rechtsverkehr entstehen (BVerfG vom 27.07.2004, BVerfGE 111, 226 – Juniorprofessur).

Die Wahrung der Wirtschaftseinheit liegt in **gesamtstaatlichem Interesse**, wenn die Rechtsetzung durch den Bund zur Erhaltung der Funktionsfähigkeit des Wirtschaftsraumes erforderlich ist. Voraussetzung ist, dass die Landesregelungen oder das Untätigbleiben der Länder erhebliche Nachteile für die Gesamtwirtschaft mit sich bringen (BVerfG vom 24.10.2002, BVerfGE 106, 62).

1.2.3.3 Freigabegesetz (Art. 72 Abs. 4 GG)

Entfallen **nachträglich** die o.g. Voraussetzungen des Art. 72 Abs. 2 GG, kann der Bund den Ländern die Gesetzgebungskompetenz nach Abs. 4 der Vorschrift durch ein Bundesgesetz wieder einräumen. Das Freigabegesetz darf die Landesgesetzgeber jedoch weder zum Erlass eines Gesetzes verpflichten noch dessen möglichen Inhalt vorschreiben.

Ob der Bundesgesetzgeber von der Freigabemöglichkeit Gebrauch macht, steht in seinem Ermessen (»kann«). Allerdings kann aus dem Grundsatz der Bundestreue eine Einschränkung des Ermessens bis hin zu einer Ermessensreduzierung auf Null folgen (BVerfG vom 09.06.2004, BVerfGE 111, 10).

Es besteht nach Art. 93 Abs. 2 GG i.V.m. §§ 13 Nr. 6b, 96 BVerfGG die Möglichkeit, vor dem Bundesverfassungsgericht klären zu lassen, ob die Erforderlichkeit nach Art. 74 Abs. 2 GG für ein Bundesgesetz noch fortbesteht oder weggefallen ist. Die entsprechende Feststellung des Bundesverfassungsgerichts ersetzt ein Bundesgesetz nach Art. 74 Abs. 4 GG.

1.2.3.4 Abweichungskompetenz der Länder (Art. 72 Abs. 3 GG)

Hat der Bund von seiner konkurrierenden Gesetzgebungskompetenz Gebrauch gemacht, können die Länder in den in Art. 72 Abs. 3 GG bestimmten Sachbereichen dennoch eigene Gesetze erlassen. Den Ländern steht also eine parallele Vollkompetenz zur Gesetzgebung zu. Der Erlass einer entsprechend abweichenden Regelung liegt im Ermessen des jeweiligen Landesgesetzgebers.

Das Grundgesetz will mit dieser Option eine höhere Flexibilität im Verhältnis von Bundes- und Landesrecht erreichen, um unterschiedlichen Anforderungen an die Erfordernisse der Bundeseinheitlichkeit sowie der regionalen Vielfalt Rechnung zu tragen.

BEISPIEL

Von Art. 72 Abs. 3 GG erfasste Sachbereiche sind das Jagdwesen, Natur- und Landschaftspflege, Bodenverteilung und Raumordnung, Wasserhaushalt und Hochschulzulassung und -abschlüsse.

Sofern die Länder von ihrer Abweichungskompetenz Gebrauch machen, wird das Bundesgesetz in dem jeweiligen Land nicht angewendet, bleibt aber für die übrigen – nicht abweichenden – Länder in Kraft. Tritt ein abweichendes Landesgesetz außer Kraft, lebt das Bundesgesetz auch in diesem Land wieder auf.

Um einen kurzfristigen Wechsel der Rechtslage zu vermeiden und damit die Dispositionsmöglichkeiten der Bürger zumindest in gewissem Umfang zu erhalten, treten nach Art. 72 Abs. 3 Satz 2 GG in diesen Sachbereichen Bundesgesetze frühestens sechs Monate nach Verkündung in Kraft.

1.2.4 Ungeschriebene Gesetzgebungskompetenz

Neben den im Grundgesetz niedergeschriebenen Gesetzgebungskompetenzen sind drei Ausnahmen einer ungeschriebenen Gesetzgebungskompetenz des Bundes anerkannt.

- Bundeskompetenz **kraft Natur der Sache**: Der Bund muss begriffsnotwendig diese Rechtsmaterie regeln (BVerfG vom 28.02.1961, BVerfGE 12, 205).

BEISPIEL

Das »Berlin-Bonn-Gesetz«, das den Umzug der Verfassungsorgane des Bundes von Bonn in die »neue« Bundeshauptstadt Berlin regelte, konnte nur vom Bundesgesetzgeber erlassen werden.

- **Annexkompetenz** des Bundes: Der Bund regelt neben der Sachregelung noch weitere Materien mit, die zur wirksamen Durchführung seiner Regelung erforderlich sind. Diese ungeschriebene Gesetzgebungskompetenz des Bundes kommt ausnahmsweise dann in Betracht, wenn eine vernünftige und sinnvolle Regelung anders nicht möglich ist und der Bund ohne diese Ausweitung seiner Gesetzgebungsbefugnis in die Gesetzgebungskompetenz der Länder eingreifen müsste (BVerfG vom 30.07.1958, BVerfGE 8, 104).

BEISPIEL

Die Gründung von Bundeswehrhochschulen erfolgte aufgrund der Annexkompetenz des Bundes zu der ausschließlichen Zuständigkeit für Verteidigung, Art. 73 Abs. 1 Nr. 1 GG.

- Kompetenz **kraft Sachzusammenhangs**: Der Bund greift zu der Regelung einer Materie in eine andere Rechtsmaterie ein, für die er nicht zuständig ist, und regelt diese dennoch mit.

BEISPIEL

Regelungen zur Wahlwerbung politischer Parteien im Rundfunk: Hier liegt eine Bundeszuständigkeit für die Gesetzgebung des Parteienrechts vor, aber die Länderzuständigkeit für den Rundfunk.

1.3 Das Gesetzgebungsverfahren im Einzelnen

1.3.1 Allgemeines

Das Gesetzgebungsverfahren stellt sich als ein dreiteiliges Verfahren dar und besteht aus einem **Einleitungsverfahren**, dem **Hauptverfahren** und dem **Abschlussverfahren**. Die Regelungen zum Gesetzgebungsverfahren auf Bundesebene finden sich in Art. 76–78, 82 GG. Für die Gesetzgebung im Steuer- und Haushaltsrecht sind daneben noch weitere Besonderheiten der Finanzverfassung zu berücksichtigen (z. B. Art. 110 Abs. 3 GG).

Neben den verfassungsrechtlichen Vorgaben finden sich **ergänzende** Bestimmungen in den Geschäftsordnungen von Bundestag (§§ 75 ff. GO-BT), Bundesrat (§§ 23 ff. GO-BR) und dem Vermittlungsausschuss (GO-VermA). Bei diesen Regelungen handelt es sich – anders als bei den Regelungen zum Gesetzgebungsverfahren im Grundgesetz – um sog. Organinnenrecht. Diesem kommt **keine Außenwirkung** zu, so dass ein Verstoß gegen eine der o. g. Geschäftsordnungen nicht zur Unwirksamkeit des Gesetzes führt. Wenn jedoch mit dem Verstoß gegen die Geschäftsordnung auch ein Verstoß gegen die verfassungsrechtlichen Vorgaben einhergeht, kann dies zur formellen Verfassungswidrigkeit und mithin zur Nichtigkeit des Gesetzes führen.

1.3.2 Einleitungsverfahren

Im Einleitungsverfahren wird eine **Gesetzesinitiative** in den Bundestag eingebracht. Mit der Gesetzesinitiative wird das Gesetzgebungsverfahren durch Erstellung eines Gesetzentwurfs eingeleitet. Das Initiativrecht ist nach Art. 76 Abs. 1 GG beschränkt, so dass Gesetzesvorlagen nur die Bundesregierung, die Mitte des Bundestages oder der Bundesrat in den Bundestag einbringen können.

Unter einer Gesetzesvorlage wird ein **Gesetzentwurf** verstanden, der i. d. R. aus einer vollständigen Gesetzesformulierung sowie einer entsprechenden Begründung besteht.

Das Gesetzesinitiativrecht beinhaltet auch das Recht, eine Gesetzesvorlage vor oder auch nach Beginn des parlamentarischen Gesetzgebungsverfahrens wieder zurückzuziehen.

1.3.2.1 Gesetzesinitiative der Bundesregierung

Die überwiegende Anzahl von Gesetzesinitiativen geht von der Bundesregierung aus. Das lässt sich damit erklären, dass die Erstellung eines Gesetzentwurfs entsprechendes Personal und Fachwissen erfordert, wie es sich üblicherweise in den Ministerien findet. In der Regel wird zunächst ein sog. Referentenentwurf durch die Ministerialbürokratie erstellt. Federführend ist das Ministerium, das die inhaltliche Verantwortung trägt.

BEISPIEL

Der Entwurf eines Gesetzes zur Änderung des Einkommensteuergesetzes wird i. d. R. vom Bundesfinanzministerium erarbeitet werden.

Regelmäßig wird der **Referentenentwurf** bereits Interessenverbänden, gesellschaftlichen Gruppierungen sowie Gewerkschaften zugeleitet, damit diese Stellung nehmen können. Diese Stellungnahmen können dann im weiteren Verlauf der Gesetzgebung ggf. noch Berücksichtigung finden. Dabei geht es nicht um die unmittelbare Einflussnahme einzelner Interessengruppen auf das konkrete Gesetzgebungsverfahren – wenngleich dies in der Praxis durchaus versucht wird. Vielmehr ist das Ziel, die verschiedenen Sicht- und Auffassungsweisen auf die zu regelnde Materie zu erfassen, um so eine für die Rechtsanwender möglichst klare Rechtslage zu schaffen, auch wenn diese ggf. nicht ausschließlich deren Interessen entspricht.

Der fertiggestellte Gesetzentwurf wird in der Folge vom zuständigen Fachminister der Bundesregierung als Vorlage übermittelt und ein Beschluss zur Einbringung in das Gesetzgebungsverfahren herbeigeführt (§ 15 GO-BReg). Der Gesetzentwurf benötigt eine entsprechende Mehrheit der Mitglieder der Bundesregierung. Liegt diese vor, wird der Gesetzentwurf als **Regierungsvorlage** zunächst an den Bundesrat geleitet, der innerhalb von sechs Wochen (bei Fristverlängerung aus wichtigem Grund neun Wochen) eine Stellungnahme zu dem Gesetzentwurf abgeben kann (Art. 76 Abs. 2 Satz 1 GG). Sobald die Stellungnahme vorliegt (oder die Frist ohne Stellungnahme verstrichen ist), wird diese vom Bundeskanzler – ggf. ergänzt um eine

Gegenäußerung der Bundesregierung auf die Stellungnahme des Bundesrats – an den Bundestag weitergeleitet.

BEISPIEL

Die Bundesregierung beschließt über die Einbringung eines Gesetzentwurfs in den Bundestag und leitet den Gesetzentwurf dann umgehend dem Bundestag zu. Da die Mehrheitsverhältnisse im Bundesrat voraussichtlich zu einer ablehnenden Stellungnahme des Bundesrats führen würden, wird der Gesetzentwurf dem Bundesrat nicht vorab zugeleitet. Dieses »Versäumnis« stellt einen Verstoß gegen die Vorschriften des Grundgesetzes über das Gesetzgebungsverfahren dar, der zur Nichtigkeit des Gesetzes führen würde, sollte es vom Bundestag beschlossen werden. Sinn und Zweck der Regelung des Art. 76 Abs. 2 GG ist es, dass der Bundesrat frühzeitig Kenntnis von dem Gesetzentwurf erlangt und darauf reagieren kann. Die Bundesregierung soll dann ihrerseits auf die Position des Bundesrats reagieren können, etwa indem der Entwurf abgeändert oder das Gesetzgebungsverfahren abgebrochen wird. Letztlich ist der Bundesrat ein am weiteren Verlauf des Gesetzgebungsverfahrens maßgeblich beteiligtes Verfassungsorgan. Daher handelt es sich bei Art. 76 Abs. 2 GG nicht nur um eine bloße Ordnungsvorschrift, sondern um eine Vorschrift mit materiell-rechtlichem Inhalt.

1.3.2.2 Gesetzesinitiative des Bundesrats

Durch den Bundesrat haben die Länder die Möglichkeit, auf die Gesetzgebung des Bundes auch in den Bereichen einzuwirken, in denen die Gesetzgebungskompetenz beim Bund liegt. Den Ländern steht für die Ausarbeitung der Gesetzentwürfe die Ministerialbürokratie der Landesregierungen zur Verfügung.

Ähnlich wie bei der Bundesregierung muss der Gesetzentwurf eines Landes im Bundesrat zunächst eine Mehrheit der Stimmen des Bunderats erhalten (Art. 52 Abs. 3 Satz 1 GG). Der Gesetzentwurf wird dann an die Bundesregierung weitergeleitet, die den Entwurf – ggf. ergänzt um eine eigene Stellungnahme – an den Bundestag weiterleitet. Damit ist dann die Gesetzesvorlage eingebracht i. S. des Art. 76 Abs. 3 Satz 1 u. 2 GG. Die Weiterleitung durch die Bundesregierung hat nach Art. 76 Abs. 3 Satz 3 GG innerhalb von sechs (bei Fristverlängerung neun) Wochen zu erfolgen. Bei besonders eilbedürftigen Vorlagen beträgt die Frist drei Wochen (Art. 76 Abs. 3 Satz 4 GG).

1.3.2.3 Gesetzesinitiative des Bundestags

Gesetzentwürfe können auch von Mitgliedern des Bundestags initiiert werden. Dadurch hat auch die Opposition die Möglichkeit, ihre Vorstellungen in Form von Gesetzentwürfen in den Bundestag einzubringen. Es können auch Gesetzentwürfe der beiden anderen initiativberechtigten Organe (Bundestag und Bundesrat) übernommen und zu eigen gemacht werden.

In der Praxis zeigt sich häufig folgende Variante: Die Mehrheit des Bundestags trägt i. d. R. die Bundesregierung. Daher können auch Gesetzentwürfe, die an sich der Bundesregierung zuzurechnen sind, über die sie stützenden Mitglieder des Bundestags in das Gesetzgebungsverfahren eingebracht werden. Dadurch kann auch das Gesetzgebungsverfahren verkürzt und insbesondere der erste Durchgang des Gesetzentwurfs beim Bundesrat nach Art. 76 Abs. 2 Satz 1 GG (s. 1.3.2.1) vermieden werden.

BEISPIEL

Die Bundesregierung hält dringend eine bestimmte gesetzliche Regelung einer Rechtsmaterie für notwendig, von der bekannt ist, dass die Mehrheit der Mitglieder des Bundesrats hierzu eine andere Auffassung vertritt. Daher erarbeitet die Ministerialbürokratie der Bundesregierung den Gesetzentwurf und überlässt die Einbringung den Regierungsfraktionen im Bundestag. Darin könnte eine unzulässige Umgehung der Mitwirkungsrechte des Bundesrats nach Art. 76 Abs. 2 Satz 1 GG liegen. Da jedoch das Initiativrecht des Bundestags keinerlei Beschränkungen unterliegt, kann – nach durchaus umstrittener Ansicht – auch ein Gesetzentwurf der Bundesregierung übernommen werden.

Nach Art. 76 Abs. 1 GG muss der Gesetzentwurf aus der »Mitte des Bundestags« herrühren. Der Begriff macht klar, dass es sich dabei nicht um alle Mitglieder des Bundestags handeln muss. Insofern handelt es sich hierbei um ein Minderheitenrecht. Der Bundestag hat das Initiativrecht in seiner – sich selbst gegebenen – Geschäftsordnung jedoch eingeschränkt. Nach § 76 Abs. 1 i. V. m. § 75 Abs. 1 Buchs. a) GO-BT müssen Gesetzesvorlagen von Mitgliedern des Bundestages von einer Fraktion oder von 5 % der Mitglieder des Bundestages unterzeichnet sein. So ist eine Gesetzesinitiative durch einzelne Abgeordnete ausgeschlossen. Da eine Fraktion im Bundestag nach § 10 Abs. 1 Satz 1 GO-BT mindestens 5 % der Mitglieder des Bundestags erfordert, muss bei Gesetzesinitiativen, die nicht von einer Fraktion, sondern von Teilen von Fraktionen oder fraktionsübergreifend von mehreren Abgeordneten stammen, das Quorum von § 76 Abs. 1 GO-BT entsprechend erfüllt sein.

1.3.3 Hauptverfahren (Beschlussverfahren)

1.3.3.1 Beteiligung des Bundestags

Im sog. Haupt- oder Beschlussverfahren wird die Gesetzesinitiative im Bundestag behandelt. Die parlamentarische Befassung mit dem Gesetzentwurf ist der Kern des Gesetzgebungsverfahrens. Das Grundgesetz enthält nur für den Abschluss des Verfahrens – die Abstimmung – eine Regelung in Art. 77 Abs. 1 Satz 1 GG. Weitere Regelungen enthält die GO-BT.

Der Gesetzentwurf wird dem Bundestagspräsidenten zugeleitet, registriert und mit einer »BT-Drs.«-Nummer versehen. Die Drucksachen werden im DIP (Dokumentations- und Informationssystem für Parlamentarische Vorgänge) eingestellt, dem gemeinsamen Informationssystem von Bundestag und Bundesrat (abzurufen unter http://dipbt.bundestag.de/dip21.web/bt). Die Drucksache wird an die Bundestagsmitglieder – elektronisch oder in Papierform – verteilt (§ 77 Abs. 1 GO-BT) und das Thema auf die Tagesordnung gesetzt. In der Regel beschäftigt sich der Bundestag dann in drei Beratungen – sog. Lesungen – mit dem Gesetzentwurf.

In der **ersten Lesung** (§§ 79, 80 GO-BT) wird regelmäßig nur ein Beschluss darüber gefasst, welcher Ausschuss des Bundestages – bei der Zuständigkeit mehrerer Ausschüsse – federführend für den Gesetzentwurf verantwortlich ist. Eine Aussprache findet nur ausnahmsweise statt, etwa bei besonders umstrittenen Gesetzentwürfen. In den jeweiligen Ausschüssen beraten die Fachpolitiker für das jeweilige Thema den Gesetzentwurf im Detail und legen dem Bundestag eine Beschlussempfehlung für die zweite Lesung vor.

Vor der **zweiten Lesung** (§§ 81–83 GO-BT) erhalten die Abgeordneten des Bundestags die Beschlussempfehlung des Ausschusses, so dass nun über die einzelnen Regelungen des Gesetzentwurfs diskutiert und abgestimmt werden kann. Jeder Abgeordnete kann Änderungsanträge zum Gesetzentwurf stellen. Die zweite Lesung ist beendet, wenn über alle Bestimmungen abgestimmt wurde. Der Gesetzentwurf kann auch ganz oder teilweise wieder an die Ausschüsse überwiesen werden. Werden sämtliche Teile des Gesetzentwurfs abgelehnt, ist der Gesetzentwurf nach § 83 Abs. 3 GO-BT gescheitert.

In der **dritten Lesung** (§§ 84–86 GO-BT) findet regelmäßig keine erneute Aussprache mehr statt; Änderungsanträge zu Gesetzentwürfen müssen von einer Fraktion oder von 5 % der Mitglieder des Bundestages unterzeichnet sein (§ 85 Abs. 1 Satz 1 GO-BT). Im Anschluss an die dritte Lesung findet die Schlussabstimmung statt.

Die Schlussabstimmung nach Art. 77 Abs. 1 GG beendet das parlamentarische Gesetzgebungsverfahren. Das Gesetz ist beschlossen, wenn es nach Art. 42 Abs. 2 Satz 1 GG die Mehrheit der abgegebenen Stimmen erhalten hat.

BEISPIEL

Bei der Schlussabstimmung nach Art. 77 Abs. 1 GG über ein Gesetz sind weniger als die Hälfte der Mitglieder des Bundestags anwesend. Nach § 45 Abs. 1 GOBT ist der Bundestag dann beschlussfähig, wenn mehr als die Hälfte seiner Mitglieder im Sitzungssaal anwesend ist. Ist über das Gesetz ordnungsgemäß beschlossen worden?

LÖSUNG Nach § 45 Abs. 2 Satz 1 GO-BT muss die Beschlussunfähigkeit ausdrücklich festgestellt werden. Fehlt es an dieser Feststellung, ist ein Verstoß gegen § 45 GO-BT als Verstoß gegen bloßes Organinnenrecht des Bundestags ohne Einfluss auf die Verfassungsmäßigkeit des beschlossenen Gesetzes gegeben. Der Verstoß gegen § 45 Abs. 1 GO-BT ist mithin unbeachtlich.

1.3.3.2 Beteiligung des Bundesrats

Bei der Beteiligung des Bundesrats (Art. 77 Abs. 2–4, 78 GG) kommt es darauf an, ob es sich bei dem jeweiligen Gesetz um ein Zustimmungs- oder ein Einspruchsgesetz handelt. Das Grundgesetz geht grundsätzlich von Einspruchsgesetzen aus; die Zustimmungsgesetze sind im Grundgesetz abschließend bestimmt. Dies ist i. d. R. der Fall bei Regelungen über das entsprechende Verwaltungsverfahren oder die Finanzverfassung.

Bei **Einspruchsgesetzen** ist der Bundesrat letztlich nur in der Lage, das Gesetzgebungsverfahren zeitlich hinauszuzögern. Den Einspruch des Bundesrats kann der Bundestag (ggf. mit qualifizierter Mehrheit) zurückweisen (Art. 77 Abs. 4 GG). Um Einspruch einlegen zu können, muss nach Art. 77 Abs. 3 Satz 1 GG jedoch zuvor ein Vermittlungsverfahren im Vermittlungsausschuss (s. u.) erfolgt sein.

Bei **Zustimmungsgesetzen** ist ein positiver Mitwirkungsakt des Bundesrats erforderlich. Verweigert der Bundesrat die Zustimmung, ist das Gesetz gescheitert, Art. 77 Abs. 2a GG. Die Vorschrift enthält die Verpflichtung des Bundesrats, ausdrücklich positiv oder negativ über die Erteilung der Zustimmung zu entscheiden. Schweigen kann daher nicht als konkludent (schlüssig) erteilte Zustimmung gedeutet werden. Bei Gesetzen, die an sich nicht zustimmungspflichtig sind, die aber den Inhalt eines Gesetzes ändern, das seinerseits zustimmungspflichtig war, besteht keine Zustimmungspflicht des Bundesrats. Ein Änderungsgesetz ist nur dann zustimmungspflichtig, wenn es selber die Zustimmungspflicht auslöst, so dass nur auf die Inhalte des Änderungsgesetzes abzustellen ist (BVerfG vom 25. 06. 1974, BVerfGE 37, 363).

In der Praxis werden, um Blockaden im Bundesrat zu vermeiden, Gesetze in zustimmungsbedürftige und nicht zustimmungsbedürftige Teile aufgespaltet. Dadurch kann das beschlossene Gesetz dann zumindest teilweise verwirklicht werden, auch wenn die zustimmungsbedürftigen Teile im Bundesrat scheitern.

Eine unmittelbare Änderung des Gesetzes ist weder im Zustimmungs- noch im Einspruchsverfahren möglich. Jedoch kann der Bundesrat den **Vermittlungsausschuss** anrufen

(Art. 72 Abs. 2 GG). Das Vermittlungsverfahren soll zwischen den unterschiedlichen Auffassungen von Bundestag und Bundesrat einen Kompromiss ermöglichen. Das Vermittlungsverfahren kann der Bundesrat nach Art. 77 Abs. 2 Satz 1 GG innerhalb von drei Wochen nach Eingang des Gesetzesbeschlusses verlangen; bei Zustimmungsgesetzen können nach Art. 77 Abs. 2 Satz 4 GG auch Bundestag und Bundesregierung die Einberufung verlangen.

Der Vermittlungsausschuss setzt sich aus 16 Mitgliedern des Bundestags sowie 16 Mitgliedern des Bundesrats zusammen (Art. 77 Abs. 2 Satz 2 GG i. V. m. § 1 GO-VermA). Falls der Vermittlungsausschuss einen Einigungsvorschlag für die umstrittenen Bestandteile des Gesetzes formuliert, muss zunächst der Bundestag über die Änderungsvorschläge abstimmen und im Anschluss der Bundesrat über das – ggf. entsprechend geänderte – Gesetz abstimmen (Art. 77 Abs. 2 Satz 5 GG (sog. »vierte Lesung«)). Der Vermittlungsausschuss hat kein eigenes Gesetzesinitiativrecht (BVerfG vom 07. 12. 1999, BVerfGE 101, 297). Lehnt der Bundestag die Änderungen ab, bleibt das ursprüngliche Gesetz Gegenstand des Verfahrens. Dies gilt auch, wenn der Vermittlungsausschuss keinen Einigungsvorschlag vorlegt oder die ursprüngliche Fassung des Gesetzes bestätigt. In diesen Fällen findet allerdings keine erneute Abstimmung im Bundestag statt, sondern der Gesetzentwurf geht vom Vermittlungsausschuss zum Bundesrat.

Letztlich kommen fünf Varianten in Betracht, nach denen ein Gesetz i. S. des Art. 78 GG zustande gekommen sein kann:

- Zustimmung des Bundesrats: Stimmt der Bundesrat zu, ist das Gesetz – gleich ob Einspruchs- oder Zustimmungsgesetz – wirksam zustande gekommen.
- Kein Antrag auf Einberufung des Vermittlungsausschusses: Liegt ein Einspruchsgesetz vor und stellt der Bundesrat den Antrag auf Einberufung des Vermittlungsausschusses nicht binnen drei Wochen nach Eingang des Gesetzesbeschlusses, kommt das Gesetz wirksam zustande.
- Gleiches gilt, wenn der Bundesrat den Antrag zurücknimmt.
- Kein fristgerechter Einspruch: Hat der Bundesrat nicht binnen zwei Wochen nach Abschluss des Vermittlungsverfahrens (Art. 77 Abs. 3 GG) Einspruch eingelegt, kommt das Gesetz wirksam zustande.
- Wird der Einspruch des Bundesrats nach Art. 77 Abs. 4 GG vom Bundestag – mit der erforderlichen Mehrheit – zurückgewiesen, kommt das Gesetz ebenfalls zustande.

1.3.4 Abschlussverfahren

Das vom Bundestag wirksam beschlossene Gesetz wird zunächst von der Bundesregierung gegengezeichnet (Art. 58 Satz 1 GG). Die Gegenzeichnung ist bei Verfügungen und Anordnungen des Bundespräsidenten erforderlich.

Abschließend wird das Gesetz vom Bundespräsidenten (nach o. g. Gegenzeichnung) ausgefertigt (Art. 52 Abs. 1 Satz 1 GG). Hierbei überprüft der Bundespräsident im Rahmen seiner staatsnotariellen Funktion, ob die von ihm unterzeichnete Urschrift des Gesetzes dem Wortlaut des beschlossenen Gesetzes entspricht und dass das Gesetz im Rahmen eines formell korrekten Gesetzgebungsverfahrens zustande gekommen ist. Die materielle Prüfungskompetenz des Bundespräsidenten ist dagegen umstritten (s. Teil F 4.4.1).

Der ausgefertigte Text des Gesetzes wird nach Art. 82 Abs. 1 Satz 1 GG im Bundesgesetzblatt verkündet. Damit hat nun jeder Adressat des Gesetzes die Möglichkeit, Kenntnis vom Inhalt des Gesetzes zu nehmen. Die Verkündung ist erfolgt, wenn das im Bundesgesetzblatt gedruckte Gesetz für die Öffentlichkeit zugänglich ist.

Mit der Verkündung ist zwar das Gesetzgebungsverfahren abgeschlossen. Wirksam wird das Gesetz jedoch erst mit seinem Inkrafttreten. Nach Art. 82 Abs. 2 Satz 1 GG soll jedes Gesetz den Tag des Inkrafttretens benennen. Dabei kann es sich auch um ein Datum handeln, das beliebig weit in der Zukunft liegt. Fehlt es dem Gesetz an einer solchen Regelung, tritt es 14 Tage nach seiner Verkündung im Bundesgesetzblatt in Kraft (Art. 82 Abs. 2 Satz 2 GG). Liegt das Datum des Inkrafttretens in der Vergangenheit, liegt ein Fall der Rückwirkung von Gesetzen vor (s. Teil D 3.5).

1.4 Verfassungsänderungen

Nach Art. 79 GG kann das Grundgesetz durch ein Gesetz geändert werden, das im Rahmen eines formellen Gesetzgebungsverfahrens nach Art. 76 ff. GG zustande gekommen ist. Das verfassungsändernde Gesetz muss indes nach Art. 79 Abs. 1 Satz 1 GG den Wortlaut des Grundgesetzes ausdrücklich ändern oder ergänzen. Stillschweigende Änderungen des Grundgesetzes sind damit ausgeschlossen.

Eine Verfassungsänderung erfordert zudem eine qualifizierte Mehrheit von zwei Dritteln sowohl der Mitglieder des Bundestags als auch des Bundesrats. Bei verfassungsändernden Gesetzen handelt es sich also um Zustimmungsgesetze.

Eine materielle Schranke für Änderungen des Grundgesetzes enthält Art. 79 Abs. 3 GG. Danach dürfen Grundprinzipien des Grundgesetzes nicht geändert werden. Unter diese sog. **Ewigkeitsgarantie** fallen:

- die Gliederung des Bundes in Länder und die entsprechende Mitwirkung der Länder bei der Gesetzgebung. Allerdings ergibt sich aus Art. 79 Abs. 3 GG keine Garantie für den Bestand einzelner Länder, so dass eine Neugliederung des Bundesgebiets im Rahmen der Vorgaben des Grundgesetzes möglich ist,
- die Staatlichkeit der Länder,
- die Menschenwürde (Art. 1 GG),
- die staatlichen Strukturprinzipien, also die Prinzipien des Rechtsstaats, des Sozialstaats, der Demokratie, der Republik sowie des Bundesstaats (freiheitlich demokratische Grundordnung),
- über Art. 23 Abs. 1 Satz 3 GG die Verwirklichung der Europäischen Union sowie
- Art. 79 Abs. 3 GG selbst.

2 Die Rechtsverordnung

2.1 Einführung

Eingriffe in die Rechte des Bürgers bedürfen nach dem aus dem **Rechtsstaatsprinzip** hergeleiteten **Vorbehalt des Gesetzes** eines förmlichen Gesetzes. Der Erlass normativer Entscheidungen obliegt dabei nach dem **Gewaltenteilungsprinzip** grundsätzlich der Legislative, während für den Vollzug der Normen die Exekutive zuständig ist. Zudem verlangt das **Demokratieprinzip**,, dass der Gesetzgeber die für das Gemeinwesen wesentlichen Entscheidungen selbst trifft.

BEISPIEL

Der gewählte Gesetzgeber hat alle für die Besteuerung maßgebenden Entscheidungen selbst zu treffen. Soweit im Einzelnen Steuerschuldner, Steuergegenstand und Steuersatz nicht gesetzlich bestimmt sind, kann die Finanzverwaltung keinen Steuerbescheid erlassen.

Im Rechtsstaat mit seinem dichten Netz an Gesetzen besteht aber das Bedürfnis, dass sich zum Vollzug normativer Entscheidungen die Exekutive selbst ihre Regeln setzt. Der Detaillierungsgrad gesetzlicher Regelungen kann dann reduziert werden. Insbesondere in den technischen Bereichen wie z. B. den Umweltschutznormen bedarf es gesetzesergänzender Vorschriften, um den Gesetzesbefehl überhaupt umsetzen zu können. So umrahmen beispielsweise über 20 verschiedene Regelwerke allein das Bundesimmissionsschutzgesetz.

BEISPIEL

Eine Umweltnorm setzt einen gesetzlichen Grenzwert für einen Schadstoff fest. Für die Methode, mit welcher der Schadstoffgehalt gemessen wird, bedarf es nicht unbedingt einer gesetzgeberischen Entscheidung. Sie muss aber einheitlich festgelegt werden, um nicht beim Vollzug der Norm zu verschiedenen Ergebnissen zu kommen.

Dem Umstand, dass ein Gesetz oftmals ergänzender Detailbestimmungen bedarf, trägt Art. 80 GG Rechnung. Er bezweckt eine Entlastung des Parlaments von technischen Detailfragen, indem er eine Normsetzungsbefugnis auf die Exekutive überträgt. Dies geschieht im Spannungsverhältnis von Gewaltenteilung, demokratischer Zurechnung und Praktikabilität. Art. 80 GG muss deshalb genau die Voraussetzungen definieren, unter denen ausnahmsweise die Exekutive verbindliche Normen erlassen kann

2.2 Rechtscharakter von Rechtsverordnungen

Die durch die Exekutive erlassenen normativen Vorgaben nennt man Rechtsverordnungen. Sie haben den materiellen Gehalt von Gesetzen und deshalb dem Bürger gegenüber Außenwirkung, stehen jedoch im Rang unterhalb eines Gesetzes, sind also keine Gesetze im formellen Sinne. Der Erlass von Rechtsverordnungen und ihre gerichtliche Überprüfung folgen eigenen Regeln.

Ebenfalls zu den untergesetzlichen abstrakt-generellen Rechtsetzungsakten gehören im Regelfall die **Satzungen**. Wie die Rechtsverordnungen können Satzungen den Bürger unmittelbar verpflichten und berechtigen. Sie werden jedoch nicht wie die Rechtsverordnungen auf der Grundlage eines Gesetzes, sondern aufgrund einer allgemeinen **Satzungsautonomie**, die dem Satzungsgeber gesetzlich zusteht oder einer spezial-gesetzlichen Ermächtigung (z. B. § 10 Abs. 2 baden-württembergische Gemeindeordnung) erlassen

BEISPIEL

Zur planerischen Ordnung der Bautätigkeit erlassen die Gemeinden Bebauungspläne. Diese haben den Rechtscharakter einer Satzung. Auch die Benutzungsordnung einer kommunalen Bibliothek oder Badeanstalt ist eine Satzung.

Von den Rechtsverordnungen sind ferner die **Verwaltungsvorschriften** (Erlasse, Richtlinien, Verwaltungs- und Dienstanweisungen) zu unterscheiden. Diese sind **verwaltungsinterne verbindliche Regelungen**, die von vorgesetzten Dienststellen erlassen werden, um die Tätigkeit der Verwaltung einheitlich zu gestalten.

BEISPIEL

Die Einkommenssteuerrichtlinie richtet sich als allgemeine Dienstanweisung an alle Finanzbehörden. Sie sind für den ordnungsgemäßen Vollzug der Steuergesetze unerlässlich.

Verwaltungsvorschriften treten in vielfältiger Gestalt und mit verschiedenen Bezeichnungen auf. Sie lassen sich in drei Kategorien aufteilen:

(1) Verwaltungsvorschriften können **norminterpretierende** oder **ermessenslenkende Vorschriften** sein. Zu dieser Kategorie gehören beispielsweise der Anwendungserlass zur Abgabenordnung (AEAO) oder die Steuerrichtlinien.

Da die Ausführung von Gesetzen von einer Vielzahl von Behörden vorgenommen wird und ein Gesetz oftmals Auslegungsfragen aufwirft, müssen die ausführenden Verwaltungen durch Verwaltungsvorschriften Hinweise auf eine einheitliche Anwendung der Vorschrift bekommen. Sie erläutern im Einzelnen den Regelungsgehalt von gesetzlichen Bestimmungen. Wo der Verwaltung ein Beurteilungs- und Ermessensspielraum eingeräumt wird, können sie Maßstäbe für das Entscheidungsermessen geben. Als **Innenrecht der Verwaltung** binden sie unmittelbar weder Bürger noch die Gerichte. Die Gerichte sind völlig frei, ob sie ein Gesetz im Sinne der Verwaltungsvorschrift oder anders auslegen, denn sie haben den Willen des Gesetzgebers und nicht die Interpretation des Gesetzes durch die Verwaltung zu ergründen. Durch die Verwaltungsvorschriften wird jedoch den Behörden ein einheitlicher Maßstab auferlegt. Über den Gleichbehandlungsanspruch des Art. 3 Abs. 1 GG kommt es dadurch zu einer **Selbstbindung der Verwaltung**. So kann sich faktisch ein Anspruch des Bürgers ergeben, dass die Behörde entsprechend ihrer Verwaltungsvorschrift handelt.

BEISPIEL

Bei der Veranlagung zur Einkommenssteuer sind die Einkommenssteuerrichtlinien gegenüber den Steuerpflichtigen einheitlich zu beachten.

Die Verwaltungsvorschrift selbst ist jedoch für den Bürger keine Anspruchsgrundlage, auf die er sich unmittelbar stützen kann, denn Verwaltungsvorschriften haben, wie gesagt, keine Außenwirkung. Er kann sich nur darauf berufen, dass die Behörde einheitlich entscheiden muss.

(2) Verwaltungsvorschriften können die Organisation und den Dienstbetrieb von Behörden regeln. Diese Vorschriften firmieren häufig unter dem Begriff **Verwaltungs- und Dienstanweisungen**.

(3) Mit **Runderlassen** und **Erlassen** reagieren vorgesetzte Dienststellen auf Einzelprobleme. Soweit diese allgemeinen Charakter haben, zählen sie auch zu den Verwaltungsvorschriften.

2.3 Erlass von Rechtsverordnungen

Art. 80 GG schreibt die Voraussetzungen zum Erlass einer Rechtsverordnung vor. Jede Rechtsverordnung braucht zunächst eine **gesetzliche Grundlage**. Eine Rechtsverordnung kann nur erlassen werden, wenn sie eine gesetzliche Ermächtigung hat. Über einer Rechtsverordnung steht also immer ein Gesetz. Diese Dualität von Gesetz und Rechtsverordnung verlangt beim Umgang mit Rechtsverordnungen eine doppelte Betrachtungsweise. Einmal muss das Gesetz, das zum Erlass von Rechtsverordnungen ermächtigt, die in Art. 80 Abs. 1 Satz 1 und Satz 2 GG aufgeführten Tatbestandsmerkmale aufweisen (a). Zum anderen muss die Rechtsverordnung den Anforderungen des Art. 80 Abs. 1 Satz 3 und Abs. 2 GG genügen, die Grenzen der gesetzlichen Ermächtigung einhalten und natürlich auch höherrangiges Verfassungsrecht beachten (b).

(a) Das Ermächtigungsgesetz muss einen nach Art. 80 Abs. 1 Satz 1 GG möglichen **Ermächtigungsadressaten** festlegen. Ermächtigungsadressat können die Bundesregierung (als Kollegialorgan), ein Bundesminister oder eine Landesregierung sein. Einen Landesminister als Ermächtigungsadressaten sieht das Grundgesetz nicht vor, um nicht in die Hoheit der Länder einzugreifen. Die Landesregierung kann jedoch ihr Recht auf einen Landesminister übertragen. Ferner ermöglicht Art. 80 Abs. 4 GG der Landesregierung, statt einer Rechtsverordnung eine Regelung durch formelles Gesetz zu treffen. Unzulässig ist es dagegen, das auf eine Landesregierung übertragene Recht, eine Rechtsverordnung zu erlassen, an die Zustimmung eines Bundesministers zu knüpfen. Interessanterweise können im Gegensatz zu Verordnungen die (nachrangigen) Verwaltungsvorschriften des Bundes nur von der Bundesregierung, nicht von einem einzelnen Minister erlassen werden (siehe Art. 84 Abs .2, 85 Abs. 2, 86 Satz 1 und 108 Abs. 7 GG).

BEISPIEL

Das auf die Länder übertragene Recht, den Schwerlastverkehr auf Autobahnen an bestimmten Tagen, z. B. Ferienwochenenden, zu untersagen, darf nicht von der Zustimmung des Bundesverkehrsministers abhängig gemacht werden (Verbot der Mischverwaltung).

Im Ermächtigungsgesetz müssen ferner **Inhalt, Zweck und Ausmaß** (Bestimmtheitstrias) der Rechtsverordnung genannt werden. Blankoermächtigungen genügen nicht. **Das Bestimmtheitsgebot** des Art. 80 Abs. 1 Satz 2 GG fordert vom Gesetzgeber, die wesentlichen Entscheidungen einer zu regelnden Materie selbst zu treffen. Das bedeutet, dass bereits aus dem Gesetz selbst hinreichend deutlich vorhersehbar sein muss, in welchen Fällen und in welchem Rahmen von der Ermächtigung Gebrauch gemacht werden kann. Diese Forderung ist dem Umstand geschuldet, dass nach dem Demokratieprinzip letztlich der Gesetzgeber es in der Hand haben muss, inwieweit er seine Normsetzungsbefugnis aus der Hand geben will. Legt ein Gesetz Inhalt, Zweck und Ausmaß der Rechtsverordnung nicht ausreichend konkret fest, ist die darauf beruhende Rechtsverordnung ex tunc (von Anfang an) nichtig.

BEISPIEL

In § 51 EStG werden die Bundesregierung (§ 51 Abs. 1-3 EStG) sowie der Finanzminister (§ 51 Abs. 4 EStG) ermächtigt, zur Durchführung des Einkommenssteuergesetzes für dort namentlich genannte und in Inhalt, Zweck und Umfang genau beschriebene Fälle Rechtsverordnungen zu erlassen. Auf dieser Grundlage beruhen insbesondere die Einkommenssteuerdurchführungsverordnung (EStDV) und die Lohnsteuerdurchführungsverordnung (LStDV).

(b) Gemäß Art. 80 Abs. 1 Satz 3 GG ist die Verordnungsermächtigung in der Verordnung anzugeben. Ein Verstoß gegen dieses Gebot führt ebenfalls zur Nichtigkeit der Rechtsverordnung.

Bestimmte Rechtsverordnungen der Bundesregierung oder eines Bundesministers bedürfen nach Art. 80 Abs. 2 GG der **Zustimmung des Bundesrats**. Praktisch bedeutsam wird die Zustimmungspflicht des Bundesrats nach Art. 80 Abs. 2 GG vor allem bei Rechtsverordnungen, die aufgrund von Bundesgesetzen, die der Zustimmung des Bundesrats bedürfen oder die von den Ländern im Auftrag des Bundes oder als eigene Angelegenheit ausgeführt werden. Letzteres ist nach Art. 83 GG der Regelfall.

Fraglich ist, ob und inwieweit der Gesetzgeber direkten Einfluss auf Rechtsverordnungen nehmen kann. Er hat ja durch den Erlass der Ermächtigungsgrundlage gewillkürt die weiteren Entscheidungen in die Hände der Exekutive gelegt. Unbestritten kann der Gesetzgeber ein Mitwirkungsrecht dadurch sichern, dass er den Erlass der Rechtsverordnung von seiner vorherigen Zustimmung abhängig macht. Er kann aber auch in der Ermächtigungsgrundlage festlegen, dass Rechtsverordnungen auf Verlangen des Bundestags wieder aufzuheben sind. Umstritten ist die Frage, ob der Bundestag von sich aus Rechtsverordnungen inhaltlich ändern kann. Wer beispielsweise einen Blick auf die EStDV 2000 wirft, sieht zunächst, dass der Bundesminister der Finanzen auf der Grundlage des § 51 Abs. 4 Nr. 2 EStG und des Art. 26 des Steuerbereinigungsgesetzes 1999 diese Neufassung der Verordnung erlassen hat. Zahlreiche Änderungen der EStDV 2000 sind jedoch durch ein Gesetz, also durch die Legislative, erfolgt. Es stellt sich die rechtliche Frage, ob dies zulässig ist und ob die EStDV 2000 durch den legislativen Änderungsakt in den Stand eines Gesetzes erhoben wurde. Das Bundesverfassungsgericht (BVerfG vom 12.11.1958, BVerfGE 8, 274, 319 ff.) hat die Frage in dem Sinne entschieden, dass das Parlament durch den Erlass einer Ermächtigungsnorm seiner generellen gesetzgeberischen Freiheit nicht beraubt werde. Es könne daher bestehende Rechtsverordnungen durch Gesetz ändern, wenn es die Grenzen der Verordnungsermächtigung (Art. 80 Abs. 1 Satz 2 GG) wahrt. Eine durch Gesetz veränderte Rechtsverordnung habe nach wie vor den Rang einer Rechtsverordnung.

2.4 Rechtsschutz gegenüber Rechtsverordnungen

Der Rechtsschutz gegenüber Rechtsverordnungen gehört zu den komplizierteren Themen des Öffentlichen Rechts. Er wird daher nur in den Grundzügen dargestellt.

Rechtsverordnungen des Bundes können durch eine **abstrakte Normenkontrolle** gem. Art. 93 Abs. 1 Nr. 2 GG (s. Teil F 6.3) auf ihre Vereinbarkeit mit dem Grundgesetz von Bundesverfassungsgericht überprüft werden. Als Vorfrage prüft das Bundesverfassungsgericht, ob die Verordnung mit den formellen und materiellen Anforderungen der Ermächtigungsgrundlage vereinbar ist. Ebenso wird geprüft, ob die Ermächtigungsgrundlage dem Art. 80 Abs. 1 GG entspricht. Diese Klageart steht allerdings nur der Bundesregierung, einer Landesregierung oder (mindestens) einem Viertel der Mitglieder des Bundestags zu. Eine konkrete Normenkontrolle nach Art. 100 GG ist unzulässig, weil deren Prüfungsgegenstand nur formelle Gesetze sein können.

Rechtsverordnungen können auch Gegenstand einer **Verfassungsbeschwerde** nach Art. 93 Abs. 1 Nr. 4 a GG (s. Teil F 6.2) sein. Dieser Rechtsweg ist dann einzuschlagen, wenn eine Verordnung unmittelbare Wirkung auf den Bürger ausübt, also kein weiterer Vollzugsakt notwendig ist.

Nach der neueren Rechtsprechung des Bundesverfassungsgerichts (BVerfG vom 02.04.1997, NVwZ 1998, 169, 170) kann bei einem auf der Grundlage einer Rechtsverordnung ergangenen Verwaltungsakt die Rechtsverordnung im Hinblick auf die Rechtsschutzgarantie des Art. 19 Abs. 4 GG über eine **Feststellungsklage** nach § 43 VwGO angegriffen werden. Dabei prüft das Verwaltungsgericht inzident, ob die Rechtsverordnung gültig ist.

Bei Landesverordnungen ist eine **Normenkontrolle** nach § 47 Abs. 1 Nr. 2 VwGO möglich.

FALL 13

Der Verein Heimatpflege. Nach § 52 Abs. 2 Nr. 22 AO gehört die Heimatpflege zu den steuerbegünstigten gemeinnützigen Zwecken. Da es in der Praxis der Finanzämter zu Meinungsverschiedenheiten über den Inhalt des Begriffs kommt, erlässt der Bundesfinanzminister eine »Gemeinnützigkeitsverordnung«, in welcher die zur Heimatpflege gehörigen Tätigkeiten näher definiert werden. Der Verein Heimatpflege e. V. erkennt nach der Lektüre der neuen Vorschrift, dass seine Tätigkeiten nicht mehr unter den Begriff der Heimatpflege fallen. Er fragt, ob er erfolgreich gegen die »Gemeinnützigkeitsverordnung« vorgehen kann.

Teil H Die Verwaltung

1 Begriff und Funktionen der Verwaltung

Die Exekutive umfasst die Regierung, die Verwaltung und die militärische Verteidigung. Die staatslenkenden Aufgaben obliegen der Regierung, deren administrative Ausführung der Verwaltung. Die Verwaltung ist das Instrument, mit der die Regierung ihre Regierungsaufgaben erfüllt. Für alle Lebensbereiche gibt es eine Verwaltung. Sie reicht vom (A)uswärtigen Dienst bis zur (Z)ollverwaltung. Öffentliche Verwaltung ist also der Sammelbegriff für alle Tätigkeiten, bei denen Regierungswillen umgesetzt wird.

Damit kommt der Verwaltung eine Schlüsselfunktion für die Funktionsfähigkeit des Staates zu. Eine an den Prinzipien des Rechtsstaats orientierte, leistungsfähige und zielgerichtete Verwaltung, die nicht Eigeninteressen verfolgt, sondern das Funktionieren des Staates, die Sicherheit und die Daseinsvorsorge der Bürger im Fokus hat, ist für die Entwicklung des Landes und ein gedeihliches und friedliches Nebeneinander der Bürger unentbehrlich. Damit hat der Staat die Aufgabe, für eine funktionierende Verwaltung zu sorgen und dafür ausreichende Haushaltsmittel und Personal zur Verfügung zu stellen.

Ausführende der öffentlichen Verwaltung sind Beamte, Angestellte und Arbeiter. Soweit Verwaltung **hoheitliche Aufgaben** erfüllt, sind diese nach Art. 33 Abs. 4 GG in der Regel Personen zu übertragen, die in einem Beamtenverhältnis stehen. Damit wird deutlich, dass Verwaltung in verschiedene Aufgabenbereiche unterteilt werden kann. Bei der hoheitlichen Verwaltung übt der Staat auf der Grundlage von gesetzlichen Ermächtigungen Staatsgewalt aus. Alle anderen Aufgaben gehören zur nicht hoheitlichen Verwaltung.

Eine weitere wichtige Differenzierung ist die Unterscheidung von **Eingriffsverwaltung** und **Leistungsverwaltung**.. Bei der Eingriffsverwaltung wird dem Bürger ein sich aus einer Rechtsnorm ergebendes Verbot oder Gebot oder eine sonstige Belastung auferlegt.

BEISPIEL

Das Finanzamt erlässt einen Steuerbescheid, die Verkehrsbehörde verhängt ein Fahrverbot, die Baubehörde verfügt den Abriss eines illegalen Bauwerks.

Auch behördliche Genehmigungen (z. B. eine Baugenehmigung, eine Gaststättenerlaubnis, ein Jagdschein) gehören zur Eingriffsverwaltung, weil der Bürger ohne diese Genehmigung nicht tätig werden darf.

Aufgrund der mit dem Eingriff verbundenen Grundrechtsbeeinträchtigung gelten für den Bereich der Eingriffsverwaltung die Grundsätze des Vorbehalts und des Vorrangs des Gesetzes unbeschränkt. Die Verwaltung darf in diesem Bereich nur tätig werden, wenn sie durch eine Rechtsnorm ermächtigt wird, und nicht gegen das Gesetz handelt.

Greift die Verwaltung nicht grundrechtsbeschränkend in die Rechte von Bürgern ein, sondern gewährt sie Leistungen oder andere Vergünstigungen, spricht man von Leistungsverwaltung.

BEISPIEL

Leistungen nach den Sozialgesetzen, z. B. Wohngeld, die öffentliche Förderung von Kunst, Bereitstellung von öffentlichen Einrichtungen, Straßen- und Verkehrswegebau (soweit dadurch nicht in Eigentumsrechte des Bürgers, z. B. durch eine Enteignung, eingegriffen wird).

Eine weitere Unterscheidung in der Aufgabenerledigung der Verwaltung richtet sich nach der Rechtsform des Verwaltungshandelns. Verwaltung kann **öffentlich-rechtlich** oder **privatrechtlich** tätig sein (im Einzelnen s. Teil A). Bei privatrechtlichem Handeln kann keine hoheitliche Tätigkeit angenommen werden. Aber auch nicht jedes öffentlich-rechtliche Handeln ist hoheitliches Handeln. Zum Beispiel sind Lehrer nicht schwerpunktmäßig hoheitlich tätig.

Verwaltung kann schließlich nach dem Grad ihrer Gesetzesbindung unterschieden werden. Insoweit wird zwischen **gesetzesakzessorischer** und **gesetzesfreier** Verwaltung unterschieden. Die gesetzesakzessorische Verwaltung realisiert den Willen des Gesetzgebers und unterliegt den Grundsätzen des Gesetzesvorrangs und des Gesetzesvorbehalts. Das Gesetz ist Auftrag und Grenze. Die gesetzesfreie Verwaltung wird dagegen tätig, ohne dass dabei ein Gesetz vollzogen wird.

BEISPIEL

Die Denkmalbehörde veranstaltet einen Tag des offenen Denkmals, die Verkehrspolizeibehörde versorgt die Rundfunkanstalten mit Staumeldungen.

2 Träger der öffentlichen Verwaltung

Träger der öffentlichen Verwaltung sind entsprechend dem Staatsaufbau der Bundesrepublik Deutschland

- der Bund,
- die Länder,
- die Landkreise/Stadtkreise und
- die Gemeinden.

Alle öffentlichen Verwaltungen sind grundsätzlich einem dieser Verwaltungsträger zugeordnet. Die Zuordnung richtet sich aber nicht nach der Gesetzgebungskompetenz für ein bestimmtes Sachgebiet, sondern es gilt zunächst die Zuständigkeitsvermutung für die Länder, d. h., die Länder führen die Bundesgesetze als eigene Angelegenheit aus, soweit das Grundgesetz nichts anderes bestimmt oder zulässt (Art. 83 GG). Diese Aufteilung der Verwaltungszuständigkeit entspricht einer praktischen verwaltungsökonomischen Erwägung. Die Masse der Bundesgesetze, die den Normalbürger betreffen, lässt sich am einfachsten durch die bestehenden Landesverwaltungen durchführen. Nur bei einer besonderen Affinität zum Bund, z. B. beim Auswärtigen Dienst, sind Bundesbehörden erforderlich.

Erbringen der Bund oder die Länder eine Verwaltungstätigkeit durch eigene Behörden, spricht man von **unmittelbarer Staatsverwaltung**. Öffentliche Verwaltung kann aber auch daneben durch die **mittelbare Staatsverwaltung** durch Körperschaften, Anstalten, Stiftungen des öffentlichen Rechts und sog. beliehene Unternehmer ausgeübt werden. Dieses Nebeneinander ist historisch bedingt und resultiert aus überkommenen Ordnungen, wie z. B. der Zünfteordnung.

Körperschaften des öffentlichen Rechts sind öffentlich-rechtlich verfasste, rechtsfähige Organisationseinheiten, die aus Mitgliedern bestehen. Zu unterscheiden sind **Personalkörper-**

schaften, Verbandskörperschaften und **Realkörperschaften**. Erstere bestehen aus Personengruppen, die einer bestimmten Tätigkeit nachgehen.

BEISPIEL

Einige Berufsgruppen wie Ärzte, Architekten oder Rechtsanwälte sind in Kammern organisiert, die bestimmte öffentliche Aufgaben für ihre Mitglieder und die Allgemeinheit wahrnehmen.

Auch die christlichen Kirchen sind Personenkörperschaften. Verbandskörperschaften sind dagegen ein Zusammenschluss von juristischen Personen des öffentlichen Rechts.

BEISPIEL

Gemeinden schließen sich zu einem Abwasserzweckverband zusammen, um gemeinsam eine Kläranlage zu betreiben.

Bei einer Realkörperschaft knüpft die Mitgliedschaft an eine Sachbezogenheit an.

BEISPIEL

Gewerbliche Unternehmen sind Mitglieder der Industrie- und Handelskammern.

Auch der Bund, die Länder und die Gemeinden werden aufgrund ihrer mitgliedschaftlichen Struktur als Körperschaften bezeichnet. Sie sind **Gebietskörperschaften**, weil sie aus ihren jeweiligen Bürgern bestehen.

Anstalten des öffentlichen Rechts sind selbstständige Einrichtungen, die außerhalb der unmittelbaren Staatsverwaltung zur Erfüllung einer besonderen Aufgabe errichtet wurden, die aber der Staat nicht allein als private Aufgabe ansieht.

BEISPIELE

Die öffentlich-rechtlichen Rundfunkanstalten, die Bundesanstalt für Arbeit, Studentenwerke (sofern nicht als Stiftung organisiert).

Auch die Anstalten können wiederum unterteilt werden. **Rechtsfähige Anstalten** sind durch Gesetz geschaffene Einrichtungen, die nicht nur Teil einer anderen Verwaltung sind. Sie regeln ihre Angelegenheiten durch die ihnen übertragenen Satzungsgewalt. **Nichtrechtsfähige Anstalten** sind Funktionseinheiten einer Verwaltung und nicht rechtlich selbstständig. Sie werden auch als öffentliche Einrichtungen bezeichnet.

BEISPIELE

Kommunale Kinos, Theater und Altenheime.

Zunehmend gehen Anstaltsträger dazu über, ihre öffentlich-rechtlichen Anstalten, z. B. ein kommunales Krankenhaus, in eine privatrechtliche Organisationsform, z. B. eine GmbH, überzuführen.

Beachte: Aus den Bezeichnungen von Körperschaften und Anstalten kann man nicht immer deren Rechtsform erkennen. Die Bundesversicherungsanstalt für Angestellte ist z. B. keine Anstalt, sondern eine Körperschaft des öffentlichen Rechts, weil sie aufgrund der Mitgliedschaft von Personen eine körperschaftliche Struktur hat.

3 Die Verwaltungstypen

3.1 Die Landesverwaltung

Im Regelfall werden, wie gesagt, die Bundesgesetze (neben den Landesgesetzen) durch die Verwaltungen der Länder ausgeführt (Art. 83 GG). Die Länder richten entsprechend den ihnen obliegenden Aufgaben Behörden ein und regeln das Verwaltungsverfahren (Art. 84 Abs. 1 Satz 1 GG). Sie bestimmen auch, ob und inwieweit Verwaltungsaufgaben nach unten auf Gemeinden und Landkreise übertragen werden.

BEISPIEL

Das Passgesetz und das Personalausweisgesetz werden durch das Einwohnermeldeamt der Gemeinde ausgeführt.

Durch ein Bundesgesetz dürfen Gemeinden und Landkreisen Aufgaben nicht übertragen werden (sog. kommunales Durchgriffsverbot, Art. 84 Abs. 1 Satz 7 GG).

Wenn es um die Ausführung von Bundesgesetzen durch die Länder geht, muss dem Bund die Kontrolle möglich sein, dass seine Gesetze im Sinne des Bundesgesetzgebers vollzogen werden. Deshalb übt nach Art. 84 Abs. 3 GG die Bundesregierung die Aufsicht darüber aus, dass die Länder die Bundesgesetze dem geltenden Recht gemäß ausführen (Landesverwaltung mit Bundesaufsicht). Diese Aufsicht über den gesetzeskonformen Vollzug nennt man **Rechtsaufsicht**. Sie beschränkt sich darauf, dass die Landesverwaltungen gesetzeskonform handeln. Die Beurteilung der Zweckmäßigkeit des Verwaltungshandelns ist dagegen ausschließlich Sache der Länder. Führen die Länder Bundesgesetze als eigene Angelegenheit aus, hat die Bundesregierung keine **Fachaufsicht**.

BEISPIEL

Wenn die Landesfinanzverwaltung ein steuerrechtliches Gesetz des Bundes falsch anwendet, kann das Bundesfinanzministerium im Rahmen seiner Rechtsaufsicht einschreiten.

Es steht der Bundesregierung allerdings nach Art. 84 Abs. 2 GG zu, mit Zustimmung des Bundesrats allgemeine **Verwaltungsvorschriften** zu erlassen. In diesen Verwaltungsvorschriften werden den Landesbehörden Vorgaben gemacht, wie die Bundesgesetze im Einzelnen anzuwenden sind.

BEISPIEL

Die Einkommenssteuer-Richtlinie als Verwaltungsvorschrift des Bundes enthält Anordnungen an die Finanzbehörden zur einheitlichen Anwendung des Einkommensteuerrechts.

3.2 Die Bundesauftragsverwaltung

Bei einzelnen Verwaltungsbereichen von besonderer Bedeutung hat der Bund das erhöhte Bedürfnis einer Kontrolle bei der Durchführung der Bundesgesetze. Deshalb unterstehen die Länder dort nicht nur der Rechts-, sondern auch der Fachaufsicht des Bundes. Die zuständigen obersten Bundesbehörden können durch Einzelweisungen nicht nur die Gesetzesmäßigkeit, sondern auch die Zweckmäßigkeit der Aufgabenerledigung sicherstellen. Diesen Verwaltungsbereich nennt man Bundesauftragsverwaltung. Die Länder führen die Bundesgesetze nicht als eigene Angelegenheit, sondern im Auftrag des Bundes durch (Art. 85 GG). Um der Fachaufsicht über die Bundesauftragsverwaltung nachzukommen, kann die Bundesregierung Bericht und Vorlage der Akten verlangen und Beauftragte zu allen Landesbehörden entsenden (Art. 85 Abs. 4 Satz 2 GG). Die Weisungen sind im Regelfall an die obersten Landesbehörden, also an die Landesministerien zu richten, die dann den Vollzug der Weisung durch die zuständige Behörde sicherzustellen haben (Art. 85 Abs. 3 Satz 2 und 3 GG).

BEISPIEL

Das Bundesumweltministerium weist das zuständige Landesministerium an, die Kontrolle von Kernkraftwerken zu verstärken.

Nach h. M. haben die Länder kein Recht, sich gegen eine Weisung gerichtlich zur Wehr zu setzen, da durch eine inhaltlich rechtswidrige Weisung kein eigenes Recht der Länder verletzt ist.

Welche Bereiche in die Bundesauftragsverwaltung fallen, bestimmt das Grundgesetz. Es sind Sachgebiete, für die der Bund eine besondere Verantwortung besitzt, z. B.

- die Verwaltung kerntechnischer Anlagen (Art. 87c GG),
- die Verwaltung der Bundesautobahnen und der Bundesfernstraßen (Art. 90 Abs. 2 GG),
- fakultativ die Luftverkehrsverwaltung, soweit dies ein Bundesgesetz bestimmt (Art. 87d GG).

3.3 Die Bundesverwaltung

Nur ausnahmsweise werden Bundesgesetze durch bundeseigene Behörden ausgeführt, nämlich in den Bereichen, in denen eine unitarische Behandlung der Aufgabe zwingend ist und die Verwaltungen der Länder hierfür keinerlei eigene Sachkenntnisse haben. Art. 87 GG zählt die Gegenstände der bundeseigenen Verwaltung im Einzelnen auf. Danach werden der auswärtige Dienst, die Bundesfinanzverwaltung (s. Teil I, 3) und nach Maßgabe des Art. 89 GG die Bundeswasserstraßen und die Schifffahrt durch bundeseigene Verwaltung mit eigenem Verwaltungsunterbau geführt. Art. 87 Abs. 1 Satz 2 GG gibt dazuhin die Ermächtigung, durch Bundesgesetz eine Bundespolizeibehörde einzurichten. Dieser obliegt die polizeiliche Überwachung der Grenzen. Ferner nimmt sie auch die Aufgaben der Bahnpolizei (§ 3 BPolG) und der Flughafenpolizei (§ 4 BPolG) wahr. Waren früher die Deutsche Post und die Deutsche Bahn noch Bundesbehörden mit Post- und Bahnbeamten als Personal, sind diese inzwischen privatisiert (Deutsche Post AG, Deutsche Telekom AG, Deutsche Postbank AG, Deutsche Bahn AG). Soweit dem Bund beim Postwesen und der Telekommunikation noch mit hoheitlichen Mitteln wahrzunehmende öffentliche Aufgaben verbleiben (z. B. die Zuteilung von Funkfrequenzen), werden diese durch die Bundesverwaltung ausgeführt (Art. 87f Abs. 2 Satz 2 GG). Noch verbleibende hoheitliche Aufgaben bei den Eisenbahnen übernahm das Eisenbahnbundesamt als selbstständige Bundesoberbehörde. Das Eisenbahnbundesamt ist Aufsichts- und Genehmigungsbehörde beispielsweise für den Erhalt und den Ausbau des Schienennetzes sowie den Bau von Bahnhöfen. Aber auch hier gilt: keine Regel ohne Ausnahme. Nach Art. 87c Abs. 1 Satz 2 GG können durch Bundesgesetz Aufgaben der Eisenbahnverkehrsverwaltung den Ländern als eigene Aufgabe übertragen werden. So führen z. B. die Länderverwaltungen nach § 3 Abs. 2 BundeseisenbahnverkehrsverwaltungsG die notwendige Anhörung in den eisenbahnrechtlichen Planfeststellungen durch.

Wie die Bundesverwaltung im Einzelnen aufgebaut ist, ist unterschiedlich geregelt. Es gibt eine bundeseigene Verwaltung mit eigenen Verwaltungsunterbau, z. B. die dreistufige Bundesfinanzverwaltung (Art. 87 Abs. 1 GG). Die Bundesverwaltung kann sich aber auch auf eine selbstständige Bundesoberbehörde beschränken, wie das z. B. beim Bundeskartellamt, beim Statistischen Bundesamt oder dem Bundesamt für Finanzdienstleistungen der Fall ist (Art. 87 Abs. 3 Satz 1 GG). Schließlich können Bundesgesetze durch bundesunmittelbare Körperschaften und Anstalten des öffentlichen Rechts ausgeführt werden (Art. 87 Abs. 2 GG), wie etwa durch Sozialversicherungsträger.

3.4 Die Kommunalverwaltung

Bundes- und Landesgesetze werden außer von Bundes- und Landesbehörden auch von kommunalen Behörden durchgeführt. Gemeinden und Landkreise verwalten nicht nur ihre eigenen Angelegenheiten (Dualismus der Aufgaben). Allerdings dürfen durch Bundesgesetz Gemeinden und Gemeindeverbänden Aufgaben nicht übertragen werden (Art. 84 Abs. 1 Satz 7 GG). Dies geschieht vielmehr durch Landesrecht.

Das Landratsamt ist also sowohl als untere staatliche Behörde als auch als Kommunalbehörde tätig.

BEISPIEL

Im Landratsamt ist das Baurechtsamt untere staatliche Behörde, das Sozialamt kommunale Behörde.

Soweit Gemeinden Bundesgesetze ausführen, spricht man von Auftragsangelegenheiten. Den Gemeinden werden staatliche Aufgaben zur Erledigung durch die Gemeindeverwaltung übertragen.

BEISPIEL

Pass- und Meldeangelegenheiten, Durchführung der Bundestags- und Landtagswahlen.

FALL 14

Die unzufriedene Bundesregierung. Die Bundesregierung hält die Zahl der Finanzbeamten in den Finanzämtern der Länder für zu gering und geht deshalb von Mindereinnahmen von Steuern zu Lasten des Bundes aus. Sie will deshalb ein Bundesgesetz auf den Weg bringen, das nach einem Einwohnerschlüssel die Zahl der Finanzbeamten eines Landes festlegt. Ist dies verfassungsrechtlich möglich?

Teil I Die Finanzverfassung des Grundgesetzes

1 Allgemeines

Der X. Abschnitt des Grundgesetzes enthält unter dem Titel »Das Finanzwesen« in Art. 104a–115 GG die Regelungen des Steuerverfassungsrechts. Die Vorschriften stellen einen selbstständigen Regelungskomplex innerhalb des Grundgesetzes dar, weshalb dieser Abschnitt in der Literatur mitunter auch mit dem Begriff »Finanzverfassung« bezeichnet wird. Zwar kommt der Finanzverfassung durchaus ein eigener Regelungsbereich zu, jedoch ist sie keinesfalls ein losgelöster und autonomer Teil des Grundgesetzes, sondern muss im Zusammenhang mit den weiteren im Grundgesetz enthaltenen Vorschriften zur Organisation und Aufgabenverteilung gesehen werden.

Durch die in den Art. 104a–108 GG (sog. Finanzverfassung i. e. S.) enthaltenen Regelungen sollen Bund und Länder an den volkswirtschaftlichen Erträgen beteiligt und dadurch in die Lage versetzt werden, die ihnen im Grundgesetz zugewiesenen Aufgaben zu erfüllen. So finden sich hier u. a. Regelungen zur Ausgabenzuständigkeit, zur Gesetzgebungskompetenz für die diversen Steuerarten, zur Verteilung des Steueraufkommens, zum sog. Länderfinanzausgleich sowie zur Finanzverwaltung.

Die Steuerkompetenzen (»Steuerhoheiten«) der Finanzverfassung im Überblick:

- Gesetzgebungskompetenz: Art. 105, 72 GG,
- Verwaltungskompetenz: Art. 108 GG,
- Ertragskompetenz: Art. 106 GG,
- Rechtsprechungskompetenz: Art. 108 Abs. 6, 92, 95 GG.

Die Art. 109–115 GG befassen sich mit den Grundsätzen des Haushaltsplans, der Haushaltswirtschaft und der Haushaltsgesetze, den nicht im Haushaltsplan enthaltenen Ausgaben sowie den Grundsätzen zur Rechnungsprüfung und Kreditaufnahme durch den Staat.

Den in der Finanzverfassung enthaltenen Regelungen zur Ausgestaltung der Staatsfinanzen kommt nicht nur eine organisationsrechtliche Bedeutung, sondern aus Sicht der Bürger auch eine (auch die Grundrechte betreffende) Schutz- und Begrenzungsfunktion zu, da die staatliche Abgabenerhebung nur unter Berücksichtigung verfassungsrechtlich verankerter Reglementierungen ermöglicht wird. Der Staat darf auf dem Gebiet des Steuerrechts nur durch ein unter Beachtung des Art. 105 GG ergangenes Gesetz in die grundrechtlich geschützten Rechte der Bürger bzw. Steuerpflichtigen eingreifen. Diese Schutz- und Begrenzungsfunktion verhindert die willkürliche Erhebung von Abgaben.

Neben den im X. Abschnitt enthaltenen Regelungen finden sich noch an verschiedenen Stellen des Grundgesetzes weitere vereinzelte Vorschriften, die Regelungen zum Finanzwesen des Staates enthalten:

- Art. 88 GG bestimmt die Bundesbank als Währungs- und Notenbank, lässt aber zugleich eine Aufgabenübertragung an die Europäische Zentralbank zu;
- Art. 73 Abs. 1 Nr. 4 (Währung) und Nr. 5 GG (Waren- und Zahlungsverkehr);
- Art. 87 Abs. 1 GG (Bundesfinanzverwaltung);
- Art. 91a–91d GG (Gemeinschaftsaufgaben und Verwaltungszusammenarbeit);
- Art. 120, 120a GG (Kriegsfolgen- und Lastenausgleich);
- Art. 134, 135, 135a GG (Nachfolge in das Reichsvermögen);
- Art. 140 GG i. V. m. Art. 137 Abs. 6 WRV (Kirchensteuer);
- Art. 143d GG (Schuldenbremse).

Neben der Finanzverfassung des Grundgesetzes enthalten die **Landesverfassungen** ebenfalls Vorschriften zur Finanzierung des Staatswesens. Die nachfolgenden Ausführungen befassen sich indes nur mit den bundesstaatlichen Finanzverfassungsfragen. Für einen knappen Überblick über die Regelungen der Finanz- und Haushaltsverfassung der EU s. 7.

2 Gesetzgebungskompetenz

2.1 Allgemeines

Die Finanzverfassung des Grundgesetzes geht grundsätzlich davon aus, dass die staatlichen Aufgaben in Bund, Ländern und Gemeinden vorrangig aus Steuern finanziert werden. Daher wird in Art. 105 GG die originäre Steuergesetzgebungskompetenz des Bundes und der Länder geregelt. Die Gemeinden (bzw. Gemeindeverbände) und die Religionsgemeinschaften des öffentlichen Rechts haben dagegen eine lediglich abgeleitete Steuerhoheit.

BEISPIEL

Nach Art. 106 Abs. 6 Satz 2 GG ist den Gemeinden das Recht einzuräumen, die Hebesätze der Grundsteuer und Gewerbesteuer festzusetzen. Durch diese Vorschrift wird der (Landes- oder Bundes-) Gesetzgeber verpflichtet, den Gemeinden ein Hebesatzrecht für die Realsteuern einzuräumen. Die Regelungen für das Hebesatzrecht der Gemeinden sind also nicht unmittelbar im Grundgesetz geregelt, sondern erfordern einfachgesetzliche Regelungen.

2.2 Anwendungsbereich

Das Grundgesetz enthält keine eigene Definition des Begriffs Steuern; vielmehr findet hier die in § 3 Abs. 1 AO enthaltene Definition Anwendung, die bereits in § 1 Abs. 1 RAO 1919 enthalten war und durch die AO 1977 nochmals konkretisiert wurde. Allerdings kann diese einfachgesetzliche Definition keine Bindungswirkung für den verfassungsrechtlichen Steuerbegriff entfalten. Im verfassungsrechtlichen Sinn gelten die in Art. 105 Abs. 1 GG geregelten Zölle und Finanzmonopole ebenfalls als Steuern.

Die Anwendung der einfachgesetzlichen Definition der Steuern für verfassungsrechtliche Zwecke erfordert eine weitere Klarstellung: Nach § 3 Abs. 1 2. HS. AO kann die Erzielung von Einnahmen auch bloßer Nebenzweck einer Steuer sein, so dass Steuern dem Grunde nach auch einen nichtfiskalischen Lenkungszweck haben können.

BEISPIEL

Die vom Verpackungsmüll stark belastete Stadt K führte eine kommunale Verpackungssteuer ein, um dadurch im Bereich der Abfallvermeidung lenkend einzugreifen.

Dem Grunde nach besteht in solchen Fällen eine Kollision der Gesetzgebungskompetenz für die Steuern nach Art. 105 GG mit den übrigen Sachgesetzgebungskompetenzen der Art. 70 ff. GG (hier also beispielsweise für das Abfallrecht). Jedoch soll für steuerliche Regelungen die Gesetzgebungskompetenz des Steuergesetzgebers ausreichen und somit das zusätzliche Vorliegen der weiteren Gesetzgebungskompetenzen grundsätzlich nicht erforderlich sein (Art. 105 GG ist also gegenüber den übrigen Sachgesetzgebungskompetenzen eine **lex specialis**). Eine **Ausnahme** soll nur für den Fall gelten, dass zwischen den Bestimmungen des Sachgesetzgebers und des Steuergesetzgebers ein Widerspruch besteht.

Das BVerfG hat daher die kommunale Verpackungssteuer der Stadt K für nichtig erklärt, weil diese im Widerspruch zu den Bestimmungen der bundesgesetzlich geregelten Vorschriften des Kreislaufwirtschafts- und Abfallgesetzes stünden (BVerfG vom 07.05.1998, BVerfGE 98, 106).

Die in Art. 105 GG geregelte Gesetzgebungskompetenz ermächtigt zur **Einführung** und inhaltlichen **Ausgestaltung** (z. B. Höhe der Steuersätze) sowie zur **Abschaffung** von Steuern. Neben dem staatsorganisationsrechtlichen Aspekt dient der Art. 105 GG auch dem individuellen **Grundrechtsschutz**, da der Staat auf dem Gebiet des Steuerrechts nur durch ein unter Beachtung des Art. 105 GG ergangenes Gesetz in die grundrechtlich geschützten Rechte der Bürger eingreifen darf.

2.3 Die Steuergesetzgebungskompetenz im Einzelnen

2.3.1 Ausschließliche Steuergesetzgebungskompetenz des Bundes

Der Bund hat nach Art. 105 **Abs. 1** GG die **ausschließliche** Gesetzgebungskompetenz für die Zölle und die Finanzmonopole. Unter **Zöllen** sind solche Abgaben zu verstehen, die nach Maßgabe des Zolltarifs von der Warenbewegung über die Zollgrenze erhoben werden (BVerfG vom 29.10.1958, BVerfGE 8, 260). Da zwischen den Mitgliedsstaaten der EU mit der Schaffung eines gemeinsamen Binnenmarktes die Europäische Zollunion geschaffen wurde, die zu einer Abschaffung der Zölle zwischen den einzelnen Mitgliedsstaaten der EU geführt hat, verliert diese Gesetzgebungskompetenz allerdings immer weiter an Bedeutung.

Finanzmonopole sind besondere Formen der Abgabenerhebung, nach der dem Staat die Herstellung und/oder der Vertrieb bestimmter Waren vorbehalten ist. Gegenwärtig gibt es, nach außer Kraft treten des Branntweinmonopols zum 31.12.2017, keine Finanzmonopole. Wegen der weitreichenden Regelungen in Bezug auf den Wettbewerb innerhalb der EU ist es zudem fraglich, ob in Zukunft überhaupt noch neue Finanzmonopole geschaffen werden könnten. Die Finanzmonopole sind dabei strikt von den sog. Verwaltungsmonopolen des Staates zu unterscheiden (z. B. Wett- oder Spielbankmonopol), die insbesondere der Abwehr von Suchtgefahren dienen und sich daher nicht auf der Gesetzgebungskompetenz des Art. 105 Abs. 1 GG, sondern auf die spezifischen Sachkompetenzen gründen (vgl. dazu BVerfG vom 28.03.2006, BVerfGE 115, 276 für das staatliche Monopol bei Sportwetten).

2.3.2 Konkurrierende Steuergesetzgebungskompetenz

Nach Art. 105 **Abs. 2** GG hat der Bund die **konkurrierende** Gesetzgebungskompetenz über die übrigen Steuern, wenn ihm das Aufkommen dieser Steuern (der Steuerertrag) ganz oder teilweise zusteht oder eine bundesgesetzliche Regelung nach Art. 72 Abs. 2 GG erforderlich ist. Von dieser konkurrierenden Gesetzgebungskompetenz hat der Bund umfassend Gebrauch gemacht, so dass die Länder nach Art. 72 Abs. 1 GG keine abweichenden Regelungen treffen können.

2.3.3 Ausschließliche Steuergesetzgebungskompetenz der Länder

Den Ländern steht nach Art. 105 **Abs. 2a Satz 1** GG die **ausschließliche** Gesetzgebungskompetenz für die örtlichen Verbrauch- und Aufwandssteuern zu. Von dieser – im Grundgesetz seltenen – ausschließlichen Gesetzgebungskompetenz haben die Länder i. d. R. dadurch

Gebrauch gemacht, dass sie in ihren jeweiligen Kommunalabgabengesetzen den Gemeinden oder Gemeindeverbänden die entsprechende Gesetzgebungshoheit (z. B. für die Getränke-, Hunde-, Jagd-, Spielgeräte- oder Zweitwohnsitzsteuer) übertragen haben.

Verbrauchs- und Aufwandssteuern zeichnen sich dadurch aus, dass sie an die Einkommensverwendung für die persönlichen Bedürfnisse des Steuerpflichtigen anknüpfen. Örtlich sind diese Steuern, wenn sie sich an lokalen Gegebenheiten orientieren, wie etwa die Belegenheit einer Sache im Gebiet einer bestimmten Gemeinde. Den Ländern steht in diesem Bereich jedoch nur insoweit ein Gesetzgebungsrecht zu, als ihnen nach Art. 106 GG auch der Ertrag aus der jeweiligen Steuer zusteht; dies gilt auch für die Gemeinden. Andernfalls könnte das in Art. 106 GG geregelte System der Ertragsverteilung des Steueraufkommens dadurch umgangen werden, dass neu geschaffene Steuern derjenigen Körperschaft zustehen, die sie »erfunden« hat.

In Art. 105 **Abs. 2a Satz 2** GG wird den Ländern die Befugnis zur Bestimmung des Grunderwerbsteuersatzes zugewiesen. Damit soll – wenn auch in begrenztem Umfang – ein föderaler Steuerwettbewerb zwischen den Ländern ermöglicht werden.

Ebenfalls als **ausschließliche** Gesetzgebungskompetenz steht den Ländern nach Art. 140 GG i. V. m. Art. 137 Abs. 6 der Weimarer Reichsverfassung die Regelung der **Kirchensteuer** zu. Die Länder haben daher Kirchensteuergesetze erlassen, nach denen die Verwaltung der Steuern meist in einem gewissen Umfang den Gemeinden oder den Landesfinanzbehörden überlassen wird, in seltenen Fällen aber auch durch die Kirchen selber wahrgenommen wird.

Zum Schutz der Steuerertragshoheit der Länder und Gemeinden bestimmt Art. 105 **Abs. 3** GG, dass Bundesgesetze über Steuern, deren Aufkommen zumindest zum Teil den Ländern oder Gemeinden zukommt, im Bundesrat als **Zustimmungsgesetze** zu behandeln sind.

3 Verwaltungskompetenz

Die allgemeinen Regelungen zur Verteilung der Verwaltungskompetenzen im Bundesstaat (Art. 83 ff. GG) werden für den Bereich der Finanzverwaltung durch die Spezialvorschrift des **Art. 108 GG** ergänzt.

Die Finanzverwaltung hat eine eigenständige Behördenorganisation; eine Mischverwaltung, etwa durch Übertragung der Aufgaben der Steuerverwaltung auf andere Verwaltungszweige (z. B. Übertragung der Verwaltung der Steuern auf die nachgeordneten Behörden des Innenministeriums), ist unzulässig. Als nach Art. 108 Abs. 4 Satz 2 GG zulässige Ausnahme darf die Verwaltungshoheit über Steuern, die allein den Gemeinden zufließen, von den Landesfinanzbehörden auf die Gemeinden übertragen werden.

3.1 Die Bundesfinanzverwaltung

Der Aufbau der Bundesfinanzbehörden, die nach der in Art. 108 Abs. 1 Satz 1 GG enthaltenen abschließenden Aufzählung für die Verwaltung der Zölle, Finanzmonopole, der bundesgesetzlich geregelten Verbrauchsteuern, der KFZ-Steuer, sonstiger auf motorisierte Verkehrsmittel bezogener Verkehrssteuern sowie die Abgaben im Rahmen der EU zuständig ist, wird nach Satz 2 der Vorschrift durch ein Bundesgesetz geregelt. Im Gesetz über die Finanzverwaltung (FVG) hat der Bund entsprechende Regelungen getroffen. § 1 FVG regelt dabei den Aufbau der Bundesfinanzverwaltung: Oberste Behörde ist das Bundesministerium der Finanzen (BMF); das Bundeszentralamt für Steuern (BZSt) und die Generalzolldirektion stellen als Oberbehörden die mittlere Ebene dar und die Hauptzollämter einschließlich ihrer Dienststellen (Zollämter) sowie die Zollfahndungsämter stellen die untere (örtliche) Behördenebene dar.

3.2 Die Landesfinanzverwaltung

Der Aufbau der Landesfinanzbehörden, die nach Art. 108 Abs. 2 Satz 1 GG für die übrigen – nicht in der Aufzählung des Art. 108 Abs. 1 Satz 1 GG enthaltenen – Steuern zuständig sind, wird nach Satz 2 der Vorschrift zulässigerweise ebenfalls durch das FVG geregelt. Nach § 2 FVG ist oberste Behörde die für die Finanzverwaltung des Landes zuständige oberste Landesbehörde (Landesfinanzministerium), dem die Oberbehörden folgen und als Mittelbehörden die Oberfinanzdirektionen (OFD) bzw. die Landesämter für Steuern (LfSt) sowie als untere örtliche Behörden die Finanzämter.

Sofern der Ertrag der von den Ländern verwalteten Steuern ganz oder teilweise dem Bund zukommt, werden die Landesfinanzbehörden nach Art. 108 Abs. 3 Satz 1 GG im Wege der **Auftragsverwaltung** tätig.

Durch Art. 108 Abs. 4 Satz 1 GG wird der Gesetzgeber zudem ermächtigt, mit Zustimmung des Bundesrates punktuelle Zuständigkeitsübertragungen vorzunehmen, also dem Bund Verwaltungsaufgaben für Steuern zu übertragen, die eigentlich in den Zuständigkeitsbereich der Länder fallen – und umgekehrt. Davon wurde in geringem Umfang Gebrauch gemacht, so dass etwa das Bundeszentralamt für Steuern (BZSt) – eine Bundesbehörde – nach § 5 FVG Aufgaben übernommen hat, die an sich den Länderverwaltungen obliegen.

3.3 Das Verwaltungsverfahren

Das Verwaltungsverfahren ist sowohl für die Bundes- als auch für die Landesfinanzbehörden in der AO geregelt. Die AO ist mithin eine Umsetzung der in Art. 108 Abs. 5 GG enthaltenen Regelungskompetenz. Die AO, die nach § 1 Abs. 1 AO auf alle Steuern Anwendung findet, die durch Bundesrecht oder EU-Recht geregelt sind und durch die Bundes- oder Landesfinanzbehörden verwaltet werden, findet nach dem in § 1 Abs. 2 AO enthaltenen Katalog zumindest in weiten Teilen auch auf die den Gemeinden überlassene Verwaltung der Realsteuern Anwendung. Zudem darf die Bundesregierung nach Art. 108 Abs. 7 GG Verwaltungsvorschriften (Steuerrichtlinien) erlassen – mit Zustimmung des Bundesrates auch für den Bereich der Steuerverwaltung der Länder und der Gemeinden –, die zu einer Vereinheitlichung der Verwaltungspraxis führen. Diese Verwaltungsvorschriften haben zwar keine rechtliche Außenwirkung, stellen also bloßes Innenrecht der Verwaltung dar, die daran gebunden ist. Jedoch wird durch diese **behördliche Selbstbindung** der Verwaltung i. V. m. Art. 3 Abs. 1 GG eine mittelbare Außenwirkung geschaffen, nach der die Steuerpflichtigen ein subjektives Recht auf eine gleichmäßige und einheitliche Ausübung der Verwaltungspraxis unter Berücksichtigung der Verwaltungsvorschriften haben. In der Praxis der steuerlichen Massenverwaltung, die einen Bedarf an mitunter recht kurzfristigen Reaktionen hat, stellt sich das Verfahren nach Art. 108 Abs. 7 GG wegen der notwendigen Abstimmung innerhalb der Bundesregierung und der nachfolgenden Beteiligung des Bundesrates i. d. R. als zu langwierig dar. Häufiger ergehen daher die sog. BMF-Schreiben, die sich auf die – umstrittene – Weisungskompetenz des Bundesministers der Finanzen aus Art. 108 Abs. 3 Satz 2 i. V. m. Art. 85 Abs. 3 GG sowie § 21a FVG stützen.

3.4 Die Finanzgerichtsbarkeit

Systematisch verfehlt ist in Art. 108 Abs. 6 GG noch die ausschließliche Gesetzgebungskompetenz des Bundes für die **Finanzgerichtsbarkeit** geregelt. Allein vom Aspekt der Gewaltenteilung her ist die Finanzgerichtsbarkeit kein Teil der Finanzverwaltung. Weitere Regelungen zum Aufbau der Finanzgerichtsbarkeit enthält das Grundgesetz nicht ausdrücklich. Aus Art. 95 Abs. 1 GG ist lediglich das Erfordernis eines Bundesfinanzhofs als obersten Gerichtshof des Bundes in der Finanzgerichtsbarkeit zu entnehmen. Der Bundesfinanzhof hat seinen Sitz in München und ist als zweite Instanz eines lediglich zweistufig ausgeführten Instanzenzugs für Revisionen und Beschwerden zuständig. Die erste Instanz bilden die auf Länderebene eingerichteten Finanzgerichte (Tatsacheninstanz). Das Prozessrecht wird durch die Finanzgerichtsordnung (FGO) – bundesgesetzlich – geregelt.

4 Ertragskompetenz

Die Verteilung des Steueraufkommens nach **Art. 106, 107 GG** ist ein wesentlicher Regelungsgehalt der Finanzverfassung des Grundgesetzes, da es hierbei um maßgebliche Fragen der Machtverteilung in einem Bundesstaat geht. Daher stellen die abschließenden Regelungen des Art. 106 GG zur Steuerertragshoheit die wohl wichtigste Kompetenzbestimmung der Finanzverfassung des Grundgesetzes dar. Letztlich bildet die angemessene finanzielle Ausstattung des Staates die Voraussetzung dafür, dass Bund, Länder und Gemeinden die ihnen vom Grundgesetz zugewiesenen Aufgaben erfüllen können.

Die Aufteilung des Steueraufkommens richtet sich in Art. 106 GG nach den Steuerarten. Die Erträge der Steuerarten werden grundsätzlich bestimmten staatlichen Ebenen (dem Bund oder den Ländern) zugeordnet. Die aufkommenstärksten Steuerarten (Einkommen-, Körperschaft- und Umsatzsteuer) werden dagegen quotenmäßig zwischen Bund und Ländern aufgeteilt.

Den **Gemeinden** garantiert Art. 28 Abs. 2 Satz 3 GG neben der finanziellen Eigenverantwortung auch das Hebesatzrecht für eine wirtschaftskraftbezogene Steuerquelle. Damit beinhaltet die verfassungsrechtliche Mindestgarantie jedoch noch nicht die Zuweisung der Erträge einer oder mehrerer bestimmter Steuerarten an die Gemeinden. Erst durch Art. 106 Abs. 6 Satz 1 GG wird bestimmt, dass den Gemeinden (wegen Art. 106 Abs. 6 Satz 3 GG mit den Ausnahmen Berlin und Hamburg) die Erträge aus der Gewerbesteuer und der Grundsteuer zustehen; aus Art. 106 Abs. 6 Satz 2 GG folgt das Recht der Gemeinden, die jeweiligen Hebesätze für diese Steuern festzulegen. Zudem haben die Länder durch ihre jeweiligen Kommunalabgabengesetze – also durch einfachgesetzliche Regelungen – i. d. R. ihre Gesetzgebungskompetenz für die örtlichen Verbrauch- und Aufwandsteuern (Art. 105 Abs. 2a GG) auf die Gemeinden übertragen, so dass diesen neben der Ertragskompetenz an diesen Steuern aus Art. 106 Abs. 6 Satz 1 GG auch die Steuergesetzgebungskompetenz zukommt. Weiterhin erhalten die Gemeinden nach Art. 106 Abs. 5 GG eine Beteiligung am Aufkommen der Einkommensteuer, wobei die konkrete Höhe des Gemeindeanteils durch einfaches Bundesgesetz, das der Zustimmung des Bundesrats bedarf, festgelegt wird, Art. 106 Abs. 5 Satz 2 GG. Seit 01.01.1998 werden die Gemeinden nach Art. 106 Abs. 5a GG – als Ausgleich für die weggefallene Gewerbekapitalsteuer – auch am Aufkommen der Umsatzsteuer beteiligt, wobei ein orts- und wirtschaftsbezogener Verteilungsschlüssel gilt, dementsprechend die Länder einen Anteil an die Gemeinden weiterzuleiten haben. Schließlich bestimmt Art. 106 Abs. 7 GG, dass den Gemeinden auch ein

Anteil an dem den Ländern zustehenden Anteil der Gemeinschaftssteuern (Einkommen-, Körperschaft- und Umsatzsteuer) zusteht (sog. kommunaler Finanzausgleich).

Umgekehrt können Bund und Länder nach Art. 106 Abs. 6 Satz 4 GG durch die **Gewerbesteuerumlage** am Aufkommen der Gewerbesteuer beteiligt werden. Dies soll einen Ausgleich für die Beteiligung der Gemeinden am Ertrag der Einkommsteuer darstellen (zur Ausgestaltung siehe § 6 Gemeindefinanzreformgesetz).

5 (Länder-)Finanzausgleich

Das Grundgesetz beinhaltet in den Art. 106, 107 GG ein komplexes System zur Verteilung des Steueraufkommens zum Ausgleich dabei möglicherweise auftretender Ungleichheiten. Zu unterscheiden ist dabei der vertikale Finanzausgleich zwischen dem Bund und den Ländern sowie der horizontale Finanzausgleich zwischen den Ländern.

Im Einzelnen erfolgt der auch als »Länderfinanzausgleich« bezeichnete Finanzausgleich in vier Stufen:

1. Stufe: primäre vertikale Steuerertragsaufteilung, Art. 106 GG: Verteilung der Steuererträge auf Bund und Länder (Bundes-, Landes-, Gemeinschafts- und Gemeindesteuern). Die aufkommenstärksten Steuern (Einkommen-, Körperschaft- und Umsatzsteuer) stehen als Gemeinschaftssteuern Bund und Ländern gemeinsam zu, um bereits auf dieser Stufe ein ausgewogenes Gleichgewicht herzustellen.

2. Stufe: primäre horizontale Steuerertragsaufteilung, Art. 107 Abs. 1 GG: Aufteilung des insgesamt auf die Länder entfallenden Betrags (1. Stufe) zwischen den einzelnen Bundesländern. Maßstab ist dabei vorrangig das örtliche Aufkommen (Art. 107 Abs. 1 Satz 1 GG); für die Umsatzsteuer richtet sich der jeweilige Länderanteil nach Art. 107 Abs. 1 Satz 4 GG nach der Einwohnerzahl.

3. Stufe: sekundärer horizontaler Finanzausgleich, Art. 107 Abs. 2 Satz 1–2 GG: Korrektur der bis dahin erreichten Ergebnisse der Verteilung, wobei die leistungsstarken den leistungsschwachen Ländern zur Gewährung finanzieller Hilfen verpflichtet sind, ohne dass jedoch eine vollständige finanzielle Nivellierung verlangt wird.

4. Stufe: sekundärer vertikaler Finanzausgleich, Art. 107 Abs. 2 Satz 3 GG: Der Bund kann finanzschwache Länder mit ergänzenden Zuweisungen aus dem Bundeshaushalt unterstützen.

Mit dem Gesetz zur Änderung des Grundgesetzes (Artikel 90, 91c, 104b, 104c, 107, 108, 109a, 114, 125c, 143d, 143e, 143f, 143 g) vom 13.07.2017 (BGBl. I 2017, S. 2347) kommt es ab dem 01.01.2020 zu einer Neuordnung der Finanzbeziehungen zwischen Bund und Ländern. Wesentlicher Inhalt der Neuregelungen ist die Abschaffung des bisherigen Systems zum Länderfinanzausgleich. Stattdessen ist ab 2020 der Bund dafür verantwortlich, einheitliche Lebensverhältnisse in den Ländern sicherzustellen, wobei die unterschiedliche Finanzkraft der Länder über Zu- und Abschläge bei der Umsatzsteuerverteilung angeglichen wird. Im Zuge der Reform erhalten die Länder von 2020 an jährlich ca. 10 Milliarden € vom Bund. In den Folgejahren soll die Summe dieser Zuweisungen noch steigen. Dafür erhält der Bund mehr Eingriffsrechte.

6 Haushaltsverfassung

Das Haushaltsverfassungsrecht der Art. 109–115 GG regelt die Verteilung der Haushaltszuständigkeiten zwischen Bund und Ländern und beinhaltet dafür Regelungen zur Verbandskompetenz (Zuständigkeit von Bund oder Ländern) sowie zur Organkompetenz auf Bundesebene.

Aus dem Haushaltsplan gehen die geplanten Ziele sowie der zu deren Erreichung voraussichtlich erforderliche Finanzbedarf hervor. Zunächst muss der Finanzbedarf zur Erfüllung des – politisch bestimmten – Staatsprogramms ermittelt werden und dann mit den vorhandenen oder zu beschaffenden Mitteln in Übereinstimmung gebracht werden. Durch den Haushaltsplan kann das staatliche Finanzverhalten überwacht werden, so dass das Parlament – und dort insbesondere die Opposition – sowie die Rechnungsprüfung (durch Bundes- und Landesrechnungshöfe) in die Lage versetzt werden, das fiskalische Handeln der Exekutive zu überprüfen.

7 Exkurs: Finanz- und Haushaltsverfassung der EU

Das Europarecht verfügt bislang – anders als das deutsche nationale Verfassungsrecht – über keinen vollständigen und geschlossenen Regelungskomplex des Finanz- und Haushaltsrechts. Die EU verfügt auch nicht über die umfassenden Finanzhoheitsbefugnisse, die regelmäßig einem souveränen Staat zustehen, sondern nur über solche Befugnisse, die ihr von den Mitgliedsstaaten in dem Bereich Finanz- und Haushaltshoheit übertragen worden sind.

In Art. 310 ff. AEUV sind Regelungen enthalten, nach denen die EU über einen eigenen Haushalt aufgrund eines jährlich aufzustellenden Haushaltsplans verfügt, durch den die selbstständige Finanzierung ihrer Aufgaben gesichert werden soll. Allerdings beschränkt sich die Finanzhoheit der EU auf die Regelung der Verwendung der ihr ausdrücklich zugewiesenen Einnahmen; die Aufnahme von Krediten soll dabei auf den Ausnahmefall beschränkt bleiben.

Die Funktionen und Prinzipien des EU-Haushalts sind denen eines Mitgliedsstaats-Haushalts vergleichbar. Die Haushaltsgrundsätze sind im Primärrecht und der EU-Haushaltsordnung enthalten. So gelten der Grundsatz der Vollständigkeit und Einheit des Haushalts (Art. 310 Abs. 1 AEUV), der Grundsatz der Vorherigkeit (wonach der Haushaltsplan regelmäßig vor Beginn des jeweiligen Jahres aufgestellt werden muss, da ansonsten das Nothaushaltsrecht greift), das Bruttoprinzip (Auflistung aller Einnahmen und Ausgaben in unsaldierter Form, Art. 310 Abs. 1 UAbs. 1 AEUV), das Spezialitätsprinzip (Verwendung der Mittel im jeweiligen Haushaltsjahr sowie Zweckbindung der Mittel), das Gesamtdeckungsprinzip (alle Einnahmen dienen der Deckung der Ausgaben) sowie die Grundsätze der Ausgeglichenheit (die Summe der Einnahmen muss die der Ausgaben decken), der Wirtschaftlichkeit, der Öffentlichkeit und der Wahrheit und Klarheit des Haushalts.

Der Haushalt der EU wird im Entwurf durch die Kommission aufgestellt, der Entwurf durch den Rat festgestellt und der Haushaltsplan dann unter Mitwirkung des Europäischen Parlaments durch den Präsidenten des Europäischen Parlaments festgestellt. Die Umsetzung des Haushaltsplans, also der Vollzug, ist Aufgabe der Kommission, Art. 317 UAbs. 1 Satz 1 AEUV. Die Kommission muss nach Art. 318 UAbs. 1 AEUV dem Europäischen Parlament und dem Rat jährlich die Rechnung des abgelaufenen Haushaltsjahres für die Rechnungsvorgänge des Haushaltsplans vorlegen. Für die externe Finanzkontrolle ist der Europäische Rechnungshof (EuRH) mit Sitz in Luxemburg zuständig, zu dessen Aufgaben es u. a. gehört, nach Art. 287 Abs. 1 AEUV die Rechnung über alle Einnahmen und Ausgaben der Union zu prüfen.

Teil J Die Grundrechte

1 Allgemeines

Grundrechte sind vorstaatliche, also einem Staat vorausliegende Rechte des Individuums, insbesondere Freiheits- und Gleichheitsrechte. Im Unterschied zum bloßen Naturrecht werden die Grundrechte aber durch den Staat gewährt; sie bedingen also ein organisiertes, verfasstes Staatswesen. Der staatliche Eingriff in diese – staatlich gewährten – Grundrechte bedarf einer gesetzlichen Rechtfertigung.

2 Rechtsentwicklung

Die historische Entwicklung der Grundrechte hat ihren Ursprung wohl in der *Bill of Rights* von Virginia aus dem Jahr 1776. Diese diente als Vorbild für weitere »Rechteerklärungen« in den Staaten Nordamerikas sowie die in der Bundesverfassung der USA enthaltenen Grundrechte.

In Europa stellte die »Déclaration des droits de l'homme et du citoyen« von 1789 den Beginn der Grundrechteentwicklung dar, die in den nachfolgenden französischen Verfassungen zu einem fortschreitenden Ausbau der Grundrechte führte.

In Deutschland begann die nationale Entwicklung der Grundrechte erst ab 1848. In der Paulskirchenverfassung wurden erstmals Grundrechte mit Verfassungsrang wirksam – wenngleich nur für einen kurzen Zeitraum. Jedoch führten diese »Vorarbeiten« dann zu den in der Weimarer Reichsverfassung enthaltenen Grundrechten. Erste Grundrechte auf deutschem Boden enthielten allerdings die Verfassungen einzelner Staaten, die aber regelmäßig konstitutionelle Monarchien waren und daher keine vom Volk legitimierte Staatsgewalt vorsahen, so dass die Wirkungen dieser Grundrechte beschränkt war.

BEISPIEL

Die bayerische Verfassung von 1818 gewährleistete staatsbürgerliche und persönliche Rechte wie etwa die Sicherheit der Person, die Gewissensfreiheit oder die Freiheit der Presse. Auch die Verfassungen von Baden (1818) und Württemberg (1819) enthielten vergleichbare Regelungen.

Die in der Weimarer Reichsverfassung von 1919 enthaltenen Grundrechte beinhalteten neben klassischen Freiheitsrechten auch solche mit sozialen und ökonomischen Auswirkungen, wie etwa die Garantie der Sozialversicherung und Regelungen zur Bindung des Eigentums. Während aber den Freiheitsrechten aufgrund der zunehmenden richterlichen Kontrolle eine gewisse praktische Geltungskraft zukam, wurden die wirtschaftlichen und sozialen Grundrechte eher als staatliche Programmsätze verstanden.

Durch den staatlichen Neubeginn nach 1945 traten ab 1946 erste Landesverfassungen in den Ländern der amerikanischen Besatzungszone (Württemberg-Baden, Bayern, Hessen) in Kraft. Ab 1947 folgten Landesverfassungen in den Ländern der französischen Besatzungszone (Baden, Württemberg-Hohenzollern, Rheinland-Pfalz). Diese Landesverfassungen knüpften bei der Formulierung der Grundrechte an die der Weimarer Reichsverfassung an. Anders als im

Grundgesetz sind in manchen Landesverfassungen auch soziale und ökonomische Grundrechte enthalten.

Die im Grundgesetz enthaltenen Grundrechte stehen – noch vor den Staatsgrundsätzen – am Anfang des Grundgesetzes. Sie beeinflussen Gesetzgebung, Regierung und Rechtsprechung und haben – nicht zuletzt durch die Rechtsprechung des BVerfG – maßgeblichen Einfluss auf den Staat und seine Gesellschaft.

Seit 1949 haben die Grundrechte des Grundgesetzes die diversen Herausforderungen gemeistert, wie beispielsweise den Kalten Krieg, den gesellschaftlichen oder den staatlichen Wandel (deutsche Wiedervereinigung). Die Rechtsprechung des BVerfG hat sogar dazu geführt, dass neue – richterrechtlich geschaffene – Grundrechte entstanden sind, wie etwa das Grundrecht auf Gewährleistung der Vertraulichkeit und Integrität informationstechnischer Systeme (BVerfG vom 27.02.2008, BVerfGE 120, 274). Wenn auch die Eingriffe heutzutage meist anderer Natur sind als bei Inkrafttreten des Grundgesetzes: Die Grundrechte sind nach wie vor unentbehrlich, um in ihren Funktionen – sei es als Abwehr-, Schutz-, Leistungs-, Mitwirkungs- oder Garantierechte – die jeweiligen Rechte der Grundrechtsträger zu gewährleisten.

3 Rechtsnatur und Wirkungsweise der Grundrechte

3.1 Allgemeines

Die in den Landesverfassungen enthaltenen Grundrechte gelten nur innerhalb der betreffenden Länder. Nach Art. 142 GG bleiben Bestimmungen der Landesverfassungen auch insoweit in Kraft, als sie in Übereinstimmung mit den Art. 1–19 GG Grundrechte gewährleisten. Im Verhältnis zu den Grundrechten des Grundgesetzes kann der Schutzbereich der Grundrechte der Landesverfassungen enger, weiter oder identisch sein. Ein engeres Schutzniveau der Landesgrundrechte ist dabei unschädlich, da die Landesstaatsgewalt eben auch an die (dann weitergehenden) Bundesgrundrechte gebunden ist. Ein weiteres Schutzniveau der Landesgrundrechte ist ebenso unschädlich, da die Länder eigene Staaten mit Verfassungshoheit sind, die ihren Bürgern einen weitergehenden Schutz gewähren können. In letzterem Bereich kann es allerdings zu Kollisionen mit einfachem Bundesrecht kommen. In diesem Fall setzt sich das kompetenzgemäße Bundesrecht durch (Art. 31 GG), da der Bundesgesetzgeber nur an das Grundgesetz, nicht aber an die Landesverfassungen gebunden ist. Dieses Ergebnis kann auch durch Art. 142 GG nicht verhindert werden.

3.2 Die Grundrechtsfunktionen

Die Grundrechte gestalten das Verhältnis zwischen dem einzelnen Bürger und dem Staat aus. Dabei entfalten sie verschiedene Funktionen, die mit den Begriffen status negativus, status positivus und status activus bezeichnet werden.

3.2.1 Status negativus

Der status negativus bezeichnet die Funktion, die dem Einzelnen ein Abwehrrecht gegenüber dem Staat gewährt. Der Einzelne hat einen Anspruch darauf, vom Staat in Ruhe gelassen zu werden (BVerfG vom 16.07.1969, BVerfGE 27, 1 – Mikrozensus). Die Grundrechte gewähren dazu Freiheitsrechte, die dem Einzelnen Schutz vor (ungerechtfertigten) staatlichen Eingriffen gewähren, indem drohende Eingriffe des Staates in den grundrechtlich geschützten Bereich zu unterlassen und begonnene Eingriffe zu beenden sind.

BEISPIEL

Die Art. 4, 10 und 13 GG enthalten mit der Gewissensfreiheit, der Gewährung des Brief-, Post- und Fernmeldegeheimnisses sowie der Unverletzlichkeit der Wohnung schon vom Wortlaut der Vorschriften her offensichtliche Freiheitsrechte. Daneben gehören aber auch die sog. »negativen« Freiheiten zum Schutzbereich der Freiheitsrechte, also das Recht, ein Grundrecht **nicht** wahrnehmen zu müssen wie beispielsweise das Recht auf Religions**freiheit** (Art. 4 Abs. 1 GG) oder das Recht, **keinem** Verein anzugehören (Art. 9 Abs. 1 GG).

3.2.2 Status positivus

Unter dem status positivus wird der Zustand verstanden, in dem die Verwirklichung der Freiheit des Einzelnen von staatlichen Voraussetzungen in Form von Anspruchs-, Schutz-, Teilhabe- und Leistungsrechten abhängt.

BEISPIEL

Die Verwirklichung der freien Wahl der Ausbildungsstätte nach Art. 12 GG läuft ins Leere, wenn der Studierwillige keinen Studienplatz erhält.

Dabei folgen aus den Grundrechten für den Einzelnen regelmäßig keine originären, unmittelbar den Staat verpflichtenden Ansprüche auf Schaffung entsprechender Grundrechtsvoraussetzungen. Aus dem jeweiligen Grundrecht können aber – insbesondere in Verbindung mit dem allgemeinen Gleichheitssatz des Art. 3 Abs. 1 GG – Ansprüche auf eine gleichmäßige Teilhabe an vorhandenen staatlichen Leistungen folgen. Dadurch wird dem Einzelnen die Möglichkeit gewährt, in einem fairen Verfahren gleichmäßig an der Nutzung der vorhandenen Kapazitäten zu partizipieren.

BEISPIEL

In dem o. g. Beispiel kann also der Studierwillige nicht unmittelbar die Einrichtung neuer Studienplätze durch den Staat fordern. Aber die bestehenden Studienplätze müssen ausgenutzt und unter den Bewerbern in einem gerechten – den Anforderungen des Art. 3 Abs. 1 GG entsprechenden – Verfahren verteilt werden (BVerfG vom 18. 07. 1972, BVerfGE 33, 303 – numerus clausus).

3.2.3 Status activus

Der status activus bezeichnet die Wirkung, die die Grundrechte für den Einzelnen als Mitwirkungs- und Verfahrensrechte – also als staatsbürgerliche Rechte – haben. Dabei gewähren die Grundrechte die Mitwirkung der Bürger bei der politischen Willensbildung des Staates, sei es in Form von Mitwirkungsrechten, wie beispielsweise das Wahlrecht (Art. 38 GG), oder durch die Freiheit zur politischen Betätigung, die etwa durch die Meinungs-, Versammlungs- und Vereinigungsfreiheit gewährt wird. Dabei kommt die den Grundrechten wesentliche Aufgabe als Mitwirkungs- und Verfahrensrechte nicht nur dem Einzelnen, sondern der staatlichen Ordnung und der Demokratie zugute: Die Ausübung der staatsbürgerlichen Rechte dient nicht nur der individuellen Freiheit, sondern zugleich auch der Sicherung und Wahrung der Demokratie und damit gleichsam dem Staat. Dadurch wird ein Zustand der Freiheit erreicht, in dem der Einzelne seine grundrechtlich gewährten Freiheiten tatsächlich nutzen kann.

BEISPIEL

Die Meinungsfreiheit des Art. 5 Abs. 1 Satz 1 GG gewährt dem Einzelnen das Recht, seine Meinung in Wort, Schrift und Bild frei zu äußern und zu verbreiten. Dadurch wird es dem Einzelnen möglich, seine individuelle Meinung frei und ohne Sorge vor möglichen Repressalien zu äußern, womit er sich zugleich am demokratischen Prozess der politischen Meinungs- und Mehrheitsbildung durch das Volk beteiligen kann.

3.2.4 Objektive Gewährleistungen und subjektive Rechte

Die Grundrechte gewähren i. d. R. ein **subjektives Recht**, also eine Rechtsposition, auf die sich der Einzelne konkret berufen kann. Daneben haben die meisten Grundrechte auch eine **objektiv-rechtliche Funktion** (Grundrechte mit Doppelfunktion). Diese objektiven Funktionen der Grundrechte bilden eine »objektive Werteordnung« (BVerfG vom 15.01.1958, BVerfGE 7, 198 – Lüth). Das bedeutet, dass diese Grundrechte, unabhängig von der subjektiven Rechtsposition für den Einzelnen, zu einer objektiven Bindung des Staates an die in den Grundrechten enthaltenen objektiven Wertentscheidungen (z. B. Wertmaßstäbe, Grundsatznormen oder Prinzipien) führen.

BEISPIEL

Aus Art. 2 Abs. 2 Satz 1 GG folgt das subjektive Recht des Einzelnen auf Leben und körperliche Unversehrtheit. Zugleich ist in diesem Grundrecht die objektive Wertentscheidung zum Schutz menschlichen Lebens enthalten. Dadurch wird eine verfassungsrechtliche Schutz**pflicht** begründet, die den Staat verpflichtet, menschliches Leben zu schützen, zu fördern und vor rechtswidrigen Eingriffen Dritter zu bewahren.

Bei der Frage, wie der Staat seine Schutzpflichten zu erfüllen hat, räumt das BVerfG dem Gesetzgeber regelmäßig einen weiten Gestaltungs- und Entscheidungsfreiraum ein (BVerfG vom 19.12.2000, BVerfGE 102, 370). Dabei muss nicht nur das materielle Recht, sondern auch das Verfahrensrecht grundrechtskonform ausgestaltet sein (BVerfG vom 08.02.1983, BVerfGE 63, 131).

3.2.5 Institutsgarantien und institutionelle Gewährleistungen

Unter einer **Institutsgarantie** ist die verfassungsrechtliche Gewährleistung bestimmter privatrechtlich ausgestalteter Lebensbereiche zu verstehen, wie etwa das Eigentum (Art. 14 GG) oder die Ehe (Art. 6 Abs. 1 GG). Diese sind der grundsätzlichen Disposition des Gesetzgebers entzogen, können von ihm aber ausgestaltet werden.

Unter einer **institutionellen Gewährleistung** ist demgegenüber die Gewährleistung einer öffentlich-rechtlichen Einrichtung zu verstehen, wie etwa die des Berufsbeamtentums (Art. 33 GG) oder der kommunalen Selbstverwaltung (Art. 28 Abs. 2 GG).

3.3 Grundrechtsberechtigung

Unter dem Begriff der Grundrechtsberechtigung wird diskutiert, wer durch die Grundrechte berechtigt und wer durch sie verpflichtet wird. Der Begriff ist zunächst abzugrenzen von dem der Grundrechtsfähigkeit, mit dem die abstrakte Fähigkeit, Träger von Grundrechten zu sein, beschrieben wird.

Die **Grundrechtsfähigkeit** entspricht dabei der Rechtsfähigkeit des § 1 BGB und kommt damit in erster Linie natürlichen Personen zu. Über die Rechtsfähigkeit des BGB hinausgehend hat das BVerfG entschieden, dass in Ausnahmefällen die Eigenschaft, Träger von Grundrechten sein zu können, bereits vor der Geburt bestehen kann, so dass bereits der nasciturus (der noch nicht geborene Embryo) vom Schutzbereich einzelner Grundrechte erfasst werden kann (BVerfG vom 25.02.1975, BVerfGE 39, 1 – Schwangerschaftsabbruch). Ebenso hat das BVerfG die Grundrechtsfähigkeit einer natürlichen Person als über den Tod hinaus fortbestehend erachtet. In dem konkreten Fall ging es darum, dass die durch Art. 1 Abs. 1 GG aller staatlichen Gewalt auferlegte Verpflichtung, dem einzelnen Schutz gegen Angriffe auf seine Menschenwürde zu gewähren, nicht mit dem Tod endet, sondern in gewissem Umfang auch über den Tod hinaus zu gewähren ist (BVerfG vom 24.02.1971, BVerfGE 30, 173 – Mephisto).

Unter dem Begriff **Jedermannsrechte** werden solche Grundrechte verstanden, bei denen in persönlicher Hinsicht keine weiteren Voraussetzungen vorliegen. Dagegen werden als sog. »Deutschengrundrechte« oder auch »Bürgerrechte« solche Grundrechte bezeichnet, die nur Deutschen zustehen (beispielsweise Art. 8, 9, 12 GG). Der Begriff des »Deutschen« wird dabei von Art. 116 Abs. 1 GG definiert. In jedem Fall können sich Ausländer auf die allgemeine Handlungsfreiheit des Art. 2 Abs. 1 GG berufen; zudem enthält jedes Grundrecht einen unantastbaren Menschenwürde- und Menschenrechtsgehalt, der auch gegenüber Ausländern zu berücksichtigen ist, jedoch hinter dem vollständigen Schutzbereich der jeweiligen Grundrechte zurückbleibt. Sogenannte EU-Ausländer, also Bürger, die aus einem Mitgliedsstaat der EU kommen, genießen aufgrund des europarechtlichen Diskriminierungsverbotes aus Art. 18 AEUV einen weitergehenden Grundrechtsschutz als Ausländer aus anderen Staaten.

Die Grundrechtsfähigkeit **juristischer Personen** wird von Art. 19 Abs. 3 GG geregelt. Danach gelten die Grundrechte für inländische juristische Personen, soweit sie ihrem Wesen nach auf diese anwendbar sind. Art. 19 Abs. 3 GG findet nur auf die Freiheits- und Gleichheitsgrundrechte der Art. 1–19 GG Anwendung; die grundrechtsgleichen Verfahrensrechte aus Art. 101 Abs. 1 Satz 2, 103 Abs. 1 GG (s. 3.5) erachtet das BVerfG für generell anwendbar.

Das Merkmal juristische Person wird vom einfachen Recht bestimmt und umfasst Personenmehrheiten und Organisationsformen, denen durch das Privatrecht oder das öffentliche Recht die Rechtsfähigkeit – also die Fähigkeit, selbst Träger von Rechten und Pflichten zu sein – zuerkannt wird.

BEISPIEL

Juristische Personen des Privatrechts sind etwa der rechtsfähige Verein, die GmbH, die AG, die Genossenschaft etc. Juristische Personen des öffentlichen Rechts sind etwa Körperschaften wie Bund, Länder und Gemeinden, die öffentlich-rechtlichen Rundfunkanstalten und die staatlichen Hochschulen.

Das Erfordernis der wesensmäßigen Anwendbarkeit bedeutet, dass das jeweilige Grundrecht nicht erkennbar an die Eigenschaft als Mensch anknüpft (wie etwa Art. 1 oder 2 Abs. 2 GG), sondern dem Grunde nach auch für juristische Personen Anwendung finden kann. Hat eine im Inland tätige juristische Person ihren Gründungs- oder Satzungssitz in einem Mitgliedsstaat der EU, ist zur Vermeidung der Europarechtswidrigkeit des Art. 19 Abs. 3 GG der Begriff »inländisch« europarechtskonform auszulegen, so dass die Grundrechte auch auf juristische Personen mit Sitz in einem Mitgliedsstaat der EU Anwendung finden (BVerfG vom 19.07.2011, BVerfGE 129, 78).

Bei **juristischen Personen des öffentlichen Rechts** wird in Bezug auf die Grundrechtsfähigkeit differenziert. Grundsätzlich kommt ihnen keine Grundrechtsfähigkeit zu, da die Grundrechte vor Eingriffen des Staats schützen sollen, nicht aber organisatorisch abgegrenzte Teile des Staates in Form von öffentlich-rechtlichen Körperschaften vor anderen Teilen des Staates. Das BVerfG hat jedoch mehrere Ausnahmen zugelassen, in denen juristische Personen des öffentlichen Rechts als – zumindest beschränkt – grundrechtsfähig anerkannt wurden:

- Universitäten und wissenschaftliche Hochschulen können sich auf die Wissenschaftsfreiheit des Art. 5 Abs. 3 GG berufen (BVerfG vom 16.01.1963, BVerfGE 15, 256);
- öffentlich-rechtliche Rundfunkanstalten können sich auf die durch Art. 5 Abs. 1 GG gewährte Rundfunkfreiheit berufen (BVerfG vom 27.07.1971, BVerfGE 31, 314; BVerfG vom 13.01.1982, BVerfGE 59, 231; BVerfG vom 05.02.1991, BVerfGE 83, 238);
- Kirchen und als Körperschaften des öffentlichen Rechts anerkannte Religionsgemeinschaften können sich auf die Religionsfreiheit des Art. 4 GG berufen (BVerfG vom 04.10.1965, BVerfGE 19, 129);
- die Gemeinden können sich zwar auf die in Art. 28 Abs. 2 GG enthaltene Gewährleistung gemeindlicher Selbstverwaltung berufen, nicht aber auf die Eigentumsgarantie des Art. 14 Abs. 1 GG (BVerfG vom 08.07.1982, BVerfGE 61, 82).

Nicht grundrechtsberechtigt sind etwa Sozialversicherungsträger (BVerfG vom 09.04.1975, BVerfGE 39, 302) und öffentlich-rechtliche Sparkassen (BVerfG vom 14.04.1987, BVerfGE 75, 192); allerdings werden diesen juristischen Personen des öffentlichen Rechts zumindest die grundrechtsgleichen Verfahrensrechte aus Art. 101 Abs. 1 Satz 2, 103 Abs. 1 GG zugestanden.

3.4 Grundrechtsbindung

3.4.1 Der Staat als Grundrechtsadressat

Durch Art. 1 Abs. 3 GG werden die Gesetzgebung, die vollziehende Gewalt und die Rechtsprechung unmittelbar an die Grundrechte gebunden. Das bedeutet, dass für die drei staatlichen Gewalten als Grundrechtsadressaten (oder Grundrechtsverpflichtete) die Grundrechte nicht lediglich als mehr oder weniger unverbindliche staatliche Programmsätze zu verstehen sind, wie dies noch teilweise für die Grundrechte der Weimarer Reichsverfassung galt (s. 2).

Die Bindung des Gesetzgebers an die Grundrechte gilt über Art. 79 Abs. 3 GG auch für den verfassungsändernden Gesetzgeber i. S. des Art. 79 Abs. 1 GG. Die Exekutive ist auch in den Bereichen mittelbarer Staatsverwaltung, etwa bei rechtsfähigen Anstalten (beispielsweise Rundfunkanstalten) und Körperschaften (beispielsweise Hochschulen), an die Grundrechte gebunden. Dies kann dazu führen, dass diese Rechtsträger einerseits an die Grundrechte gebunden sind, sich aber andererseits auch in ihrem eigenen Verhältnis auf ihnen zustehende Grundrechte berufen können.

BEISPIEL

Eine Universität muss gegenüber den Studierenden und Lehrenden deren Grundrechte wahren, kann sich aber über Art. 19 Abs. 3 GG ihrerseits bei staatlichen Eingriffen auf die durch Art. 5 Abs. 3 Satz 1 GG geschützte Wissenschaftsfreiheit berufen, da sie sich gegenüber dem Staat in einer »grundrechtstypischen Gefährdungslage« befindet (BVerfG vom 16.01.1963, BVerfGE 15, 256).

Wird die Exekutive unter Anwendung des Privatrechts tätig, kommt es für die Grundrechtsbindung auf den jeweiligen Tätigkeitsbereich an: Werden lediglich originäre Verwaltungstätigkeiten auf privatrechtliche Organisationsformen übertragen (Verwaltungsprivatrecht), gelten die Grundrechte (BGH vom 23.09.1969, BGHZ 52, 325; BGH vom 11.03.2003,

BGHZ 154, 146). Der Staat soll sich bei der Erfüllung öffentlicher Aufgaben in Privatrechtsform nicht durch eine »Flucht ins Privatrecht« der Grundrechtsbindung entziehen können.

Bei den Hilfsgeschäften der Verwaltung (beispielsweise Beschaffung von Büromaterial durch Abschluss privatrechtlicher Verträge) sowie bei der erwerbswirtschaftlichen Betätigung des Staates (etwa durch ein staatliches Weingut oder den Erwerb von Aktien eines Autoherstellers durch ein Bundesland) ist die Grundrechtsbindung der Verwaltung umstritten. Um der Verwaltung insbesondere die Möglichkeit zu gewähren, Verträge ohne Bindung an Art. 3 Abs. 1 GG abschließen zu können, soll einer Ansicht nach in diesem Bereich eine Grundrechtsbindung ausscheiden (BGH vom 26. 10. 1961, BGHZ 36, 91). Eine andere Ansicht lehnt dies ab und fordert die Bindung an die Grundrechte auch in diesem Bereich.

BEISPIEL

Wenn die Finanzverwaltung IT-Ausstattung für die Finanzämter beschafft und dabei ohne sachliche Gründe einen IT-Anbieter bevorzugt oder benachteiligt, so liegt hierin nach der die Grundrechtsbindung bejahenden Ansicht ein Verstoß gegen Art. 3 Abs. 1 GG, nach der anderen Ansicht liegt dagegen kein Grundrechtsverstoß vor.

Umstritten ist weiterhin, ob die deutschen Grundrechte Bindungswirkung auch für die Tätigkeit der Organe und Einrichtungen der EU entfalten. Nach Art. 51 EU-GrCh gelten die in der EU-Grundrechtecharta enthaltenen Grundrechte für die Organe, Einrichtungen und sonstigen Stellen der Union unter Wahrung des Subsidiaritätsprinzips und für die Mitgliedsstaaten ausschließlich bei der Durchführung des Rechts der Union. Damit besteht für Organe und Einrichtungen der EU eine Bindung an die europäischen Grundrechte. Handeln Organe und Einrichtungen der EU, stellt dies keinen Akt deutscher Staatsgewalt i. S. des Art. 1 Abs. 3 GG dar.

In der »Solange-I«-Entscheidung (BVerfG vom 29. 05. 1974, BVerfGE 37, 271) hatte das BVerfG zunächst die Überprüfbarkeit der Vereinbarkeit des Gemeinschaftsrechts mit den Grundrechten bejaht. Dies wurde jedoch in der »Solange-II«-Entscheidung (BVerfG vom 22. 10. 1986, BVerfGE 73, 339) wieder revidiert. Das BVerfG führte zur Begründung an, dass es seine Gerichtsbarkeit über die Anwendbarkeit von abgeleitetem Gemeinschaftsrecht, die als Rechtsgrundlage für ein Verhalten deutscher Gerichte und Behörden im Hoheitsbereich der Bundesrepublik Deutschland in Anspruch genommen wird, nicht mehr ausüben und dieses Recht mithin nicht mehr am Maßstab der Grundrechte des GG überprüfen werde. Dies gelte, solange die Europäischen Gemeinschaften, insbesondere die Rechtsprechung des Gerichtshofs der Gemeinschaften, einen wirksamen Schutz der Grundrechte gegenüber der Hoheitsgewalt der Gemeinschaften generell gewährleisteten, der dem vom Grundgesetz als unabdingbar gebotenen Grundrechtsschutz im Wesentlichen gleich zu achten sei. Nur wenn das vom GG geforderte Ausmaß an Grundrechtsschutz auf der Ebene des Gemeinschaftsrechts generell und offenkundig unterschritten sei, werde das BVerfG wieder die Kontrolle der Bindung an deutsche Grundrechte aufnehmen. Verfassungsbeschwerden und Vorlagen von Gerichten, die eine Verletzung in Grundrechten des Grundgesetzes durch sekundäres Gemeinschaftsrecht geltend machen, seien daher von vornherein unzulässig, wenn ihre Begründung nicht darlegt, dass die europäische Rechtsentwicklung einschließlich der Rechtsprechung des EuGH nach Ergehen der Solange-II-Entscheidung unter den erforderlichen Grundrechtsstandard abgesunken sei (BVerfG vom 07. 06. 2000, BVerfGE 102, 147).

Besteht jedoch bei der Umsetzung von EU-Recht in nationales Recht ein »Spielraum«, dann hat der deutsche Gesetzgeber diesen in einer grundrechtsschonenden Weise auszufüllen, ist mithin an die Grundrechte gebunden und unterliegt insoweit der Kontrolle durch das BVerfG (BVerfG vom 18. 07. 2005, BVerfGE 113, 273; BVerfG vom 02. 03. 2010, BVerfGE 125, 260).

3.4.2 Private als Grundrechtsadressaten (Drittwirkung der Grundrechte)

Im Verhältnis von natürlichen oder juristischen Personen des Privatrechts untereinander besteht keine unmittelbare Grundrechtsbindung. Dies ergibt sich u. a. bereits aus dem Wortlaut des Art. 1 Abs. 3 GG, der sich nicht auf Private bezieht.

Da die Grundrechte aber nicht nur klassische Abwehrrechte des Bürgers gegen den Staat darstellen, sondern darüber hinaus auch ein objektives Wertesystem begründen (s. 3.2.4), können sie in der Beziehung zwischen zwei Privaten nicht völlig außen vor bleiben. Vielmehr kommt den Grundrechten eine **mittelbare (Dritt-)Wirkung** zu. Danach prägen die Grundrechte das Privatrecht dergestalt, dass die in ihnen enthaltenen Werte auf das Privatrecht einwirken, indem insbesondere über die Generalklauseln (»rechtmäßig«, »rechtswidrig«, »sittenwidrig«, §§ 138, 242, 826 BGB etc.) eine **Ausstrahlungswirkung** der Grundrechte auf die Auslegung und Anwendung gesetzlicher Vorschriften durch (staatliche) Gerichte erfolgt. Letztlich wirken die Grundrechte über die Bindung des Gerichts (Art. 1 Abs. 3 GG) bei dessen Entscheidung eines privatrechtlichen Rechtsstreits mittelbar auf die Rechtsbeziehungen Privater.

BEISPIEL

Entscheidet ein Gericht über den von einem Filmproduzenten geltend gemachten Schadensersatzanspruch wegen vorsätzlicher sittenwidriger Schädigung gegen eine Person, die zum Boykott des Filmes öffentlich aufgerufen hat, muss die für diesen privatrechtlichen Streit maßgebliche Vorschrift (§ 826 BGB) unter Berücksichtigung der von Art. 5 Abs. 1 GG gewährten Meinungsfreiheit ausgelegt werden (BVerfG vom 15. 01. 1958, BVerfGE 7, 198 – Lüth).

3.5 Grundrechtsgleiche Rechte

Neben den in Art. 1–19 GG enthaltenen Grundrechten gibt es weitere Vorschriften im GG, die von ihrer Struktur und ihrem Regelungsgehalt her den Grundrechten gleichstehen. Art. 93 Abs. 1 Nr. 4a GG ermöglicht bei einem Eingriff in diese grundrechtsglichen Rechte, wie bei einem Eingriff in Grundrechte, die Erhebung einer Verfassungsbeschwerde. Bei den grundrechtsgleichen Rechten handelt es sich um

- das Widerstandsrecht (Art. 20 Abs. 4 GG);
- Rechte und Pflichten im Zusammenhang mit dem öffentlichen Dienst und dem Berufsbeamtentum (Art. 33 GG);
- die Wahlrechtsgrundsätze und die Statusrechte der Abgeordneten (Art. 38 GG);
- das Recht auf den gesetzlichen Richter (Art. 101 Abs. 1 Satz 2 GG);
- die (gerichtlichen) Verfahrensgrundsätze (Art. 103 GG) sowie
- die (Verfahrens-)Rechtsgarantien bei Freiheitsentziehung (Art. 104 GG).

4 Einzelne Grundrechte

4.1 Allgemeines zur Grundrechtsprüfung

4.1.1 Schutzbereich

Die in der Praxis und in der Klausur erforderliche Prüfung eines möglichen Grundrechtseingriffs folgt einem dreistufigen Schema. Auf der ersten Stufe ist zu ermitteln, ob der sachliche (»Was?«) und der persönliche (»Wer?«) **Schutzbereich** eines Grundrechts berührt sind. Dabei ist zunächst zu prüfen, ob der Betroffene Grundrechtsadressat sein kann und für welchen Lebensbereich das Grundrecht vor staatlichen Eingriffen schützen soll (Freiheitsgrundrechte) oder welche (objektive) Gewährleistung Inhalt des Grundrechts sein kann. Die Bestimmung des Lebensbereichs erfolgt dabei mit Hilfe der allgemeinen Auslegungsregeln.

BEISPIEL

Art. 13 GG schützt in sachlicher Hinsicht die Wohnung im engeren Sinne, also die Räumlichkeiten, die der Allgemeinheit nicht ohne Weiteres zugänglich und dem privaten Lebensbereich zuzuordnen sind. Persönlich ist jeder berechtigte Inhaber der Wohnung vom Schutzbereich erfasst.
Art. 3 Abs. 1 GG schützt – anders als Art. 13 GG – nicht einen bestimmten Lebensbereich, sondern fordert generell eine Gleichbehandlung vergleichbarer Ausgangs- und Referenzgruppen bei der Rechtsanwendung und Rechtsetzung, so dass die Funktion dieses Grundrechts nicht in einem abgrenzbaren Schutzbereich, sondern in der Gewährleistung einer gleichmäßigen Behandlung besteht.

4.1.2 Eingriff

Auf der zweiten Stufe ist zu prüfen, ob ein **Eingriff** in den Schutz- oder Gewährleistungsbereich vorliegt. Nicht jede Maßnahme, die den Schutzbereich eines Grundrechts betrifft, hat jedoch bereits Eingriffscharakter. So können etwa alltägliche Belastungen nicht ohne Weiteres als Eingriffe gewertet werden. Ein Eingriff i. S. der Beeinträchtigung eines grundrechtlich geschützten bzw. gewährten Rechtsbereichs liegt vor, wenn dem Einzelnen das geschützte Verhalten bzw. das gewährleistete Recht nicht ermöglicht bzw. gewährt wird. Ein Eingriff kann individuell durch einen Verwaltungsakt oder eine gerichtliche Entscheidung oder generell durch eine gesetzliche Regelung, eine Rechtsverordnung oder eine Satzung erfolgen. Nach dem überkommenen klassischen Eingriffsbegriff liegt ein Grundrechtseingriff als unmittelbare oder mittelbare Folge eines gezielten staatlichen Handelns in Form eines Rechtsakts vor, der mit Befehl und Zwang angeordnet oder durchgesetzt wird. Der »moderne« Eingriffsbegriff erweitert die Kriterien des klassischen Eingriffsbegriffs. Danach wird jedes staatliche Handeln, durch das dem Einzelnen ein grundrechtlich geschütztes Verhalten unmöglich wird, unabhängig davon, ob dies beabsichtigt, unbeabsichtigt, unmittelbar, mittelbar, rechtlich oder tatsächlich bewirkt wird, als Grundrechtseingriff verstanden.

BEISPIEL

Ein direkter beabsichtigter Eingriff liegt etwa bei der Auferlegung sog. Lenkungssteuern (Steuern, bei denen der außerfiskalische Zweck Hauptzweck ist, wie etwa ein besonderer Hundesteuersatz für Kampfhunde) vor. Dagegen kann die Ernennung eines Konkurrenten für ein öffentliches Amt zu einer mittelbaren Beeinträchtigung des unterlegenen Mitbewerbers führen.

4.1.3 Rechtfertigung des Eingriffs

4.1.3.1 Schranken

Letztlich ist zu prüfen, ob der Grundrechtseingriff **gerechtfertigt** oder nicht gerechtfertigt erfolgt. Ein Eingriff kann sowohl durch die Verfassung selbst als auch durch oder aufgrund eines Gesetzes gerechtfertigt sein. Diese Rechtfertigungsmöglichkeiten werden auch als **»Schranken«** (verfassungsimmanente Schranken oder gesetzliche Schrankenvorbehalte) bezeichnet, weil das grundrechtlich gewährleistete Recht entsprechend eingeschränkt werden kann.

Bei den Gesetzesvorbehalten ist zu differenzieren zwischen Grundrechten

- mit einfachem Gesetzesvorbehalt,
- mit qualifiziertem Gesetzesvorbehalt und
- ohne Gesetzesvorbehalt.

Bei einem **einfachen Gesetzesvorbehalt** verlangt das Grundgesetz zur Rechtfertigung eines Eingriffs, dass dieser durch ein Gesetz oder aufgrund eines Gesetzes erfolgt.

BEISPIEL

Art. 10 Abs. 2 Satz 1 GG ermöglicht eine Beschränkung des durch Abs. 1 der Vorschrift geschützten Brief-, Post- und Fernmeldegeheimnisses aufgrund eines Gesetzes.

Allerdings muss der Gesetzgeber nach der **Wesentlichkeitslehre** des BVerfG in grundlegenden normativen Bereichen, zumal im Bereich der Grundrechtsausübung, soweit diese staatlichen Regelungen zugänglich ist, alle wesentlichen Entscheidungen selbst treffen (st. Rspr.; BVerfG vom 08.08.1978, BVerfGE 49, 89; BVerfG vom 20.10.1982, BVerfGE 61, 260). Der Gesetzesvorbehalt erstarkt damit zu einem **Parlamentsvorbehalt**, eine Delegation an die Exekutive ist damit nicht möglich.

Ein **qualifizierter Gesetzesvorbehalt** besagt, dass ein Eingriff in das Grundrecht durch oder aufgrund eines rechtfertigenden Gesetzes nur unter Beachtung der jeweiligen zusätzlichen (i. S. von qualifizierenden) Anforderungen an das Gesetz erfolgen darf.

BEISPIEL

Ein Eingriff in die von Art. 5 Abs. 1 GG geschützte Meinungsfreiheit ist nur durch allgemeine Gesetze, gesetzliche Bestimmungen zum Schutz der Jugend sowie das Recht der persönlichen Ehre möglich. Mithin sind – entsprechend der Bedeutung der durch Art. 5 Abs. 1 GG geschützten Kommunikationsgrundrechte – besondere Qualitätsanforderungen an die Schranken zu stellen.

Bei **vorbehaltlos geschützten Grundrechten** ist ein Eingriff durch oder aufgrund Gesetzes nicht vorgesehen. Hier kann eine Beschränkung nur durch **verfassungsimmanente Schranken**, nämlich bei einer Kollision mit anderen Grundrechten oder Verfassungsgütern erfolgen. Dabei müssen die kollidierenden verfassungsrechtlichen Rechtsgüter so miteinander in Einklang gebracht werden, dass sie im Wege einer »praktischen Konkordanz« jeweils zur optimalen Wirksamkeit gelangen.

BEISPIEL

Art. 5 Abs. 3 Satz 1 GG schützt die Freiheit von Wissenschaft, Forschung und Lehre. Die Vorschrift enthält keinen Schrankenvorbehalt. Gleichwohl können die Kunst- und die Wissenschaftsfreiheit nicht schrankenlos gewährleistet werden. Die Schranken ergeben sich hier aus der Verfassung selber. Insbesondere müssen daher Grundrechte Dritter (z. B. der Studierenden aus Art. 12 GG), Belange der Umwelt (Art. 20a GG) oder des Staates (Art. 20 Abs. 1 GG) berücksichtigt werden.

Wird das Verhalten eines Grundrechtsträgers vom Schutzbereich mehrerer Grundrechte erfasst, liegt ein Fall der sog. **Grundrechtskonkurrenz** vor. Besteht zwischen den anwendbaren Grundrechten kein Spezialitäts-, sondern ein Gleichrangverhältnis, bestimmen sich der Schutz des Grundrechtsträgers und die Schranken für einen Eingriff nach allen anwendbaren Grundrechten. Wenn die Schutzwirkung der nebeneinander anwendbaren Grundrechte unterschiedlich ausgeprägt ist, kann ein Eingriff nur dann insgesamt gerechtfertigt werden, wenn er nach den Schranken des Grundrechts mit dem »stärksten« Schutz für den Grundrechtsträger gerechtfertigt ist.

4.1.3.2 Schranken-Schranken

Allerdings darf ein grundrechtseinschränkendes Gesetz seinerseits nicht zu einem unbeschränkten Eingriff in das Grundrecht führen, denn dies würde den Grundrechtsschutz letztlich ad absurdum führen. Daher muss die Beschränkung von Grundrechten ebenfalls beschränkt sein, was regelmäßig mit dem Begriff der **Schranken-Schranken** umschrieben wird.

Im Detail muss der Eingriff in das Grundrecht durch oder aufgrund eines Gesetzes einem **legitimen Zweck** dienen, d. h., ein legitimes Gemeinwohlziel verfolgen und zudem verhältnismäßig sein. Bei dem grundrechtseinschränkenden Gesetz darf es sich nach Art. 19 Abs. 1 Satz 1 GG zudem nicht um ein sog. **Einzelfallgesetz** handeln. Darunter ist ein Gesetz zu verstehen, das ausschließlich einen konkreten Fall oder eine Gruppe konkreter Fälle regeln soll oder das sich nur an einen einzelnen Adressaten richtet. Das grundrechtseinschränkende Gesetz muss weiterhin das **Zitiergebot** des Art. 19 Abs. 1 Satz 2 GG beachten. Danach muss das einschränkende Gesetz das betroffene Grundrecht unter Angabe des Artikels nennen. Dies soll der Rechtsklarheit dienen und eine Warn- und Besinnungsfunktion für den Gesetzgeber erfüllen. Der sog. Bestimmtheitsgrundsatz gebietet, dass der Einzelne vorhersehen und berechnen können muss, was der Gesetzgeber durch seine einschränkende Regelung erreichen will.

Hinter dem Begriff der **Verhältnismäßigkeit** verbirgt sich zunächst die Prüfung der **Geeignetheit** der Maßnahme. Eine in einen grundrechtlich geschützten Bereich eingreifende Maßnahme ist dann geeignet, wenn sie zur Erreichung oder Förderung des mit ihr verfolgten Gemeinwohlziels förderlich ist. Weiterer Bestandteil der Verhältnismäßigkeitsprüfung ist, dass die Maßnahme **erforderlich** ist, also kein gleich geeignetes, in seinen Auswirkungen für den Einzelnen jedoch milderes Mittel zur Verfügung steht. Abschließend ist die **Verhältnismäßigkeit i. e. S.** (auch **Angemessenheit**) der Maßnahme zu prüfen. Hierbei ist die Zweck-Mittel-Relation zu betrachten und zu prüfen, ob das Ausmaß bzw. die Schwere des Eingriffs für den grundrechtlich betroffenen Einzelnen und die mit der Maßnahme verfolgten Belange zueinander in einem angemessenen Verhältnis stehen. Hier ist letztlich eine **Einzelfallabwägung** unter entsprechender Gewichtung aller Belange vorzunehmen.

4.1.4 Rechtsschutz gegen Grundrechtseingriffe

Nach Art. 1 Abs. 3 GG haben Exekutive, Legislative und Judikative die in Art. 1–19 GG aufgeführten Grundrechte zu beachten. Fühlt sich der Betroffene durch einen Akt hoheitlicher Gewalt einer der drei staatlichen Gewalten in einem Grundrecht verletzt und sind bereits alle Rechtsschutzmöglichkeiten erschöpft (§ 90 Abs. 2 Satz 1 BVerfGG), so kann der Bürger nach Art. 93 Abs. 1 Nr. 4a GG i. V. m. §§ 13 Nr. 8a, 90, 92 ff. BVerfGG Individual-Verfassungsbeschwerde beim BVerfG einlegen. Ist die Verfassungsbeschwerde zulässig erhoben worden, prüft das BVerfG in der Begründetheitsprüfung, ob der Beschwerdeführer durch den angegriffenen Hoheitsakt in seinen Grundrechten verletzt wird. Greift der Beschwerdeführer eine gerichtliche Entscheidung an, beschränkt sich das BVerfG bei seiner Prüfung auf die Verletzung von spezifischem Verfassungsrecht (BVerfG vom 10. 06. 1964, BVerfGE 18, 85), um so zu vermeiden, zu einer Art »Superrevisionsinstanz« zu werden. Ausführlich zur Verfassungsbeschwerde s. Teil F 6.2).

4.2 Schutz der Menschenwürde (Art. 1 Abs. 1 GG)

4.2.1 Allgemeines

Unter dem Eindruck der Erfahrungen mit dem Nationalsozialismus stellt das Grundgesetz die unantastbare Menschenwürde an den Beginn des Grundrechtekatalogs. Art. 1 Abs. 1 Satz 1 GG lautet: »Die Würde des Menschen ist unantastbar.« Hierbei handelt es sich um ein subjektives Grundrecht, dessen Verletzung die Beschwerdebefugnis nach § 90 BVerfGG begründet (BVerfG vom 28.05.1952, BVerfGE 1, 322). Zudem beinhaltet Art. 1 Abs. 1 Satz 1 GG auch ein objektives Verfassungsprinzip, letztlich den obersten Wert des Grundgesetzes (BVerfG vom 19.10.1971, BVerfGE 32, 98). Dies zeigt sich auch daran, dass nach Art. 79 Abs. 3 GG eine Verfassungsänderung die in Art. 1 GG garantierte Menschenwürde nicht berühren darf.

4.2.2 Schutzbereich

Persönlich erfasst der Schutzbereich des Art. 1 GG jede natürliche Person, ohne Rücksicht auf ihre Eigenschaften, ihre Leistungen, ihren sozialen Status, ihren körperlichen oder geistigen Zustand (BVerfG vom 20.10.1992, BVerfGE 87, 209). Basis der Menschenwürde ist das menschliche Leben, so dass Personenvereinigungen und juristische Personen nicht erfasst werden. Schon vor der Geburt wird der nasciturus (der noch nicht geborene Embryo) vom Schutzbereich der Menschenwürde erfasst (BVerfG vom 25.02.1975, BVerfGE 39, 1 – Schwangerschaftsabbruch); zudem will das BVerfG die Menschenwürde in einem gewissen Umfang auch über den Tod hinaus gewähren (BVerfG vom 24.02.1971, BVerfGE 30, 173 – Mephisto).

Den **sachlichen** Schutzbereich der Menschenwürde konkret zu bestimmen ist schwierig. Der Begriff der Würde ist geprägt von religiösen, ethischen, kulturellen und philosophischen Elementen. Die Würde des Menschen umfasst den inneren und zugleich sozialen Wert-, Achtungs- und Schutzanspruch, der dem Menschen um seinetwillen zukommt. Zur konkreteren Bestimmung können bestimmte Fallgruppen unterschieden werden, wie etwa:

- Bewahrung und Schutz der körperlichen Integrität über das Schutzniveau des Art. 2 Abs. 1 GG hinaus;
- Gewährung der Mindestvoraussetzungen für ein menschenwürdiges Dasein: Aus Art. 1 Abs. 1 GG i. V. m. dem Sozialstaatsprinzip folgt für den Staat die Verpflichtung, dafür Sorge zu tragen, dass auch in Fällen existenzieller Not dem Einzelnen die Mindestvoraussetzungen für ein menschenwürdiges Dasein gewährt werden, wozu die sozialen Sicherungssysteme dienen. Für den Einzelnen besteht ein unmittelbarer Leistungsanspruch, der sich auf die zur Aufrechterhaltung eines menschenwürdigen Daseins notwendigen Mittel erstreckt, wie etwa Nahrung, Kleidung, Hausrat, Unterkunft, Heizung, Hygiene und Gesundheit (BVerfG vom 14.06.2011, BVerfGE 120, 125) sowie für ein Mindestmaß an Teilhabe am gesellschaftlichen, kulturellen und politischen Leben (BVerfG vom 09.02.2010, BVerfGE 125, 175);
- Gewährung elementarer Rechtsgleichheit über den Schutzbereich des Art. 3 Abs. 1 GG hinaus;
- Art. 1 Abs. 1 Satz 2 GG verpflichtet alle staatliche Gewalt, die Menschenwürde zu achten und zu schützen. Private werden nicht unmittelbar durch Art. 1 Abs. 1 GG gebunden, jedoch führt die Ausstrahlungswirkung des Grundrechts auf Menschenwürde als oberster Wert des GG bei der Auslegung und Anwendung privatrechtlicher Vorschriften zu einer mittelbaren Drittwirkung.

Da der Staat dafür Sorge zu tragen hat, dass der Einzelne eine von der Öffentlichkeit abgeschirmte Privatsphäre entwickeln kann, hat die Rechtsprechung aus den in Art. 2 Abs. 1 i. V. m. Art. 1 Abs. 1 GG enthaltenen Rechtsgedanken ein **allgemeines Persönlichkeitsrecht** abgeleitet. Der Schutzbereich dieses Grundrechts erfasst die gesamte private Lebensgestaltung, also die Privat-, Intim- und Berufssphäre sowie auch die Entscheidungsfreiheit darüber, in welcher Weise sich jemand in der Öffentlichkeit darstellen will (ausführlich s. 4.3).

4.2.3 Eingriff

In den mit dem Menschenwürdebegriff verbundenen sozialen Wert- und Achtungsanspruch des Menschen wird nach der sog. **Objektformel** des BVerfG eingegriffen, wenn der Mensch zum bloßen Objekt des Staates gemacht oder einer Behandlung ausgesetzt wird, die seine Subjektqualität prinzipiell in Frage stellt (BVerfG vom 20. 10. 1992, BVerfGE 87, 209).

BEISPIEL

Der Staat darf keine rechtswidrigen Aufklärungsmethoden bei der Strafverfolgung anwenden, wie etwa durch Beeinträchtigungen des freien Willens mittels Hypnose oder der Verabreichung von Drogen.

Jedoch ist nicht jede Objekt- oder Adressatenstellung des Menschen bereits menschenunwürdig, vielmehr muss hinzukommen, dass die Behandlung den **Wert des Menschen an sich verneint** und er somit zum **Objekt bloßer Willkür** wird. Ein Eingriff in Art. 1 Abs. 1 GG liegt daher typischerweise vor bei

- Erniedrigung, Brandmarkung, Verfolgung, Ächtung und anderen Verhaltensweisen, die dem Betroffenen seinen Achtungsanspruch als Mensch absprechen (BVerfG vom 11. 03. 2003, BVerfGE 107, 275 – Benetton II);
- Verletzung rechtsstaatlicher Prinzipien, z. B. durch unmenschliche oder erniedrigende Strafen;
- Entzug des Existenzminimums;
- Verletzung der Privatsphäre durch widerrechtliches Abhören von Telefongesprächen oder die heimliche Anfertigung von Video- oder Tonbandaufnahmen.

Aus Art. 1 Abs. 1 GG i. V. m. dem Sozialstaatsprinzip des Art. 20 Abs. 1 GG sowie dem Gleichheitsgrundsatz des Art. 3 Abs. 1 GG und den Grundprinzipien der leistungsfähigkeitsgerechten Besteuerung von Familien nach Art. 6 Abs. 1 GG hat das BVerfG das **Gebot der Steuerfreiheit des Existenzminimums** entwickelt. Für das Steuerrecht bedeutet dies, dass das Steuersystem so ausgestaltet sein muss, dass trotz der Verpflichtung zur Zahlung von Steuern die Möglichkeit, ein menschenwürdiges Dasein zu führen, nicht beeinträchtigt wird. Das steuerrechtliche Existenzminimum bestimmt sich daher nach dem sozialhilferechtlichen Mindestniveau (BVerfG vom 29. 05. 1990, BVerfGE 82, 60). Es würde auch einen Widerspruch darstellen, müsste der Staat nach den Regelungen des Sozialhilferechts etwas »zurückgeben«, was er zuvor nach den Regelungen des Steuerrechts »weggenommen« hat.

Ein Eingriff in Art. 1 Abs. 1 GG durch die Auferlegung einer Steuerlast liegt dann vor, wenn dadurch eine mit der Fähigkeit zur eigenverantwortlichen Lebensgestaltung fähige Person wirtschaftlich zum bloßen Untertan des Staates gemacht wird. Dies ist immer dann der Fall, wenn eine Steuer »erdrosselnde Wirkung« hat, indem sie dem Steuerpflichtigen praktisch den gesamten Ertrag seiner Tätigkeit oder sein Vermögen wegbesteuert. Die Steuerlast muss messbar, im Wesentlichen vorhersehbar und sozial gerecht sein.

BEISPIEL

Eine Gemeinde erließ eine Hundesteuersatzung, nach der für sog. Kampfhunde ein erhöhter Steuersatz von 2 000 € jährlich pro Kampfhund galt. Die Steuerpflichtige hielt einen Hund, auf den die Merkmale eines Kampfhundes zutrafen, so dass die Gemeinde ihr gegenüber eine Hundesteuer von 2 000 € festsetzte. In der Revision stellte das BVerwG fest, dass der festgesetzte Steuersatz von 2 000 € pro Kampfhund unzulässig sei. Eine Steuer in dieser Höhe handele dem ihr begrifflich zukommenden Zweck, Steuereinnahmen zu erzielen, geradezu zuwider, denn sie sei ersichtlich darauf angelegt, die Haltung von jeder Art von Kampfhunden praktisch unmöglich zu machen, und habe daher »erdrosselnde Wirkung«. Ein gewichtiges Indiz für die erdrosselnde Wirkung stelle der Umstand dar, dass sich der auf 2 000 € festgesetzte Steuersatz für einen Kampfhund auf das 26-Fache des Hundesteuersatzes für einen Nichtkampfhund beläuft. Zwar dürfe die Gemeinde für Kampfhunde zu Lenkungszwecken einen Steuersatz festsetzen, der über den Steuersatz für nicht gefährliche Hunde hinausgeht. Es spreche jedoch viel dafür, dass die Erdrosselungsgrenze dann überschritten werde, wenn ein ohnehin nicht ganz niedriger Regelsteuersatz derart vervielfacht werde, dass sich eine nach übereinstimmender Auffassung der Beteiligten im bundesdurchschnittlichen Vergleich völlig aus dem Rahmen fallende Steuerhöhe ergebe (BVerwG vom 15. 10. 2014, BVerwGE 150, 225).

4.2.4 Rechtfertigung

Die Menschenwürde des Art. 1 Abs. 1 GG steht nicht unter einem Gesetzesvorbehalt. Daraus soll folgen, dass ein Eingriff in die Menschenwürde nicht gerechtfertigt werden könne, was insbesondere aus dem Wortlaut »unantastbar« geschlossen wird. Auch die Rechtfertigung mit kollidierendem Verfassungsrecht, wie etwa der Meinungsfreiheit, sei unzulässig (BVerfG vom 11. 03. 2003, BVerfGE 107, 275 – Benetton II).

BEISPIEL

Nach den Ereignissen des 11. 09. 2001 wurde ein sog. Luftsicherheitsgesetz erlassen. Dieses Gesetz enthielt eine Ermächtigung für die Streitkräfte, durch unmittelbare Einwirkung mit Waffengewalt ein entführtes Luftfahrzeug abzuschießen, das gegen das Leben von Menschen eingesetzt werden soll, etwa indem es in ein Gebäude gelenkt wird, in dem sich Menschen aufhalten. Das BVerfG erachtete diese Ermächtigung staatlicher Stellen zum Abschuss eines Luftfahrzeugs als nicht mit dem Recht auf Leben nach Art. 2 Abs. 2 Satz 1 GG i. V. m. der Menschenwürdegarantie des Art. 1 GG Abs. 1 GG vereinbar, soweit davon tatunbeteiligte Menschen an Bord des Luftfahrzeugs betroffen wären (BVerfG vom 15. 02. 2006, BVerfGE 115, 118).

4.3 Freie Entfaltung der Persönlichkeit (Art. 2 Abs. 1 GG)

4.3.1 Allgemeines

Art. 2 Abs. 1 GG gewährleistet das Recht auf freie Entfaltung der Persönlichkeit, soweit dadurch nicht Rechte Dritter verletzt werden bzw. gegen die verfassungsmäßige Ordnung oder das Sittengesetz verstoßen wird. Das BVerfG versteht dieses Grundrecht zum einen als **allgemeine Handlungsfreiheit** des Einzelnen, wonach jeder tun und lassen kann, was er will, soweit er nicht die in Art. 2 Abs. 1 GG aufgeführten Schranken überschreitet und soweit nicht ein spezielles Grundrecht eine Sonderregelung zulässt.

Zum anderen hat das BVerfG aus der nach Art. 2 Abs. 1 GG gewährten freien Entfaltung der Persönlichkeit i. V. m. der nach Art. 1 Abs. 1 GG gewährten Menschenwürde das **allgemeine Persönlichkeitsrecht** entwickelt.

4.3.2 Schutzbereich

4.3.2.1 Allgemeine Handlungsfreiheit

Die allgemeine Handlungsfreiheit des Art. 2 Abs. 1 GG hat einen weiten Schutzbereich und dient als **subsidiäres Auffanggrundrecht**. Geschützt wird die allgemeine Handlungsfreiheit im umfassenden Sinne, also jedes menschliche Verhalten. Das BVerfG geht von einem unbenannten Freiheitsgrundrecht aus (st. Rspr. seit BVerfG vom 16.01.1957, BVerfGE 6, 32 – Elfes) und ordnet diesem Grundrecht etwa die Vertrags- und Wettbewerbsfreiheit, die wirtschaftliche und finanzielle Dispositionsfreiheit, den Schutz vor Zwangsmitgliedschaften sowie die Freiheit zur Ausreise aus Deutschland zu. Der personelle Schutzbereich erfasst alle natürlichen Personen; auch Ausländer sind Träger dieses Grundrechts (BVerfG vom 18.07.1973, BVerfGE 35, 382).

Bei juristischen Personen ist zu differenzieren, ob die Entfaltung der Persönlichkeit im Vordergrund steht, was eine Eröffnung des Schutzbereichs des Art. 2 Abs. 1 GG ausschließt. Soweit eine eher sachbezogene Entfaltungsmöglichkeit betroffen ist, wie etwa der Schutz der wirtschaftlichen Dispositionsfreiheit, ist Art. 2 Abs. 1 GG anwendbar.

4.3.2.2 Allgemeines Persönlichkeitsrecht

Das allgemeine Persönlichkeitsrecht dient dem Schutz der engeren persönlichen Lebenssphäre, soweit diese sich durch die Freiheitsgarantien der sonstigen Grundrechte nicht abschließend erfassen lassen (BVerfG vom 03.06.1980, BVerfGE 54, 148). Das allgemeine Persönlichkeitsrecht schützt die verschiedenen Entfaltungsmöglichkeiten des Einzelnen, insbesondere die

- Selbstbestimmung,
- Selbstbewahrung und
- Selbstdarstellung.

Das Recht der **Selbstbestimmung** gewährt dem Einzelnen das Recht, seine Identität selbst zu bestimmen, so dass dem Einzelnen etwa die Kenntnis der eigenen Abstammung nicht vorenthalten werden darf (BVerfG vom 31.01.1989, BVerfGE 79, 256). Dem Minderjährigen ist die Möglichkeit zu gewähren, schuldenfrei in die Volljährigkeit einzutreten und nicht bereits mit finanziellen Vorbelastungen in das »Erwachsenenleben« zu starten (BVerfG vom 13.05.1986, BVerfGE 72, 155).

Das Recht der **Selbstbewahrung** ermöglicht es dem Einzelnen, für sich zu bleiben und sich aus der Öffentlichkeit in einen geschützten privaten Bereich zurückzuziehen. Das BVerfG hat dazu gewisse Sphären mit einer unterschiedlichen Intensität an Privatheit entwickelt (BVerfG vom 16.07.1969, BVerfGE 27, 1; BVerfG vom 31.01.1973, BVerfGE 34, 238; BVerfG vom 14.09.1989, BVerfGE 80, 367). In der Intim- oder Privatsphäre liegt der unantastbare Kernbereich des Persönlichkeitsrechts, der besonders geschützt ist. Der nächste Bereich ist die erweiterte Privatsphäre, die in die Sozialsphäre übergeht. Je näher ein staatlicher Eingriff dem unantastbaren Kernbereich kommt, desto höher werden die Anforderungen an die Eingriffsrechtfertigung.

Das Recht der **Selbstdarstellung** gewährt dem Einzelnen das Recht, über die eigene Darstellung in der Öffentlichkeit zu bestimmen, etwa mit dem Recht am eigenen Bild (BVerfG vom 05.06.1973, BVerfGE 35, 202), dem Recht am eigenen Wort (BVerfG vom 03.06.1980, BVerfGE 54, 148) oder dem Schutz vor dem heimlichen Abhören bzw. Aufnehmen privater Gespräche (BVerfG vom 31.01.1973, BVerfGE 34, 238). Dadurch soll der Einzelne in die Lage versetzt werden, selbst darüber zu entscheiden, ob und inwieweit er zum Gegenstand öffentlicher

Erörterung wird und ob und inwieweit Dritte oder die Öffentlichkeit über seine Persönlichkeit verfügen können.

Das BVerfG hat darüber hinaus in seiner Rechtsprechung ein **informationelles Selbstbestimmungsrecht** anerkannt. Insbesondere der Umgang mit den personenbezogenen Daten der Bürger durch den Staat erfordert eine umfassende Rechtfertigung. Die Möglichkeiten der Informationstechnologie bringen Verarbeitungs- und Verknüpfungsmöglichkeiten hervor, durch die ein für sich gesehen belangloses Datum (i. S. einer Information) einen neuen Stellenwert bekommen kann, so dass es nach Ansicht des BVerfG unter den Bedingungen der automatischen Datenverarbeitung kein »belangloses« Datum mehr geben kann (BVerfG vom 15. 12. 1983, BVerfGE 65, 1 – Volkszählung). Das informationelle Selbstbestimmungsrecht ist ein wesentlicher Ursprung der datenschutzrechtlichen Gesetzgebung. Im Bereich des Steuerrechts dürfen daher die Steuerdaten der Finanzbehörden nicht nach außen weitergegeben werden (vgl. §§ 30 ff. AO). Andererseits hat das BVerfG mit der sog. Kontenabfrage (§§ 93 Abs. 7, 93b AO) einen Eingriff der Steuerbehörden in das informationelle Selbstbestimmungsrecht gebilligt (BVerfG vom 22. 03. 2005, BVerfGE 112, 284).

Das allgemeine Persönlichkeitsrecht schützt alle natürlichen Personen und wirkt in einem gewissen Umfang auch nach dem Tod fort. Insbesondere vermögenswerte Bestandteile des Persönlichkeitsrechts gehen auf die Erben über und können von ihnen entsprechend dem ausdrücklichen oder mutmaßlichen Willen des Verstorbenen ausgeübt werden.

4.3.3 Eingriff

4.3.3.1 Allgemeine Handlungsfreiheit

Wegen des weiten Schutzbereichs des Art. 2 Abs. 1 GG kann ein Eingriff faktisch in jeder Art von Beeinträchtigung liegen. Nach den Merkmalen des klassischen Eingriffsbegriffs liegt ein Eingriff jedenfalls dann vor, wenn das Verhalten eine rechtliche, eine unmittelbare oder eine gezielte (i. S. einer finalen) Beeinträchtigung darstellt.

BEISPIEL

Das Verbot, Tauben zu füttern, stellt einen Eingriff in die allgemeine Handlungsfreiheit des Art. 2 Abs. 1 GG dar (BVerfG vom 23. 05. 1980, BVerfGE 54, 143).

Auch die Steuergesetze greifen grundsätzlich in die grundrechtlich geschützte allgemeine Handlungsfreiheit des Art. 2 Abs. 1 GG in ihrer Ausprägung als Freiheit zur persönlichen Entfaltung im vermögensrechtlichen und beruflichen Bereich ein (BVerfG vom 25. 09. 1992, BVerfGE 87, 153).

Sonstige – insbesondere mittelbare oder faktische – Beeinträchtigungen stellen nur dann einen Eingriff in Art. 2 Abs. 1 GG dar, wenn der Eingriff den Betroffenen nicht lediglich als Teil der Allgemeinheit trifft, sondern vom Staat beabsichtigt ist bzw. für einen abgrenzbaren Personenkreis in Kauf genommen wird.

4.3.3.2 Allgemeines Persönlichkeitsrecht

Ein Eingriff in das allgemeine Persönlichkeitsrecht aus Art. 2 Abs. 1 i. V. m. Art. 1 Abs. 1 GG liegt in der Praxis regelmäßig nicht in einem gezielten Eingriff, sondern vielmehr in der Verkennung der Bedeutung des Grundrechts, etwa wenn ein Gericht in einer Entscheidung über eine Angelegenheit der Meinungs- oder Pressefreiheit die Belange des allgemeinen Persönlichkeitsrechts des Betroffenen nicht ausreichend berücksichtigt.

4.3.4 Rechtfertigung

4.3.4.1 Allgemeine Handlungsfreiheit

Ein Eingriff in die allgemeine Handlungsfreiheit kann durch die sog. **Schrankentrias** in Art. 2 Abs. 1 GG gerechtfertigt werden, wenn der Eingriff also zum Schutz von Rechten anderer, der verfassungsmäßigen Ordnung oder dem Sittengesetz erfolgt.

Der Begriff der **Rechte anderer** bezieht sich auf alle subjektiven Rechte natürlicher oder juristischer Personen. Dies erfordert indes eine gesetzliche Regelung, die allerdings mit der verfassungsmäßigen Ordnung in Einklang stehen muss.

Unter dem **Sittengesetz** sind die grundlegenden moralisch-ethischen Wertvorstellungen zu verstehen, die ihren Niederschlag i. d. R. in den geltenden Gesetzen finden, die ihrerseits der verfassungsmäßigen Ordnung entsprechen müssen.

Maßgebliche Schranke für Art. 2 Abs. 1 GG ist daher die **verfassungsmäßige Ordnung**. Darunter sind alle Rechtsnormen zu verstehen, die formell und materiell mit dem Grundgesetz in Einklang stehen. Daher ist bei einer Einschränkung der allgemeinen Handlungsfreiheit insbesondere zu prüfen, ob dem Gesetzgeber für eine die Handlungsfreiheit einschränkende Rechtsnorm die Gesetzgebungskompetenz zusteht (BVerfG vom 06. 06. 1989, BVerfGE 80, 137), ob die Regelung mit dem Rechtsstaatsprinzip des Art. 20 Abs. 3 GG vereinbar ist (BVerfG vom 24. 07. 1957, BVerfGE 7, 89) und ob die erforderliche Beteiligung des Bundesrats im Gesetzgebungsverfahren berücksichtigt worden ist (BVerfG vom 08. 04. 1987, BVerfGE 75, 108). In materieller Hinsicht ist insbesondere der Grundsatz der Verhältnismäßigkeit zu beachten (BVerfG vom 08. 04. 1997, BVerfGE 95, 267).

Art. 2 Abs. 1 GG schützt daher auch vor Steuereingriffen ohne gesetzliche Grundlage, da der Staat nur dann Steuern festsetzen und erheben darf, wenn ein den Anforderungen an die verfassungsmäßige Ordnung entsprechendes Steuergesetz vorliegt und ein den Anforderungen des Art. 2 Abs. 1 GG entsprechendes Verfahren beachtet wird. Die Steuergesetze sind daher in ihrer freiheitsbeschränkenden Wirkung an Art. 2 Abs. 1 GG zu messen, so dass ein Eingriff durch Steuergesetze nur insoweit erfolgen darf, dass dem Grundrechtsträger wegen der grundsätzlichen Privatnützigkeit des Erworbenen und der grundsätzlichen Verfügungsbefugnis über die geschaffenen vermögenswerten Rechtspositionen ein Kernbestand des Erfolges eigener Betätigung im wirtschaftlichen Bereich erhalten bleibt. Hieraus folgt, dass dem der Einkommensteuer unterworfenen Steuerpflichtigen nach Erfüllung seiner Einkommensteuerschuld von seinem Erworbenen noch so viel verbleiben muss, als er zur Bestreitung seines notwendigen Lebensunterhalts und – unter Berücksichtigung von Art. 6 Abs. 1 GG – desjenigen seiner Familie bedarf (»Existenzminimum«). Das bedeutet, dass ein Steuergesetz keine »erdrosselnde Wirkung« haben darf (BVerfG vom 25. 09. 1992, BVerfGE 87, 153).

BEISPIEL

Ein Landesgesetz gestattet das Reiten im Wald nur auf ausdrücklich als Reitwegen gekennzeichneten Strecken. Dadurch könnte die allgemeine Handlungsfreiheit des Art. 2 Abs. 1 GG von Reitern beeinträchtigt werden (nach BVerfG vom 06. 06. 1989, BVerfGE 80, 137 – Reiten im Walde).

LÖSUNG Zwar unterfällt Reiten im Wald keiner der von der Rechtsprechung entwickelten Konkretisierungen der allgemeinen Handlungsfreiheit. Von Art. 2 Abs. 1 GG geschützt ist aber nicht nur ein begrenzter Bereich der Persönlichkeitsentfaltung, sondern jede Form menschlichen Handelns ohne

Rücksicht darauf, welches Gewicht der Betätigung für die Persönlichkeitsentfaltung zukommt. Daher ist der Schutzbereich des Art. 2 Abs. 1 GG eröffnet. Durch die landesgesetzliche Regelung werden die Reiter beeinträchtigt, da sie nicht mehr auf allen Wegen, sondern nur auf den gekennzeichneten Reitwegen reiten dürfen. Es liegt also ein Eingriff vor. Da Reiten als Betätigungsform menschlichen Handelns zwar in den Schutzbereich des Art. 2 Absatz 1 GG fällt, aber nicht zum Kernbereich privater Lebensgestaltung gehört, ist eine gesetzliche Beschränkung nicht grundsätzlich unmöglich. Voraussetzung für eine Rechtfertigung des Eingriffs ist, dass die Regelung der verfassungsmäßigen Ordnung (Bestandteil der Schrankentrias des Art. 2 Abs. 1 GG) entspricht, also formell und materiell mit dem Grundgesetz in Einklang steht. Die angegriffene Regelung muss insbesondere dem Grundsatz der **Verhältnismäßigkeit** entsprechen. Sinn und Zweck der Regelung ist es, Gefahren bei der Begegnung von Wanderern und Pferden auf ggf. engen Waldwegen zu vermeiden. Damit verfolgt der Gesetzgeber einen legitimen Zweck. Die Ausweisung von gesonderten Reitwegen für die Nutzung durch die Reiter ist ein zur Erreichung dieses Zwecks geeignetes Mittel. Eine andere Regelung, die bei geringerer Eingriffsintensität einen ähnlichen Erfolg verspricht, ist nicht ersichtlich, so dass die Maßnahme auch erforderlich ist. Schließlich ist die Regelung auch im engeren Sinne verhältnismäßig. In diesem Zusammenhang ist von besonderer Bedeutung, dass sich mit Wanderern und Reitern die beiden Nutzergruppen der Waldwege, deren konkurrierende Nutzungsinteressen das Landesgesetz zum Ausgleich bringen will, gleichermaßen auf Art. 2 Abs. 1 GG berufen können. Die räumliche Trennung von Wanderern und Reitern und deren konkurrierende Nutzungsansprüche an das vorhandene Wegenetz wird in einer den Interessen aller Beteiligten gerecht werdenden Weise geordnet. Denn beide Nutzergruppen können weiterhin den Wald als Naherholungsgebiet nutzen. Daher ist der durch die landesgesetzliche Regelung erfolgende Eingriff in das Grundrecht der allgemeinen Handlungsfreiheit der Reiter aus Art. 2 Abs. 1 GG gerechtfertigt.

4.3.4.2 Allgemeines Persönlichkeitsrecht

Ein Eingriff in das allgemeine Persönlichkeitsrecht ist dann gerechtfertigt, wenn der Einzelne selbst eingewilligt hat, also sein Einverständnis in die Offenbarung eines geschützten Bereichs seiner Persönlichkeit gewährt hat. Das BVerfG wendet zudem den Gesetzesvorbehalt des Art. 2 Abs. 1 GG auch auf das allgemeine Persönlichkeitsrecht an (BVerfG vom 15. 12. 1983, BVerfGE 65, 1; BVerfG vom 09. 03. 1988, BVerfGE 78, 77). Dabei sind allerdings im Vergleich zur allgemeinen Handlungsfreiheit aufgrund des engeren Schutzbereichs des allgemeinen Persönlichkeitsrechts hohe Anforderungen an eine Eingriffsrechtfertigung zu stellen. Eine gesetzliche Schranke ist beispielsweise § 23 Kunsturhebergesetz. Die Vorschrift lässt die Veröffentlichung von Bildnissen ohne Einwilligung des Abgebildeten zu. Der Gesetzgeber hat hier dem Interesse nach einer freien, individuellen und öffentlichen Meinungsbildung sowie der Freiheit der Kunst für bestimmte Fallkonstellationen (beispielsweise für sog. Personen der Zeitgeschichte) Vorrang vor dem allgemeinen Persönlichkeitsrecht der Betroffenen eingeräumt.

Der **BGH** sieht allerdings im allgemeinen Persönlichkeitsrecht auch ein sonstiges Recht i. S. des § 823 Abs. 1 BGB, so dass das allgemeine Persönlichkeitsrecht nicht nur dem Schutz ideeller, sondern auch kommerzieller Interessen der Persönlichkeit dient. Werden die vermögenswerten Bestandteile des Persönlichkeitsrechts durch **unbefugte** Verwendung des Namens, Bildnisses oder sonstiger Persönlichkeitsmerkmale verletzt, besteht ein Schadensersatzanspruch (BGH vom 01. 12. 1999, BGHZ 143, 214 – Marlene Dietrich; BGH NJW 2000, 2201 – Blauer Engel).

Letztlich kann das allgemeine Persönlichkeitsrecht auch durch kollidierendes Verfassungsrecht eingeschränkt werden. In Betracht kommt etwa eine Kollision mit der Meinungs-, Presse- oder Kunstfreiheit sowie dem Ehrschutz.

Ein Eingriff in den unantastbaren Kernbereich des Persönlichkeitsrechts kann hingegen nicht gerechtfertigt werden. Soweit eine staatliche Maßnahme in die Intimsphäre, die engste private Lebenssphäre oder den Kernbereich der Ehre eingreift, findet keine Verhältnismäßigkeitsprüfung statt; ein staatlicher Eingriff bleibt generell verboten.

Die Rechtfertigungsanforderungen an einen Eingriff in das allgemeine Persönlichkeitsrecht wirken auch in den Regelungen des Steuerverfahrensrechts fort: Der Steuerpflichtige darf im Steuerverfahren nicht zum bloßen Objekt herabgewürdigt werden. Bei Außeneinsätzen von Steuerbeamten sind die Integrität und Intimsphäre des Steuerpflichtigen zu wahren (schwierig insbesondere bei Steuerfahndungsmaßnahmen). Die Abgrenzung ist im Detail schwierig, denn steuerrelevante Sachverhalte betreffen zwangsläufig auch die grundrechtlich geschützte Privatsphäre.

BEISPIEL

Der Finanzverwaltung können bei der Ermittlung des Sachverhalts zur Anerkennung von Krankheitskosten als außergewöhnliche Belastungen i. S. des § 33 EStG notwendigerweise Krankheitsdetails bekannt werden, die dem Privat- bzw. Intimbereich des Steuerpflichtigen zuzuordnen sind.

4.4 Der allgemeine Gleichheitssatz (Art. 3 GG)

4.4.1 Allgemeines

Art. 3 Abs. 1 GG enthält die Grundregel zur Gleichbehandlung, den sog. allgemeinen Gleichheitsgrundsatz. Die Gleichheitsgrundsätze in den Art. 3 Abs. 2, 3 Abs. 3, 6 Abs. 5, 33 Abs. 1–3 sowie 38 Abs. 1 GG gehen als speziellere Regelungen dem allgemeinen Gleichheitsgrundsatz des Art. 3 Abs. 1 GG vor.

Die Prüfung von Art. 3 GG unterscheidet sich von der anderer Grundrechte dadurch, dass es keinen klassischen Schutzbereich gibt, sondern zu prüfen ist, ob die Schutzaussage des Gleichbehandlungsgrundsatzes durch eine Ungleichbehandlung verletzt wird. Hierbei ist in einem ersten Schritt eine Vergleichsgruppe zu bilden und in einem zweiten Schritt zu prüfen, ob eine Ungleichbehandlung vorliegt (s. 3.2.4).

Träger des Grundrechts sind alle natürlichen Personen sowie die juristischen Personen des Privatrechts. Die Anwendbarkeit auf die juristischen Personen des öffentlichen Rechts ist hingegen umstritten. Das BVerfG verneint die Anwendbarkeit des Art. 3 Abs. 1 GG (BVerfG vom 02.05.1967, BVerfGE 21, 362), lässt aber eine Berufung beteiligter öffentlich-rechtlicher Körperschaften auf die Gleichheit in Gerichtsverfahren zu (BVerfG vom 30.09.1987, BVerfGE 76, 256).

Art. 3 GG richtet sich an alle Träger hoheitlicher Gewalt und enthält verschiedene Gewährleistungen der Gleichheit. Verlangt wird sowohl die **Rechtssetzungsgleichheit** als auch die **Rechtsanwendungsgleichheit**. Daher muss nicht nur die Legislative bei der Ausgestaltung der Rechtsordnung den Gleichbehandlungsgrundsatz berücksichtigen, sondern dürfen auch Exekutive und Judikative die – an sich generell-abstrakt formulierten – Normen nicht auf einen Einzelnen ungleich anwenden.

4.4.2 Ungleichbehandlung

Eine verfassungsrechtlich relevante Ungleichbehandlung liegt nur dann vor, wenn wesentlich Gleiches willkürlich ungleich behandelt oder wesentliche Ungleiches willkürlich gleich behandelt wird (BVerfG vom 09.08.1978, BVerfGE 49, 148; BVerfG vom 15.07.1998, BVerfGE

98, 365). Maßgeblich ist daher die Bildung von **Vergleichsgruppen**, die einen gemeinsamen Oberbegriff (genus proximum) aufweisen und unter den die ungleich behandelten Grundrechtsträger fallen.

Eine rechtfertigungsbedürftige Ungleichbehandlung liegt danach vor, wenn zwei (oder mehr) Grundrechtsträger unter einen gemeinsamen Oberbegriff gefasst werden können, wobei der eine Grundrechtsträger in einer bestimmten Weise und der andere Grundrechtsträger in einer bestimmten anderen Weise von der gleichen staatlichen Stelle behandelt wird.

MERKSATZ

Art. 3 Abs. 1 GG gebietet nicht die wiederholt fehlerhafte Anwendung von Rechtsvorschriften, da es **keine Gleichheit im Unrecht** geben kann.

BEISPIEL

Berücksichtigt das Finanzamt aufgrund fehlerhafter Rechtsanwendung die Aufwendungen für das Arbeitszimmer des Steuerpflichtigen A als Werbungskosten, so hat sein Tennispartner B aus dem Gleichbehandlungsgrundsatz des Art. 3 Abs. 1 GG keinen Anspruch darauf, dass seine Aufwendungen für sein Arbeitszimmer ebenfalls fehlerhaft als Werbungskosten berücksichtigt werden.

4.4.3 Rechtfertigung

Art. 3 Abs. 1 GG verbietet indes nur eine ungerechtfertigte Ungleichbehandlung. Sofern **sachliche Gründe** vorliegen, die eine Ungleichbehandlung rechtfertigen, ist die Ungleichbehandlung zulässig. Das BVerfG differenziert bei der Rechtfertigung nach der Intensität, die die Ungleichbehandlung für die Betroffenen hat (BVerfG vom 08.04.1997, BVerfGE 95, 267). Der Gesetzgeber hat bei der Frage des sachlichen Grundes einen Einschätzungsspielraum in Bezug auf die zum Vergleich heranzuziehenden Vergleichsgruppen sowie einen Beurteilungsspielraum in Bezug auf den sachlichen Grund.

Der Gleichheitssatz ist dann verletzt, wenn der Gesetzgeber Gleichheiten oder Ungleichheiten schon nicht erkannt oder falsch eingeordnet hat. Ursprünglich wurde die Legislative nur im Rahmen einer Evidenzkontrolle überprüft, wonach eine Verletzung des Art. 3 Abs. 1 GG dann vorlag, wenn bei der Ungleichbehandlung von im wesentlichen gleichen Sachverhalten kein sachlicher Grund für die Differenzierung vorlag, die Regelung mithin willkürlich erschien. Nach neuerer Rechtsprechung des BVerfG unterliegt der Gesetzgeber bei der Frage der Ungleichbehandlung einer umso engeren Bindung, als der Einzelne als Person betroffen ist, wohingegen mehr Raum für die gesetzgeberische Gestaltung bleibt, sofern allgemeine Lebensverhältnisse geregelt werden. Zu der letztgenannten Gruppe zählt das BVerfG etwa wirtschaftslenkende Regelungen oder Regelungen im Bereich des Besoldungsrechts. Zu den personenbezogenen Ungleichbehandlungen zählt das BVerfG bspw. Differenzierungen zwischen Verheirateten und Geschiedenen oder eine Differenzierung zwischen Angehörigen eines Bundeslandes (Landeskinderregelungen). Letztlich ist die gesetzgeberische Entscheidung einer Verhältnismäßigkeitsprüfung (Verfolgung eines legitimen Zwecks, Geeignetheit, Erforderlichkeit, Verhältnismäßigkeit i. e. S.) zu unterziehen.

BEISPIEL

Die Stadt Ludwigsburg erlässt eine kommunale Gebührensatzung für Kindergartengebühren. Die Gebühren differenzieren sich nach dem Familieneinkommen. Der Höchstsatz beträgt mehr als das Doppelte des niedrigsten Gebührensatzes, bleibt aber dennoch unter den tatsächlich anfallenden Kosten zurück. Liegt hier eine Verletzung des Art. 3 Abs. 1 GG vor?

LÖSUNG (nach BVerfG vom 10.03.1998, BVerfGE 97, 332): Bei der Prüfung einer Ungleichbehandlung ist zunächst eine zutreffende Vergleichsgruppe zu bilden, hier die Familien der Kinder, die den städtischen Kindergarten besuchen. Die von der Stadt erbrachte (Betreuungs-)Leistung ist dabei bei allen Kindern gleich. Daher behandelt der Satzungsgeber mit einer Differenzierung der Gebühren nach dem Familieneinkommen wesentlich Gleiches ungleich, was eine verfassungsrechtliche Rechtfertigung erfordert. Die Differenzierung nach dem Familieneinkommen ist ein personenbezogenes Kriterium und verleiht der Ungleichbehandlung des Satzungsgebers eine erhebliche Intensität. Der legitime Zweck, der hier verfolgt wird, besteht darin, Kindern aus Familien mit geringeren Einkommen die gleiche Möglichkeit einer Betreuung anzubieten wie Kindern aus einkommensstärkeren Familien, mithin ein Ausgleich von Chancenungleichheiten. Die Staffelung der Gebühren nach dem Einkommen ist geeignet, das Ziel zu erreichen, da somit bei gleichem Gebührenaufkommen insgesamt die Möglichkeit besteht, auch Kindern aus einkommensschwachen Familien eine Betreuungs- und damit auch Entwicklungsmöglichkeit anzubieten. Sofern die Stadt weiterhin das gleiche Gebührenaufkommen erzielen will, ist die unterschiedliche Behandlung auch notwendig, da eine Entlastung einer Gruppe von Familien denknotwendig die (Mehr-)Belastung einer anderen Gruppe von Familien bedingt. Die Unterscheidung ist auch verhältnismäßig i. e. S. bzw. angemessen, da auch die Familien, die den Höchstsatz zahlen müssen, immer noch in einem gewissen Umfang von der Stadt gefördert werden, da die Gebühren die Kosten nicht decken. Im Ergebnis liegt also in der Differenzierung der Kindergartengebühren nach dem Familieneinkommen keine Verletzung des Art. 3 Abs. 1 GG.

Im Bereich der Exekutive ist der sachliche Grund i. d. R. enger zu fassen, da die Behörde sich an den Vorrang und den Vorbehalt des Gesetzes halten muss. Von einer üblichen Verwaltungspraxis darf daher nur bei Vorliegen sachlicher Gründe abgewichen werden, zumal dann, wenn die Verwaltungspraxis durch intern die Verwaltung bindende Verwaltungsvorschriften koordiniert ist (Selbstbindung der Verwaltung).

BEISPIEL

Wenn der Steuerpflichtige beim zuständigen Finanzamt einen Antrag auf Stundung seiner Einkommensteuer nach § 222 AO (Ermessensvorschrift) stellt, hat das Finanzamt den Antrag unter Berücksichtigung der zu § 222 AO erlassenen Verwaltungsvorschriften (beispielsweise AEAO oder OFD-Verfügungen) zu prüfen. Der Steuerpflichtige hat einen Anspruch darauf, dass sein Steuerfall unter Berücksichtigung der Verwaltungspraxis so entschieden wird wie ein vergleichbarer Steuerfall eines anderen – vergleichbaren – Steuerpflichtigen. Das Ermessen der Verwaltung ist daher in gleich gelagerten Fällen entsprechend gleich auszuüben. Das Finanzamt darf über den Antrag nur dann anders entscheiden, wenn rechtfertigende Gründe eine Differenzierung zulassen.

4.4.4 Gleichmäßigkeit der Besteuerung

Die Diskussion, die unter dem Stichwort »Steuergerechtigkeit« geführt wird, bezieht ihre verfassungsrechtlichen Argumente im Wesentlichen aus Art. 3 Abs. 1 GG. Als steuerspezifischer Vergleichsmaßstab bei der Prüfung der Rechtssetzungsgleichheit dient die wirtschaftliche Leistungsfähigkeit. Danach müssen die Steuerlasten in dem Verhältnis auf die Steuerpflichtigen verteilt werden, wie es deren wirtschaftlicher Leistungsfähigkeit entspricht (BVerfG vom 03.11.1982, BVerfGE 61, 319). Dieser Gedanke gilt zwar insbesondere für das Ertragsteuerrecht, findet aber auch auf die indirekten Konsumsteuern Anwendung (BVerfG vom 07.05.1998, BVerfGE 98, 106). Zur Konkretisierung des Steuersystems ist dem Gesetzgeber ein Gestaltungsspielraum zuzugestehen, innerhalb dessen er unter Berücksichtigung der Prinzipien der Sachgerechtigkeit und Folgerichtigkeit Besteuerungsformen ausgestalten kann. Sachliche Gerechtigkeitserwägungen sind etwa eine Steuergleichheit im Sinne der Allgemeinheit der Besteuerung, wonach grundsätzlich alle (steuerpflichtigen) Bürger eines Staates (Universalitätsprinzip) ihr gesamtes erzieltes Einkommen (Totalitätsprinzip) zu versteuern haben. Einen Maßstab für die Folgerichtigkeit bietet etwa das **objektive Nettoprinzip**, wonach steuerlich belastbar nicht bereits die wirtschaftlichen Vermögenszugänge, sondern eben nur das wirtschaftliche Ergebnis einer Erwerbstätigkeit ist, so dass neben den Erwerbsbezügen auch die mit dem Erwerb verbundenen Aufwendungen zu berücksichtigen sind.

Der Gleichheitssatz hat im Steuerrecht auch eine Rechtfertigungsfunktion, so dass eine Durchbrechung des Systems der Rechtfertigung durch ein sachgerechtes Prinzip bedarf. Von der Rechtsprechung des BVerfG aus Gemeinwohlgründen anerkannte Abweichungen vom Leistungsfähigkeitsprinzip sind etwa Lenkungszwecke (steuerliche Berücksichtigung sozial erwünschten oder missbilligten Verhaltens etwa durch Alkohol- oder Tabaksteuern), Vereinfachungszwecke (Typisierungen und Pauschalierungen aus Praktikabilitätserwägungen) sowie die Vermeidung von steuerlichen Missbräuchen (BVerfG vom 24.01.1962, BVerfGE 13, 331; BVerfG vom 30.09.1998, BVerfGE 99, 88; BVerfG vom 12.10.2010, BVerfGE 127, 224). Nicht anerkannt ist hingegen eine rein fiskalische Begründung für die Durchbrechung des Gleichheitsgrundsatzes (BVerfG vom 17.01.1957, BVerfGE 6, 55).

4.5 Ehe und Familie (Art. 6 Abs. 1 GG)

4.5.1 Allgemeines

Art. 6 GG enthält in Bezug auf Ehe, Familie, Eltern und Kinder verschiedene Regelungen. In Abs. 1–3 sind Abwehrrechte enthalten, in Abs. 1 und 4 dagegen auch Leistungsrechte, die eine gesetzliche Umsetzung erfordern. Abs. 1 enthält letztlich auch die Institutsgarantie der Ehe (s. 3.2.5), was zu einer Einschränkung der gesetzlichen Gestaltungsmöglichkeiten bei ehelichen und familiären Regelungen führt.

4.5.2 Schutzbereich

Die **Ehe** ist die auf Dauer angelegte Verbindung eines Mannes und einer Frau zur grundsätzlich unauflöslichen Lebensgemeinschaft (BVerfG vom 29.07.1959, BVerfGE 10, 59). Angesichts der bisherigen Rechtsprechung des BVerfG ist es umstritten, ob die durch das – auch als Eheöffnungsgesetz bezeichneten – »Gesetz zur Einführung des Rechts auf Eheschließung für Personen gleichen Geschlechts« vom 20.07.2017 (BGBl. I 2017, 2787) eingeführten Änderungen des BGB zu Ermöglichung der Ehe gleichgeschlechtlicher Partner mit dem GG im Einklang stehen.

MERKSATZ

Nach dem Eheöffnungsgesetz können ab dem 01.10.2017 gleichgeschlechtliche Partner heiraten (§ 1353 Abs. 1 Satz 1 BGB). Zudem besteht die Möglichkeit, dass eine bestehende (eingetragene gleichgeschlechtliche) Lebenspartnerschaft in eine Ehe umgewandelt wird, wenn beide Lebenspartner dies beim Standesamt erklären (§ 20a LPartG). Des Weiteren können ab dem 01.10.2017 Lebenspartnerschaften nicht mehr neu begründet werden (Art. 3 Abs. 3 Eheöffnungsgesetz). Folglich gilt das LPartG ab dem 01.10.2017 nur noch für Lebenspartnerschaften, die von der Umwandlung in eine Ehe keinen Gebrauch machen, sodass § 2 Abs. 8 EStG ab dem 01.10.2017 nur noch für diese Lebenspartnerschaften Bedeutung hat.

Der Schutzbereich der Ehe ist weit gefasst und beinhaltet sowohl die freie Wahl des Partners als auch die Art und Weise des ehelichen Zusammenlebens sowie die Scheidung der Ehe.

Nicht in den Schutzbereich des Art. 6 GG fallen gleichgeschlechtliche Partnerschaften und nichteheliche Lebensgemeinschaften.

Familie i. S. des Art. 6 Abs. 1 GG ist die umfassende Gemeinschaft von Eltern und Kindern (BVerfG vom 18.04.1989, BVerfGE 80, 81). Der Schutzbereich der Familie reicht von der Familiengründung bis zur Ausgestaltung des familiären Zusammenlebens.

Art. 6 Abs. 1 GG beinhaltet zum einen ein **Diskriminierungsverbot**, so dass der Staat Ehe und Familie weder schädigen noch benachteiligen darf, zum anderen besteht das Gebot, Ehe und Familie zu **fördern**.

BEISPIEL

Aus Art. 6 Abs. 1 GG i. V. m. dem Sozialstaatsgebot ergibt sich die allgemeine Pflicht des Staates zu einem Familienlastenausgleich, ohne dass jedoch konkrete Ansprüche auf bestimmte staatliche Leistungen aus dem Förderungsgebot des Art. 6 Abs. 1 GG hergeleitet werden könnten (BVerfG vom 12.02.2003, BVerfGE 107, 205).

4.5.3 Eingriff

Ein Eingriff in den Schutzbereich des Art. 6 GG liegt vor, wenn staatliche Maßnahmen ergehen, die Ehe und Familie schädigen, stören oder sonst in irgendeiner Art und Weise geeignet sind, diese zu beeinträchtigen. Der Gesetzgeber kann indes Ehe und Familie rechtlich definieren, so dass nicht jede gesetzgeberische Regelung mit Bezug zu Ehe und Familie einen Eingriff, sondern ggf. eine Ausgestaltung dieser Rechtsbegriffe darstellen kann.

BEISPIEL

Nach § 1357 Abs. 1 Satz 1 BGB ist jeder Ehegatte berechtigt, Geschäfte zur angemessenen Deckung des Lebensbedarfs der Familie mit Wirkung auch für den anderen Ehegatten zu besorgen (sog. Schlüsselgewalt). Diese Regelung stellt keinen Eingriff, sondern eine einfachgesetzliche Ausgestaltung der Ehe dar (BVerfG vom 03.10.1989 – 1 BvL 78, 79/86).

4.5.4 Rechtfertigung

Ehe und Familie werden in Art. 6 Abs. 1 GG **vorbehaltlos** geschützt. In diesen vorbehaltlos geschützten Bereich darf der Staat nicht eingreifen; er darf Ehe und Familie nur durch definierende Regelungen ausgestalten. Eine Rechtfertigung kann daher nur durch verfassungsimmanente Schranken in Betracht kommen.

4.5.5 Besteuerung von Ehe und Familie

Das Benachteiligungsverbot und das Förderungsgebot des Art. 6 GG wirken sich insbesondere auf den Steuergesetzgeber aus. Das Benachteiligungsverbot konkretisiert den Gleichbehandlungsgrundsatz des Art. 3 Abs. 1 GG (s. 3.4), da insbesondere Familien aufgrund der Belastungen mit diversen Kosten für die Kinder nicht die gleiche steuerliche Leistungsfähigkeit aufweisen wie Steuerpflichtige ohne Kinder. Dem Gesetzgeber steht allerdings Gestaltungsfreiheit bei der Entscheidung darüber zu, auf welche Weise er den ihm aufgetragenen Schutz verwirklichen will (BVerfG vom 29.05.1990, BVerfGE 82, 60).

Nach dem sog. **privaten Nettoprinzip** ist daher die Bemessungsgrundlage für die Besteuerung der Gesamtbetrag der Einkünfte, vermindert um einen Betrag, den der Steuerpflichtige für sich und seine Familie zur Aufrechterhaltung des Existenzminimums benötigt. Dieser – steuerfrei gestellte – Betrag bestimmt sich nach der Höhe der staatlichen Existenzsicherung durch die Sozialleistungen. Weiterhin sind zwangsläufige Unterhaltsleistungen nach dem Prinzip der familiären Einkommensverteilung in der tatsächlich entstandenen Höhe steuerlich – realitätsgerecht – als Minderung des Einkommens zu berücksichtigen (BVerfG vom 03.11.1982, BVerfGE 61, 319).

In Bezug auf die Ehe muss der Gesetzgeber berücksichtigen, dass er Ehegatten (oder Lebenspartner) steuerlich zwar anders behandeln darf als Ledige, es darf jedoch nicht zu einer Diskriminierung kommen.

BEISPIEL

Die Zusammenveranlagung von Ehegatten im Rahmen des EStG 1951, das auf der progressiven Besteuerung des einzelnen Steuerpflichtigen beruhte, erklärte das BVerfG für verfassungswidrig (BVerfG vom 17.01.1957, BVerfGE 6, 55). Dagegen ist die Zusammenveranlagung von Ehegatten i. V. m. der tariflichen Berücksichtigung nach § 32a Abs. 5 EStG (sog. Splitting-Verfahren) vom BVerfG anerkannt worden (BVerfG vom 03.11.1982, BVerfGE 61, 319) und die Anwendung dieses Verfahrens auch auf die gleichgeschlechtliche eingetragene Lebenspartnerschaft erweitert worden (BVerfG vom 07.05.2013, BVerfGE 133, 377).

4.6 Unverletzlichkeit der Wohnung (Art. 13 GG)

4.6.1 Allgemeines

Art. 13 Abs. 1 GG garantiert die Unverletzlichkeit der Wohnung. Die Abs. 2–7 der Vorschrift enthalten besondere Schrankenregelungen. Mit der Unverletzlichkeit der Wohnung soll – in Ergänzung mit dem allgemeinen Persönlichkeitsrecht aus Art. 2 Abs. 1 i. V. m. Art. 1 Abs. 1 GG – erreicht werden, dass der räumliche Bereich der Privatsphäre geschützt wird (BVerfG vom 15.12.1983, BVerfGE 65, 1). Daher ist Art. 13 Abs. 1 GG ein klassisches **Abwehrrecht**, begründet allerdings auch die staatliche Verpflichtung, die Unverletzlichkeit der Wohnung durch Private sicherzustellen. Dieser Verpflichtung kommt der Gesetzgeber nach, indem er etwa die Strafbarkeit des widerrechtlichen Eindringens in Wohnungen in § 123 StGB normiert hat.

4.6.2 Schutzbereich

Der Begriff der **Wohnung** ist nach dem Schutzzweck der Norm (s. 3.6.1) weit auszulegen und erfasst jeden Raum, den der Einzelne der allgemeinen Zugänglichkeit durch die Öffentlichkeit entzogen hat und die seinem privaten Leben dient. In den Schutzbereich fallen neben der Wohnung auch dazugehörige Keller, Garagen, Nebenräume sowie Wohnwagen und Hotelzimmer.

Aber auch **Geschäfts- und Betriebsräume** werden vom sachlichen Schutzbereich des Art. 13 Abs. 1 GG erfasst (BVerfG vom 26.05.1976, BVerfGE 42, 212). Dies gilt ohne Weiteres aber nur für die der Öffentlichkeit nicht zugänglichen Betriebs- und Geschäftsräume; die jedermann offenstehenden Geschäfts- und Verkaufsräume genießen für die Zeit ihrer öffentlichen Zugänglichkeit nicht den Schutz des Art. 13 GG.

Der persönliche Schutzbereich erfasst jeden berechtigten Inhaber der Wohnung, unabhängig von den zivilrechtlichen Eigentumsverhältnissen. Bei Wohnungen steht das Grundrecht wegen dem bezweckten Schutz der Privatsphäre nur natürlichen Personen zu. Soweit Geschäfts-

und Betriebsräume betroffen sind, können sich aber auch juristische Personen des Privatrechts und Personenvereinigungen auf Art. 13 Abs. 1 GG berufen (BVerfG vom 24. 05. 1977, BVerfGE 44, 353). Keine Anwendung findet das Grundrecht hingegen auf juristische Personen des öffentlichen Rechts und staatliche Behörden.

4.6.3 Eingriff

Ein Eingriff in Art. 13 Abs. 1 GG liegt in jedem dem Staat zuzurechnenden körperlichen oder unkörperlichen (z. B. technisches) Eindringen in die räumliche Privatsphäre.

BEISPIEL

Die Wohnungstüre wird gewaltsam geöffnet, damit sich Polizeibeamte Zugang zur Wohnung verschaffen können.
Es werden technische Mittel eingesetzt, die das Wahrnehmen von Vorgängen innerhalb der Wohnung ermöglichen, die normalerweise der Wahrnehmung von außen entzogen sind. Hierunter fallen die verschiedenen Arten der Lauschangriffe nach Art. 13 Abs. 5–7 GG, etwa durch die Installation von »Wanzen« oder den Einsatz von Richtmikrofonen o. Ä.; zudem die optische Überwachung einer Wohnung.

Durchsuchungen stellen eine besondere Form des Eingriffs in die Unverletzlichkeit der Wohnung dar. Unter einer Durchsuchung ist das ziel- und zweckgerichtete Suchen staatlicher Organe nach Personen oder Sachen oder zur Ermittlung eines Sachverhalts, um etwas aufzuspüren, was der Inhaber der Wohnung von sich aus nicht offenlegen oder herausgeben will (BVerfG vom 03. 04. 1979, BVerfGE 51, 97). Neben dem körperlichen Betreten ist der Durchsuchungsvorgang maßgeblich.

Soweit das bloße Betreten und Besichtigen (s. 4.6.4 für Durchsuchungen) von Geschäfts- und Betriebsräumen durch Vollziehungsbeamte oder Außenprüfer des Finanzamts erfolgt, durch ein gesetzliches Betretungsrecht gedeckt ist (z. B. §§ 99, 200 Abs. 2 AO) und zu den üblichen Geschäftszeiten erfolgt, liegt kein Eingriff in Art. 13 Abs. 1 GG vor, da Betriebs- und Geschäftsräume nicht dieselbe Schutzbedürftigkeit aufweisen wie private Wohnräume (BVerfG vom 13. 10. 1971, BVerfGE 32, 54; BFH vom 22. 12. 2006, BFHE 216, 38).

4.6.4 Rechtfertigung

Die Anforderungen an die verfassungsrechtliche Rechtfertigung des Eingriffs hängen von der Art des Eingriffs und dem damit verfolgten Zweck ab.

Eine Durchsuchung ist nach Art. 13 Abs. 2 GG gerechtfertigt, wenn eine zur Anordnung der Durchsuchung ermächtigende gesetzliche Grundlage sowie eine richterliche Anordnung vorliegen und die Maßnahme verhältnismäßig ist. Der Richtervorbehalt des Art. 13 Abs. 2 GG erstreckt sich auch auf die Wohnungs**durchsuchung** des Vollziehungsbeamten nach § 287 AO (BVerfG vom 16. 06. 1981, BVerfGE 57, 346). Technische Überwachungsmaßnahmen können unter den Voraussetzungen der Abs. 3–5 des Art. 13 GG gerechtfertigt sein.

Sonstige Eingriffe, die weder Durchsuchungen noch technische Überwachungsmaßnahmen darstellen, können nach Art. 13 Abs. 7 GG gerechtfertigt sein. HS 1 der Vorschrift enthält eine verfassungsunmittelbare Schranke für die Abwehr einer gemeinen Gefahr oder Lebensgefahr. Nach HS 2 können Eingriffe aufgrund eines qualifizierten Gesetzesvorbehalts bei besonderen Gefahrenlagen gerechtfertigt werden.

BEISPIEL

Während des traditionellen Fußballturniers der Hochschule Ludwigsburg, bei dem Studierende der Hochschulen Ludwigsburg und Kehl gegeneinander antreten, verschwindet das Maskottchen der Hochschule Ludwigsburg – der Lubu-Bär. Schnell richtet sich der Verdacht gegen den Ludwigsburger Studenten S, der früher in Kehl studierte und schon durch ein merkwürdiges Eigentor die knappe Niederlage Ludwigsburgs einleitete. S ist damit einverstanden, dass sich die herbeigerufene Polizei in seiner Studentenbude nach dem Lubu-Bär umsieht. Erst im Nachhinein wehrt er sich gegen die Maßnahme, die er nun für rechtswidrig hält. Nach erfolgloser Erschöpfung des Rechtswegs (s. 3.4.1) erhebt S gegen das Urteil der Revisionsinstanz zur Durchsuchung Verfassungsbeschwerde und beruft sich dabei auf eine Verletzung des Art. 13 Abs. 1 GG.

LÖSUNG Der Schutzbereich des Art. 13 Abs. 1 GG müsste eröffnet sein. Das Grundrecht schützt die Unverletzlichkeit der Wohnung und damit jeden Raum, den der Einzelne der allgemeinen Zugänglichkeit durch die Öffentlichkeit entzogen hat und der damit seinem privaten Leben dient. Die Studentenbude des S ist eine Wohnung i. S. des Art. 13 Abs. 1 GG, sodass der sachliche Schutzbereich eröffnet ist. Da S auch berechtigter Inhaber (i. S. von Besitzer) der Wohnung ist, ist auch der persönliche Schutzbereich eröffnet. Des Weiteren müsste ein Eingriff vorliegen. Ein Eingriff in den Schutzbereich des Art. 13 Abs. 1 GG liegt vor, wenn eine staatlich veranlasste Beeinträchtigung der Privatheit der Wohnung erfolgt. Im vorliegenden Fall sind Polizeibeamte in die Wohnung des S eingedrungen. Dabei könnte es sich um eine Durchsuchungsmaßnahme handeln. Durchsuchungen stellen eine besondere Form des Eingriffs in die Unverletzlichkeit der Wohnung dar, die nach Art. 13 Abs. 2 GG einer richterlichen Anordnung bedürfen. Allerdings hat S gegenüber den Polizeibeamten seine Einwilligung in das Betreten der Wohnung und das Verweilen darin frei von jedem physischen und psychischen Zwang erteilt. Mithin fehlt es an einem Eingriff in das Grundrecht des Art. 13 Abs. 1 GG und die Verfassungsbeschwerde des S ist unbegründet (VGH Mannheim vom 03.08.2011 – 1 S 1391/11, VBlBW 2012, 143).

4.7 Eigentum (Art. 14, 15 GG)

4.7.1 Allgemeines

Art. 14 und 15 GG befassen sich mit dem Eigentum und dem Erbrecht. Das Eigentum soll dem Träger des Grundrechts einen Freiheitsraum im vermögensrechtlichen Bereich zusichern und ihm dadurch eine eigenverantwortliche Gestaltung seines Lebens ermöglichen (BVerfG vom 16.02.2000, BVerfGE 102, 1). Allerdings ist das Eigentum heutzutage i. d. R. nicht mehr die alleinige materielle Grundlage individueller Freiheit, da in einer arbeitsteiligen Wirtschaft und Gesellschaft neben dem Eigentum etwa auch Ausbildung und Arbeitsplatz als Faktoren zur Existenz- und Freiheitssicherung zu berücksichtigen sind.

Art. 15 GG enthält mit der Möglichkeit zu Vergesellschaftung von bestimmten Gütern des Privateigentums einen Eingriff in das Eigentum. Die Vorschrift, die für sich betrachtet einen Widerspruch zu Art. 14 GG darstellt, ist Ergebnis eines Kompromisses, der bei der Ausarbeitung des Grundgesetzes im Parlamentarischen Rat zwischen den verschiedenen dort vertretenen politischen Interessen eingegangen wurde, um eine wirtschaftspolitische Neutralität des Grundgesetzes zu erreichen (BVerfG vom 20.07.1954, BVerfGE 4, 7).

4.7.2 Schutzbereich

Eigentum i. S. des Art. 14 GG beinhaltet das, was das einfache Recht – bürgerliches wie öffentliches – zu einem bestimmten Zeitpunkt als Eigentum definiert (BVerfG vom 15.07.1981, BVerfGE 58, 300). Da Art. 14 Abs. 1 Satz 2 GG die Ausgestaltung des Eigentums nach Inhalt und

Reichweite dem Gesetzgeber überlässt, unterliegt das Eigentum einer gewissen Wandelbarkeit. Um zu vermeiden, dass diese Vorschrift dazu missbraucht werden kann, das Grundrecht auf Eigentum letztlich ad absurdum zu führen, beinhaltet Art. 14 Abs. 1 Satz 1 GG zugleich die Institutsgarantie (s. 3.2.5) des Eigentums. Der Gesetzgeber ist bei der Ausgestaltung des Eigentums (und des Erbrechts) verpflichtet, die Wesensmerkmale des Eigentums zu beachten. Die Institutsgarantie verbietet, »dass solche Sachbereiche der Privatrechtsordnung entzogen werden, die zum elementaren Bestand grundrechtlich geschützter Betätigung im vermögensrechtlichen Bereich gehören, und damit der durch das Grundrecht geschützte Freiheitsbereich aufgehoben oder wesentlich geschmälert wird« (BVerfG vom 18.12.1968, BVerfGE 24, 367).

Zum einen ist der Bestand des Eigentums geschützt. Dabei schützt Art. 14 GG das Erworbene, während Art. 12 GG den Erwerb schützt. Geschützt sind etwa

- Eigentum i. S. des § 903 BGB,
- Besitz (zumindest soweit er berechtigt ist) und andere dingliche Rechte (wie etwa Hypotheken oder Grundschulden),
- Rechtsgüter des sog. »geistigen Eigentums«, z. B. Urheber-, Patent- oder Markenrechte,
- zivilrechtliche Ansprüche und Forderungen,
- öffentlich-rechtliche Rechtspositionen, sofern sie auf nicht unerheblicher Eigenleistung des Einzelnen beruhen.

BEISPIEL

Hat der Berechtigte über die notwendige Anzahl von Jahren hinweg den erforderlichen Beitrag in die Rentenkasse eingezahlt, steht ihm ein Rentenanwartschaftsrecht zu, das von Art. 14 Abs. 1 Satz 1 GG geschützt wird.
Die sozialrechtlich geregelte Hilfe zum Lebensunterhalt wird dem Einzelnen bei Vorliegen der Tatbestandsmerkmale gewährt; eine Vorleistung des Betroffenen an den Staat ist dagegen nicht erforderlich. Hier wird grundrechtlicher Schutz lediglich über Art. 2 Abs. 1 GG gewährt.

Auch die Nutzung des Eigentums ist geschützt, ebenso – i. S. einer negativen Eigentumsfreiheit –, es nicht zu nutzen. Letztlich ist auch eine Verfahrensgarantie in Art. 14 GG enthalten, nach der der Eigentümer seine Interessen in Verwaltungs- und Gerichtsverfahren gegenüber Dritten effektiv durchsetzen und verfolgen können muss.

Der **persönliche Schutzbereich** des Art. 14 GG erfasst natürliche Personen und Personenvereinigungen sowie juristische Personen des Privatrechts, soweit das Grundrecht seinem Wesen nach auf diese Anwendung finden kann, soweit also eine grundrechtstypische Gefährdungslage bestehen kann (BVerfG vom 07.06.1977, BVerfGE 45, 63). Juristische Personen des öffentlichen Rechts können sich demgegenüber nicht auf Art. 14 GG berufen, da das Grundrecht das Eigentum Privater schützen soll. Zwar können die juristischen Personen des öffentlichen Rechts nach zivilrechtlichen Vorschriften Eigentum erwerben, sie können sich jedoch dem Staat gegenüber nicht darauf berufen. Den Kommunen steht jedoch in ihrer Rechtsbeziehung zum jeweiligen Land oder zum Bund die Berufung auf das Recht zur kommunalen Selbstverwaltung aus Art. 28 Abs. 2 GG zu.

Das **Erbrecht** ist das Recht des Erblassers, sein Vermögen an denjenigen zu vererben, an den er es vererben möchte (sog. Testierfreiheit). Auch das Erbrecht wird durch den Gesetzgeber einfachgesetzlich definiert.

4.7.3 Eingriff

Ein Eingriff in das durch Art. 14 GG geschützte Eigentum liegt vor, wenn durch ein Gesetz, einen Verwaltungsakt oder sonstiges Verwaltungshandeln des Staates dem Berechtigten eine vermögenswerte Rechtsposition entzogen wird.

Eine Enteignung ist die vollständige oder teilweise Entziehung konkreter subjektiver, durch Art. 14 Abs. 1 Satz 1 GG gewährleisteter Rechtspositionen zur Erfüllung bestimmter öffentlicher Aufgaben (BVerfG vom 22.05.2001, BVerfGE 104, 1). Eine Enteignung wird von den Inhalts- und Schrankenbestimmungen des Eigentums dadurch unterschieden, dass sie

- konkret (statt abstrakt) wirkt,
- individuell (statt generell) wirkt,
- dem Eigentümer das Eigentum entzieht und
- der Erfüllung bestimmter öffentlicher Aufgaben dient.

Als weitere Eingriffe kommen die **enteignenden** und **enteignungsgleichen Eingriffe** in Betracht. Dabei handelt es sich um unmittelbare Eingriffe, die von einer gewissen Intensität sind und dem Betroffenen ein Sonderopfer abverlangen, das die allgemeine Opfergrenze – die durch die Inhalts- und Schrankenbestimmungen des Eigentums bestimmt wird – überschreitet.

BEISPIEL

Vor einem Gewerbebetrieb (z. B. einer Bäckerei) lässt die Stadt seit mehreren Monaten eine neue Straßenbahnfahrstrecke samt Haltestellen errichten. Dadurch hat der Gewerbebetrieb Umsatz- und Gewinneinbußen erlitten. Wurden die Bauarbeiten möglichst schnell und für den Gewerbebetrieb schonend ausgeführt, kann ein (rechtmäßiger) enteignender Eingriff vorliegen; hat die zuständige Behörde die Bauarbeiten nicht möglichst schonend für den Gewerbebetrieb ausgestaltet, kann darin ein (rechtswidriger) enteignungsgleicher Eingriff liegen.

Aufgrund der Rechtsprechung des BVerfG wurden die enteignenden und enteignungsgleichen Eingriffe mehr oder weniger für überholt erklärt. Das Gericht hatte entschieden, der Gesetzgeber habe selber über Inhalt und Schranken des Eigentums sowie über Entschädigungsansprüche zu entscheiden, so dass es nicht Sache der Gerichte sei, über im Gesetz nicht vorgesehene Entschädigungsansprüche als Folgen der Eingriffe zu entscheiden (BVerfG vom 15.07.1981, BVerfGE 58, 300 – Nassauskiesung). Dennoch werden die enteignenden und enteignungsgleichen Eingriffe in der Literatur hin und wieder aufgegriffen und als Entschädigungsinstitute betrachtet, die inzwischen gewohnheitsrechtlich anerkannt sind, ursprünglich aber auf dem in §§ 74, 75 der Einleitung zum Allgemeinen Preußischen Landrecht enthaltenen Aufopferungsgedanken gründeten.

4.7.4 Rechtfertigung

4.7.4.1 Inhalts- und Schrankenbestimmung (Art. 14 Abs. 1 Satz 2 GG)

Die Inhalts- und Schrankenbestimmung des Eigentums erfolgt durch Gesetze im materiellen Sinn. Diese müssen den Anforderungen des Verhältnismäßigkeitsgrundsatzes entsprechen, der wegen der Sozialbindung des Eigentums nach Art. 14 Abs. 2 GG einen Ausgleich zwischen der Sozialbindung und der Freiheitsgewährleistung erfordert. Dadurch ist der Gesetzgeber gehalten,

- die Eigenarten des vermögenswerten Guts oder Rechts zu berücksichtigen,
- die Bedeutung des vermögenswerten Guts oder Rechts für den Eigentümer zu berücksichtigen,

BEISPIEL

Das BVerfG ist der Ansicht, dass die Gestaltungsfreiheit für den Gesetzgeber umso größer ist, je stärker der soziale Bezug des Eigentums ist (BVerfG vom 14. 07. 1999, BVerfGE 101, 54), so dass etwa das Eigentum an Produktionsmitteln einem stärkeren Sozialbezug unterliegt als andere Eigentumspositionen (BVerfG vom 01. 03. 1979, BVerfGE 50, 290).

- den Eingriff ggf. durch eine finanzielle Entschädigung auszugleichen und

BEISPIEL

Wenn der Verleger eines Druckwerks nach einem Landespressegesetz ein Belegstück von jedem Druckwerk auch dann unentgeltlich an eine Bibliothek abliefern muss, wenn es sich um ein mit großem Aufwand und in kleiner Auflage hergestelltes Werk handelt, liegt darin ein Verstoß gegen die Eigentumsgarantie des Art. 14 Abs. 1 Satz 1 GG. Denn der unterschiedslose Ausschluss einer Kostenerstattung erfasst auch diejenigen Druckwerke, die mit großem Aufwand und zugleich nur in kleiner Auflage hergestellt werden. Eigentumsbindungen müssen stets verhältnismäßig sein und dürfen, gemessen am sozialen Bezug und an der sozialen Bedeutung des Eigentumsobjekts sowie im Blick auf den Regelungszweck, nicht zu einer übermäßigen Belastung führen und den Eigentümer im vermögensrechtlichen Bereich nicht unzumutbar treffen.

- den Eingriff durch Härtefallklauseln erträglich zu gestalten.

Als Schranken-Schranke ist die Institutsgarantie des Art. 14 GG zu berücksichtigen (s. 4.7.2).

4.7.4.2 Enteignung

Eine Enteignung muss nach Art. 14 Abs. 3 Satz 2 durch Gesetz (sog. Legalenteignung) oder aufgrund eines Gesetzes (sog. Administrativenteignung) erfolgen. Voraussetzung ist ein Gesetz im formellen Sinne. An das Gesetz werden besondere Anforderungen gestellt. Nach der sog. Junktimklausel muss das Enteignungsgesetz eine Entschädigung vorsehen und deren Art und Ausmaß regeln. Ein Enteignungsgesetz ohne eine solche Entschädigungsregelung ist verfassungswidrig (BVerfG vom 18. 12. 1968, BVerfGE 24, 367). Zudem ist eine Enteignung nach Art. 14 Abs. 3 Satz 1 GG nur zum Wohle der Allgemeinheit zulässig, so dass ein schwerwiegendes öffentliches Interesse vorliegen muss (BVerfG vom 12. 11. 1974 , BVerfGE 38, 175).

BEISPIEL

Eine Enteignung nach Art. 14 Abs. 3 GG ist dann nicht erforderlich, wenn das geplante Infrastrukturvorhaben auch auf einem Grundstück der öffentlichen Hand realisiert werden kann.

Als Schranken-Schranke ist auch bei der Enteignung die Institutsgarantie des Art. 14 GG zu berücksichtigen (s. 3.7.2).

Teil K Europarecht

1 Grundlagen

Mit dem Vertrag über die Europäische Union (EUV), dem sog. **Vertrag von Maastricht**, haben sich die Mitgliedstaaten der Europäischen Gemeinschaft – die »hohen Vertragsparteien« – im Jahr 1993 zur Europäischen Union zusammengeschlossen (Art. 1 Abs. 1 EUV). **Ziel der Europäischen Union** ist es, den Frieden, ihre Werte und das Wohlergehen ihrer Völker zu fördern (Art. 3 Abs. 1 EUV). **Die Werte der Europäischen Union** sind in Art. 2 EUV geregelt: Die Achtung der Menschenwürde, Freiheit, Demokratie, Gleichheit, Rechtsstaatlichkeit und die Wahrung der Menschenrechte einschließlich der Rechte der Personen, die Minderheiten angehören.

Erreicht werden soll dieses Ziel im Wesentlichen durch die Gewährleistung eines **Raums der Freiheit, der Sicherheit und des Rechts** für die Bürgerinnen und Bürger der Europäischen Union sowie durch die Errichtung eines **Binnenmarktes** und einer **Wirtschafts- und Währungsunion** (Art. 3 Abs. 2 bis 4 EUV).

1.1 Entstehungsgeschichte der Europäischen Union

Der **Gedanke einer europäischen Einigung** kam bereits nach den beiden Weltkriegen auf. Insbesondere die verheerenden Folgen des Zweiten Weltkriegs lösten unmittelbar nach dessen Ende Bestrebungen im Hinblick auf einen gleichberechtigten Zusammenschluss europäischer Staaten aus. Winston Churchill – zu dieser Zeit Oppositionsführer im britischen Unterhaus – schlug in zwei berühmten Reden aus den Jahren 1946 und 1949 die Gründung der »Vereinigten Staaten von Europa« nach dem Vorbild der Vereinigten Staaten von Amerika vor, deren »erster Schritt eine Partnerschaft zwischen Frankreich und Deutschland« sein müsse. Die Schaffung einer überstaatlichen Rechtsordnung mit dem Ziel der Erleichterung des Handels zwischen den Mitgliedstaaten wurde insbesondere auch im Interesse der dauerhaften **Sicherstellung des Friedens in Europa** angestrebt. Dieses zentrale Ziel ist auch heute noch in Art. 3 Abs. 1 EUV niedergelegt.

1.1.1 Die Montanunion

Die Europäische Union in der Form, wie wir sie heute kennen, wurde in mehreren Stufen errichtet. Gründungsgemeinschaft für die wirtschaftliche und politische Einigung der seinerzeit westeuropäischen Staaten war die **Europäische Gemeinschaft für Kohle und Stahl** (EGKS), welche auch als »Montanunion« bezeichnet wurde. Aufgabe der Montanunion war es, die damaligen Rüstungsindustrien Kohle und Stahl in Frankreich und Deutschland unter eine gemeinsame Aufsicht zu stellen. Weitere Staaten sollten sich ebenfalls beteiligen können. Die Mitgliedschaft in der Montanunion erleichterte der neu gegründeten Bundesrepublik die Rückkehr in die internationale Staatengemeinschaft nach dem Zweiten Weltkrieg. Sie hatte darüber hinaus erheblichen Anteil am wirtschaftlichen Neuaufbau Deutschlands. Gründungsmitglieder der Montanunion waren neben Deutschland und Frankreich noch Belgien, Italien, Luxemburg und die Niederlande. Der EGKS-Vertrag ist am 23.07.1952 in Kraft getreten. Er war von vornherein befristet für die Dauer von 50 Jahren abgeschlossen und lief deshalb am 23.07.2002 aus.

Seine Regelungsinhalte wurden in den Vertrag zur Gründung der Europäischen Gemeinschaft (EGV) bzw. später in den Vertrag über die Arbeitsweise der Europäischen Union (AEUV) überführt.

1.1.2 Die Römischen Verträge

Im Juni 1955 beschlossen die Außenminister der Mitgliedstaaten der Montanunion mit der sog. **Resolution von Messina** die stufenweise Errichtung eines europäischen Binnenmarktes, die Schaffung gemeinsamer supranationaler Institutionen und eine Zusammenarbeit bei der friedlichen Nutzung der Atomenergie. Aus diesen Planungen gingen die **Europäische Wirtschaftsgemeinschaft** (EWG) und die **Europäische Atomgemeinschaft** (EAG) hervor. Die zugrunde liegenden Verträge – der EWG-Vertrag und der EAG-Vertrag – wurden am 25. 03. 1957 von den Mitgliedstaaten der Montanunion in Rom unterzeichnet. Sie werden deshalb auch als **Römische Verträge** bezeichnet und traten am 01. 01. 1958 in Kraft. Im Gegensatz zum EGKS-Vertrag wurden sie jedoch nicht befristet, sondern auf unbestimmte Zeit abgeschlossen. Wesentliche Inhalte des EWG-Vertrages waren neben der **Errichtung eines gemeinsamen Marktes** durch den Abbau von Behinderungen im grenzüberschreitenden Wirtschaftsverkehr die Einführung eines gemeinsamen Zolltarifs und einer gemeinsamen Handelspolitik gegenüber Drittstaaten sowie gemeinsame Wettbewerbsregeln durch die Angleichung des innerstaatlichen Rechts der Mitgliedstaaten.

1.1.3 Der Fusionsvertrag

Gleichzeitig mit den Römischen Verträgen wurde das Abkommen über gemeinsame Organe für die Europäischen Gemeinschaften geschlossen, welches für die EGKS, die EWG und die EAG eine gemeinsame parlamentarische Versammlung, einen Gerichtshof und einen Wirtschafts- und Sozialausschuss regelte. Mit dem **Fusionsvertrag** aus dem Jahr 1967 wurden zusätzlich eine Kommission und ein Rat geschaffen. Obwohl damit bereits fast alle gemeinsamen Organe der heutigen Europäischen Union (s. 4) existierten, blieben die EGKS, die EWG und die EAG zunächst noch eigenständig.

In den folgenden Jahren verdoppelte sich durch die Beitritte Dänemarks, Irlands und des Vereinigten Königreichs (1973), Griechenlands (1981) und schließlich Portugals und Spaniens (1986) die Zahl ihrer Mitgliedstaaten von sechs auf zwölf.

1.1.4 Die Einheitliche Europäische Akte

Die zunehmende Institutionalisierung führte zur Entstehung einer neuen Rechtsordnung, die das innerstaatliche Recht der Mitgliedstaaten immer stärker beeinflusste bzw. verdrängte. Am 01. 07. 1987 trat die **Einheitliche Europäische Akte** (EEA) als erster Reformvertrag in Kraft mit dem Ziel, den Binnenmarkt zu vollenden. Für Maßnahmen zu dessen Verwirklichung galt fortan im Rat nicht mehr das Einstimmigkeits-, sondern das Mehrheitsprinzip.

Außerdem wurden die bis dahin recht überschaubaren Kompetenzen des Europäischen Parlaments stark ausgeweitet. Durch die EEA wurde aber immer noch keine (Europäische) Union geschaffen, auch wenn diese weiterhin das Ziel der Entwicklung war.

1.1.5 Der Vertrag von Maastricht

Dies geschah vielmehr erst durch den am 01.11.1993 in Kraft getretenen eingangs erwähnten **Vertrag über die Europäische Union** (EUV), den sog. Vertrag von Maastricht. Die durch diesen Vertrag geschaffene Europäische Union ersetzte jedoch nicht die Europäischen Gemeinschaften (Art. 47 Abs. 1 EUV), sondern stellte diese – symbolisch gesprochen – unter ein gemeinsames Dach. Gleichzeitig wurden die sog. **drei Säulen der Europäischen Union** gebildet:

- Die Europäischen Gemeinschaften – nach wie vor bestehend aus der Europäischen Gemeinschaft für Kohle und Stahl (EGKS), der Europäischen Wirtschaftsgemeinschaft (EWG) und der Europäischen Atomgemeinschaft (EAG),
- die Zusammenarbeit in der Außen- und Sicherheitspolitik (GASP) und
- die Zusammenarbeit im Bereich Justiz und Inneres (ZJI).

Verwirrenderweise wurde die Europäische Wirtschaftsgemeinschaft (EWG) in die **Europäische Gemeinschaft** (EG) umbenannt, obwohl die Europäischen Gemeinschaften weiterhin fortbestanden. Darüber hinaus wurde die **schrittweise Einführung einer Wirtschafts- und Währungsunion** beschlossen. Für die Teilnahme müssen die Mitgliedstaaten die sog. EU-Konvergenzkriterien erfüllen. Diese sind in Art. 126 und Art. 140 AEUV geregelt. Sie sehen im Wesentlichen eine Begrenzung der Inflationsrate, der Wechselkursbandbreite und des Zinssatzes für langfristige Staatsanleihen sowie Beschränkungen des staatlichen Schuldenstands und des Haushaltsdefizits der betreffenden Mitgliedstaaten vor. Der EUV normierte zudem erstmalig eine **Unionsbürgerschaft** (s. 6.2).

Mit den Beitritten von Finnland, Österreich und Schweden im Jahr 1995 zählte die Europäische Union nunmehr bereits 15 Mitgliedstaaten.

Im Zuge der Verwirklichung der Währungsunion wurde unter anderem auch die sog. **Eurozone** geschaffen: Zunächst elf Mitgliedstaaten (Belgien, Deutschland, Finnland, Frankreich, Irland, Italien, Luxemburg, Niederlande, Österreich, Portugal und Spanien) haben am 01.01.1999 den Euro als gemeinsame Währung eingeführt. Zwischenzeitlich sind acht weitere Mitgliedstaaten dazugekommen (Griechenland, Slowenien, Malta, die Republik Zypern, die Slowakei, Estland, Lettland und Litauen) – die Eurozone wird daher gelegentlich auch als »Euro-19« bezeichnet. Der Euro ist heute neben dem US-Dollar und dem Yen eine der bedeutendsten Leitwährungen im internationalen Finanzgeschäft.

Auch einige kleinere Drittstaaten – Andorra, Monaco, die beiden französischen Überseegebiete Saint-Barthélemy sowie Saint-Pierre und Miquelon, San Marino und der Vatikanstaat – nutzen den Euro als Währung. Basis hierfür sind bilaterale Verträge mit der Europäischen Union.

1.1.6 Der Vertrag von Amsterdam

Mit dem am 01.05.1999 in Kraft getretenen Vertrag von Amsterdam bereitete sich die Europäische Union auf weitere Beitritte vor, beispielsweise durch die Festlegung der maximalen Zahl der Sitze im Europäischen Parlament, dessen Befugnisse im Bereich der Gesetzgebung durch den Vertrag ebenfalls weiter gestärkt wurden. Darüber hinaus wurde das mit dem Vertrag von Maastricht errichtete Säulenmodell modifiziert; unter anderem wurde die strikte gegenseitige Abgrenzung der Säulen teilweise aufgehoben.

1.1.7 Der Vertrag von Nizza

Der Vertrag von Nizza trat am 01.02.2003 in Kraft. Durch ihn wurden vor allem die Bereiche, in denen Abstimmungen mit qualifizierter Mehrheit (und nicht mit Einstimmigkeit) zugelassen wurden, erheblich ausgeweitet.

Im Jahr 2004 traten Estland, Lettland, Litauen, Malta, Polen, die Slowakei, Slowenien, Tschechien, Ungarn und Zypern im Rahmen der ersten Osterweiterung der Europäischen Union bei. Die zweite Osterweiterung erfolgte 2007 durch die Beitritte Bulgariens und Rumäniens. Damit erhöhte sich die Zahl der Mitgliedstaaten auf nunmehr 27.

1.1.8 Der (gescheiterte) Vertrag über eine Verfassung für Europa

Der im Jahr 2004 unterzeichnete Vertrag über eine Verfassung für Europa (VVE) ist indessen nie in Kraft getreten. Er sah eine erneuerte einheitliche Struktur für die Europäische Union unter Wegfall der Gründungsverträge und der formalen Unterteilung in die Europäische Union einerseits und die Europäische Gemeinschaft andererseits sowie des bisherigen Säulenmodells vor. Die Europäische Union sollte zusätzliche und zudem in einem Katalog ausdrücklich geregelte Kompetenzen erhalten sowie – auch durch die Reduzierung von Vetomöglichkeiten einzelner Mitgliedstaaten – handlungsfähiger werden. Darüber hinaus sollte die demokratische Legitimation erhöht werden, indem diese nach Art. I-1 VVE ausdrücklich sowohl von den Bürgern als auch von den Mitgliedstaaten ausgehen sollte. Letztlich sah die Verfassung auch nationalstaatliche Elemente wie beispielsweise einen europäischen Außenminister, eine Europaflagge, eine Europahymne sowie einen Europatag im Sinne eines unionsweiten einheitlichen gesetzlichen Feiertages vor. Sie war von Anfang an aus den unterschiedlichsten Gründen politisch stark umstritten

Unabdingbare Voraussetzung für das Inkrafttreten der Verfassung war jedoch die Ratifizierung in sämtlichen Mitgliedstaaten. In der Bundesrepublik Deutschland hatten Bundestag und Bundesrat mit großer Mehrheit für den Vertrag gestimmt – eine Volksabstimmung über die Ratifizierung war (und ist) im Grundgesetz nicht vorgesehen. Auch in zahlreichen weiteren Mitgliedstaaten verlief die Ratifizierung erfolgreich. Allerdings nicht in Frankreich und den Niederlanden: Dort fanden Volksabstimmungen statt, in denen die Ratifizierung abgelehnt wurde. Ein Inkrafttreten des Vertrags über eine Verfassung für Europa war deshalb nicht möglich.

1.1.9 Der Vertrag von Lissabon

Nach dem Scheitern des Vertrags über eine Verfassung für Europa trat am 01.12.2009 der **Vertrag von Lissabon** in Kraft. Ursprünglich als »Reformvertrag« bezeichnet, basierte dieser inhaltlich weitgehend auf dem VVE, jedoch ohne dessen nationalstaatliche Elemente und Bezeichnungen (wie beispielsweise auch den Begriff der »Verfassung«) zu übernehmen. Wichtigste Regelung des 411 Artikel umfassenden Vertrages war die **rechtliche Fusion von Europäischer Union und Europäischer Gemeinschaft**. Er sah darüber hinaus erstmals ein ordentliches Gesetzgebungsverfahren im Europäischen Parlament vor – davor gab es nur ein sog. Mitentscheidungsverfahren. Der EG-Vertrag erhielt den neuen Namen **Vertrag über die Arbeitsweise der Europäischen Union** (AEUV). EUV und AEUV bilden damit quasi die verfassungsrechtliche Grundlage der Europäischen Union, auch wenn diese rechtlich weiterhin einen nichtstaatlichen Staatenverbund darstellt.

Der Europäischen Union wurde im Jahr 2012 der **Friedensnobelpreis** »für über sechs Jahrzehnte Beitrag zur Förderung von Frieden und Versöhnung, Demokratie und Menschenrechten in Europa« zuerkannt.

Seit dem Beitritt Kroatiens im Jahr 2013 besteht sie nunmehr aus insgesamt 28 Mitgliedstaaten (»EU-28«).

1.2 Rechtsnatur der Europäischen Union

Die Europäische Union ist **kein Staatenbund** im herkömmlichen völkerrechtlichen Verständnis. Zwar wurde sie durch völkerrechtliche Verträge errichtet. Aber der Anwendungsvorrang des Unionsrechts sowie dessen unmittelbare Geltung (s. 1.5.1) sind eigentlich klassische Elemente eines Bundesstaates und lassen sich mit den Grundsätzen des Völkerrechts nicht erklären. Die Europäische Union ist allerdings auch **kein Bundestaat**, weil die dafür erforderlichen allgemeinen völkerrechtlichen Voraussetzungen der Drei-Elementen-Lehre – das Vorliegen eines Staatsvolkes, eines Staatsgebietes und einer Staatsgewalt – allesamt zumindest nicht vollumfänglich vorliegen.

Das Bundesverfassungsgericht hat die Europäische Union in der Vergangenheit deshalb mehrfach als supranationalen »**Staatenverbund**« bezeichnet (erstmals im sog. Maastricht-Urteil vom 12.10.1993, 2 BvR 2134/92 und 2 BvR 2159/92). Bei dem Begriff des Staatenverbundes handelt es sich um eine neue Wortschöpfung: Das Bundesverfassungsgericht bringt damit zum Ausdruck, dass es sich um eine neuartige Ausgestaltung eines völkerrechtlichen Zusammenschlusses von Staaten handelt, der im Ergebnis gewissermaßen zwischen einem Staatenbund und einem Bundesstaat im herkömmlichen Sinne einzuordnen ist.

Durch die Gründungsverträge (EUV und AEUV) wurde eine neue, eigene Rechtsordnung geschaffen, die es der Europäischen Union unabhängig von ihren Mitgliedstaaten ermöglicht, selbstständig in bestimmten Bereichen für sämtliche Mitgliedstaaten verbindliche Regelungen zu erlassen. Diese Befähigung wird auch als **Supranationalität** bezeichnet.

1.3 Begriff des Europarechts

Der Begriff des Europarechts ist einerseits nicht sehr bestimmt und andererseits sehr weit gefasst. Traditionell wird unterschieden zwischen Europarecht im engeren Sinne und Europarecht im weiteren Sinne:

- Das **Europarecht in engerem Sinne** ist das eigentliche Recht der Europäischen Union – das sog. Unionsrecht. Ebenfalls dem Europarecht im engeren Sinne zugehörig ist das Recht der Europäischen Atomgemeinschaft (früher EAG, heute EURATOM). Diese ist zwar rechtlich eigenständig, mit der Europäischen Union jedoch dahingehend institutionell verbunden, dass sie mit dieser sämtliche Organe teilt.
- Unter das **Europarecht im weiteren Sinne** fällt – zusätzlich zum vorgenannten Europarecht im engeren Sinne – noch das Recht sämtlicher europäischer Institutionen und Organisationen wie beispielsweise das des Europarates, welches auch die Europäische Menschenrechtskonvention (EMRK) umfasst, das Recht der Europäischen Freihandelszone (EFTA), das Recht der Organisation für Sicherheit und Zusammenarbeit in Europa (OSZE), das Recht der Organisation für wirtschaftliche Zusammenarbeit in Europa (OECD) und das Recht des Europäischen Wirtschaftsraumes (EWR). Beispielsweise ist auch das Schengener Abkommen Europarecht im weiteren Sinne, wie auch diverse Assoziierungsabkommen der Europäischen Union mit Drittstaaten.

Die folgenden Ausführungen beschränken und beziehen sich – soweit nicht anders vermerkt – auf das Europarecht im engeren Sinne in Form des **Unionsrechts**.

1.4 Rechtsquellen des Unionsrechts

Das Unionsrecht besteht aus einer Vielzahl unterschiedlicher Rechtsquellen. Es wird weiter unterteilt in europäisches Primär- und Sekundärrecht.

1.4.1 Europäisches Primärrecht

Europäisches Primärrecht ist das **ranghöchste Recht der Europäischen Union** – es hat Vorrang vor allen anderen europäischen Rechtsquellen.

Das Europäische Primärrecht besteht heute im Wesentlichen aus den konstituierenden Verträgen der Europäischen Union – dem **Vertrag über die Europäische Union** (EUV) und dem gemäß Art. 1 Abs. 3 EUV rechtlich gleichrangigen **Vertrag über die Arbeitsweise der Europäischen Union** (AEUV). Beide Verträge bilden gemeinsam die rechtliche Grundlage der Europäischen Union und ihres Handelns. Sie werden im europarechtlichen Kontext regelmäßig nur als »die Verträge« bezeichnet. Bei ihnen handelt es sich nicht um »europäisches Verfassungsrecht«, sondern um völkerrechtliche Verträge zwischen den Mitgliedstaaten der Europäischen Union.

- Im **EUV** sind die Werte, die Ziele und Grundsätze der Europäischen Union sowie die elementaren Bestimmungen über die Organe und das auswärtige Handeln der Union geregelt. Er ist relativ kurzgefasst.
- Der **AEUV** ist bedeutend umfangreicher als der EUV und regelt die Arbeitsweise der Europäischen Union und die Zuständigkeitsbereiche und Kompetenzen der Organe im Detail.

Weitere Bestandteile des Europäischen Primärrechts sind die **Charta der Grundrechte der Europäischen Union** (auch: EU-Grundrechtecharta) sowie **allgemeine Rechtsgrundsätze** und **Gewohnheitsrecht**.

1.4.2 Europäisches Sekundärrecht

Europäisches Sekundärrecht sind sämtliche auf Grundlage des europäischen Primärrechts von den Organen der Europäischen Union selbst erlassenen Rechtsakte (s. 4.1). Es handelt es sich daher um vom primären Europarecht abgeleitetes (und deshalb »sekundäres«) Recht. Sekundäres Europarecht darf nicht gegen primäres Europarecht verstoßen, anderenfalls kann es vom Europäischen Gerichtshof für nichtig erklärt werden.

Die wichtigsten Formen, in denen sekundäres Europarecht zutage tritt, sind in Art. 288 UAbs. 1 AEUV aufgeführt; es handelt sich um **Verordnungen**, **Richtlinien**, **Beschlüsse**, **Empfehlungen** und **Stellungnahmen**.

1.4.2.1 Verordnungen

Das Wesen der Verordnung ist in Art. 288 UAbs. 2 AEUV umfassend umschrieben: »Die Verordnung hat allgemeine Geltung. Sie ist in allen ihren Teilen verbindlich und gilt unmittelbar in jedem Mitgliedstaat.« Sie hat demzufolge abstrakt-generellen Charakter und entspricht in ihrer Wirkung weitgehend einem **materiellen Gesetz** nach nationalem Recht, ohne dass es hierfür noch eines innerstaatlichen Umsetzungsaktes bedürfte. Nicht nur die Mitgliedstaaten, sondern auch sämtliche Unionsbürger sind mögliche Adressaten einer Verordnung. Diese kann daher unmittelbar Rechte für und Pflichten gegen Einzelne begründen. Verstößt mitgliedstaatliches nationales Recht gegen eine Verordnung, so wird dieses nationale Recht unanwendbar.

Verordnungen dienen vor allem der **Rechtsvereinheitlichung in der Europäischen Union**. Sie sind aufgrund ihrer Verbindlichkeit das effektivste Mittel, welches den Organen der Europäischen Union zur Verfügung steht. In der Regel werden Verordnungen auf Vorschlag der Kommission vom Rat gemeinsam mit dem Europäischen Parlament erlassen.

Beispiele für Verordnungen sind die Datenschutz-Grundverordnung (DSGVO), der Schengener Grenzkodex und die im Zusammenhang mit der Flüchtlingskrise 2015 häufig diskutierte und gemeinhin als Dublin-II-Verordnung bezeichnete Verordnung (EG) Nr. 343/2003 vom 28. 02. 2003. Die unter der Bezeichnung »Gurkenkrümmungsverordnung« bekannt gewordene und von Beginn an als Beispiel für eine als überbordend empfundene Bürokratie Brüssels in der Öffentlichkeit stark kritisierte »Verordnung Nr. 1677/88/EWG zur Festsetzung von Qualitätsnormen für Gurken« vom 15. 06. 1988 existierte übrigens tatsächlich. Sie wurde aber bereits im Jahr 2009 durch die Kommission wieder außer Kraft gesetzt.

1.4.2.2 Richtlinien

Im Gegensatz zu einer Verordnung wendet sich die Richtlinie ausschließlich an alle oder einzelne Mitgliedstaaten: »Die Richtlinie ist für jeden Mitgliedstaat, an den sie gerichtet wird, hinsichtlich des zu erreichenden Ziels verbindlich, überlässt jedoch den innerstaatlichen Stellen die Wahl der Form und der Mittel« (Art. 288 UAbs. 3 AEUV). Sie entfaltet demnach also **keine unmittelbare Wirkung**, sondern bedarf noch eines Umsetzungsaktes nach nationalem Recht. Die Richtlinie ist daher nur hinsichtlich der in ihr festgelegten Ziele verbindlich. Wie die Mitgliedstaaten diese umsetzen, bleibt ihnen selbst überlassen. In der Regel erfolgt die Umsetzung nach nationalem Recht in Form von **materiellen Gesetzen**.

Daraus folgt, dass ein Bürger eines Mitgliedstaates rechtlich nicht direkt gegen eine Richtlinie vorgehen kann, sondern nur gegen etwaige nationale Vollzugsakte. Problematischer ist jedoch ohnehin der umgekehrte Fall der **nicht fristgemäßen oder nicht ordnungsgemäßen Umsetzung einer Richtlinie** durch einen Mitgliedstaat:

- Zunächst sind die jeweiligen Normen des nationalen Rechts **richtlinienkonform auszulegen**. Diese Verpflichtung folgt aus dem in Art. 4 Abs. 3 EUV geregelten Grundsatz der Unionstreue, wonach sämtliche mitgliedstaatlichen Träger öffentlicher Gewalt die zur Erfüllung der Ziele des EUV geeigneten Maßnahmen treffen müssen. Dadurch kann Richtlinien im Ergebnis eine quasi-unmittelbare Wirkung zukommen.
- Der Bürger kann sich auch auf die in der Richtlinie geregelten Bestimmungen im Wege der **unmittelbaren Anwendung** berufen, sofern diese hinreichend bestimmt gefasst sind. Begründet wird dies mit dem Grundsatz des effet utile (s. 1.5.2) sowie mit dem allgemeinen Gleichbehandlungsprinzip, da bei einer uneinheitlichen Richtlinienumsetzung eine ungerechtfertigte Ungleichbehandlung der Unionsbürger entstehen würde.

Die Richtlinien entsprechen im nationalen Verfassungsrecht weitgehend der früheren Rahmengesetzgebung gemäß Art. 75 GG a. F., welche jedoch im Rahmen der Föderalismusreform I im Jahr 2006 abgeschafft wurde. Seitdem haben Richtlinien keine Entsprechungen mehr im (deutschen) nationalen Recht. Die meisten Richtlinien werden vom Rat gemeinsam mit dem Europäischen Parlament erlassen.

Beispiele für Richtlinien sind die Mehrwertsteuer-Systemrichtlinie (2006/112/EG) vom 28. 11. 2006, welche als Rahmenrichtlinie die Vorgaben der Europäischen Union an die nationalen Umsatzsteuergesetze der Mitgliedstaaten zusammenfasst, oder die als Verbraucherrechte-Richtlinie bezeichnete Richtlinie 2011/83/EU vom 25. 10. 2011, welche die umfassende Harmonisierung der Verbraucherrechte bei Fernabsatzverträgen vorsieht.

1.4.2.3 Beschlüsse

Beschlüsse betreffen im Wesentlichen Einzelfallentscheidungen der Organe der Europäischen Union. Sie zählen daher streng genommen gar nicht zu den Rechtsquellen. Gleichwohl werden sie in Art. 288 AUEV ausdrücklich aufgeführt und nach herrschender Auffassung dem europäischen Sekundärrecht zugeordnet. Beschlüsse sind gemäß Art. 288 UAbs. 4 AEUV »[...] in allen ihren Teilen verbindlich. Sind sie an bestimmte Adressaten gerichtet, so sind sie nur für diese verbindlich.« Beschlüsse kommen dann zur Anwendung, wenn eine verbindliche Regelung erfolgen soll, aber kein Fall für den Erlass einer Verordnung oder einer Richtlinie vorliegt. In der Praxis ergehen Beschlüsse regelmäßig (meist durch die Kommission) gegenüber Privaten, sie können aber auch gegenüber Mitgliedstaaten ergehen. In ihrer Rechtswirkung entsprechen Beschlüsse im Wesentlichen **Verwaltungsakten** nach nationalem Recht.

Beispiele für Beschlüsse sind die wettbewerbsrechtliche Genehmigung von Fusionen von Unternehmen, die Zulassung von Arzneimitteln, die Auferlegung von Geldbußen wegen übermäßiger öffentlicher Defizite einzelner Mitgliedstaaten (Art. 126 AEUV) oder auch die Ernennung der Mitglieder der Europäischen Kommission (Art. 17 Abs. 7 UAbs. 3 EUV).

1.4.2.4 Empfehlungen und Stellungnahmen

Für Empfehlungen und Stellungnahmen regelt Art. 288 UAbs. 5 AUEV lediglich, dass diese **nicht verbindlich** sind. Dennoch sind sie offizielle Verlautbarungen und haben ganz erhebliche praktische Bedeutung. Gelegentlich sehen die Verträge vor, dass Rechtsakte »auf Empfehlung« oder »nach Stellungnahme« eines Organs ergehen. In diesen Fällen sind sie als Bestandteil eines mehrstufigen Verfahrens zwingend formell erforderlich. Insbesondere der Rat und die Kommission nutzen die Rechtsakte der Empfehlung und der Stellungnahme regelmäßig auch zur Erläuterung ihres Rechtsverständnisses.

1.5 Verhältnis des Unionsrechts zum nationalen Recht

Damit die Europäische Union ihr in Art. 3 Abs. 1 EUV niedergelegtes Ziel verwirklichen kann, benötigt sie eine rechtliche Durchsetzungsmöglichkeit gegenüber den Mitgliedstaaten. Gelöst wird dies durch eine **unmittelbare Geltung des Unionsrechts** sowie einen **Vorrang des Unionsrechts** gegenüber den nationalen Rechtsordnungen der Mitgliedstaaten. Beides ist völkerrechtlich keineswegs selbstverständlich – und erstaunlicherweise ist weder die unmittelbare Geltung noch der Vorrang des Unionsrechts im EUV oder im AEUV ausdrücklich geregelt.

1.5.1 Unmittelbare Geltung des Unionsrechts

Der Grundsatz der unmittelbaren Geltung des Unionsrechts wird auch als **»effet direct«** bezeichnet. Er bedeutet, dass Bestimmungen des Unionsrechts vom Zeitpunkt ihres Inkrafttretens an ihre volle Wirkung in allen Mitgliedstaaten entfalten. Diese Bestimmungen können also wie nationales Recht direkt Rechte und Pflichten begründen – sowohl gegenüber Mitgliedstaaten als auch gegenüber Einzelpersonen. Das gilt in erster Linie für die Verordnungen gemäß Art. 288 Abs. 2 AEUV (s. 1.4.2.1), aber beispielsweise auch für Richtlinien, soweit sie hinreichend bestimmt sind (s. 1.4.2.2). Auch einige primärrechtliche Regelungen – wie beispielsweise das allgemeine Diskriminierungsverbot des Art. 18 AEUV (s. 6.2.2) – sind unmittelbar anwendbar.

Obgleich er in den Verträgen nicht ausdrücklich festgeschrieben ist, ist der Grundsatz der unmittelbaren Geltung des Unionsrechts unbestritten. Worauf er sich rechtlich stützt, ist hingegen umstritten. Der **Europäische Gerichtshof** leitet ihn aus der Autonomie des Europarechts selbst her (EuGH Rs. 26/62 »van Gend & Loos«, sowie darauf aufbauend – und lesenswert – EuGH Rs. 6/64 »Costa/ENEL«, EuGH Rs. 106/77 »Simmenthal II«). Er verweist zur Begründung darauf, dass die Mitgliedstaaten selbst Hoheitsrechte auf die Europäische Union übertragen hätten. Die unmittelbare Geltung sei wegen des Grundsatzes der effektiven Durchsetzung des Unionsrechts gemäß Art. 4 Abs. 3 EUV zwingend erforderlich. Das **Bundesverfassungsgericht** ist hingegen der Auffassung, dass das Völkerrecht grundsätzlich keinen allgemeinen Geltungsvorrang kenne – daher müsse er sich aus dem nationalen Rechtsanwendungsbefehl der Zustimmungsgesetze zu den Unionsverträgen in Verbindung mit Art. 23 Abs. 1 Satz 2 GG ergeben (BVerfG vom 09. 06. 1971, BVerfGE 31, 145 ff.).

1.5.2 Vorrang des Unionsrechts

Aufgrund der unmittelbaren Geltung des Unionsrechts können Konflikte zwischen dem Unionsrecht und Normen des innerstaatlichen Rechts auftreten – man spricht hierbei auch von **Kollisionen**. Diese Konflikte können nur über den Vorrang einer der beiden Rechtsordnungen gelöst werden. Deshalb ist die Frage des Rangverhältnisses zwischen Unionsrecht und dem nationalen Recht der Mitgliedstaaten von erheblicher Bedeutung. Sie ist aber gleichwohl weder im Unionsrecht noch im deutschen Recht ausdrücklich geregelt.

Der **Europäische Gerichtshof** geht in seiner Rechtsprechung davon aus, dass das Unionsrecht vorrangig ist gegenüber jeglichem innerstaatlichen Recht (EuGH Rs. 6/64 »Costa/ENEL«) – also ausdrücklich auch gegenüber nationalem Verfassungsrecht! Zur Begründung verweist er auf die Eigenständigkeit der Rechtsordnung der Europäischen Union und darauf, dass das Unionsrecht seinen Charakter als solches verlöre, würde es nicht einheitliche Anwendung in allen Mitgliedstaaten finden. Daher sei die einheitliche Geltung des Unionsrechts in allen Mitgliedstaaten erforderlich.

Der Vorrang des Unionsrechts begründet einen **Anwendungsvorrang**, keinen Geltungsvorrang. Daraus folgt, dass die Gültigkeit von nationalem Recht, welches Unionsrecht entgegensteht, erhalten bleibt und von diesem quasi überlagert wird. Das nationale Recht wird durch eine Kollision mit Unionsrecht jedoch nicht nichtig. Unionsrecht »bricht« nationales Recht also nicht, wie das beispielsweise bei Bundesrecht im Verhältnis zu Landesrecht der Fall ist (Art. 31 GG). Der Vorrang des Unionsrechts bedingt bei einer Kollision lediglich die Unanwendbarkeit des kollidierenden nationalen Rechts im Einzelfall. Darüber hinaus hat der Europäische Gerichtshof mit seiner Rechtsprechung die Mitgliedstaaten verpflichtet, auch in sonstiger Hinsicht alles zu tun, was zur effektiven Anwendung und Durchsetzung des Unionsrechts erforderlich ist. Wenn das nationale Recht unterschiedlich ausgelegt werden kann, ist stets diejenige Auslegung vorzuziehen, mit der dem Unionsrecht eine möglichst optimale Wirkungskraft verliehen wird. Dieser Auslegungsgrundsatz wird als **»effet utile«** bezeichnet.

Einige Mitgliedstaaten erkennen den Vorrang des Unionsrechts entsprechend dieser Position des Europäischen Gerichtshofs vorbehaltlos und uneingeschränkt an. Das gilt jedoch nicht für die Bundesrepublik: Das **Bundesverfassungsgericht** sieht den Vorrang des Unionsrechts inhaltlich differenzierter und unterscheidet zwischen Kollisionen mit einfachem Recht einerseits und Kollisionen mit Grundrechten andererseits. Der Vorrang des Unionsrechts ist dabei wie folgt unterschiedlich ausgeprägt:

1.5.2.1 Kollision mit einfachem Recht

Bei der Kollision von Unionsrecht mit nationalem einfachen Recht handelt es sich um den bei weitem einfacheren Fall: Das Bundesverfassungsgericht erkennt hier den Anwendungsvorrang des Unionsrecht in vollem Umfang an (BVerfG vom 09. 06. 1971, BVerfGE 31, 145 ff.). Daraus folgt nach h. M., dass nicht nur deutsche Gerichte, sondern auch alle Stellen der deutschen Verwaltung im Fall der Kollision von unmittelbar anwendbarem Unionsrecht mit deutschem (einfachen) Recht nicht das deutsche Recht, sondern die insoweit vorrangigen entgegenstehenden unionsrechtlichen Bestimmungen anwenden müssen.

1.5.2.2 Kollision mit Verfassungsrecht

Erheblich komplizierter wird es bei der Kollision von Unionsrecht mit nationalem Verfassungsrecht – beispielsweise mit Grundrechten. Hier ist danach zu unterscheiden, ob es sich auf Seiten des Unionsrechts um eine Kollision von europäischem Sekundär- oder Primärrecht handelt.

Durch europäisches Sekundärrecht

Der in der Praxis häufiger vorkommende und deshalb relevantere Fall betrifft die Kollision von unmittelbar anwendbarem europäischen Sekundärrecht mit nationalem Verfassungsrecht. Das betrifft in erster Linie Verordnungen (s. 1.4.2.1). In zwei sehr zentralen und auch international umfangreich kommentierten Entscheidungen – den sog. **Solange-Beschlüssen** – hat sich das Bundesverfassungsgericht umfangreich mit der Prüfung der Vereinbarkeit von unionsrechtlichen Sekundärrechtsakten mit nationalem Verfassungsrecht beschäftigt.

Im **Solange-I-Beschluss** aus dem Jahr 1974 hat das Bundesverfassungsgericht entschieden, dass die Europäische Gemeinschaft (heute: Europäische Union) durch Art. 24 Abs. 1 GG (heute: Art. 23 Abs. 1 GG) ermächtigt wurde, in Deutschland unmittelbar geltende Rechtsakte zu erlassen, welche durchaus auch die Grundrechte Einzelner berühren können. Voraussetzung sei allerdings, dass das Gemeinschaftsrecht (heute: Unionsrecht) einen den deutschen Grundrechten entsprechenden eigenen Grundrechtskatalog besitzt und dieser eine zuverlässige Gewähr dafür bietet, die Rechte des Einzelnen zu schützen (BVerfG vom 29. 05. 1974, BVerfGE 37, 271). Faktisch führte diese Rechtsprechung dazu, dass der Vorrang des sekundären Gemeinschaftsrechts nur soweit reichte, als dieses sich im Rahmen der deutschen Grundrechte bewegte – diese wurden durch die Entscheidung des Bundesverfassungsgerichts quasi zum mittelbaren Prüfungsmaßstab für europäisches Sekundärrecht. Allerdings ist zu berücksichtigen, dass der europäische Integrationsprozess zu dieser Zeit noch nicht sehr weit vorangeschritten war und die vom Europäischen Gerichtshof gewährleistete gerichtliche Kontrolle tatsächlich noch keinen effektiven Schutz vor Grundrechtsbeeinträchtigungen bot.

In den Jahren nach dieser Entscheidung hat sich der Grundrechtsschutz in der Europäischen Union deutlich verbessert, weil der Europäische Gerichtshof im Rahmen der richterlichen Rechtsfortbildung einen – zunächst ungeschriebenen – Grundrechtskatalog geschaffen hat, indem er Grundrechte als »allgemeine Rechtsgrundsätze des Gemeinschaftsrechts« anerkennt. In der Folge revidierte das Bundesverfassungsgericht seine vorstehend dargestellte Rechtsauffassung im **Solange-II-Beschluss** aus dem Jahr 1986 (BVerfG vom 22.10.1986, BVerfGE 73, 339). Es sah nunmehr einen gemeinschaftsrechtlichen Grundrechtsschutz, der mit dem Grundrechtsschutz nach dem Grundgesetz vergleichbar ist, als gegeben an. Solange (und soweit) dies gewährleistet ist, ist eine dahingehende Überprüfung durch das Bundesverfassungsgericht nicht mehr zulässig. Die entsprechende Passage aus dem Beschluss lautet wie folgt: »Solange die Europäischen Gemeinschaften, insbesondere die Rechtsprechung des Gerichtshofs der Gemeinschaften einen wirksamen Schutz der Grundrechte gegenüber der Hoheitsgewalt der Gemeinschaften generell gewährleisten, der dem vom Grundgesetz als unabdingbar gebotenen Grundrechtsschutz im esentlichen gleichzuachten ist, zumal den Wesensgehalt der Grundrechte generell verbürgt, wird das Bundesverfassungsgericht seine Gerichtsbarkeit über die Anwendbarkeit von abgeleitetem Gemeinschaftsrecht, das als Rechtsgrundlage für ein Verhalten deutscher Gerichte und Behörden im Hoheitsbereich der Bundesrepublik Deutschland in Anspruch genommen wird, nicht mehr ausüben und dieses Recht mithin nicht mehr am Maßstab der Grundrechte des Grundgesetzes überprüfen; entsprechende Vorlagen nach Art. 100 Abs. 1 GG sind somit unzulässig.« Diese Grundsätze hat das Bundesverfassungsgericht in mehreren darauffolgenden Entscheidungen in Detailbereichen weiter verfeinert. Im Wesentlichen finden sie aber bis heute Anwendung – bis auf Weiteres übt das Bundesverfassungsgericht also seine Prüfungskompetenz im Hinblick auf mögliche Verstöße von europäischem Sekundärrecht gegen deutsche Grundrechte nicht mehr aus.

Durch europäisches Primärrecht

Auch die Verträge – also das europarechtliche Primärrecht – können im Widerspruch zum Grundgesetz stehen. Prüfungsgegenstand ist in solchen Fällen jedoch nicht das betreffende europarechtliche Primärrecht selbst, sondern das jeweilige nationale Zustimmungsgesetz im Rahmen der Ratifizierung. In diesem Gesetz ist der Rechtsanwendungsbefehl nach nationalem Recht für das entsprechende europarechtliche Primärrecht – beispielsweise der Vertrag von Maastricht oder der Vertrag von Lissabon – enthalten. Der Prüfungsmaßstab ergibt sich dabei aus Art. 23 Abs. 1 Satz 3 in Verbindung mit Art. 79 Abs. 2 und 3 GG. Das bedeutet, dass für das Zustimmungsgesetz einerseits die Voraussetzungen des Art. 79 Abs. 2 GG gegeben sein müssen (Zustimmung von zwei Dritteln der Mitglieder des Bundestages und zwei Dritteln der Stimmen des Bundesrates). Andererseits darf das Zustimmungsgesetz die nach Art. 79 Abs. 3 GG durch die sog. »Ewigkeitsgarantie« als Kernbereich der Verfassung besonders geschützten Grundsätze nicht berühren. Hoheitsrechte können deshalb nur in diesen Grenzen auf die Europäische Union übertragen werden. Das Bundesverfassungsgericht hat hierbei in seiner **Maastricht-Entscheidung** (BVerfG vom 12.10.1993, BVerfGE 89, 155 f.) insbesondere auf das wegen des Verweises auf die Grundsätze des Art. 20 GG dazu zählende Demokratieprinzip abgestellt und ausgeführt, dass eine vom Volk ausgehende Legitimation und Einflussnahme gewährleistet sein muss. Das ist der Fall, wenn die durch das Zustimmungsgesetz legitimierte Übertragung von Hoheitsrechten dem Bundestag weiterhin hinreichende Aufgaben und Befugnisse von substantiellem politischem Gewicht belassen.

2 Organe der Europäischen Union

Die Europäische Union verfügt gemäß Art. 13 Abs. 1 EUV über einen »institutionellen Rahmen«, der aus sieben gemeinsamen Organen besteht, welche ebenfalls in Art. 13 Abs. 1 EUV namentlich aufgeführt werden:

- Das **Europäische Parlament**,
- der **Europäische Rat**,
- der **Rat der Europäischen Union** (bzw. lediglich der »Rat«),
- die **Europäische Kommission** (bzw. lediglich die »Kommission«),
- der **Gerichtshof der Europäischen Union**,
- die **Europäische Zentralbank** und
- der **Rechnungshof**.

Das Europäische Parlament, der Rat und die Kommission werden darüber hinaus von einem **Wirtschafts- und Sozialausschuss** sowie einem **Ausschuss der Regionen** unterstützt, welche beratende Aufgaben wahrnehmen (Art. 13 Abs. 4 EUV).

Daneben existiert noch eine Vielzahl **dezentraler Agenturen der Europäischen Union** wie beispielsweise das Europäische Markenamt in Alicante, die Europäische Umweltagentur in Kopenhagen, die Europäische Agentur für Flugsicherung in Köln oder das Europäische Polizeiamt (Europol) in Den Haag.

Die Aufgaben und Befugnisse der einzelnen Organe werden in Art. 13 bis 19 EUV bzw. im AEUV und im EAGV näher beschrieben.

2.1 Das Europäische Parlament

(Art. 14 EUV, Art. 223-234, 314 AEUV – http://www.europarl.europa.eu/portal/de)

Das Europäische Parlament ist das einzige direkt vom Volk gewählte gemeinsame Organ der Europäischen Union. Es wird zusammen mit dem Rat als **Gesetzgeber** tätig und übt gemeinsam mit ihm die **Haushaltsbefugnisse** aus (Art. 14 Abs. 1 Satz 1 EUV). Es übernimmt weiterhin **Kontroll-** und **Beratungsfunktionen** im Wesentlichen gegenüber der Kommission (Art. 14 Abs. 1 Satz 2 EUV). Besonders hervorzuheben in diesem Zusammenhang ist das Fragerecht des Parlaments gemäß Art. 230 AEUV sowie die Erforderlichkeit der Bestätigung der Kommission durch das Parlament gemäß Art. 17 Abs. 7 UAbs. 3 Satz 1 EUV.

Der **offizielle Sitz** des Europäischen Parlaments ist **Straßburg**. Dort finden auch die regulären Plenarsitzungen statt. Sein Verwaltungssitz ist hingegen Luxemburg und die Ausschüsse und Fraktionen tagen in Brüssel. Diese starke räumliche Verteilung des Europäischen Parlaments über insgesamt drei Mitgliedstaaten war und ist Gegenstand vielfältiger Kritik; nicht zuletzt auch aus Kostengründen.

In den Anfangsjahren der Europäischen Union war das Europäische Parlament vollkommen unbedeutend. Seine Kompetenzen wurden jedoch im Laufe der Zeit im Rahmen der Bestrebungen zur Behebung vorhandener Demokratiedefizite in der Europäischen Union mehrfach gestärkt, zuletzt mit dem Vertrag von Lissabon.

Die Zusammensetzung des Europäischen Parlaments ist in Art. 14 Abs. 2 EUV geregelt. Es besteht – inklusive seines Präsidenten – aus 751 Abgeordneten, welche als »Vertreter der Unionsbürgerinnen und Unionsbürger« bezeichnet werden. Die Zahl der Sitze pro Mitgliedstaat ist auf mindestens sechs und maximal 96 festgelegt. Dabei erfolgt die Verteilung nicht linear, sondern degressiv proportional. Das hat zur Folge, dass bevölkerungsreiche Mitgliedstaaten zwar absolut mehr Sitze im Parlament erhalten als bevölkerungsarme; bevölkerungsarme Staaten erhalten aber relativ mehr Sitze pro Einwohner als bevölkerungsreiche. Konkret vertritt beispielsweise ein deutscher Abgeordneter rechnerisch mehr als 850 000 Unionsbürger. Bei einem Abgeordneten aus Malta sind es hingegen gerade mal knapp 70 000. Es ist fraglich, ob dieses Ungleichgewicht mit dem demokratischen Gleichheitsgrundsatz noch vereinbar ist; das Bundesverfassungsgericht sieht die demokratische Legitimität des Europäischen Parlaments dadurch jedenfalls erheblich geschwächt (BVerfG vom 30. 06. 2009, BVerfGE 123, 267).

Das Verfahren für die **Wahl der Abgeordneten** des Europäischen Parlaments ist teilweise im Unionsrecht, teilweise aber auch im nationalen Recht der Mitgliedstaaten geregelt – in Deutschland im **Europawahlgesetz** (EuWG). Die Wahl erfolgt jeweils auf fünf Jahre. Die Wahlrechtsgrundsätze ergeben sich aus Art. 14 Abs. 3 EUV, welcher jedoch im Gegensatz zu Art. 38 Abs. 1 Satz 1 GG den Grundsatz der Gleichheit der Wahl nicht enthält. Die Regelungen im EuWG sahen in der Vergangenheit zunächst eine **Sperrklausel** in Höhe von 5 % vor, die aufgrund einer Entscheidung des Bundesverfassungsgerichts zunächst auf 3 % reduziert und schließlich aufgrund einer weiteren Entscheidung aus dem Jahr 2013 gänzlich gestrichen wurde. Somit existiert bei Europawahlen keine Sperrklausel mehr, wohingegen bei Bundestagswahlen gemäß § 6 Abs. 3 BWahlG nach wie vor eine solche in Höhe von 5 % existiert (s. Teil F 2.2.3).

Der Status der Abgeordneten des Europäischen Parlaments ergibt sich im Wesentlichen aus dem nach Art. 223 Abs. 2 AEUV vom Parlament festgelegten **Abgeordnetenstatut des Europäischen Parlaments.** Dieses sieht – vergleichbar mit der Regelung in Art. 38 Abs. 1 Satz 2 GG – die Freiheit und Unabhängigkeit der Abgeordneten vor. In diesem Statut ist beispielsweise auch die aus dem Haushalt der Europäischen Union finanzierten Entschädigungen der Abgeordneten für die Ausübung ihres Amtes sowie ihrer Ruhegehälter geregelt.

Das Parlament gibt sich gemäß Art. 232 EUV eine **Geschäftsordnung** (die GO-EP) und wählt gemäß Art. 14 Abs. 4 EUV »aus seiner Mitte« seinen **Präsidenten** und sein **Präsidium** auf jeweils zweieinhalb Jahre. Die Vorbereitung und Durchführung der Parlamentsarbeit inklusive des Sprachendienstes obliegt dem vom Präsidium eingesetzten Sekretariat des Europäischen Parlaments, an dessen Spitze der **Generalsekretär** steht.

Die Abgeordneten des Europäischen Parlaments können sich nach Art. 32 der GO-EP in **Fraktionen** mit jeweils mindestens 25 Abgeordneten zusammenschließen. Nach der Wahl im Jahr 2014 wurden insgesamt acht Fraktionen gebildet. Sie basieren zwischenzeitlich auf **übernationalen Vereinigungen von Parteien** (sog. Parteibünden) wie beispielsweise den Fraktionen der Europäischen Volkspartei (EVP) oder der Progressiven Allianz der Sozialisten und Demokraten im Europäischen Parlament (S&D). In den Fraktionen findet – ähnlich wie im Bundestag auch – die eigentliche politische Hauptarbeit des Parlaments statt. Im Gegensatz zu den Fraktionen im Deutschen Bundestag verfügen die Fraktionen im Europäischen Parlament jedoch nicht über eine eigene Rechtsfähigkeit. Gemäß Art. 196 GO-EP setzt das Europäische Parlament – wie der Bundestag auch – **ständige Ausschüsse** ein. Darüber hinaus können nach Art. 226 AEUV **nichtständige Untersuchungsausschüsse** gebildet werden. Sämtliche Ausschüsse des Europäischen Parlaments tagen nichtöffentlich.

Beschlüsse des Europäischen Parlaments erfolgen gemäß Art. 231 AEUV grundsätzlich mit der **absoluten Mehrheit der abgegebenen Stimmen** (qualifizierte Abstimmungsmehrheit). Insbesondere für den Beitritt neuer Mitgliedstaaten ist hiervon abweichend geregelt, dass die Zustimmung die absolute Mehrheit der Mitglieder des Parlaments erfordert (qualifizierte Mitgliedermehrheit).

2.2 Der Europäische Rat

(Art. 15, 26-27, 42 Abs. 2 EUV – https://www.consilium.europa.eu/de/european-council)

Der Europäische Rat existiert seit dem Jahr 1974. Er ist das Gremium der Staats- und Regierungschefs und damit das **politische Führungsorgan der EU**. Gemäß Art. 15 Abs. 1 Satz 1 EUV »gibt [er] der Union die für ihre Entwicklung erforderlichen Impulse und legt die allgemeinen politischen Zielvorstellungen und Prioritäten hierfür fest«; er bestimmt also den politischen Rahmen. Gemäß Art. 15 Abs. 1 Satz 2 EUV besitzt der Europäische Rat jedoch ausdrücklich keine gesetzgeberische Kompetenz, weshalb er diesen von ihm gesteckten Rahmen nicht selbst umsetzen kann. Dennoch hat seine Bedeutung in der Vergangenheit stark zugenommen.

Bei **Vertragsänderungen** gemäß Art. 48 EUV spielt der Europäische Rat eine zentrale Rolle (s. 4.2.2). Er wirkt darüber hinaus bei wichtigen **Personalfragen** in der Europäischen Union mit; beispielsweise bei der Ernennung des Präsidenten der Kommission (Art. 17 Abs. 7 EUV) und des Hohen Vertreters für Außen- und Sicherheitspolitik (Art. 18 Abs. 1 EUV).

Der Europäische Rat **entscheidet grundsätzlich im Konsens**, und damit einstimmig (Art. 15 Abs. 4 EUV). Zwar sehen die Verträge in bestimmten Fällen Ausnahmen vor (beispielsweise in Art. 17 Abs. 7 EUV), doch haben in der Vergangenheit keine solchen Mehrheitsentscheidungen stattgefunden. Ihm kommt regelmäßig die Aufgabe zu, Kompromisse zu schließen und Konflikte zu schlichten, die auf niedrigerer Ebene nicht zu lösen waren. Da die Mitgliedstaaten in bestimmten, besonders brisanten Politikbereichen Angelegenheiten, die ansonsten nach dem Mehrheitsprinzip gefällt werden (beispielsweise in Art. 48 UAbs. 2 AEUV oder in Art. 83 Abs. 3 AEUV) an den Europäischen Rat verweisen können, sind sie in der Lage, hierdurch faktisch ebenfalls einstimmige Entscheidungen zu erzwingen. Diese Möglichkeit wird in der Literatur gelegentlich auch als eine Art »Notbremse« des Europäischen Rates bezeichnet.

Gemäß Art. 15 Abs. 2 Satz 1 EUV setzt sich der Europäische Rat aus den **Staats- und Regierungschefs der Mitgliedstaaten** sowie seinem von ihm gewählten Präsidenten und dem Präsidenten der Kommission zusammen. Er tritt regulär zweimal pro Halbjahr zu sog. »EU-Gipfeln« zusammen (Art. 15 Abs. 3 Satz 1 EUV). Daneben besteht gemäß Art. 15 Abs. 3 Satz 3 EUV die Möglichkeit, bei Bedarf zusätzlich außerordentliche Tagungen, sog. »EU-Sondergipfel«, einzuberufen, was in der Praxis zunehmend häufig geschieht. Über die Tagungen erstattet der Europäische Rat dem Europäischen Parlament Bericht (Art. 15 Abs. 6 lit. d) EUV).

Erst durch den Vertrag von Lissabon wurde die Position des **Präsidenten des Europäischen Rates** geschaffen. Dieser wird vom Europäischen Rat für eine **Amtszeit von zweieinhalb Jahren** mit der Möglichkeit der einmaligen Wiederwahl gewählt (Art. 15 Abs. 5 EUV). Seine Stellung ist in Art. 15 Abs. 6 EUV geregelt; insbesondere leitet er die Sitzungen des Europäischen Rates. Der erste Präsident des Europäischen Rates war der vormalige belgische Premierminister Herman Van Rompuy für die Zeit von 2009 bis 2014, sein Nachfolger ist der frühere polnische Ministerpräsident Donald Tusk.

2.3 Der Rat der Europäischen Union

(Art. 16 EUV, Art. 237-243 AEUV – https://www.consilium.europa.eu/de/council-eu)

Der Rat der Europäischen Union wird im Vertragstext schlicht als »Rat« und umgangssprachlich auch als **»Ministerrat«** bezeichnet. Er repräsentiert die nationalen Regierungen der Mitgliedstaaten und darf auf keinen Fall mit dem ähnlich bezeichneten Europäischen Rat – der Repräsentation der Staats- und Regierungschefs der Mitgliedstaaten – verwechselt werden.

Die Aufgaben des Rates sind in Art. 16 Abs. 1 EUV beschrieben. Neben dem Europäischen Parlament ist er das wichtigste **Gesetzgebungsorgan** der Europäischen Union. Der Rat hat darüber hinaus wichtige **Haushaltsbefugnisse**: Gemäß Art. 314 AEUV legt er gemeinsam mit dem Europäischen Parlament den Jahreshaushaltsplan der EU fest. Schließlich übernimmt er gemäß Art. 121 AUEV die **Koordinierung der Wirtschaftspolitik der Mitgliedstaaten** mittels sog. Empfehlungen und ist für zahlreiche **Personalentscheidungen** zuständig. Durch den Rat haben die nationalen Regierungen der Mitgliedstaaten daher umfangreiche Möglichkeiten der Einflussnahme auf die zentralen Entscheidungen der Europäischen Union. Der Rat ist dadurch, dass seine Mitglieder durch die Parlamente der Mitgliedstaaten bestimmt wurden, indirekt demokratisch legitimiert.

Der Rat hat seinen formellen **Sitz in Brüssel**. Im April, Juni und Oktober finden die Tagungen jedoch in Luxemburg statt. Seine **Zusammensetzung** ist in Art. 16 Abs. 2 EUV geregelt: »Der Rat besteht aus je einem Vertreter jedes Mitgliedstaats auf Ministerebene, der befugt ist, für die Regierung des von ihm vertretenen Mitgliedstaats verbindlich zu handeln und das Stimmrecht auszuüben.« Die angesprochene Vertretungsbefugnis ergibt sich dabei aus dem nationalen Recht der jeweiligen Mitgliedstaaten. Für die Bundesrepublik kommen Minister und Staatssekretäre in Betracht. Es gibt **keine ständigen Ratsmitglieder**, das Gremium tagt ca. 80-mal jährlich in wechselnder Besetzung. Dadurch können stets die mit der jeweiligen Sachproblematik befassten nationalen Regierungsmitglieder teilnehmen. Diese unterschiedlichen Ratsformationen werden auch als **»Fachministerräte«** bezeichnet, der Rat für Wirtschaft und Finanzen auch als »ECOFIN-Rat«. Daneben existieren weitere Fachministerräte, beispielsweise für Auswärtige Angelegenheiten, Umwelt sowie die Zusammenarbeit in den Bereichen Justiz und Inneres.

Für den **Vorsitz** im Rat (der auch als »Ratspräsidentschaft« bezeichnet wird) sieht Art. 16 Abs. 9 EUV ein Rotationsprinzip vor. Tatsächlich wechselt der Vorsitz basierend auf einem Beschluss des Rates halbjährlich zwischen den Mitgliedstaaten. Eine Ausnahme gilt für den Bereich der auswärtigen Angelegenheiten, in dem gemäß Art. 18 Abs. 3 EUV stets der Hohe Vertreter der Union für Außen- und Sicherheitspolitik den Vorsitz führt.

Art. 16 Abs. 3 EUV bestimmt, dass Beschlüsse des Rats mit einer besonderen **qualifizierten Mehrheit** erfolgen, soweit in den Verträgen keine anderweitigen Regelungen getroffen wurden. Derart gefasste Beschlüsse haben die größte praktische Bedeutung im Bereich der Gesetzgebung (s. 4.2.1). Mit dem Vertrag von Lissabon wurde die sog. **»doppelte Mehrheit«** eingeführt. Für eine solche sind gemäß Art. 16 Abs. 4 EUV zwei Voraussetzungen erforderlich:

- 55 % der Ratsmitglieder – mindestens aber 15 – stimmen für den Vorschlag und
- diese vertreten mindestens 65 % der Bevölkerung der Europäischen Union.

Vier oder mehr Ratsmitglieder bilden eine nicht überwindbare Sperrminorität, sie können also einen Beschluss verhindern.

Für besonders sensible Bereiche ist davon abweichend eine **einstimmige Beschlussfassung** erforderlich. Hier kann bereits ein einzelner Mitgliedstaat durch sein Veto einen Beschluss verhindern. Das gilt beispielsweise für die Bereiche der Harmonisierung des Steuerrechts (Art. 113 AEUV) und der gemeinsamen Außen- und Sicherheitspolitik (Art. 31 Abs. 1 EUV). Aber auch in Bereichen, in denen die Einstimmigkeit rechtlich nicht zwingend erforderlich ist, strebt der Rat im Allgemeinen eine solche an.

Die für bestimmte Verfahrensfragen und Angelegenheiten der inneren Organisation der EU erforderliche **einfache Mehrheit** hat nur geringe praktische Bedeutung.

2.4 Die Europäische Kommission

(Art. 17 EUV, Art. 234, 244-250, 290-291 AEUV – https://www.ec.europa.eu/commission/index_de)

Die Europäische Kommission bzw. schlicht »Kommission« bildet – gemeinsam mit dem Europäischen Rat und dem Rat – das **politisch unabhängige Exekutivorgan der Europäischen Union**. Ihr obliegt neben der Ausführung der Rechtsakte der Union (Verordnungen, Richtlinien und Beschlüsse) insbesondere die **Sicherstellung der Anwendung der Verträge** und der damit im Zusammenhang stehenden Pflichten wie beispielsweise die Umsetzung von Richtlinien durch die Mitgliedstaaten. Im Rahmen dieser Kontrollfunktion als »Hüterin der Verträge« bildet sie einen Gegenpart zum Rat und kann erforderlichenfalls Vertragsverletzungsverfahren gegen Mitgliedstaaten gemäß Art. 258 AEUV einleiten oder diese vor dem Europäischen Gerichtshof verklagen. Ihre (weiteren) Aufgaben sind in Art. 17 Abs. 1 EUV beschrieben. Der Kommission steht gemäß Art. 17 Abs. 2 EUV das **alleinige Gesetzesinitiativrecht** zu – sowohl der Rat als auch das Europäische Parlament haben kein eigenes Initiativrecht.

Hier wird beispielhaft deutlich, dass die **Gewaltenteilung** im Unionsrecht generell deutlich geringer ausgeprägt ist als im Grundgesetz (s. Teil D 3.3). Denn die Kommission ist einerseits ein klassisches Exekutivorgan. Andererseits kommt ihr jedoch auch im eigentlichen Rechtsetzungsverfahren erhebliche Bedeutung zu – sie steht hier mehr oder weniger gleichberechtigt neben dem Europäischen Parlament und dem Rat.

Die Mitglieder der Kommission werden als »Kommissare« bezeichnet. **Jedes Land entsendet einen Kommissar**; die Zahl der Mitglieder entspricht gemäß Art. 17 Abs. 4 EUV der Anzahl der Mitgliedstaaten der Europäischen Union. In der Vergangenheit unternommene Versuche, die Zahl der Mitglieder zu reduzieren, scheiterten stets am Widerstand der Mitgliedstaaten. Jedem Kommissar ist ein **bestimmtes Fachgebiet** zugeordnet, vergleichbar mit der Ressortverteilung in der Bundesregierung. Die Amtszeit der Kommissare beträgt fünf Jahre, entsprechend der Legislaturperiode des Europäischen Parlaments. Sie üben ihre Tätigkeit »in voller Unabhängigkeit« (Art. 17 Abs. 3 UAbs. 3 EUV) und zum Wohle der Europäischen Union aus; im Gegensatz zu den Mitgliedern des Rates sind die Mitglieder der Kommission auch nicht ihren nationalen Regierungen verpflichtet. Eine erneute Ernennung der Kommissare nach Ablauf der Amtszeit ist möglich.

An der Spitze der Kommission steht der **Präsident**, dem vor allem die **politische Führung** der Kommission obliegt (Art. 17 Abs. 6 EUV). Er wird gemäß Art. 17 Abs. 7 EUV vom Europäischen Parlament auf Vorschlag des Europäischen Rats gewählt. Die übrigen Mitglieder werden im Einvernehmen mit dem Präsidenten aufgrund von Vorschlägen der Mitgliedstaaten vom Rat mit qualifizierter Mehrheit ernannt. Danach bedarf das **komplette Kommissionskollegium** (der Präsident, der Hohe Vertreter der Union für Außen und Sicherheitspolitik und sämtliche übrige Mitglieder) der **Zustimmung durch das Europäische Parlament**.

Für Entscheidungen der Kommission gilt grundsätzlich das **Kollegialprinzip**: Beschlüsse erfolgen gemäß Art. 250 UAbs. 1 AEUV mit einfacher Mehrheit und werden dann nach außen mit einer Stimme vertreten.

Sitz der Kommission ist Brüssel. Insgesamt beschäftigt die Kommission in ihren derzeit 53 Dienststellen und Exekutivagenturen insgesamt ca. 32 000 Personen aus allen Mitgliedstaaten der Europäischen Union. Der Umfang ihres Personalkörpers ist regelmäßig Gegenstand umfangreicher Kritik. Dabei darf aber nicht übersehen werden, dass der Kommission auch eine riesige Fülle von Aufgaben in den unterschiedlichsten Bereichen obliegt.

2.5 Der Gerichtshof der Europäischen Union

(Art. 19 EUV, Art. 251 ff. AEUV – https://curia.europa.eu/jcms/jcms/j_6/de/)

Der Gerichtshof der Europäischen Union ist zuständig für die Sicherstellung der einheitlichen Anwendung des Unionsrechts in allen Mitgliedstaaten der Europäischen Union (Art. 19 Abs. 1 Satz 2 EUV). Der Begriff des »Rechts« umfasst hierbei nicht nur das **geschriebene Recht**, sondern auch **ungeschriebene Rechtsgrundsätze**, die der Gerichtshof im Wege der Rechtsfortbildung entwickeln und weiterentwickeln kann. Als Gesamtinstitution besteht er derzeit gemäß Art. 19 Abs. 1 Satz 1 EUV aus zwei unterschiedlichen Gerichten:

- Dem **Gericht** (EuG) und
- dem eigentlichen **Gerichtshof** (EuGH).

Beide genannten Gerichte haben ihren Sitz in Luxemburg.

Das **Gericht** wird teilweise auch als »Gericht erster Instanz« bezeichnet. Es besteht aus mindestens einem Richter pro Mitgliedstaat und befasst sich in erster Linie mit Rechtsstreitigkeiten natürlicher oder juristischer Personen gegen Organe oder Einrichtungen der Europäischen Union; meist in den Bereichen des Handels- und Wettbewerbsrechts sowie der staatlichen Beihilfen. Beispielsweise können Unternehmen gegen Beschlüsse der Kommission, mit denen ihnen ein Bußgeld auferlegt worden ist, vor dem Gericht klagen.

Der **Gerichtshof** besteht aus einem Richter je Mitgliedstaat (Art. 19 Abs. 2 UAbs. 2 EUV). Die Richter werden von den Regierungen der Mitgliedstaaten in einem rollierenden System für sechs Jahre ernannt und können nach Ablauf ihrer Amtszeit einmal wiederernannt werden. Im Regelfall erfolgt die Rechtsprechung durch **Kammern** mit drei bzw. fünf Richtern oder – bei bedeutsamen Rechtssachen – durch die **Große Kammer** mit 13 Richtern. Entscheidungen durch das **Plenum** sämtlicher Richter des Gerichtshofs sind in bestimmten Fällen vorgesehen, kommen in der Praxis aber nur selten vor.

Derzeit wird der Gerichtshof durch elf **Generalanwälte** unterstützt. Diese sind weder Vertreter des Klägers noch des Gerichtshofs. Sie stellen vielmehr »in völliger Unparteilichkeit und Unabhängigkeit« umfangreiche Entscheidungsvorschläge zu den beim Gerichtshof anhängigen Rechtssachen in Form von **Schlussanträgen** (Art. 252 Abs. 2 AEUV). Die Schlussanträge haben hohe praktische Bedeutung und beeinflussen die Rechtsprechung des Gerichtshofs nachhaltig. Obwohl sie rechtlich keinerlei Bindungswirkung entfalten, folgt der Gerichtshof sehr häufig den Entscheidungsvorschlägen der Generalanwälte.

Die Zuständigkeiten des eigentlichen Gerichtshofs werden unter 3 näher beschrieben. Die wichtigsten liegen im Bereich des Vorabentscheidungsverfahrens und des Vertragsverletzungsverfahrens.

Das durch den Vertrag von Nizza im Jahr 2004 errichtete **Gericht für den öffentlichen Dienst** wurde im Jahr 2016 aufgelöst. Es war als bis dahin einziges eingerichtetes Fachgericht zuständig für Rechtsstreitigkeiten zwischen der Europäischen Union und ihren Bediensteten. Seine Zuständigkeiten sind an das Gericht übergegangen.

2.6 Die Europäische Zentralbank

(Art. 282-284 AUEV - https://www.ecb.europa.eu/ecb/html/index.de.html)

Die Europäische Zentralbank ist die **Notenbank für die gemeinsame Währung** der Europäischen Union – den Euro – und damit das wichtigste Gremium der Wirtschafts- und Währungsunion. Gemeinsam mit den nationalen Zentralbanken (in Deutschland ist das die Bundeszentralbank) bildet sie das Europäische System der Zentralbanken (ESZB), welches die

Währungspolitik der Union betreibt (Art. 282 Abs. 1 AEUV). Der Europäischen Zentralbank obliegt darüber hinaus die Sicherstellung der Preisstabilität zur Unterstützung des Wirtschaftswachstums und zur Förderung von Arbeitsplätzen. Ihr kam auch eine Schlüsselrolle bei der Bewältigung der Eurokrise im Jahr 2010 zu.

Zu den Aufgaben der Europäischen Zentralbank zählt unter anderem die **Festlegung der Leitzinsen**, zu denen sie an Geschäftsbanken im Euro-Raum Geld ausgibt, sowie die **Verwaltung der Währungsreserven** und die Genehmigung der **Ausgabe von Banknoten** in den Ländern des Euro-Raums.

Ihr wichtigstes Entscheidungsgremium ist der **EZB-Rat**, der aus den Mitgliedern des Direktoriums und den Präsidenten der nationalen Zentralbanken der Mitgliedstaaten des Euro-Raums besteht (Art. 283 Abs. 1 AUEV). Er bewertet die wirtschaftliche und finanzielle Entwicklung und erlässt die grundlegenden Leitlinien und Beschlüsse zur Erfüllung der Aufgaben der Europäischen Zentralbank. Die Europäische Zentralbank wird durch einen **Präsidenten** repräsentiert, welcher vom Europäischen Rat auf Empfehlung des Rates nach Anhörung des Europäischen Parlaments und des EZB-Rates für die Dauer von acht Jahren gewählt wird. Seit dem Jahr 2011 übt der Italiener Mario Draghi dieses Amt aus – seine Unterschrift ist auf sämtlichen Euro-Banknoten abgedruckt.

Die Europäische Zentralbank ist das einzige gemeinsame Organ der Europäischen Union, das seinen **Sitz in Deutschland** – nämlich in Frankfurt am Main – hat.

2.7 Der Rechnungshof

(Art. 285-287 AEUV – https://www.eca.europa.eu)

Der Rechnungshof prüft auf der Grundlage der Art. 285 ff. AEUV fortlaufend die **Rechtmäßigkeit und ordnungsgemäße Verwendung von Einnahmen und Ausgaben** der Institutionen der Europäischen Union, um dadurch die Wirtschaftlichkeit der Haushaltsführung sicherzustellen. Er erstellt einen jährlichen Bericht über die Verwendung der Mittel der Europäischen Union, der für das Europäische Parlament ein zentrales Instrument der Haushaltskontrolle darstellt. Der Rechnungshof besteht aus einem Vertreter pro Mitgliedstaat, welcher vom Europäischen Parlament ernannt wird. Diese Vertreter üben ihre Tätigkeit **in voller Unabhängigkeit** aus, um Einflussnahmen durch die Mitgliedstaaten auszuschließen. Der Rechnungshof kann selbst keine rechtlichen Schritte unternehmen, jedoch Feststellungen anderen Organen – etwa der Kommission – mitteilen, damit von dort entsprechende Maßnahmen eingeleitet werden können. Er hat seinen **Sitz in Luxemburg**.

3 Finanzierung und Ausgabenstruktur

Die Europäische Union deckt ihren Finanzbedarf vollständig aus eigenen Einnahmen. Diese setzen sich aus sog. **Eigenmitteln** (Art. 311 AEUV) und aus **sonstigen Einnahmen** zusammen. Eigene Steuern oder Abgaben haben bislang nur sehr geringe praktische Bedeutung (s. 8.4). Die Europäische Union darf keine Schulden machen, weshalb der Haushalt der Europäischen Union immer ausgeglichen ist – die Einnahmen müssen die Ausgaben also stets decken (Art. 310 Abs. 1 UAbs. 3 AEUV, sog. Haushaltsausgleich).

3.1 Eigenmittel

Der Begriff »Eigenmittel« ist missverständlich, da es sich hierbei überwiegend um Einnahmen handelt, die der Europäischen Union nach bestimmten Verteilungsalgorithmen aus den nationalen Haushalten zufließen. Sie stellen insgesamt etwa 98 % der gesamten Einnahmen dar. Es gibt drei Arten von Eigenmitteln:

- **Traditionelle Eigenmittel**, die sich aus den Zöllen auf Einfuhren aus Drittstaaten, den Unionssteuern und den sog. Zuckerabgaben zusammensetzen (insgesamt ca. 12 % der Gesamteinnahmen),
- **Mehrwertsteuer-Eigenmittel** – diese bestehen aus dem EU-Anteil am Umsatzsteueraufkommen der Mitgliedstaaten in Höhe von derzeit grundsätzlich 0,30 % (ebenfalls insgesamt ca. 11 % der Gesamteinnahmen) und
- **BNE-Eigenmittel**, die auf der Grundlage des Bruttonationaleinkommens (das von Inländern im In- und Ausland erwirtschaftete Einkommen) der Mitgliedstaaten ermittelt werden (insgesamt ca. 75 % der Gesamteinnahmen).

Ziel ist eine Verteilung der Lasten nach der Leistungsfähigkeit der Mitgliedstaaten. Die genaue Berechnung und Zusammensetzung ist relativ unübersichtlich und intransparent, da es eine Vielzahl von Ausnahmen, Deckelungen, Korrekturen und Sonderregelungen gibt (beispielsweise den mittlerweile stark umstrittenen »Briten-Rabatt«, Pauschalzahlungen an Dänemark, die Niederlande, Schweden und Österreich sowie ermäßigte Mehrwertsteuer-Abrufsätze für die Niederlande, Schweden und Deutschland). Die Einzelheiten sind im »Beschluss des Rates über das System der Eigenmittel der Europäischen Gemeinschaften« geregelt. In dessen Art. 3 Abs. 1 ist auch eine **Obergrenze der Eigenmittel** geregelt, um die Europäische Union zur Sparsamkeit anzuhalten: Der Gesamtbetrag der Eigenmittel darf demnach 1,2 % der Summe der Bruttonationaleinkommen der Mitgliedstaaten nicht überschreiten. In der Regel liegt er bei etwa 1 %.

Der größte Teil der Einnahmen der Europäischen Union stammt aus Deutschland, Frankreich und Großbritannien. Bei den Pro-Kopf-Zahlungen steht Deutschland jedoch nach Frankreich und Belgien lediglich an dritter Stelle. Der jährliche Haushalt der Europäischen Union beläuft sich auf etwa 145 Mrd. €. Das entspricht ungefähr einem Prozent der jährlichen Wirtschaftsleistung aller Mitgliedstaaten der Europäischen Union bzw. gerade mal 280 € pro Unionsbürger.

3.2 Sonstige Einnahmen

Die sonstigen Einnahmen haben gegenüber den Eigenmitteln wiederum nur geringe praktische Bedeutung. Sie machen insgesamt nur etwa 2 % der gesamten Einnahmen der Europäischen Union aus und setzen sich unter anderem aus Geldbußen, Zwangsgeldern, Bankzinsen und Rückzahlungen nicht in Anspruch genommener Finanzhilfen zusammen.

3.3 Ausgabenstruktur

Der aktuelle Mehrjährige Finanzrahmen (MFR) der Europäischen Union für die Jahre 2014 bis 2020 ist in sechs Ausgabenkategorien – so genannte Rubriken – unterteilt:

- **Intelligentes und integratives Wachstum**
  - **Wettbewerbsfähigkeit für Wachstum und Beschäftigung**: Hierzu gehören unter anderem Forschung und Innovation, Aus- und Fortbildung, transeuropäische Energie-, Verkehrs- und Telekommunikationsnetze, Sozialpolitik und Unternehmensentwicklung.

- **Wirtschaftlicher, sozialer und territorialer Zusammenhalt**: Diese Rubrik umfasst die Regionalpolitik, die den weniger entwickelten Mitgliedstaaten das Aufschließen zu den anderen ermöglichen, die Wettbewerbsfähigkeit aller Regionen steigern und die Kooperation zwischen den Regionen fördern soll.
- **Nachhaltiges Wachstum, natürliche Ressourcen**: Umfasst die Ausgaben für die gemeinsame Agrarpolitik, die gemeinsame Fischereipolitik, die Entwicklung des ländlichen Raums und den Umweltschutz.
- **Sicherheit und Unionsbürgerschaft**: Erstreckt sich auf Justiz und Inneres, Grenzschutz, Einwanderungs- und Asylpolitik, öffentliche Gesundheit, Verbraucherschutz, Kultur, Jugend, Information und Dialog mit den Bürgern.
- **Globales Europa**: Betrifft alle Außenmaßnahmen (die »Außenpolitik«) der Europäischen Union, also z. B. Entwicklungshilfe und humanitäre Hilfe (mit Ausnahme der Maßnahmen im Rahmen des Europäischen Entwicklungsfonds (EEF) zur Förderung der Entwicklungszusammenarbeit mit den Staaten in Afrika, im karibischen Raum und im Pazifischen Ozean sowie den überseeischen Ländern und Gebieten).
- **Verwaltung**: Umfasst die Verwaltungsausgaben aller europäischen Organe, die Ruhegehälter und die Europäischen Schulen.
- **Ausgleichsbeträge**: Mit zeitlich begrenzten Zahlungen soll sichergestellt werden, dass der Beitrag des im Juli 2013 beigetretenen Kroatien zum EU-Haushalt die empfangenen Leistungen im ersten Jahr nach seinem Beitritt nicht übersteigt.

Die Ausgaben sind sehr ungleichmäßig auf die einzelnen Bereiche verteilt: Den mit Abstand größten Anteil haben die beiden erstgenannten Rubriken mit 45 bzw. 43 Prozent an den Gesamtausgaben. Der Verwaltungskostenanteil ist mit weniger als 6 % der Gesamtsumme entgegen landläufiger Annahmen verhältnismäßig gering.

Der Umstand, dass die Binnenmarktpolitik der Europäischen Union stark marktwirtschaftlich orientiert ist, wohingegen ein Großteil der Ausgaben Subventionen – insbesondere im Bereich der Landwirtschaft – darstellen, stellt einen markanten strukturellen Widerspruch dar.

4 Europäische Rechtsetzung

Entsprechend den Vorschriften der Art. 70 ff. GG über die Bundesgesetzgebung bedarf es einer primärrechtlichen Regelung für die Rechtsetzung der Europäischen Union – in Bezug auf die **Rechtsetzungskompetenz** und das **Rechtsetzungsverfahren**.

4.1 Rechtsetzungskompetenz

Für die unionsrechtliche Rechtsetzungsbefugnis gilt gemäß Art. 5 Abs. 1 und 2 EUV das **Prinzip der begrenzten Einzelermächtigung**: Jeder Rechtsakt der Union bedarf einer ausdrücklichen oder impliziten primärrechtlichen Ermächtigungsgrundlage. Weil die Europäische Union keine Befugnis hat, für sich selbst eigene Regelungskompetenzen zu kreieren (ihr steht also **keine Kompetenz-Kompetenz** zu), müssen ihre Rechtsakte stets auf einer ihr vorher primärrechtlich übertragenen Kompetenz beruhen (Art. 2 Abs. 1 AEUV). Im Umkehrschluss bedeutet dies, dass sämtliche der Europäischen Union nicht ausdrücklich übertragenen Kompetenzen bei den Mitgliedstaaten verbleiben.

Art. 2 ff. AEUV enthält einen in verschiedene Kategorien eingeteilten **Kompetenzkatalog** für die unionsrechtliche Rechtsetzung, der allerdings nicht abschließend ist. Er enthält ausschließliche, geteilte und parallele Kompetenzen. Einige Ermächtigungsnormen bestimmen ausdrücklich, welcher **Handlungsform** des Art. 288 AEUV (in Betracht kommen Verordnungen oder Richtlinien) sich die Legislativorgane zu bedienen haben. Teilweise ist aber auch nur die Rede von »Maßnahmen« oder »Regelungen«. Dann haben die Legislativorgane die Wahl der Handlungsform, müssen aber gemäß Art. 5 Abs. 4 EUV das Verhältnismäßigkeitsprinzip beachten. Richtlinien wirken beispielsweise weniger einschneidend als Verordnungen, da sie nicht unmittelbar gelten und den Mitgliedstaaten die Wahl der Form sowie der Mittel der Umsetzung belassen. Wenn das geplante Ziel daher mit dem Erlass einer Richtlinie ebenso wirksam erreicht werden kann, wäre der Erlass einer Verordnung unverhältnismäßig.

4.1.1 Ausschließliche Kompetenzen

Die ausschließlichen Rechtsetzungskompetenzen der Europäischen Union sind in Art. 2 Abs. 1, 3 AEUV geregelt. Sie betreffen die Bereiche **Zollunion**, **Wettbewerbsregeln für den Binnenmarkt**, **Währungspolitik für den Euro-Raum**, **Erhaltung der Meeresschätze** und die **gemeinsame Handelspolitik**.

Nach Art. 3 Abs. 2 AEUV ist die Europäische Union darüber hinaus zuständig für den **Abschluss völkerrechtlicher Verträge** in den dort genannten Fällen. In diesen Bereichen haben die Mitgliedstaaten sämtliche Kompetenzen auf die Europäische Union übertragen; sie hat daher insoweit die alleinige Regelungsgewalt.

4.1.2 Geteilte Kompetenzen

Die geteilten Rechtsetzungskompetenzen der Europäischen Union gemäß Art. 2 Abs. 2, 4 AEUV sind im Grundsatz ähnlich konzipiert wie die konkurrierende Bundesgesetzgebung gemäß Art. 72, 74 GG (s. Teil G 1.2.3). Sie haben erhebliche praktische Bedeutung und werden teilweise auch als »**konkurrierende Kompetenzen**« bezeichnet. Konkurrierend deshalb, weil auch hier die Mitgliedstaaten das Recht zur Gesetzgebung innehaben, solange und soweit die Europäische Union von ihrer Rechtsetzungsbefugnis keinen Gebrauch macht (Art. 2 Abs. 2 Satz 2 und Satz 3 AEUV). Sie betreffen gemäß Art. 4 Abs. 1 und 2 AEUV im Wesentlichen die Bereiche **Binnenmarkt**, **Sozialpolitik**, **Landwirtschaft**, **Umwelt**, **Verbraucherschutz** und **Energie**.

Der wichtigste Bereich ist hierbei der Binnenmarkt gemäß Art. 26 AEUV. Art. 114 AEUV räumt der Europäischen Union insoweit eine **Rechtsangleichungskompetenz** ein, deren Sinn und Zweck es ist, die Verwirklichung und die Funktionsfähigkeit des Binnenmarktes zu fördern, indem bestehende Unterschiede in den mitgliedstaatlichen Rechts- und Verwaltungsvorschriften beseitigt werden.

4.1.3 Parallele Kompetenzen

Im Bereich der parallelen Kompetenzen tritt – anders als bei den geteilten Kompetenzen – keine Sperrwirkung für das Handeln der Mitgliedstaaten ein, wenn die Europäische Union von ihrer Rechtsetzungskompetenz Gebrauch macht. Ziel der Union ist insoweit also nicht die Harmonisierung, sondern vielmehr die Unterstützung, Koordinierung oder Ergänzung der Maßnahmen der Mitgliedstaaten. Die parallelen Kompetenzen werden daher auch als »**unterstüt-**

zende Kompetenzen« bezeichnet und sind in Art. 6 AEUV geregelt. Sie betreffen im Wesentlichen den **Gesundheitsschutz**, den **Katastrophenschutz** und die Bereiche **Kultur** und **Tourismus**.

4.1.4 Implied-Powers-Doktrin

Nach der sog. Implied-Powers-Doktrin – einer aus dem US-amerikanischen Recht stammenden und vom Europäischen Gerichtshof ebenfalls angewendeten Auslegungsregel – sind Kompetenznormen in völkerrechtlichen Verträgen stets so auszulegen, dass sie auch ungeschriebene Kompetenzen beinhalten, ohne die die Wahrnehmung der geschriebenen Kompetenzen nicht möglich wäre. Die hieraus abgeleiteten Kompetenzen entsprechen den ebenfalls ungeschriebenen Annexkompetenzen, den Kompetenzen kraft Sachzusammenhang und den Kompetenzen aus der Natur der Sache im Rahmen der Bundesgesetzgebung nach dem Grundgesetz.

4.1.5 Vertragsabrundungskompetenz

Art. 352 AEUV räumt der Europäischen Union zusätzlich die Möglichkeit ein, Vorschriften zu erlassen, die erforderlich sind, um die Ziele der Verträge zu verwirklichen, auch wenn in den Verträgen die dafür benötigte Befugnis gar nicht ausdrücklich vorgesehen ist. Dieses Recht wird auch als Vertragsabrundungskompetenz bezeichnet. Seine bzw. ihre praktische Bedeutung hat jedoch mit den seit dem Vertrag von Maastricht im Jahr 1992 erfolgten Kompetenzerweiterungen erheblich abgenommen.

4.1.6 Subsidiaritäts- und Verhältnismäßigkeitsprinzip

Art. 5 EUV stellt die Ausübung unionsrechtlicher Kompetenzen unter zwei grundsätzliche Vorbehalte: Unter den der Subsidiarität einerseits und unter den der Verhältnismäßigkeit andererseits.

Gemäß Art. 5 Abs. 3 EUV darf die Europäische Union in denjenigen Bereichen, die nicht in ihre ausschließliche Zuständigkeit (s. 4.1.1) fallen, nur dann tätig werden, wenn die Ziele der in Betracht gezogenen Maßnahmen von den Mitgliedstaaten nicht ausreichend verwirklicht werden können, sondern diese vielmehr auf Unionsebene besser zu verwirklichen sind. Dieser Grundsatz wird auch als **Subsidiaritätsprinzip** bezeichnet. Eine unionsrechtliche Umsetzung ist also nur dann zulässig, wenn hierdurch zumindest ein europäischer »Mehrwert« geschaffen wird – ansonsten bleibt die Zuständigkeit bei den Mitgliedstaaten.

Darüber hinaus müssen sämtliche unionsrechtlichen Maßnahmen gemäß Art. 5 Abs. 4 EUV dem **Verhältnismäßigkeitsprinzip** genügen: Sie dürfen nicht über das zur Erreichung der Ziele der Verträge erforderliche Maß hinausgehen. Die Prüfung erfolgt dabei entsprechend den auch im nationalen Recht anzuwendenden Grundsätzen; erforderlich ist demnach die Verfolgung eines legitimen Zwecks, die Geeignetheit, die Erforderlichkeit und die Angemessenheit der betreffenden Maßnahme (s. Teil D 3.4.5).

4.2 Rechtsetzungsverfahren

Das Gesetzgebungsverfahren der Europäischen Union wird regelmäßig auch als Rechtsetzungsverfahren bezeichnet. Art. 289 AEUV sieht eine Aufteilung in ein **ordentliches** und ein **besonderes Gesetzgebungsverfahren** vor. Letztlich handelt es sich auch beim Vertragsänderungsverfahren um ein besonderes Gesetzgebungsverfahren. Gemäß Art. 289 Abs. 3 AEUV gelten sämtliche Rechtsakte, die nach dem ordentlichen oder nach dem besonderen Gesetzgebungsverfahren erlassen wurden, als Gesetzesakte (in Abgrenzung zu Rechtsakten ohne Gesetzescharakter gemäß Art. 290 Abs. 1 AEUV). Welches der beiden Verfahren im Einzelfall zur Anwendung kommt, bemisst sich nach der jeweils zugrunde liegenden Ermächtigungsnorm.

Während der Bundestag gemäß Art 77 Abs. 1 Satz 1 GG als einziges Verfassungsorgan in der Lage ist, Bundesgesetze zu beschließen, erfolgt die Rechtsetzung auf Ebene der Europäischen Union durch ein **Zusammenwirken mehrerer Organe**. Dem Europäischen Parlament kommt dabei nach wie vor lediglich ein Mitentscheidungsrecht zu; stets ist auch die Zustimmung des Rats der Europäischen Union – also letztlich der Vertreter der Regierungen der Mitgliedstaaten – erforderlich.

Sämtliche Rechtsetzungsakte werden im **Amtsblatt der Europäischen Union** veröffentlicht (Art. 297 Abs. 1 UAbs. 3 AEUV). Die Veröffentlichung ist zwingende Voraussetzung für die Gültigkeit der Rechtssetzungsakte. Sie treten zum festgelegten Zeitpunkt bzw. am 20. Tag nach der Veröffentlichung in Kraft.

4.2.1 Ordentliches und besonderes Gesetzgebungsverfahren

Das **ordentliche Gesetzgebungsverfahren** ist das wichtigste Verfahren für die Rechtsetzung in der Europäischen Union. Der Rat und das Europäische Parlament stehen hier gleichberechtigt als Mitgesetzgeber nebeneinander. Das Verfahren ist ziemlich komplex, aber in Art. 294 AEUV umfassend und einigermaßen übersichtlich geregelt. Es kommt beispielsweise bei der Umweltpolitik (Art. 192 Abs. 1 AEUV) und der Entwicklungspolitik (Art. 209 Abs. 1 AEUV) zur Anwendung.

Das Recht, einen sog. »Vorschlag« einzubringen (das **Initiativrecht**), liegt ausschließlich bei der Kommission, jedoch können sowohl das Europäische Parlament als auch der Rat die Kommission zu einer Initiative auffordern. Der Kommissionsentwurf wird daraufhin dem Europäischen Parlament und dem Rat zugestellt, woran sich die **erste Lesung** im Parlament anschließt (Art. 294 Abs. 3–6 AEUV). Auch im Europäischen Parlament gibt es – ähnlich wie im Bundestag – Ausschüsse, die über den Entwurf beraten und gegebenenfalls Änderungsvorschläge unterbreiten. Danach erfolgt die Behandlung im Plenum, deren Ergebnis die Verabschiedung eines Standpunkts des Parlaments ist. Darin erklärt sich das Parlament darüber, ob es den Entwurf billigt, ablehnt oder Änderungen vorschlägt. Der Standpunkt wird mit einfacher Mehrheit beschlossen und daraufhin dem Rat übermittelt. Bei der **Entscheidung des Rates** kommen drei Möglichkeiten in Betracht: Wurden vom Parlament keine Änderungen vorgenommen, ist der Rechtsakt erlassen, wenn er vom Parlament und vom Rat gebilligt wird. Hat das Parlament Änderungen vorgenommen, ist er ebenfalls erlassen, wenn der Rat den vom Parlament geänderten Vorschlag billigt. Wenn beides nicht der Fall ist, verabschiedet der Rat auf Basis des Standpunktes des Parlaments aus der ersten Lesung einen Standpunkt des Rates, der wiederum dem Parlament übermittelt und dort im Rahmen der **zweiten Lesung** behandelt wird (Art. 294 Abs. 7–9 AEUV). An deren Ende kommen abermals drei Möglichkeiten in Betracht: Billigt das Parlament den Standpunkt des Rates oder äußert es sich nicht, ist der Rechtsakt erlassen. Lehnt das Parlament den Standpunkt des Rates mit der absoluten Mehrheit ab, scheitert der Rechtsakt. Schlägt das Parlament abermals Änderungen vor, werden diese der Kommission und dem Rat zugeleitet. Wenn die Kommission sich zu dem Vorschlag des Parlaments negativ äußert, muss der Akt im Rat einstimmig angenommen werden, ansonsten reicht eine qualifizierte Mehrheit – dabei werden die Stimmen der Mitgliedstaaten nach ihrer Einwohnerzahl gewichtet (s. 2.3). Bei der **Entscheidung des Rates** kommen nunmehr zwei Möglichkeiten in Betracht: Billigt der Rat die Änderungsvorschläge des Parlaments, ist der Rechtsakt erlassen. Tut er dies nicht, so ruft der Präsident des Rates einen aus Vertretern des Rates und des Parlaments bestehenden Vermittlungssauschuss an. Es existiert also – wie bei der Bundesgesetzgebung auch – ein **Vermittlungsverfahren**, dessen Ziel es ist, einen Kompromissvorschlag zu erzielen (Art. 294 Abs. 10-12 AEUV). Kommt ein solcher zustande, erfolgt eine **endgültige Abstimmung** in Parlament und Rat (Art. 294 Abs. 13-14 AEUV). Änderungsvorschläge sind hierbei nicht mehr zulässig; das Parlament entscheidet mit absoluter Mehrheit, der Rat mit qualifizierter Mehrheit. Kann sich der Vermittlungsausschuss nicht auf einen Kompromissvorschlag verständigen, ist der Rechtsakt gescheitert.

Daneben sieht Art. 289 Abs. 2 AEUV noch mehrere **besondere Gesetzgebungsverfahren** vor, die sich vom ordentlichen Gesetzgebungsverfahren inhaltlich im Wesentlichen dadurch unterscheiden, dass das Europäische Parlament und der Rat hier nicht gleichberechtigt als Mitgesetzgeber nebeneinanderstehen. Die jeweiligen Verfahren sind auch nicht in einer dem Art. 294 AEUV vergleichbaren Norm einheitlich geregelt, jedoch wiederum unterteilt in **Anhörungs-** und **Zustimmungsverfahren**, jeweils bezogen auf die Rolle des Parlaments im Rahmen des jeweiligen Verfahrens. Auch wenn das Europäische Parlament seine Zustimmung verweigert, kann es in den besonderen Gesetzgebungsverfahren das Zustandekommen von Rechtsakten nicht verhindern.

4.2.2 Vertragsänderungsverfahren

Art. 48 EUV regelt das Verfahren für die Änderung der Verträge (also des unionsrechtlichen Primärrechts). Solche Änderungen erfolgen grundsätzlich durch **Änderungsverträge**. Dafür existieren zwei verschiedene Verfahrensarten: das ordentliche Änderungsverfahren gemäß Art. 48 Abs. 2 EUV und das vereinfachte Änderungsverfahren gemäß Art. 48 Abs. 6 EUV. In beiden Verfahrensarten ist ein **einstimmiger Beschluss sämtlicher Mitgliedstaaten** über die betreffende Vertragsänderung erforderlich.

Das **ordentliche Änderungsverfahren** ist in Art. 48 EUV geregelt. Es wird dadurch eingeleitet, dass die Mitgliedstaaten, das Europäische Parlament oder die Kommission dem Rat einen Entwurf für eine Änderung der Verträge vorlegen. Dieser legt den Entwurf daraufhin dem Europäischen Rat vor und informiert die nationalen Parlamente der Mitgliedstaaten. Wenn der Europäische Rat mit einfacher Mehrheit die Prüfung der vorgeschlagenen Änderung beschließt, wird zunächst ein **Konvent** einberufen, der sich aus Vertretern der nationalen Parlamente, der Staats- und Regierungschefs der Mitgliedstaaten, des Europäischen Parlaments und der Kommission zusammensetzt. Der Konvent prüft den Änderungsvorschlag und erarbeitet dann im Konsens eine Stellungnahme mit Empfehlung, die an die **Konferenz der Regierungsvertreter** gerichtet ist. Diese Konferenz nimmt die Vertragsänderungen im gegenseitigem Einvernehmen an. Das ordentliche Änderungsverfahren ist – wie gezeigt – sehr aufwendig. Die wesentlichen in diesem Verfahren erfolgten Vertragsänderungen seit der Unterzeichnung der Gründungsverträge waren die Einheitliche Europäische Akte (1987), der Vertrag von Maastricht (1993), der Vertrag von Amsterdam (1999), der Vertrag von Nizza (2003) und zuletzt der Vertrag von Lissabon (2009).

Weitaus weniger aufwendig ist das mit dem Vertrag von Lissabon eingeführte **vereinfachte Änderungsverfahren**. Es betrifft gemäß Art. 48 Abs. 6 EUV ausschließlich Änderungen der Bestimmungen des dritten Teils des AEUV, der die Regelungen der Art. 26-197 AEUV enthält und mit »Die internen Politiken und Maßnahmen der Union« überschrieben ist. In diesen

Bereich fallen beispielsweise der Binnenmarkt, die Landwirtschaft, Grenzkontrollen und die Wirtschafts- und Währungspolitik. Das vereinfachte Änderungsverfahren soll die europäische Integration in diesen Bereichen erleichtern, weshalb insoweit im Gegensatz zum ordentlichen Änderungsverfahren die Einberufung des Konvents und der Konferenz der Regierungsvertreter nicht erforderlich ist.

Das vereinfachte Änderungsverfahren wurde beispielsweise im Zuge der Bankenkrise im Jahr 2008 angewendet, um die **Schaffung des Europäischen Stabilitätsmechanismus** durch ein Regierungsabkommen der Länder des Euro-Raums zu ermöglichen. Die Umsetzung erfolgte durch die Einfügung des Art. 136 Abs. 3 AEUV. Weil die Kompetenzen der Europäischen Union durch ein vereinfachtes Änderungsverfahren eigentlich nicht erweitert werden dürfen, war dieses Vorgehen umstritten.

Änderungen der Verträge – unabhängig davon, ob im ordentlichen oder im vereinfachten Änderungsverfahren beschlossen – treten erst dann in Kraft, wenn sie in allen Mitgliedstaaten nach dem jeweiligen nationalen Verfassungsrecht ratifiziert wurden (Art. 48 Abs. 4 UAbs 2 EUV bzw. Art. 48 Abs. 6 UAbs. 2 Satz 3 EUV). Nach dem Grundgesetz sind die Hürden hierfür hoch: Die **Ratifizierung** bzw. Annahme erfolgt mittels eines Zustimmungsgesetzes nach Art. 23 Abs. 1 Satz 3 GG. Gemäß Art. 23 Abs. 1 Satz 2 GG können Hoheitsrechte nur auf diesem Weg an die Europäische Union übertragen werden. Art. 23 Abs. 1 Satz 3 GG verweist dabei ausdrücklich auf Art. 79 Abs. 2 und 3 GG. Das hat zur Folge, dass – wie bei Grundgesetzänderungen auch – einerseits formell eine Zweidrittelmehrheit im Bundestag und Bundesrat erforderlich ist (Art. 79 Abs. 2 GG) und andererseits sich die Vertragsänderung materiell im Rahmen der »Ewigkeitsklausel« des Art. 79 Abs. 3 GG bewegen muss. Einige Mitgliedstaaten der Europäischen Union – nicht aber die Bundesrepublik Deutschland – sehen auch eine Ratifizierung durch einen Volksentscheid vor.

5 Rechtsschutz

Gemäß Art. 19 Abs. 1 Satz 2 EUV ist es Aufgabe des Europäischen Gerichtshofs (also des Gerichts erster Instanz und des eigentlichen Gerichtshofs), »die Wahrung des Rechts bei der Auslegung und Anwendung der Verträge« sicherzustellen. Das gilt in erster Linie für das Verhältnis zwischen der Europäischen Union und ihren Mitgliedstaaten. Die Unionsbürger können den Europäischen Gerichtshof in der Regel nicht direkt anrufen. Sie müssen vielmehr zunächst vor den nationalen Gerichten Rechtsschutz suchen. Diese haben dann wiederum die Möglichkeit, dem Europäischen Gerichtshof Rechtsfragen im Wege der Vorabentscheidung vorzulegen (s. 3.3). Die effektive Sicherstellung dieser Vorlagemöglichkeit ist nicht unionsrechtlich geregelt, sondern Sache des jeweiligen nationalen Verfahrensrechts. Das Europäische Rechtsschutzsystem bezieht also quasi die nationalen Gerichte mit ein.

Der Europäische Gerichtshof kann Rechtsakte der Europäischen Union für ungültig erklären. Er ist hingegen nicht in der Lage, nationale Rechtsakte, die gegen Unionsrecht verstoßen, unmittelbar aufzuheben. Das ist vielmehr ebenfalls Aufgabe der Mitgliedstaaten.

5.1 Vertragsverletzungsverfahren

Die Kommission hat in ihrer Rolle als »Hüterin der Verträge« nach Art. 17 Abs. 1 Satz 2 EUV die Aufgabe, für die Anwendung der Verträge zu sorgen. Verletzt ein Mitgliedstaat nach ihrer Auffassung das Unionsrecht, so hat sie – falls eine gütliche Einigung im Rahmen eines außergerichtlichen Vorverfahrens nicht gelingt – die Möglichkeit, nach Art. 258 AEUV Klage vor dem Europäischen Gerichtshof zu erheben. Diese wird mitunter auch als **Aufsichtsklage** bezeichnet. Dasselbe Recht steht gemäß Art. 259 AEUV auch jedem anderen Mitgliedstaat zu. In der Praxis kommt den von der Kommission erhobenen Klagen aber eine weitaus höhere Bedeutung zu.

Die Klage ist gerichtet auf die **Feststellung** des Europäischen Gerichtshofs, dass der beklagte Mitgliedstaat durch das infrage stehende Verhalten seine Verpflichtungen aus den Verträgen verletzt hat. Wird diese Feststellung durch den Europäischen Gerichtshof in seinem Urteil getroffen, ist der beklagte Mitgliedstaat zur Abhilfe verpflichtet, etwa indem er ein gegen Unionsrechts verstoßendes nationales Gesetz aufhebt.

Kommt er dieser Verpflichtung nicht nach, kann der Europäische Gerichtshof gemäß Art. 260 AEUV im Rahmen eines anschließenden sog. **zweiten Vertragsverletzungsverfahrens** ein Buß- und/oder ein Zwangsgeld gegen den betreffenden Mitgliedstaat verhängen.

5.2 Nichtigkeits- und Untätigkeitsklage

Die **Nichtigkeitsklage** ist im Wesentlichen in Art. 263 Abs. 1 AEUV geregelt. Sie dient der Überprüfung der Rechtmäßigkeit von Gesetzgebungsakten sowie von Handlungen der gemeinsamen Organe der Europäischen Union. Sie richtet sich direkt gegen dasjenige Organ, welches den jeweiligen Akt erlassen hat. Klagebefugt sind das Europäische Parlament, der Rat, die Kommission und die Mitgliedstaaten (Art. 263 Abs. 2 AEUV) sowie unter bestimmten Voraussetzungen die Europäische Zentralbank, der Rechnungshof (Art. 263 Abs. 3 AEUV) und natürliche bzw. juristische Personen (Art. 263 Abs. 4 AEUV). Zugelassen sind nur die in Art. 263 Abs. 2 AEUV aufgeführten Klagegründe: Die Unzuständigkeit, die Verletzung wesentlicher Formvorschriften, die Verletzung der Verträge sowie der Ermessensmissbrauch. Bei der Nichtigkeitsklage handelt es sich um eine Anfechtungsklage: Hat sie Erfolg, erklärt der Europäische Gerichtshof die angefochtene Maßnahme mit allgemeiner Wirkung für nichtig (Art. 264 Abs. 1 AEUV). In der ersten Instanz ist in der Regel das Gericht erster Instanz zuständig, in der zweiten Instanz immer der Gerichtshof (Art. 256 Abs. 1 AEUV).

Die in Artikel 265 AEUV geregelte **Untätigkeitsklage** richtet sich nicht gegen rechtswidrige Handlungen, sondern gegen die vertragswidrige Untätigkeit des Europäischen Parlaments, des Europäischen Rats, des Rats, der Kommission oder der Europäischen Zentralbank. Ihre Voraussetzungen entsprechend weitgehend denen der Nichtigkeitsklage. Die Untätigkeitsklage hat jedoch nur geringe praktische Bedeutung.

5.3 Vorabentscheidungsverfahren

Um europaweit die einheitliche Auslegung, Anwendung und Geltung des Unionsrechts zu gewährleisten, ist eine Verzahnung der jeweiligen nationalstaatlichen und der europäischen Gerichtsbarkeit erforderlich. Diese erfolgt über das in Art. 267 AEUV geregelte Vorabentscheidungsverfahren: Hat ein nationales Gericht eines Mitgliedstaats Zweifel hinsichtlich der Auslegung des europäischen Primär- bzw. Sekundärrechts oder der Gültigkeit von Handlungen der Unionsorgane, so kann es den bei ihm anhängigen Ausgangsrechtsstreit aussetzen und die betreffenden Rechtsfragen dem Europäischen Gerichtshof im Wege der Vorabentscheidung vorlegen. Zuständig ist fast in allen Fällen der Gerichtshof, das Gericht erster Instanz ist nur in dem in der Praxis bedeutungslosen Fall des Art. 256 Abs. 3 Satz 1 AEUV zuständig.

Das nationale Gericht ist gemäß Art. 267 Abs. 3 AEUV zur Vorlage verpflichtet, wenn es sich um ein letztinstanzliches Gericht handelt, dessen Entscheidungen also nicht mehr mit Rechtsmitteln des nationalen Rechts angefochten werden können.

BEISPIEL

Das gilt beispielsweise für den **Bundesfinanzhof**, dessen Entscheidungen nur noch mit einer sog. Urteilsverfassungsbeschwerde gemäß Art. 93 Abs. 1 Nr. 4a GG in Verbindung mit §§ 13, 90 ff. BVerfGG angegriffen werden können. Dies ist in diesem Zusammenhang jedoch unerheblich, da im Rahmen einer Urteilsverfassungsbeschwerde nur die Verletzung von Grundrechten oder grundrechtsgleichen Rechten, nicht aber die Verletzung von Unionsrecht gerügt werden kann.
Entscheidungen der **Finanzgerichte** sind insoweit hingegen nicht letztinstanzlich, weil sie gemäß § 115 FGO mit der Revision zum Bundesfinanzhof angegriffen werden können. Hat das Finanzgericht die Revision nicht zugelassen, kann dies mit einer Nichtzulassungsbeschwerde beim Bundesfinanzhof gerügt werden (§ 116 FGO).
Das hat zur Folge, dass der Bundesfinanzhof gemäß Art. 267 UAbs. 3 AEUV zur Vorlage an den Europäischen Gerichtshof verpflichtet ist, wenn er Zweifel hinsichtlich der Auslegung des Unionsrechts (oder in Bezug auf Handlungen der Unionsorgane) hat. Die Finanzgerichte sind zur Vorlage berechtigt, aber im Gegensatz zum Bundesfinanzhof dazu nicht verpflichtet (Art. 267 UAbs. 2 AEUV).

Der Gerichtshof entscheidet im Vorabentscheidungsverfahren lediglich abstrakt über die jeweilige Vorlagefrage, nicht jedoch über den bei dem nationalen Gericht anhängigen Ausgangsrechtsstreit. Das vorlegende nationale Gericht hat diesen daraufhin entsprechend der Auffassung des Gerichtshofs zu entscheiden.

Formell entfaltet das Urteil des Gerichtshofs nur im betreffenden Verfahren unmittelbare Bindungswirkung. Faktisch sind die nationalen Gerichte jedoch bei vergleichbaren Sachverhalten an die vom Gerichtshof entwickelte Auslegung des Unionsrechts gebunden, weshalb dem Vorabentscheidungsverfahren erhebliche praktische Bedeutung hinsichtlich der Fortentwicklung des Unionsrechts zukommt. Knapp zwei Drittel der beim Gerichtshof anhängigen Rechtssachen betreffen Vorabentscheidungsverfahren.

Das Grundgesetz kennt eine ganz ähnliche Regelung: Wenn deutsche Gerichte Zweifel über die Verfassungsmäßigkeit von Gesetzen haben, müssen sie das Bundesverfassungsgericht im Wege einer **konkreten Normenkontrolle** nach Art. 100 Abs. 1 GG anrufen (s. Teil F 6.4).

6 Auswirkungen des Europarechts auf die Rechtsstellung der Unionsbürgerinnen und Unionsbürger

Obwohl es sich dem Grunde nach um zwischenstaatliches Recht handelt, regelt das europäische Primär- und Sekundärecht auch zahlreiche unmittelbare Rechtsbeziehungen zwischen der Europäischen Union und ihren Bürgerinnen und Bürgern. Die in diesem Zusammenhang bedeutendsten Regelungen betreffen die Bereiche der **Europäischen Grundrechte** und der sog. **Unionsbürgerschaft**.

6.1 Europäische Grundrechte

Die Gründungsverträge enthielten bis zum Vertrag von Lissabon keinen den Regelungen in den innerstaatlichen Verfassungen der Mitgliedstaaten entsprechenden Grundrechtskatalog. Es gab also zunächst noch keine primärrechtliche Verankerung von Grundrechten. Jedoch kristallisierte sich im Laufe der Entwicklung der Europäischen Union nach und nach heraus, dass die gemeinsamen Organe der Union in sehr vielen Bereichen auf unterschiedliche Weise in die Rechte von Personen und Gesellschaften eingreifen. Das führte dazu, dass das Bundesverfassungsgericht die Autorität des Unionsrechts im Zuge seiner **»Solange-Rechtsprechung«** zunächst nur unter der Bedingung anerkannte, dass dieses auch einen hinreichenden Grundrechtsschutz gewährleistet (s. 1.5.2.2).

Der Europäische Gerichtshof entwickelte mit seiner Rechtsprechung im Laufe der Zeit aus den innerstaatlichen Verfassungen der Mitgliedstaaten und aus der Europäischen Menschenrechtskonvention (ungeschriebene) **allgemeine Grundsätze** zum Schutz gegen Akte der europäischen Organe. Diese wurden mit dem Vertrag von Maastricht in Art. 6 Abs. 3 EUV als Primärrecht festgeschrieben.

Eine umfassende verbindliche Niederlegung erfolgte jedoch erst in der **Charta der Grundrechte der Europäischen Union** (GrCh). Diese wurde im Jahr 2000 vom ersten europäischen Konvent unter dem Vorsitz des ehemaligen Bundespräsidenten Roman Herzog erarbeitet und daraufhin vom Europäischen Rat und vom Europäischen Parlament gebilligt. Verbindlichkeit sollte die GrCh eigentlich als einer von vier Teilen des Vertrags über eine Verfassung für Europa (VVE) erlangen. Nach dessen Scheitern im Jahr 2005 wurde die GrCh im Jahr 2009 mit dem Vertrag von Lissabon durch einen Verweis in Art. 6 Abs. 1 UAbs. 1 EUV dem übrigen **Primärrecht gleichgestellt** und damit selbstverständlich auch verbindlich.

Die GrCh enthält insgesamt 50 Artikel mit Grundrechten, die in sechs Titeln (Würde des Menschen, Freiheiten, Gleichheit, Solidarität, Bürgerrechte und justizielle Rechte) aufgeteilt sind. Sie bietet einen weitreichenden und umfassenden Grundrechtschutz, welcher demjenigen des Grundgesetzes sehr ähnlich ist. Der Schutzbereich der europäischen Grundrechte ist grundsätzlich weit auszulegen. Berechtigt sind entweder alle Menschen oder – wenn das jeweilige Grundrecht das so vorsieht – ausschließlich Unionsbürger. Als Eingriffe kommen im Wesentlichen Maßnahmen der gemeinsamen Organe der Europäischen Union sowie ihrer Mitgliedstaaten in Betracht. Der Schutz gilt indessen nicht schrankenlos; Eingriffe müssen gemäß Art. 52 Abs. 1 Satz 1 GrCh gesetzlich vorgesehen sein und den Wesensgehalt der Grundrechte achten. Unter Wahrung des Verhältnismäßigkeitsgrundsatzes dürfen sie aber nur vorgenommen werden, wenn sie erforderlich sind und den von der Europäischen Union anerkannten Zielsetzungen entsprechen (Art. 52 Abs. 1 Satz 2 GrCh).

Zu den wesentlichen Grundrechten der GrCh zählen:

- Die Würde des Menschen (Art. 1 GrCh),
- das Recht auf Leben (Art. 2 GrCh) und das Recht auf Freiheit und Sicherheit (Art. 6 GrCh),
- die Berufsfreiheit, das Recht zu arbeiten (Art. 15 GrCh) und die unternehmerische Freiheit (Art. 16 GrCh),
- das Eigentumsrecht (Art. 17 GrCh),
- die Freiheit der Meinungsäußerung und die Informationsfreiheit (Art. 11 GrCh),
- die Gleichheit vor dem Gesetz (Art. 20 GrCh) sowie
- das Recht auf einen wirksamen Rechtsbehelf und ein unparteiisches Gericht (Art. 47 GrCh).

Der unionsrechtliche Grundrechtsschutz ergibt sich im Ergebnis also aus **drei unterschiedlichen Rechtsquellen**:

- Aus **allgemeinen Rechtsgrundsätzen aus den gemeinsamen Verfassungsüberlieferungen der Mitgliedstaaten** (Art. 6 Abs. 3 2. Fall EUV),
- aus **allgemeinen Rechtsgrundsätzen der Europäischen Menschenrechtskonvention** (Art. 6 Abs. 3 1. Fall EUV) und
- der **Charta der Grundrechte der Europäischen Union** (Art. 6 Abs. 1 EUV).

Der Europäische Gerichtshof kann insbesondere aus den Verfassungsüberlieferungen der Mitgliedstaaten im Rahmen der Rechtsfortbildung jederzeit neue – auch über den Katalog der GrCh hinausgehende – Grundrechte entwickeln. Der Grundrechtsschutz auf europäischer Ebene ist damit zumindest dem Grunde nach umfassender und flexibler als der nach dem Grundgesetz.

Art. 6 Abs. 2 EUV sieht den Beitritt der Europäischen Union zur **Europäischen Menschenrechtskonvention** (EMRK) vor. Dieser ist bislang aber aufgrund von rechtlichen Bedenken des Europäischen Gerichtshofs hinsichtlich der Verteilung von Kompetenzen zwischen der Europäischen Union und der EMRK noch nicht erfolgt. Allerdings regelt Art. 6 Abs. 3 EUV, dass die Grundrechte, wie sie in der EMRK gewährleistet sind und wie sie sich aus den gemeinsamen Verfassungsüberlieferungen der Mitgliedstaaten ergeben, als allgemeine Grundsätze Teil des Unionsrechts sind. Bei der EMRK handelt es sich um einen im Jahr 1953 in Kraft getretenen völkerrechtlichen Vertrag, welcher einen Katalog von Grund- und Menschenrechten enthält, über deren Einhaltung der Europäische Gerichtshof für Menschenrechte in Straßburg wacht. Er wurde im Rahmen des Europarates abgeschlossen.

6.2 Unionsbürgerschaft

Gemäß Art. 9 Satz 2 und 3 EUV in Verbindung mit Art. 20 AEUV besitzen alle Staatsangehörigen der Mitgliedstaaten der Europäischen Union neben ihrer originären nationalen Staatsangehörigkeit auch die **Unionsbürgerschaft**. Diese ersetzt die nationale Staatsangehörigkeit demnach nicht, sondern ergänzt sie lediglich (Art. 20 Abs. 1 Satz 3 AEUV). Der Erwerb (und der Verlust) der nationalen Staatsangehörigkeit vollzieht sich weiterhin ausschließlich nach nationalem Recht, in Deutschland also nach den Regelungen des StAG (s. Teil C 4). Da die Unionsbürgerschaft der nationalen Staatsangehörigkeit folgt, hat der Erwerb (und der Verlust) einer nationalen Staatsangehörigkeit eines Mitgliedstaates unionsweite Auswirkungen.

Staatsangehörigkeit und Unionsbürgerschaft sind nicht direkt miteinander vergleichbar, weil die Europäische Union keinen Staat im völkerrechtlichen Sinne darstellt.

Die Unionsbürgerschaft wurde im Jahr 1992 durch den Vertrag von Maastricht eingeführt und soll die demokratische Legitimation erhöhen, sowie die Einigung Europas zu einer politischen Integration ausweiten.

Sie begründet ein unmittelbares Rechtsverhältnis zwischen der Europäischen Union und ihren Bürgerinnen und Bürgern, aus dem – wie aus der nationalen Staatsangehörigkeit auch – Rechte und Pflichten erwachsen können. Die einzelnen **Rechte** sind in den Art. 20 bis 25 AEUV geregelt. Sie bestehen teilweise gegenüber der Europäischen Union selbst, teilweise jedoch auch gegenüber dem eigenen oder, der meist relevantere Fall, gegenüber anderen Mitgliedstaaten. Aus der Unionsbürgerschaft resultieren insbesondere die folgenden unionsweit geltenden Rechte:

- Das **Freizügigkeitsrecht**,
- das **Diskriminierungsverbot**,
- das aktive und passive Wahlrecht bei Kommunalwahlen sowie bei den Wahlen zum Europäischen Parlament,
- das Recht auf diplomatischen und konsularischen Schutz,
- Petitions- und Beschwerderechte und
- das Recht, sich in der Amtssprache seiner Heimat an alle gemeinsamen Organe der Europäischen Union zu wenden und eine Antwort in derselben Sprache zu erhalten.

Die Unionsbürgerschaft ist für die Bürgerinnen und Bürger der Europäischen Union eine feine Sache: Sie begründet derzeit ausschließlich Rechte, aber **keine Pflichten** (wie beispielsweise eine europäische Wehrpflicht).

6.2.1 Freizügigkeitsrecht

Das Freizügigkeitsrecht ist das wichtigste aus der Unionsbürgerschaft folgende Recht. Nach Art. 21 Abs. 1 AEUV hat jeder Unionsbürger das unmittelbar anwendbare Recht, sich im Hoheitsgebiet der Mitgliedstaaten grundsätzlich **frei zu bewegen** und **aufzuhalten**. Im Gegensatz zu den Grundfreiheiten ist es auch nicht (mehr) an eine irgendwie geartete wirtschaftliche Betätigung gebunden und kann daher aus beliebigen Gründen in Anspruch genommen werden. Es stellt ein subjektives Recht dar, welches auch vor nationalen Stellen geltend gemacht werden kann. Ein Rückgriff auf das Freizügigkeitsrecht gemäß Art. 21 Abs. 1 AEUV ist allerdings nur möglich, wenn der Anwendungsbereich der Freizügigkeitsregelungen in Art. 45, 49 und 56 AEUV nicht eröffnet ist; es ist daher insoweit subsidiär.

Nicht nur konkrete Aufenthaltsverbote stellen eine Beschränkung des Freizügigkeitsrechts dar. Es kommen auch mitgliedstaatliche Maßnahmen in Betracht, die die Freizügigkeit lediglich mittelbar beeinträchtigen, beispielsweise durch persönliche Unannehmlichkeiten oder durch eine benachteiligende Besteuerung.

BEISPIEL

Die deutsche Staatsangehörige M zog nach dem Abitur nach Großbritannien, um dort als Au-pair-Kraft zu arbeiten und daran anschließend ein Hochschulstudium aufzunehmen, für welches sie bei den deutschen Behörden Ausbildungsförderung nach dem Bundesausbildungsförderungsgesetz (BAföG) beantragte. Diese Förderung wurde ihr verweigert, weil die Regelungen im BAföG eine Gewährung davon abhängig machten, dass die Ausbildung die Fortsetzung eines mindestens einjährigen Besuchs einer deutschen Ausbildungsstätte darstellt. Der Europäische Gerichtshof sah in der Knüpfung der Bewilligung der Förderung an die Fortsetzung einer im Inland begonnenen Ausbildung wegen der daraus für M resultierenden zusätzlichen Kosten eine ungerechtfertigte Beschränkung des Freizügigkeitsrechts (EuGH Rs. C-11/06 »Morgan«).

Das Freizügigkeitsrecht steht gemäß Art. 21 Abs. 1 AEUV unter dem Vorbehalt der »in den Verträgen und in den Durchführungsvorschriften vorgesehenen Beschränkungen und Bedingungen«. Solche sind insbesondere in der sog. »**Freizügigkeitsrichtlinie**« (RL 2004/38/EG) konkret geregelt. Demnach dürfen die Mitgliedstaaten die Freizügigkeit von Unionsbürgern beispielsweise aus Gründen der öffentlichen Sicherheit und Ordnung unter Wahrung des Verhältnismäßigkeitsgrundsatzes durch aufenthaltsbeendende Maßnahmen wie Ausweisungen beschränken, sofern hierfür ein persönliches Verhalten des Betroffenen – beispielsweise durch die Verübung schwerer Straftaten – ausschlaggebend ist. Auch zum Schutz der Sozialsysteme kann das Freizügigkeitsrecht durch Gemeinschaftsrecht eingeschränkt werden.

6.2.2 Diskriminierungsverbot

Art. 21 in Verbindung mit Art. 18 AEUV verbietet jede Diskriminierung aufgrund der Staatsangehörigkeit. Hierbei handelt es sich um ein »allgemeines« Diskriminierungsverbot, welches subsidiär zu den »besonderen«, aus den Grundfreiheiten resultierenden Diskriminierungsverboten ist (»unbeschadet besonderer Bestimmungen«). Art. 18 AEUV ist ebenfalls unmittelbar anwendbar und gewährt einen umfassenden **Anspruch auf Gleichbehandlung**:

Sämtliche Unionsbürger müssen also zumindest gleich behandelt werden wie Inländer oder Drittstaatenangehörige.

BEISPIEL

In Schwellenländern häufig anzutreffende nationalstaatliche Regelungen, wonach der Erwerb von Grundstücken in bestimmten Gebieten nur eigenen Staatsangehörigen vorbehalten ist, wären deshalb in der Europäischen Union wegen eines Verstoßes gegen das Diskriminierungsverbot unzulässig.

Der Anwendungsbereich ist weit gefasst und erstreckt sich insbesondere auf Sozialleistungen, die steuerliche Gleichbehandlung und die Gleichbehandlung in Aus- und Fortbildungsangelegenheiten.

Es wird unterschieden zwischen unmittelbaren und mittelbaren Diskriminierungen. Eine **unmittelbare Diskriminierung** liegt vor, wenn eine staatliche Regelung tatbestandlich ausdrücklich auf ein bestimmtes Diskriminierungsmerkmal wie beispielsweise die Inländer- oder Ausländereigenschaft abstellt. Eine **mittelbare Diskriminierung** liegt hingegen vor, wenn eine Regelung zwar formal auf In- und Ausländer gleichermaßen anwendbar ist, die tatsächlichen Auswirkungen aber zumindest überwiegend aufgrund der Staatsangehörigkeit eintreten. Das tritt in der Praxis häufig dann auf, wenn im Tatbestand einer Regelung zwar nicht direkt an die Staatsangehörigkeit, stattdessen jedoch an den Wohnsitz (oder die Niederlassung) im Inland angeknüpft wird.

Der Europäische Gerichtshof hat in seiner Rechtsprechung ungeschriebene **Rechtfertigungsgründe** entwickelt. Die hierfür aufgestellten Hürden sind jedoch hoch: Eine Diskriminierung ist demnach nur gerechtfertigt, »wenn sie auf objektiven, von der Staatsangehörigkeit der Betroffenen unabhängigen Erwägungen beruht und in einem angemessenen Verhältnis zu einem legitimen Zweck steht, der mit den nationalen Rechtsvorschriften verfolgt wird« (EuGH Rs. C-147/03 »Kommission/Österreich« zur – dort verneinten – Rechtfertigung einer Diskriminierung durch eine Zugangsbeschränkung zum Hochschulstudium an österreichischen Hochschulen für Inhaber von nicht in Österreich erworbenen Sekundärschulabschlüssen).

Gemäß Art. 157 Abs. 1 AEUV sind die Mitgliedstaaten verpflichtet, dafür Sorge zu tragen, dass Männer und Frauen für gleiche oder gleichwertige Arbeit gleich vergütet werden (**Grundsatz der Lohngleichheit von Mann und Frau**). Art. 19 AEUV räumt der Europäischen Union darüber hinaus weitgehende Rechte zur Bekämpfung von Diskriminierungen aufgrund von **Geschlecht**, **Rasse**, **ethnischer Herkunft**, **Religion** oder **Weltanschauung**, **Behinderung**, **Alter** und **sexueller Ausrichtung** ein. Bemerkenswert hierbei ist, dass die beiden Normen nicht an die Staatsangehörigkeit anknüpfen (wie beispielsweise Art. 18 AEUV), sondern ausschließlich an die eben genannten Kriterien. Das bedeutet, dass diese Normen auch auf rein innerstaatliche Sachverhalte anwendbar sind. Auf der Grundlage von Art. 157 Abs. 3 in Verbindung mit Art. 19 AEUV wurde eine Vielzahl von Richtlinien zur Gleichbehandlung in diesen Bereichen erlassen, welche in Deutschland unter anderem mit dem **allgemeinen Gleichbehandlungsgesetz** (AGG) in nationales Recht umgesetzt wurden. Auch das Verbot zur Risikodifferenzierung aufgrund des Geschlechts bei der Kalkulation von Versicherungstarifen (und damit die Pflicht zur Einführung von sog. »Unisex-Tarifen«) basiert auf entsprechenden Richtlinien.

6.2.3 Sonstige Rechte

Die Unionsbürgerinnen und Unionsbürger haben gemäß Art. 22 AEUV das Recht, an den **Wahlen zum Europäischen Parlament** und an den **Kommunalwahlen** in ihrem Wohnsitzstaat teilzunehmen; sowohl aktiv als auch passiv. Das gilt auch dann, wenn Wohnsitzstaat und Heimatstaat auseinanderfallen – Art. 28 Abs. 1 Satz 3 GG enthält für diesen Fall eine entsprechende Regelung.

Art. 23 AEUV regelt den **diplomatischen und konsularischen Schutz** von Unionsbürgerinnen und Unionsbürgern in anderen Mitgliedstaaten.

Letztlich räumt Art. 24 Abs. 2 und 3 AEUV allen Unionsbürgerinnen und Unionsbürger ein **Petitionsrecht zum Europäischen Parlament** und das **Recht, den Bürgerbeauftragten anzurufen**, ein. Die in Art. 24 Abs. 1 in Verbindung mit Art. 11 Abs. 4 AEUV geregelte **Bürgerinitiative** bildet die rechtliche Grundlage für ein europaweites Plebiszit, mit dem eine Gesetzgebungsinitiative der Kommission ausgelöst werden kann. Das Plebiszit führt jedoch nicht direkt zu einer eigenständigen Volksgesetzgebungskompetenz, sondern fordert die Kommission vielmehr auf, im Rahmen ihrer Befugnisse geeignete Vorschläge zu Themen zu unterbreiten, zu denen es nach Ansicht jener Bürgerinnen und Bürger eines Rechtsakts der Union bedarf, um die Verträge umzusetzen.

7 Die Grundfreiheiten

Art. 26 Abs. 2 AEUV beschreibt den gemeinsamen Binnenmarkt als »einen Raum ohne Binnengrenzen, in dem der freie Verkehr von Waren, Personen, Dienstleistungen und Kapital gemäß den Bestimmungen der Verträge gewährleistet ist.« Sichergestellt wird dies durch die daraus abgeleiteten vier – im AEUV näher geregelten und im Folgenden beschriebenen – Grundfreiheiten:

- Die **Warenverkehrsfreiheit** (Art. 28 ff., 34 ff. AEUV),
- die **Personenverkehrsfreiheit** (Art. 45 ff., 49 ff. AEUV),
- die **Dienstleistungsfreiheit** (Art. 56 ff. AEUV) und
- die **Kapitalverkehrsfreiheit** (Art. 63 Abs. 1 ff. AEUV).

Ergänzt werden die vier Grundfreiheiten durch die **Zahlungsverkehrsfreiheit** (Art. 63 Abs. 2 AEUV), die deshalb mitunter auch als »fünfte Grundfreiheit« bezeichnet wird. Weiter ist zu beachten, dass die Personenverkehrsfreiheit genau genommen aus der **Arbeitnehmerfreizügigkeit** und der **Niederlassungsfreiheit** besteht. Es gibt kein Rangverhältnis oder dergleichen: Sämtliche Grundfreiheiten stehen also gleichberechtigt nebeneinander.

7.1 Allgemeines

Vorangestellt seien ein paar allgemeine dogmatische Ausführungen zu den Grundfreiheiten. Die Einzelheiten und die Besonderheiten der jeweiligen Grundfreiheiten werden dann im Folgenden näher erläutert (s. 7.4 ff.).

Die Grundfreiheiten sind grundsätzlich nur auf sog. **grenzüberschreitende Sachverhalte** anwendbar; auf rein nationale Sachverhalte finden sie regelmäßig keine Anwendung. Der Grund hierfür liegt darin, dass sie, wie gerade dargestellt, »nur« die Verwirklichung des Binnenmarktes gewährleisten sollen. Das unterscheidet sie auch wesentlich von den europäischen Grundrechten (s. 6.1), mit denen sie nicht verwechselt werden dürfen: Die europäischen Grundrechte erfordern im Gegensatz zu den Grundfreiheiten keinen grenzüberschreitenden Bezug und sind daher ohne Weiteres auch auf rein innerstaatliche Sachverhalte anwendbar.

Ursprünglich vorgesehene **Adressaten** der Grundfreiheiten waren ausschließlich die **Mitgliedstaaten** und die **gemeinsamen Organe der Europäischen Union**. Der Europäische Gerichtshof hat jedoch zwischenzeitlich – gestützt auf den Grundsatz des effet utile – auch eine

Drittwirkung von Grundfreiheiten angenommen, insbesondere hinsichtlich der Arbeitnehmerfreizügigkeit. Das hat zur Folge, dass die Grundfreiheiten insoweit grundsätzlich auch auf beeinträchtigendes Verhalten von Privatpersonen Anwendung finden und daher unter diesen Voraussetzungen geeignet sind, nicht nur vor Maßnahmen der Mitgliedstaaten zu schützen, sondern eben auch vor solchen von Privatpersonen.

Außerdem hat der Europäische Gerichtshof bereits im Jahr 1963 entschieden, dass sich die Unionsbürger vor allen nationalen Stellen der Mitgliedstaaten unmittelbar auf die Grundfreiheiten berufen können (EuGH Rs. 26/62 »van Gend & Loos«). Für Behörden und Gerichte führt das dazu, dass nationales Recht so ausgelegt und angewendet werden muss, dass es mit den Grundfreiheiten vereinbar ist (sog. **unionsrechtskonforme Auslegung**). Ist das nicht möglich, darf das nationale Recht, das gegen die Grundfreiheiten verstößt, nicht angewendet werden (**Anwendungsverbot**). Haben die nationalen Gerichte Zweifel über die Vereinbarkeit, können bzw. müssen sie die Frage dem Europäischen Gerichtshof im Rahmen einer der konkreten Normenkontrolle nach Art. 100 GG in der Sache vergleichbaren **Vorabentscheidung** gemäß Art. 267 AEUV vorlegen (s. 5.3).

Dabei gilt es im Einzelfall stets zu klären, ob der Anwendungsbereich der Grundfreiheit eröffnet ist, ob eine Maßnahme eine Beeinträchtigung einer Grundfreiheit darstellt und – falls dies der Fall ist – ob diese gerechtfertigt ist.

7.1.1 Anwendungsbereich

Bei der Prüfung des Anwendungsbereichs ist sowohl der persönliche als auch der sachliche Anwendungsbereich zu berücksichtigen, wobei beide weit auszulegen sind. Darüber hinaus ist zu untersuchen, ob eine sog. Bereichsausnahme für die jeweilige Grundfreiheit vorliegt.

7.1.2 Beeinträchtigung

Ursprünglich waren die Grundfreiheiten als **Diskriminierungsverbote** konzipiert – sie sollten Diskriminierungen aufgrund der Staatsangehörigkeit bzw. der Herkunft einer Ware oder einer Dienstleistung unterbinden. Daraus folgt im Umkehrschluss der **Grundsatz der Inländergleichbehandlung**: Die Mitgliedstaaten müssen Staatsangehörige bzw. Waren oder Dienstleistungen aus anderen Mitgliedstaaten gleich behandeln wie die eigenen Staatsangehörigen bzw. die im Inland hergestellten Waren oder erbrachten Dienstleistungen. Die Grundfreiheiten konkretisieren insoweit das allgemeine Diskriminierungsverbot nach Art. 18 AEUV (s. 6.2.2) und sind diesem gegenüber vorrangig anzuwenden. Eine **unmittelbare Diskriminierung** liegt vor, wenn eine Maßnahme zwischen inländischen und ausländischen Sachverhalten unterscheidet.

BEISPIEL

Eine nationale Rechtsvorschrift verbietet den gewerblichen Verkauf von nicht im Inland erzeugtem (»ausländischem«) Frischfleisch.

Diskriminierungen können allerdings auch dann vorliegen, wenn nicht unmittelbar, sondern mittelbar an die Inländer- oder Ausländereigenschaft angeknüpft wird. Das ist beispielsweise dann der Fall, wenn Maßnahmen auf den Wohnsitz oder die Sprachkenntnisse einer Person abstellen (sog. **mittelbare Diskriminierung**).

BEISPIEL

Eine nationale Rechtsvorschrift verbietet den gewerblichen Verkauf von Frischfleisch, das weiter als 50 km vom Schlachtungs- bis zum Verkaufsort transportiert wurde. Hier wird zwar nicht unmittelbar auf die Herkunft abgestellt, das Verkaufsverbot wird jedoch dennoch in erster Linie ausländische Erzeuger betreffen.

Es sind jedoch auch Konstellationen möglich, in denen Rechtsvorschriften dem Grundsatz der Inländergleichbehandlung genügen (weil sie Inländer und Ausländer gleichermaßen betreffen), diese den Binnenmarkt aber gleichwohl beeinträchtigen. Der Europäische Gerichtshof betrachtet sämtliche Grundfreiheiten in seiner Rechtsprechung deshalb nicht mehr nur als reine Diskriminierungsverbote, sondern als **allgemeine Beschränkungsverbote**. Diese Rechtsprechung folgt der Einsicht, dass die bloße Beseitigung von Diskriminierungen nicht ausreichend ist, um einen freien Binnenmarkt zu schaffen.

7.1.3 Rechtfertigung

Liegt nach alledem eine Beeinträchtigung einer Grundfreiheit durch eine Maßnahme vor, bedeutet das noch nicht zwingend, dass diese tatsächlich auch unzulässig ist. Beschränkungen von Grundfreiheiten können nämlich im Einzelfall durchaus sachlich **gerechtfertigt** sein – man spricht insoweit von einer Einschränkung der Grundfreiheiten. Für unmittelbare Diskriminierungen bedarf es hierfür allerdings einer ausdrücklichen Regelung im AEUV, beispielsweise durch sog. »Ordre-public-Vorbehalte« oder Bereichsausnahmen. In allen anderen Fällen scheidet eine Rechtfertigung von unmittelbaren Diskriminierungen aus. Mittelbare Diskriminierungen und allgemeine Beschränkungen können nach der Rechtsprechung des Europäischen Gerichtshofs aus zwingenden Gründen des Allgemeininteresses gerechtfertigt sein, wenn sie geeignet sind, dessen Ziele zu erreichen und darüber hinaus verhältnismäßig sind.

7.2 Problem der Inländerdiskriminierung

Weil die Grundfreiheiten nur auf grenzüberschreitende Sachverhalte anwendbar sind, kann es bei rein innerstaatlichen Sachverhalten im Einzelfall zu einer Besserstellung von Staatsangehörigen anderer Mitgliedstaaten gegenüber Inländern kommen. Dieses Phänomen wird auch als Inländerdiskriminierung bezeichnet.

BEISPIELE

a) Für inländische Handwerker gilt der in der deutschen Handwerksordnung (HwO) geregelte sog. **Meisterzwang**. Handwerkern aus anderen Mitgliedstaaten werden aufgrund der Dienstleistungs- und Niederlassungsfreiheit in diesem Bereich hingegen Erleichterungen eingeräumt, die letztlich zu einer Diskriminierung der inländischen Handwerker führen. Denn diesen kommen die Erleichterungen nicht zugute.

b) § 1 Abs. 1 der deutschen Bierverordnung (BierV) beschränkt die zulässigen Inhaltsstoffe für im Inland hergestelltes Bier. Deutsche Brauereien unterliegen daher nach wie vor im Grundsatz dem deutschen Reinheitsgebot von 1516. § 1 Abs. 2 BierV stellt klar, dass dies für im Ausland hergestelltes Bier nicht gilt, wenn die entsprechenden Erzeugnisse im Herkunftsland nach den dortigen Rechtsvorschriften unter der Bezeichnung »Bier« verkauft werden dürfen.

Der AEUV steht einer Inländerdiskriminierung grundsätzlich nicht entgegen, weil die Grundfreiheiten ausschließlich Bereiche regeln, die den grenzüberschreitenden Verkehr zwischen den Mitgliedstaaten betreffen. Bei der Inländerdiskriminierung handelt es sich deshalb nach ganz herrschender Meinung nicht um ein unionsrechtliches Problem, sondern vielmehr um ein solches des nationalen Verfassungsrechts der jeweiligen Mitgliedstaaten (insbesondere des allgemeinen Gleichheitssatzes gemäß Art. 3 Abs. 1 GG).

7.3 Prüfungsschema

Grundsätzlich kann die Prüfung der Grundfreiheiten an die Prüfung der Grundrechte nach dem Grundgesetz angelehnt werden (Anwendungsbereich, Beeinträchtigung, Rechtfertigung s. Teil J 4.1 ff.). Aus dem Vorstehenden ergibt sich deshalb folgendes Prüfungsschema:

I) Vorliegen eines grenzüberschreitenden Sachverhalts
II) Anwendungsbereich (weite Auslegung):
   1. persönlich
   2. sachlich
   3. kein Vorliegen einer Bereichsausnahme
III) Beeinträchtigung (weite Auslegung):
   1. Handeln oder Unterlassen eines Verpflichteten
      a) Mitgliedstaat oder gemeinsames Organ der Europäischen Union
      b) von den Grundfreiheiten erfasstes Handeln Privater (Drittwirkung)
   2. unmittelbare oder mittelbare Diskriminierung
   3. allgemeine Beschränkung
IV) Rechtfertigung (enge Auslegung):
   1. geschriebene Rechtfertigungsgründe
   2. ungeschriebene Rechtfertigungsgründe
   3. Verhältnismäßigkeitsgrundsatz
      a) Geeignetheit
      b) Erforderlichkeit
      c) Angemessenheit

7.4 Die einzelnen Grundfreiheiten

Vor diesem Hintergrund werden nunmehr die einzelnen Grundfreiheiten näher dargestellt.

7.4.1 Warenverkehrsfreiheit

Der freie Warenverkehr ist in Art. 34 ff. AEUV geregelt und stellt den **Kern des Binnenmarktes** in der Europäischen Union dar; ohne einen freien Warenverkehr ist ein gemeinsamer Markt schon begrifflich kaum vorstellbar. Die übrigen Grundfreiheiten orientieren sich aus diesem Grund auch dogmatisch stark an der Warenverkehrsfreiheit. Dazu kommt, dass ein Großteil der frühen und grundlegenden Entscheidungen des Europäischen Gerichtshofs zu den Grundfreiheiten die Warenverkehrsfreiheit betrifft.

Vereinfacht gesprochen bedeutet freier Warenverkehr, dass Waren innerhalb der Europäischen Union zwischen den Mitgliedstaaten ebenso frei gehandelt werden können wie innerhalb der einzelnen Mitgliedstaaten.

7.4.1.1 Anwendungsbereich

Vom **persönlichen Anwendungsbereich** der Warenverkehrsfreiheit umfasst sind **alle natürlichen Personen** ungeachtet ihrer Staatsangehörigkeit und darüber hinaus alle juristischen Personen.

Der **sachliche Anwendungsbereich** erfordert das Vorliegen einer »Ware«. Waren im Sinne der Warenverkehrsfreiheit sind **alle Gegenstände, die gehandelt werden können**. Sie müssen dafür nicht zwingend körperlich sein – beispielsweise fällt auch elektrische Energie unter den Warenbegriff. Für bestimmte Arten von Waren existieren Sonderregelungen, beispielsweise für landwirtschaftliche Erzeugnisse (Art. 38 ff. AEUV). Soweit diese Sonderregelungen anwendbar sind, sind sie als lex specialis vorrangig gegenüber den allgemeinen Regelungen.

Aus dem vorgenannten Anwendungsbereich ergibt sich noch keine Beschränkung auf den Binnenmarkt, weil sich schließlich alle natürlichen oder juristischen Personen auf die Warenverkehrsfreiheit berufen können. Art. 28 Abs. 2 AUEV sieht daher eine Beschränkung auf binnenmarktrelevante Sachverhalte durch das Erfordernis des Vorliegens von sog. **»Unions- bzw. Freiverkehrswaren«** vor. Damit gemeint sind aus den Mitgliedstaaten stammende Waren (Unionswaren) oder legal eingeführte Waren aus Drittländern, die sich damit in den Mitgliedstaaten im freien Verkehr befinden (Freiverkehrswaren).

BEISPIEL

Waren, die in Drittstaaten produziert werden, aber in die Europäische Union zum dortigen freien Verkehr importiert werden (beispielsweise in China produzierte Smartphones), unterliegen der Warenverkehrsfreiheit. Gleichwohl müssen für sie bei der Einfuhr in die Europäische Union einmalig Einfuhrabgaben entrichtet werden, die im Gemeinsamen Zolltarif (GZT) einheitlich festgelegt wurden. Für Bewegungen zwischen den Mitgliedstaaten dürfen hingegen keine Zölle mehr erhoben werden (Art. 28 Abs. 1 AEUV).

7.4.1.2 Beeinträchtigung

Die Warenverkehrsfreiheit verpflichtet natürlich die Organe der Europäischen Union und die Mitgliedstaaten. Der Europäische Gerichtshof hat sich nicht eindeutig festgelegt, ob darüber hinaus auch Private durch die Warenverkehrsfreiheit verpflichtet werden. Letzteres kommt jedoch nur für staatsähnliche Stellen mit entsprechender Regulierungsbefugnis in Betracht.

Gemäß Art. 34 AEUV sind mengenmäßige Einfuhrbeschränkungen und Maßnahmen gleicher Wirkung zwischen den Mitgliedstaaten verboten. Klassische **mengenmäßige Einfuhrbeschränkungen** im Sinne von Kontingentierungen oder Einfuhrverboten kommen in der Praxis jedoch nur selten vor und haben deshalb wenig Relevanz.

Sehr hohe praktische Relevanz haben hingegen ihnen im Ergebnis gleichgestellte **Maßnahmen gleicher Wirkung** im Sinne des Art. 34 AEUV. Was damit gemeint ist, bemisst sich nach der sog. **Dassonville-Formel**. Diese hat der Europäische Gerichtshof in einer richtungsweisenden Entscheidung aus dem Jahr 1974 betreffend Importbeschränkungen für schottischen Whisky nach belgischem Recht aufgestellt. Demnach ist »jede Handelsregelung der Mitgliedstaaten, die geeignet ist, den innergemeinschaftlichen Handel unmittelbar oder mittelbar, tatsächlich oder potentiell zu behindern, [...] als Maßnahme mit gleicher Wirkung wie eine mengenmäßige Beschränkung anzusehen« (EuGH Rs. 8/74 »Dassonville«). Das ist eine sehr weitgehende Auslegung, weil es danach nur darauf ankommt, ob eine Maßnahme grundsätzlich geeignet ist, den freien Handel zu beeinträchtigen. Daher hat sie der Europäische Gerichthof im

Jahr 1993 durch die **Keck-Formel** auch wieder erheblich eingeschränkt (EuGH Rs. C-267/91 und C-268/91 »Keck und Mithouard«) und darin klargestellt, dass nationale Regelungen, die lediglich »Verkaufsmodalitäten von Waren beschränken oder verbieten [...], sofern diese Bestimmungen für alle betroffenen Wirtschaftsteilnehmer gelten, die ihre Tätigkeit im Inland ausüben, und sofern sie den Absatz der inländischen Erzeugnisse und der Erzeugnisse aus anderen Mitgliedstaaten rechtlich wie tatsächlich in der gleichen Weise berühren«, keine Beeinträchtigungen im Sinne von Maßnahmen gleicher Wirkung gemäß Art. 34 AEUV darstellen. Maßgeblich ist im Ergebnis also, ob der Marktzugang für ausländische Waren gegenüber inländischen Waren behindert wird. Ist das nicht der Fall, liegt auch keine Beeinträchtigung der Warenverkehrsfreiheit vor.

BEISPIEL

Gegenstand der vorgenannten Entscheidung des Europäischen Gerichtshofs war ein generelles Verbot nach französischem Recht, im Einzelhandel Waren unterhalb des Einkaufspreises zu verkaufen. Dabei handelt es sich um eine bloße Verkaufsmodalität, welche als solche nicht zu einer Beeinträchtigung des freien Warenverkehrs führt, sofern die Regelung unabhängig davon zur Anwendung kommt, ob es sich um den Verkauf inländischer oder ausländischer Erzeugnisse handelt.
Entsprechendes gilt beispielsweise für die Einschränkungen der Ladenöffnungszeiten in den Ladenöffnungsgesetzen der deutschen Bundesländer.

7.4.1.3 Rechtfertigung

Art. 36 AEUV regelt eine Reihe von **geschriebenen Rechtfertigungsgründen** für die Einschränkung der Warenverkehrsfreiheit. Demnach sind solche Beschränkungen der Warenverkehrsfreiheit gerechtfertigt, »die aus Gründen der öffentlichen Sittlichkeit, Ordnung und Sicherheit, zum Schutze der Gesundheit und des Lebens von Menschen, Tieren oder Pflanzen, des nationalen Kulturguts von künstlerischem, geschichtlichem oder archäologischem Wert oder des gewerblichen und kommerziellen Eigentums« erfolgen. Die Rechtfertigungsgründe des Art. 36 AEUV sind eng auszulegen und hatten in der Praxis bislang nur verhältnismäßig geringe Bedeutung.

Der Europäische Gerichtshof hat in seiner Rechtsprechung jedoch bereits sehr früh darüberhinausgehende **ungeschriebene Rechtfertigungsgründe** aufgestellt. Eine Beschränkung der Warenverkehrsfreiheit ist nach der von ihm in diesem Zusammenhang aufgestellten **Cassis-de-Dijon-Formel** nur beim Vorliegen zwingender Erfordernisse des Handelsverkehrs gerechtfertigt. Hierfür kommen jedoch lediglich Belange der steuerlichen Kontrolle, des Schutzes der öffentlichen Gesundheit und der Lauterkeit des Handelsverkehrs und des Verbraucherschutzes in Betracht (EuGH Rs. 120/78 »Rewe-Zentral AG/Bundesmonopolverwaltung für Branntwein«). Der Entscheidung liegt ein durchaus erstaunlicher Sachverhalt zugrunde: Bei Cassis de Dijon handelt es sich um einen französischen Johannisbeerlikör. Dessen Einfuhr wurde der inländischen Rewe-Zentral AG von deutschen Behörden wegen eines nach dem deutschen Branntweinmonopolgesetz zu geringen (!) Alkoholgehalts untersagt. Die Bundesrepublik berief sich in dem Rechtsstreit im Wesentlichen auf Interessen des Gesundheitsschutzes – aufgrund des geringeren als erwarteten Alkoholgehalts trete nämlich eine leichtere Gewöhnung beim Verbraucher ein. Fruchtsaftliköre mit höherem Alkoholgehalt hätten hingegen einen abschreckenden Charakter. Hierin sah der Europäische Gerichtshof jedoch keine solche zwingenden Erfordernisse, weshalb er die zugrundeliegenden Regelungen des deutschen Branntweinmonopolgesetzes für unvereinbar mit der Warenverkehrsfreiheit erklärte.

Liegen keine solchermaßen gerechtfertigten Einschränkungen der Warenverkehrsfreiheit vor, gilt das **Prinzip der gegenseitigen Anerkennung**: Ein Produkt, welches in einem Mitgliedstaat nach den dortigen innerstaatlichen Gesetzen rechtmäßig hergestellt und in den Verkehr gebracht worden ist, darf demnach grundsätzlich auch in allen anderen Mitgliedstaaten frei verkauft werden.

7.4.2 Arbeitnehmerfreizügigkeit

Art. 45 Abs. 1 AEUV gewährleistet die Freizügigkeit der Arbeitnehmer in der Europäischen Union. Diese sollen grundsätzlich die Möglichkeit haben, ungeachtet ihres Wohnortes in jedem Mitgliedstaat unter den gleichen Voraussetzungen eine Beschäftigung aufzunehmen und auszuüben wie ein Angehöriger dieses Mitgliedstaates. Die Arbeitnehmerfreizügigkeit ist im Rahmen des Sekundärrechts zwischenzeitlich sehr umfassend durch zahlreiche Verordnungen und Richtlinien geregelt.

7.4.2.1 Anwendungsbereich

Vom **persönlichen Anwendungsbereich** umfasst sind alle Arbeitnehmer, die Staatsangehörige eines Mitgliedstaates der Europäischen Union sind. Arbeitnehmer ist in diesem Zusammenhang jeder, der für eine bestimmte Zeit weisungsabhängig eine Leistung von wirtschaftlichem Wert für einen anderen erbringt, und als Gegenleistung dafür eine nicht vollständig untergeordnete Vergütung erhält. Der Begriff wird in der Rechtsprechung des Europäischen Gerichtshofs sehr weit gefasst.

Der **sachliche Anwendungsbereich** der Arbeitnehmerfreizügigkeit ist in Art. 45 Abs. 2 AEUV geregelt. Daraus ergibt sich für ausländische Arbeitnehmer ein Recht auf Gleichbehandlung mit den Arbeitnehmern des Aufnahmestaates hinsichtlich der Beschäftigung, Entlohnung und der sonstigen Arbeitsbedingungen (**Grundsatz der Inländergleichbehandlung**). Die sich weiterhin aus der Arbeitnehmerfreizügigkeit für den Arbeitnehmer ergebenden Rechte können regelmäßig anhand des Kataloges in Art. Art. 45 Abs. 3 AEUV ermittelt werden. Dieser Katalog ist zwar nicht abschließend, erfasst aber einen Großteil der in der Praxis relevanten Fälle.

Die Regelungen über die Arbeitnehmerfreizügigkeit sind allerdings gemäß Art. 45 Abs. 4 AEUV ausdrücklich nicht auf »die Beschäftigung in der öffentlichen Verwaltung« anwendbar. Diese **Bereichsausnahme** umfasst nach der Rechtsprechung des Europäischen Gerichtshofs nicht den gesamten öffentlichen Dienst, sondern lediglich die tatsächliche Ausübung von Hoheitsgewalt, da diese eine besondere Verbundenheit des Bediensteten mit dem jeweiligen Staat voraussetzt. Unter diesen Personenkreis fallen also beispielsweise Richter, Polizisten, Soldaten und Steuerbeamte. Diese können sich daher nicht auf die Arbeitnehmerfreizügigkeit berufen. Krankenpfleger oder Lehrer hingegen sehr wohl.

Die Arbeitnehmerfreizügigkeit richtet sich in erster Linie gegen Maßnahmen der Mitgliedstaaten. Sie kann jedoch auch Drittwirkung entfalten, sofern es sich um »kollektive Regelungen« Privater handelt, also Regelungen, die einen bestimmten Bereich vergleichbar mit einem staatlichen Gesetz regeln. So hat beispielsweise der Europäische Gerichtshof im Jahr 1995 seinerzeit geltende Regelungen des Europäischen Fußballverbandes (UEFA), nach denen bei Länderspielen nur eine bestimmte Anzahl von Ausländern in einer Mannschaft eingesetzt werden durften, für ungültig erklärt, soweit Spieler aus den Mitgliedstaaten der Europäischen Union betroffen waren (EuGH Rs. C-415/93 »Bosman«).

7.4.2.2 Beeinträchtigung

Die Arbeitnehmerfreizügigkeit verpflichtet die Organe der Europäischen Union, die Mitgliedstaaten und Private.

Art. 45 Abs. 2 AEUV schützt Arbeitnehmer ausdrücklich vor jeglichen **Diskriminierungen aufgrund der Staatsangehörigkeit**. Über den Wortlaut hinaus gilt das auch für Ungleichbehandlungen, die zwar nicht unmittelbar an die Staatsangehörigkeit anknüpfen, aber dennoch zu einer versteckten bzw. indirekten Ungleichbehandlung von Inländern und Ausländern führen – beispielsweise durch Regelungen, die nicht an die Staatsangehörigkeit, dafür aber an den Wohnort anknüpfen und dadurch zum selben Ergebnis führen. Untersagt sind also sowohl unmittelbare als auch mittelbare Diskriminierungen. Dabei ist unwesentlich, ob diese durch Maßnahmen eines anderen Mitgliedstaates oder des Heimatstaates des Arbeitnehmers entstehen.

Der Europäische Gerichtshof hat in seiner Rechtsprechung aus Art. 45 Abs. 2 AEUV über das Diskriminierungsverbot hinaus auch ein **Behinderungsverbot** dahingehend entwickelt, dass Regelungen eines Mitgliedstaats den Staatsangehörigen eines anderen oder auch des eigenen Mitgliedstaats nicht daran hindern dürfen, sein Herkunftsland zu verlassen und von der Freizügigkeit Gebrauch zu machen. Die Frage, welche Maßnahmen konkret als solche Behinderungen zu betrachten sind, ist hingegen noch nicht eindeutig durch die Rechtsprechung geklärt.

7.4.2.3 Rechtfertigung

Die in Art. 45 Abs. 3 AUEV geregelten Aufenthaltsrechte (nicht aber das in Art. 45 Abs. 2 AEUV geregelte Diskriminierungsverbot) stehen nach ihrem Wortlaut ausdrücklich unter dem sog. **Ordre-public-Vorbehalt**. Das bedeutet, dass Beschränkungen aus Gründen der **öffentlichen Sicherheit und Ordnung** sowie der **Gesundheit** gerechtfertigt sind. Diese Begriffe sind – als Ausnahmen vom Grundsatz der Arbeitnehmerfreizügigkeit – eng auszulegen und dürfen von den Mitgliedstaaten nicht aus rein wirtschaftlichen Gründen geltend gemacht werden. Maßgeblich ist immer das persönliche Verhalten der betreffenden Person.

BEISPIEL

Die Ausweisung eines Unionsbürgers, der wegen eines Verbrechens zu einer Haftstrafe verurteilt wurde, ist zulässig. Nicht zulässig hingegen ist beispielsweise eine Ausweisung aus rein präventiven Gründen.

Der Europäische Gerichtshof hat darüber hinaus Beschränkungen der Arbeitnehmerfreizügigkeit durch **zwingende Gründe des Allgemeininteresses** zugelassen, sofern mit ihnen ein vertragskonformes Ziel verfolgt wird (so z. B. EuGH C-104/06 »Kommission/Schweden«).

7.4.3 Niederlassungsfreiheit

Die Niederlassungsfreiheit ist in Art. 49 ff. AEUV geregelt. Gemeinsam mit der Arbeitnehmerfreizügigkeit dient sie der Sicherstellung des freien Verkehrs von Personen im gemeinsamen Binnenmarkt. Während die Arbeitnehmerfreizügigkeit abhängig Beschäftigte schützt, schützt die Niederlassungsfreiheit in erster Linie Selbstständige sowie das Recht, Unternehmen oder Zweigniederlassungen zu gründen.

7.4.3.1 Anwendungsbereich

Vom **persönlichen Anwendungsbereich** umfasst sind nach Art. 49 Abs. 1 AEUV zunächst einmal **Staatsangehörige eines Mitgliedstaates der Europäischen Union** – also sämtliche Unionsbürger.

Art. Art. 54 UAbs. 1 AEUV erweitert die Anwendung auf **Gesellschaften**, die nach den Rechtsvorschriften eines Mitgliedstaats gegründet wurden und die ihren satzungsmäßigen oder tatsächlichen Sitz innerhalb der Europäischen Union haben. Nach deutschem Verständnis war nach der lange Zeit herrschenden **Sitztheorie** auf eine Gesellschaft stets das Recht desjenigen Staates anwendbar, in dem sich ihr tatsächlicher Sitz befand. Für eine nach dem Recht eines anderen Mitgliedstaats gegründete Gesellschaft hatte dies zur Folge, dass sie sich bei Verlegung ihres tatsächlichen Sitzes ins Inland nach den Regeln des deutschen Rechts neu gründen musste, um die Rechtsfähigkeit nach deutschem Recht zu erlangen. Anderenfalls wurde sie mangels Vorliegens der Errichtungsvoraussetzungen der §§ 2 ff. GmbHG lediglich als Gesellschaft des bürgerlichen Rechts behandelt. In einer Reihe von nicht zuletzt auch steuerrechtlich bedeutsamen Entscheidungen hat der Europäische Gerichtshof nationale Regelungen, die einer zuziehenden Gesellschaft die rechtliche Anerkennung versagen, für unvereinbar mit der Niederlassungsfreiheit erklärt und damit der Anwendung der Sitztheorie den Boden entzogen (EuGH Rs. C-212/97 »Centros«; EuGH Rs. C-208/00 »Überseering«; EuGH Rs. C-107/01 »Inspire Art«). Europarechtlich zulässig ist demnach nur die Anwendung der **Gründungstheorie**, wonach sich die Rechtsfähigkeit einer Gesellschaft – unabhängig von ihrem tatsächlichen Verwaltungssitz – stets nach dem Recht des Staates bemisst, in dem sie gegründet wurde.

BEISPIEL

A gründet, um nicht das nach § 5 Abs. 1 GmbHG für eine deutsche GmbH erforderliche Stammkapital in Höhe von 25 000 EUR aufbringen zu müssen, eine britische limited company by shares (eine sog. »Limited«); eine Kapitalgesellschaft nach britischem Recht, die bereits mit einem Stammkapital in Höhe von einem GBP gegründet werden kann. Kurz darauf verlegt die Gesellschaft ihren tatsächlichen Sitz nach Deutschland. In Großbritannien hatte sie nie eine Geschäftstätigkeit entfaltet.

LÖSUNG Die Limited muss nach der Gründungstheorie in Deutschland als Körperschaft rechtlich anerkannt werden, wenn sie in ihrem Gründungsstaat – hier dem Vereinigten Königreich – ordnungsgemäß errichtet worden ist. Das gilt auch für den Fall, dass die Gesellschaft dort gar keine Geschäftstätigkeit ausübt und sie von A nur deshalb errichtet wurde, um das nach deutschem Recht erforderliche Mindeststammkapital nicht aufbringen zu müssen. Die Niederlassungsfreiheit gemäß Art. 49 in Verbindung mit Art. 54 AEUV ist anwendbar, da sie das Recht der Gesellschaft umfasst, ihren Sitz in einen anderen Mitgliedstaat zu verlegen. Entsprechend ist sie auch nach § 1 Abs. 1 Nr. 1 KStG unbeschränkt steuerpflichtig, sofern sich ihr Ort der Geschäftsleitung im Inland befindet.

Geschützt sind gemäß Art. 49 UAbs. 1 AEUV die Niederlassung und gemäß Art. 49 UAbs. 2 AEUV die Ausübung selbstständiger Erwerbstätigkeit sowie die Gründung und Leitung von Unternehmen (**sachlicher Anwendungsbereich**). Der Begriff der Niederlassung ist weit auszulegen und beschreibt nach der Rechtsprechung des Europäischen Gerichtshofs die tatsächliche Ausübung einer selbstständigen wirtschaftlichen Tätigkeit mittels fester Einrichtung in einem anderen Mitgliedstaat auf unbestimmte Zeit.

Ähnlich wie bei der Arbeitnehmerfreizügigkeit existiert eine **Bereichsausnahme** für Tätigkeiten, die in einem Mitgliedstaat dauernd oder zeitweise mit der Ausübung öffentlicher Gewalt verbunden sind – diese werden vom Anwendungsbereich der Niederlassungsfreiheit ausgeschlossen. Diese Bereichsausnahme hat jedoch nur geringe praktische Bedeutung.

7.4.3.2 Beeinträchtigung

Die Niederlassungsfreiheit gewährt in erster Linie Schutz vor beeinträchtigenden Maßnahmen der Mitgliedstaaten. Der Europäische Gerichtshof hat den Schutz auf Maßnahmen von privaten Berufs- und Wirtschaftsverbänden ausgeweitet, sofern diese mit Ordnungsmacht über einen Wirtschaftssektor getroffen werden. Das gilt beispielsweise für Gewerkschaften.

Alle **Diskriminierungen** aufgrund der Staatsangehörigkeit stellen eine Beeinträchtigung der Niederlassungsfreiheit dar. Art. 49 Abs. 2 AEUV regelt, dass die geschützten Personen ihr Recht auf freie Niederlassung unter den gleichen Voraussetzungen wie Inländer ausüben dürfen (Grundsatz der Inländergleichbehandlung).

Der Europäische Gerichtshof hat mehrfach entschieden, dass darüber hinaus auch unterschiedslos geltende **Beschränkungen**, die geeignet sind, die Ausübung der Niederlassungsfreiheit zu behindern oder weniger attraktiv zu machen, Beeinträchtigungen darstellen können. Er hat die Niederlassungsfreiheit dadurch – wie die Arbeitnehmerfreizügigkeit auch – zu einem allgemeinen Beschränkungsverbot aufgebohrt.

BEISPIEL

Die **Eigenheimzulage** war eine im deutschen EigZulG geregelte staatliche Subvention, mit der die Bildung von selbstgenutztem Wohnraum gefördert werden sollte. § 2 Satz 1 EigZulG in der bis zum 31.12.2005 gültigen Fassung knüpfte die Gewährung der Eigenheimzulage für unbeschränkt Steuerpflichtige an die Voraussetzung, dass das begünstige Objekt – ein Haus oder eine Eigentumswohnung – »im Inland belegen« ist. A ist baden-württembergischer Landesbeamter. Aufgrund der dort geringeren Grundstückspreise baute er sich im grenznahen Elsass ein »Häusle« zur Selbstnutzung und beantragte hierfür beim zuständigen (deutschen) Finanzamt Eigenheimzulage gemäß den Vorschriften des EigZulG für die Jahre ab 2000. Das Finanzamt lehnte den Antrag ab, da das zu fördernde Objekt in Frankreich belegen und deshalb die Voraussetzungen des § 2 Satz 1 EigZulG nicht erfüllt seien.

LÖSUNG § 2 Satz 1 EigZulG erfordert zunächst die unbeschränkte Steuerpflicht des Antragsstellers. A ist zwar aufgrund seines Wohnsitzes in Frankreich nicht nach § 1 Abs. 1 Satz 1 EStG unbeschränkt steuerpflichtig. Da er aber als Landesbeamter aus einer deutschen öffentlichen Kasse alimentiert wird, ist er gemäß § 1 Abs. 2 Satz 1 EStG unbeschränkt steuerpflichtig (sog. Kassenstaatsprinzip). Darüber hinaus ist erforderlich, dass das zu fördernde Objekt »im Inland belegen« ist. Das ist ausweislich des Sachverhaltes nicht der Fall – das »Häusle« steht in Frankreich. Allerdings liegt in der Erforderlichkeit dieses Inlandsbezugs eine Beschränkung der Niederlassungsfreiheit (und der Arbeitnehmerfreizügigkeit), weil die Regelung Unionsbürger daran hindern könnte, ihren Herkunftsstaat zu verlassen, um von ihrem Recht auf Freizügigkeit Gebrauch zu machen. Rechtfertigungsgründe sind nicht ersichtlich. In Betracht käme lediglich die Förderung des Wohnungsbaus in Deutschland zur Gewährleistung ausreichenden Wohnraums. Die Forderung nach einer Inlandsbelegenheit geht aber über das hinaus, was zur Erreichung dieses Ziels erforderlich ist, weil das Ziel, die Wohnungsnachfrage in Deutschland zu befriedigen, genauso gut erreicht wird, wenn Inländer sich dazu entscheiden, ihren Wohnsitz in einem anderen Mitgliedstaat zu begründen.
Da A sich unmittelbar auf die Niederlassungsfreiheit berufen kann, ist ihm aufgrund des Anwendungsvorrangs des Europarechts die beantragte Eigenheimzulage entgegen dem Wortlaut des EigZulG für sein »Häusle« in Frankreich zu gewähren (EuGH Rs. C-152/05 »Kommission/Deutschland«).

7.4.3.3 Rechtfertigung

Art. 52 AEUV regelt für die Niederlassungsfreiheit einen dem bei der Arbeitnehmerfreizügigkeit vergleichbaren **Ordre-public-Vorbehalt**, weshalb insoweit auf die dortigen Ausführungen verwiesen werden kann (s. 7.4.2.3).

7.4.4 Dienstleistungsfreiheit

Art. 56 AEUV verbietet »Beschränkungen des Dienstleistungsverkehrs«. Zusammen mit der Warenverkehrsfreiheit bildet die Dienstleistungsfreiheit den zentralen Kern des Binnenmarktes. Die beiden Grundfreiheiten weisen starke Ähnlichkeiten zueinander auf. Die Dienstleistungsfreiheit ist zwischenzeitlich sehr umfangreich durch die – in dieser Darstellung jedoch nicht behandelte – **Europäische Dienstleistungsrichtlinie** (Richtlinie 2006/123/EG) sekundärrechtlich geregelt.

7.4.4.1 Anwendungsbereich

Der **persönliche Anwendungsbereich** der Dienstleistungsfreiheit schützt Unionsbürger, die in einem Mitgliedstaat der Europäischen Union ansässig sind und eine Dienstleistung in einem anderen Mitgliedstaat erbringen möchten. Gemäß Art. 62 AEUV in Verbindung mit Art. 54 AEUV sind die Regelungen über die Dienstleistungsfreiheit – ebenso wie bei der Niederlassungsfreiheit – auch auf Gesellschaften anwendbar.

Der Begriff der durch Art. 56 AEUV geschützten Dienstleistungen (**sachlicher Anwendungsbereich**) ist in Art. 57 AEUV primärrechtlich definiert: Es muss sich um Leistungen handeln, die in der Regel gegen Entgelt erbracht werden und nicht den Vorschriften über die Warenverkehrs- und Kapitalverkehrsfreiheit bzw. über die Personenfreizügigkeit unterliegen. Dienstleistungen zeichnen sich dadurch aus, dass sie nur vorübergehend (Abgrenzung zur Niederlassungsfreiheit) und selbstständig (Abgrenzung zur Arbeitnehmerfreizügigkeit) erbracht werden. In Art. 57 UAbs. 2 AUEV sind beispielhaft einige Dienstleistungen aufgeführt; sie decken die meisten praxisrelevanten Fälle ab.

Für »Tätigkeiten der öffentlichen Verwaltung« ist in Art. 62 AEUV in Verbindung mit Art. 51 Abs. 1 AEUV – wie bei der Arbeitnehmerfreizügigkeit (s. 7.4.2.1) – eine **Bereichsausnahme** geregelt.

7.4.4.2 Beeinträchtigung

Die Dienstleistungsfreiheit verbietet zunächst **Diskriminierungen** aufgrund der Staatsangehörigkeit. Der begünstigte Personenkreis soll gemäß Art. 57 Abs. 3 AEUV unter den für Inländer geltenden Voraussetzungen Dienstleistungen erbringen dürfen.

Der Europäische Gerichtshof hat den Schutzbereich des Art. 56 AEUV allerdings zwischenzeitlich stark erweitert auf alle **Beschränkungen**, die für Inländer und Ausländer gleichermaßen gelten und geeignet sind, die Tätigkeit eines ausländischen Dienstleisters zu unterbinden oder zu behindern, sofern er diese Dienstleistungen in seinem Ansässigkeitsstaat rechtmäßig erbringen kann (EuGH Rs. C-76/90 »Säger/Dannemeyer«). Damit gilt im Ergebnis, dass Dienstleistungen, die in einem Mitgliedstaat rechtmäßig erbracht werden dürfen, in dieser Form auch in anderen Mitgliedstaaten erbracht werden dürfen – vergleichbar der **»Cassis-de-Dijon-Formel«** bei der Warenverkehrsfreiheit. Also begründet auch die Dienstleistungsfreiheit im Ergebnis ebenfalls ein allgemeines Beschränkungsverbot.

7.4.4.3 Rechtfertigung

Auch für die Dienstleistungsfreiheit ist gemäß Art. 52 AEUV in Verbindung mit Art. 62 AEUV ein **Ordre-public-Vorbehalt** vorgesehen. Da er ähnlich der Regelung des Art. 45 Abs. 3 AEUV hinsichtlich der Arbeitnehmerfreizügigkeit ausgestaltet ist, kann insoweit auf die dortigen Ausführungen verwiesen werden (s. 7.4.2.3).

Darüber hinaus kommt eine Rechtfertigung von Beschränkungen durch **zwingende Gründe des Allgemeininteresses** in Betracht, sofern die Regelungen für Inländer und Ausländer gleichermaßen gelten. Solche hat der Europäische Gerichtshof beispielsweise bei Maßnahmen zur Sicherstellung des Verbraucherschutzes oder sozialer Mindeststandards angenommen.

7.4.5 Kapitalverkehrsfreiheit

Bis in die achtziger Jahre hinein bestanden in einigen Mitgliedstaaten der Europäischen Union noch weitreichende Kapitalverkehrskontrollen. Die im Vergleich zu den anderen Grundfreiheiten »junge« Kapitalverkehrsfreiheit verbietet nun seit 1990 jegliche Beschränkung des Kapitalverkehrs zwischen den Mitgliedstaaten und – das ist außergewöhnlich – zwischen den Mitgliedstaaten und **Drittstaaten** (Art. 63 Abs. 1 AEUV). Ihre Bedeutung hat in den letzten Jahren aufgrund wachsender Globalisierung der Finanzmärkte immer mehr zugenommen.

7.4.5.1 Anwendungsbereich

Der **persönliche Anwendungsbereich** der Kapitalverkehrsfreiheit umfasst – wie bei der Warenverkehrsfreiheit auch – sämtliche natürlichen und juristischen Personen. Es wird weder auf die Staatsangehörigkeit noch auf die Ansässigkeit dieser Personen abgestellt.

Geschützt ist der »Kapitalverkehr« **(sachlicher Anwendungsbereich)**. Darunter fällt in erster Linie die grenzüberschreitende Wertübertragung von Sach- oder Geldkapital, also beispielsweise der Erwerb von Immobilien oder Unternehmen, die Aufnahme von Darlehen und der Handel von Wertpapieren. Ergänzend kann insoweit auf die Nomenklatur im Anhang I der Richtlinie 88/361/EWG zurückgegriffen werden.

7.4.5.2 Beeinträchtigung

Art. 63 Abs. 1 AEUV verbietet sämtliche **Beschränkungen** des Kapitalverkehrs zwischen den Mitgliedstaaten und darüber hinaus auch gegenüber Drittstaaten. Das Verbot geht in seiner Reichweite über die Beseitigung von Ungleichbehandlungen der Finanzmarktteilnehmer aufgrund ihrer Staatsangehörigkeit hinaus: Es umfasst nicht nur diskriminierende staatliche Regelungen, sondern auch solche, die gleichermaßen für grenzüberschreitende wie innerstaatliche Transaktionen gelten.

7.4.5.3 Rechtfertigung

Während das Beschränkungsverbot des Art. 63 Abs. 1 AEUV unterschiedslos für Beschränkungen zwischen den Mitgliedstaaten einerseits und für Beschränkungen im Verhältnis zu Drittstaaten andererseits gilt, existieren für beide Fälle unterschiedliche primärrechtlich **geschriebene Rechtfertigungsgründe**:

- Art. 65 AEUV enthält eine abschließende Aufzählung von Rechtfertigungsgründen für Beschränkungen im Verhältnis der Mitgliedstaaten untereinander. Gemäß Art. 65 Abs. 1 lit. a) AEUV dürfen die Mitgliedstaaten Steuerpflichtige mit auseinanderfallendem Wohn- und Kapitalanlageort unterschiedlich behandeln. Auf dieser Basis wurden beispielsweise in der Finanz- und Staatsschuldenkrise im Jahr 2013 weitreichende Kapitalverkehrskontrollen für Zypern verhängt, um Kapitalabflüsse seitens der Gläubiger zu verhindern. »Unerlässliche« Maßnahmen der Mitgliedstaaten zur Bekämpfung von Steuer- und Wirtschaftsdelikten sind gemäß Art. 65 Abs. 1 lit. b) AEUV ebenfalls gerechtfertigt.
- Im Verhältnis zu Drittstaaten können gemäß Art. 64 Abs. 1 AEUV bestimmte Beschränkungen, die bereits vor dem Jahr 1994 eingeführt worden sind, weiter bestehen bleiben. Art. 66 AEUV regelt schließlich die Möglichkeit von befristeten Schutzmaßnahmen gegenüber Drittstaaten, wenn andernfalls die europäische Wirtschafts- und Währungsunion schwerwiegend gestört würde.

Darüber hinaus hat der Europäische Gerichtshof mit seiner Rechtsprechung weitere **ungeschriebene Rechtfertigungsgründe** entwickelt. Entsprechend der für die Warenverkehrsfreiheit entwickelten **Cassis-de-Dijon-Formel** können nichtdiskriminierende Beschränkungen der Kapitalverkehrsfreiheit durch zwingende Gründe des Allgemeinwohls gerechtfertigt sein, wenn sie zwingend erforderlich sind. Das hat der Europäische Gerichtshof beispielsweise für die Bekämpfung der Steuerhinterziehung und den Anleger-, aber auch für den Arbeitnehmerschutz angenommen.

BEISPIEL

Das Gesetz über die Überführung der Anteilsrechte an der Volkswagenwerk Gesellschaft mit beschränkter Haftung in private Hand (VWGmbHÜG, üblicherweise als **»VW-Gesetz«** bezeichnet) enthielt in der bis zum 08.12.2008 geltenden Fassung mehrere Regelungen, die dem Bund und dem seinerzeit mit 20,2 % beteiligten Land Niedersachsen als Hauptaktionäre einen sehr weitgehenden Einfluss auf die Geschicke des Unternehmens sicherstellen und feindliche Übernahmen des Unternehmens vereiteln oder zumindest erschweren sollten. § 2 Abs. 1 VWGmbHÜG a. F. begrenzte die Ausübung des Stimmrechts eines einzelnen Aktionärs auf maximal 20 % des Anteils am Grundkapital der Gesellschaft, unabhängig von seiner tatsächlichen Beteiligung. Gemäß § 4 Abs. 3 VWGmbHÜG a. F. konnten wichtige Beschlüsse wie beispielsweise Satzungsänderungen, für die das Aktiengesetz (AktG) eine Mehrheit von 75 % verlangt, davon abweichend nur mit einer Mehrheit von 80 % gefasst werden. § 4 Abs. 1 VWGmbHÜG a. F. berechtigte schließlich den Bund und das Land Niedersachsen, jeweils zwei Aufsichtsratsmitglieder in den Aufsichtsrat zu entsenden, und zwar unabhängig vom Umfang ihrer Beteiligung – es war lediglich erforderlich, dass überhaupt eine Beteiligung vorlag.

Der Europäische Gerichtshof stellte fest, dass diese Regelungen eine nationale Maßnahme darstellen, die geeignet ist, Anleger von Direktinvestitionen abzuhalten, da sie sich aufgrund der vom allgemeinen Gesellschaftsrecht abweichenden Sonderregelungen zugunsten des Bundes und des Landes Niedersachsen nicht effektiv an der Kontrolle des Unternehmens beteiligen können. Die Bundesrepublik stellte sich auf den Standpunkt, dass die Beschränkung zum Schutz der Anleger und der bei Volkswagen beschäftigten Arbeitnehmer gerechtfertigt sei.

Dem folgte der Europäische Gerichtshof nicht: Die gesellschaftsrechtliche Bevorzugung der staatlichen Aktionäre sei keine geeignete und erforderliche Maßnahme zum Schutz der Arbeitnehmer des betreffenden Unternehmens. Entsprechendes gelte für den Schutz der Anleger (EuGH Rs. C-112/05 »Kommission/Deutschland«). § 2 und § 4 Abs. 1 VWGmbHÜG wurden daraufhin zwischenzeitlich aufgehoben. Die Regelung des weiter bestehenden § 4 Abs. 3 VWGmbHÜG hat der Europäische Gerichtshof in einem weiteren Verfahren hingegen letztlich akzeptiert (EuGH Rs C-95/12 »Kommission/Deutschland«).

7.4.6 Zahlungsverkehrsfreiheit

Art. 63 Abs. 2 AEUV untersagt sämtliche Beschränkungen des Zahlungsverkehrs zwischen den Mitgliedstaaten und – wie bei der Kapitalverkehrsfreiheit auch – zwischen den Mitgliedstaaten und Drittländern. Zahlungen in diesem Zusammenhang sind regelmäßig vertraglich geschuldete Gegenleistungen für gelieferte Waren oder erbrachte Dienstleistungen. Der freie Zahlungsverkehr ist deshalb Voraussetzung für die Möglichkeit der Verwirklichung der Warenverkehrsfreiheit und der Dienstleistungsfreiheit. Die Zahlungsfreiheit flankiert also gewissermaßen diese Grundfreiheiten – sie wird aus diesem Grund gelegentlich auch als **Annexfreiheit** bezeichnet. Es gelten gemäß Art. 65 AEUV die gleichen Rechtfertigungsgründe wie bei der Kapitalverkehrsfreiheit (s. 7.4.5.3). Zur Bekämpfung des internationalen Terrorismus sind weitergehende Einschränkungen gemäß Art. 75 AEUV möglich.

8 Europarecht und Steuerrecht

Trotz immer weiter fortschreitender europäischer Integration liegt die Steuerhoheit nach wie vor fast vollständig bei den Mitgliedstaaten. Hier eine grundsätzliche Änderung herbeizuführen wird wohl auch auf absehbare Zeit politisch kaum durchsetzbar sein. Andererseits erfordert ein freier gemeinschaftlicher Binnenhandel eine Steuerharmonisierung im Sinne der Vereinheitlichung nationaler Regelungen des Steuerrechts. Das Unionsrecht führt daher im Ergebnis zu einer Begrenzung der Handlungsfreiheit der Mitgliedstaaten im Bereich des Steuerrechts, ohne jedoch eine vollständige Gleichmäßigkeit der Besteuerung in sämtlichen Mitgliedstaaten anzustreben.

Das gilt insbesondere für die im Folgenden dargestellten Bereiche der **Harmonisierung der nationalen Steuervorschriften** und der **Steuerdiskriminierung**. Auch die **Rechtsprechung des Europäischen Gerichtshofs** hat dabei erheblichen Einfluss. Sogenannten **Unionssteuern** kommt derzeit hingegen nur eine sehr geringe praktische Bedeutung zu.

8.1 Harmonisierung der nationalen Steuervorschriften

Der AEUV enthält ein Kapitel über »Steuerliche Vorschriften« mit den Regelungen der Art. 110 bis 113 AEUV. Diese befassen sich allerdings schwerpunktmäßig mit der Harmonisierung der sog. indirekten Steuern.

8.1.1 Indirekte Steuern

Indirekte Steuern sind Steuern, bei denen Steuerschuldner (der gesetzlich Verpflichtete) und Steuerträger (der wirtschaftlich Belastete) nicht notwendig identisch sind. Das gilt beispielsweise für die deutsche **Umsatzsteuer**: Sie belastet wirtschaftlich den Käufer einer Ware, ist jedoch nicht von diesem, sondern vom Verkäufer als Steuerschuldner anzumelden und abzuführen. Auch **Verbrauchssteuern** wie die Energiesteuer oder die Tabaksteuer sind indirekte Steuern.

Art. 113 AEUV ermächtigt die Europäische Union zur Harmonisierung der Rechtsvorschriften über die **Umsatzsteuern**, die **Verbrauchsabgaben** und **sonstige indirekte Steuern**. Hierfür ist ausdrücklich die Einstimmigkeit im Rat erforderlich, die ansonsten erforderliche doppelte Mehrheit (s. 2.3) ist demnach nicht ausreichend. Ziel der Harmonisierung ist nicht die vollständige Angleichung der nationalen Steuerrechtssysteme, sondern vielmehr die Festlegung von Vorgaben zur Bekämpfung von Steuerflucht und Steuerumgehung im Binnenmarkt.

Der in der Praxis relevanteste Bereich der Harmonisierung betrifft die Umsatzsteuer. Bereits im Jahr 1968 erfolgte im Wege der Umsetzung erster Harmonisierungsrichtlinien der EWG die Umstellung vom damaligen System der Allphasen-Bruttoumsatzsteuer auf das heutige System der Mehrwertbesteuerung mit Vorsteuerabzug. Durch die Richtlinie 77/388/EWG vom 17.05.1977 wurden die steuerlichen Bemessungsgrundlagen für die Umsatzsteuer in den nationalstaatlichen Regelungen der Mitgliedstaaten der Europäischen Union weitgehend vereinheitlicht. Die vorgenannte Richtlinie wurde mehrfach geändert und schließlich durch die etwa 400 Artikel umfassende Richtlinie 2006/112/EG vom 28.11.2006 über das gemeinsame Mehrwertsteuersystem – die sog. **Mehrwertsteuersystemrichtlinie** (MwStSystRL) – ersetzt. Die nationalen Mehrwertsteuergesetze der Mitgliedstaaten müssen entsprechend der Richtlinie gestaltet sein; ihre Bestimmungen werden im Zweifel entsprechend den Vorgaben der Richtlinie ausgelegt **(gemeinschaftskonforme Auslegung)**. Diese Harmonisierung erfasst jedoch »nur« das Steuersystem selbst, nicht jedoch die Einzelheiten der Festsetzung und Erhebung. Genauso wenig wurden die Steuersätze harmonisiert, sondern lediglich ein **Mindestregelsatz von 15 %** festgelegt. Die tatsächlichen Mehrwertsteuersätze in der Europäischen Union liegen zwischen 17 (Luxemburg) und 27 % (Ungarn).

8.1.2 Direkte Steuern

Direkte Steuern sind im Gegensatz zu den indirekten Steuern solche, bei denen der Steuerschuldner und Steuerträger identisch sind. Das betrifft im Wesentlichen **Ertragsteuern** wie die deutsche Einkommensteuer oder Körperschaftsteuer.

Für die direkten Steuern gibt es keine speziellen Regelungen. Insbesondere ist Art. 113 AEUV nicht anwendbar. Eine Harmonisierung kommt deshalb nur über die allgemeine Rechtsangleichungskompetenz des Art. 115 AEUV in Betracht. Auch insoweit ist die Einstimmigkeit im Rat erforderlich.

Für den Binnenmarkt relevant ist vor allem der Bereich der Unternehmensbesteuerung, weil diese sich erheblich auf den Wettbewerb auswirkt und hier – im Gegensatz zur Personenbesteuerung – umfangreichere Gestaltungsmöglichkeiten bestehen. Dennoch ist die Harmonisierung auch in diesem Bereich bislang nur gering und punktuell ausgeprägt. Zu den in der Vergangenheit ergriffenen Maßnahmen zählen beispielsweise die **Fusionsrichtlinie** (90/434/EWG) und die **Mutter-Tochter-Richtlinie** (90/435/EWG); beide vom 23.07.1990 sowie die **Zinsrichtlinie** (2003/48/EG) vom 26.06.2003. Die Kommission strebt weiterhin eine Harmonisierung der **Bemessungsgrundlagen für die Unternehmenssteuern** im Wege der schrittweisen Einführung einer verpflichtenden sog. **Gemeinsamen Konsolidierten Körperschaftsteuer-Bemessungsgrundlage** (GKKG) an.

8.1.3 Stille Harmonisierung

Als stille Harmonisierung wird der Prozess bezeichnet, dass die Mitgliedstaaten ihre Steuerrechtsordnungen im Laufe der Zeit freiwillig angleichen. Maßgeblich hierfür ist der Gedanke, dass sich im Wettbewerb der Steuersysteme – in dem sich die Mitgliedstaaten im Binnenmarkt zweifelsfrei immer mehr befinden – letzten Endes das beste System durchsetzt, und daher eine erzwungene Vereinheitlichung mehr oder minder überflüssig macht. Das wird teilweise auch von den gemeinsamen Organen er Europäischen Union so gesehen: Beispielsweise hat sich der Rat im Jahr 1997 auf einen an die Mitgliedstaaten gerichteten rechtlich nicht verbindlichen Verhaltenskodex zur Vermeidung schädlichen Steuerwettbewerbs geeinigt.

8.2 Verbot der Steuerdiskriminierung

Art. 110 AEUV verbietet die Steuerdiskriminierung im Bereich der **produktbezogenen Abgaben.** Es handelt sich um eine besondere Ausprägung des in Art. 18 AEUV geregelten allgemeinen Diskriminierungsverbots (s. 6.2.2), welche der Gewährleistung der Wettbewerbsneutralität der nationalen Abgabensysteme im Interesse der Verwirklichung des Binnenmarkts dient. Das Verbot der Steuerdiskriminierung ist **unmittelbar anwendbar**; jeder Unionsbürger kann sich vor den nationalen Gerichten und Behörden darauf berufen.

BEISPIEL

Ein Mitgliedstaat besteuert Gewinne aus der Veräußerung von in seinem Hoheitsgebiet belegenen Immobilien höher, wenn der Veräußerer nicht in diesem Mitgliedstaat ansässig ist als bei solchen Veräußerern, die in diesem Mitgliedstaat ansässig sind.

Nach dem im Europarecht grundsätzlich herrschenden **Bestimmungslandprinzip** werden Importe im jeweiligen »Bestimmungsland«, also dem Land, in das sie importiert werden, nach den abgabenrechtlichen Regelungen dieses Landes belastet. Das »Ursprungsland«, aus dem die Waren exportiert wurden, entlastet diese Exporte im Gegenzug regelmäßig von seinen indirekten Abgaben. Art. 110 Abs. 1 AEUV verbietet nun die abgabenrechtliche Schlechterstellung von aus anderen Mitgliedstaaten importierten Waren gegenüber gleichartigen Waren aus inländischer Produktion – erstere dürfen nicht höher besteuert werden als Letztere. Eine Rechtfertigungsmöglichkeit für eine etwaige Diskriminierung sieht Art. 110 Abs. 1 AEUV nicht vor.

Das Verbot der Steuerdiskriminierung gemäß Art. 110 AEUV gilt nur für die indirekte Besteuerung des Warenverkehrs. Bezüglich der (direkten) Besteuerung des Einkommens der Unionsbürgerinnen und Unionsbürger gelten die Regelungen über die Personenfreizügigkeit (s. 7.4.2 ff.).

8.3 Unionssteuern

Mittlerweile verfügt die Europäische Union über die Kompetenz, eigene Steuern zu erheben. Diese werden üblicherweise als **Unionssteuern** bezeichnet. Gemäß Art. 311 AEUV finanziert sich die Europäische Union vollständig aus eigenen Einnahmen, welche wiederum aus Eigenmitteln und sonstigen Einnahmen bestehen können (s. 5 ff.). Zu den Eigenmitteln zählen unter anderem auch Unionssteuern. Die rechtlichen Hürden für deren Einführung sind allerdings hoch: Es bedarf gemäß Art. 311 Abs. 3 AEUV eines einstimmigen Beschlusses des Rates sowie der Annahme (Ratifikation) durch die Mitgliedstaaten.

Es gibt vielfältige Diskussionen über die Einführung von Unionssteuern – etwa einer EU-Verbrauchssteuer auf Kerosin oder einer eigenen EU-Umsatzsteuer. Bislang hat die Europäische Union jedoch nur in einem Fall von dieser Kompetenz tatsächlich auch Gebrauch gemacht – die VO 260/68 regelt eine **Gemeinschaftssteuer auf die Bezüge der Beamten im europäischen öffentlichen Dienst**. Diese Abgabe wird anstelle einer nationalen Einkommensteuer progressiv mit einem Satz von 8 bis 45 % auf das Gehalt der Beamten erhoben und fließt direkt wieder dem Haushalt der Europäischen Union zu.

Die von der Europäischen Kommission infolge der Wirtschafts- und Finanzkrise geplante Einführung einer **Finanztransaktionssteuer** in der gesamten Europäischen Union scheiterte hingegen im Jahr 2012 vor allem am Widerstand Großbritanniens und Schwedens. Das Ziel wird aber von 10 Mitgliedstaaten grundsätzlich weiterverfolgt.

9 Perspektiven der Europäischen Union

In den letzten Jahren hat sich die Europäische Union – im Gegensatz zu ihrer Anfangszeit – deutlich stärker als Wirtschaftsgemeinschaft denn als Wertegemeinschaft definiert. Daher stellt sich die Frage, wie sich die Europäische Union in Zukunft weiterentwickeln wird. Das gilt vor allem für die Bereiche **Erweiterung**, **Austritte** und **gegenwärtige bzw. zukünftige Herausforderungen**. Die Art und Weise, wie die Europäische Union mit diesen Themen umgehen wird, wird auf jeden Fall erheblichen Einfluss auf ihre Zukunft haben.

9.1 Erweiterung

Gemäß Art. 49 EUV kann grundsätzlich jeder europäische Staat auf Antrag Mitglied der Europäischen Union werden. Die dafür erforderlichen Voraussetzungen hat der Europäische Rat in Vorbereitung auf die erste Osterweiterung im Jahr 1993 mit den sog. **»Kopenhagener Kriterien«** festgeschrieben. Diese sind in übergeordnete Kriterien aufgeteilt:

- **Politisches Kriterium**: Der Beitrittskandidat muss stabile Institutionen haben, die Demokratie, Rechtstaatlichkeit und Menschenrechte gewährleisten.
- **Wirtschaftliches Kriterium**: Der Beitrittskandidat muss über eine funktionierende Marktwirtschaft verfügen und in der Lage sein, dem Wettbewerbsdruck und den Marktkräften innerhalb der Europäischen Union standzuhalten.
- Sog. **»Acquis-Kriterium«**: Der Beitrittskandidat muss in der Lage sein, die sich aus einer Mitgliedschaft in der Europäischen Union ergebenden Verpflichtungen nachzukommen.

Außerdem muss umgekehrt auch die Europäische Union ihrerseits zur Aufnahme des Beitrittskandidaten fähig sein; die Kopenhagener Kriterien richten sich also nicht nur nach den Beitrittskandidaten, sondern auch an die Europäische Union selbst.

Ein Teil dieser Kriterien wurde mit Inkrafttreten des Vertrages von Amsterdam (s. 1.1.6) zwischenzeitlich in das europäische Primärrecht übernommen – Art. 2 EUV besagt: »Die Werte, auf die sich die Union gründet, sind die Achtung der Menschenwürde, Freiheit, Demokratie, Gleichheit, Rechtsstaatlichkeit und die Wahrung der Menschenrechte einschließlich der Rechte der Personen, die Minderheiten angehören. Diese Werte sind allen Mitgliedstaaten in einer Gesellschaft gemeinsam, die sich durch Pluralismus, Nichtdiskriminierung, Toleranz, Gerechtigkeit, Solidarität und die Gleichheit von Frauen und Männern auszeichnet.«

Insbesondere die wirtschaftlichen Beitrittsvoraussetzungen wurden jedoch bei den Beitritten in der jüngeren Vergangenheit aus politischen Gründen nicht immer konsequent überprüft oder zumindest recht großzügig gehandhabt. Es gibt außerdem – abgesehen von der Regelung in Art. 7 EUV – keinen ausgeprägten Prozess, die Einhaltung der Kriterien auch noch nach einem erfolgten Beitritt regelmäßig zu überprüfen und damit dauerhaft sicherzustellen. Dies erweist sich derzeit zunehmend als problematisch und stellt die Europäische Union vor gewaltige politische und wirtschaftliche Herausforderungen (s. 9.3). Seit ihrer Gründung hat sie sich von sechs auf nunmehr 28 Mitgliedstaaten mit insgesamt über einer halben Milliarde Unionsbürgern vergrößert. Bedingt durch die weitreichenden Folgen der Wirtschafts- und Finanzkrise ab 2007 und der Flüchtlingskrise ab 2015 wird die Fähigkeit der Europäischen Union, zum derzeitigen Zeitpunkt weitere Mitgliedstaaten aufnehmen zu können, politisch und gesellschaftlich zunehmend in Frage gestellt.

Gleichwohl gibt es derzeit **fünf offizielle Beitrittskandidaten** (Albanien, Montenegro, Mazedonien, Serbien und die Türkei) sowie **zwei potenzielle Beitrittskandidaten** (Bosnien und Herzegowina sowie der Kosovo). Formelle Beitrittsverhandlungen wurden bislang mit Montenegro, Serbien und der Türkei aufgenommen. Während im Falle der beiden erstgenannten Beitrittskandidaten hierbei Fortschritte erzielt werden konnten, sind die bereits im Jahr 2005 aufgenommenen Beitrittsverhandlungen mit der **Türkei** in den letzten Jahren mehr oder weniger zum Stillstand gekommen. Diese Verhandlungen gestalteten sich von Anfang an schwierig, weil die Türkei bis heute den Mitgliedstaat Zypern rechtlich nicht anerkennt und dadurch fortgesetzt gegen ein mit der Europäischen Union abgeschlossenes Assoziierungsabkommen verstößt. Dazu kommen teilweise sehr unterschiedliche religiöse und kulturelle Wertvorstellungen sowie nach wie vor bestehende und teilweise erhebliche demokratische und rechtsstaatliche Defizite in der Türkei. Gerade letztere haben sich seit dem gewaltsamen Vorgehen der türkischen Polizei gegen die Proteste von Bürgern gegen die Regierung Recep Tayip Erdoğans im Jahr 2013 und der Niederschlagung des Putschversuchs im Jahr 2016 noch erheblich verschärft. Aber auch die Größe des Landes würde für die Europäische Union eine gewaltige Herausforderung bedeuten: Die Türkei wäre nach Deutschland der Mitgliedstaat mit der zweitgrößten Bevölkerung. Und nur ein kleiner Teil der Türkei liegt geografisch auch tatsächlich in Europa. Ein Beitritt der Türkei ist damit zwar noch nicht endgültig vom Tisch, dürfte aber aus Sicht der Europäischen Union auch auf absehbare Zeit nicht realistisch sein. Das aus geopolitischen und geostrategischen Erwägungen von einigen Mitgliedstaaten ins Spiel gebrachte hilfsweise Angebot einer sog. »privilegierten Partnerschaft« lehnt die Türkei hingegen ihrerseits ab.

Die Staaten der früheren Sowjetunion und die Zwergstaaten Andorra, Liechtenstein, Monaco, San Marino und der Staat Vatikanstadt haben die Mitgliedschaft in der Europäischen Union bislang nicht oder zumindest nicht konkret angestrebt. Die **Schweiz** hat hingegen bereits einen und **Norwegen** sogar mehrere Beitrittsanträge gestellt; diese wurden aber jeweils wieder zurückgezogen bzw. nicht weiterverfolgt. Das gilt auch für **Island**: Der Inselstaat hat seinen Beitrittsantrag aus dem Jahr 2009 im Jahr 2015 ebenfalls zurückgezogen.

9.2 Austritte

Grönland – als zwischenzeitlich autonome Nation innerhalb des Königreichs Dänemark – hat die Europäische Union nach einer Volksabstimmung als erster und bislang einziger Mitgliedstaat bereits im Jahr 1985 auf Basis des sog. »Grönland-Vertrags« wieder verlassen – die heute für den Austritt von Mitgliedstaaten vorgesehene Regelung in Art. 50 EUV existierte zu diesem Zeitpunkt noch nicht. Grönland genießt allerdings im Verhältnis zur Europäischen Union weiterhin den zollrechtlichen Status eines sog. »assoziierten überseeischen Landes« mit den Vorteilen einer Zollunion.

Art. 50 EUV wird nun voraussichtlich erstmalig in Bezug auf das **Vereinigte Königreich** zur Anwendung kommen: Dessen Volk hat sich am 23.06.2016 in einem Referendum mit knapper Mehrheit für einen Austritt aus der Europäischen Union entschieden. Art. 50 Abs. 2 EUV sieht für diesen Fall vor, dass die Europäische Union mit dem Vereinigten Königreich ein Abkommen über die Einzelheiten des Austritts und die künftigen Beziehungen zur Europäischen Union aushandelt. Art. 50 Abs. 3 EUV sieht für diese Verhandlungsphase allerdings lediglich einen Zeitrahmen von maximal zwei Jahren vor – gerechnet ab der schriftlichen Austrittsmitteilung an den Europäischen Rat. Sie endet daher am 29.03.2019. Der nach langwierigen Konsultationen zwischen der Europäischen Union und dem Vereinigten Königreich ausgehandelte Entwurf eines Austrittsabkommen wurde vom Europäischen Rat der EU-27 (also bereits ohne das Vereinigte Königreich) am 25.11.2018 gebilligt. Diesem Entwurf muss allerdings das Unterhaus des britischen Parlaments und das Europäische Parlament noch zustimmen. Die Zustimmung in Großbritannien ist dabei keineswegs sicher. Denn das Abkommen sieht im Grundsatz vor, dass das Vereinigte Königreich während einer Übergangsphase bis mindestens Ende 2020 weiterhin sämtliche Regelungen der Europäischen Union einhalten und bestimmte Beiträge leisten muss, aber in den Unionsgremien keine Mitsprache mehr haben wird. Wie es nach der Übergangsphase weitergeht, muss erst noch in einem Handels- und Partnerschaftsabkommen zwischen der Europäischen Union und dem Vereinigten Königreich geklärt werden; hierzu existiert bislang nur eine Absichtserklärung, deren zentraler Punkt die Vision einer »Freihandelszone, die tiefe Kooperation bei Regeln und Zoll beinhalte«, ist. Dass die britischen Befürworter des »Brexits« darin ihre Position durchsetzen können, dass für das Vereinigte Königreich im Wesentlichen nur noch die Warenverkehrsfreiheit, nicht aber die Dienstleistungs- oder gar die Personenverkehrsfreiheit uneingeschränkt zur Anwendung kommen solle, erscheint derzeit ausgeschlossen, weil die Europäische Union geschlossen das dem Binnenmarkt zugrundeliegende System der Grundfreiheiten als unteilbar betrachtet und hier auch nicht zu weitergehenden Konzessionen bereit ist. Es ist daher nicht ausgeschlossen, dass das Vereinigte Königreich hart – also ohne entsprechendes Abkommen – aus der Europäischen Union ausscheiden könnte – mit im Zweifelsfall dramatischen wirtschaftlichen, gesellschaftlichen und politischen Folgen, weil es dann auch keine Übergangsphase geben wird. Zwar dürften diese Folgen das Vereinigte Königreich wesentlich härter treffen als die Europäische Union, aber auch auf deren Seite würden sie sich signifikant auswirken. Aber auch bei einem geordneten »Brexit« sind die daraus resultierenden Konsequenzen aufgrund der derzeitigen engen Verflechtung noch nicht vollständig absehbar.

Ebenfalls nicht absehbar ist heute, ob es zukünftig in weiteren Mitgliedstaaten zu Referenden über den Austritt aus der Europäischen Union kommen wird. Dass die Europäische Union bei den »Brexit«-Verhandlungen geschlossen gezeigt hat, dass sie nicht bereit ist, »Rosinenpickerei« zuzulassen, könnte dahingehende Bestrebungen möglicherweise jedoch eindämmen.

9.3 Herausforderungen

Aktuell befindet sich die Europäische Union in schwierigem Fahrwasser – und die Herausforderungen nehmen nicht ab. Ursache hierfür sind vor allem vier komplexe und teilweise miteinander zusammenhängende Krisenfelder, die keineswegs alle hausgemacht sind:

- Seit dem Jahr 2007, spätestens jedoch seit Anfang des Jahres 2010 befindet sich die Europäische Union in einer weitreichenden **Wirtschafts- und Finanzkrise** mit einer – trotz umfangreich ergriffener Hilfsmaßnahmen seitens der Europäischen Union, ihrer Mitgliedstaaten und des Internationalen Währungsfonds (IWF) – seither latent drohenden Insolvenz Griechenlands oder – und das wäre aufgrund der Größe wirtschaftlich nicht mehr kompensierbar – Italiens. Die Krise stellt für die Europäische Union eine erhebliche wirtschaftliche und politische Herausforderung mit bislang ungewissem Ausgang dar. Sie führt darüber hinaus zunehmend auch zu einer Spaltung zwischen den Mitgliedstaaten der gesamten Europäischen Union und denen der sog. Eurozone.

- Die **Flüchtlingskrise** ab dem Jahr 2015 zeigt immer noch starke Auswirkungen. Probleme dabei bereiten mittlerweile weniger die absolute Zahl der Asylsuchenden, sondern die gerechte und gesellschaftlich akzeptierte Verteilung auf die Mitgliedstaaten.
- In den vergangenen Jahren hat sich bei den Unionsbürgern eine weitreichende **Skepsis gegenüber der Europäischen Union** entwickelt. Die Gründe dafür sind vielschichtig und heterogen und reichen von vorhandenen oder empfundenen Demokratiedefiziten über die Sorge um die nationalstaatliche Souveränität der Mitgliedstaaten bis hin zu finanziellen Aspekten wie die Befürchtung der Verschwendung der von der Europäischen Union verwalteten Mittel.
- Dazu kommt ein zunehmender und nicht selten reichlich populistischer **Nationalismus** in zahlreichen – zumeist »jüngeren« – östlichen Mitgliedstaaten.

Die kommenden Jahre werden zeigen, wie stabil das aufgezeigte Fundament der Europäischen Union tatsächlich ist. Gegründet als Wertegemeinschaft zur Sicherung von Frieden und Freiheit, hat sie sich in den vergangenen Jahren – zumindest in der Vorstellung einiger Mitgliedstaaten – hin zu einem marktliberalen Wachstumsprojekt gewandelt. Auf der anderen Seite ist die Bildung eines »europäischen Identitätsgefühls« bei den Unionsbürgerinnen und Unionsbürgern bislang bestenfalls unvollständig gelungen. Und bei der großen Zahl von Mitgliedstaaten mit teilweise sehr unterschiedlicher Geschichte, Sprache und Kultur wird das auch nicht einfacher. Bei alldem darf aber nicht übersehen werden, dass sich die Europäische Union von Anfang an auch und nicht zuletzt die **Friedenssicherung** auf die Fahnen geschrieben hat. Auf diesem Gebiet hat sie möglicherweise die größten Erfolge erzielt und erzielt sie nach wie vor. Dieses Motiv ist im Laufe der Zeit gerade bei jüngeren Menschen möglicherweise etwas in den Hintergrund getreten – aber man darf nicht vergessen, dass es vor der Zeit der Europäischen Union auf deren Gebiet keine vergleichbar lange Zeit des friedlichen Miteinanders gab. Der ursprüngliche Plan, die Staaten Europas auch zu diesem Zweck wirtschaftlich miteinander zu verbinden, ist also aufgegangen – denn wer miteinander Handel treibt, bekriegt sich nicht. Oder, wie der Präsident der Europäischen Kommission Jean-Claude Juncker sagt: »Manchmal streiten wir. Aber wir streiten mit Worten. Und wir lösen unsere Konflikte am Verhandlungstisch, nicht in Schützengräben.«

Teil L Lösungshinweise zu den Fällen

Lösung zu Fall 1

Die Geiselnahme (fiktiver Fall).

a) Die Erstürmung des gekaperten deutschen Flugzeugs ist ein Akt hoheitlicher Gewalt außerhalb des Staatsgebiets der Bundesrepublik Deutschland. Eine hoheitliche Tätigkeit eines Staates ist jedoch nur in seinem eigenen Staatsgebiet möglich. Ein Staat kann hoheitlich nicht auf fremdem Staatsgebiet tätig werden (sog. negative Funktion der Gebietshoheit). Um die Maschine zu erstürmen, bedarf es also der Erlaubnis des fremden Staates. Im vorliegenden Fall stellt sich allerdings die weitere Frage, in welchem Staatsgebiet sich die gekaperte Maschine befindet. Hat sich durch die Ausrufung eines »Scheichstaates« bereits ein vom Irak losgelöstes eigenes Staatsgebilde etabliert oder befindet sich die Stadt X noch im irakischen Staatsgebiet? Zur Beantwortung der Frage, ob man beim »Scheichstaat« bereits von einem Staat ausgehen kann, sind die Merkmale des juristisch-völkerrechtlichen Staatsbegriffs, nämlich Staatsgebiet, Staatsvolk und Staatsgewalt heranzuziehen. Ein neuer Staat, der diese Merkmale besitzt, kann auch durch illegale Abspaltung vom Mutterstaat entstehen, wenn in einem bestimmten Gebiet sich eine neue Staatsgewalt politisch und militärisch durchsetzt. Nicht notwendig ist, dass andere Staaten das neu entstandene Staatsgebilde als Staat diplomatisch anerkennen. Es bedarf allerdings zur Annahme eines neuen Staats einer gewissen Dauerhaftigkeit seines Bestands. Diese kann im vorliegenden Fall nicht angenommen werden, da eine Militärallianz versucht, den »Scheichstaat« mit militärischen Mitteln wieder aufzulösen. Der »Scheichstaat« kann also noch nicht als Staat angesehen werden. Zur Geiselbefreiung bedürfte es der Erlaubnis des Iraks.

b) Es ist die Frage zu beantworten, ob eine ausländische Person, die an einem Deutschen im Ausland eine Straftat begeht, der deutschen Strafverfolgung unterliegt. Grundsätzlich gilt das deutsche Strafrecht für Taten, die im Inland begangen werden (§ 3 StGB). Aber auch Taten von Ausländern im Ausland können verfolgt werden. § 7 StGB bestimmt, dass das deutsche Strafrecht auch für ausländische Straftäter gilt, wenn sie im Ausland eine Straftat gegen einen Deutschen begehen und die Tat am Tatort mit Strafe bedroht ist. Folglich kann ein ausländischer Staatsbürger, wenn er sich auf deutschem Staatsgebiet aufhält, festgenommen werden, wenn er sich unter den Voraussetzungen des § 7 StGB strafbar gemacht hat. Im vorliegenden Fall ist noch die Besonderheit zu beachten, dass das deutsche Strafrecht unabhängig vom Recht des Tatorts gilt, wenn die Straftat in einem deutschen Luftfahrzeug begangen wurde (§ 4 StGB). Die Tatsache, dass für die Geiselnehmer das deutsche Strafrecht gilt, heißt aber noch nicht, dass die Geiselnehmer vor Ort von der Bundespolizei verhaftet und der deutschen Justiz überstellt werden können, da für Ausländer die Bundesrepublik keine Personalhoheit besitzt. Die Bundesregierung muss also gegenüber dem Irak ein Auslieferungsgesuch stellen.

c) Die Bundesrepublik Deutschland kann aufgrund ihrer Gebietshoheit innerhalb ihres Staatsgebiets über alle Personen Staatsgewalt ausüben, unabhängig davon, ob es sich um einen Staatsangehörigen oder einen Ausländer handelt. Deshalb kann im vorliegenden Fall ein ausländischer Geiselnehmer festgenommen und verurteilt werden.

Lösung zu Fall 2

Der beliebte Bundespräsident. Das Grundgesetz kann nur innerhalb der durch Art. 79 vorgegebenen Grenzen verändert werden. Eine Änderung des Grundgesetzes, durch welche die in den Artikeln 1 und 20 GG niedergelegten Grundsätze berührt werden, ist nach Art. 79 Abs. 3 GG (sog. Ewigkeitsklausel) unzulässig.

a) Unbegrenzte Wiederwahl des Bundespräsidenten. Eine unbegrenzte Möglichkeit der Wiederwahl des Bundespräsidenten kann das in Art. 20 GG geschützte Staatsmerkmal der Republik verletzen. Deutschland wird in Art. 20 Abs. 1 GG als Bundesrepublik bezeichnet. Damit ist ausgeschlossen, dass Deutschland eine Monarchie sein kann. Im Gegensatz zur Monarchie wird in einer Republik das Staatsoberhaupt gewählt. Eine begrenzte Dauer der Amtszeit durch eine Beschränkung der Möglichkeiten zur Wiederwahl ist aber nicht Inhalt der republikanischen Staatsform. Eine mehrmalige Wiederwahl des Staatsoberhaupts wäre danach möglich. Die Amtszeit des Staatsoberhaupts muss nicht auf limitierte Wahlgänge begrenzt werden. Von der Ewigkeitsgarantie des Art. 79 Abs. 3 GG wird nicht die geltende Ausformung der Art. 54 bis 61 GG geschützt, sondern nur das Grundprinzip der Republik. Auch das durch Art. 20 Abs. 1 GG geschützte Staatsmerkmal der Demokratie würde durch die Streichung des Art. 54 Abs.2 Satz 2 GG nicht verletzt. Die demokratische Staatsform verlangt nur, dass die Staatsgewalt vom Staatsvolk durch Wahlen ausgeübt wird. Im demokratischen Staat sind alle Staatsorgane durch Wahlen für einen befristeten Zeitraum legitimiert. Wiederwahlen sind jedoch möglich und durch das Demokratieprinzip nicht ausgeschlossen.
b) Wahl des Bundespräsidenten auf Lebenszeit. Auch in dieser Fallvariante ist das durch Art. 20 GG geschützte Staatsmerkmal der Republik nicht verletzt, da Kennzeichen der Republik nicht die zeitliche Beschränkung des Amtes des Staatsoberhaupts ist. Es ist jedoch das durch Art. 20 GG geschützte Staatsmerkmal der Demokratie verletzt. In einer Demokratie verlangt ein Wahlamt immer die Legitimität des Wählerwillens. Der Wähler muss die Möglichkeit haben, eine einmal durch die Wahl getroffene Entscheidung auch wieder rückgängig zu machen (Macht auf Zeit). Deshalb müssen in einer Demokratie alle Wahlämter zeitlich befristet sein und können nicht auf Lebenszeit vergeben werden.

Lösung zu Fall 3

Das wehrhafte Bundesland. Die Bundesrepublik Deutschland ist nach Art. 20 Abs. 1 GG ein aus Bund und Ländern bestehender Bundesstaat. Im Bundesstaat haben die Länder eine eigene Staatsqualität. Dies ergibt sich in erster Linie aus Art. 30 GG, wonach die Ausübung staatlicher Befugnisse und die Erfüllung staatlicher Aufgaben Sache der Länder ist. Die Länder besitzen also alle Wesensmerkmale eines Staates, haben also ein Staatsgebiet, ein Staatsvolk und die Staatsgewalt. Ausfluss der Staatsgewalt ist die Selbstorganisationsfähigkeit des Staates. Ein Land mit Staatsqualität muss aus eigenem Recht die Fähigkeit haben, alle Regelungen zu treffen, die zur Organisation des Zusammenlebens des Staatsvolks innerhalb des Staates erforderlich sind.

Diese autonome Gestaltungsmacht des Staates wird im Bundesstaat durch die Bundesverfassung aufgeteilt in die dem Bund und in die den Ländern zustehenden Kompetenzen. Nach Art. 87a Abs. 1 GG stellt ausschließlich der Bund die Streitkräfte zur Verteidigung auf. Ferner hat der Bund nach Art. 73 Abs. 1 Nr. 1 GG die ausschließliche Gesetzgebung in der Verteidigung. Das schließt aus, dass die Länder eigene Streitkräfte haben. Die Verteilung der Kompetenzen zwischen Bund und Ländern ist allerdings nicht unabänderlich. Sie kann, wie in der Vergangenheit beispielsweise mit den Föderalismusreformen von 2006 und 2009 geschehen, verändert werden.

Hierzu müsste jedoch das Grundgesetz durch verfassungsänderndes Gesetz geändert werden (Art. 79 Abs. 1 GG). Hierbei gibt es jedoch Grenzen. Die Grenzen der Veränderlichkeit des Grundgesetzes markiert Art. 79 Abs. 3 GG. Danach ist nicht nur die Gliederung des Bundes in Länder, sondern auch das Bundesstaatsprinzip des Art. 20 Abs. 1 GG generell nicht veränderbar (Art. 79 Abs. 3 3. Altern. GG).

Das Bundesstaatsprinzip gewährleistet den Ländern ein Mindestmaß an staatlichem Eigenleben in Bezug auf das jeweilige Landesgebiet und Mitwirkung an der Gesetzgebung des Bundes, andererseits aber auch für den Bund einen Mindestbestand an unitarisierenden Elementen, welche es ihm erlauben, seiner Verantwortung für die Bundesrepublik Deutschland als Ganzes gerecht zu werden. Zu diesen gehören die ausschließliche Zuständigkeit des Bundes für auswärtige Angelegenheiten und die Verteidigung. Wie den Ländern ein Mindestmaß an Staatslenkung durch eine eigene, vom Bund unabhängige Verwaltung (z. B. Polizei, Finanzverwaltung) zugestanden werden muss, gilt umgekehrt, dass der Bund zur Wahrung der Gesamtstaatlichkeit ebenfalls die dafür notwendigen Mindestkompetenzen besitzen muss. Würde ein Land eigene Streitkräfte aufstellen, würde es daher gegen das Bundesstaatsprinzip des Grundgesetzes verstoßen

Lösung zu Fall 4

Verbot der Nutzung einer Stadthalle. Die erste Frage bei einer Fallbearbeitung lautet: Welches ist die richtige »Einstiegsnorm«? Soll im Beispiel mit der Prüfung von Art. 21 Abs.1 GG, Art. 21 Abs.1 GG i. V. m. Art. 3 GG oder mit § 5 PartG angefangen werden? Art. 21 GG garantiert allgemein die Freiheit politischer Betätigung der Parteien, Art. 21 Abs. 1 GG i. V. m. Art. 3 GG beinhaltet das Recht der Parteien auf Chancengleichheit, in § 5 PartG ist eine besondere Regelung zur Gleichbehandlung der Parteien enthalten.

Am besten fängt man mit der Prüfung der Norm an, die konkret und unmittelbar einen Anspruch begründet. Das ist im Beispiel § 5 PartG. Wenn ein Träger öffentlicher Gewalt den Parteien Einrichtungen zur Verfügung stellt, sollen nach dieser Norm alle Parteien gleich behandelt werden. Liegen also die Tatbestandsvoraussetzungen dieser Norm vor, hat auch die Partei X einen Anspruch auf Abschluss eines Mietvertrags mit S zur Nutzung der Stadthalle.

- Die Stadt S ist Träger öffentlicher Gewalt i. S. des § 5 PartG.
- Die Stadthalle ist eine öffentliche Einrichtung.
- Die Partei X erfüllt auch das Tatbestandsmerkmal Partei, das nach § 2 PartG zu prüfen ist. Bei der Partei X liegen die Merkmale Einflussnahme auf die politische Willensbildung, Ernsthaftigkeit und Dauerhaftigkeit der Zielsetzung sowie Mitwirkung an der Vertretung des Deutschen Volkes durch die regelmäßige Teilnahme an den Wahlen zum Deutschen Bundestag vor. Eine inhaltliche Bewertung des Parteiprogramms bei der Frage, ob eine Partei die Voraussetzungen des § 2 PartG erfüllt, sieht diese Norm nicht vor und ist deshalb unzulässig.

Fraglich ist, ob alle Parteien uneingeschränkt den Gleichbehandlungsschutz des § 5 PartG genießen. Diese Frage ist mit Hilfe des Art. 21 GG zu entscheiden. Die Stadt S bringt vor, dass die Partei X verfassungswidrig sei und insoweit nicht dem Schutz des Grundgesetzes unterliege. Dieser Einwand ist aber unerheblich, denn über die Frage der Verfassungswidrigkeit einer Partei entscheidet ausschließlich das Bundesverfassungsgericht (Entscheidungsmonopol des

BVerfG, Art. 21 Abs. 2 Satz 2 GG). Solange eine Partei nicht vom Bundesverfassungsgericht verboten ist, stehen ihr alle Rechte zu, die andere Parteien haben.

Wegen des Verweises auf zu erwartende Gegendemonstrationen ist Art. 8 GG zu prüfen. Parteien sind grundrechtsfähig und können sich deshalb auf Art. 8 GG berufen. Nach dieser Norm können jedoch Einschränkungen des Grundrechts auf Versammlungsfreiheit (hier der Landesparteitag als Versammlung) durch Gesetz nur für Versammlungen unter freiem Himmel erfolgen. Da es sich bei dem Landesparteitag nicht um eine Versammlung unter freiem Himmel handelt, schließt Art. 8 GG aus, die Veranstaltung mit dem Hinweis auf gewaltsame Demonstrationen zu verbieten. Es ist die Aufgabe der Polizei, für die Sicherheit des Parteitages zu sorgen. Damit hat die Partei X gegenüber der Stadt S einen Anspruch auf Überlassung der Stadthalle.

Lösung zu Fall 5

Ausschluss von der Parteifinanzierung (fiktiv). Der Fall betrifft die Regeln zur Parteifinanzierung, die in § 18 PartG normiert sind (s. 7). Zunächst ist die Frage zu stellen, ob und gegebenenfalls mit welchem Rechtsmittel sich die Partei X gegen die geänderten Zuwendungskonditionen des § 18 PartG wehren kann.

In Frage kommt ein Organstreitverfahren nach Art. 93 Abs. 1 Nr. 1 GG.

- Eine Partei kann als verfassungsrechtliche Institution eine Organklage erheben.
- Richtiger Antragsgegner ist nicht die Bundesregierung, sondern der Bundestag, denn dieser hat das Änderungsgesetz erlassen.
- Antragsgegenstand ist die Aufhebung der Änderung des § 18 PartG durch ein neues Gesetz.
- Die Partei X ist gem. § 64 Abs. 1 BVerfGG antragsbefugt, denn sie kann geltend machen, dass sie mit der Änderung des Parteiengesetzes in ihrem grundgesetzlichen Recht auf Chancengleichheit verletzt wurde.

Damit sind die Voraussetzungen für ein Organstreitverfahren erfüllt. (Zum Organstreitverfahren siehe Teil F 6.5).

Bei der Begründetheit des Antrags ist zu prüfen, ob die Änderung des § 18 PartG gegen das Grundgesetz verstößt. In Frage kommt ein Verstoß gegen das Recht der Parteien auf Chancengleichheit (Art. 21 Abs. 1 GG i. V. m. Art. 3 Abs. 1 GG). Die Novellierung des § 18 PartG führt dazu, dass die Partei X von der staatlichen Parteienfinanzierung ausgeschlossen wird, während Parteien, die das Quorum erfüllen, von der staatlichen Parteienfinanzierung profitieren. Die Neuregelung führt also zu einer neuen Ungleichbehandlung der Parteien, unabhängig davon, dass auch bei der bestehenden Regelung ein Quorum existiert.

Wenn eine Ungleichbehandlung feststeht, muss geprüft werden, ob diese Ungleichbehandlung verfassungsrechtlich gerechtfertigt und damit verfassungskonform ist. Wie der bestehende § 18 PartG zeigt, gibt es bereits eine Untergrenze bei der staatlichen Teilfinanzierung (0,5-%-Untergrenze bei Europa- und Bundestagswahlen, § 18 Abs. 4 PartG) und damit eine Einschränkung der Chancengleichheit. Folgende Überlegungen sind in die Betrachtung einzubeziehen:

- Das Demokratieprinzip des Art. 20 Abs. 2 GG lebt vom Mehrparteiensystem. Parteien sind die Voraussetzung für freie Wahlen und darüber hinaus eine wesentliche Ergänzung des Schutzes politischer Minderheiten, die sich über Parteien artikulieren können müssen. Es bedarf deshalb eines ganz besonders zwingenden , in der Verfassung selbst angelegten Grunds, das Gebot der Chancengleichheit zu durchbrechen.

- Es bedarf eines politischen Wettbewerbs nicht nur zwischen den bereits existierenden und etablierten Parteien, sondern auch durch neue Parteien, die eine Startchance haben müssen.
- Allerdings ist dem Demokratieprinzip nicht zu entnehmen, dass der Staat jeder kleinsten Gruppierung, die eventuell auch nur Sonderinteressen oder für das Gemeinwohl unbedeutende Interessen verfolgt, staatliche Unterstützung geben muss. Deswegen sind die bestehenden Quoten des § 18 PartG verfassungskonform. Parteien aber, die bis zu 3 % erreichen, sind keine nur marginale Größe, zumal wenn es gelingt, einzelne Abgeordnete in das Europäische Parlament zu schicken. Die durch das in Rede stehende Gesetz vorgenommene Anhebung des Quorums auf 3 % ist daher nicht verfassungskonform.

Die Organklage ist damit begründet.

Lösung zu Fall 6

Die unzufriedene Partei. Das Demokratieprinzip des Art. 20 Abs. 2 Satz 2 GG bedeutet, dass alle staatlichen Organe letztlich ihre Legitimation durch Wahlen haben müssen. An den Wahlen muss der Souverän, also das Staatsvolk, teilnehmen können. Hierfür gibt es Mindestanforderungen, die in Art. 38 Abs. 1 GG niedergelegt sind. Diese Verfassungsnorm bestimmt die Grundsätze zur Wahl des Bundestags. Die Abgeordneten des Deutschen Bundestags werden in allgemeiner, unmittelbarer, freier, gleicher und geheimer Wahl gewählt. Fraglich ist, ob durch die Fünf-Prozent-Sperrklausel des § 6 Abs. 3 BWahlG der Grundsatz der Gleichheit der Wahl eingehalten ist. Dieser Grundsatz verlangt, dass alle Stimmen in gleicher Weise Wirkung haben müssen (gleicher Erfolgswert). Nach der Regelung des § 6 Abs. 3 BWahlG haben die Zweitstimmen für Parteien, die bundesweit über 5 % erhalten, vollen Erfolgswert, Stimmen für Parteien, welche die Fünf-Prozent-Grenze nicht erreichen, keinen Erfolgswert. Die Vorgabe des Art. 38 Abs. 1 Satz 1 GG ist damit bei einer Sperrklausel nicht eingehalten. Dem Verfassungsgrundsatz der Gleichheit der Wahl steht jedoch der ungeschriebene, aus Art. 20 Abs. 1 und 2 GG abgeleitete Grundsatz der Funktionsfähigkeit des Parlaments gegenüber. Die parlamentarische Demokratie braucht zwingend ein arbeitsfähiges Parlament. Eine Vielzahl von kleinen und kleinsten Parteien würde parlamentarische Mehrheiten und solide Regierungskoalitionen erheblich erschweren. Deshalb wird der Grundsatz der Funktionsfähigkeit des Parlaments als höherwertiger anerkannt als der Grundsatz der Gleichheit der Wahl. § 6 Abs. 3 BWahlG ist deshalb nicht verfassungswidrig.

Lösung zu Fall 7

Der eifrige Untersuchungsausschuss.

a) Nach Art. 44 Abs. 1 Satz 1 GG hat der Bundestag die Pflicht, einen Untersuchungsausschuss einzusetzen, wenn ein Viertel seiner Mitglieder diesen Antrag stellt. Dieses Quorum ist bei 24 Abgeordneten, die mit Ja gestimmt haben, ersichtlich nicht zustande gekommen. Damit ist der Antrag aber noch nicht zum Scheitern verurteilt. Der Bundestag hat das Recht, auch mit einfacher Mehrheit (also der Mehrheit der anwesenden Mitglieder) einen Untersuchungsausschuss einzusetzen. Dies ergibt sich ebenfalls aus Art. 44 Abs. 1 Satz 1 GG. Da die Enthaltungen nicht mitgezählt werden, hat die Mehrheit der anwesenden Abgeordneten für die Beschlussvorlage gestimmt. Offen bleibt die Frage, ob der Bundestag mit 50 anwesenden Abgeordneten überhaupt beschlussfähig ist. Nach § 45 Abs. 1 GO-BT ist der Bundestag beschlussfähig, wenn mehr als die Hälfte seiner Mitglieder im

Sitzungssaal anwesend ist. Auch dieses Quorum wurde ersichtlich nicht erreicht. § 45 Abs. 2 GO-BT relativiert jedoch die Vorschrift über die Beschlussfähigkeit des Bundestags. Solange die Beschlussunfähigkeit nicht von einer Fraktion oder anwesenden 5 % der Mitglieder des Bundestags bezweifelt und vom Sitzungspräsidenten nicht festgestellt wurde, gilt er als beschlussfähig. Im vorliegenden Fall wurde also der Untersuchungsausschuss ordnungsgemäß eingesetzt.

b) Hier ist die Frage zu beantworten, ob die drei Begehren der Partei X zulässiger Untersuchungsgegenstand eines Untersuchungsausschusses sein können. Ein Untersuchungsauftrag darf nämlich die Grenze der Zuständigkeit des Bundestags nicht überschreiten (§ 1 Abs. 3 PUAG). Der Bau eines Bahnhofs der DB AG muss also in den Zuständigkeitsbereich des Bundes fallen, damit die Gründe und Verantwortlichkeiten von Kostensteigerungen durch einen Untersuchungsausschuss aufgeklärt werden können. Nach Art. 73 Abs. 1 Nr. 6a GG gehört der Bau von Schienenwegen der Eisenbahnen des Bundes als Gegenstand der ausschließlichen Gesetzgebung zum Zuständigkeitsbereich des Bundes. Folglich können die näheren Umstände von Kostensteigerungen durch einen Untersuchungsausschuss des Bundestags aufgeklärt werden. Anders verhält es sich dagegen bei der Frage der Rechtswidrigkeit des Polizeieinsatzes. Polizeiliche Maßnahmen unterliegen der Zuständigkeit der Länder, soweit es sich nicht um Einsätze der Bundespolizei handelt. Ziff. 2 des Untersuchungsauftrags ist also unzulässig. Der Untersuchungsgegenstand muss ferner den Grundsatz der Gewaltenteilung zwischen der Exekutive und der Legislative beachten. Das Parlament darf sich nicht an die Stelle der Regierung setzen. Leitlinien für zukünftiges Regierungshandeln sind daher nicht möglich. Auch Ziff. 3 des Untersuchungsauftrags ist folglich unzulässig.

Lösung zu Fall 8

Die nicht einheitliche Stimmabgabe.

a) Ein Koalitionsvertrag ist eine Absprache zwischen den Regierungsparteien über das politische Programm und die Zusammenarbeit zwischen den Koalitionspartnern für die Amtsperiode einer Regierung. Er bindet nicht den Ministerpräsidenten in seiner verfassungsrechtlichen Kompetenz, die Richtlinien seiner Regierung festzulegen. Ein Verstoß gegen den Koalitionsvertrag, der bei Meinungsverschiedenheiten zwischen den Koalitionspartnern eine Enthaltung im Bundesrat vorsieht, ist daher nicht rechtserheblich. Der Ministerpräsident kann den Koalitionsvertrag ignorieren und muss dabei allenfalls die politischen Konsequenzen tragen. Die Weisung des Ministerpräsidenten an die Vertreter des Landes, im Bundesrat in einem bestimmten Sinne abzustimmen, ist also im Verhältnis zu den Vertretern des Landes wirksam und bindend.

b) Ein Bundesgesetz ist dann verfassungsgemäß zustande gekommen, wenn der Bund die Gesetzgebungskompetenz hat und das Gesetz nach den verfassungsrechtlichen Regeln zum Gesetzgebungsverfahren erlassen wurde.
Der Bund hat nur dann die Gesetzgebungskompetenz, wenn ihm das Grundgesetz diese Kompetenz ausdrücklich zuweist. Ansonsten haben die Länder die Gesetzgebungskompetenz (Art. 70 Abs. 1 GG). Das hier in Frage stehende Zuwanderungsgesetz fällt unter die konkurrierende Gesetzgebung des Bundes nach Art. 74 GG. Als Gegenstand dieses Gesetzgebungsrechts ist in Abs. 1 Nr. 4 dieser Bestimmung das Aufenthalts- und Niederlassungsrecht der Ausländer genannt. Damit steht aber die Gesetzgebungskompetenz des Bundes noch nicht endgültig fest, denn nach Art. 72 Abs. 2 GG hat der Bund die konkur-

rierende Gesetzgebung auf dem Gebiet des Aufenthalts- und Niederlassungsrechts nach Art. 74 Abs. 1 Nr. 4 GG nur dann, wenn die in Art. 72 Abs. 2 GG genannten Voraussetzungen vorliegen (Erforderlichkeitsklausel). Neben der Erforderlichkeit der Herstellung gleichwertiger Lebensverhältnisse im Bundesgebiet oder der Wahrung der Rechts- und Wirtschaftseinheit im gesamtstaatlichen Interesse nimmt das Bundesverfassungsgericht die Erforderlichkeit einer bundesgesetzlichen Regelung auch dann an, wenn eine erhebliche Beeinträchtigung des bundesstaatlichen Sozialgefüges drohen würde oder eine nicht hinnehmbare Rechtszersplitterung zu befürchten wäre. Beide Voraussetzungen wurden vom Bundesverfassungsgericht im vorliegenden Fall angenommen, weil unterschiedliches Aufenthalts- und Niederlassungsrecht unter anderem dazu führen würde, dass Ausländer vorrangig in den Ländern sich niederlassen würden, die ihr die besten Aufenthaltsbedingungen gewähren. Damit könnte das Sozialgefüge innerhalb der Bundesrepublik ins Ungleichgewicht geraten (BVerfG vom 18. 12. 2002, BVerfGE 106, 310). Nach alledem hat also der Bund die konkurrierende Gesetzgebungsbefugnis des Art. 74 Abs. 1 Nr. 4 GG. Außerdem ist die Frage zu beantworten, ob das Gesetzgebungsverfahren im Bundesrat nach den einschlägigen verfassungsrechtlichen Vorschriften durchgeführt wurde, der Bundesrat also wirksam dem Gesetz zugestimmt hat (Art. 78 GG). Der Bundesrat fasst seine Beschlüsse mit mindestens der Mehrheit seiner Stimmen (Art. 52 Abs. 3 Satz 1 GG). Diese Mehrheit beträgt 35 Stimmen bei insgesamt 69 Stimmen im Bundesrat (Art. 54 Abs. 2 GG). Ausweislich des Sachverhalts würde also das Zustimmungsgesetz im Bundesrat und damit endgültig scheitern, wenn die Stimmen Brandenburgs (4 Stimmen) ungültig wären. Bei der Abstimmung im Bundesrat ist eine Besonderheit zu beachten. Nach Art. 51 Abs. 3 GG können die Stimmen eines Landes nur einheitlich abgegeben werden. Ein Land soll im Bundesrat nicht parteipolitisch gespalten, sondern einheitlich seine Position vertreten. Die entgegen der Weisung des Ministerpräsidenten abgegebene Nein-Stimme des Innenministers verletzt folglich Art. 51 Abs. 3 Satz 2 GG. Damit erhebt sich die Frage, ob die Stimmen eines Landes nur wirksam abgeben sind, wenn sie einheitlich erfolgen. Würde man Art. 51 Abs. 3 Satz 2 GG so auslegen, hätte der Bundesratspräsident das Land B nochmals auffordern können, seine Stimme abzugeben, und dann hätte auch die Stimme des Ministerpräsidenten als Stimmführer für die drei anderen Bundesratsmitglieder des Landes B genügt. Die Bemerkung des Innenministers, der Bundesratspräsident kenne seine Auffassung, wäre als bloße Meinungsäußerung und nicht als Stimmabgabe zu werten. Die h. M. folgt jedoch nicht dieser Ansicht. Danach gilt eine nicht einheitliche Stimmabgabe als Stimmabgabe, aber eben als ungültige Stimmabgabe. Damit fehlt dem Zuwanderungsgesetz die Zustimmung des Bundesrates nach Art. 78 GG. Das Gesetz ist damit verfassungswidrig.

Lösung zu Fall 9

Personalnot bei der Finanzverwaltung. In diesem Übungsfall geht es um die Prüfungskompetenz des Bundespräsidenten. Der Fall verlangt zunächst eine Auseinandersetzung mit den verschiedenen Rechtsauffassungen zu der Frage, ob und inwieweit dem Bundespräsidenten ein eigenständiges Prüfungsrecht bei der Ausfertigung von Gesetzen zusteht. In diesem Zusammenhang ist zu klären, unter welchen Voraussetzungen ein Beschluss des Bundestags wirksam zustande kommt und welche Bedeutung Art. 6 Abs.1 GG und dem Sozialstaatsprinzip des Art. 20 GG zukommen.

Nach Art.82 Abs. 1 Satz 1 GG werden die nach den Vorschriften des Grundgesetzes zustande gekommene Gesetze vom Bundespräsidenten ausgefertigt und dann im Bundesgesetzblatt verkündigt. Erst mit der Verkündigung im Bundesgesetzblatt kann das Gesetz rechtswirksam werden. Die Ausfertigung der Gesetze durch den Bundespräsidenten ist Teil des Legislativvorgangs.

Unstrittig ist aufgrund des Wortlauts des Art. 82 Abs. 1 GG, dass dem Bundespräsidenten ein formelles Prüfungsrecht zukommt. Im vorliegenden Fall könnte durch die Abwesenheit von mehr als der Hälfte der Mitglieder des Bundestags bei der dritten Lesung ein Verfahrensverstoß nach Art. 77 Abs. 1 Satz 1 GG vorliegen. Zu einem Beschluss des Bundestags ist grundsätzlich zumindest die Mehrheit der abgegebenen Stimmen erforderlich (Art. 42 Abs. 2 GG). Nach § 45 Abs.1 GO-BT ist der Bundestag aber nur beschlussfähig, wenn mehr als die Hälfte seiner Mitglieder im Sitzungssaal anwesend sind. Im Beispiel ist diese Mehrheit nicht gegeben. Solange jedoch der Bundestagspräsident nicht die Beschlussunfähigkeit des Bundestags feststellt und die Sitzung aufhebt (§ 45 Abs. 3 GO-BT), führt der Verstoß gegen § 45 Abs. 1 GO-BT nicht zu Nichtigkeit eines Beschlusses, da eine Regelung zur Geschäftsordnung keine Außenwirkung hat. Das in Frage stehende Steuervereinfachungsgesetz ist also formell korrekt zustande gekommen.

Möglich ist jedoch ein Verstoß gegen Art. 6 GG (Schutz der Ehe und Familie) und Art. 20 Abs. 1 GG (Sozialstaatsprinzip). Damit könnte das Gesetz in materiell-rechtlicher Hinsicht verfassungswidrig sein.

Ob und inwieweit der Bundespräsident auch ein materiell-rechtliches Prüfungsrecht hat, ist höchst umstritten. Nach der **Theorie des umfassenden Prüfungsrechts** kommt dem Bundespräsidenten ein uneingeschränktes Prüfungsrecht zu, ob das Gesetz mit dem Grundgesetz vereinbar ist. Unter vielen Argumenten ist beachtlich, dass ein gegen das Grundgesetz verstoßendes Gesetz materiell die Verfassung ändert und deshalb nach Art. 79 Abs. 1 Satz 1 GG ausdrücklich als verfassungsänderndes Gesetz bezeichnet werden muss, mithin ohne diese Bezeichnung schon formell verfassungswidrig ist. Die Abgeordneten hatten jedoch nicht die Absicht, eine Verfassungsänderung zu beschließen. Deshalb kann im Beispiel diesem Argument nicht gefolgt werden. Nach der **Theorie des formellen Prüfungsrechts** hat der Bundespräsident lediglich das Recht, ein Gesetz auf seine formelle Verfassungsmäßigkeit hin zu untersuchen. Nach dieser Theorie ist es ureigenste Aufgabe der gesetzgebenden Organe Bundestag und Bundesrat, auf die Verfassungsmäßigkeit der von ihnen beschlossenen Gesetze zu achten. Kontrollorgan ist nicht der Bundespräsident, sondern das Bundesverfassungsgericht. Nach der **Theorie der Evidenzkontrolle**, wie sie tatsächlich in der Vergangenheit von den amtierenden Bundespräsidenten praktiziert wurde, ist der Bundespräsident in Fällen offensichtlicher materiell-rechtlicher Verfassungsverletzungen berechtigt, die Ausfertigung eines Gesetzes zu verweigern. Das gilt aber nur, wenn offensichtlich ein Verfassungsverstoß vorliegt.

Im vorliegenden Beispiel kann selbst die weitestgehende Theorie des umfassenden Prüfungsrechts nicht zu einer Ablehnung des Gesetzes aus materiell-rechtlichen Gründen führen, da die in Frage stehende Steuervereinfachung verfassungskonform ist. Art. 6 Abs. 1 GG und das Sozialstaatsprinzip erfordern zwar, dass Familien und Personen mit Kindern, die erhöhte Ausgaben haben, ein finanzieller Ausgleich gewährt wird. Dem Gesetzgeber wird aber nicht vorgeschrieben, wie er im Einzelnen tätig werden muss.

Nach alledem muss der Bundespräsident das Steuervereinfachungsgesetz ausfertigen.

Lösung zu Fall 10

Die übergangene Landesregierung. Die erste Frage ist, inwieweit der Bundespräsident beim Abschluss völkerrechtlicher Verträge ein Prüfungsrecht besitzt. Die zweite Frage ist, ob die Bundesregierung in Hochschulangelegenheiten eine Kompetenz zum Abschluss völkerrechtlicher Verträge hat und schließlich stellt sich wegen der ablehnenden Haltung der Landesregierung von Baden-Württemberg die Frage, welche Rechte den Ländern zustehen, wenn sie durch völkerrechtliche Verträge des Bundes verpflichtet werden. Im Vordergrund der Prüfung stehen die Art. 32 und 59 GG.

Für den Bund schließt (ratifiziert) der Bundespräsident den von der undesregierung ausgehandelten und paraphierten Vertrag (Art. 59 Abs. 1 Satz 2 GG). Mit der Unterschrift werden die vertraglichen Bestimmungen verbindlich. Die Frage ist nun, ob dem Bundespräsidenten vor seiner Unterschrift ein Prüfungsrecht über das verfassungsrechtliche Zustandekommen des Vertrags zusteht. Art. 82 GG, der ein formelles Prüfungsrecht des Bundespräsidenten bei der Ausfertigung von Gesetzen vorsieht, kann dann nicht unmittelbar herangezogen werden, wenn der völkerrechtliche Vertrag kein Vertragsgesetz nach Art. 59 Abs. 2 GG voraussetzt. Die Parallelität zum Prüfungsrecht bei der Ausfertigung von Gesetzen ist jedoch offensichtlich. Deshalb wird auch in den beiden Fällen nicht unterschieden. Der Bundespräsident hat die gleiche Prüfungskompetenz wie bei der Ausfertigung von Gesetzen. Er kann also prüfen, ob die Bundesregierung einen völkerrechtlichen Vertrag mit dem hier in Frage stehenden Inhalt abschließen darf und ob die Verfahrensvorschriften eingehalten wurden.

Im Rahmen der formellen Verfassungsmäßigkeit des Abkommens ist daher weiter zu prüfen, ob der Bund für den Abschluss des Abkommens mit der Schweiz zuständig ist. Das Hochschulrecht gehört weder zur ausschließlichen noch zur konkurrierenden Gesetzgebung des Bundes, also haben die Länder das ausschließliche Recht der Gesetzgebung (Art. 70 GG). Das schließt aber nicht aus, dass der Bund auch auf diesem Gebiet völkerrechtliche Verträge abschließt. Im Grundgesetz ist zwar nicht eindeutig geregelt, ob auch auf Gebieten der ausschließlichen Länderzuständigkeit neben den

Ländern auch der Bund tätig werden darf. Die herrschende Meinung interpretiert jedoch die dem Bund aus Art. 32 Abs. 1 GG zustehende Pflege der Beziehungen zu auswärtigen Staaten als umfassend. Damit kann der Bund auch im Bereich der Gesetzgebungskompetenz der Länder Verträge mit auswärtigen Staaten schließen.

Weil der vorliegende Vertrag sich nicht auf einen Gegenstand der Bundesgesetzgebung bezieht, entfällt auch die sich aus Art. 59 Abs. 2 GG ergebende Verpflichtung zum Erlass eines sog. Vertragsgesetzes. Die Bundesregierung benötigt also im vorliegenden Fall nicht den Bundestag.

Der Bund muss allerdings nach Art. 32 Abs. 2 GG vor dem Abschluss eines völkerrechtlichen Vertrags das Land anhören, wenn es von dem Vertrag berührt wird. Dies ist hier geschehen. An die negative Stellungnahme des Landes Baden-Württemberg ist der Bund nicht gebunden, denn Art. 32 Abs. 2 GG sieht nur eine Anhörung, nicht eine Zustimmung des betroffenen Landes vor.

Nach alledem sind im vorliegenden Fall alle formellen Voraussetzungen für den Abschluss des Vertrags mit der Schweiz gegeben mit der Folge, dass der Bundespräsident den Vertrag zu unterzeichnen hat.

Mit der Unterzeichnung wird der Vertrag im Außenverhältnis wirksam. Damit die Vereinbarung im Innenverhältnis auch für das Land Baden-Württemberg wirksam wird, bedarf es aber noch eines sog. Transformationsaktes. Der Bund darf zwar eine Sachmaterie der Ländergesetzgebung zum Inhalt eines internationalen Abkommens machen, aber dieses dann nicht einfach innerdeutsch umsetzen (transformieren) und die Länder damit vor vollendete Tatsachen stellen. Weder ergibt sich aus Art. 73 Abs. 1 Nr. 1 GG eine Kompetenz zur gesetzlichen Umsetzung von völkerrechtlichen Verträgen in innerdeutsches Recht, noch lässt Art. 83 GG zu, dass der Bund in die Länderverwaltung eingreift. Abschlusskompetenz und Transformationskompetenz können also auseinanderfallen.

Damit unter diesen Umständen der Bund Rechtssicherheit beim Abschluss völkerrechtlicher Verträge hat, ist durch das sog. Lindauer Abkommen zwischen Bund und den Ländern geregelt, dass die Länder dann die sie betreffenden Bestimmungen eines völkerrechtlichen Vertrags umsetzen müssen, wenn sie zuvor im Rahmen des Verfahrens nach Art. 32 Abs. 2 GG dem Abschluss des Vertrags zugestimmt haben. Da im vorliegenden Fall aber das Land Baden-Württemberg ausdrücklich den Vertragsinhalt abgelehnt hat, ist es nicht gezwungen, das rechtswirksame Abkommen mit der Schweiz umzusetzen, d. h. Schweizer Studierende in die Musikhochschulen des Landes aufzunehmen.

Lösung zu Fall 11

Der fragwürdige Koalitionsvertrag. Im ersten Teil sind die einzelnen Punkte der Vereinbarung ausgehend von der Rechtsnatur einer Koalitionsvereinbarung verfassungsrechtlich zu beurteilen, insbesondere ist die Frage zu prüfen, ob der Bundeskanzler an die Koalitionsvereinbarung gebunden ist. Beim zweiten Teil des Übungsfalls steht die Frage im Vordergrund, ob der Bundeskanzler selbst ein Ressort übernehmen kann.

a) Das Ergebnis der Koalitionsverhandlungen zu den Personalfragen einer Regierung wie der Besetzung des Amtes des Bundeskanzlers und der Bundesminister sowie deren Zuständigkeiten werden üblicherweise in einer Koalitionsvereinbarung festgehalten, durch die Verhandlungsführer unterschrieben und durch den Bundeskanzler entsprechend umgesetzt, indem er nach Art. 64 Abs. 1 GG die benannten Minister dem Bundespräsidenten zur Ernennung vorschlägt. Nach h. M. stellt die Koalitionsvereinbarung jedoch lediglich eine politische Geschäftsgrundlage zwischen den Regierungsparteien ohne Rechtsbindungswillen dar. Sie beschränkt weder die Richtlinienkompetenz des Bundeskanzlers nach Art. 65 GG noch dessen Organisationshoheit nach Art. 64 GG. Auch die Abgeordneten des Bundestags sind in ihrer Entscheidung, wen sie zum Bundeskanzler wählen, völlig frei (Art. 63 Abs. 1 GG).
b) Der Bundeskanzler kann durch eine Koalitionsvereinbarung in seinem Recht aus Art. 64 GG, die Mitglieder der Bundesregierung selbst zu bestimmen, nicht beschnitten werden. Er hat die unbeschränkte Befugnis, Personalentscheidungen innerhalb des Kabinetts zu treffen (Personalhoheit des Bundeskanzlers).
c) In der Regel vereinbaren Koalitionsparteien im Koalitionsvertrag, dass ein Koalitionsausschuss zusammentreffen und beraten soll, wenn es zwischen den Koalitionären strittige Auffassungen zu Fragen von politischem Gewicht gibt. Dieser Ausschuss setzt sich nicht nur aus Mitgliedern der Regierung, sondern üblicherweise auch aus den Fraktionsvorsitzenden der Regierungsparteien zusammen, ist also kein reines Regierungsgremium. Entscheidungen des Koalitionsausschusses können jedoch das verfassungsrechtlich festgelegte Kanzler-, das Ressort- und das Kollegialprinzip nicht außer Kraft setzen, geschweige denn die Rechte des Bundestags übergehen. Insoweit trifft der Koalitionsausschuss nur eine Vorentscheidung, um eine Konfliktsituation, wenn möglich, zu lösen. Die endgültige Entscheidungskompetenz muss bei den zuständigen Organen und Amtsträgern verbleiben.

Bei der Frage, ob der Bundeskanzler eine im Koalitionsvertrag für ein bestimmtes Ressort namentlich festgelegte Person dem Bundespräsidenten nach Art. 64 Abs. 1 GG vorschlagen muss, gilt das unter a) Gesagte. Die Personalhoheit des Bundeskanzlers, das Kabinett mit Personen seiner Wahl zu besetzen, kann durch den Koalitionsvertrag nicht eingeschränkt werden.

d) Bei der weiteren Frage, ob der Bundeskanzler – wenn auch nur für eine Übergangszeit – selbst in Personalunion Verteidigungsminister sein kann, ist in Betracht zu ziehen, dass das Grundgesetz von einer Existenz eines Bundesministers für Verteidigung ausgeht, denn ihm obliegt nach Art. 65a GG die Befehls- und Kommandogewalt über die Streitkräfte. Art. 65a GG enthält also eine institutionelle Garantie zugunsten des Verteidigungsressorts. Damit muss bei jeder Regierungsbildung ein selbstständiges Verteidigungsministerium errichtet und eine Person als Verteidigungsminister berufen werden. Es ist folglich ausgeschlossen, dass das Verteidigungsministerium beispielsweise in das Bundeskanzleramt integriert wird. Die sich anschließende weitere Frage, ob grundsätzlich der Regierungschef in Personalunion selbst ein weiteres Ministerium führen kann, ist auf Länderebene insoweit geregelt, als die Ministerpräsidenten einen Geschäftsbereich der Landesregierung selbst übernehmen können (z. B. s. Art. 45 Abs. 4 LV Ba-Wü. oder s. Art. 50 bayr. LV), auf Bundesebene ist dies aber umstritten. Nach hier vertretener Auffassung besteht zwischen zwei Regierungsämtern eine Inkompatibilität nur dann, wenn ein Amt mit eigenen Rechten ausgestattet ist, die auch gegenüber dem Bundeskanzler gelten, wie das des Finanzministers (s. Art. 112 GG). Der Kontrollfunktion des Finanzministers ist auch der Bundeskanzler unterstellt. Seine Richtlinienkompetenz steht nicht darüber. Auch der Verteidigungsminister hat aus Art. 65a GG eigene Rechte. Die Befehls- und Kommandogewalt über die Streitkräfte übt der Verteidigungsminister im Rahmen des Ressortprinzips aus, es darf sich aber in einem demokratischen Staat nicht verselbstständigen, unterliegt deshalb auch der Richtlinienkompetenz des Bundeskanzlers. Das wird verfassungsrechtlich dadurch bestätigt, dass im Verteidigungsfall nach Art. 115b GG die Befehls- und Kommandogewalt sogar auf den Bundeskanzler übergeht. Es gibt deshalb keine verfassungsrechtliche Schranke, die eine Übernahme des Geschäftsbereichs des Verteidigungsministers durch den Bundeskanzler verbietet.

Lösung zu Fall 12

Das neue Ministerium. Der Übungsfall betrifft die Kompetenzverteilung innerhalb der Bundesregierung. Es stellen sich aus verfassungsrechtlicher Sicht folgende Fragen: a) Kann der Bundeskanzler ohne Mitwirken der betroffenen Bundesminister ein neues Ministerium errichten? b) Welche Rechte hat der Finanzminister bei ausgabewirksamen Entscheidungen des Bundeskanzlers? c) Wer entscheidet bei Meinungsverschiedenheiten zwischen den Bundesministern?

a) Aus Art. 64 Abs. 1 GG folgt, dass es dem Bundeskanzler grundsätzlich freisteht, sein Kabinett zu bilden. Er bestimmt im Rahmen seiner Organisationsgewalt Anzahl und Zuständigkeitsbereich der Ministerien. Auch während der Legislaturperiode kann er sein Kabinett umbilden, um damit politischen Erfordernissen zu entsprechen. Er hat damit jederzeit die Befugnis, ein neues Ministerium zu errichten. Ein Gesetz zur Errichtung des neuen Ministeriums ist nicht erforderlich. Die weitere Frage, die das Beispiel aufwirft, ist, ob der Bundeskanzler im Rahmen seiner Organisationsgewalt in die Struktur eines bestehenden Ministeriums eingreifen und einzelne Abteilungen herauslösen und in ein neues Ministerium eingliedern kann oder ob dem das Ressortprinzip des Art. 65 Satz 2 GG entgegensteht, wenn der betroffene Minister mit deren Umressortierung nicht einverstanden ist. Das Ressortprinzip verbietet dem Bundeskanzler unmittelbare und direkte Eingriffe in den Geschäftsbereich eines Ministeriums. Das hat zur Folge, dass der Bundeskanzler nicht in die innere Organisation und die damit verbundene Personalhoheit eines Ministeriums eingreifen kann. Er könnte also nicht verfügen, dass namentlich bezeichnete Beamte einer Abteilung in ein anderes Ministerium zu wechseln haben. Dagegen kann er einem Ministerium eine bislang bestehende Zuständigkeit wegnehmen, weil dies Ausfluss seiner Organisationsgewalt ist. Im vorliegenden Fall könnte also der Bundeskanzler dem Umwelt- und dem Wirtschaftsministerium Kompetenzen zugunsten eines neuen Energieministeriums wegnehmen, nicht aber darüber bestimmen, welche Mitarbeiter des Ministeriums in das neue Ministerium wechseln müssen.

b) Die Entscheidung des Bundeskanzlers, ein neues Ministerium zu errichten, ist eine Frage von finanzieller Bedeutung. In diesem Fall hat der Finanzminister zwar kein generelles Vetorecht, er kann jedoch nach § 26 GO-BReg Widerspruch erheben. Dann muss über den Vorgang nochmals beraten werden. In einer weiteren Sitzung des Kabinetts ist dann erneut abzustimmen. Mit der Stimme des Bundeskanzlers und einer Mehrheit im Kabinett kann nun der Finanzminister überstimmt werden. Das ist aber nur der erste Schritt zur Errichtung eines neuen Ministeriums. Es bedarf darüber hinaus tatsächlich neuer, eigener Haushaltsmittel für dieses Ministerium. Dies geschieht durch einen Nachtrag des laufenden Haushaltsplans, also eines Gesetzesbeschlusses. Darüber befindet ausschließlich der Bundestag. Findet die Gesetzesvorlage nicht die Zustimmung des Parlaments, bleiben die Pläne des Bundeskanzlers, ein neues Ministerium zu errichten, trotz seiner ihm verfassungsrechtlich zustehenden Organisationsgewalt Makulatur. Art. 65 GG setzt das Recht des Bundestags, über die Ausgaben des Bundes durch Gesetz zu bestimmen, nicht außer Kraft.

c) Fragen der Energiegewinnung durch das sog. Frackingverfahren berühren in ihren Auswirkungen mehrere Ministerien, zumindest neben dem Energieministerium das Umwelt- und das Wirtschaftsministerium. Wenn Meinungsverschiedenheiten zwischen den betroffenen Ministerien bestehen, entscheidet nach Art. 65 Satz 3 GG die Bundesregierung als Kollegialorgan mit Stimmenmehrheit (§ 24 Abs. 2 GO-BReg). Zuvor ist nach § 17 GO-BReg ein Verständigungsversuch zwischen den beteiligten Ministerien herbeizuführen.

Lösung zu Fall 13

Der Verein Heimatpflege. Rechtsverordnungen werden von einem Organ der Exekutive erlassen, um in abstrakt-genereller Form Rechtsfragen zu regeln. Üblicherweise regeln sie als Annex zu formellen Gesetzen Detailfragen zu den gesetzlichen Bestimmungen, um diese nicht zu überfrachten. Die »Gemeinnützigkeitsverordnung« könnte also von ihrem Inhalt tatsächlich eine Rechtsverordnung sein. Als Rechtsverordnung muss sie die Voraussetzungen des Art. 80 Abs. 1 GG erfüllen. Das bedeutet, dass die Rechtsverordnung eine gesetzliche Ermächtigungsgrundlage braucht, in der Inhalt, Zweck und Ausmaß der erteilten Ermächtigung bestimmt werden. Ermächtigungsadressaten sind die Bundesregierung, ein Bundesminister oder die Landesregierungen. Der Bundesfinanzminister kann also eine Verordnung erlassen. In der AO findet sich jedoch keine Ermächtigungsgrundlage für die fragliche Verordnung des Bundesfinanzministers. Die »Gemeinnützigkeitsverordnung« ist daher als Verordnung nichtig.

Die Finanzbehörden haben keine Verwerfungskompetenz gegenüber förmlichen Gesetzen und Rechtsverordnungen. Der einzelne Finanzbeamte kann also nicht einfach eine Verordnung, die er für nichtig hält, ignorieren. Er muss sie bei seiner Entscheidung beachten. Dem betroffenen Verein bleibt daher nur der Rechtsweg offen. Fraglich ist, mit welcher Klageart er direkt gegen die »Verordnung« vorgehen kann. Eine Verfassungsbeschwerde nach Art. 93 Abs. 1 Nr. 4a GG scheidet aus, weil zuvor der Rechtsweg zu den Finanzgerichten beschritten werden muss. Die Verordnung hat keine unmittelbare Wirkung auf den Verein. Die Gemeinnützigkeit muss ihm erst durch eine Entscheidung des zuständigen Finanzamtes entzogen werden. Der Verein muss also warten, bis ihm gegebenenfalls aufgrund der »Gemeinnützigkeitsverordnung« die Gemeinnützigkeit entzogen wird. Gegen diese Entscheidung (Verwaltungsakt) kann er vor dem Finanzgericht Feststellungsklage nach § 41 Abs. 1 FGO erheben. Das Finanzgericht prüft in diesem Verfahren, in dem der Verein die Rechtswidrigkeit der Entscheidung des Finanzamtes festgestellt wissen will, inzident die Rechtmäßigkeit der Verordnung.

Die als »Verordnung« erlassene Vorschrift des Bundesfinanzministers könnte in eine Verwaltungsvorschrift umgedeutet werden. In dieser Form hätte sie Bestand. Eine Verwaltungsvorschrift hat gegenüber dem Verein jedoch keine unmittelbaren Rechtsfolgen, bindet jedoch die Finanzverwaltung. Gegen Verwaltungsvorschriften ist kein direktes gerichtliches Vorgehen möglich. Der Verein müsste auch in diesem Fall abwarten, bis ihm gegebenenfalls die Gemeinnützigkeit durch Verwaltungsakt entzogen wird. Gegen diesen ihn belastenden Bescheid wäre eine Anfechtungsklage (§ 40 Abs. 1) möglich. Das Finanzgericht muss in diesem Verfahren die Verwaltungsvorschrift nicht beachten, denn diese bindet nur die Finanzbehörden, nicht aber die Gerichte. Das Gericht entscheidet selbstständig, welche Tätigkeiten unter den Begriff der Heimatpflege im Sinne des § 52 AO fallen.

Lösung zu Fall 14

Die unzufriedene Bundesregierung. Soweit bestimmte Steuern wie die Kraftfahrzeugsteuer nicht durch Bundesfinanzbehörden verwaltet werden (Art. 108 Abs. 1 GG), obliegt die Steuerverwaltung den Landesfinanzbehörden (Art. 108 Abs. 2 GG). Die Landesfinanzbehörden werden hierbei in den Fällen des Art. 108 Abs. 3 GG im Auftrag des Bundes tätig (Bundesauftragsverwaltung nach Art. 85 GG). Ansonsten sind sie Landesbehörden nach Art. 83 GG, welche die Bundesgesetze als eigene Angelegenheit der Länder ausführen. In beiden Fällen bleibt die Einrichtung der Behörden grundsätzlich Angelegenheit der Länder (Art. 84 Abs. 1 Satz 1, Art. 85 Abs. 1 Satz 1 GG). Die Länder haben also die Organisationshoheit über ihre Behörden. Das betrifft deren innere Organisation, das Verfahren der behördlichen Entscheidungsfindung und der Qualifikation der Amtsträger, aber auch die personelle Ausstattung. Die Organisationsgewalt der Länder steht aber unter dem Vorbehalt einer Regelung durch Bundesgesetz (Art. 84 Abs. 1 Satz 2, Art. 85 Abs. 1 Satz 2 3. HS GG). Auch durch ein Bundesgesetz können Regelungen zur Einrichtung der Behörden getroffen werden. Der Begriff »Einrichtung der Behörden« umfasst die Ausstattung der Behörden in organisatorischer und personeller Hinsicht. Hierzu zählt auch die personelle Besetzung der Behörden. Der Bund könnte also durch Bundesgesetz die Zahl der Finanzbeamten vorbestimmen, allerdings nur mit Zustimmung der Länder.

Teil M Komplexer Übungsfall

Bearbeitungszeit: 3 Stunden

1 Sachverhalt

Die Bundeskanzlerin sorgt sich um die demokratische Legitimation des Parlaments und der Regierung: Bei der letzten Bundestagswahl haben nur 30 % der Stimmberechtigten ihre Stimme abgegeben. Die Presse schreibt eine Schlagzeile nach der anderen zum Thema »Politikverdrossenheit«. Die Bundesregierung erwägt daher die Einführung einer Wahlpflicht. Dazu soll Art. 38 GG um den folgenden Abs. 2a ergänzt werden:

»Wer wahlberechtigt im Sinne des Abs. 2 ist, ist zur Ausübung des Wahlrechts verpflichtet. Die Nichterfüllung der Wahlpflicht wird mit Freiheitsstrafe bis zu zwei Jahren oder mit Geldstrafe bestraft.«

In einer heftigen Debatte wird im Bundestag über den Gesetzentwurf gestritten. Gegner führen an, der Vorschlag würde den Grundsatz der Wahlfreiheit verletzen, denn nicht nur das »Wie« der Wahlentscheidung, sondern auch das »Ob« der Wahlbeteiligung sei geschützt. Befürworter meinen dagegen, dass eine Wahlpflicht erforderlich sei, um die demokratische Legitimation durch eine möglichst große Anzahl an Wählern erreichen zu können. Dem Wähler stehe es ja nach wie vor frei, wem er seine Stimme gebe oder ob er seine Stimme ungültig mache.

1.1 Aufgabe 1

a) Nennen und definieren Sie die Wahlrechtsgrundsätze des GG!
b) Nehmen Sie gutachtlich zu der Frage Stellung, ob die Einführung einer Wahlpflicht verfassungsgemäß wäre!

1.2 Aufgabe 2

Bei der Wahl zum Deutschen Bundestag wird ein kombiniertes Wahlsystem angewandt, bei dem Elemente der Mehrheitswahl mit Elementen der Verhältniswahl verbunden werden.

a) Wie wird das geltende Wahlsystem für die Wahlen zum Deutschen Bundestag genannt? Erläutern Sie dieses Wahlsystem!
b) Erläutern Sie Funktion und Aufgabe der sog. »Fünf-Prozent-Sperrklausel« bei Bundestagswahlen! Worin liegen die Vor- und Nachteile dieser Klausel?

1.3 Aufgabe 3

Erläutern Sie die folgenden Begriffe:

- Verwaltungsvorschrift (VV)
- Vorrang des Gesetzes
- Vorbehalt des Gesetzes
- Bestimmtheitsgebot
- Gewaltenteilung

1.4 Aufgabe 4

Die Bundesministerin für Bildung und Forschung stellt bei einer Sitzung der Bundesregierung einen Gesetzentwurf vor, wonach der Bund im Rahmen einer Exzellenzinitiative einmalig Sondermittel zur Verfügung stellt, um allen deutschen Hochschulen die Anschaffung von Tabletcomputern für ihre eingeschriebenen Studierenden im Jahr 2019 zu finanzieren. Der Bundesminister der Finanzen spricht sich entschieden gegen diesen Vorschlag aus.

a) Wie kann die Bundesministerin für Bildung und Forschung den Gesetzentwurf in den Bundestag einbringen?
b) Was kann die Bundeskanzlerin tun, um den Konflikt innerhalb der Bundesregierung zu lösen? Welche Kompetenzen hat sie?
c) Im sog. »Koalitionsvertrag« zwischen den an der Regierung beteiligten Parteien ist vereinbart worden, dass die Bundesregierung die Ausstattung der Studierenden deutscher Hochschulen mit Tabletcomputern fördert. Was versteht man unter einem Koalitionsvertrag und welche Bindungswirkung hat er?

1.5 Aufgabe 5

Das Gesetz aus Aufgabe 4 (s. 1.4) wurde doch noch in den Bundestag eingebracht und fand dort eine entsprechende Mehrheit, der Bundesrat wurde entsprechend beteiligt. Anschließend wurde das Gesetz dem Bundespräsidenten zur Ausfertigung zugeleitet. Der Bundespräsident hält jedoch die Sache mit der Finanzierung von Tabletcomputern für verfehlt und spricht sich für eine Verwendung der Sondermittel zum Bau von Studierendenwohnheimen aus. Er kündigt daher an, von seinem Prüfungsrecht Gebrauch zu machen und das Gesetz möglicherweise nicht auszufertigen.

a) Erläutern Sie, was man unter dem Prüfungsrecht des Bundespräsidenten versteht!
b) Steht dem Bundespräsidenten auch ein Prüfungsrecht dahingehend zu, dass er den mit dem Gesetz verfolgten Regelungszweck des Gesetzgebers überprüfen kann?

1.6 Aufgabe 6

Letztlich hat der Bundespräsident das Gesetz aus den Aufgaben 4 (s. 1.4) und 5 (s. 1.5) doch noch ausgefertigt und es ist zum 1.1.2015 in Kraft getreten. Ein Mitarbeiter einer für den Vollzug des Gesetzes zuständigen Behörde ist nach der Lektüre des Gesetzes der Ansicht, dass mindestens eine der Vorschriften verfassungswidrig ist.

a) In welchem Umfang hat die Verwaltung hier ein Prüfungs- und Verwerfungsrecht?
b) Welche Möglichkeit besteht, wenn eine Landesregierung ebenfalls zu der Ansicht gelangt, dass eine der Vorschriften des Gesetzes verfassungswidrig ist?
c) Welche Möglichkeit hat der Richter am Verwaltungsgericht, der die Klage eines Studierenden verhandelt und dabei ebenfalls zu der Ansicht kommt, dass eine der Vorschriften des Gesetzes verfassungswidrig ist?

1.7 Aufgabe 7

a) Erläutern Sie, was man im Staatsrecht unter den Begriffen Gebietshoheit und Personalhoheit versteht!
b) Wie verhält es sich im Steuerrecht mit den Prinzipien der Gebiets- und der Personalhoheit?

1.8 Aufgabe 8

Wie ist die Gesetzgebungskompetenz für das Steuerrecht im GG ausgestaltet? Erläutern Sie, was man in diesem Zusammenhang unter dem Begriff Ertragshoheit versteht!

2 Lösungshinweise

2.1 Aufgabe 1

a) **Wahlrechtsgrundsätze:** Die Wahlrechtsgrundsätze des GG sind in Art. 38 Abs. 1 Satz 1 GG enthalten. Danach muss eine Wahl folgenden Grundsätzen entsprechen:
- **Allgemeinheit** der Wahl: Alle Staatsbürger dürfen grundsätzlich ohne Unterscheidung wählen. Die Voraussetzungen für das aktive und das passive Wahlrecht enthält Art. 38 Abs. 2 GG.
- **Unmittelbarkeit** der Wahl: Zwischen der Entscheidung des Wählers und der Wahl des Kandidaten darf kein weiterer Willensakt liegen (bspw. Wahlmännergremium wie in den USA). Die Wahl nach Landeslisten gem. § 6 BWG verstößt nicht gegen den Unmittelbarkeitsgrundsatz, da die Entscheidung über die Liste der Wahl vorausgeht, §§ 27, 28 BWG.
- **Freiheit** der Wahl: Die Wahl ist frei, wenn die Wahlentscheidung des Bürgers ohne Zwang erfolgt. Der Schutz der Wähler wird insbesondere durch die Strafvorschriften der §§ 108 ff. StGB gewährt.
- **Gleichheit** der Wahl: Alle Stimmen nach dem System des BWG haben denselben Zählwert, d. h., jeder Wähler hat dieselbe Anzahl an Stimmen.
- **Geheimheit** der Wahl: Wahlvorgang und insbesondere das Wahlergebnis sind geheim.

b) Einführung einer **Wahlpflicht:** Die Einführung einer Wahlpflicht durch Aufnahme des o. g. Abs. 2a in Art. 38 GG könnte wegen Verstoßes gegen das Demokratieprinzip aus Art. 20 Abs. 1, 1 Abs. 1 GG verfassungswidrig sein.
Zu den nach Art. 79 Abs. 3 GG unantastbaren Demokratiegehalten zählt insbesondere die in Art. 20 Abs. 2 Satz 1 GG enthaltene Volkssouveränität, die ihrerseits den Grundsatz der Freiheit der Wahl beinhaltet, Art. 20 Abs. 2 Satz 2 i. V. m. Art. 38 Abs. 1 Satz 1 GG. Unter Freiheit der Wahl versteht man die Möglichkeit der Stimmabgabe ohne Druck oder Zwang. Unklar ist, ob neben der Wahlentscheidungsfreiheit auch die Wahlbeteiligungsfreiheit geschützt ist.
Pro: Grundsätzlich ließe eine Wahlpflicht die eigentliche Wahlentscheidung des Wählers (»Wie«) unberührt. Es stünde dem Wähler weiterhin frei, eine Auswahl unter den Bewerbern zu treffen oder auch keinen Bewerber zu wählen und seine Stimme ungültig zu machen.
Contra: Eine Differenzierung zwischen Wahlentscheidungsfreiheit und Wahlbeteiligungsfreiheit erscheint indes problematisch, da die Entscheidung über die Teilnahme oder das Fernbleiben von der Wahl bereits selbst eine Willensbekundung des Wählers darstellen könnte.
Da daraus noch nicht die Verfassungswidrigkeit der hier vorgeschlagenen Verfassungsergänzung bzw. -änderung folgt, ist weiter zu überlegen, ob durch die Einführung einer Wahlpflicht die Grundsätze aus Art. 20 Abs. 1, 1 Abs. 1 GG berührt sind. Die freie Wahl der Staatsorgane dient der Legitimation der Staatsorgane durch das Volk. Die Ausübung

der Staatsgewalt vollzieht sich dabei »von unten nach oben«, während die Einführung einer Wahlpflicht durch die Staatsorgane gerade in umgekehrter Richtung verläuft.
Dagegen könnte man ebenso argumentieren, dass die hier vorgeschlagene Einführung der Wahlpflicht nur die Art und Weise der Ausübung der Staatsgewalt durch das Volk regeln würde, während die Volkssouveränität als solche unberührt bliebe und so eine Verletzung des Demokratieprinzips vermieden werden könnte.
Ergebnis: offen, maßgeblich ist die Argumentation!

2.2 Aufgabe 2

a) **Wahlsystem:** Die Wahl zum Deutschen Bundestag erfolgt nach den Grundsätzen der personalisierten Verhältniswahl. Nach § 4 BWG hat dabei jeder Wähler zwei Stimmen mit folgender Wirkung:
- Erststimme: Die Hälfte der Abgeordneten des Deutschen Bundestags wird in den Wahlkreisen auf der Grundlage von Wahlkreisvorschlägen nach den Grundsätzen der Mehrheitswahl gewählt (Direktmandat), §§ 1 Abs. 2, 4 BWG. Danach ist der Bewerber gewählt, der die meisten Stimmen auf sich vereinigt.
- Zweitstimme: Die andere Hälfte der Abgeordneten wird aufgrund der Landeslisten der Parteien nach dem Prinzip der Verhältniswahl gewählt, §§ 1 Abs. 2, 4, 27 Abs. 1 Satz 1 BWG. Dabei werden für jede Partei die für sie abgegebenen Zweitstimmen gezählt. Aus dem Verhältnis der Gesamtzahl aller Stimmen zur Gesamtzahl der zu verteilenden Sitze wird dann ein Zuteilungsdivisor ermittelt und auf die errungenen Stimmen angewandt.

b) **»Fünf-Prozent-Sperrklausel«:** Nach § 6 Abs. 3 Satz 1 Hs. 1 BWG werden bei der Verteilung der Sitze im Bundestag nur die Parteien berücksichtigt, die mindestens fünf Prozent der gültigen Zweitstimmen erhalten haben. Durch die Sperrklausel soll die Wahrung der Handlungs- und Entscheidungsfähigkeit des Parlaments gesichert werden, da die Bildung regierungsfähiger Mehrheiten vereinfacht wird. Eine Einschränkung erfährt die Wahlrechtsgleichheit durch die Sperrklausel: der Erfolgswert der Stimmen für die Parteien, die weniger als fünf Prozent der Stimmen erhalten, entfällt faktisch.

2.3 Aufgabe 3

- **Verwaltungsvorschriften** (Erlasse, Richtlinien, Verfügungen, Dienstanweisungen) sind abstrakt-generelle Anweisungen, die dazu dienen, die internen Verwaltungsabläufe zu organisieren und den Vollzug von Gesetzen zu vereinheitlichen. Sie wirken nur verwaltungsintern und entfalten grundsätzlich keine Außenwirkung. Durch die Selbstbindung der Verwaltung nach Art. 3 Abs. 1 GG kann der Bürger jedoch einen Rechtsanspruch auf eine bestimmte Handhabung erlangen.
- **Vorrang** des Gesetzes bedeutet die Bindung der Verwaltung an geltendes Recht und Gesetz, Art. 20 Abs. 3 GG. D. h., die Exekutive darf bei ihrem Handeln nicht gegen geltende Rechtsnormen verstoßen (kein Handeln gegen das Gesetz).
- **Vorbehalt** des Gesetzes bedeutet, dass die Verwaltung nur dann tätig werden darf, wenn sie durch ein entsprechendes Gesetz zu ihrem Handeln ermächtigt worden ist (kein Handeln ohne Gesetz).
- Das **Bestimmtheitsgebot** fordert, dass Gesetze (und sonstige Normen) nach Inhalt, Gegenstand, Zweck und Ausmaß so klar und präzise formuliert sind, dass der Bürger (ggf.

durch Auslegung) erkennen kann, was gefordert ist und wie das staatliche Verhalten aussehen wird, so dass er sich darauf einstellen und entsprechend disponieren kann.

- **Gewaltenteilung** bedeutet, dass die Staatsgewalt auf die drei Gewalten Legislative, Exekutive und Judikative aufgeteilt ist. Das Prinzip basiert auf wechselseitiger Kontrolle, Hemmung und Mäßigung (»checks and balances«). In einem Bundesstaat ist die Staatsgewalt zusätzlich auf den Bund und die Länder aufgeteilt (»vertikale Gewaltenteilung«).

2.4 Aufgabe 4

a) **Gesetzesvorlagen** werden nach Art. 76 Abs. 1 GG durch die Bundesregierung, aus der Mitte des Bundestages oder durch den Bundesrat eingebracht. Eine einzelne Ministerin hat dieses Recht jedoch nicht. Sie kann jedoch ihren Gesetzentwurf gemäß § 15 Abs. 1 lit. a) GO-BReg zur Beratung und Beschlussfassung innerhalb der Bundesregierung unterbreiten. Die Bundesregierung entscheidet in diesem Fall mit Stimmenmehrheit, ob der Gesetzentwurf in den Bundestag eingebracht wird, § 24 Abs. 2 Satz 1 GO-BReg.

b) Nach Art. 65 Satz 1 GG bestimmt die Bundeskanzlerin die **Richtlinien** der Politik. Ob etwas zu einer Richtlinienfrage wird, entscheidet die Bundeskanzlerin selbst, § 1 Abs. 1 Satz 3 GO-BReg. Die Bundesministerin für Bildung und Forschung könnte gemäß § 4 GO-BReg den Antrag stellen, das Diskussionsthema zu einer Richtlinienfrage zu machen. Dann müssten alle Bundesminister dazu beitragen, die Richtlinie zu verwirklichen § 1 Abs. 1 Satz 2 GO-BReg. Dennoch wäre ein förmlicher Mehrheitsbeschluss nach § 24 Abs. 2 GO-BReg Voraussetzung dafür, dass der Gesetzentwurf in den Bundestag eingebracht wird. Sofern sich die Bundeskanzlerin nicht zu einer Richtlinienfrage erklärt, entscheidet nach Art. 65 Satz 3 GG die Bundesregierung als Kollegialorgan über Meinungsverschiedenheiten zwischen zwei Bundesministern, § 9 Satz 2 GO-BReg.

c) Unter einem **Koalitionsvertrag** versteht man Absprachen zwischen mindestens zwei Parteien über die Bildung einer gemeinsamen Regierung, die Inhalte der künftigen Regierungspolitik sowie die Verteilung und personelle Besetzung der Ministerien. Die Bindungswirkung von Koalitionsverträgen ist umstritten: Regelmäßig dürfte der Wille zu einer rechtlichen (und damit vertraglichen) Bindung fehlen, so dass Koalitionsverträge regelmäßig nicht gerichtlich durchsetzbar sind. Jedoch können aus einer Nichteinhaltung der vereinbarten Inhalte politische Konsequenzen zwischen den beteiligten Parteien erwachsen.

2.5 Aufgabe 5

a) Aus Art. 82 Abs. 1 Satz 1 GG folgt unstreitig ein **formelles Prüfungsrecht** des Bundespräsidenten. Danach hat er die formelle Verfassungsmäßigkeit eines Gesetzes zu prüfen, d. h., ob das jeweilige Gesetz nach den Vorschriften des GG zustande gekommen ist (Zuständigkeit, Verfahren, Form).
Umstritten ist, ob dem Bundespräsidenten auch ein **materielles Prüfungsrecht** zusteht, also ein solches, wonach die Prüfung des Gesetzes auf materielle Verfassungsmäßigkeit erfolgen könnte. Basierend auf dem Eid des Bundespräsidenten gemäß Art. 56 GG und dem Grundsatz der Gewaltenteilung aus Art. 20 Abs. 2 GG gesteht die h. M. dem Bundespräsidenten ein eingeschränktes materielles Prüfungsrecht zu. Danach soll er nur in Fällen evidenter (offenkundiger) materieller Verfassungswidrigkeit nicht gezwungen sein, »sehenden Auges« ein verfassungswidriges Gesetz auszufertigen.

b) Die Überprüfung des mit dem Gesetz verfolgten Regelungszwecks des Gesetzgebers würde auf ein **politisches Prüfungsrecht** des Bundespräsidenten hinauslaufen. Da er nach Art. 55 Abs. 1 GG weder Mitglied der Regierung noch des Parlaments ist und die ihm obliegenden Funktionen der Repräsentation und Integration insbesondere in der Überparteilichkeit der Amtsführung zum Ausdruck kommt, steht dem Bundespräsidenten kein politisches Prüfungsrecht bei der Ausfertigung von Gesetzen zu.

2.6 Aufgabe 6

a) Der **Verwaltung** steht ein formelles Prüfungsrecht zu, so dass geprüft werden kann, ob eine Vorschrift rechtswirksam beschlossen und ordnungsgemäß verkündet wurde. Ein materielles Prüfungsrecht bzw. Verwerfungsrecht hat die Verwaltung nicht. Die Verwerfungskompetenz für Gesetze liegt ausschließlich beim Bundesverfassungsgericht.

b) Die **Landesregierung** kann beim Bundesverfassungsgericht gemäß Art. 93 Abs. 1 Nr. 2 GG eine abstrakte Normenkontrolle anstrengen, mit der die Vereinbarkeit einer Vorschrift mit dem GG geprüft wird.

c) Auch der **Richter** hat keine Verwerfungskompetenz, sondern muss sein Verfahren aussetzen und eine konkrete Normenkontrolle gemäß Art. 100 Abs. 1 GG zum Bundesverfassungsgericht durchführen.

2.7 Aufgabe 7

a) **Gebietshoheit** bezeichnet die Fähigkeit eines Staates, auf seinem Staatsgebiet die alleinige und uneingeschränkte Staatsgewalt auszuüben. Unter **Personalhoheit** wird die staatliche Herrschaftsmacht über jeden Staatsangehörigen – auch jene außerhalb des Staatsgebiets – verstanden.

b) Die Personalhoheit führt im **Steuerrecht** nicht dazu, dass der deutsche Staat sämtliche Einkünfte aller deutschen Staatsbürger im In- und Ausland besteuern könnte. Vielmehr knüpfen die meisten deutschen Steuergesetze an das Tatbestandsmerkmal »Inland« an und verwirklichen damit einen Aspekt der Gebietshoheit. Unbeschränkt steuerpflichtig i. S. v. § 1 Abs. 1 Satz 1 EStG sind dabei Personen, die im Inland ihren Wohnsitz oder gewöhnlichen Aufenthalt haben. Diese werden mit allen in- und ausländischen Einkünften in Deutschland besteuert (Welteinkommensprinzip). Beschränkt steuerpflichtig i. S. v. § 1 Abs. 4 i. V. m. § 49 EStG sind Personen, die im Inland weder einen Wohnsitz noch ihren gewöhnlichen Aufenthalt haben. Sie unterliegen nur mit ihren inländischen Einkünften i. S. d. § 49 EStG der deutschen Steuerpflicht. Unter bestimmten Voraussetzungen trifft sie die sog. erweiterte Steuerpflicht nach § 2 AStG.

2.8 Aufgabe 8

Die **Gesetzgebungskompetenz** für den Bereich der Steuern ist in Art. 105 GG geregelt, der sich – wie auch Art. 106 und 108 GG – mit den sog. Steuerhoheiten, d. h. mit der Verteilung der Kompetenzen zwischen Bund und Ländern im Bereich des Steuerrechts befasst.

Danach kommt dem Bund nach Art. 105 Abs. 1 GG die ausschließliche Gesetzgebungskompetenz für Zölle und Finanzmonopole zu; die Länder können nach Art. 105 Abs. 2a GG die örtlichen Verbrauch- und Aufwandsteuern sowie den Steuersatz bei der Grunderwerbsteuer regeln. Im Übrigen hat der Bund nach Art. 105 Abs. 2 GG die konkurrierende Gesetzgebungskompetenz für alle übrigen Steuerarten, wenn ihm das Aufkommen der Steuern ganz oder teilweise zusteht (sog. »Ertragshoheit«) oder wenn die Voraussetzungen des Art. 72 Abs. 2 GG vorliegen.

Die **Ertragshoheit** ist in Art. 106 GG normiert und regelt die Verteilung der Steuererträge zwischen Bund und Ländern einschließlich der Gemeinden. Dabei steht das Steueraufkommen einiger Steuern nach dem Katalog des Art. 106 Abs. 1 GG ausschließlich dem Bund zu (bspw. KFZ-Steuer), einige Steuern stehen nach dem Katalog des Art. 106 Abs. 2 GG ausschließlich den Ländern (bspw. Erbschaftsteuer) und einige dem Bund, den Ländern und den Gemeinden gemeinschaftlich (sog. Gemeinschaftssteuern) zu (bspw. Einkommensteuer).

Sachregister

V

W

Z